실습으로 따라하는 CATIA V5 입문

강연이 지음

21세기사

머리말

제가 처음 3D 설계를 접하게 된 것은 2011년도부터입니다. 2007년부터 대학에서 공학설계를 주로 강의를 하였는데 그 때는 AutoCAD를 사용해서 2D 설계, 3D 설계를 주로 하였습니다. AutoCAD로 3D를 설계하는데 많은 한계점을 느꼈습니다. 대학에서 3D 전문가 과정 교육의 강의 기회를 얻게 되어 교육 들어가기 전 6개월간 많은 3D 프로그램을 접하고 자료를 수집하면서 앞으로 전망이 좋은 새로운 기술이라는 것을 알게 되었습니다.

교육 자료를 수집하면서 국내에서 3D 설계에 입문하는데 단순한 단품 설계에서부터 체계적으로 실무적인 설계를 설명하는 교재들이 없어서 준비에 많은 어려움을 겪었습니다. 5년간 3D 설계 교육을 하면서 설계에 대한 기본조차 없는 학생들을 어떻게 하면 쉽고 확실하게 개념을 잡아 줄 수 있을까 하는 생각으로 수집된 자료를 기반으로 교재를 만들어 교육을 하게 되었습니다. 실무 교육에 직접 적용하면서 부족한 부분을 지속적으로 업데이트 했고 이 교재 하나만 익히면 단순한 설계부터 아주 복잡한 설계부분까지 할 수 있도록 보강하였습니다.

이 교재를 따라서 하다보면 초보자들도 쉽게 3D 설계에 대한 개념을 잡을 수 있게 될 것이고 영어로 된 메뉴 때문에 어렵다는 개념을 깰 수 있게 될 것입니다. 이 교재의 특징은 많은 실습을 해 볼 수 있도록 예제를 많이 수록 하였다는 것입니다. 예제를 따라 하다보면 어느 순간 본인도 모르게 중급자가 되고 실무 설계에 적용할 정도로 실력이 늘어 있을 것입니다. 또한 3D 설계에 입문하고자 하는 입문자들에게 제가 다년간 3D 실무 교육을 하면서 얻은 경험을 알기 쉽게 전달 될 수 있도록 노력 했습니다.

앞으로 3D 설계는 무궁무진하게 발전을 할 것으로 생각됩니다. 3D Printer가 보급되면서 3D 설계에 대한 새로운 직종이 많이 생겨날 것이고 1인 기업형태의 창업을 준비하는 학생들도 생겨날 것으로 전망됩니다. 3D 설계는 3D Printer의 도움으로 제3의 산업혁명을 이끌어낼 원동력이 될 것입니다.

이 교재를 선택하여 공부하는 입문자들은 CATIA 프로그램이 아주 쉽고, 재미있고, 많은 흥미를 느끼며 설계를 할 수 있을 것입니다.
제가 입문하면서 느꼈던 어려움을 국내에 있는 설계 입문자들은 겪지 않았으면 하는 바람으로 이 교재를 출간하게 되었습니다.

마지막으로 이 책이 나 올 수 있도록 물심양면으로 도움을 준 21세기사 출판사 여러분에게 진신으로 감시드립니다.

저자 강연이

차 례

1. CATIA의 개요

Computer Graphics Aided Three-Dimensional Interactive Application의 약자로서, 산업체에서 생산하려는 제품의 모델을 설계개념에서부터 제품생산까지 전 과정에 걸쳐 제작, 수정, 관리할 수 있도록 해주는 CAD/CAM/CAE 소프트웨어이다.

2. CATIA의 화면 구성

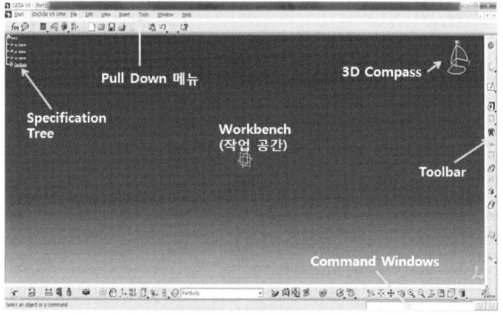

- Pull Down 메뉴 : 클릭하면 그 안의 메뉴들이 나타난다.
- Specification Tree : 화면 왼쪽에 있는 트리로 현재 작업하고 있는 대상에 대한 정보가 저장되는 트리이다.
- Toolbar : 화면에 나타나는 툴바들은 현재 활성화된 Workbench와 Common Toolbar들이 있다.
  · CATIA의 Toolbar들은 명령에 접근하기 위해 같은 종류의 명령들끼리 모아져 있다.
  · Toolbar들은 항상 제 위치에 고정된 것이 아니고 사용자의 편의에 따라 위치를 자유롭게 이동시킬 수 있다.
  · 화면에 나타나지 않은 Toolbar는 직접 메뉴에서 선택할 수도 있다.
  · Toolbar는 현재 자신이 들어온 Workbench의 것만이 나타난다. 다른 Workbench의 Toolbar는 해당 Workbench로 이동하였을 경우에만 나타난다.
- 3D Compass : 작업 공간의 좌표계로 X, Y, Z 방향을 표시하고 3D 객체를 회전해서 볼 수 있도록

한다. Assembly에서는 Compass를 부품에 부착하여 부품을 이동시킬 때 사용하기도 한다.
- Command Windows : 명령어를 직접 입력하여 작업을 수행한다.
- Dialog Box : CATIA에서는 작업 중에 대상에게 주는 변수 값이나 치수들을 Dialog Box를 띄워 이 안에 입력하여 대상에 적용한다.
- Workbench Concept
  CATIA에서는 여러 작업의 통합 환경을 자랑한다. 하나의 대상을 가지고 이 대상에 작업하기 위해 여러 개의 작업공간을 이동하며 작업을 완료한다. 이 때 이러한 작업공간들을 Workbench라고 부른다. 각 Workbench 별로 자기만의 고유한 작업 기능을 가지고 있고 Workbench를 이동하며 작업을 수행한다.
  물론 이러한 이동은 작업자가 형상을 가지고 이리 저리 옮겨 다니는 것이 아니고 형상과 작업자는 가만히 있는 상태에서 Workbench만 바뀌게 된다.
- Sketcher : 2차원 단면 Profile 또는 Guide 형상을 그리는 Workbench이다.
  이 Sketcher에서의 2차원 형상은 그 자체만으로 완료하는 경우는 별로 없고 나중에 3차원 Solid 또는 Surface 형상을 만드는데 사용된다.
- Part Design : 단품으로 구성된 3차원 Solid 형상을 만드는데 사용하는 Workbench이다. Solid 기반으로 형상을 모델링하게 되며 제품 디자인에 있어 가장 기반이 되는 Workbench이다.
- Wireframe & Surface Design
  Part Design의 작업을 더욱 풍요롭게 해주는 Workbench로 일반적인 와이어 프레임이나 Surface로 형상을 만든다. Solid 형상에 비해 표현 능력이 우수하며 일반적으로 Surface 또는 Wireframe으로 만들어진 형상을 사용하기도 하며 모델을 완성한 후 Part Design Workbench로 이동해 Surface 형상을 Solid로 만들어 주는 작업을 하기도 한다.
- Assembly Design
  CATIA에서 여러 개의 Part 또는 Sub Assembly들을 하나의 Product로 조립하는 작업을 하는 Workbench이다. 이 Assembly Design Workbench를 기반으로 나중에 DMU나 Analysis와 같은 고수준의 작업을 할 수 있다.
- Drafting
  CATIA에서 2차원 도면을 생성하는 Workbench로 Part Document와 Product Document를 연계하여 도면을 손쉽고 빠르게 만들어 낸다.
- Catalog Editor : 모델링한 형상 정보의 재사용과 제품 목록을 구성하기 위하여 사용하는 Workbench이다.

3. Sketch 시작하기

Sketcher Workbench는 3차원 형상을 만들기에 앞서 그 기본 형상이 되는 단면 Profile이나 가이드라인과 같은 2차원 형상을 임의의 Plane을 기준으로 그리는 작업을 한다.
기본적으로 3차원 상에서 간단한 형상의 Profile을 제공을 하고 있으나 복잡하거나 Detail이 요구되는 부분에

대해서는 이러한 Sketcher Workbench에서 작업을 해주어야 한다.

Sketcher는 2차원 단면 Profile을 생성하는 작업을 하기 때문에 스케치 작업을 위해서는 스케치의 기준이 되는 Plane 요소(Plane 또는 Face)가 필요하다.

Plane을 지정하여 그 Plane 상에서 작업을 시작한다. Sketcher는 작업하기 위해 기준 Plane 선택을 먼저 해야 한다.

새 파트를 열었을 때 기본적으로 화면에 나타나는 평면을 이용하여 작업을 시작하거나 직접 원하는 위치에 Plane을 만들어 그 Plane에서 스케치 작업을 시작할 수도 있다.

작업이 진행되면서 파트 도큐먼트 내에 형상이 만들어지면서 이러한 형상의 면을 Plane처럼 지정하여 스케치에 사용할 수 있다.

Sketcher 작업을 시작하기 위해 우선 다음과 같이 Part 도큐먼트를 실행시키고 Sketcher 명령을 실행하고 기본 Plane 중 하나를 선택한다.

■ 원하는 Workbench 시작하는 방법 1
[Start]-[Mechanical Design]-[Part Design]을 선택한다.

■ 원하는 Workbench 시작하는 방법 2
1) [File]-[New]을 선택한다.
2) Part를 선택한다.

■ 원하는 Workbench 시작하는 방법 3
1) [Tools]-[Customize]-[Start Menu]에서 우측 창에 필요한 Workbench를 좌측에서 찾아 이동시킨다.

2) 작업창에서 해당 아이콘(⚙)을 클릭하면 다음과 같은 창이 뜬다.
3) Part Design을 선택한다.

■ 3가지 방법 중 한 가지를 선택하면 다음과 같은 창이 뜬다.

■ 파일 이름 지정
파트의 이름을 지정하거나 기본값으로 Part1인 상태로 [OK] 버튼을 누른다.
부품을 구별하는 Part Number를 지정하는 곳이다. 어셈블리 같이 부품이 여러 개인 경우 Part Number를 입력하여 부품을 구별해주는 것이 좋다.

■ 마우스와 키보드 기본 조작법

1) 회전 : 마우스 휠 버튼과 함께 마우스 왼쪽 또는 오른쪽 버튼을 함께 누른 상태에서 움직이면 회전이 된다.
   ⇒ 휠 버튼 + Ctrl 키
2) 확대 또는 축소 : 마우스 휠 버튼을 누른 상태에서 마우스 왼쪽 또는 오른쪽 버튼을 한번 클릭 후 마우스 휠 버튼을 누른 상태에서 마우스를 위 아래로 움직이면 확대 또는 축소가 된다. ⇒ Ctrl 키 + 휠
3) Shift + 방향키 : 일정 각도만큼 작업 화면을 회전을 한다.

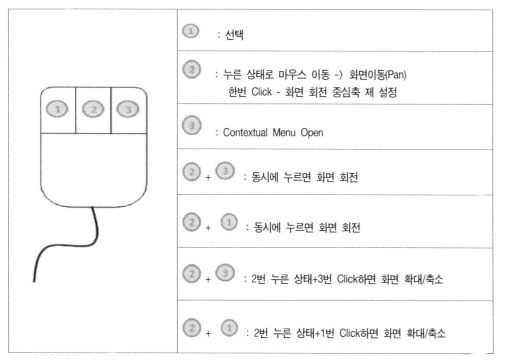

①	: 선택
②	: 누른 상태로 마우스 이동 -〉 화면이동(Pan) 한번 Click - 화면 회전 중심축 제 설정
③	: Contextual Menu Open
② + ③	: 동시에 누르면 화면 회전
② + ①	: 동시에 누르면 화면 회전
② + ③	: 2번 누른 상태+3번 Click하면 화면 확대/축소
② + ①	: 2번 누른 상태+1번 Click하면 화면 확대/축소

■ 제약 조건

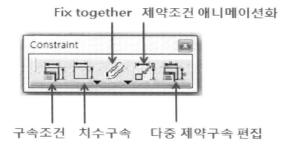

Fix together 제약조건 애니메이션화

구속조건 치수구속 다중 제약구속 편집

---

1) 구속 조건(Constraint Definition) : 문자나 기호로 정의되는 구속을 의미한다.

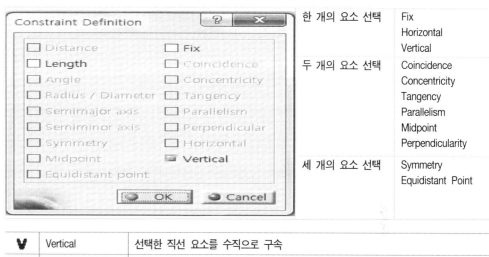

한 개의 요소 선택	Fix Horizontal Vertical
두 개의 요소 선택	Coincidence Concentricity Tangency Parallelism Midpoint Perpendicularity
세 개의 요소 선택	Symmetry Equidistant Point

기호	이름	설명
V	Vertical	선택한 직선 요소를 수직으로 구속
H	Horizontal	선택한 직선 요소를 수평으로 구속
⌐	Perpendicular	두 대상이 서로 직교로 구속
◉	Coincidence	두 대상이 서로 일치로 구속
●	Concentricity	선택한 Circle이나 Arc 요소들끼리 중심이 일치 구속
⊢⊣	Parallelism	두 대상을 평행으로 구속
⊥	Fix	선택한 대상을 고정 구속
◆	Symmetry	선택한 대상이 다른 요소와 대칭으로 구속

2) 치수 구속(Dimension Constraints : ▦)

한 개의 요소를 선택	Length Radius/Diameter
두 개의 요소를 동시에 선택 했을 때	Distance Angle

3) Fix Together(⌀) : 선택한 스케치 형상 요소들을 현재 상태의 위치로 묶어버리는 기능이다. 특정 치수를 넣지 않고 화면에서 함께 묶을 형상들민 선택해 주면 되는데 형상들을 한꺼번에 이동시키거나 별다른 치수 없이 현재 위치에 구속하고자할 때 사용한다.
   - Fix together 아이콘을 선택한다.
   - 드래그 또는 클릭으로 선택한다.
4) Auto Constraint(▦) : 자동으로 치수 구속을 생성해 주는 기능이다.
5) Edit Multi Constraint(▦) : 구속을 주는데 사용하는 것이 아니고 구속 치수값을 수정하고자 할 때 사용한다.

■ Sketch Analysis : 스케치가 바르게 만들어 졌는지 분석하는 작업

1) Color Diagnosis
- Default : 아무 구속 없이 형상 요소를 그렸을 경우 나타나는 색상으로 **흰색**으로 표시된다.
- Non Modifiable Elements : Project 3D Geometry를 이용하여 다른 위치의 스케치나 3차원 형상을 현재 스케치의 요소를 가져왔다면 이 형상 요소는 원본에 종속되어 바로 수정하거나 조작할 수 없다. 이 경우 이러한 수정할 수 없는 요소에 대해서 **노란색**으로 표시된다.
- Selected Elements : 마우스를 사용하여 선택한 요소에 대해서는 **주황색**으로 표시된다.
- ISO-Constrained Elements/Fixed Elements : 형상 요소에 구속이 바르게 들어간 경우에 대해서 **녹색**으로 표시 해준다. 스케치 작업을 완료 했을 때 반드시 이 색이 나오도록 구속을 주어야 한다.
- Over Constrained Elements : 중복된 구속에 대해서 나타나는 색상으로 **보라색**으로 표시된다.
- Inconsistent Elements : 불필요한 구속이 들어갔거나 최소한 한 개 이상의 치수의 수정이 필요할 때 가리키며 **빨간색**으로 표시된다.
  ※ Over Constrained Elements나 Inconsistent Elements가 스케치에 있는 상태에서 Sketch Workbench를 나간다면 경고 메시지가 뜨게 되므로 반드시 수정하고 나가야 한다.

2) Sketch Solving Status(🔍)
현재 스케치 구속 상태가 어떤지를 알려주는 명령으로 Sketch Solving Status(🔍) 아이콘을 누르면 현재의 구속 상태에 대해 다음과 같은 창으로 메시지를 보여준다.

■ 구속이 들어가지 않았을 때

■ 구속이 바르게 들어갔을 때

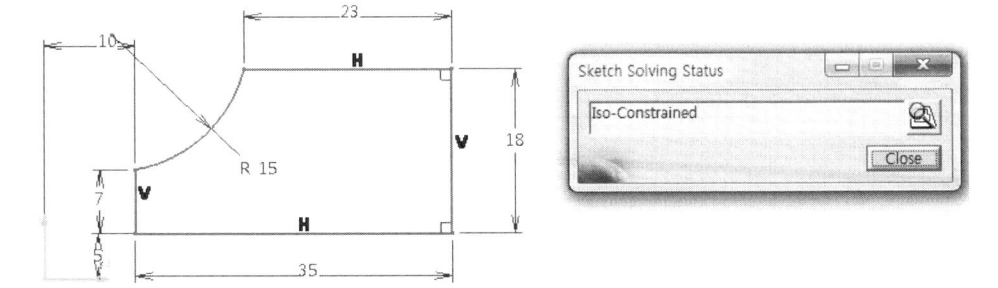

복잡한 형상으로 눈으로 정확히 스케치의 상태를 분간하기 어려울 때 사용하면 좋다.

■ 구속이 중복이 있을 때

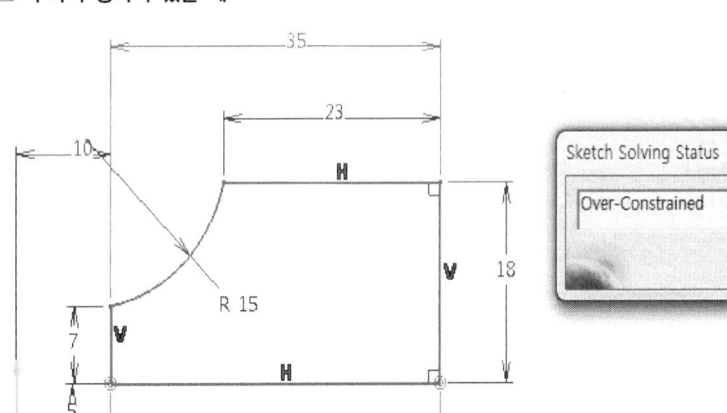

3) Sketch Analysis(🔍)
현재 스케치에 그려진 형상에 대해서 분석을 해주는 도구로 Geometry가 어떻게 구성되며 이들 각각의 요소는 닫혀있는지 외부 형상으로부터 Projection이나 Intersection을 사용했는지, 구속의 상태는 어떠한지 살펴볼 수 있게 해준다. 선분이 중복해서 겹쳐 있는지 확인할 수 있다.

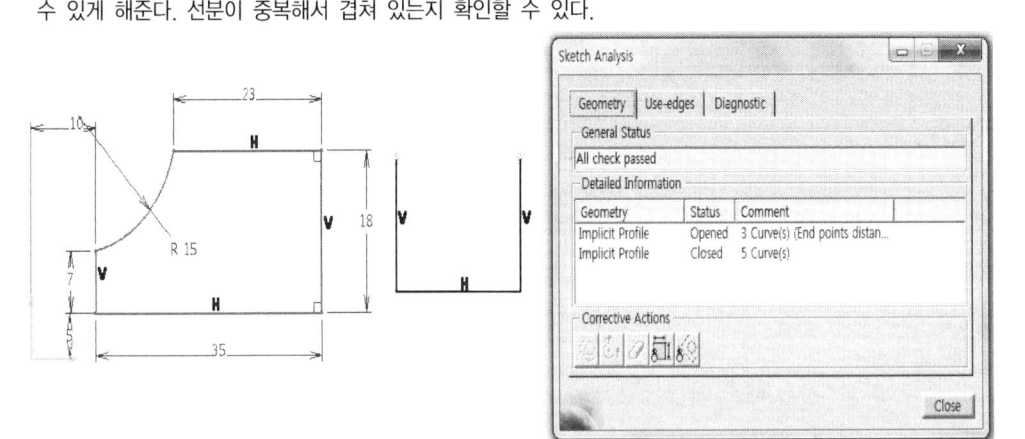

4) Sketch와 Positioned Sketch의 차이점
- Sketch(✏️) : 3차원의 원점을 스케치의 원점으로 하는 경우에 사용한다. 또한 어떤 평면을 잡고 들어갈 때 스케치의 방향성을 사용자가 정하는 것이 아니라, 본래 정해진 방향으로 스케치 작업을 하는 경우에 사용한다. 3차원 원점만을 스케치의 원점으로 하려면 번거로운 경우가 발생하며 모델링을 편리하게 하려면 원하는 원점을 잡아 스케치를 하는 것이 더욱 효율적인 경우가 많기 때문이다. Simple Geometry 를 제작하거나 단순 설계의 경우에 사용한다.
- Positioned Sketch(✏️) : 사용자가 스케치에서 원하는 원점, 평면 선택, 원하는 방향성 선택, 스케치를

진입을 하는 것이다.

스케치의 재사용 및 Sketch로 지정할 수 없는 난이도 있는 위치에 프로파일을 그리고자할 경우에 사용한다.

◢ Positioned Sketch 작업 순서

1) 기준 평면 요소 선택(Sketch Positioning)
- Sketch Positioning의 Type
  - · Positioned : 이 Type을 선택을 해야 작업자가 위치를 지정하여 스케치할 수 있다.
  - · Sliding : 일반 스케치를 의미한다.

2) 생성하고자 하는 스케치의 원점 요소 선택(Origin)
- Type
- · Implicit : Default 값으로 따로 원점을 설정하지 않는다. 일반 Sketch와 같다.
- · Part Origin : Part의 원점을 그대로 사용한다. 일반 Sketch와 같다.
- · Projection Point : 날카로운 형상의 꼭지점이나 곡선의 끝점 또는 Point와 같은 요소를 지정하여 선택한 Point 요소가 기준면의 평면상으로 투영되어 원점으로 지정된다.
- · Intersection between 2 lines : 두 개의 직선 요소의 교차하는 지점을 원점으로 사용할 수 있다. 따로 Geometry를 그리지 않고도 교차하는 지점을 원점으로 지정할 수 있다. Type을 변경한 후에 순서대로 두 직선을 선택한다.
- · Curve Intersection : 두 개의 곡선 요소의 교차하는 지점을 원점으로 사용할 수 있다.
- · Middle Point : 선택한 대상의 이등분 지점을 원점으로 사용할 수 있다.
- · BaryCenter : 선택한 형상의 면의 중심을 기준면으로 투영하여 원점으로 사용할 수 있다.

3) 생성하고자 하는 스케치의 원점의 축 방향(H, V)의 결정(Orientation)
- 기준 방향을 잡기 위한 Type
- · Implicit : Default 값으로 따로 원점을 설정하지 않는다. 일반적인 Sketch에서의 X, Y, Z 축에 대한 방향을 그대로 유지한다.
- · X Axis : 선택한 축 방향을 X축 방향을 따르도록 한다. 기준면과 평면상에 나란해야 한다.
- · Y Axis : 선택한 축 방향을 Y축 방향을 따르도록 한다. 기준면과 평면상에 나란해야 한다.
- · Z Axis : 선택한 축 방향을 Z축 방향을 따르도록 한다. 기준면과 평면상에 나란해야 한다.
- · Components : 선택한 축 방향을 현재 선택된 원점과 다른 하나의 공간상의 점의 좌표를 입력하여 방향을 지정한다.
- · Through Point : 선택한 축 방향을 현재 선택된 원점과 다른 하나의 점을 지정하여 두 점에 의한 축 방향을 지정한다.
- · Parallel to line : 선택한 직선 요소에 평행하게 선택한 수평 또는 수직 축을 잡아 준다.
- · Intersection Line : 두 평면 요소의 교차로 생성되는 직선의 방향으로 선택한 축 방향을 지정한다.
- · Normal to Surface : 선택한 면 요소의 수직한 방향으로 수평 또는 수직 축을 잡아준다.

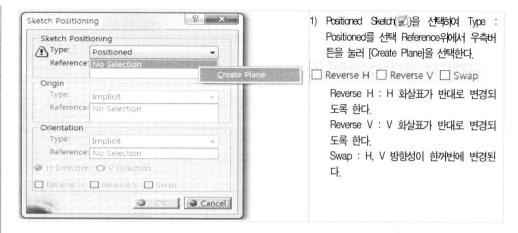

1) Positioned Sketch(🖉)을 선택하여 Type : Positioned를 선택 Reference위에서 우측버튼을 눌러 [Create Plane]을 선택한다.

☐ Reverse H ☐ Reverse V ☐ Swap

Reverse H : H 화살표가 반대로 변경되도록 한다.
Reverse V : V 화살표가 반대로 변경되도록 한다.
Swap : H, V 방향성이 한꺼번에 변경된다.

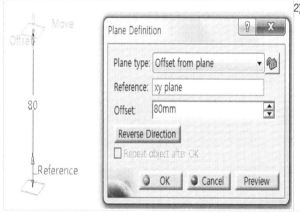

2) 다음과 같이 평면 위치를 선택한다.

3) 지정한 위치에 원점이 따로 생성되어 스케치 할 수 있다.

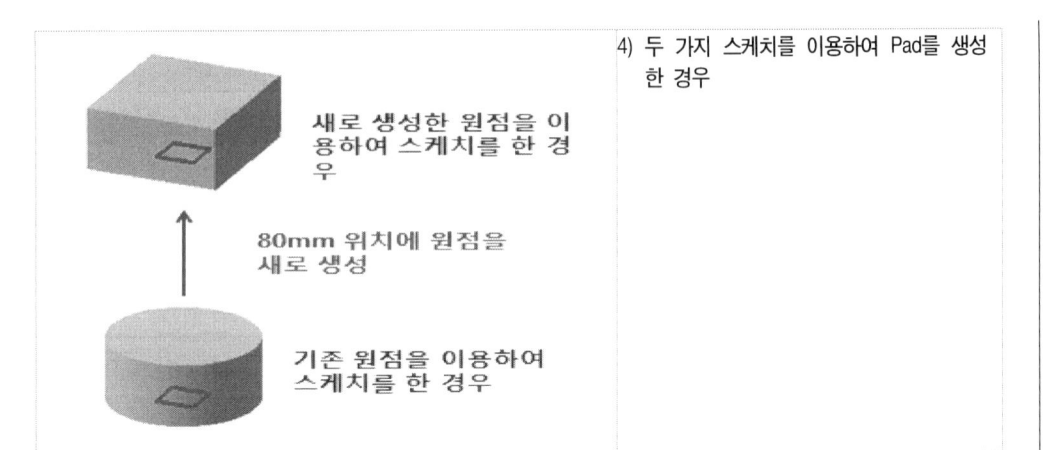

새로 생성한 원점을 이용하여 스케치를 한 경우

80mm 위치에 원점을 새로 생성

기존 원점을 이용하여 스케치를 한 경우

4) 두 가지 스케치를 이용하여 Pad를 생성한 경우

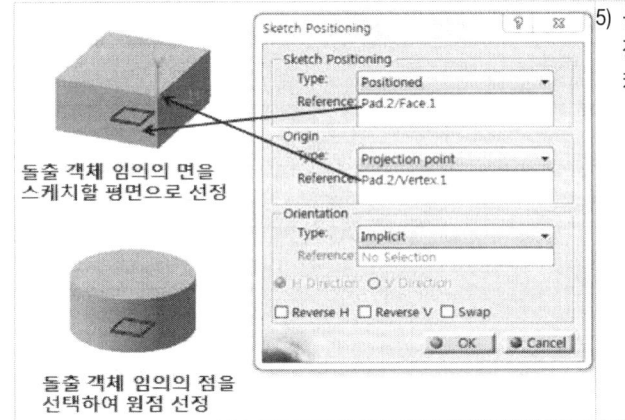

돌출 객체 임의의 면을 스케치할 평면으로 선정

돌출 객체 임의의 점을 선택하여 원점 선정

5) 돌출 객체의 임의의 평면과 꼭지점을 지정하여 스케치의 원점으로 생성하여 스케치를 할 수 있다.

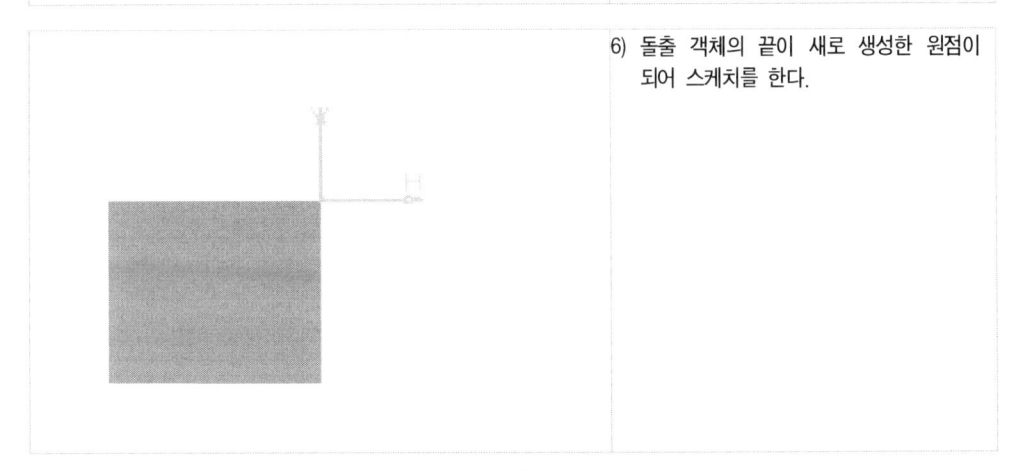

6) 돌출 객체의 끝이 새로 생성한 원점이 되어 스케치를 한다.

Define in Work Object

3차원 모델링은 일련의 작업 순서를 가진다. CATIA 3차원 모델링 데이터는 PartBody나 Ordered Geometrical Set에 기록된 경우 그 작업 순서와 내용을 작업 후에 재정의 할 수 있다. 사용자가 임의의 지점으로 작업 진행 상태를 변경하여 다른 작업 추가하거나 제거할 수가 있다.

이때 **작업 순서를 변경하고자 할 때 Define in Work Object**를 사용한다. CATIA에서는 작업이 이미 모두 진행되어도 그 중간의 어느 작업 지점을 마치 현재 작업 중인 것처럼 이동이 가능하며 다시 전체 작업 지점으로 돌아 올 수도 있다.

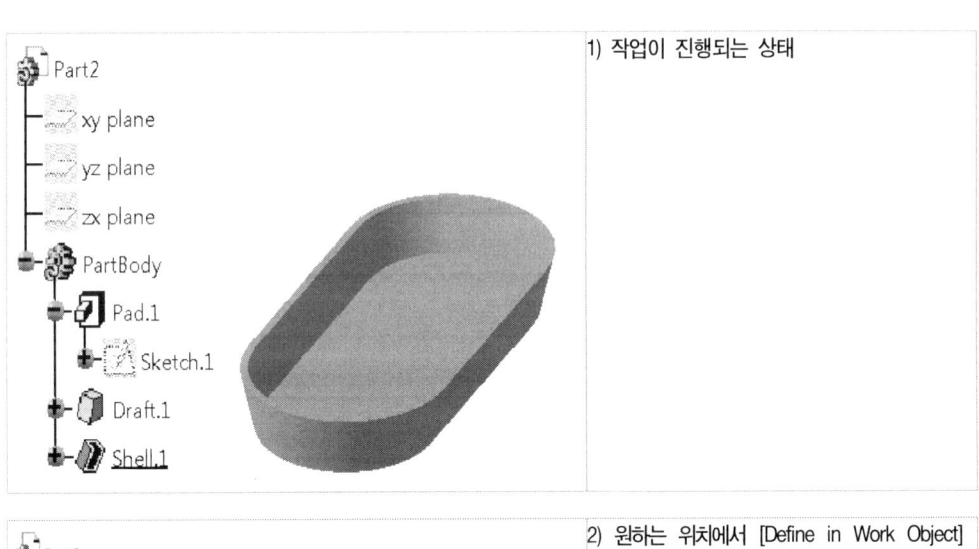

1) 작업이 진행되는 상태

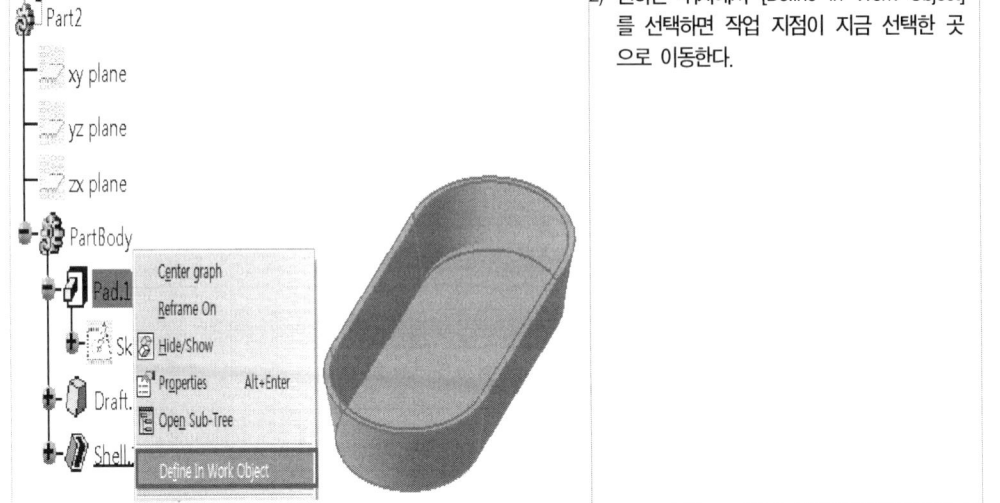

2) 원하는 위치에서 [Define in Work Object]를 선택하면 작업 지점이 지금 선택한 곳으로 이동한다.

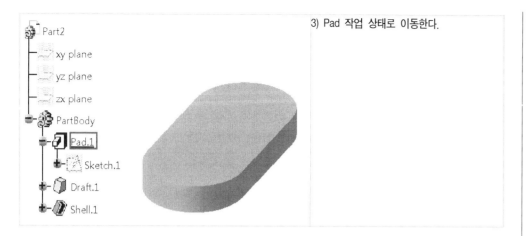

3) Pad 작업 상태로 이동한다.

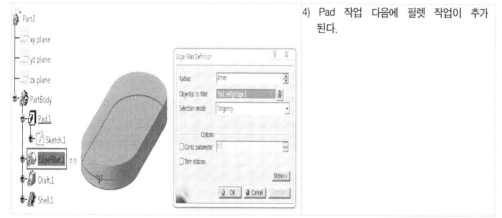

4) Pad 작업 다음에 필렛 작업이 추가 된다.

5) Shell 작업 다음 원 상태로 이동하려면 PartBody에 [Define in Work Object]를 선택한다.

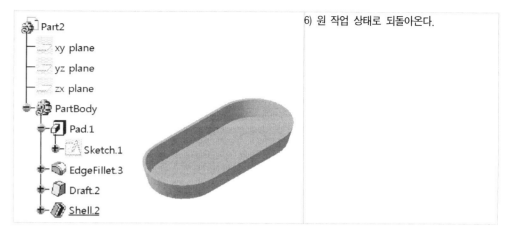

6) 원 작업 상태로 되돌아온다.

■ Ground : 3차원 형상을 작업하는데 있어 대상이 공중에 떠 있는 듯한 느낌을 피하기 위해 가상의 바닥면을 만들어주는 명령이다.

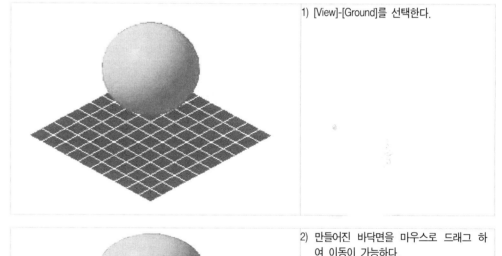

1) [View]-[Ground]를 선택한다.

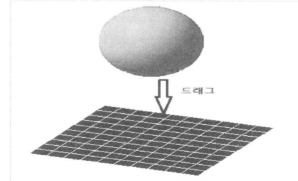

2) 만들어진 바닥면을 마우스로 드래그 하여 이동이 가능하다.

■ SmartPick

- 형상 프로파일을 그리는 과정에서 현재 그리는 대상에 적용할 수 있는 다른 요소들과의 일치점이나 수평, 수직, 직교, 평행, 중점과 같은 구속들을 스스로 찾아 준다. (자동 구속)
- SmartPick을 사용하지 않으려면 Shift Key를 누르거나 [Tools]-[Options]-[Mechanical Design]-[Sketcher]를 지정하여 SmartPick 선택을 해제한다.

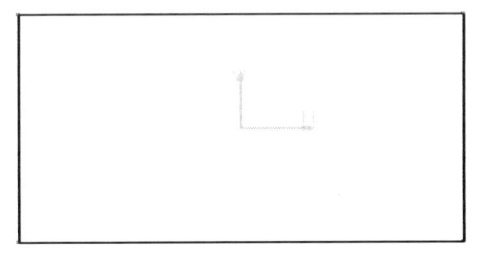

■ 구속조건 표시 모두 숨기기

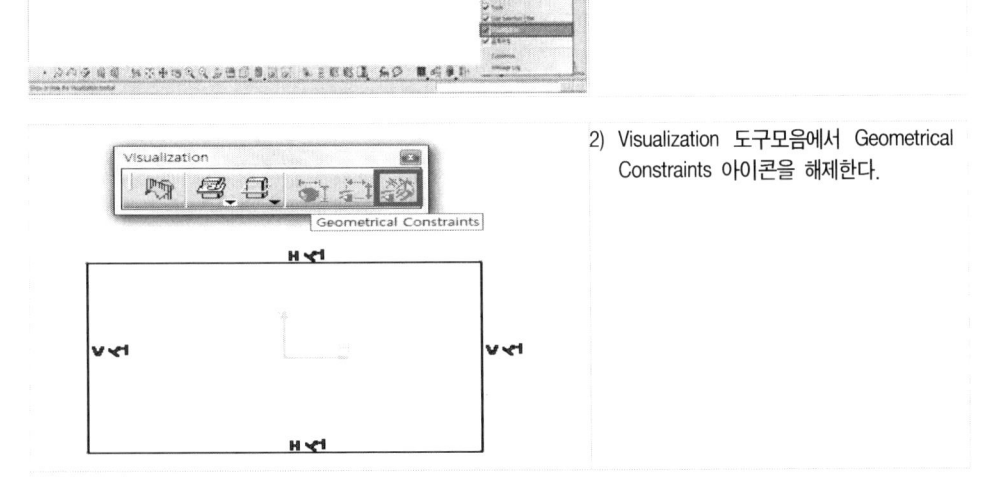

1) 도구모음 위에서 마우스 우측버튼을 눌러 바로가기 메뉴에서 [Visualization]을 체크한다.

2) Visualization 도구모음에서 Geometrical Constraints 아이콘을 해제한다.

3) 구속조건 표시가 숨겨진다.

■ 치수 기입 상태 표시 또는 모두 숨기기

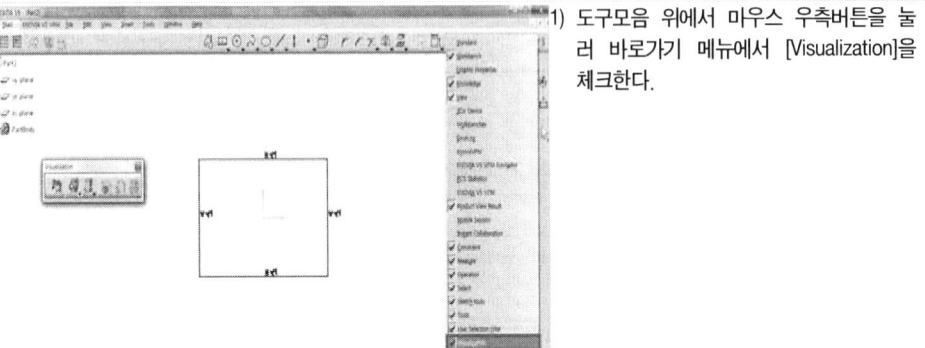

1) 도구모음 위에서 마우스 우측버튼을 눌러 바로가기 메뉴에서 [Visualization]을 체크한다.

2) Constraint로 다음과 같이 치수를 기입한다.

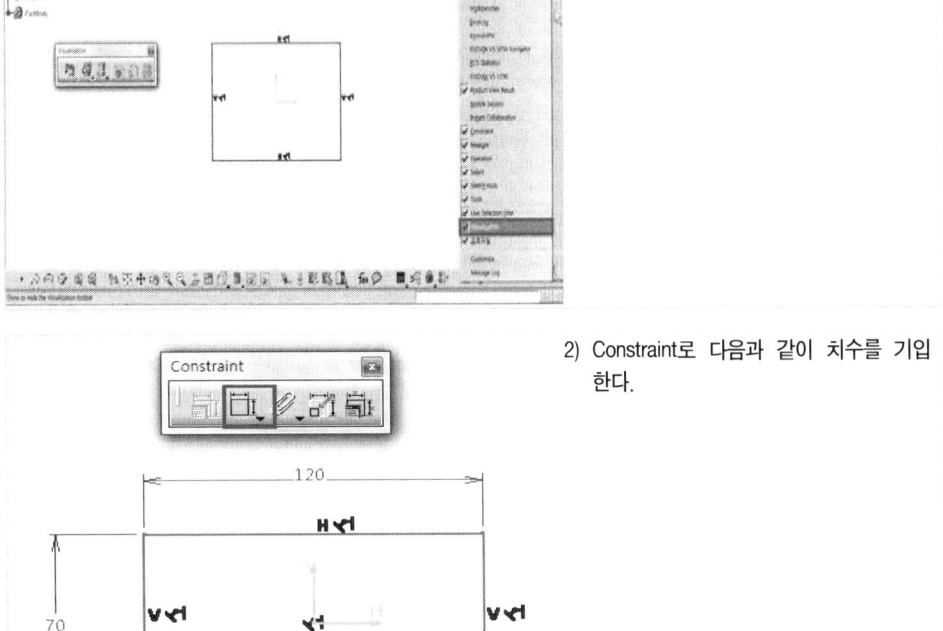

3) Dimensional Constraints 아이콘을 눌러 다음과 같이 해제한다.
- 치수 기입된 것이 숨겨진다.
- 선택을 하면 다시 치수가 보인다.

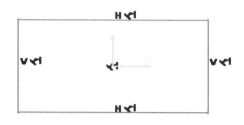

4) Dimensional Constraints 아이콘을 선택을 하면 다시 치수가 보인다.

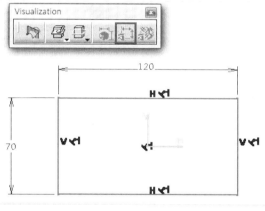

■ 원근법과 병렬 보기

[View]-[Render Style]-[Parallel]를 선택한다.
- Perspective : 원근감 보기
- Parallel : 병렬 보기
  3D설계 작업을 할 때는 Parallel 상태로 놓고 작업하는 것을 권한다.

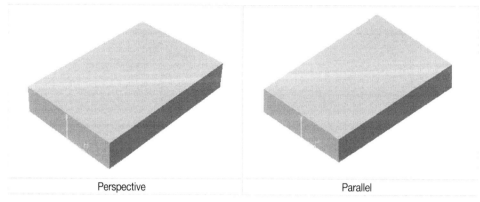

Perspective   Parallel

■ CATIA 단위 변경

[Tools]-[Options]-[General]-[Parameters and Measure]-[Unit]을 선택한다.

■ 3D Compass

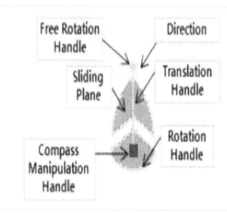

3D Compass는 2D 도면 작업을 지원하는 Drafting Workbench를 제외하고는 화면의 우측 상단에 항상 위치한다.
3D Compass의 주된 역할은 뷰포인트를 변경하거나 Part 또는 Product의 Component들을 이동시킨다. 이때한 대상을 선택하시 않았을 경우에는 뷰포인트가 이동되고 대상이 선택된 경우에는 선택된 대상이 이동한다.

Compass Manipulation Handle	컴파스 이동 핸들. 컴파스로 원하는 대상으로 이동시킨다.
Translation Handle	축 이동 핸들. 선택한 축을 따라 대상 또는 뷰포인트를 직접 이동시킨다.
Rotation Handle	축 회전 핸들. 선택한 축을 회전축으로 하여 대상 또는 뷰포인트를 회전시킨다.
Sliding Plane	면 이동 핸들. 선택한 평면을 따라 대상 또는 뷰포인트를 이동시킨다.
Direction	축. 컴파스 축 U/V/W 및 절대 좌표축 X/Y/Z를 표시한다.
Free Rotation Handle	자유회전 핸들. 대상 또는 뷰포인트를 자유롭게 회전시킨다.

■ Hide/Show( )

작업창에 나타난 요소를 숨기며, 숨겨진 Element를 다시 나타나게 하는 명령이다.

■ Swap Visible Space( )

작업창에 나타나는 요소가 있는 공간과 숨겨져 있는 요소가 있는 공간으로 이동시키는 명령이다.

■ Specification Tree

- CATIA 파일에 대한 Features, Constraint, Process, Assembly 정보를 가지며 모델이 만들어지는 과정을 단계적으로 나타낸다.
- 모델링 과정의 각 단계를 편집, 수정, 삭제할 수 있으며, 이미 만들어진 새로운 모델을 추가할 수도 있다.
- 작업창에 나타나지 않은 Geometric Element, Material Type 등의 정보를 제공한다.

■ Specification Tree 숨기기
[View]-[Specification]을 체크를 해제 하거나 [F3]을 눌러 숨길 수 있다.
Specification Tree가 작업공간에서 사라지면 작업하기가 곤란하기 때문에 사라지지 않도록 주의해야 한다.

■ 단축키 설정

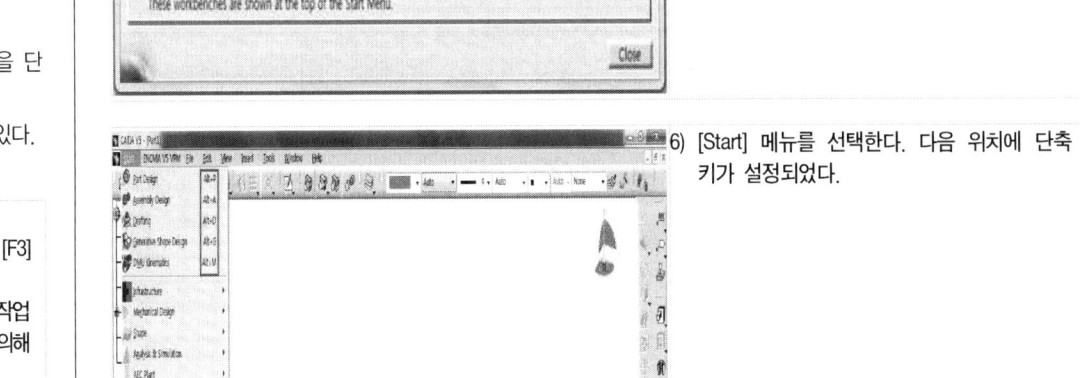

사용자 편의를 위해 단축키 설정한다.
1) [Tools]-[Customize]-[Start Menu]를 선택한다.
2) 좌측에서 Part Design를 선택하여 ① 화살표를 눌러 우측에 추가한다.
3) [Alt] 버튼을 누른다.
4) Accelerator : 명령어의 단축키를 다음과 같이 설정한다.
5) 나머지도 설정해 본다.
- Assembly Design : Alt + A
- Drafting : Alt + D
- Generative Shape Design : Alt + G
- DMU Kinematics : Alt + M

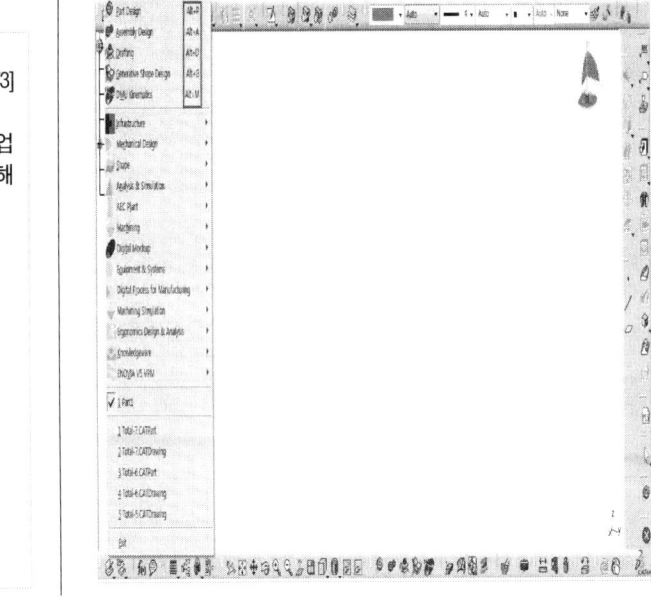

6) [Start] 메뉴를 선택한다. 다음 위치에 단축키가 설정되었다.

명령 아이콘 추가 또는 삭제

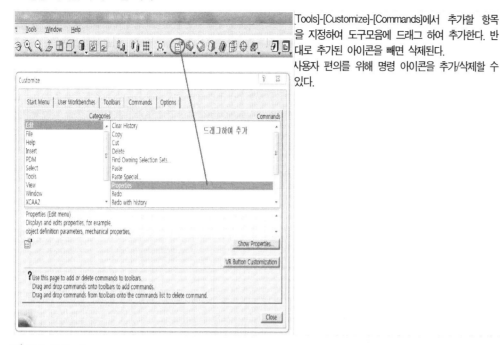

[Tools]-[Customize]-[Commands]에서 추가할 항목을 지정하여 도구모음에 드래그 하여 추가한다. 반대로 추가된 아이콘을 빼면 삭제된다.

사용자 편의를 위해 명령 아이콘을 추가/삭제할 수 있다.

Hybrid Design

1) In a body : Wireframe, Surface, Solid 디자인을 혼합하여 사용하는 기능을 나타내며 모든 형상을 In a body안에 표현한다.
2) In a Geometrical Set : Wireframe과 Surface를 Geometrical Set에 따로 표현한다.
   Generative Shape Design에서 작업한 객체를 따로 보관한다.

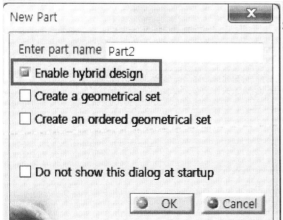

1) [File]-[New]를 선택한다.
2) 다음 대화상자에서 Enable hybrid design을 선택한다.

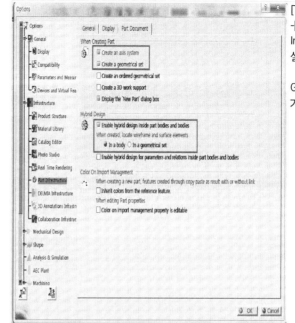

[Tools]-[Option]-[Infrastructure]-[Part Infrastructure]-[Part Document]를 선택한다.

In a Body와 In a geometrical set은 작업에 따라 설계자가 선택하여 작업을 한다.

Generative Shape Design에서 Surface작업을 하기 위해서는
- Create a geometrical set
- Create an axis systems 설정하고 작업을 한다.

Sketch Tools

Icon	명칭	설명
	Grid	격자 보기 활성화/비활성화 한다.
	Snap to point	교차되는 격자에서 Point 생성 활성화/비활성화 한다.
	Construction/Standard Element	보조선을 활성화/비활성화 한다.
	Geometrical Constraints	기호로 된 구속 활성화/비활성화 한다.
	Dimension Constraints	치수로 된 구속 활성화/비활성화 한다.

Visualization

Icon	명칭	설명
	Cut Part by Sketch Plane	스케치 모드에서 3D 단면을 선택한 기준면을 기준으로 잘라 보기 활성/비활성화 한다.
	usual	2D에서는 3D 형상 숨긴 것을 보이게 한다. No 3D background 기능의 반대 기능이다. 3D에서는 선택된 Plane에 Grid를 생성하며 형상 선택이 가능하고 특히 Wireframe 사용시 유용한 기능이다.
	Low light	2D에서 3D 형상물 선택 불가능하다. 3D에서는 선택된 Plane에 Grid를 생성하며 3D 형상물 선택 불가능하다.
	No 3D background	2D에서 3D 형상을 숨긴다. 3D에서는 선택된 Plane에 Grid를 생성하며 3D 형상을 숨긴다.
	Dimension Constraints	치수로 된 구속 활성화/비활성화 한다.
	No 3D background	2D에서 3D 형상물 숨긴다. 3D에서는 선택된 Plane에 Grid를 생성한다.
	Unpickable background	2D에서 3D 형상물 선택 불가. 3D에서는 선택된 Plane에 Grid를 생성하며 3D 형상물 선택 불가능하다.
	Low Intensity background	2D에서 비활성화된 3D 형상물 선택. 3D에서는 선택된 Plane에 Grid를 생성하며 3D 비활성화와 형상물 선택 가능하다.
	Unpickable Low Intensity back ground	2D에서 비활성화 된 3D 형상물 선택 불가능. 3D에서는 선택된 Plane에 Grid를 생성하며 3D 형상물 선택 불가능하다.
	Lock Current view point	2D/3D상에 현재의 View로 잠근다.
	Diagnostics	Profile 구속된 색상 보여주기/숨기기
	Dimensional Constraints	Profile 구속된 치수 보여주기/숨기기

◀ 단위 변경

[Tools]-[Options]-[Parameters and Measure]-[Units]를 선택한다.

◀ CATIA 배경 화면 색상 변경

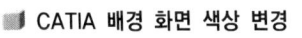

[Tools]-[Options]-[Display]-[Visualization]탭의 Background에서 배경색을 변경한다.

✎ 스케치 시작 → 작업할 Plane 선택(XY Plane, YZ Plane, ZX Plane) → 스케치 작업 수행 → ⬆ Exit Workbench

1. 도구모음 설명

Fly Mode : 비행기 아이콘을 누르면 전환된다.

- Fly Mode : 플라이 모드에서 마우스 가운데 버튼을 누른 상태로 왼쪽 버튼을 누르면 사용자가 공간에서 이동하는 뷰 포인터로 화면을 표시한다. 화면 전체의 공간에서 비행하는 것처럼 느껴진다.
- Fit all in(전체 화면 맞춤) : 대상(model)을 최적의 상태로 보여주는 명령이다.
- Pan(초점 이동) : 대상(model)을 임의의 위치로 움직이는 명령이다.
- Rotate(회전) : 대상(model)을 3D 작업창에서 자유롭게 회전시키는 명령이다.
- Zoom In(확대)/Out(축소) : 대상(model)을 확대, 축소하는 명령이다.
- Normal View(수직 뷰) : 보고자하는 면을 View의 정면에 오게 하는 명령이다.
- Create Multi View(다중 뷰 작성) : 현재의 화면을 4개로 분할하는 명령이다.
- Quick View(등각 뷰) : 표준 등각 뷰를 적용한다. Isometric View, Front View, Rear View, Left View, Right View, Top View, Bottom View 등이 있다.
- View Mode : Shading(음영), Shading In Edges 등 : 부드러운 모서리가 없는 모서리를 포함한 음영처리 부드러운 모서리가 없는 모서리를 포함하여 음영 처리한 지오메트리를 표시한다.
- Hide/Show : 객체를 숨기거나 표시한다.
- Swap Visible Space(표시 가능 스페이스 스왑) : 보이지 않던 스페이스를 다시 보이게 한다.

▒ CATIA Sketcher Workbench의 작업 순서

1) Profile Toolbar를 이용하여 개략적인 모습을 그려낸다. 완벽한 형상을 그리기에 앞서 형상을 간단하게 핵심이 되는 형상을 그린다.
   Line Profile과 Rectangle, Circle, Arc와 같은 1차적인 형상으로 구성된다.

- Profile : 다각형 형상을 그리는 명령이다. 곡률 형상이나 다각형을 연속적으로 그릴 수 있다. 연속적인 다각형을 중단하려면 ESC 또는 중단할 부분에서 더블클릭을 한다.
- Rectangle : 두 점을 찍어서 Rectangle을 그릴 수 있다. 사각형에 관련된 여러 가지 기능을 포함하고 있다.
- Circle : Circle과 Arc 형상을 그릴 수 있다.
- Spline : 여러 개의 점을 지나는 곡선을 그릴 수 있다.
- Ellipse : Ellipse 형상을 그릴 수 있다.
- Line : 점과 점을 찍어 스케치해주는 직선 형태로 스케치를 한다. 한 번에 한 선분만 스케치한다. 계속적으로 직선을 스케치하려면 직선 아이콘을 반복적으로 눌러줘야 한다. 무한한 긴 직선/두개의 형상을 접하는 직선/교차하는 두 직선의 이등분선/곡선에 대해서 임의의 수직인 직선 그리는 직선
- Axis : 회전체의 중심 축 역할을 하는 2차원 축이다.
- Point : 점을 생성한다.

2) 작업 도구모음(Operation Toolbar) : 형상의 detail한 부분을 다듬거나 수정하여 형상을 만든다.

- Edge Fillet : Profile 형상 중에 탄젠트 하지 않고 꼭지점이 있는 부분에 대해서 라운드 처리해주는 명령이다.
- Chamfer : 모서리 사이를 평평하게 길이와 각도를 주어 다듬는다.
- Trim/Break/Quick Trim/Arc Close/Complement : 형상 요소를 잘라내 지우는 역할을 한다.
- Mirror/Symmetry/Translate/Rotate/Scale/Offset : 대칭복사/대칭이동/이동/회전/축척/오프셋
- Project 3D element/Intersect 3D element/Project 3D Silhouette edges : 3D 객체에서 모서리 등을 투영하는 역할을 한다.

3) 제약조건 도구모음(Constraints Toolbar) : 모습이 갖추어진 형상에 구속을 주어 완전한 Profile을 만든다. 형상이 대략적으로 스케치되면 치수 구속을 주어 형상의 데이터를 입력해 준다. 구속을 해주지 않는 한 Profile은 완성되지 않는다.

- Constraints defined in Dialog Box : 제약조건 아이콘을 누르면 여러 가지 형태의 구속 조건을 선택할 수 있다.(수직/수평/접점/일치 등)
- Constraint(Dimension Constraint) : 형상에 치수를 기입하여 구속을 시켜준다.
- Fix together : 스케치 요소를 고정시켜준다.
- Auto Constraint : 자동으로 치수를 부여해 준다.
- Edit Multi Constraint : Edit Multi Constraint 창에서 스케치에 표시된 치수를 변경할 수 있다.

2. 2D 스케치 기능 실습

1) Profile 구성 요소 기능

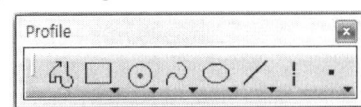

Profile ( )

- 다각형 형상을 그리는 명령이다. 곡률 형상이나 다각형을 연속적으로 그릴 수 있다.
- Profile 아이콘의 옵션

Grid
Snap to Point
보조선과 실선 전환
접원호   3점호

● Profile 실습 1

1) Axis( )을 실행하고 대각선으로 스케치를 한다.
2) Profile( )을 실행하고 Line과 접원호를 번갈아 가면서 전환하면서 스케치를 한다.

※ 힌트) 접원호와 직선을 완전히 접선 되지 않았다면 제약조건( ) 아이콘을 눌러 접선(Tangency) 구속시켜 준다.

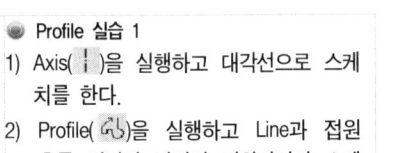

3) Constraints defined in Dialog Box와 Constraint를 이용하여 다음과 같이 구속을 한다.

- Axis와 R50 중심점과 일치(Coincidence) 구속을 한다.
- 양쪽 대각선과 Axis 순으로 선택하여 대칭(Symmetry) 구속을 한다.
- 나머지는 치수 구속을 한다.

R 50
45°
125

● Profile 실습 2

1) Profile( )을 실행하고 직선 상태로 대략적으로 스케치를 한다.

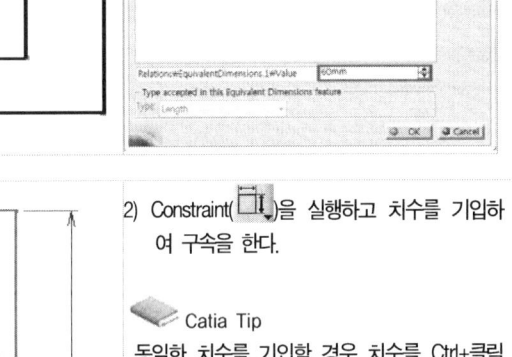

2) Constraint( )을 실행하고 치수를 기입하여 구속을 한다.

Catia Tip

동일한 치수를 기입할 경우 치수를 Ctrl+클릭을 하여 선택하고 마우스 우측 버튼을 눌러 바로가기 메뉴에서 [Selected Object]-[Edit Equivalent Dimension]을 선택한다. 해당 치수를 기입하고 [OK]를 하면 같은 치수로 기입된다.

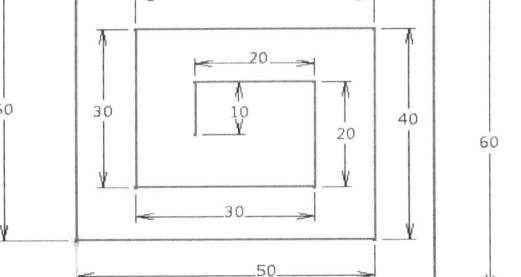

40
20
10
50 30
20
40 60
30
50
60

● Profile 실습 3

1) Profile( )을 실행하고 직선 상태로 대략적으로 스케치를 한다.
2) Constraint( )을 실행하고 치수를 기입하여 구속을 한다.

100   100
100

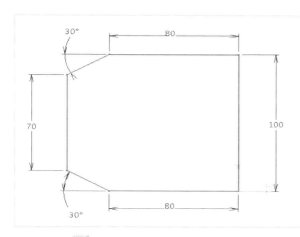

● Profile 실습 4

1) Profile( )을 실행하고 직선 상태로 대략적으로 스케치를 한다.

2) Constraint( )을 실행하고 치수를 기입하여 구속을 한다.

※ 힌트) 구속조건(수직/수평) 등을 적절하게 부여하여 구속시켜야 이 형상이 된다.

■ Rectangle()

Rectangle 형상을 그리는 명령이다. 시작점과 끝점을 클릭하여 Rectangle 형상을 스케치한다.

- Rectangle 아래 화살표를 클릭하면 다음과 같은 기능들이 포함되어 있다.

· Rectangle : 수직, 수평으로 사각형 Profile 생성한다.
· Oriented Rectangle : 두 점과 하나의 변을 이용하여 평행한 직사각형 Profile 생성한다.
· Parallelogram : 두 점과 하나의 변을 이용하여 평행사변형 Profile 생성한다.
· Elongated Hole : 두 점과 반지름을 이용하여 홀 Profile을 생성한다.
· Cylindrical Elongated Hole : 두 점과 원호를 이용하여 원통 홀 Profile 생성한다.
· Keyhole : 키 홀 Profile 생성한다.
· Hexagon : 정육각형 Profile 생성한다.
· Centered Rectangle : 직교하는 두 개의 선을 이용하여 사각형 Profile 생성한다.
· Centered Parallelogram : 교차하는 두 개의 선을 이용하여 평행사변형을 생성한다.

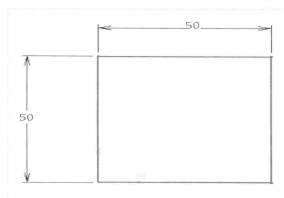

● Rectangle 실습

Rectangle을 실행하고 다음과 같이 스케치를 하고 치수를 기입하여 구속한다.

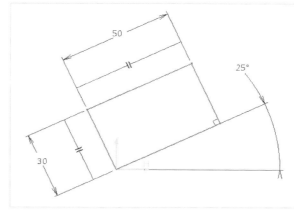

● Oriented Rectangle 실습

Oriented Rectangle을 실행하고 다음과 같이 스케치를 하고 치수를 기입하여 구속한다.

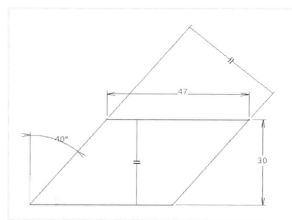

● Parallelogram 실습

Parallelogram을 실행하고 다음과 같이 스케치를 하고 치수를 기입하여 구속한다.

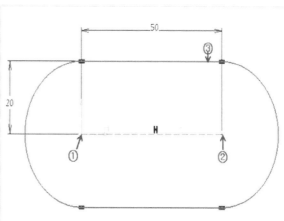

● Elongated Hole 실습

Elongated Hole을 실행하고 다음과 같이 스케치를 하고 치수를 기입하여 구속한다.

- 시작점(①)→끝점(②)→반경(③) 순으로 선택한다.

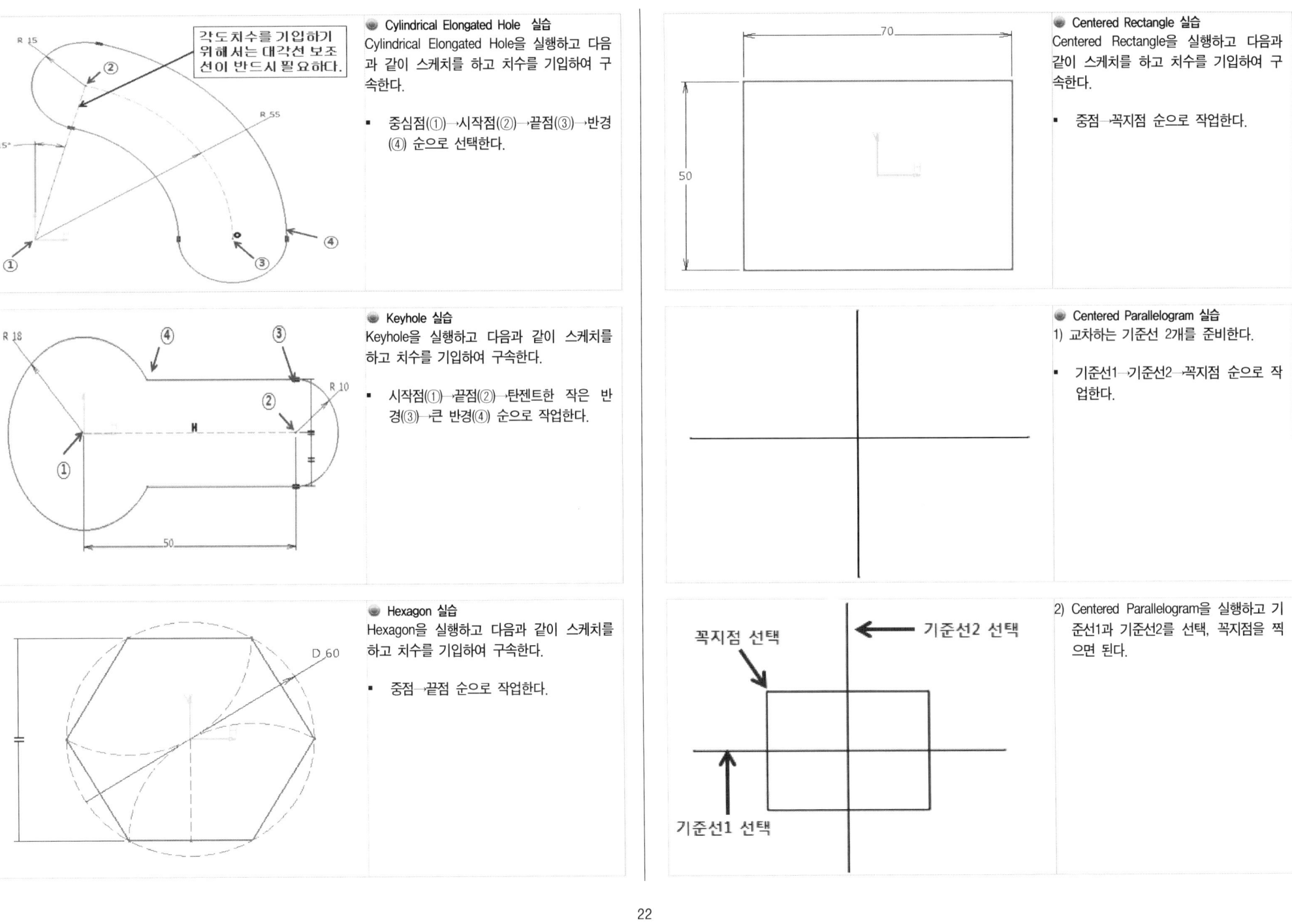

Cylindrical Elongated Hole 실습
Cylindrical Elongated Hole을 실행하고 다음과 같이 스케치를 하고 치수를 기입하여 구속한다.

- 중심점(①)→시작점(②)→끝점(③)→반경(④) 순으로 선택한다.

R 15
R 55
15°
각도치수를 기입하기 위해서는 대각선 보조선이 반드시 필요하다.

Keyhole 실습
Keyhole을 실행하고 다음과 같이 스케치를 하고 치수를 기입하여 구속한다.

- 시작점(①)→끝점(②)→탄젠트한 작은 반경(③)→큰 반경(④) 순으로 작업한다.

R 18
R 10
50

Hexagon 실습
Hexagon을 실행하고 다음과 같이 스케치를 하고 치수를 기입하여 구속한다.

- 중점→끝점 순으로 작업한다.

D 60

Centered Rectangle 실습
Centered Rectangle을 실행하고 다음과 같이 스케치를 하고 치수를 기입하여 구속한다.

- 중점→꼭지점 순으로 작업한다.

70
50

Centered Parallelogram 실습
1) 교차하는 기준선 2개를 준비한다.

- 기준선1→기준선2→꼭지점 순으로 작업한다.

2) Centered Parallelogram을 실행하고 기준1과 기준선2를 선택, 꼭지점을 찍으면 된다.

꼭지점 선택
기준선2 선택
기준선1 선택

■ Circle(⊙) : Circle과 Arc 형상을 만드는데 사용하는 명령이다.

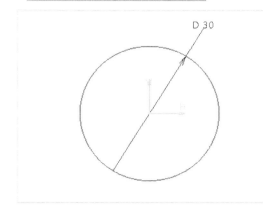

● Circle 실습
Circle을 실행하고 다음과 같이 스케치를 하고 치수를 기입하여 구속한다.

- 중심→반경 순으로 선택한다.
- D : 지름(Diameter)을 의미한다.

● Three Point Circle 실습
Three Point Circle을 실행하고 다음과 같이 스케치를 하고 치수를 기입하여 구속한다.

● Circle Using Coordinates 실습
1) Circle Using Coordinates를 실행하고 다음과 같이 수직(V)과 수평(H) 좌표값, 반지름을 입력하면 좌표지점에 원이 그려진다.

2) 다음과 같이 Circle Using Coordinates로 스케치 된다.

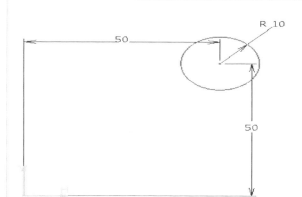

● Tri-Tangent Arc 실습
1) 다음과 같이 접점으로 사용할 3개의 객체를 스케치 한다.

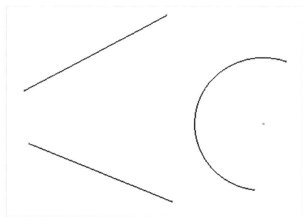

2) Tri-Tangent Arc을 실행하고 다음과 같이 3개의 형상을 차례대로 선택한다. 3개의 객체에 접선(Tangency)된 원이 그려진다.

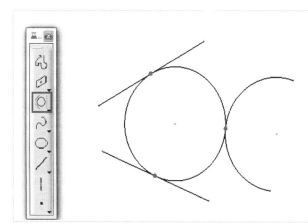

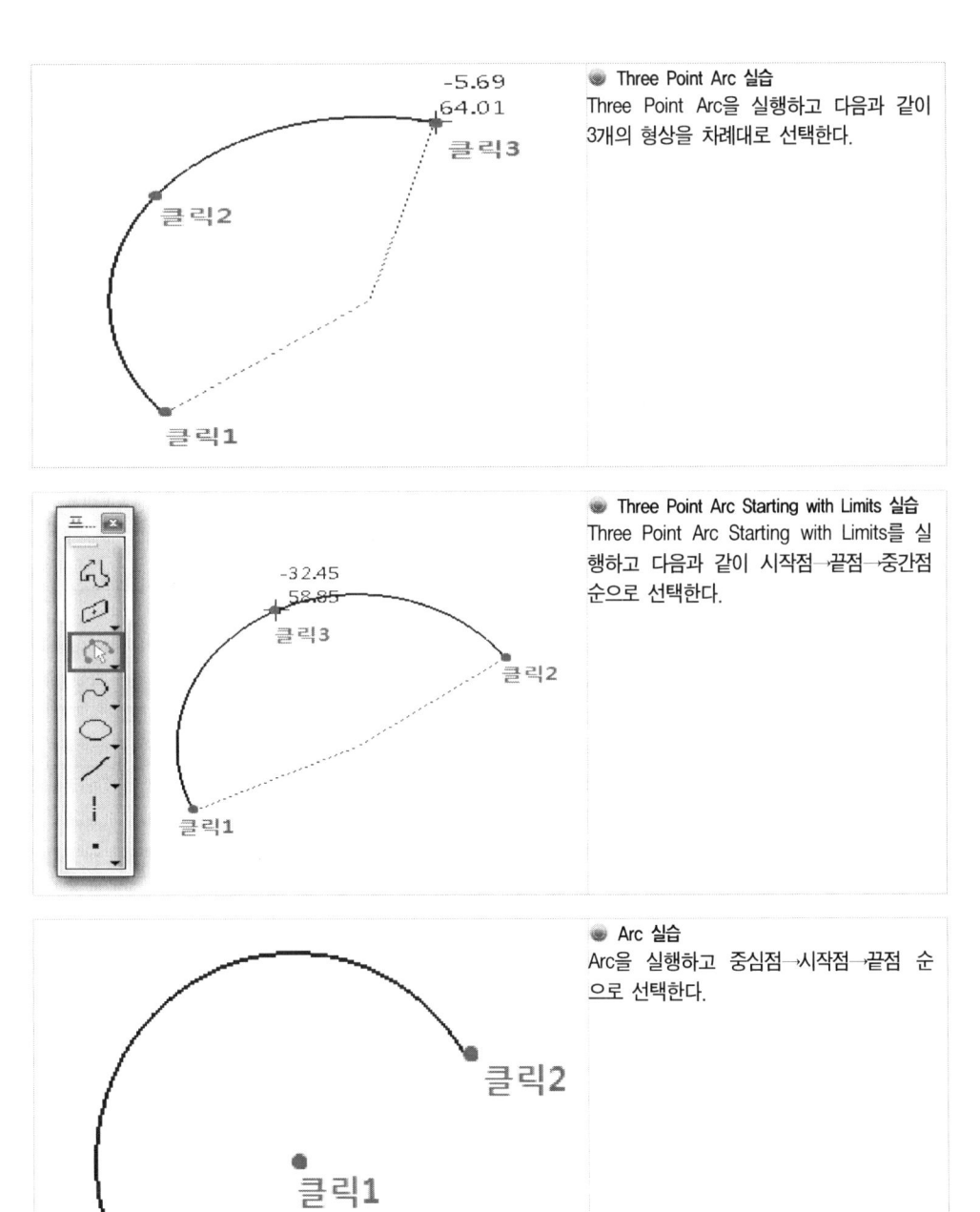

● **Three Point Arc 실습**
Three Point Arc을 실행하고 다음과 같이
3개의 형상을 차례대로 선택한다.

-5.69
64.01
클릭3

클릭2

클릭1

● **Three Point Arc Starting with Limits 실습**
Three Point Arc Starting with Limits를 실
행하고 다음과 같이 시작점→끝점→중간점
순으로 선택한다.

-32.45
58.85
클릭3

클릭2

클릭1

● **Arc 실습**
Arc을 실행하고 중심점→시작점→끝점 순
으로 선택한다.

클릭2

클릭1

클릭3

■ Spline : 자유 곡선을 스케치할 때 사용하는 명령이다.

Profile

● **Spline 실습**
1) Spline을 실행하고 다음과 같이 스케
치를 한다.

2) Spline은 Point마다 수평과 수직 치수
를 기입한다. 모든 Point에 치수를 기
입해야 한다.

19
8
24
32
22
20
34
54

● **Connect 실습**
1) Connect를 사용하기 위해 다음과 같
이 스케치를 준비한다.

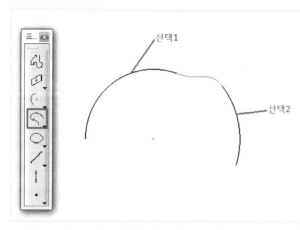

2) Connect를 실행하고 두 개의 스케치를 차례대로 선택한다.

3) 두 스케치 사이가 Spline으로 연결된다.

■ Ellipse : Ellipse을 스케치할 때 사용하는 명령이다.

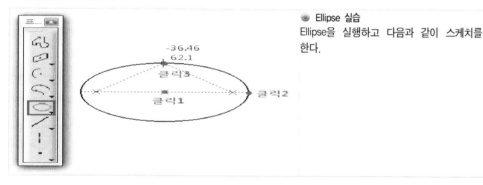

● Ellipse 실습
Ellipse을 실행하고 다음과 같이 스케치를 한다.

● Parabola by Focus 실습
Parabola by Focus를 사용하기 위해 다음과 같이 스케치를 준비한다.

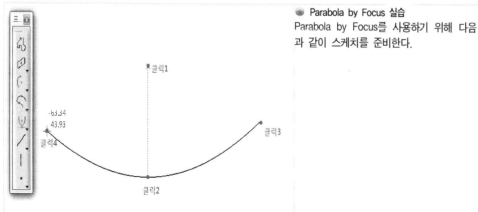

● Hyperbola by Focus 실습
Hyperbola by Focus를 실행하고 두 정점과 중점, 두 개의 시작점과 끝점을 사용하여 쌍곡선을 스케치한다.

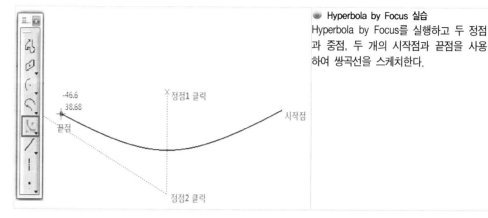

● Conic 실습
Conic을 실행하고 다음과 같이 순서대로 클릭을 한다.

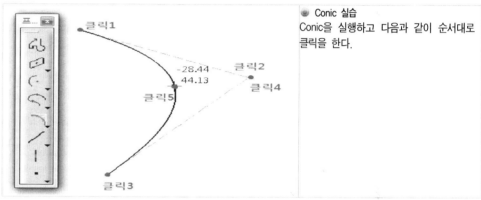

■ Line : 직선을 스케치할 때 사용하는 명령이다.

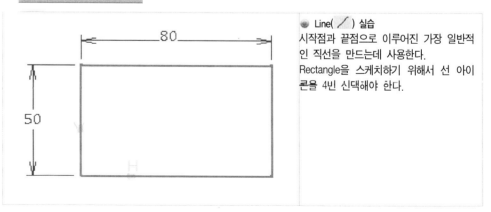

● Line(╱) 실습
시작점과 끝점으로 이루어진 가장 일반적인 직선을 만드는데 사용한다.
Rectangle을 스케치하기 위해서 선 아이콘을 4번 신댁해야 한다.

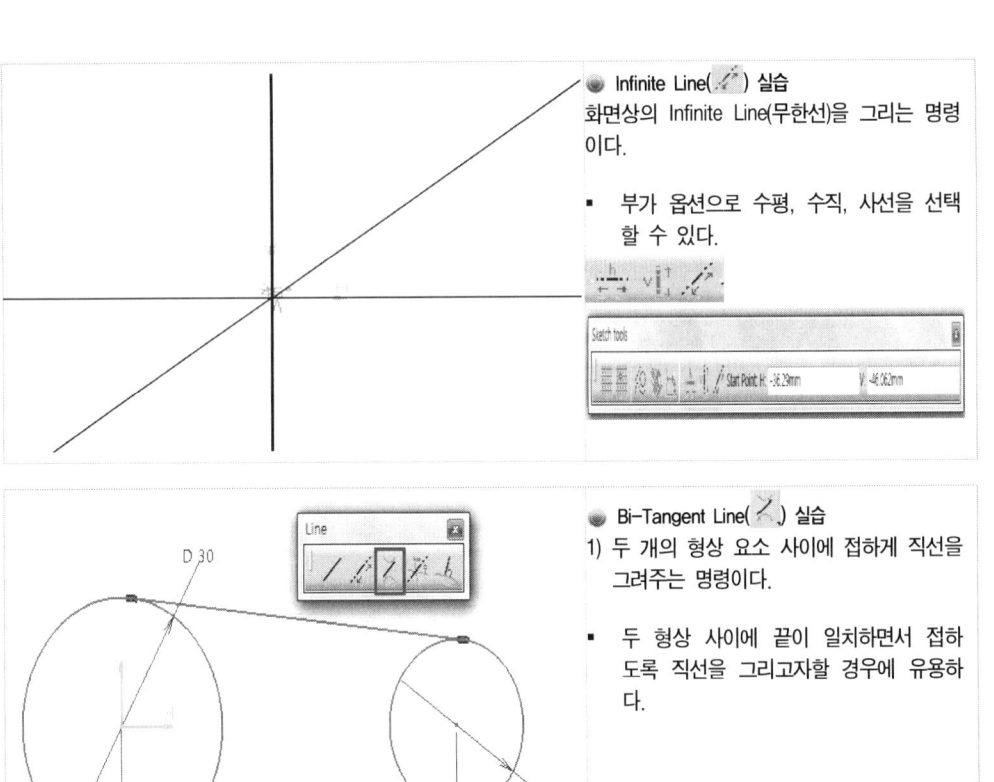

● Infinite Line( ) 실습

화면상의 Infinite Line(무한선)을 그리는 명령이다.

- 부가 옵션으로 수평, 수직, 사선을 선택할 수 있다.

● Bi-Tangent Line( ) 실습

1) 두 개의 형상 요소 사이에 접하게 직선을 그려주는 명령이다.

- 두 형상 사이에 끝이 일치하면서 접하도록 직선을 그리고자할 경우에 유용하다.

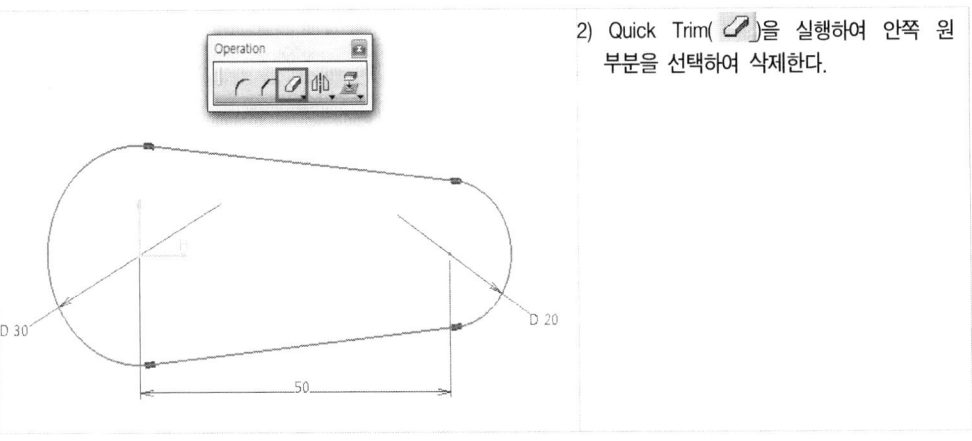

2) Quick Trim( )을 실행하여 안쪽 원 부분을 선택하여 삭제한다.

● Bisection Line( ) 실습

1) Line 아이콘을 눌러 다음과 같이 스케치를 준비한다.

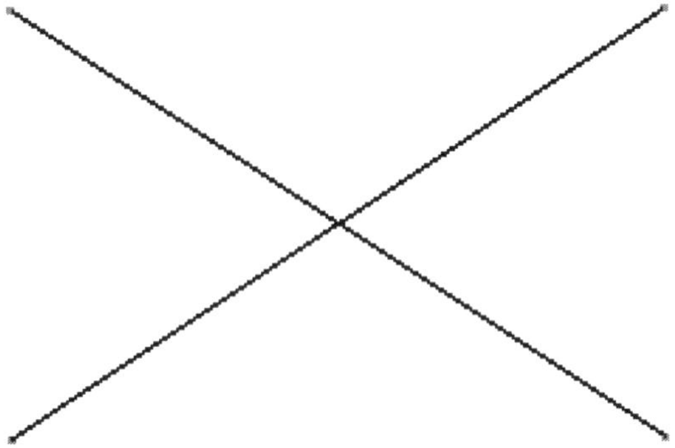

2) 직선을 차례대로 선택한다.

두 개의 대각선이 교차하는 부분에 수직 또는 수평 무한대 선분이 생성된다.

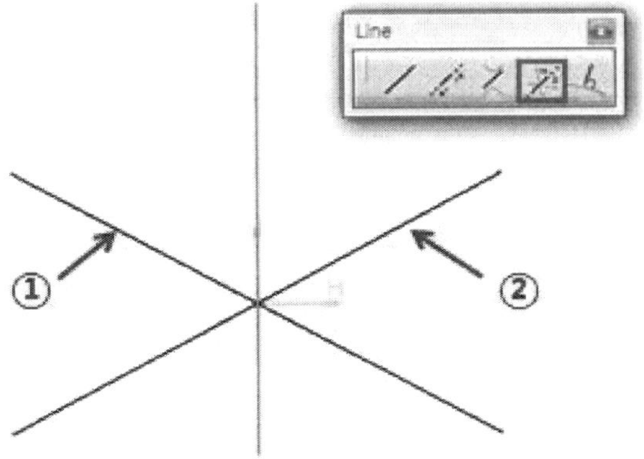

● Line Normal to Curve( ) 실습

1) Spline으로 다음과 같이 스케치를 준비한다.

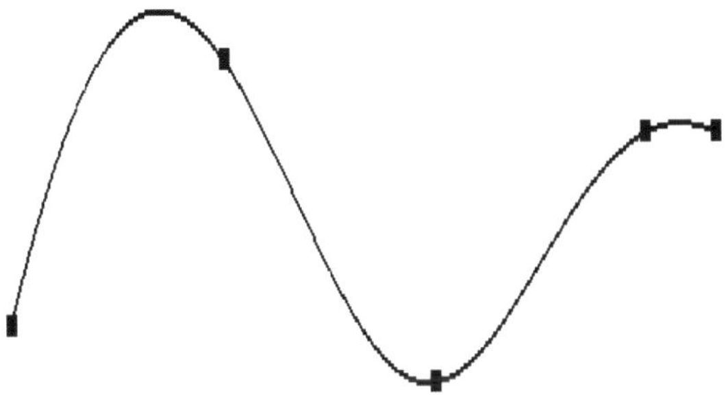

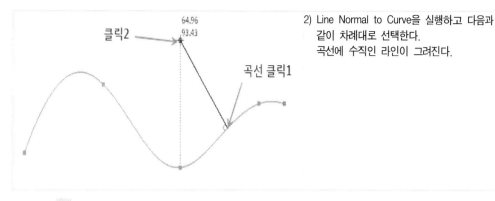

2) Line Normal to Curve을 실행하고 다음과 같이 차례대로 선택한다. 곡선에 수직인 라인이 그려진다.

Axis :

Axis란 회전체의 중심 축 역할을 하는 2차원 요소로 만들어진 도면 요소이다. 스케치 상에서만 확인할 수 있고 3차원 Workbench로 이동해서는 보이지 않는다. 물론 3차원 상에서 축을 이용한 작업에 바로 사용될 수 있다.

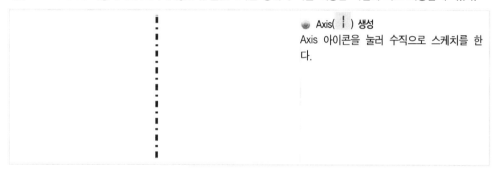

● Axis(┊) 생성
Axis 아이콘을 눌러 수직으로 스케치를 한다.

Point Sub Toolbar

1) Point By Clicking : 원하는 지점을 클릭하여 점을 생성한다.
2) Point By Using Coordinate : 포인트를 생성하기 전에 Definition 창에서 위치를 결정하여 구속까지 함께한다.

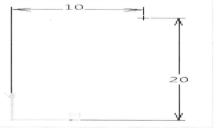

- 직교모드로 H(수평), V(수직) 방향 값을 입력하는 방법이 있다.
- 극좌표 모드로 반경과 각도를 이용하여 구속할 수도 있다.

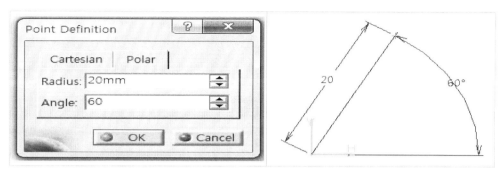

3) Equidistant Points : 선택한 형상 요소에 등간격으로 포인트를 생성해주는 명령이다.

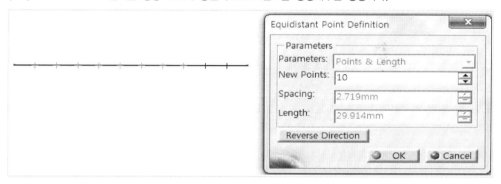

4) Intersection Point : 교차하는 두 요소간의 교차점을 만들어 주는 명령이다. Intersection Point는 Point 옵션 중에서 중요한 요소이다. 이 포인트를 가지고 각 곡선을 분리할 수 있다.

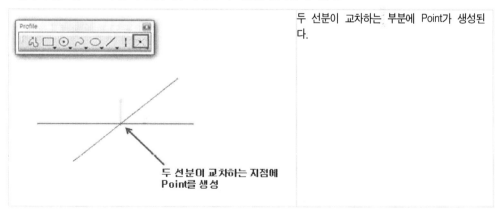

두 선분이 교차하는 부분에 Point가 생성된다.

두 선분이 교차하는 지점에 Point를 생성

5) Projection Point : 포인트를 커브나 직선에 투영시켜 그 커브나 직선상에 있는 점을 만들어 준다.

[Lecture 2-1]

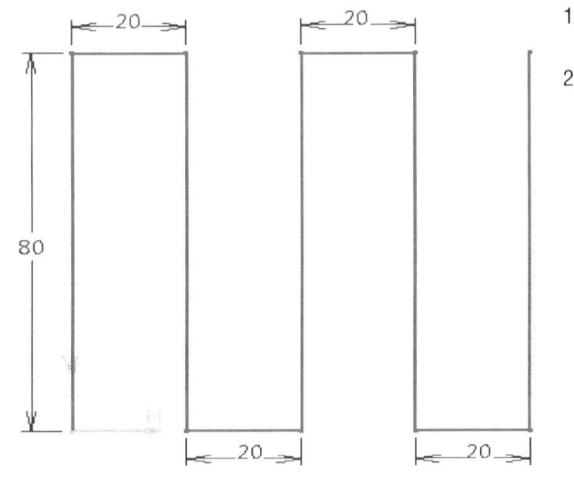

1. 스케치를 실행하고 YZ Plane을 선택한다.

2. Profile 또는 Line으로 다음과 같이 스케치를 한다.

[Lecture 2-3]

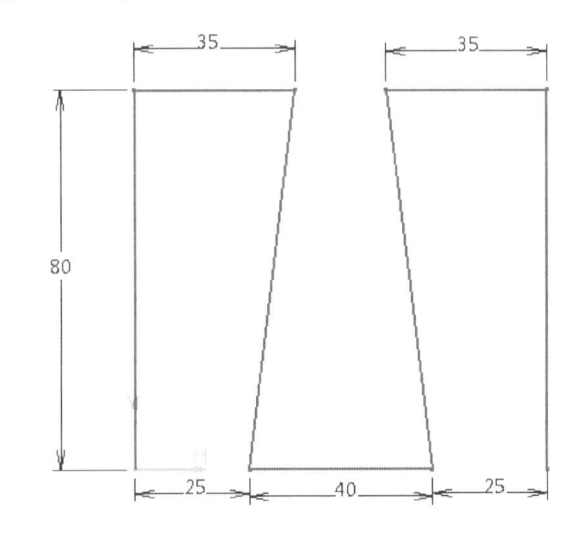

1. 스케치를 실행하고 YZ Plane을 선택한다.

2. Profile 또는 Line으로 다음과 같이 스케치를 한다.

[Lecture 2-2]

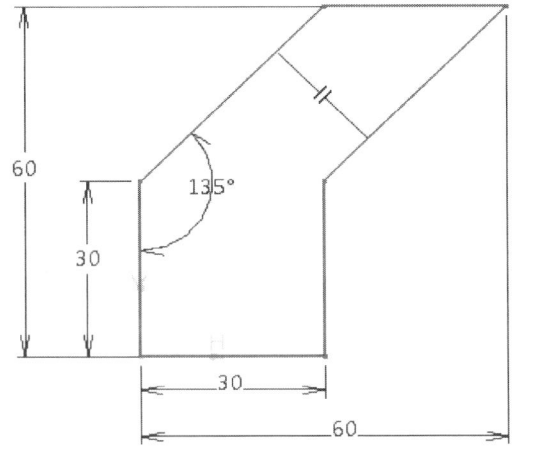

1. 스케치를 실행하고 YZ Plane을 선택한다.

2. Profile 또는 Line으로 다음과 같이 스케치를 한다.

[Lecture 2-4]

1. 스케치를 실행하고 YZ Plane을 선택한다.

2. Profile 또는 Rectangle, Circle로 다음과 같이 스케치를 한다.

[Lecture 2-5]

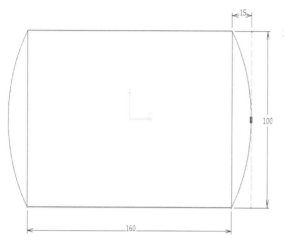

1. 스케치를 실행하고 YZ Plane을 선택한다.

2. Profile 또는 Rectangle, Three Point Arc 로 다음과 같이 스케치를 한다.

[Lecture 2-6]

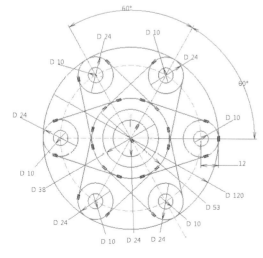

1. 스케치를 실행하고 YZ Plane을 선택한다.

2. Line, Circle, Bi-Tangent Line( ), Mirror ( )로 다음과 같이 스케치를 한다.

[Lecture 2-7]

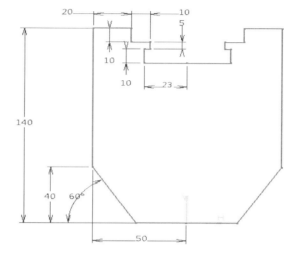

1. 스케치를 실행하고 YZ Plane을 선택한다.

2. Line, Mirror( )로 다음과 같이 스케치 를 한다.

[Lecture 2-8]

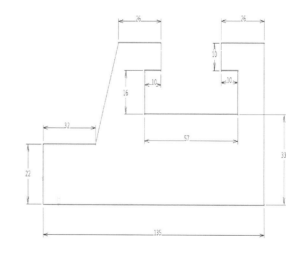

1. 스케치를 실행하고 YZ Plane을 선택한다.

2. Line으로 다음과 같이 스케치를 한다.

2) 작업 도구(Operation)

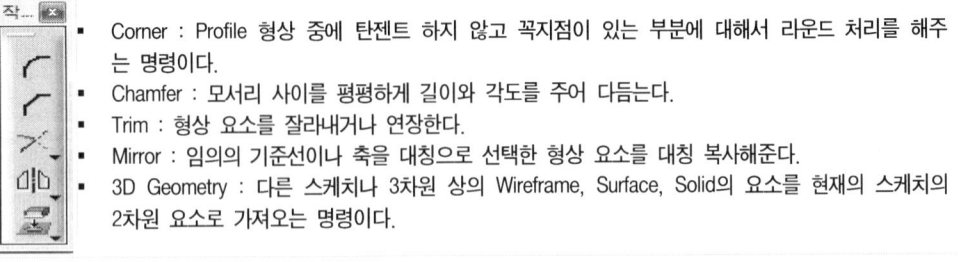

- **Corner** : Profile 형상 중에 탄젠트 하지 않고 꼭지점이 있는 부분에 대해서 라운드 처리를 해주는 명령이다.
- **Chamfer** : 모서리 사이를 평평하게 길이와 각도를 주어 다듬는다.
- **Trim** : 형상 요소를 잘라내거나 연장한다.
- **Mirror** : 임의의 기준선이나 축을 대칭으로 선택한 형상 요소를 대칭 복사해준다.
- **3D Geometry** : 다른 스케치나 3차원 상의 Wireframe, Surface, Solid의 요소를 현재의 스케치의 2차원 요소로 가져오는 명령이다.

■ Corner :

- **Corner** : Profile 형상 중에 탄젠트 하지 않고 꼭지점이 있는 부분에 대해서 라운드 처리를 해주는 명령이다.
- 꼭지점을 직접 선택하거나 양쪽 모서리를 차례대로 지정하여 필렛을 할 부분을 선택한다.
- 부가적인 옵션 Type

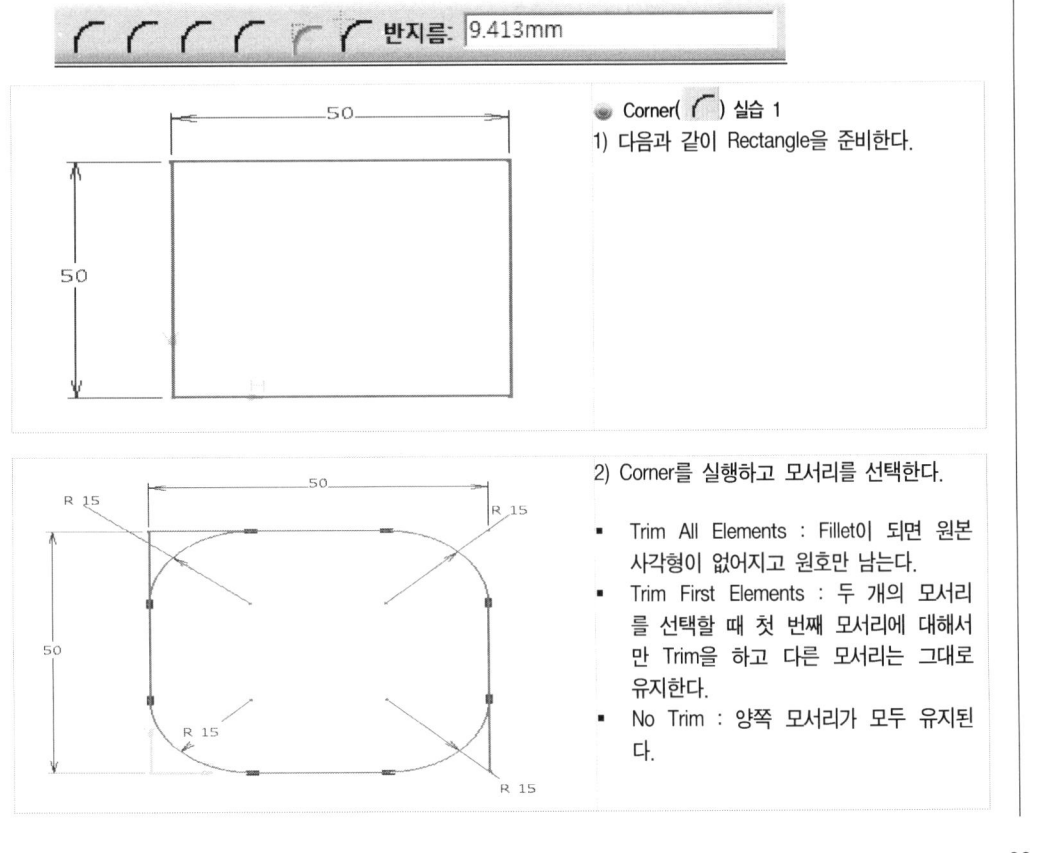

● Corner( ) 실습 1

1) 다음과 같이 Rectangle을 준비한다.

2) Corner를 실행하고 모서리를 선택한다.

- **Trim All Elements** : Fillet이 되면 원본 사각형이 없어지고 원호만 남는다.
- **Trim First Elements** : 두 개의 모서리를 선택할 때 첫 번째 모서리에 대해서만 Trim을 하고 다른 모서리는 그대로 유지한다.
- **No Trim** : 양쪽 모서리가 모두 유지된다.

● Corner( ) 실습 2

1) 다음과 같이 스케치를 준비한다.

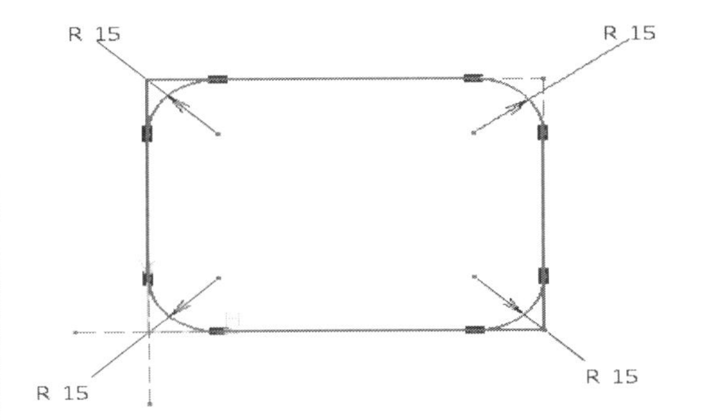

2) Corner를 실행하고 모서리를 선택한다.

- **Standard Lines Trim** : 선 요소가 서로 교차점을 지나 늘어난 확장된 부분만을 잘라낸다.
- **Construction Line Trim** : Trim되는 부분을 보조선으로 남긴다.
- **Construction Line No Trim** : 확장된 부분까지 보조선으로 유지된다.

■ Chamfer :

- 모서리 사이를 평평하게 길이와 각도를 주어 다듬는다.
- 부가적인 옵션 Type

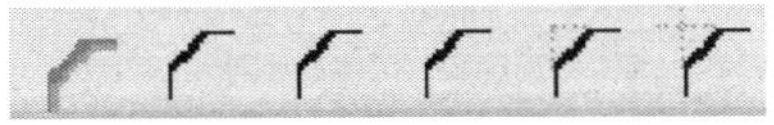

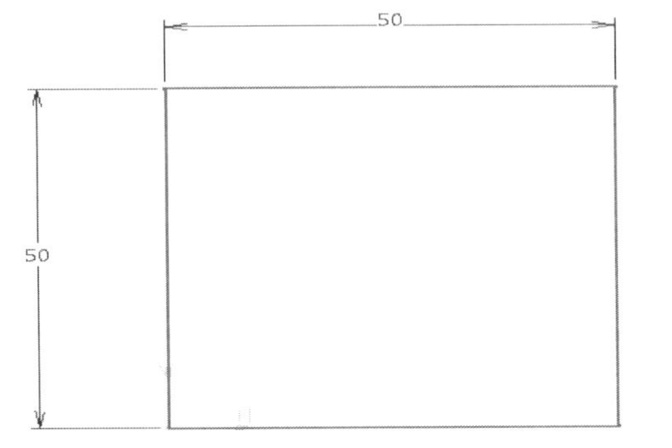

● Chamfer 실습

1) 다음과 같이 Rectangle을 준비한다.

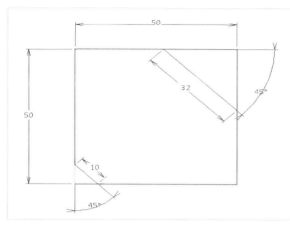

2) Chamfer( )를 실행하고 거리 : 32mm, 각도 : 45deg로 모서리를 Chamfer를 한다.

- Trim All Elements : Chamfer가 되면 모따기 선분만 남고 원본 선은 잘라진다.
- Trim First Element : 두 개의 모서리를 선택할 때 첫 번째 모서리에 대해서만 Trim을 하고 다른 모서리는 그대로 유지한다.

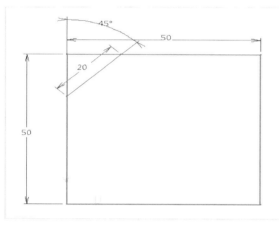

3) Chamfer( )를 실행하고 거리 : 20mm, 각도 : 45deg로 모서리를 Chamfer를 한다.

- No Trim : 양쪽 모서리가 모두 유지된다.

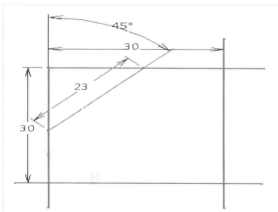

4) Chamfer( )를 실행하고 거리 : 23mm, 각도 : 45deg로 모서리를 Chamfer를 한다.

- Standard Lines Trim : 선 요소가 서로 교차점을 지나 늘어난 확장된 부분만을 잘라낸다.

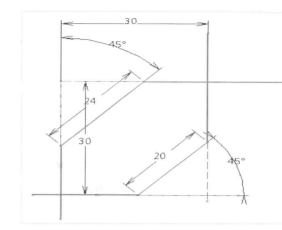

5) Chamfer( )를 실행하고 거리 : 24mm, 각도 : 45deg로 모서리를 Chamfer를 한다.

- Construction Line Trim : Trim되는 부분을 보조선으로 남긴다.
- Construction Line No Trim : 확장된 부분까지 보조선으로 유지된다.

3) Relimitation Sub Toolbar

- Trim( ) : 형상 요소를 잘라내 지우는 역할을 한다. 그려진 형상 중에 불필요한 부분이 있다면 그 부분을 Trim을 통하여 제거시킨다.
- Break( ) : 하나의 직선 또는 곡선 같은 요소를 나눠주는 기능을 한다.
- Quick Trim( ) : 제거할 부분을 지정하여 즉시 없앤다.
- Close( ) : Circle이나 Ellipse, 닫힌 Spline 같은 요소의 닫힌 형상에 대해서 일부분이 잘려나간 경우 이를 다시 처음의 닫혀있던 상태로 돌려주는 기능이다.
- Complement( ) : Circle이나 Ellipse, 닫힌 Spline 같은 형상의 일부가 잘려져 나갔을 때 현재 부분을 현재 남아있는 부분의 반대 부분으로 바꾸어 주는 작업을 한다.

Trim( ) : 형상 요소를 잘라내 지우거나 연장하는 역할을 한다.

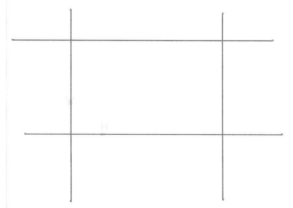

● Trim 실습 1
1) 다음과 같이 스케치를 준비한다.

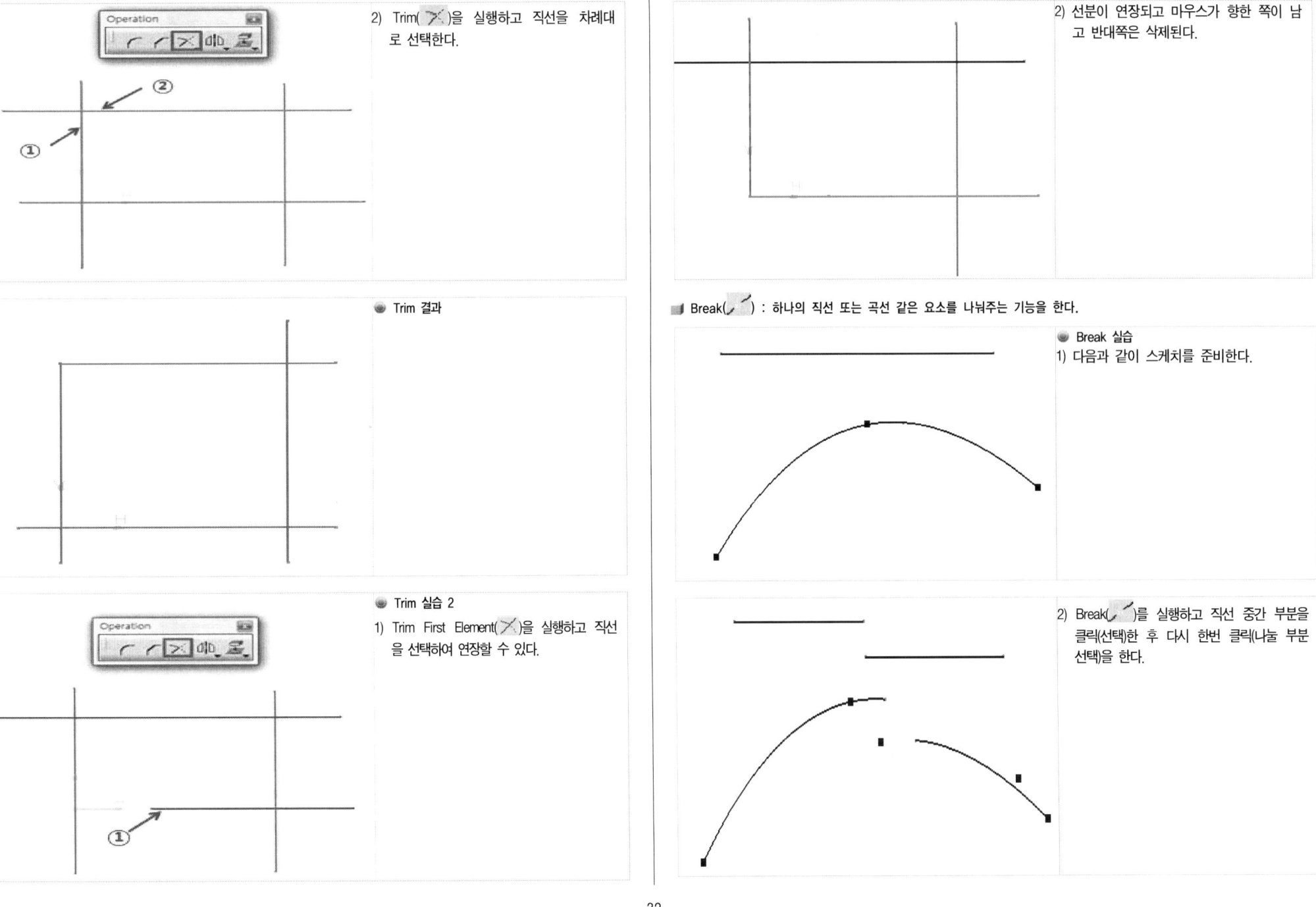

2) Trim( )을 실행하고 직선을 차례대로 선택한다.

● Trim 결과

● Trim 실습 2

1) Trim First Element( )을 실행하고 직선을 선택하여 연장할 수 있다.

2) 선분이 연장되고 마우스가 향한 쪽이 남고 반대쪽은 삭제된다.

■ Break( ) : 하나의 직선 또는 곡선 같은 요소를 나눠주는 기능을 한다.

● Break 실습

1) 다음과 같이 스케치를 준비한다.

2) Break( )를 실행하고 직선 중간 부분을 클릭(선택)한 후 다시 한번 클릭(나눌 부분 선택)을 한다.

■ Quick Trim() : 제거할 부분을 지정하여 없앤다. 요소의 클릭한 부분이 다른 요소들과 교차하는 부위를 기준으로 제거 된다.

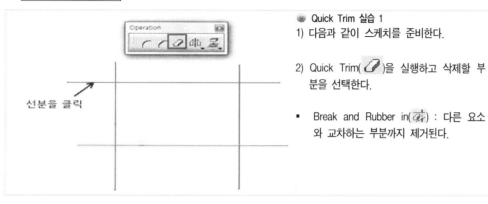

● Quick Trim 실습 1

1) 다음과 같이 스케치를 준비한다.

2) Quick Trim( )을 실행하고 삭제할 부분을 선택한다.

- Break and Rubber in( ) : 다른 요소와 교차하는 부분까지 제거된다.

선분을 클릭

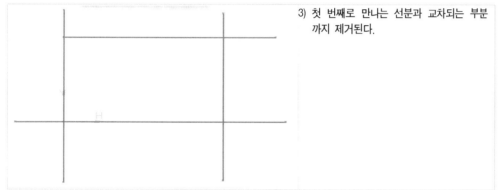

3) 첫 번째로 만나는 선분과 교차되는 부분까지 제거된다.

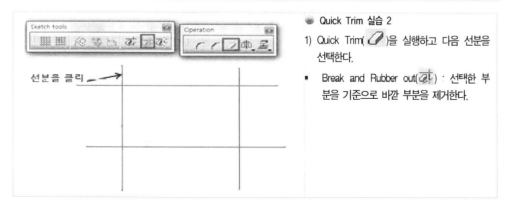

● Quick Trim 실습 2

1) Quick Trim( )을 실행하고 다음 선분을 선택한다.

- Break and Rubber out( ) : 선택한 부분을 기준으로 바깥 부분을 제거한다.

선분을 클릭

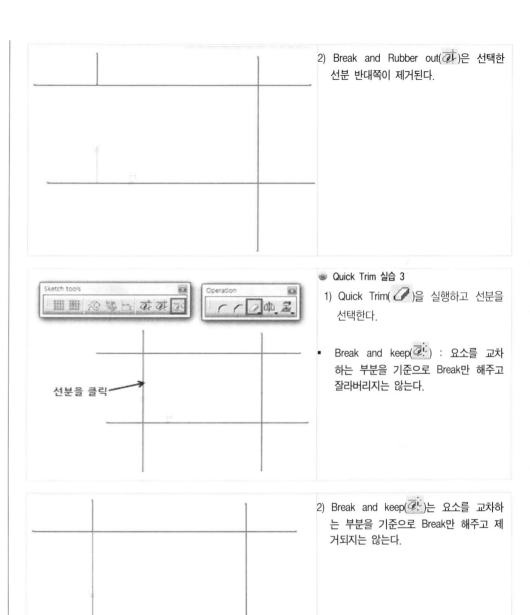

2) Break and Rubber out( )은 선택한 선분 반대쪽이 제거된다.

● Quick Trim 실습 3

1) Quick Trim( )을 실행하고 선분을 선택한다.

- Break and keep( ) : 요소를 교차하는 부분을 기준으로 Break만 해주고 잘라버리지는 않는다.

선분을 클릭

2) Break and keep( )는 요소를 교차하는 부분을 기준으로 Break만 해주고 제거되지는 않는다.

■ Close( ) : Circle이나 Ellipse, 닫힌 Spline 같은 요소의 닫힌 형상에 대해서 일부분이 잘려나간 경우 이를 다시 처음의 닫혀있던 상태로 돌려주는 기능이다.

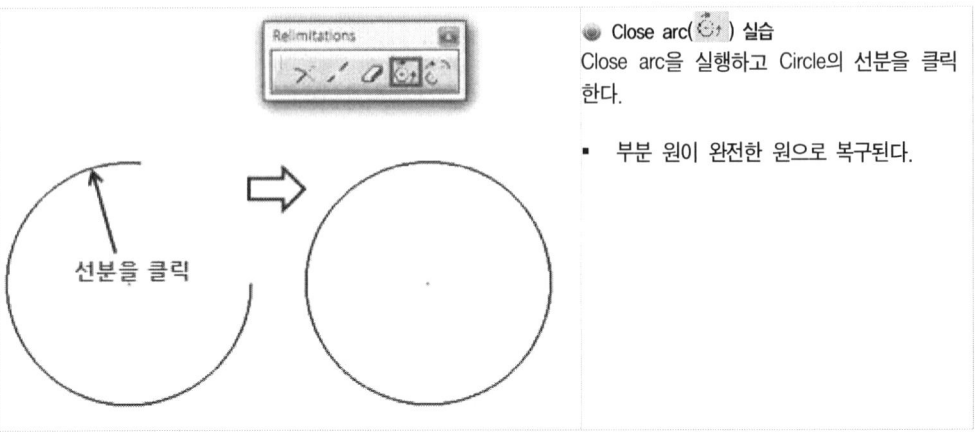

● Close arc( ) 실습
Close arc을 실행하고 Circle의 선분을 클릭한다.

- 부분 원이 완전한 원으로 복구된다.

선분을 클릭

■ Complement( ) : Circle이나 Ellipse, 닫힌 Spline 같은 형상의 일부가 잘려져 나갔을 때 현재 부분을 현재 남아있는 부분의 반대 부분으로 바꾸어 주는 작업을 한다.

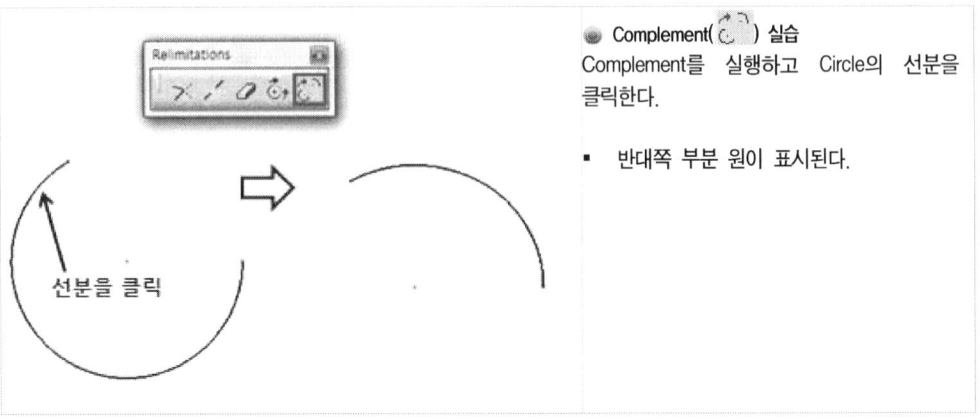

● Complement( ) 실습
Complement를 실행하고 Circle의 선분을 클릭한다.

- 반대쪽 부분 원이 표시된다.

선분을 클릭

4) Transformation Sub Toolbar

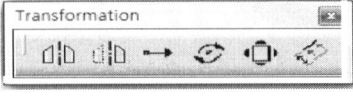

■ Mirror :
- Mirror는 임의의 기준선이나 축을 대칭으로 선택한 형상 요소를 대칭복사해 주는 명령이다.
- 스케치 상의 모든 형상 요소에 대해서 수행 가능하다.
- 기준 요소로는 스케치 축(H, V축), Axis, 다른 형상 요소 등을 사용할 수 있다.

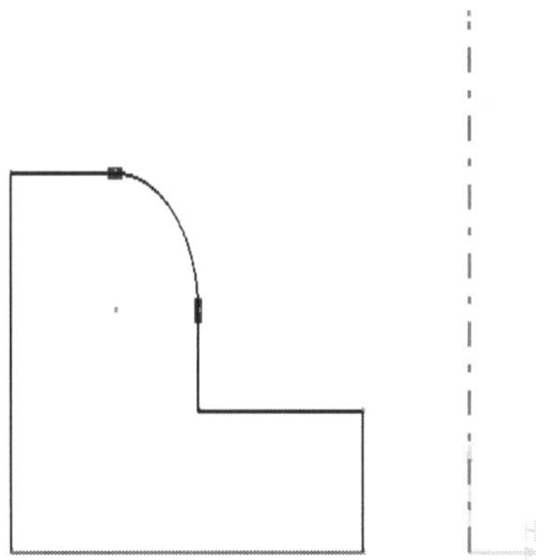

● 대칭복사 1
1) Axis( )을 실행하고 수직으로 수직축을 스케치한다.

2) Profile( ) 명령으로 다음과 같이 스케치를 한다.

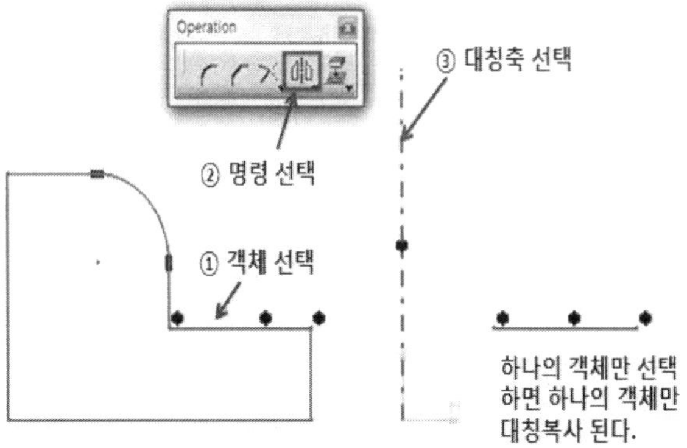

3) Mirror( ) 아이콘을 선택한다.

4) Mirror할 객체를 선택한다.

- 객체 하나만 선택하면 하나의 객체만 대칭복사 된다. (마우스로 끌어서 영역 안에 포함된 객체를 선택하거나, Ctrl+클릭으로 여러 개 선택하면 효과적이다.)

5) 대칭축을 선택한다.
- Mirror를 하면 ✦ 표시가 나타난다.

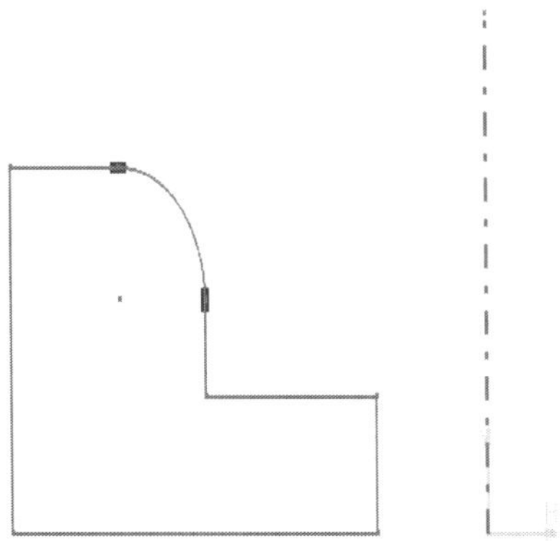

③ 대칭축 선택
② 명령 선택
① 객체 선택

하나의 객체만 선택하면 하나의 객체만 대칭복사 된다.

● 대칭복사 2
1) Axis( )을 실행하고 수직으로 수직축을 스케치한다.
2) Profile( ) 명령으로 다음과 같이 스케치를 한다.

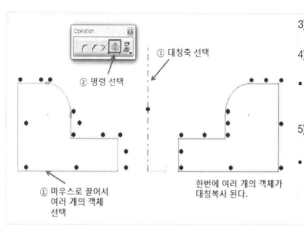

3) Mirror( ) 아이콘을 선택한다.

4) Mirror할 객체를 선택한다.

- 마우스로 끌어서 한 번에 여러 개의 객체를 선택한다.

5) 대칭축을 선택한다.

- ❈ Mirror명령으로 형상이 복사되면 다음과 같은 표시가 생기는데 이 표시가 Mirror의 구속이다.

● 대칭복사 3

1) Axis(ꞁ)을 실행하고 수직으로 수직축을 스케치한다.

2) Profile( ) 명령으로 다음과 같이 스케치를 한다.

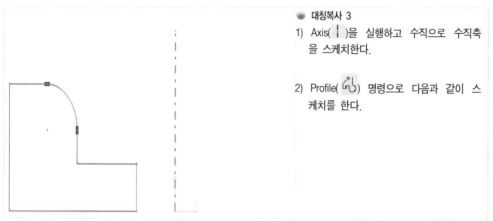

3) Mirror할 객체를 선택한다.

- 선분 위에서 마우스 우측 버튼을 누르고 [Line.5.object]-[Auto Search]을 선택하면 선택한 선분과 연결된 모든 객체가 선택된다.

4) Mirror( ) 아이콘을 선택한다.

5) 대칭축을 선택한다.

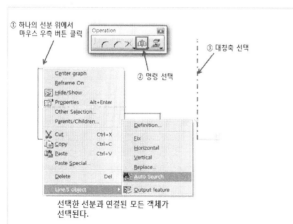
선택한 선분과 연결된 모든 객체가 선택된다.

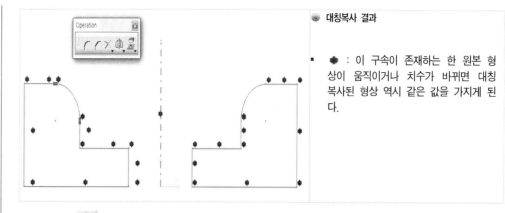

● 대칭복사 결과

- ❈ : 이 구속이 존재하는 한 원본 형상이 움직이거나 치수가 바뀌면 대칭복사된 형상 역시 같은 값을 가지게 된다.

◢ Symmetry( )

- Mirror와 비슷한 형상을 가지고 있으나 이 명령은 대칭 이동하는 명령이다.
- 원본 형상을 임의의 기준선이나 축을 기준으로 대칭이동 시켜준다.
- 사용 방법은 동일하나 결과는 원본 형상의 이동으로 나타난다.

● 대칭이동

1) Axis(ꞁ)을 실행하고 수직으로 수직축을 스케치한다.

2) Profile( ) 명령으로 다음과 같이 스케치를 한다.

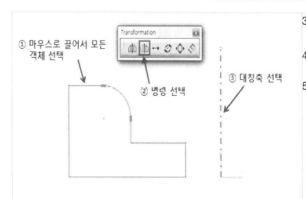

3) 대칭 이동할 객체를 선택한다.

4) Symmetry( ) 아이콘을 선택한다.

5) 대칭축을 선택한다.

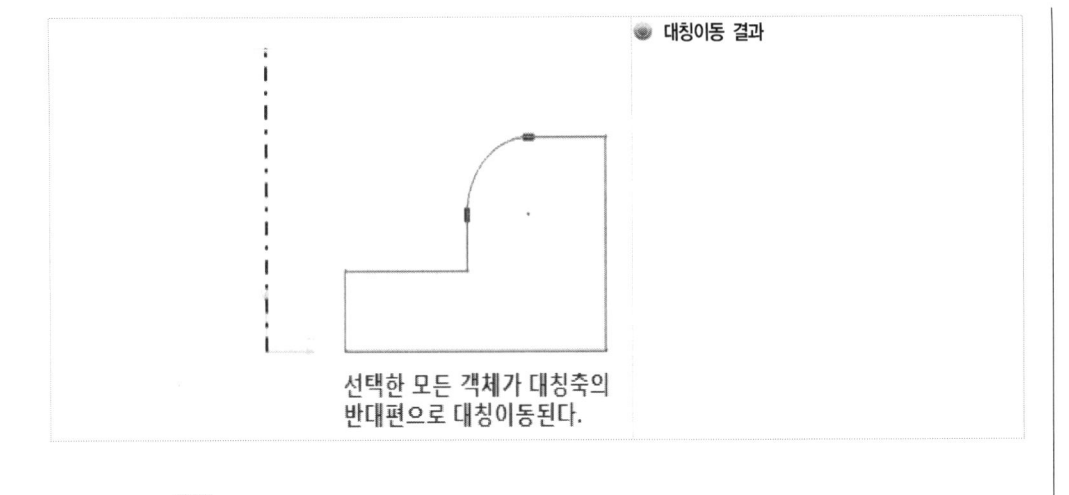

● 대칭이동 결과

선택한 모든 객체가 대칭축의
반대편으로 대칭이동된다.

Translate( )

선택한 대상을 다른 지정으로 옮기거나 하나의 원본 대상을 스케치에 여러 개 복사할 때 사용하는 명령이다. 반드시 Translate 하기 위해서는 기준점이 되는 위치를 선택해야 한다.

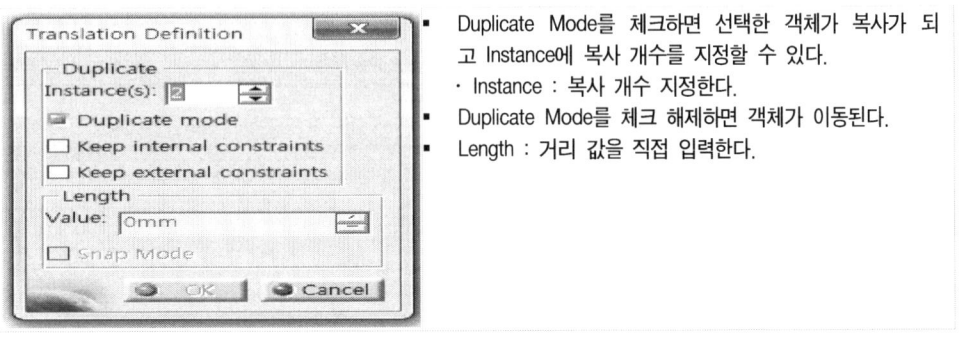

- Duplicate Mode를 체크하면 선택한 객체가 복사가 되고 Instance에 복사 개수를 지정할 수 있다.
  · Instance : 복사 개수 지정한다.
- Duplicate Mode를 체크 해제하면 객체가 이동된다.
- Length : 거리 값을 직접 입력한다.

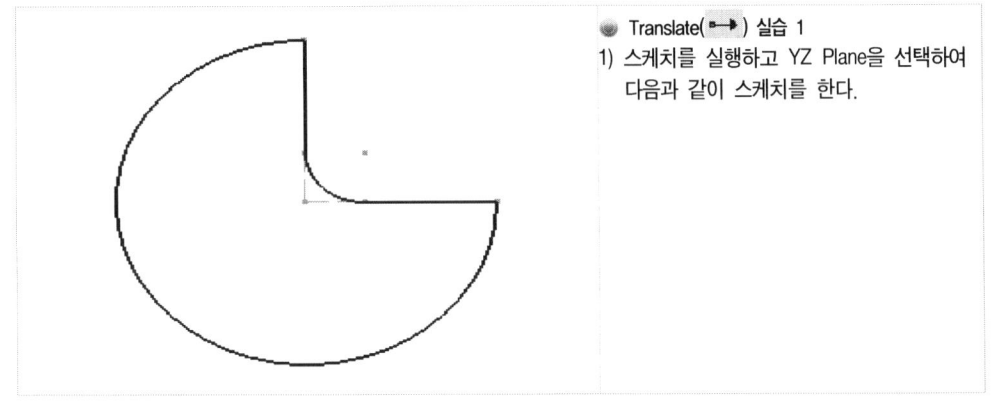

● Translate( ) 실습 1

1) 스케치를 실행하고 YZ Plane을 선택하여 다음과 같이 스케치를 한다.

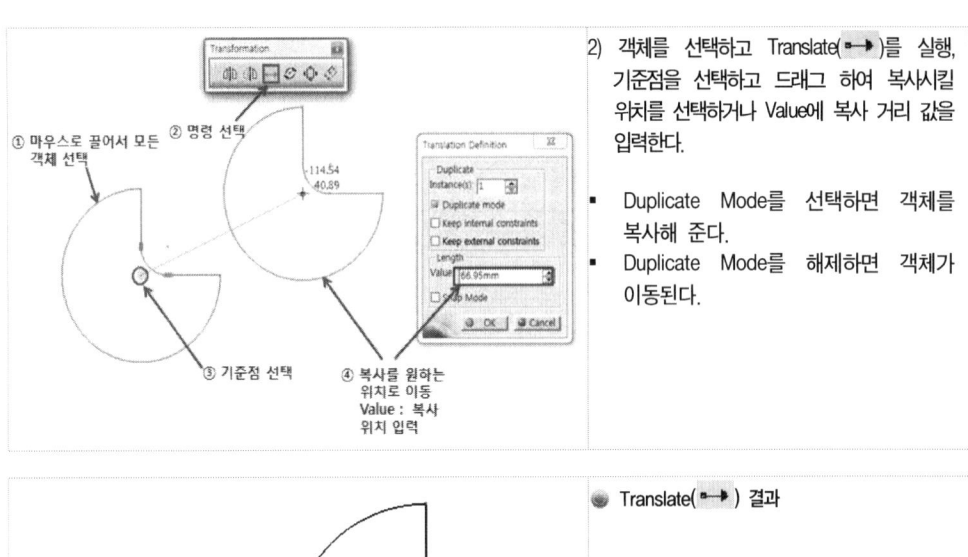

① 마우스로 끌어서 모든 객체 선택
② 명령 선택
③ 기준점 선택
④ 복사를 원하는 위치로 이동
Value : 복사 위치 입력

2) 객체를 선택하고 Translate( )를 실행, 기준점을 선택하고 드래그 하여 복사시킬 위치를 선택하거나 Value에 복사 거리 값을 입력한다.

- Duplicate Mode를 선택하면 객체를 복사해 준다.
- Duplicate Mode를 해제하면 객체가 이동된다.

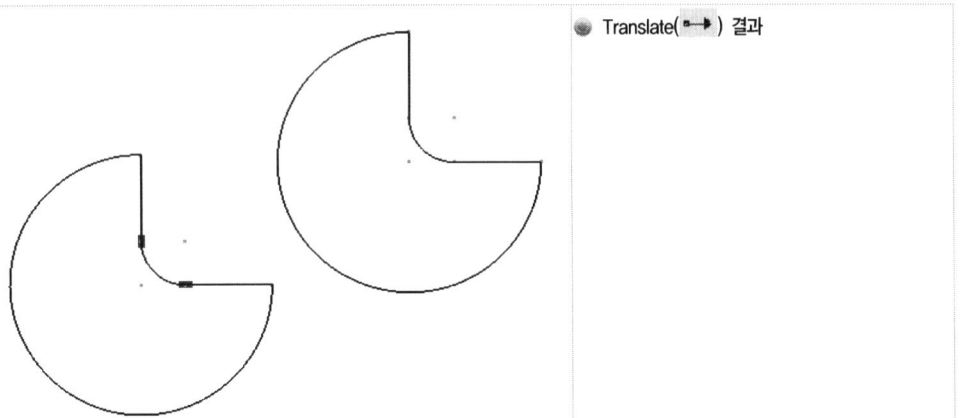

● Translate( ) 결과

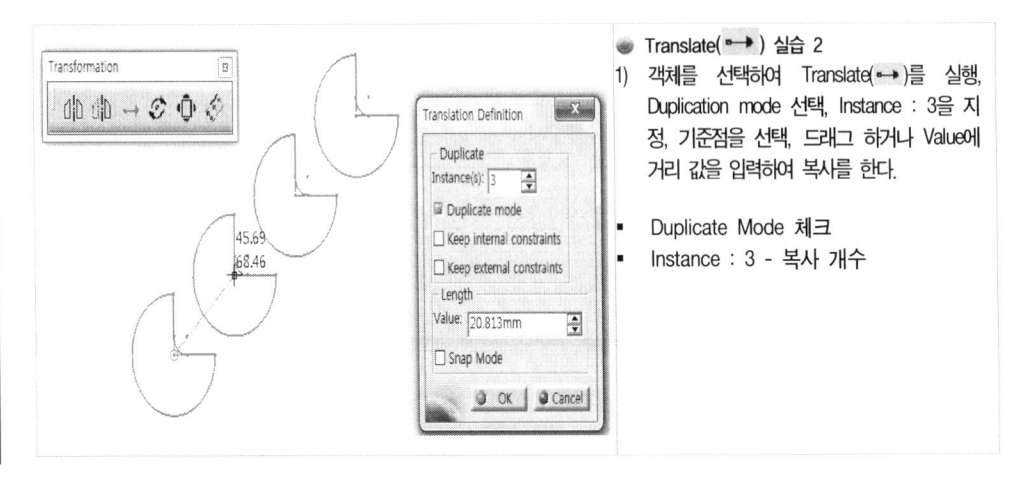

● Translate( ) 실습 2

1) 객체를 선택하여 Translate( )를 실행, Duplication mode 선택, Instance : 3을 지정, 기준점을 선택, 드래그 하거나 Value에 거리 값을 입력하여 복사를 한다.

- Duplicate Mode 체크
- Instance : 3 - 복사 개수

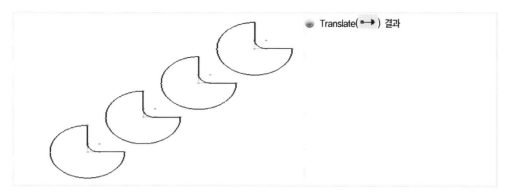

● Translate(→) 결과

▪ Keep internal constraints : 옮기고자 하는 대상에 구속이 주어진 경우 이 구속을 복제하는 형상들에도 그대로 적용을 하고자 한다면 체크한다.

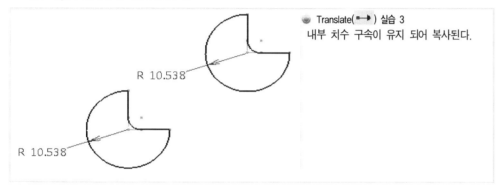

● Translate(→) 실습 3
내부 치수 구속이 유지 되어 복사된다.

R 10.538

R 10.538

Rotate(⟳)

원본 형상을 회전 이동시키거나 회전 방향으로 복사를 시킬 때 사용한다.

▪ 회전 시킬 객체 선택
▪ Rotate(⟳) 아이콘 선택
▪ 회전 기준점 선택

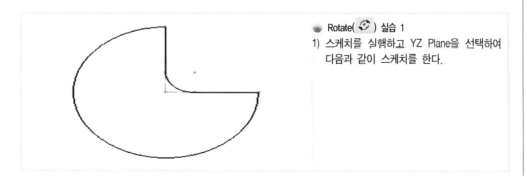

● Rotate(⟳) 실습 1
1) 스케치를 실행하고 YZ Plane을 선택하여 다음과 같이 스케치를 한다.

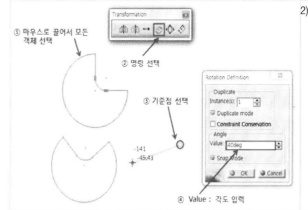

① 마우스로 끌어서 모든 객체 선택
② 명령 선택
③ 기준점 선택
④ Value : 각도 입력

2) 회전시킬 객체를 선택하고 Rotate(⟳)를 실행, 기준점을 지정하고 회전 각도를 입력하거나 드래그 한다.

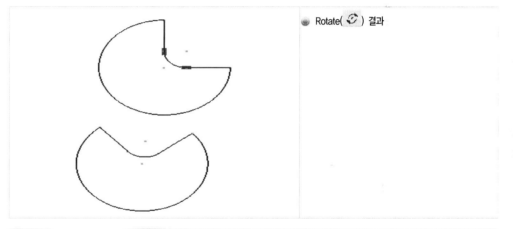

● Rotate(⟳) 결과

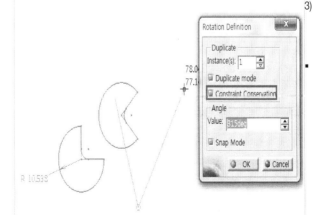

3) 회전시킬 객체를 선택하고 Rotate를 실행, 기준점을 지정하고 회전 각도를 입력하거나 드래그 한다.

▪ Constraint Conservation : 원본 대상의 치수 구속까지 복사한다.

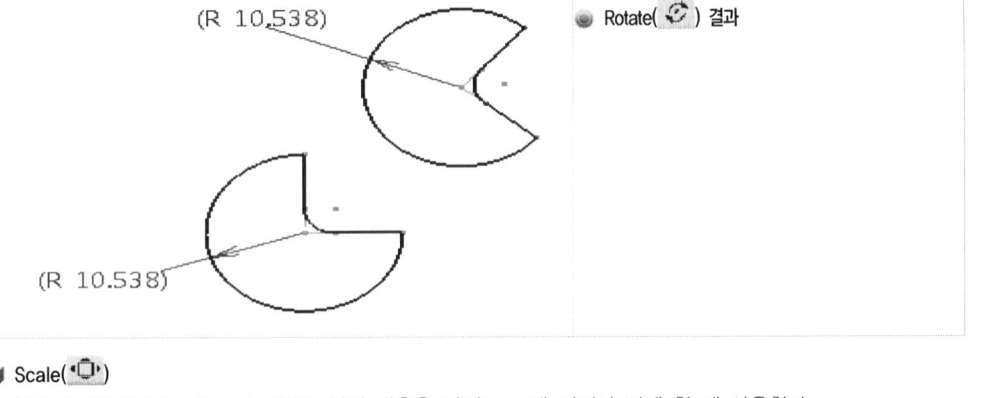

(R 10.538)

(R 10.538)

● Rotate(⟳) 결과

Scale(⟳)

현재 스케치의 형상 요소의 크기를 일정 비율을 가지고 크게 하거나 작게 할 때 사용한다.

- 축척 시킬 객체 선택
- Scale(⟳) 아이콘 선택
- 회전 기준점 선택
- 비율을 지정한다.

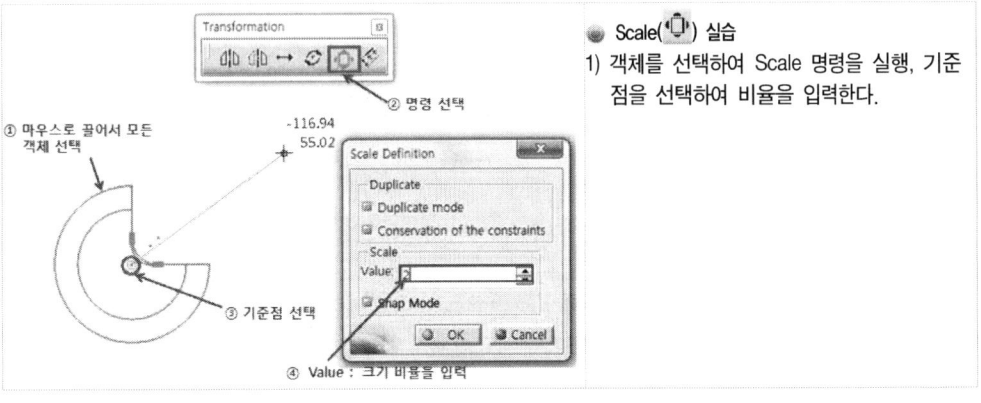

③ 마우스로 끌어서 모든 객체 선택

-116.94
55.02

② 명령 선택

③ 기준점 선택

Scale Definition

Duplicate
☑ Duplicate mode
☑ Conservation of the constraints

Scale
Value:

☑ Snap Mode

● OK ● Cancel

④ Value : 크기 비율을 입력

● Scale(⟳) 실습
1) 객체를 선택하여 Scale 명령을 실행, 기준점을 선택하여 비율을 입력한다.

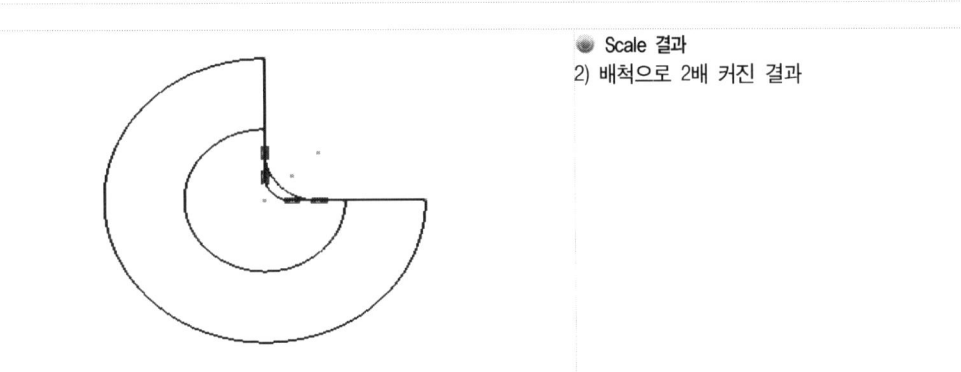

● Scale 결과
2) 배척으로 2배 커진 결과

Offset(⟳)

선택한 형상을 일정 간격을 띄워서 복사해 주는 명령이다. Instance에 복사할 개수 지정할 수 있다.

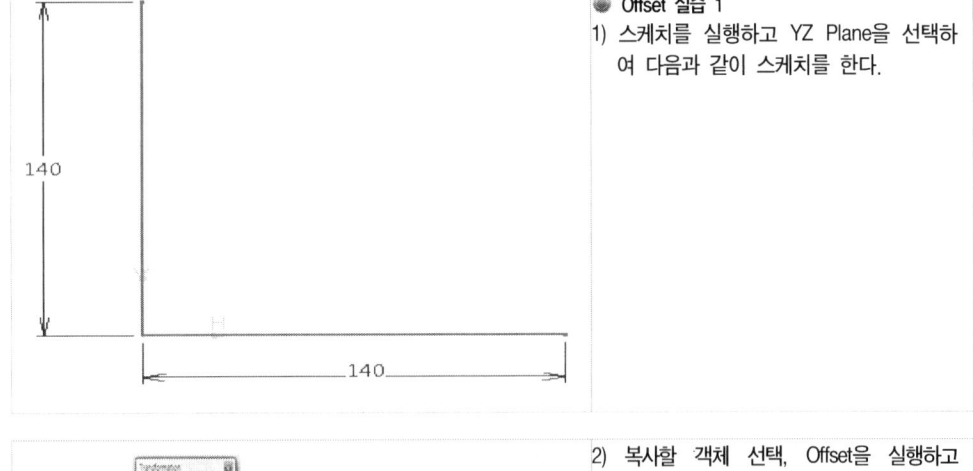

140

140

● Offset 실습 1
1) 스케치를 실행하고 YZ Plane을 선택하여 다음과 같이 스케치를 한다.

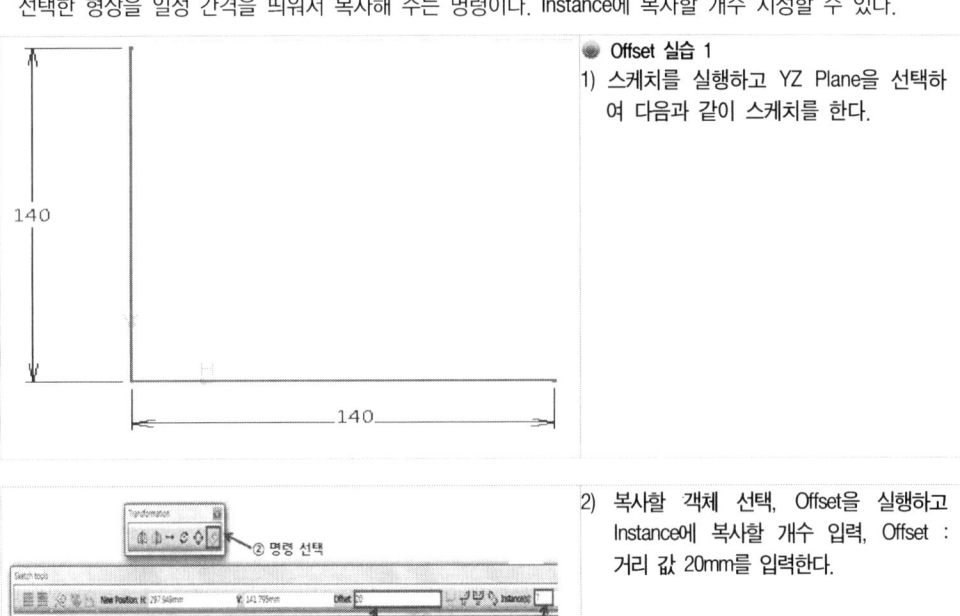

Transformation

② 명령 선택

Sketch tools

New Position: H: 297.949mm   V: 141.795mm   Offset: 20   Instance:

④ 거리 값 입력

③ 복사할 개수 입력

140

① 객체 선택

140

2) 복사할 객체 선택, Offset을 실행하고 Instance에 복사할 개수 입력, Offset : 거리 값 20mm를 입력한다.

140

20 20 20 20 20 20 20
140

3) 수직 선분이 7개 20mm 간격으로 복사되었다.

38

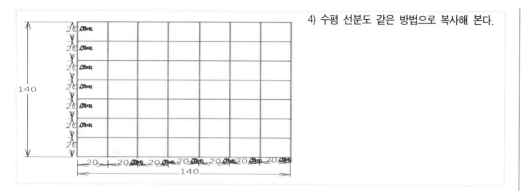

4) 수평 선분도 같은 방법으로 복사해 본다.

- Offset Type

· No Propagation( ) : 전체 형상 중 현재 선택한 객체만 Offset이 된다. 형상이 이어져 있더라도 다른 부분에 대해서는 복사되지 않는다.

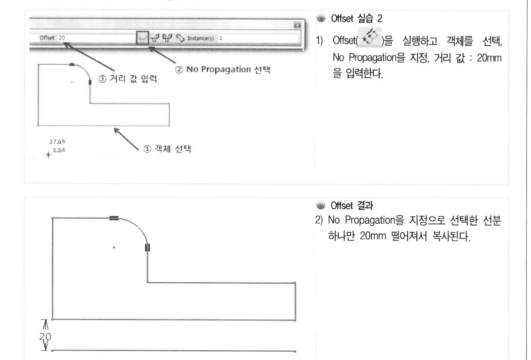

② No Propagation 선택
③ 거리 값 입력
① 객체 선택

◉ Offset 실습 2

1) Offset( )을 실행하고 객체를 선택, No Propagation을 지정, 거리 값 : 20mm 을 입력한다.

◉ Offset 결과

2) No Propagation을 지정으로 선택한 선분 하나만 20mm 떨어져서 복사된다.

· Tangent Propagation( ) : 전체 형상 중 현재 선택한 부분과 이어진 요소 중에 탄젠트하게 접하는 부분 까지 모두 Offset을 한다.

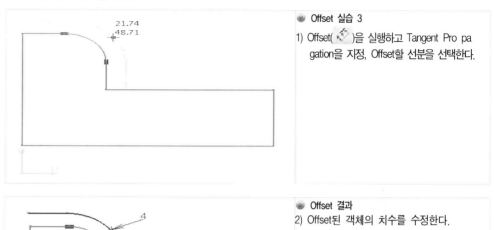

◉ Offset 실습 3

1) Offset( )을 실행하고 Tangent Propa gation을 지정, Offset할 선분을 선택한다.

◉ Offset 결과

2) Offset된 객체의 치수를 수정한다.

· Point Propagation( ) : 전체 형상 중 어디를 지정하여도 이어진 모든 부분에 대해서 Offset이 된다. 연결만 되어 있다면 모두 Offset이 된다.

◉ Offset 실습 4

1) Offset을 실행하고 Point Propagation을 지정하여 거리 값 : 10mm을 지정한다.

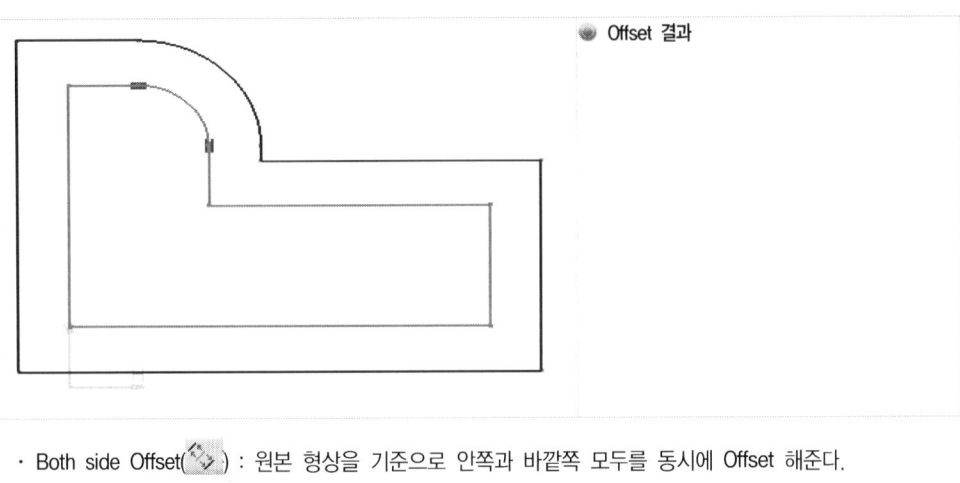

● Offset 결과

· Both side Offset(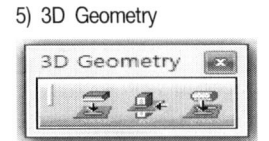) : 원본 형상을 기준으로 안쪽과 바깥쪽 모두를 동시에 Offset 해준다.

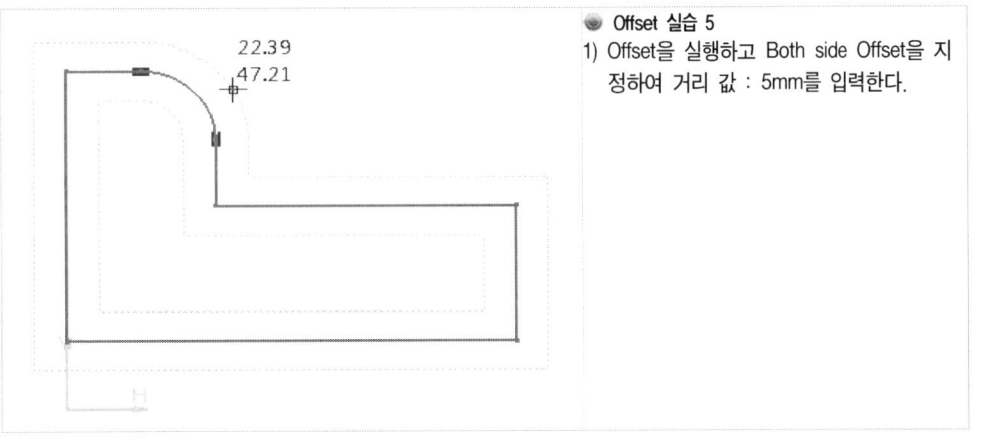

● Offset 실습 5

1) Offset을 실행하고 Both side Offset을 지정하여 거리 값 : 5mm를 입력한다.

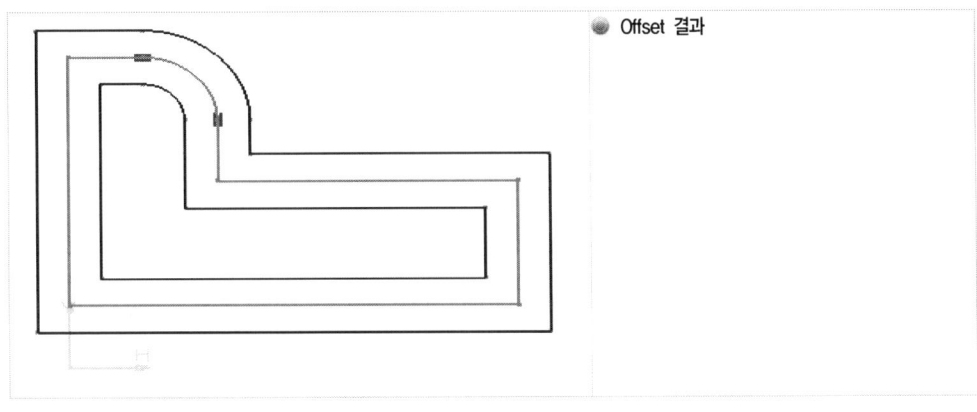

● Offset 결과

---

5) 3D Geometry

현재 스케치가 아닌 다른 스케치나 3차원 상의 Wireframe, Surface, Solid의 요소를 현재 스케치에 2차원 요소로 가져오는 명령이다.

Project 3D Elements( ), Intersect 3D Elements( ), Project 3D Silhouette Edges( )가 있다.

6) Scan or Define In Work Object : 해당 객체의 작업 순서를 보여준다.
   [Edit]-[Scan or Define In Work Object]

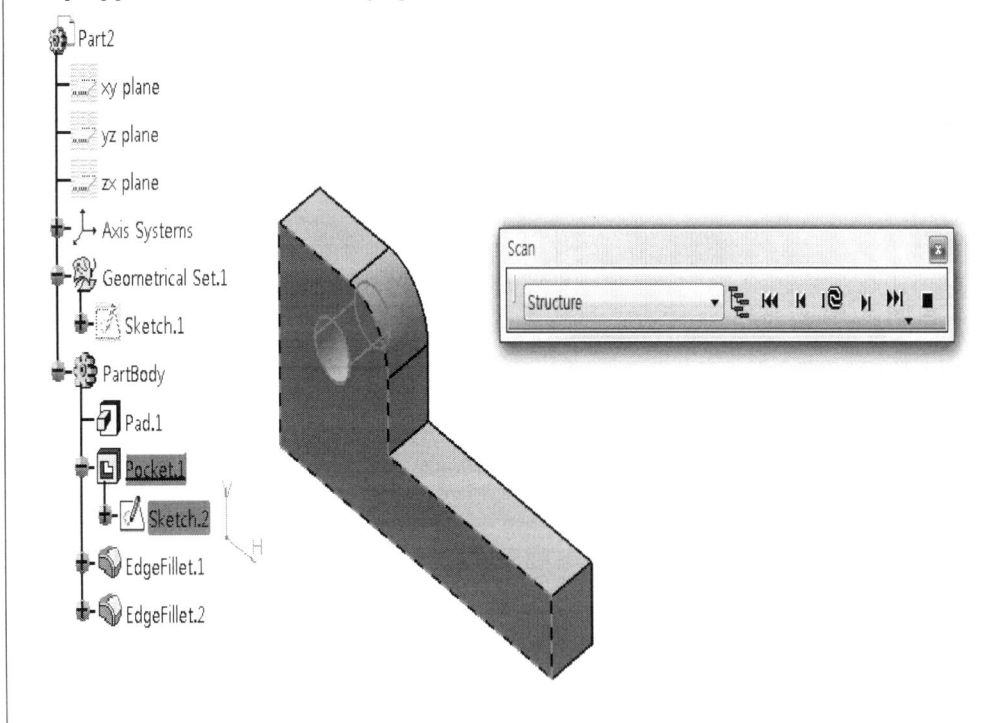

[Lecture 2-15] Mirror

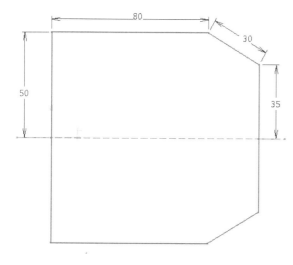

1. 스케치를 실행하고 YZ Plane을 선택하여
   다음과 같이 스케치를 한다.
2. 대칭복사를 실행하고 반대편에 대칭복사
   를 하여 완성한다.

[Lecture 2-16] Offset, Quick Trim

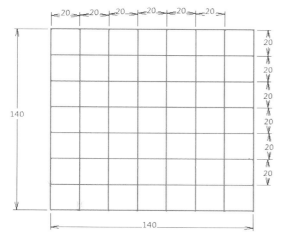

1. 스케치를 실행하고 YZ Plane을 선택하여
   다음과 같이 스케치를 한다.
   Offset 사용, Instance에 복사 개수 지정

2. Quick Trim을 실행하여 다음과 같이 완성
   한다.

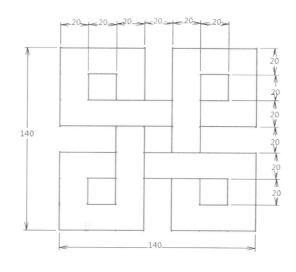

[Lecture 2-17] Profile 변형

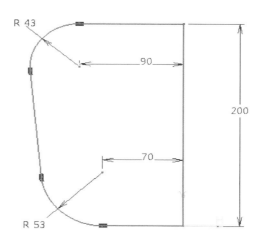

1. 스케치를 실행하고 YZ Plane을 선택하여
   다음과 같이 스케치를 한다.
   ▪ 선 아이콘으로 직선과 곡선 모두 스
     케치

   ▪ 구속 조건 : Tangency

[Lecture 2-18] Mirror

1. 스케치를 실행하고 YZ Plane을 선택하여 다음과 같이 스케치를 한다.

2. [Ctrl]+클릭 또는 Closing 선택으로 대칭 복사할 객체를 지정하여 Mirror를 한다.

[Lecture 2-19] Mirror

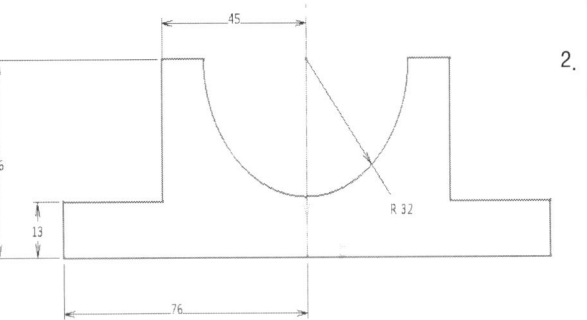

1. 스케치를 실행하고 YZ Plane을 선택하여 다음과 같이 스케치를 한다. 지능형 치수를 기입한다.

2. [Ctrl]+클릭 또는 Closing 선택으로 대칭 복사할 객체를 지정하여 Mirror를 한다.

[Lecture 2-20] Mirror

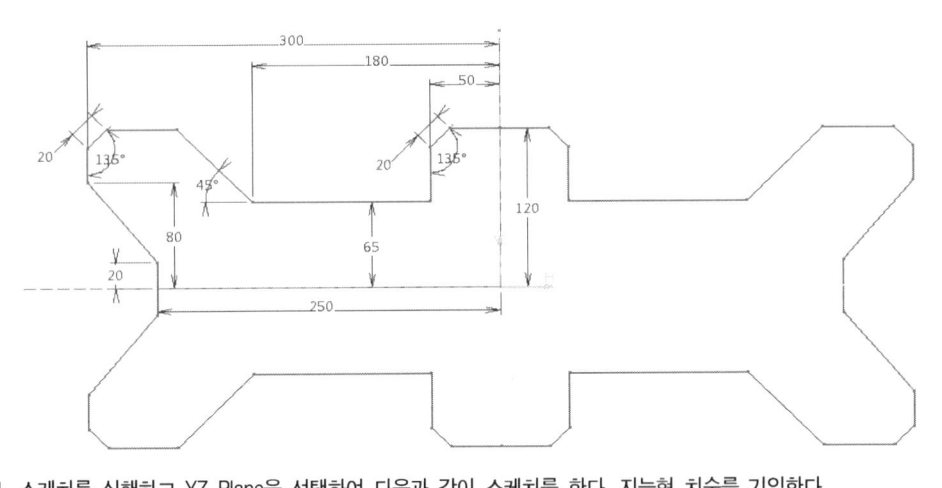

1. 스케치를 실행하고 YZ Plane을 선택하여 다음과 같이 스케치를 한다. 지능형 치수를 기입한다.
2. [Ctrl]+클릭 또는 Closing 선택으로 대칭 복사할 객체를 지정하여 Mirror를 한다.

[Lecture 2-21] Profile, 구속조건 부가

스케치를 실행하고 YZ Plane을 선택하여 다음과 같이 스케치를 한다.

- 선 아이콘으로 직선과 곡선 모두 스케치

- 구속 조건 : Tangency

42

[Lecture 2-22] Profile

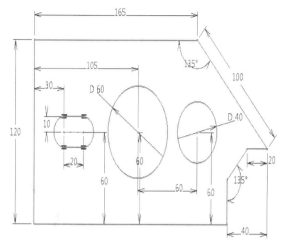

스케치를 실행하고 YZ Plane을 선택하여 다음과 같이 스케치를 한다.

[Lecture 2-23] Elongated Hole

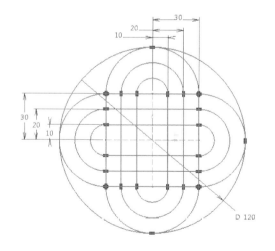

스케치를 실행하고 YZ Plane을 선택하여 다음과 같이 스케치를 한다.

힌트) Elongated Hole을 사용

[Lecture 2-24] Mirror, Quick Trim

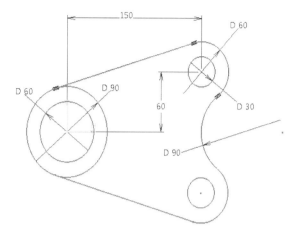

스케치를 실행하고 YZ Plane을 선택하여 다음과 같이 스케치를 한다.

[Lecture 2-25] Circle, Quick Trim

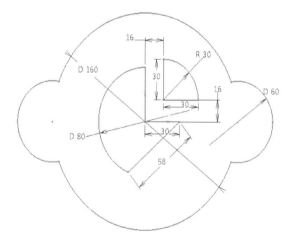

스케치를 실행하고 YZ Plane을 선택하여 다음과 같이 스케치를 한다.

[Lecture 2-26] Cylindrical Elongated Hole

스케치를 실행하고 YZ Plane을 선택하여 다음과 같이 스케치를 한다.

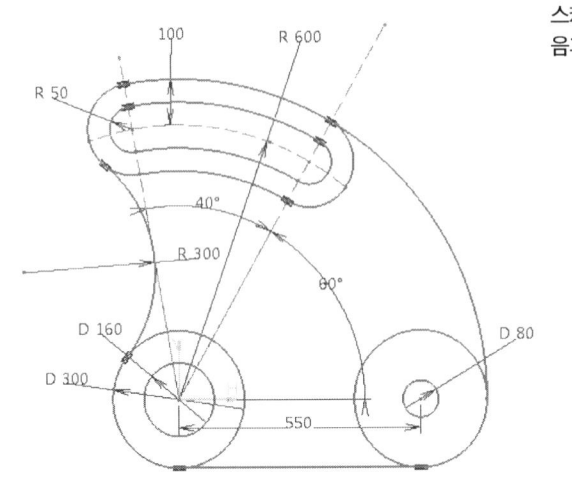

[Lecture 2-27] Elongated Hole

스케치를 실행하고 YZ Plane을 선택하여 다음과 같이 스케치를 한다.

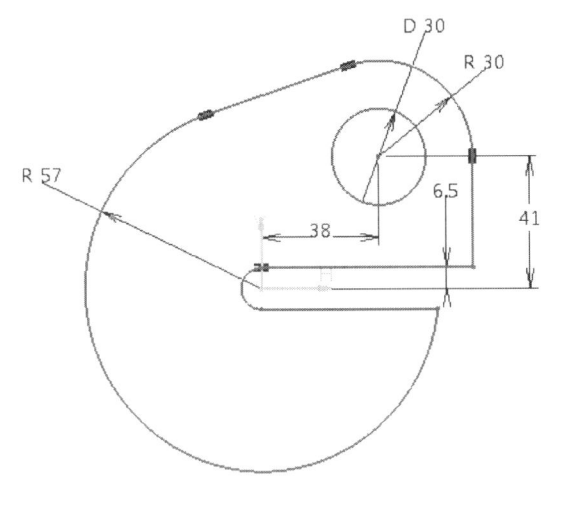

[Lecture 2-28] Mirror, Quick Trim

스케치를 실행하고 YZ Plane을 선택하여 다음과 같이 스케치를 한다.

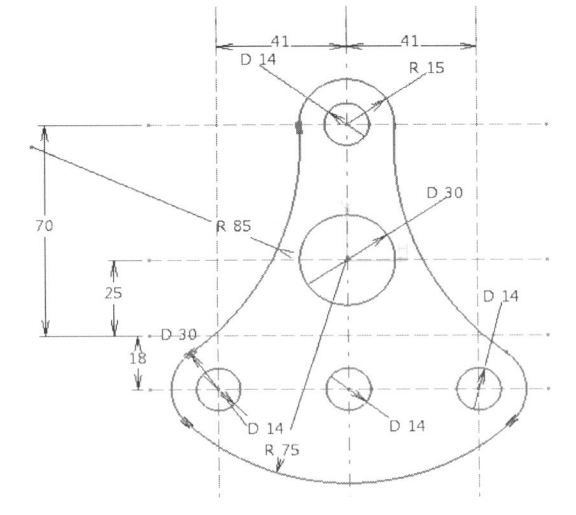

[Lecture 2-29] Quick Trim

스케치를 실행하고 YZ Plane을 선택하여 다음과 같이 스케치를 한다.

[Lecture 2-30] Cylindrical Elongated Hole, Quick Trim

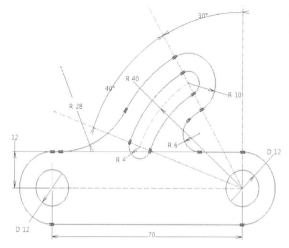

스케치를 실행하고 YZ Plane을 선택하여
다음과 같이 스케치를 한다.

[Lecture 2-31] Mirror, Quick Trim

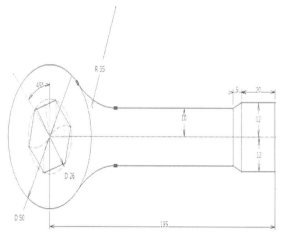

스케치를 실행하고 YZ Plane을 선택하여
다음과 같이 스케치를 한다.

[Lecture 2-32] Offset, Quick Trim

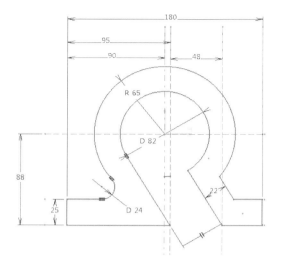

스케치를 실행하고 YZ Plane을 선택하여 다
음과 같이 스케치를 한다.

[Lecture 2-33] Offset, Quick Trim

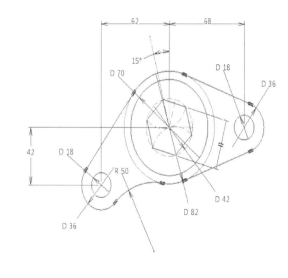

스케치를 실행하고 YZ Plane을 선택하여 다
음과 같이 스케치를 한다.

[Lecture 2-34] Cylindrical Elongated Hole

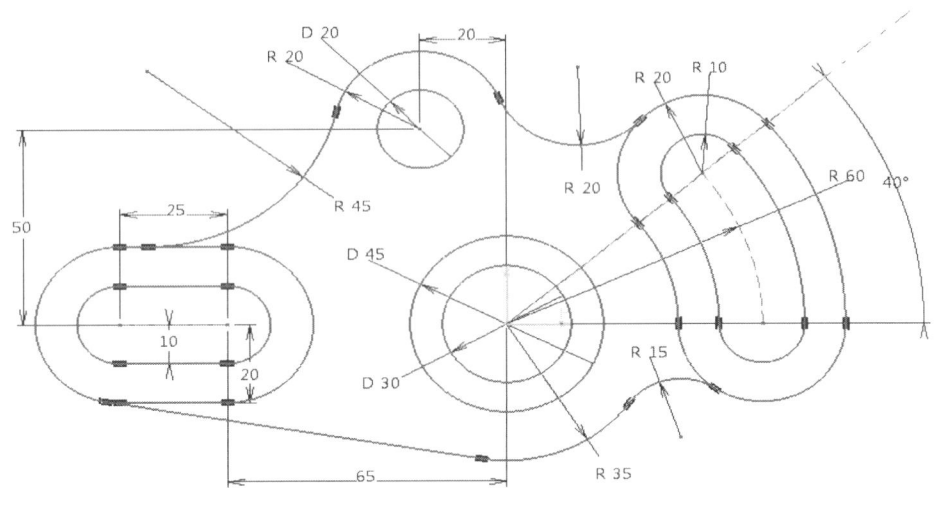

스케치를 실행하고 YZ Plane을 선택하여 다음과 같이 스케치를 한다.

[Lecture 2-36] Offset, Corner

스케치를 실행하고 YZ Plane을 선택하여 다음과 같이 스케치를 한다.

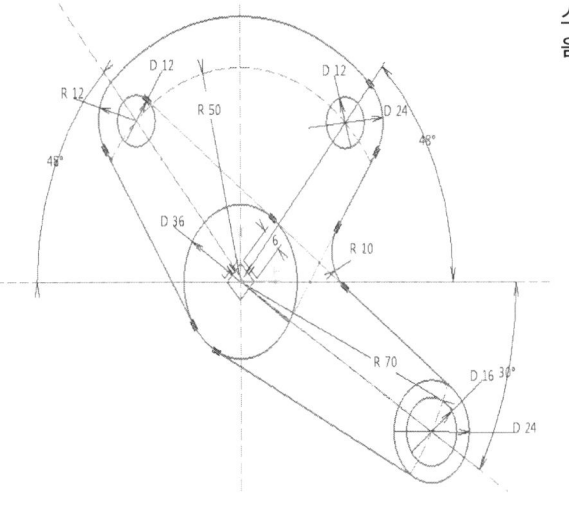

[Lecture 2-35] Offset, Quick Trim

스케치를 실행하고 YZ Plane을 선택하여 다음과 같이 스케치를 한다.

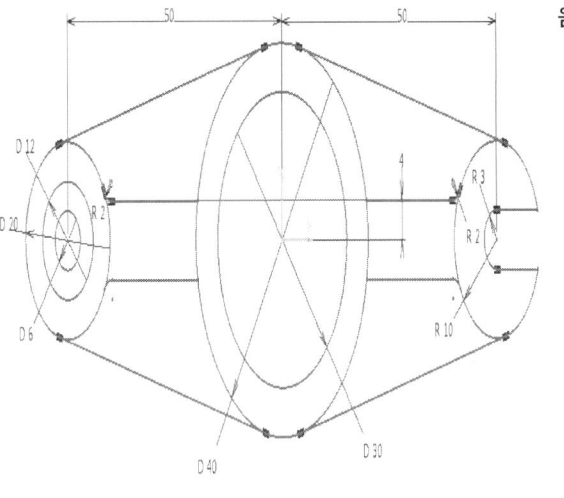

[Lecture 2-37] Offset, Quick Trim

스케치를 실행하고 YZ Plane을 선택하여 다음과 같이 스케치를 한다.

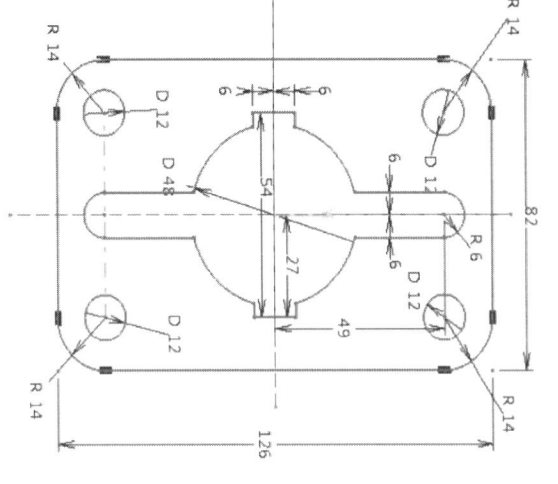

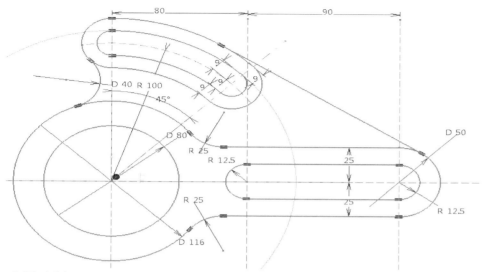

스케치를 실행하고 YZ Plane을 선택하여 다음과 같이 스케치를 한다.

[Lecture 2-39] Offset, Quick Trim, Corner, Mirror

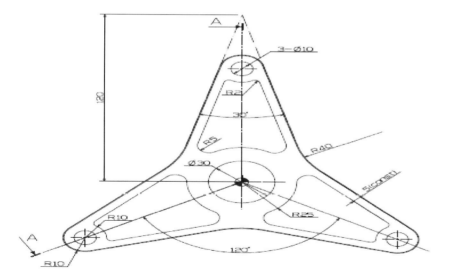

스케치를 실행하고 YZ Plane을 선택하여 다음과 같이 스케치를 한다.

[Lecture 2-40] Offset, Quick Trim

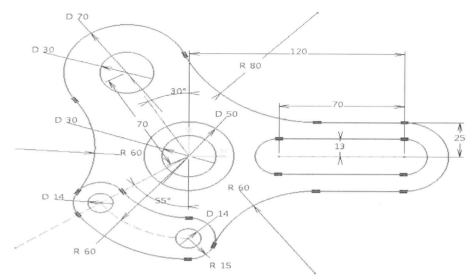

스케치를 실행하고 YZ Plane을 선택하여 다음과 같이 스케치를 한다.

[Lecture 2-41] Quick Trim

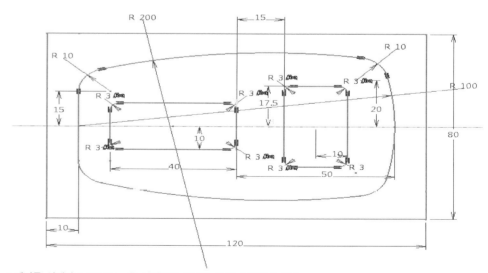

스케치를 실행하고 YZ Plane을 선택하여 다음과 같이 스케치를 한다.

[Lecture 2-42] Offset, Quick Trim, Corner

스케치를 실행하고 YZ Plane을 선택하여 다음과 같이 스케치를 한다.

[Lecture 2-43] Rotate, Arc

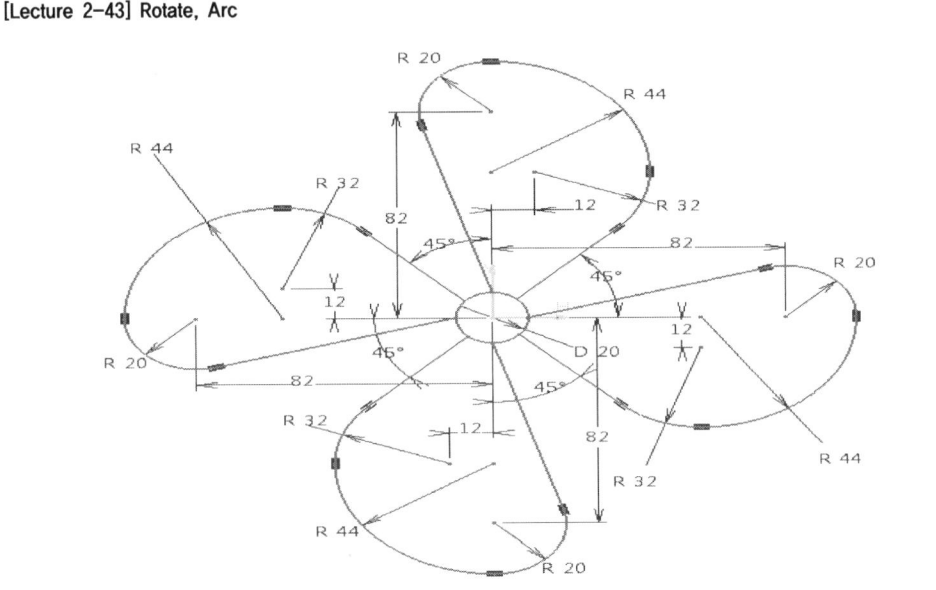

스케치를 실행하고 YZ Plane을 선택하여 다음과 같이 스케치를 한다.

[Lecture 2-44] Arc

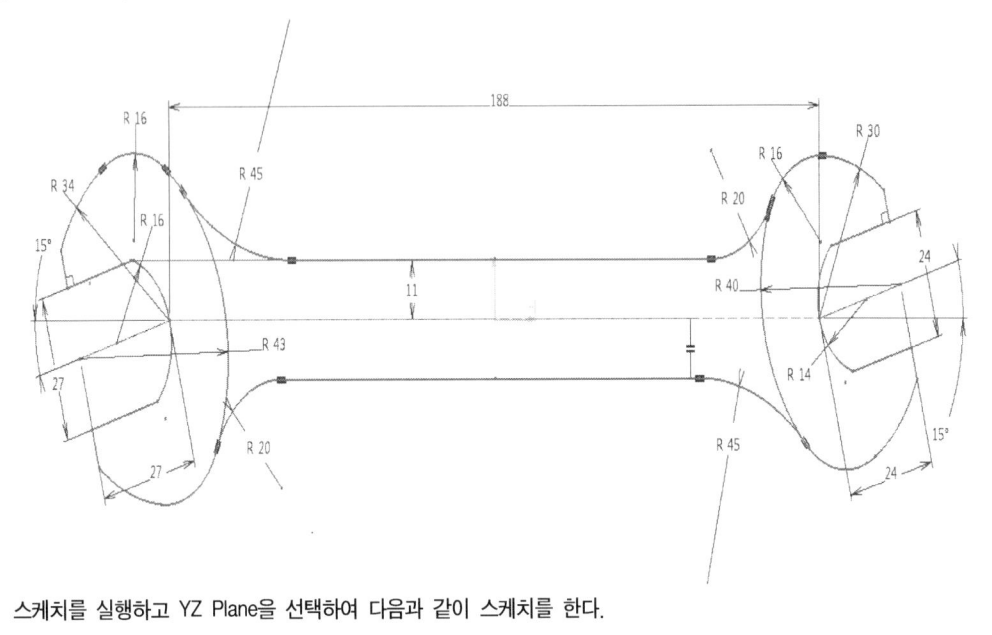

스케치를 실행하고 YZ Plane을 선택하여 다음과 같이 스케치를 한다.

[Lecture 2-45] Offset, Corner

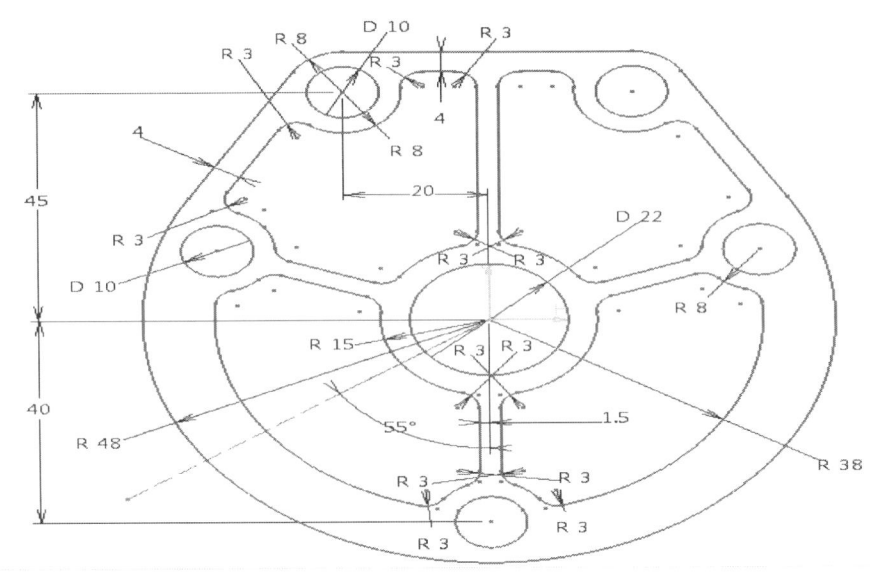

스케치를 실행하고 YZ Plane을 선택하여 다음과 같이 스케치를 한다.

1. Pad Features

Pad(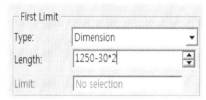) : 돌출 피처를 생성하는 명령으로 스케치 Workbench에서 작업한 2차원 객체에 길이를 주어 3차원 형상으로 생성 해준다.

■ Pad Definition
1) Type
- Dimension : 디폴트 Type으로 사용자가 입력한 길이만큼 Pad가 생성된다.
  - 양수 음수 모두 가능하며 음수를 입력할 경우에는 원하는 방향과 반대 방향으로 치수를 주는 것과 같은 의미이다.
  - 사칙연산(+, -, *, / 사용)을 직접 입력할 수도 있다.

- Up to Next : 선택된 면에서 만나는 면까지 Pad가 생성되며 현재의 PartBody내에서 스케치한 면 바로 다음의 Solid면까지 Pad 작업을 수행한다. 따로 수치를 넣지 않아도 Pad를 할 때 현재 스케치 Plane에서 다음 형상의 면까지 Pad가 만들어진다.
  이미 하나의 Body안에 다른 경계면 요소가 있는 경우 사용할 수 있다.
- Up to Last : 현재의 PartBody의 가장 마지막 면까지 Pad를 생성한다.
- Up to Plane : 사용자가 지정한 Plane까지 Pad를 생성한다.
  Solid의 면이나 Plane을 선택할 수 있다. 원하는 면까지 Pad하고자 할 경우에 유용하다.
- Up to Surface : 현재 Part에 Surface가 있을 경우에 그 Surface 면까지 Pad를 생성한다.
  곡률을 가진 면에 대해서 그 면까지 Pad를 한다.
2) Length : 길이를 입력한다.
3) Limit : Limit 요소인 Surface까지 Solid를 생성한다.
4) Profile/Surface
- Selection : Pad할 스케치 대상을 선택한다.
- 스케치 또는 곡면 요소를 선택하며 선택한 대상의 Plane 방향으로 길이를 주어 3차원 형상을 만들게 된다.
- 하나의 스케치 모두를 Pad하지 않고 그중에 일부만을 지정하여 Pad할 수도 있다.
  Pad에 Profile로 선택된 Sketch는 Spec Tree에서 Pad의 하위로 들어가는 것을 확인할 수 있다.
- Profile을 선택할 때 주의할 것은 Pad는 닫힌 형상에 대해서 만들어지기 때문에 완전히 닫혀 있거나 Trim이 잘못된 경우 경고창이 나타난다.

5) First Limit와 Second Limit
   Pad 하고자 하는 대상을 선택한 후에 다음으로 해야 할 일은 형상을 Pad할 때 얼마만큼 무엇을 기준으로 할지를 결정하게 된다.
6) Mirrored Extent : First Limit 길이 값을 기준으로 양쪽 방향으로 똑같이 적용시켜 준다.

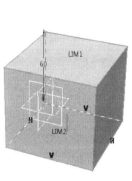

- First Limit은 Profile을 선택 하였을 때 나타나는 화살표 방향으로 나타나게 된다. 이 방향으로 Type에 따라 여러 가지 기준을 가지고 Pad해 줄 수 있다.
- Reverse Direction을 누르거나 화살표를 직접 클릭하면 First Limit의 방향을 바꿀 수 있다.

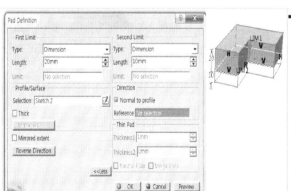

- [More]를 선택하면 Second Limit를 지정할 수 있다.
- Normal to profile을 체크하면 프로파일이 수직방향으로 돌출을 한다.
- Normal to profile을 체크를 해제하고 Reference에 방향 벡터를 지정하면 지정한 방향대로 돌출을 한다.

7) Thick : 완전히 닫힌 형상이 아닌 Profile을 사용할 경우 또는 닫힌 Profile에 대해서 완전히 안을 채우지 않고 스케치의 둘레에 대해서 두께만 주어 Pad할 경우가 생긴다. 이럴 때 Thick을 체크하게 되면 두께를 가진 Pad를 생성한다.
- Thickness 1 : 스케치 Profile의 안쪽 방향을 나타낸다.
- Thickness 2 : 스케치 Profile의 바깥쪽 방향을 나타낸다.
- Neutral Fiber를 사용하면 Thickness 1 값을 스케치 Profile의 라인을 기준으로 좌우로 등분하여 두께를 만들어준다.
8) Direction : Reference에 돌출 방향을 지정할 수 있다. 이것을 지정하지 하지 않으면 직선 방향으로만 돌출 되는데 Reference에 돌출 방향을 지정하면 그 방향으로 돌출하게 된다.

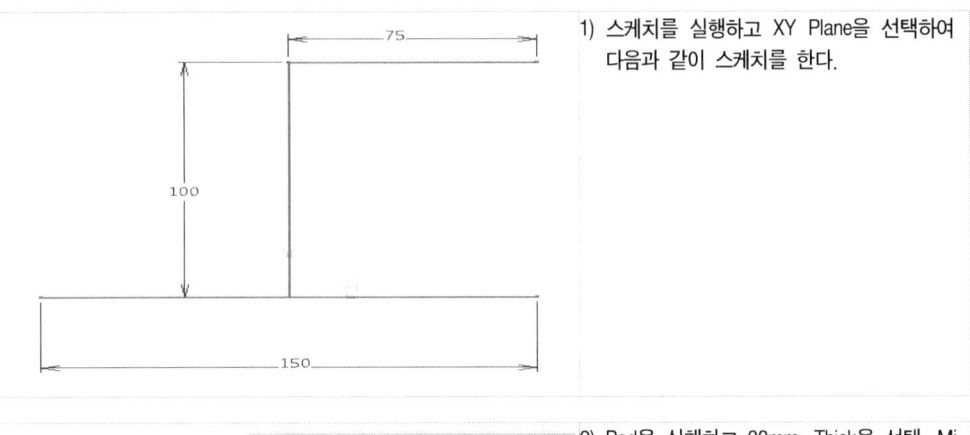

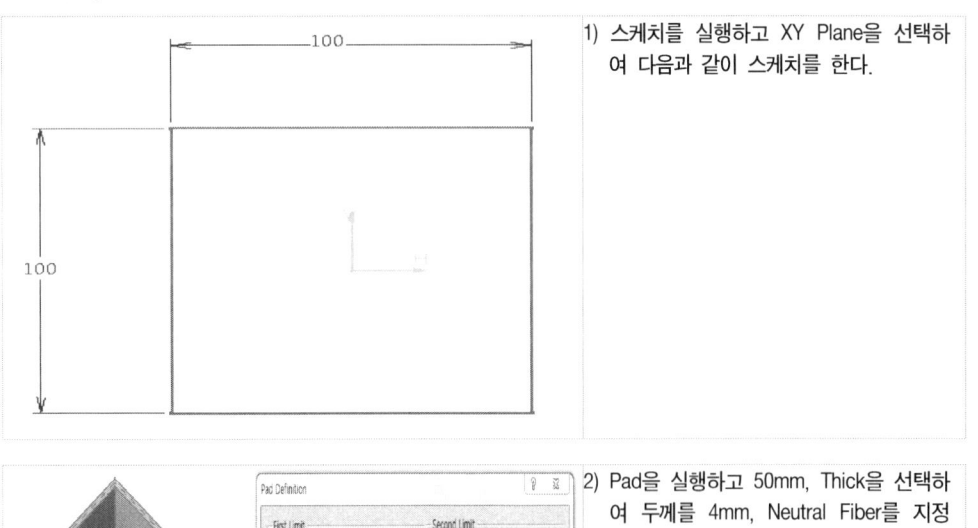

1) 스케치를 실행하고 XY Plane을 선택하여 다음과 같이 스케치를 한다.

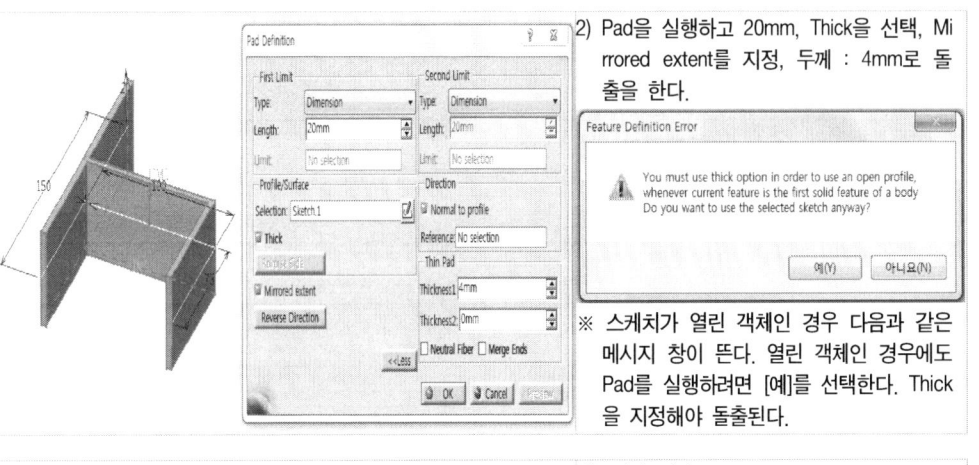

2) Pad을 실행하고 20mm, Thick을 선택, Mirrored extent를 지정, 두께 : 4mm로 돌출을 한다.

※ 스케치가 열린 객체인 경우 다음과 같은 메시지 창이 뜬다. 열린 객체인 경우에도 Pad를 실행하려면 [예]를 선택한다. Thick을 지정해야 돌출된다.

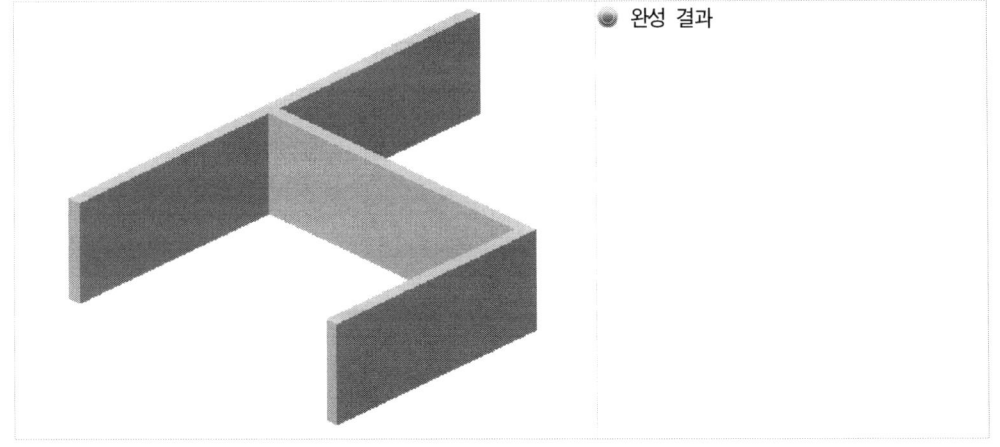

● 완성 결과

1) 스케치를 실행하고 XY Plane을 선택하여 다음과 같이 스케치를 한다.

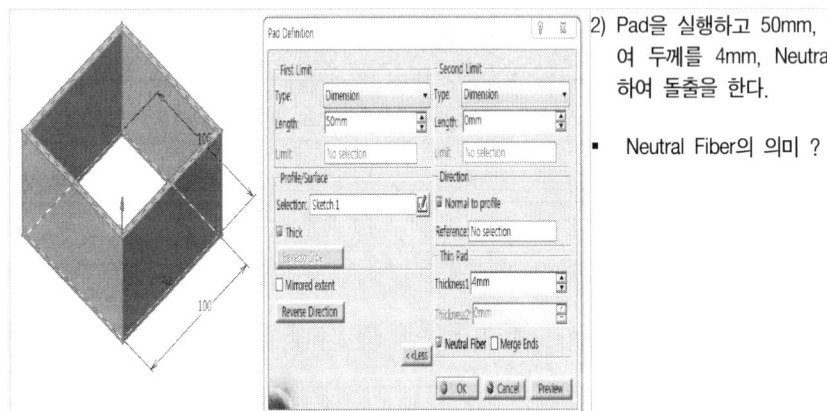

2) Pad을 실행하고 50mm, Thick을 선택하여 두께를 4mm, Neutral Fiber를 지정하여 돌출을 한다.

■ Neutral Fiber의 의미 ?

● 완성 결과

[Pad 실습 3]

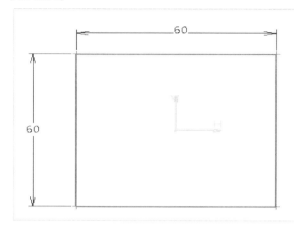

1) 스케치를 실행하고 XY Plane을 선택하여 다음과 같이 스케치를 한다.

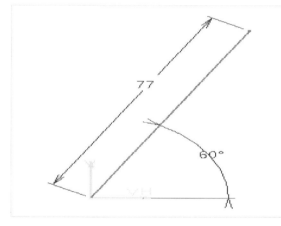

2) 스케치를 실행하고 YZ Plane을 선택하여 다음과 같이 스케치를 한다.
방향 벡터로만 사용이 되기 때문에 길이 와는 상관이 없다.

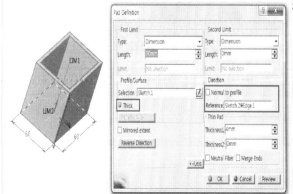

3) Pad를 실행하고2 Sketch.1을 돌출 객체로 지정하고 Sketch.2를 Direction의 Reference 로 지정하여 돌출을 한다.

- 방향 벡터는 직선만 가능하고 곡선은 불가능하다.

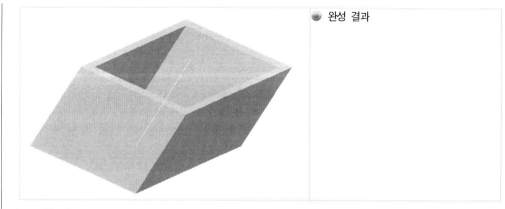

● 완성 결과

[Pad 실습 4]

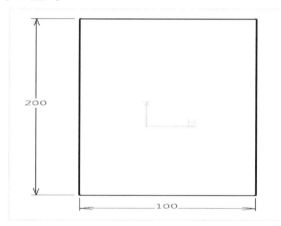

1) 스케치를 실행하고 XY Plane을 선택하여 Profile 아이콘(⌂)을 선택하여 다음과 같이 스케치를 한다.

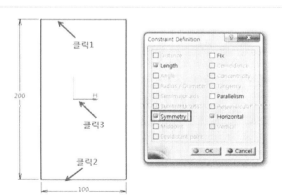

2) [Ctrl]+클릭으로 다음과 같이 수평선 두 개와 센터 좌표에 H방향을 지정하여 구속 조건 부가 아이콘(🔲)을 선택하여 '대칭 (Symmetry)" 구속 조건을 선택한다.

- Symmetry의 의미 ?

51

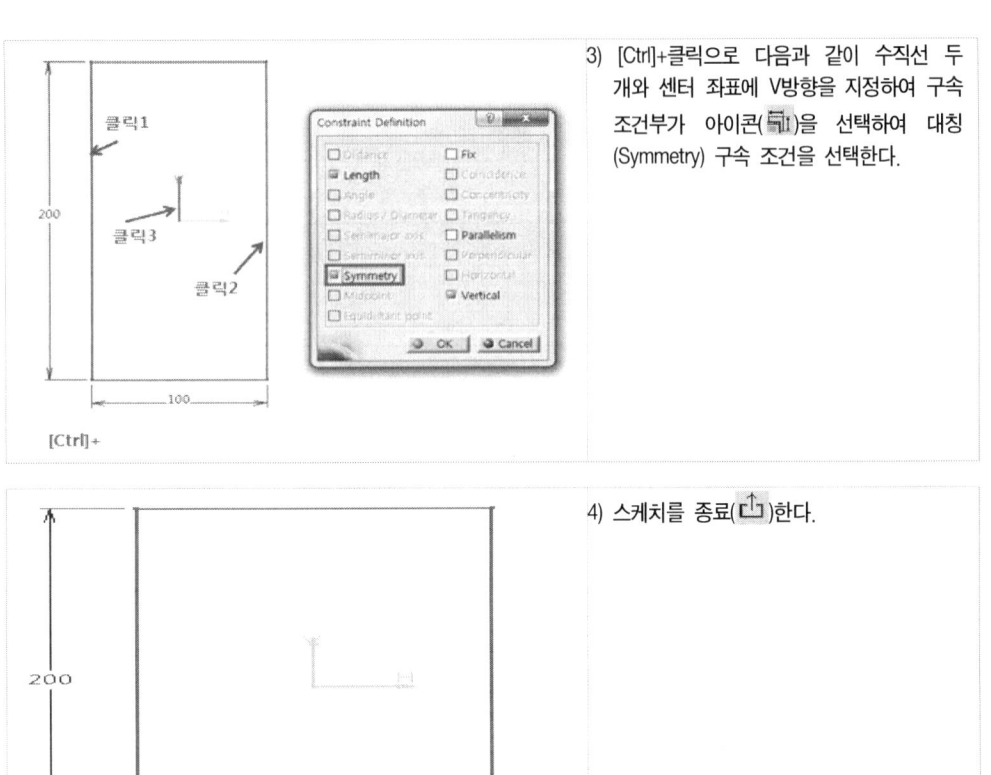

3) [Ctrl]+클릭으로 다음과 같이 수직선 두 개와 센터 좌표에 V방향을 지정하여 구속 조건부가 아이콘(🔳)을 선택하여 대칭(Symmetry) 구속 조건을 선택한다.

4) 스케치를 종료(🔲)한다.

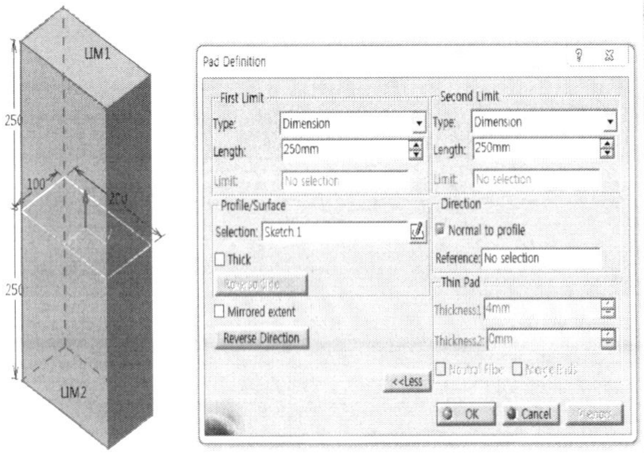

5) Pad을 실행하고 방향1 : 250mm, 방향2 : 200mm 돌출을 한다.

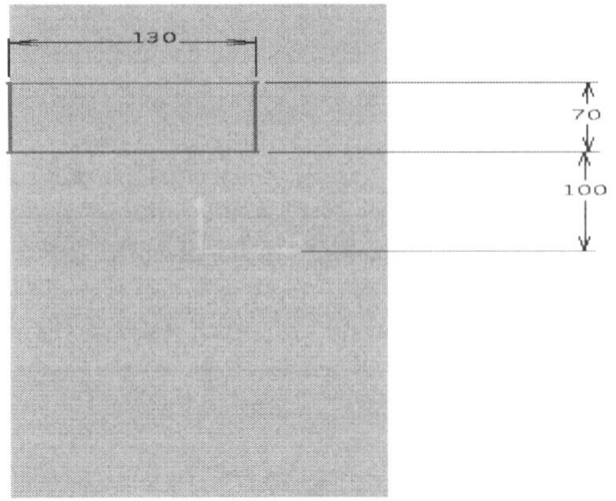

6) 스케치를 실행하고 Pad.1 객체의 앞면을 선택하여 다음과 같이 스케치를 한다.

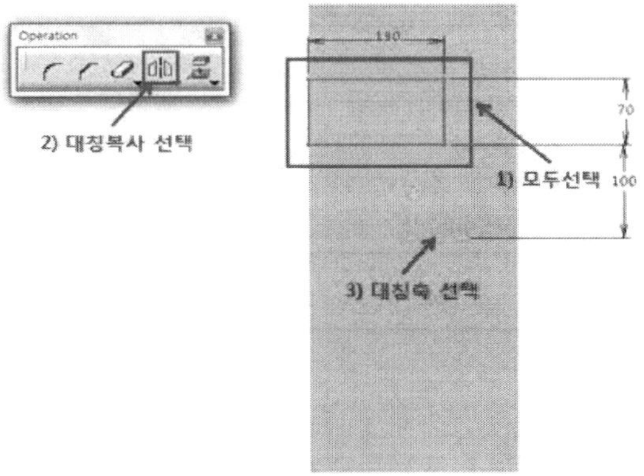

7) 사각형을 모두 선택, Mirror를 실행, 센터에서 H방향 선을 선택하면 대칭복사가 된다.

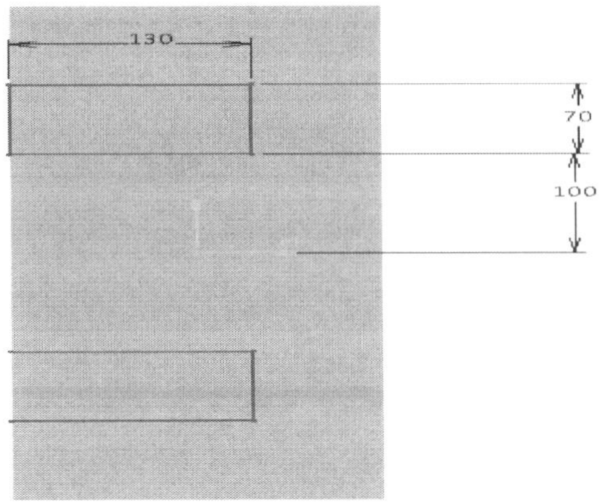

8) Mirror가 완료된다.

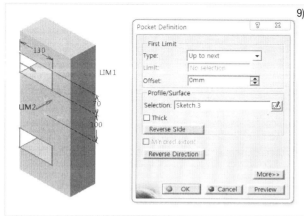

9) Pocket을 실행하고 Up to Next를 지정하여 돌출 컷을 한다.

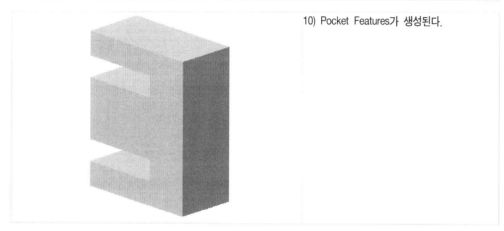

10) Pocket Features가 생성된다.

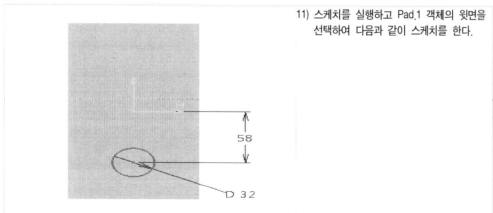

11) 스케치를 실행하고 Pad.1 객체의 윗면을 선택하여 다음과 같이 스케치를 한다.

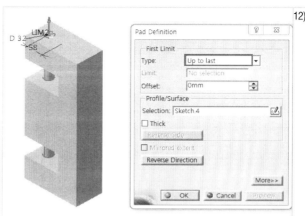

12) Pad을 실행하고 Up to Last를 지정하여 돌출을 한다.
Pad 객체의 마지막까지 돌출한다.

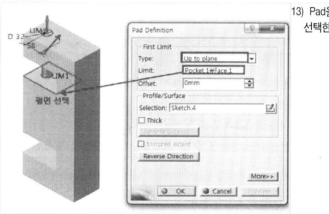

13) Pad을 실행하고 Up to Plane를 지정, 선택한 면까지 돌출을 한다.

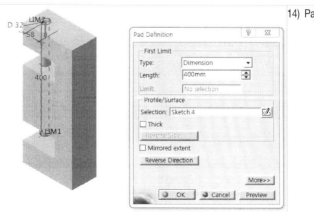

14) Pad을 실행하고 400mm 돌출을 한다.

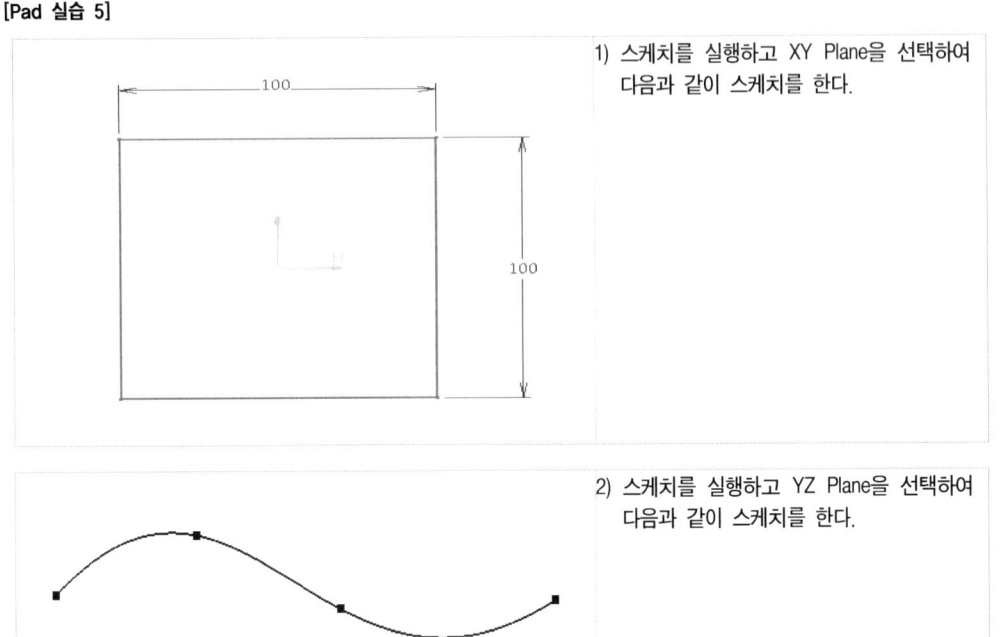

1) 스케치를 실행하고 XY Plane을 선택하여 다음과 같이 스케치를 한다.

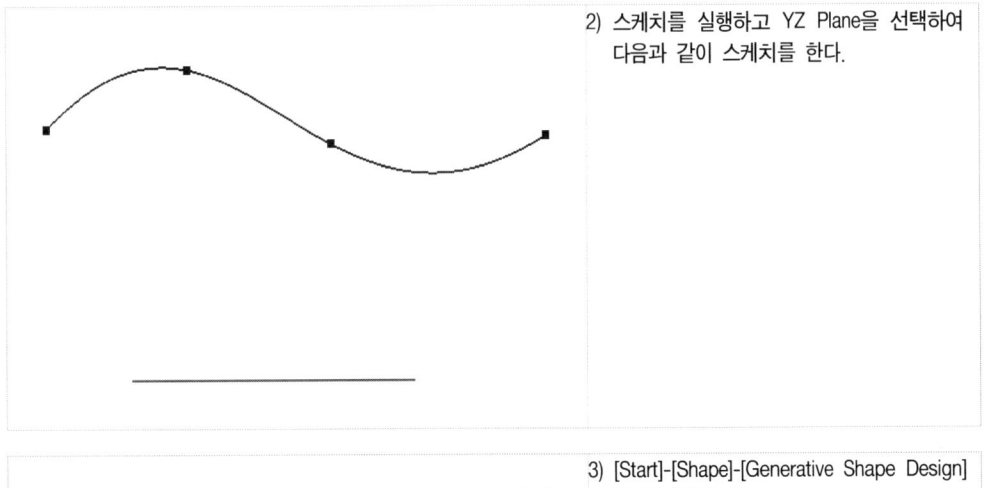

2) 스케치를 실행하고 YZ Plane을 선택하여 다음과 같이 스케치를 한다.

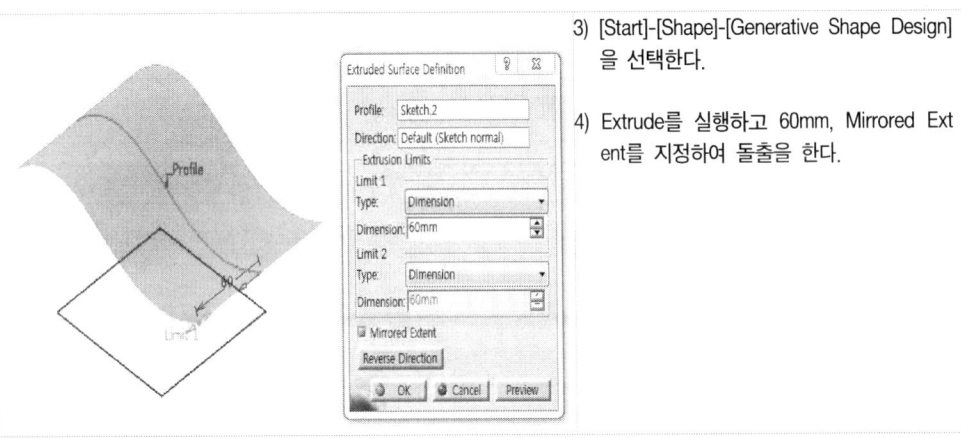

3) [Start]-[Shape]-[Generative Shape Design] 을 선택한다.

4) Extrude를 실행하고 60mm, Mirrored Extent를 지정하여 돌출을 한다.

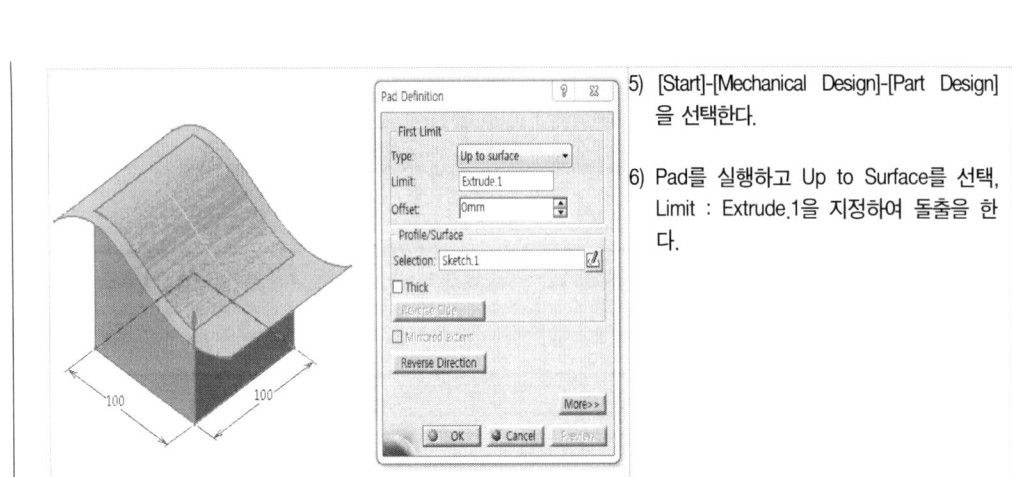

5) [Start]-[Mechanical Design]-[Part Design] 을 선택한다.

6) Pad를 실행하고 Up to Surface를 선택, Limit : Extrude.1을 지정하여 돌출을 한다.

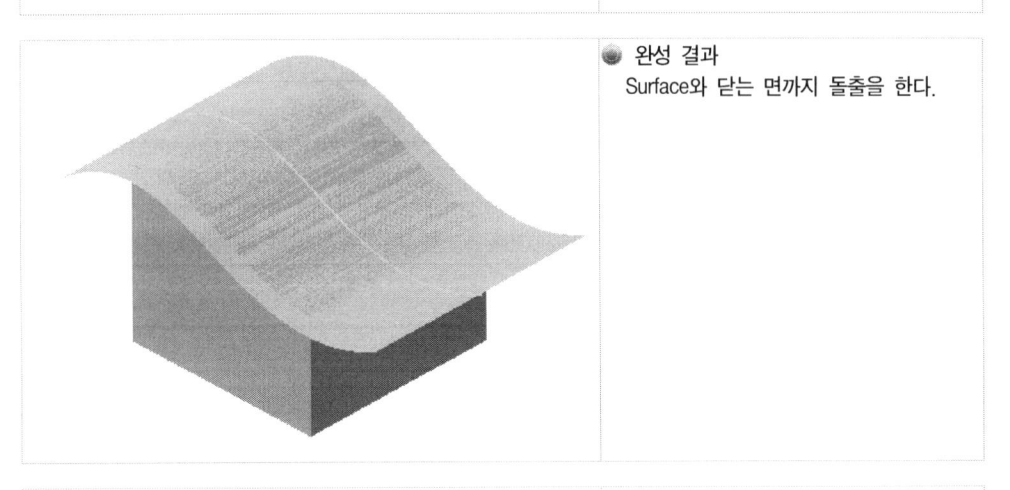

● 완성 결과
Surface와 닫는 면까지 돌출을 한다.

● 완성 결과
Surface를 [Hide]해 본다.

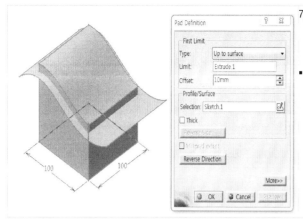

7) Spec Tree에서 Pad.1을 더블클릭하고 Offset 값으로 10mm을 지정한다.

- Offset : Limit에서 지정한 Surface으로 부터 Offset 값만큼 더 돌출을 한다.

● 완성 결과

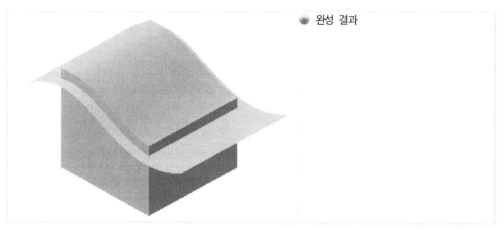

2. Drafted Filleted Pad Features

Drafted Fillet Pad(🔳) : 몇 개의 명령이 복합된 것으로 Pad를 하면서 동시에 Solid 면에 Draft 각도를 주고 Fillet으로 라운드 처리까지 해주는 명령이다. 한번에 Pad, Draft, Edge Fillet 작업을 동시에 수행하는 명령이다.

■ Drafted Fillet Pad Definition

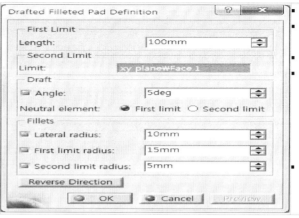

- First Limit : 돌출 길이를 지정한다.
- Second Limit : 반드시 면 요소를 선택해야 한다.
- Draft의 Angle은 구배 각도를 지정한다.
- Neutral element : 어디로 지정하는지에 따라 형상의 Draft Plane을 변경할 수 있다.
  · First limit : 단면의 크기를 유지한다.
  · Second limit : 단면의 크기보다 들어가서 크기를 유지한다.
- Fillets : 위아래 면의 Fillet과 측면 방향의 Fillet을 정의할 수 있다. 원하지 않는 부분은 체크를 해제할 수 있다.

[Drafted Fillet Pad 실습 1]

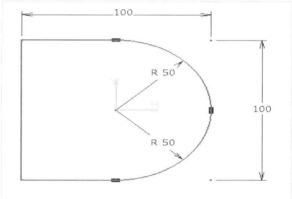

1) 스케치를 실행하고 XY Plane을 선택하여 다음과 같이 스케치를 한다.

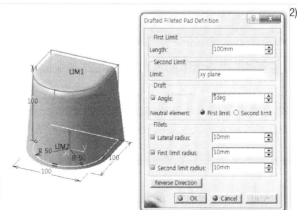

2) Drafted Fillet Pad을 실행하고 XY Plane을 지정하여 다음과 같이 지정한다.

3) Shell을 실행하고 두께 : 2mm로 쉘을 생성한다.

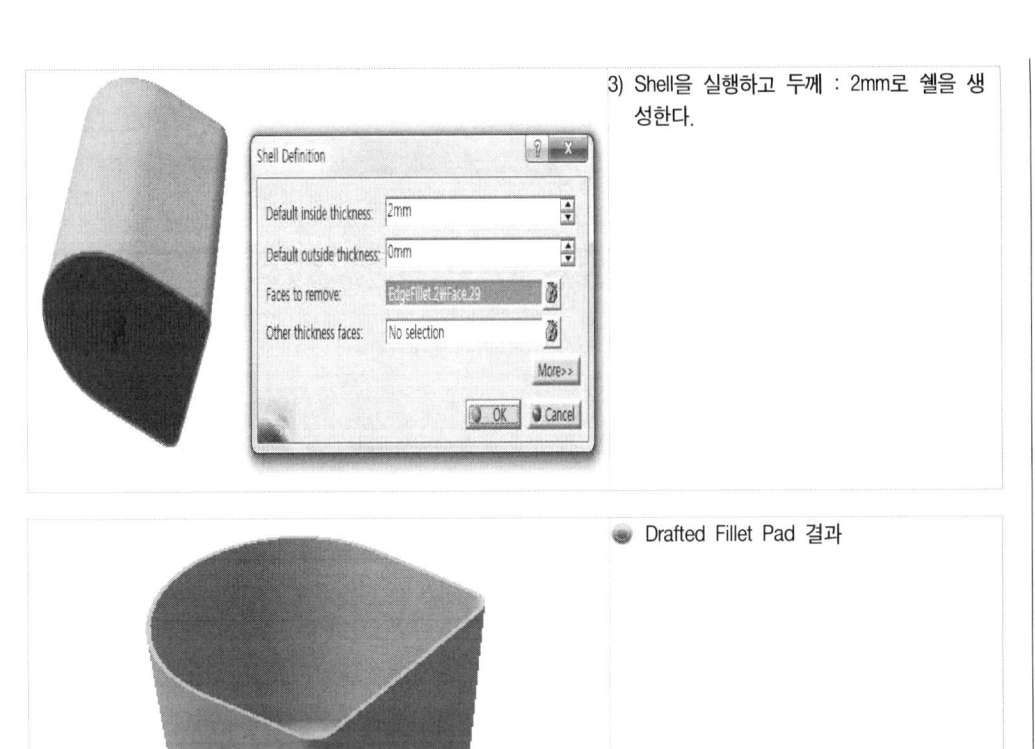

Drafted Fillet Pad 결과

[Drafted Fillet Pad 실습 2]

1) 스케치를 실행하고 XY Plane을 선택하여 다음과 같이 스케치를 한다.

100

50

2) Pad를 실행하고 10mm 돌출을 한다.

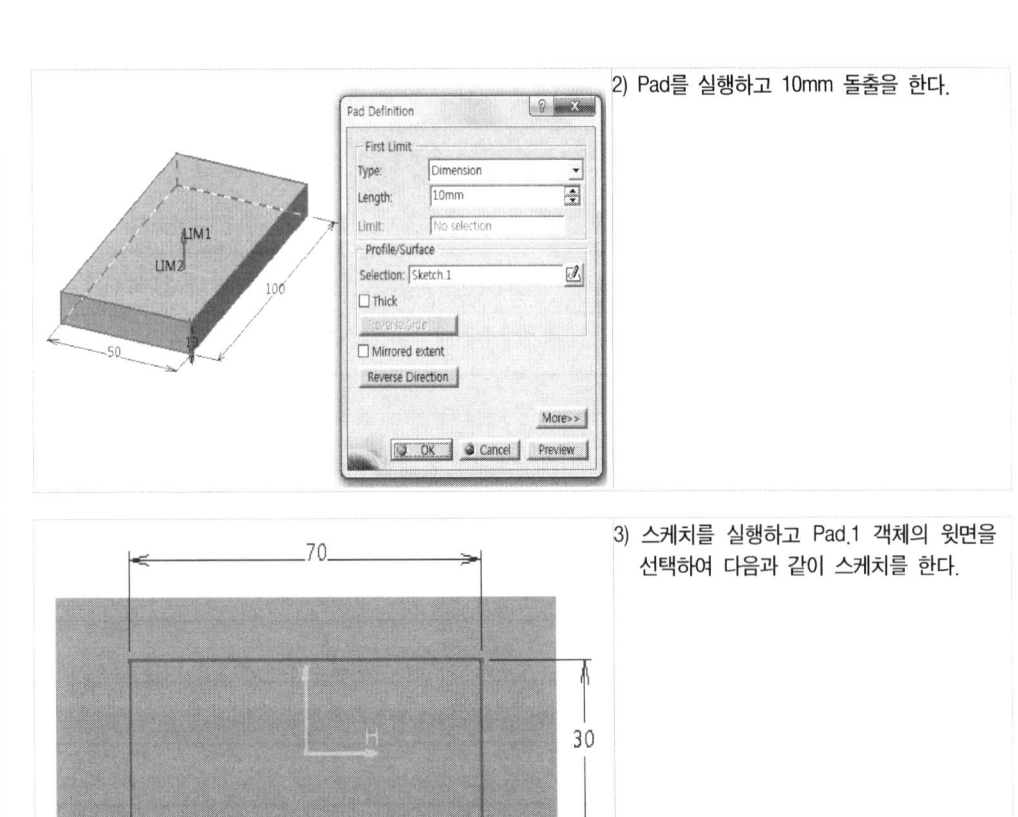

3) 스케치를 실행하고 Pad.1 객체의 윗면을 선택하여 다음과 같이 스케치를 한다.

70

30

4) Drafted Filleted Pad을 실행하고 Second Limit : Pad.1의 윗면 선택, 각각의 Fillet 반경을 지정하여 Pad를 생성한다.

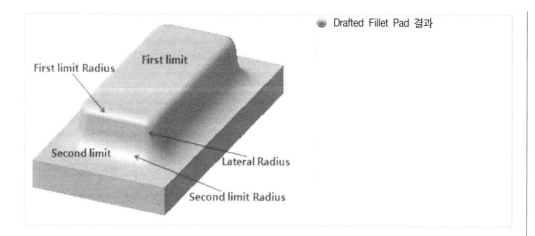

Drafted Fillet Pad 결과

- First limit
- First limit Radius
- Second limit
- Lateral Radius
- Second limit Radius

3. Multi Pad Features

Multi Pad(▣) : 하나의 스케치에 대해서 스케치가 여러 개의 Domain을 가지고 있다면 그 각각의 Domain 별로 따로 치수를 주어 Pad하는 명령이다. 여러 개의 Domain을 가지는 스케치를 사용하여 한 번에 여러 개의 높이를 부여하여 Pad를 만드는 방법이다.

Multi Pad Definition

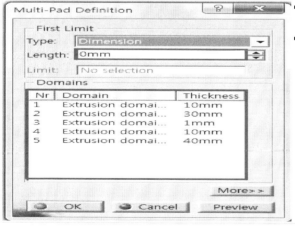

- Length : Domain 각각 선택하여 길이를 지정한다.
- Domains : 아래 부분에 스케치 개수가 나타나고 각각 선택해서 길이를 따로 부여할 수 있다.

[Multi Pad 실습]

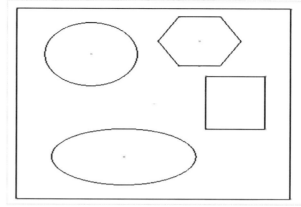

1) 스케치를 실행하고 XY Plane을 선택하여 다음과 같이 스케치를 한다.

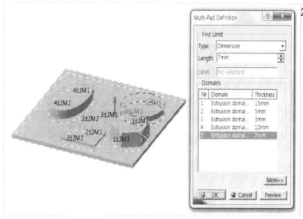

2) Multi-Pad을 실행하고 각각의 Domain을 지정하여 높이를 각각 부여한다.

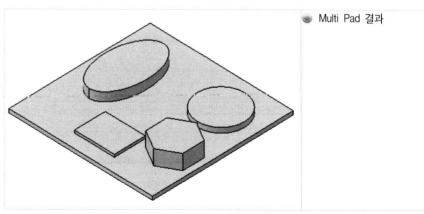

Multi Pad 결과

57

Pocket() : Pad로 3차원이 그려진 물체에 구멍(돌출 컷)을 생성하는 명령이다. Pocket을 하기 위해서는 현재 Body에 임의의 Solid 형상이 있어야 한다.

Pocket Definition

- Dimension : 디폴트 Type으로 사용자가 입력한 길이만큼 Pocket이 생성된다.
  · 양수, 음수 모두 가능하며 음수를 입력할 경우에는 원래 방향과 반대 방향으로 치수를 주는 것과 같은 의미이다.
  · 사칙연산을 직접 입력할 수도 있다.

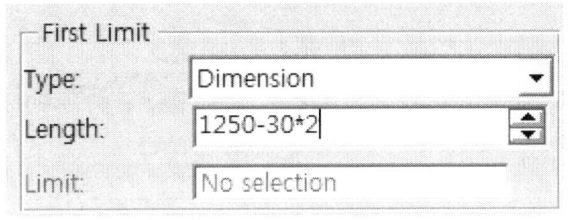

- Depth : 깊이를 입력한다. 나머지 옵션은 Pad와 동일하다.

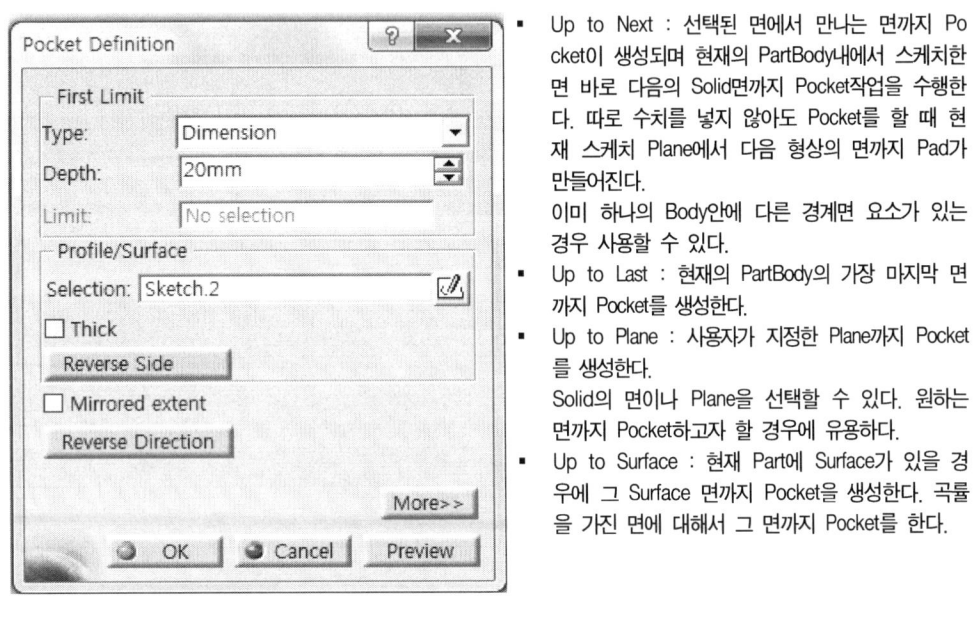

- Up to Next : 선택된 면에서 만나는 면까지 Pocket이 생성되며 현재의 PartBody내에서 스케치한 면 바로 다음의 Solid면까지 Pocket작업을 수행한다. 따로 수치를 넣지 않아도 Pocket를 할 때 현재 스케치 Plane에서 다음 형상의 면까지 Pad가 만들어진다.
  이미 하나의 Body안에 다른 경계면 요소가 있는 경우 사용할 수 있다.
- Up to Last : 현재의 PartBody의 가장 마지막 면까지 Pocket를 생성한다.
- Up to Plane : 사용자가 지정한 Plane까지 Pocket를 생성한다.
  Solid의 면이나 Plane을 선택할 수 있다. 원하는 면까지 Pocket하고자 할 경우에 유용하다.
- Up to Surface : 현재 Part에 Surface가 있을 경우에 그 Surface 면까지 Pocket을 생성한다. 곡률을 가진 면에 대해서 그 면까지 Pocket를 한다.

[Pocket 실습]

1) 스케치를 실행하고 XY Plane을 선택하여 다음과 같이 스케치를 한다.

2) Pad를 실행하고 20mm 돌출을 한다.

3) 스케치를 실행하고 Pad.1 객체의 윗면을 선택하여 다음과 같이 스케치를 한다.

58

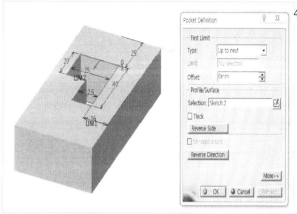

4) Pocket(⬛)를 실행하고 Up to Next를 지정하여 돌출 컷을 한다.

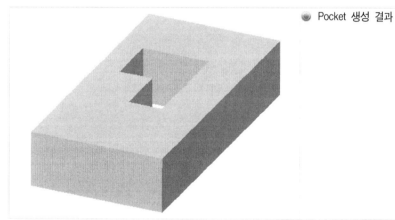

● Pocket 생성 결과

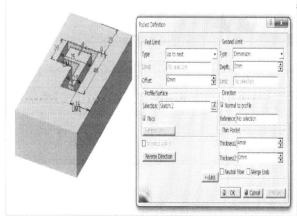

5) Spec Tree에서 Pocket.1을 더블클릭하고 Up to Next를 지정, Thick을 체크하고 Thickness1 : 4mm 변경한다.

● Pocket 생성 결과

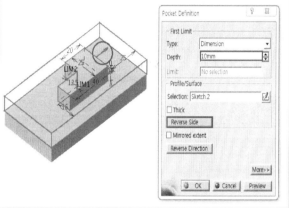

6) Spec Tree에서 Pocket.1을 더블클릭하고 10mm, [Reverse Side] 버튼을 누르고 화살표 방향을 마우스로 클릭하여 변경한다.

● Pocket 생성 결과

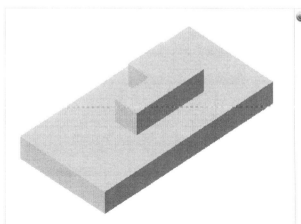

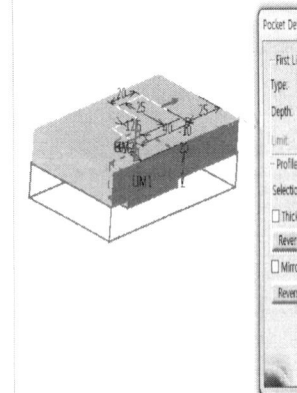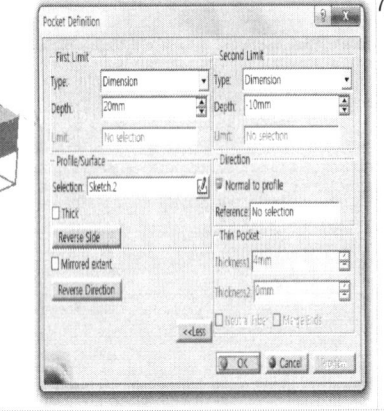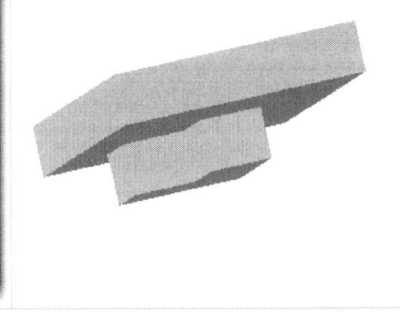

7) Spec Tree에서 Pocket.1을 더블클릭하고
First Limit : 20mm, Second Limit : -10mm
로 변경한다.

---

5. Drafted Filleted Pocket Features

Drafted Fillet Pocket( ) : 몇 개의 명령이 복합된 것으로 Pocket을 하면서 동시에 Solid 면에 Draft 각도를 주고 Fillet으로 라운드 처리까지 해주는 명령이다. 한번에 Pocket, Draft, Edge Fillet 작업을 동시에 수행하는 명령이다.

Drafted Fillet Pocket Definition

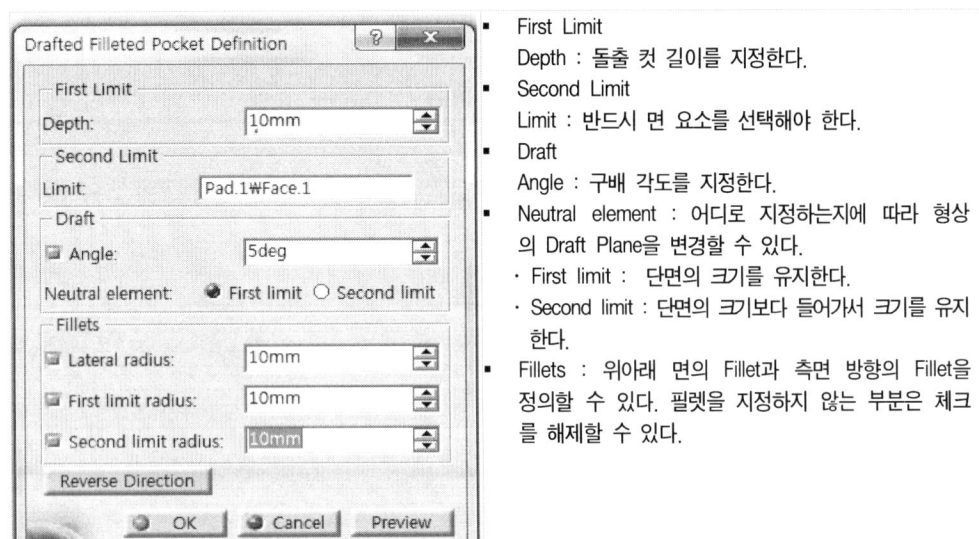

- First Limit
  Depth : 돌출 컷 길이를 지정한다.
- Second Limit
  Limit : 반드시 면 요소를 선택해야 한다.
- Draft
  Angle : 구배 각도를 지정한다.
- Neutral element : 어디로 지정하는지에 따라 형상의 Draft Plane을 변경할 수 있다.
  · First limit : 단면의 크기를 유지한다.
  · Second limit : 단면의 크기보다 들어가서 크기를 유지한다.
- Fillets : 위아래 면의 Fillet과 측면 방향의 Fillet을 정의할 수 있다. 필렛을 지정하지 않는 부분은 체크를 해제할 수 있다.

[Drafted Filleted Pocket 실습]

1) 스케치를 실행하고 XY Plane을 선택하여 다음과 같이 스케치를 한다.

2) Pad를 실행하고 20mm 돌출을 한다.

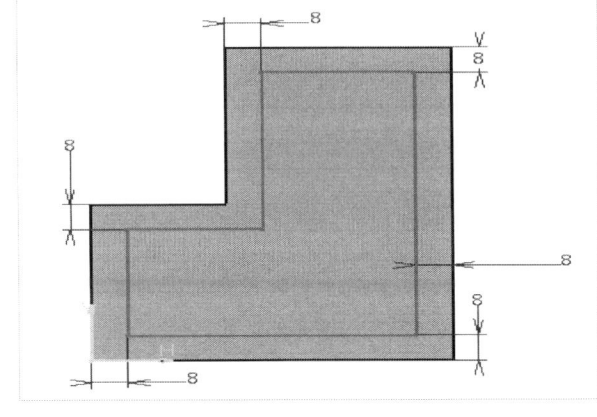

3) 스케치를 실행하고 Pad.1 객체의 윗면을 선택하여 다음과 같이 스케치를 한다.

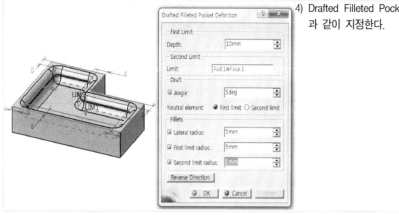

4) Drafted Filleted Pocket을 실행하고 다음과 같이 지정한다.

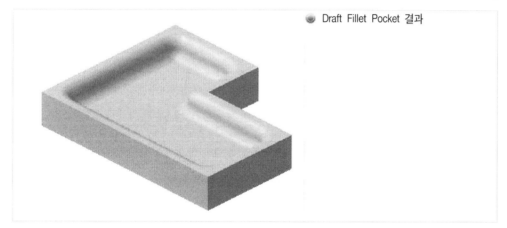

◉ Draft Fillet Pocket 결과

6. Multi Pocket Features

Multi Pocket() : 하나의 스케치에 대해서 스케치가 여러 개의 Domain을 가지고 있다면 그 각각의 Domain 별로 따로 치수를 주어 Pocket하는 명령이다. 여러 개의 Domain을 가지는 스케치를 사용하여 한 번에 여러 개의 높이를 부여하여 Pocket를 만드는 방법이다.

◢ Multi Pocket Definition

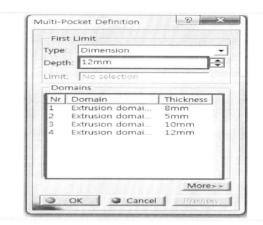

- Length : 도메인 각각 선택하여 길이 를 지정한다.
- Domains : 아래 부분에 스케치 개수 가 나타나고 각각 선택해서 길이를 따 로 부여할 수 있다.

[Multi Pocket 실습]

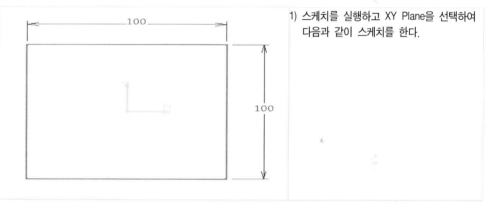

1) 스케치를 실행하고 XY Plane을 선택하여 다음과 같이 스케치를 한다.

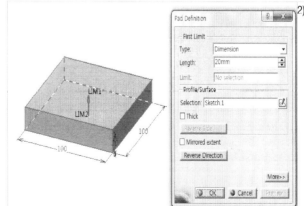

2) Pad을 실행하고 20mm 돌출을 한다.

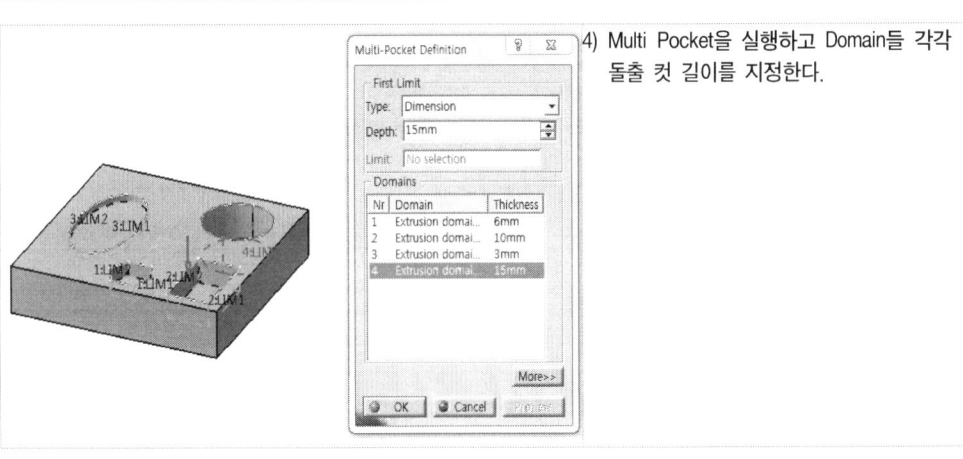

3) 스케치를 실행하고 Pad.1 객체의 윗면을 선택하여 다음과 같이 스케치를 한다.

4) Multi Pocket을 실행하고 Domain들 각각 돌출 컷 길이를 지정한다.

● Multi Pocket 결과

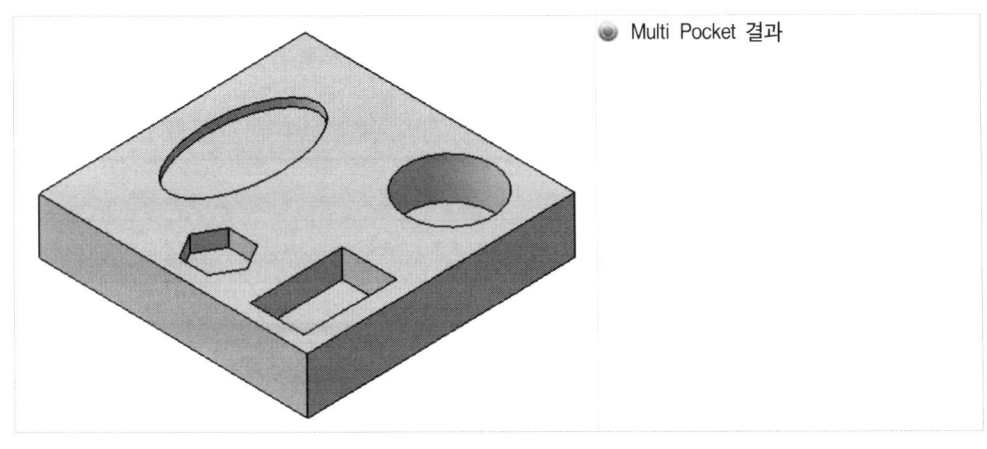

■ 3D Geometry(2D 스케치 요소 변환)

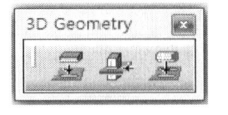

현재 스케치가 아닌 다른 스케치나 3차원 상의 Wireframe, Surface, Solid의 요소를 현재의 2차원 요소로 가져오는 명령이다. 3차원 요소의 모서리나 꼭지점, 면을 다시 스케치 하지 않고 원하는 스케치 Plane 상으로 투영시켜 가져 올 수 있다.

그리고 이러한 작업은 원본 요소에 종속이 되기 때문에 투영한 후 곧바로 직접적인 수정은 안 되며, Isolate 명령으로 원본과 종속 관계를 해제해 주어야 수정이 가능하다. 종속 관계가 깨지지 않는 한 투영한 대상은 원본 형상의 변경에 따라 자동으로 업데이트 된다.

1) Project 3D Elements( ) : 원본 형상을 현재 스케치 면에 수직으로 투영시키는 명령으로 형상을 스케치 면에서 수직으로 바라보았을 때 보이는 그림자 형상대로 투영된다. 투영은 모서리, 포인트, 면 전체 모두가 투영 가능하다.

1) 스케치를 실행하고 Pad.1 객체의 윗면을 선택한다.
2) Project 3D Elements( )을 실행하고 면 또는 모서리를 선택한다.

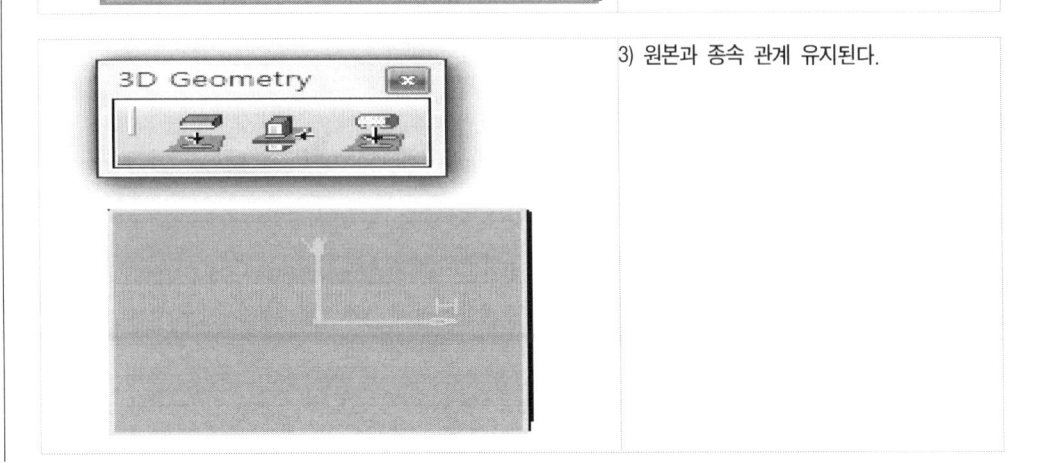

3) 원본과 종속 관계 유지된다.

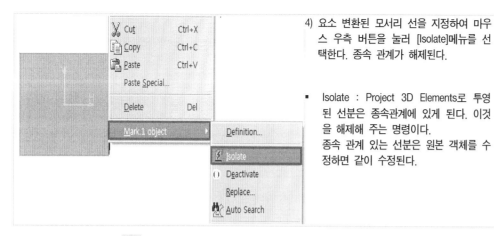

4) 요소 변환된 모서리 선을 지정하여 마우스 우측 버튼을 눌러 [Isolate]메뉴를 선택한다. 종속 관계가 해제된다.

- Isolate : Project 3D Elements로 투영된 선분은 종속관계에 있게 된다. 이것을 해제해 주는 명령이다.
 종속 관계 있는 선분은 원본 객체를 수정하면 같이 수정된다.

2) Intersect 3D Elements( ) : 현재 스케치 Plane과 교차하는 부분을 투영시켜 준다.

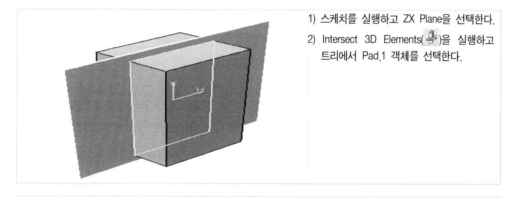

1) 스케치를 실행하고 ZX Plane을 선택한다.

2) Intersect 3D Elements( )을 실행하고 트리에서 Pad.1 객체를 선택한다.

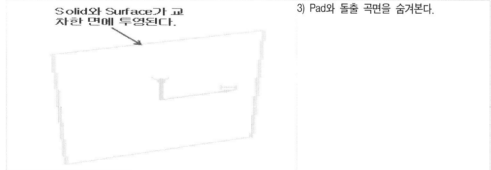

Solid와 Surface가 교차한 면에 투영된다.

3) Pad와 돌출 곡면을 숨겨본다.

3) Project 3D Silhouette Edges( ) : 회전체의 옆면 실루엣 형상을 현재 스케치 면에 투영시키는 명령이다.

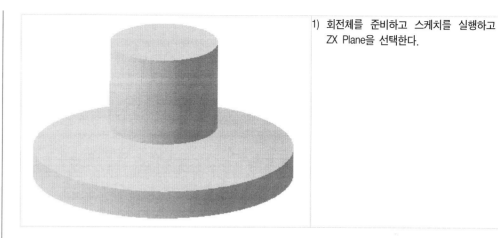

1) 회전체를 준비하고 스케치를 실행하고 ZX Plane을 선택한다.

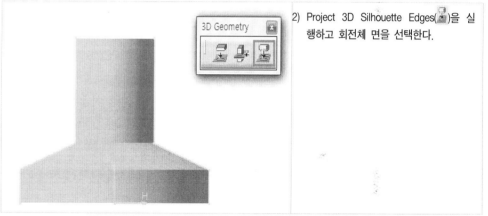

2) Project 3D Silhouette Edges( )을 실행하고 회전체 면을 선택한다.

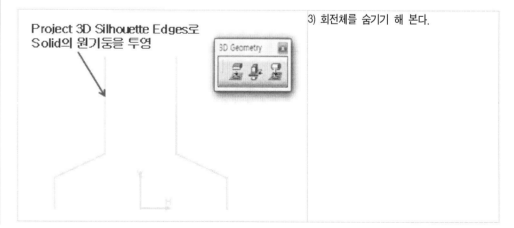

Project 3D Silhouette Edges로 Solid의 원기둥을 투영

3) 회전체를 숨기기 해 본다.

[Pad-Pocket 1]

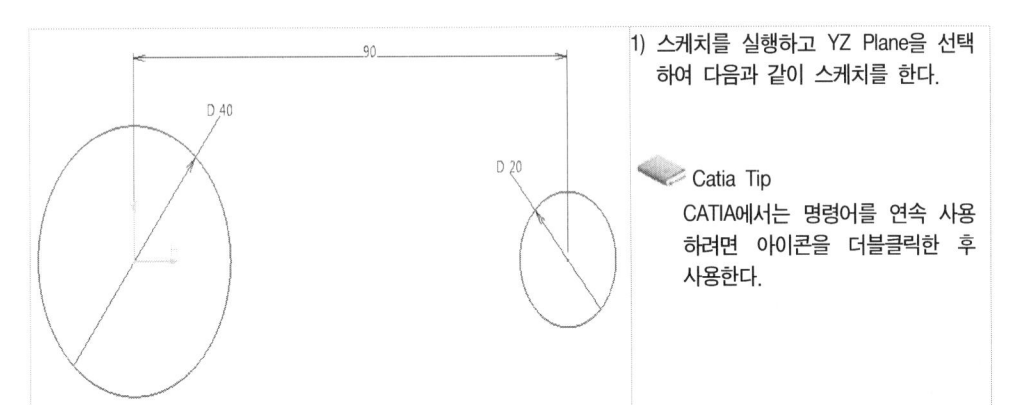

1) 스케치를 실행하고 YZ Plane을 선택하여 다음과 같이 스케치를 한다.

📎 Catia Tip

CATIA에서는 명령어를 연속 사용하려면 아이콘을 더블클릭한 후 사용한다.

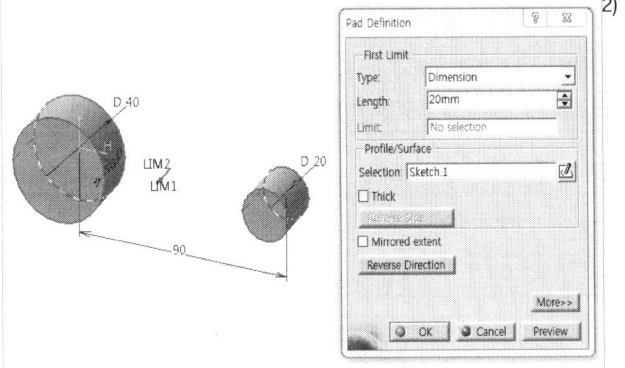

2) Pad을 실행하고 20mm 돌출을 한다. [Preview]를 눌러 미리보기로 확인을 한다.

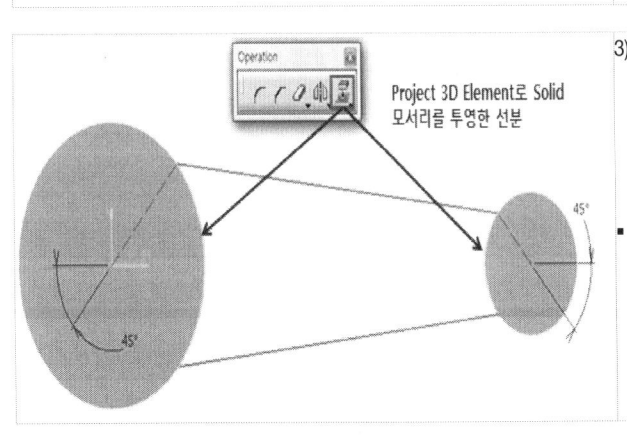

Project 3D Element로 Solid 모서리를 투영한 선분

3) 스케치를 실행하고 YZ Plane을 선택하여 다음과 같이 스케치를 한다. Project 3D Elements를 이용하여 양쪽 Solid의 모서리를 현재 스케치로 투영을 한다.

- Project 3D Elements의 의미 ?

---

1. 설계 입문자들이 3D 객체를 설계할 때 고려해야 할 사항은 도면을 보고 초기 평면을 무엇으로 설정할 것인가?

2. 위의 3D 객체를 설계할 때 더 쉽게 설계할 수 있는 방법을 생각해 보자.

3. 도면에는 1각법과 3각법이 있다. 각각의 의미를 파악해 보자.   [도면해독 이해]

4. 3D 객체에 도면과 같이 색상을 지정해 보자.

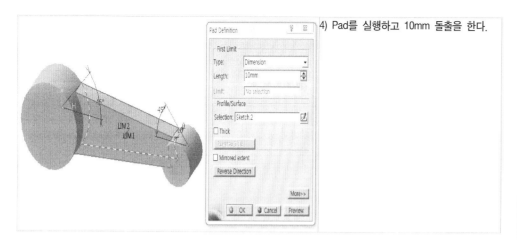

4) Pad를 실행하고 10mm 돌출을 한다.

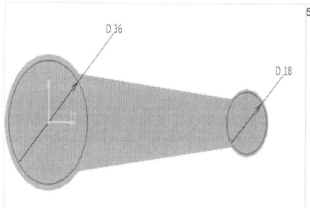

5) 스케치를 실행하고 Pad.1 객체의 앞면을 선택하여 다음과 같이 스케치를 한다.

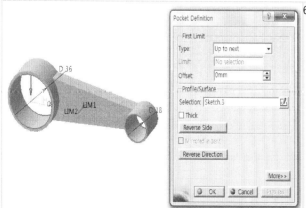

6) Pocket을 실행하고 Up to Next를 지정하여 돌출 컷을 한다.

7) Edge Fillet(🔽)을 실행하고 반경 : 1mm로 필렛을 한다.

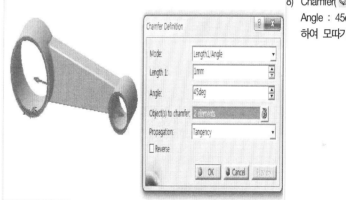

8) Chamfer(🔽)를 실행하고 Length : 1mm, Angle : 45deg로 지정, 안쪽 모서리를 선택하여 모따기를 생성한다.

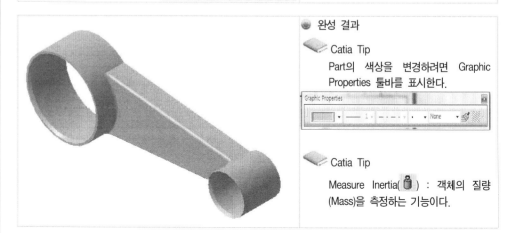

● 완성 결과

◇ Catia Tip

Part의 색상을 변경하려면 Graphic Properties 툴바를 표시한다.

◇ Catia Tip

Measure Inertia(🗿) : 객체의 질량(Mass)을 측정하는 기능이다.

Top view
Scale 1:1

Isometric view
Scale 1:1

R20

R20

t2

60

60

Front view
Scale 1:1

DESIGNED BY :	K. Y. L	
DATE	2015-04-05	
CHECKED BY :	XXX	
DATE	2015-04-05	

Pad-Pocket

카티아

SIZE A3	◁⊕▷		
SCALE 1:1	WEIGHT N0 XXX	CO2	SHEET 1/1

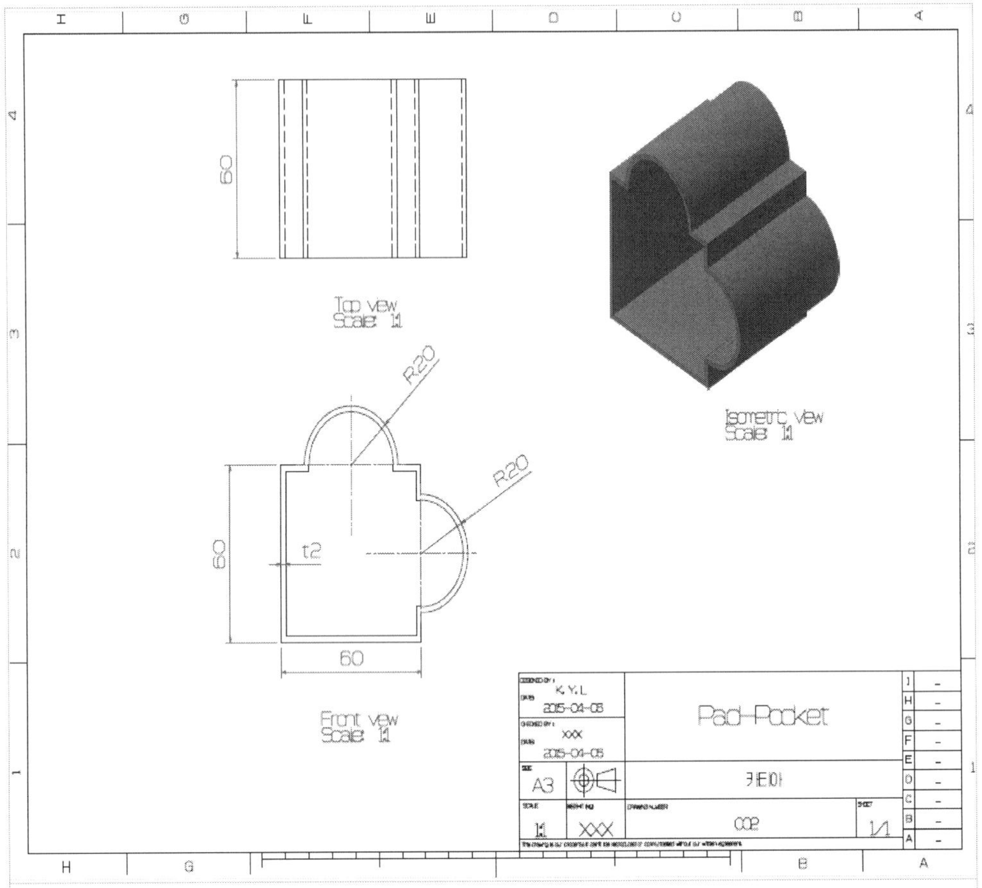

1. 설계 입문자들이 3D 객체를 설계할 때 고려해야 할 사항은 도면을 보고 초기 평면을 무엇으로 설정할 것인가?

2. 위의 3D 객체를 설계할 때 더 쉽게 설계할 수 있는 방법을 생각해 보자.

3. 위의 도면에서 t2의 의미?   [도면해독 이해]

4. 3D 객체에 재질을 부여하는 CATIA 명령의 명칭은?

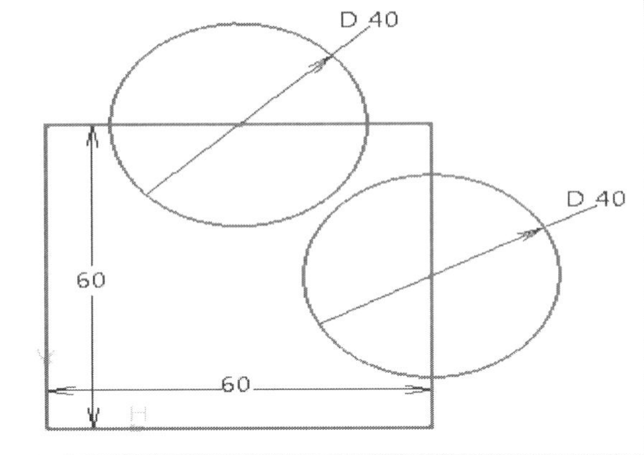

1) 스케치를 실행하고 YZ Plane을 선택하여 다음과 같이 스케치를 한다.

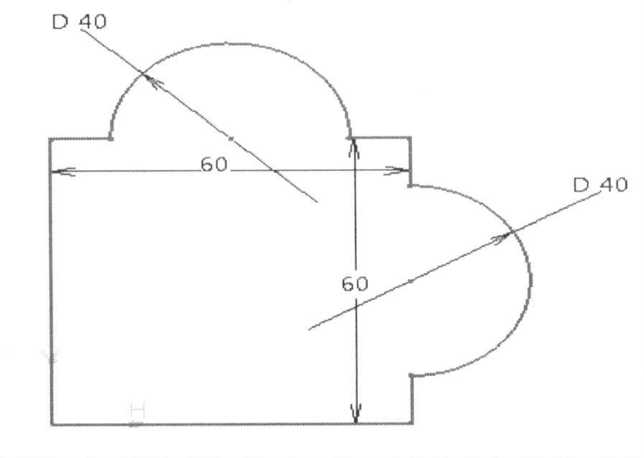

D 40

D 40

60

60

2) Quick Trim(✏)을 지정하여 그림과 같이 불필요한 부분을 삭제한다.

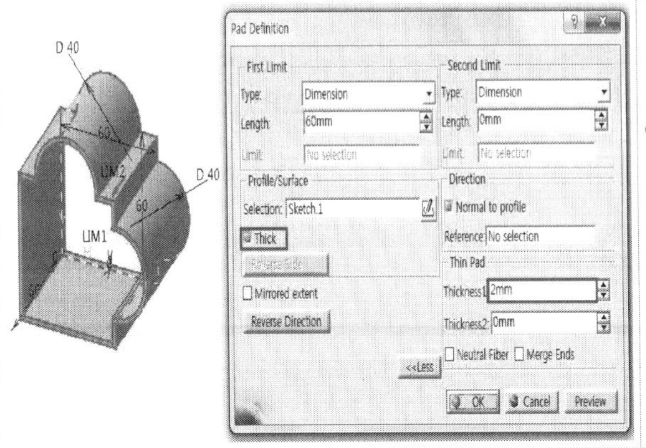

D 40

D 40

60

60

3) Pad를 실행하고 60mm, Thick을 체크, 두께 : 2mm로 돌출을 한다.

Catia Tip
Thick은 솔리드에 두께를 지정할 때 사용한다.

66

PAD 생성 결과

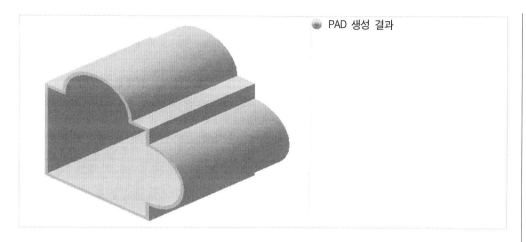

[Pad-Pocket 3]

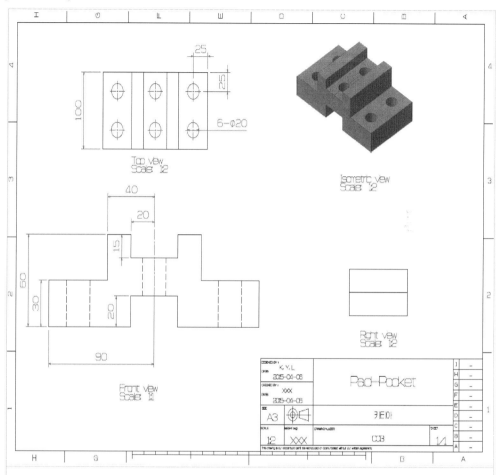

1. 설계 입문자들이 3D 객체를 설계할 때 고려해야 할 사항은 도면을 보고 초기 평면을 무엇으로 설정할 것인가?

2. 위의 3D 객체를 설계할 때 더 쉽게 설계할 수 있는 방법을 생각해 보자.

3. 6개의 구멍을 뚫기 위해서 선택해야 하는 평면을 생각해 보자.

4. 3D 객체에 Steel 재질을 부여하고 질량을 측정해 보자.

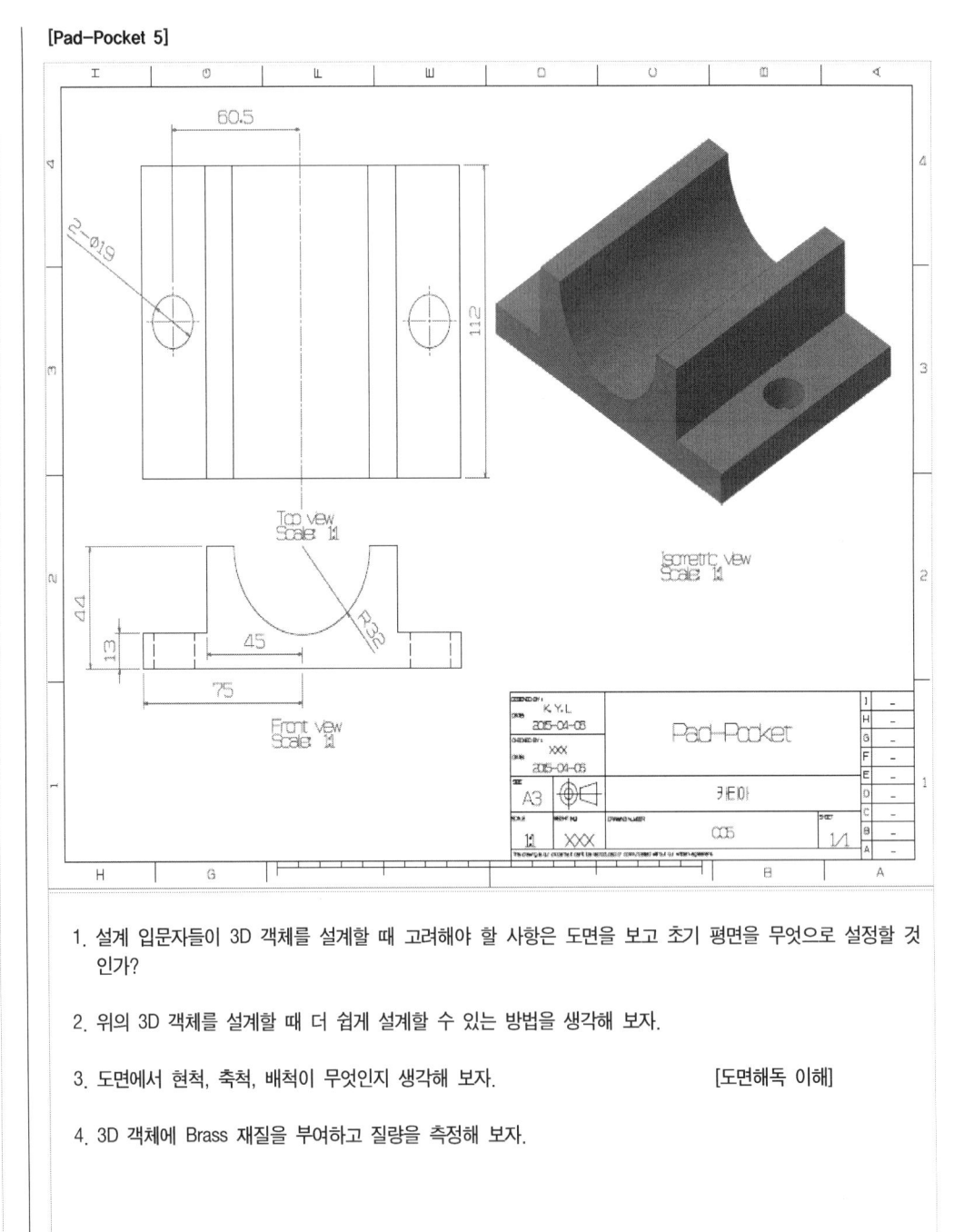

1. 설계 입문자들이 3D 객체를 설계할 때 고려해야 할 사항은 도면을 보고 초기 평면을 무엇으로 설정할 것인가?

2. 위의 3D 객체를 설계할 때 더 쉽게 설계할 수 있는 방법을 생각해 보자.

3. 도면에서 척도가 무엇인지 생각해 보자.   [도면해독 이해]

4. 3D 객체에 Brass 재질을 부여하고 질량을 측정해 보자.

5. 위의 도면에서 2-∅20에서 2의 의미는?

[Pad-Pocket 5]

1. 설계 입문자들이 3D 객체를 설계할 때 고려해야 할 사항은 도면을 보고 초기 평면을 무엇으로 설정할 것인가?

2. 위의 3D 객체를 설계할 때 더 쉽게 설계할 수 있는 방법을 생각해 보자.

3. 도면에서 현척, 축척, 배척이 무엇인지 생각해 보자.   [도면해독 이해]

4. 3D 객체에 Brass 재질을 부여하고 질량을 측정해 보자.

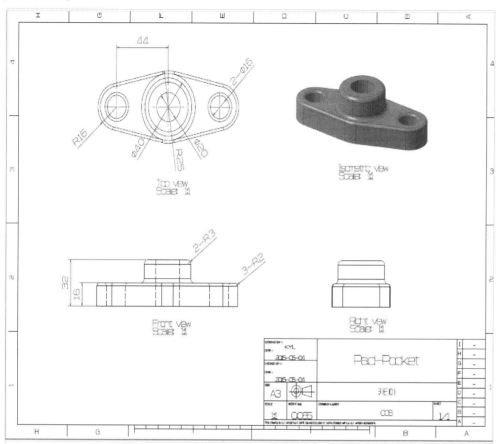

1. 설계 입문자들이 3D 객체를 설계할 때 고려해야 할 사항은 도면을 보고 초기 평면을 무엇으로 설정할 것 인가?

2. 위의 3D 객체를 설계할 때 더 쉽게 설계할 수 있는 방법을 생각해 보자.

3. 도면에서 기준이 되는 도면은 무엇인지 생각해 보자.   [도면해독 이해]

4. 3D 객체에 질량을 측정하는 CATIA 명령의 명칭은?

1) 스케치를 실행하고 XY Plane을 선택하 여 다음과 같이 스케치를 한다.

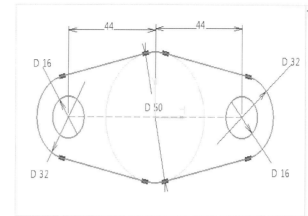

2) Pad(⌐丁)를 실행하고 16mm 돌출을 한다.

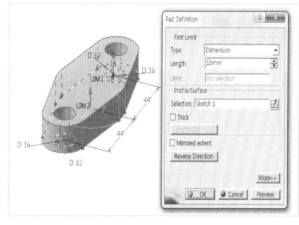

3) 스케치를 실행하고 Pad.1 객체의 윗면 을 선택하여 다음과 같이 스케치를 한 다.

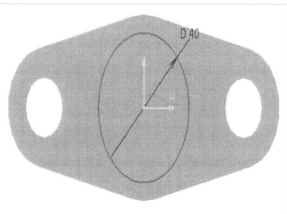

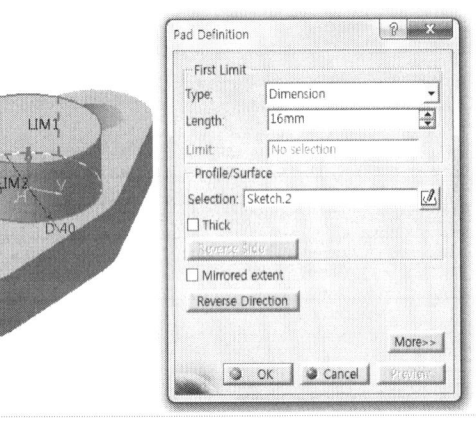

4) Pad(🗝)를 실행하고 16mm 돌출을 한다.

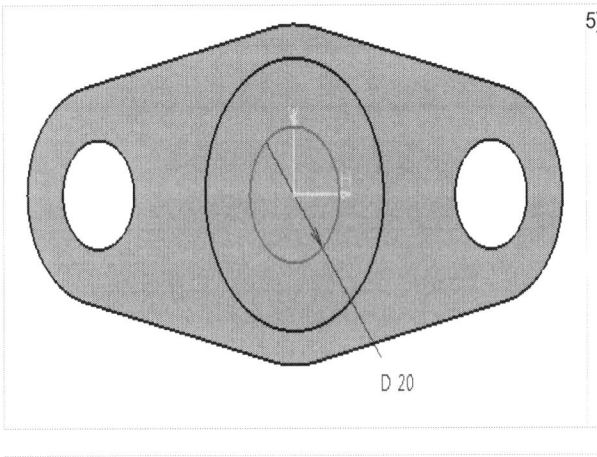

D 20

5) 스케치를 실행하고 Pad.2 객체의 윗면을 선택하여 다음과 같이 스케치를 한다.

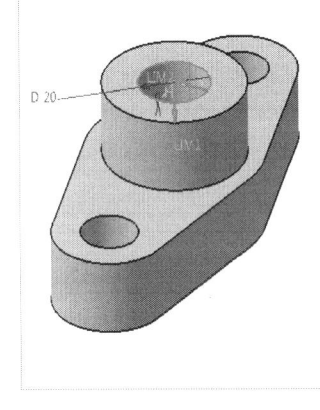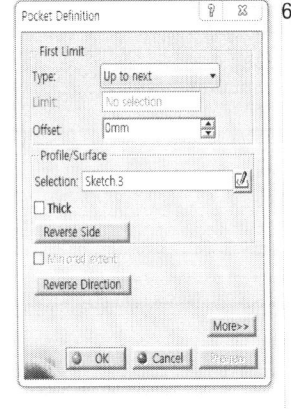

6) Pocket(🔲)을 실행하고 Up to Next를 지정하여 돌출 컷을 한다.

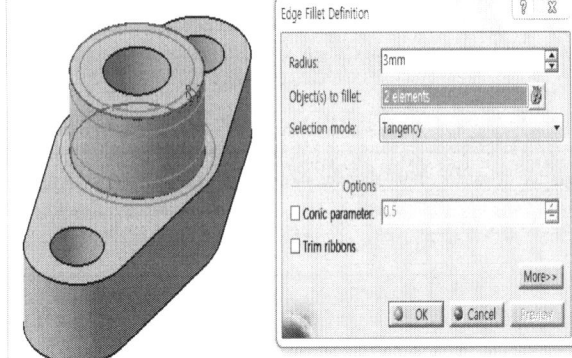

7) Edge Fillet(🖉)을 실행하고 반경 : 3mm로 필렛을 한다.

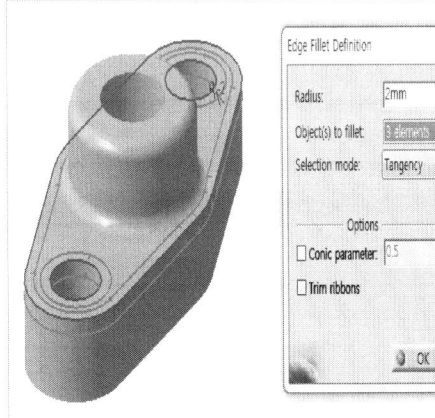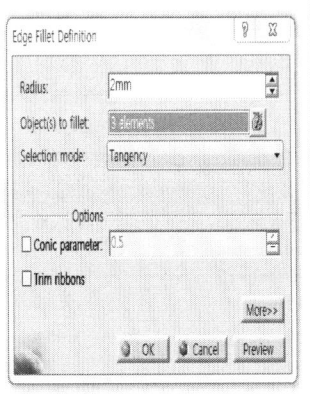

8) Edge Fillet(🖉)을 실행하고 반경 : 2mm로 필렛을 한다.

● 완성 결과

[Pad-Pocket 7]

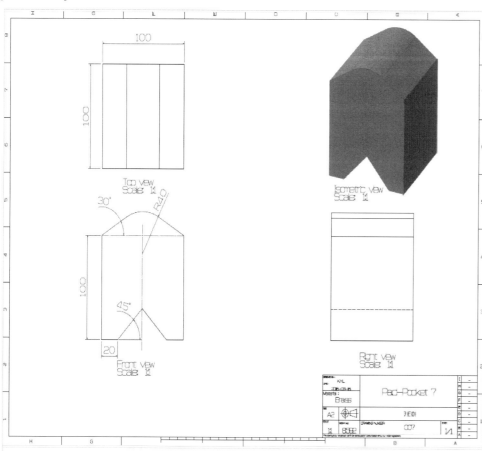

[Pad-Pocket 8]

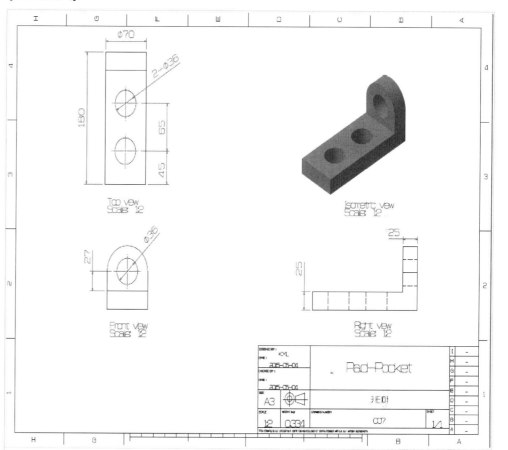

1. 설계 입문자들이 3D 객체를 설계할 때 고려해야 할 사항은 도면을 보고 초기 평면을 무엇으로 설정할 것인가?

2. 위의 3D 객체를 설계할 때 더 쉽게 설계할 수 있는 방법을 생각해 보자.

3. 3D 객체에 질량을 측정하는 CATIA 명령의 명칭은?

1. 설계 입문자들이 3D 객체를 설계할 때 고려해야 할 사항은 도면을 보고 초기 평면을 무엇으로 설정할 것인가?

2. 위의 3D 객체를 설계할 때 더 쉽게 설계할 수 있는 방법을 생각해 보자.

3. 한 도면에 같은 척도의 도면만 가능한지, 다른 척도도 표시 가능한지?　　　[도면해독 이해]

4. 3D 객체는 보는 방법이 View Mode라고 한다. 어떤 방법이 있는지 생각해 보자.

5. 재질로 Gold를 지정하고 재질을 볼 수 있는 View Mode는?

[Pad-Pocket 9]

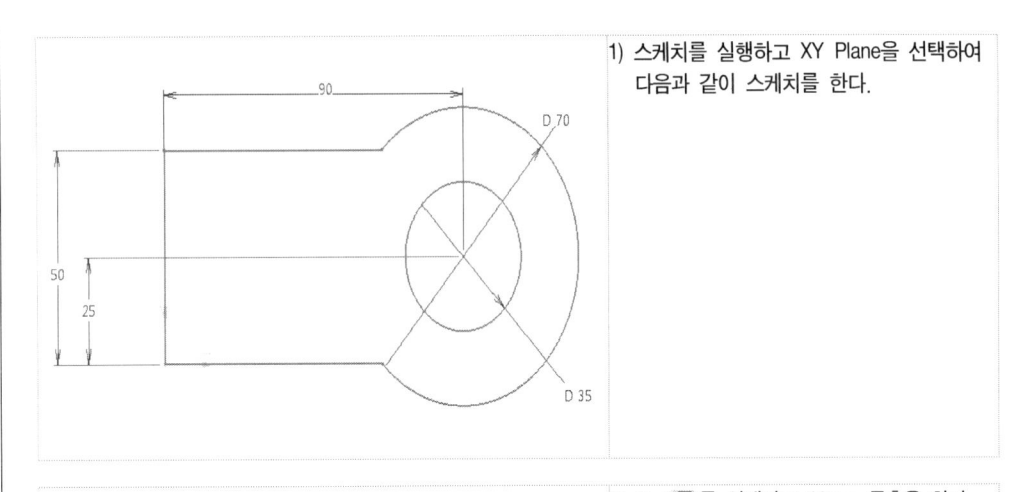

Isometric view
Scale 1:1

Top view
Scale 1:1

Front view
Scale 1:1

Right view
Scale 1:1

DRAWN BY	KYL			
DATE	2015-05-01		Pad-Pocket	
CHECKED BY				
DATE	2015-05-01		키티미	
SIZE A3	⊕◁			
SCALE 1:1	WEIGHT kg	DRAWING NUMBER 009		SHEET 1/1

1. 설계 입문자들이 3D 객체를 설계할 때 고려해야 할 사항은 도면을 보고 초기 평면을 무엇으로 설정할 것인가?

2. 위의 3D 객체를 설계할 때 도면에 표시된 치수를 정확하게 보고 설계를 해야 한다.
   도면에 누락된 치수가 있는지?

3. 도면에서 ⊕◁ 의 의미?   [도면해독 이해]

4. 3D 객체를 Quick View를 이용하여 다양하게 보는 방법을 실습해 보자.

1) 스케치를 실행하고 XY Plane을 선택하여 다음과 같이 스케치를 한다.

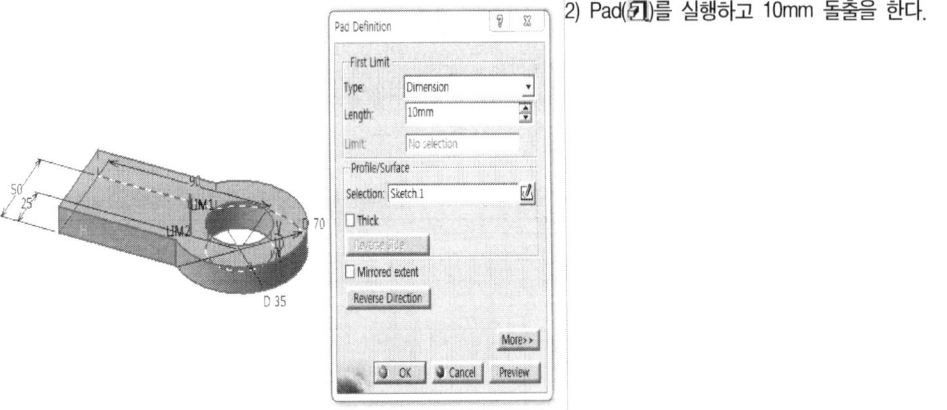

2) Pad(🗗)를 실행하고 10mm 돌출을 한다.

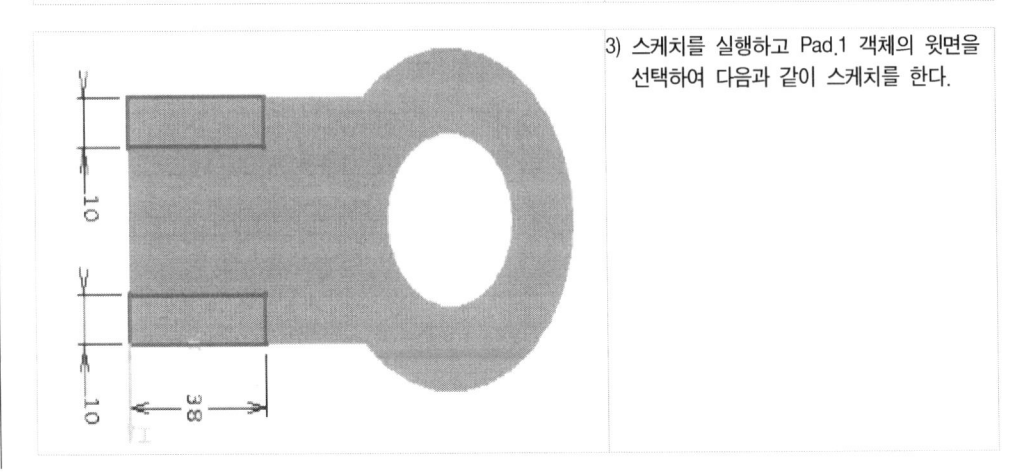

3) 스케치를 실행하고 Pad.1 객체의 윗면을 선택하여 다음과 같이 스케치를 한다.

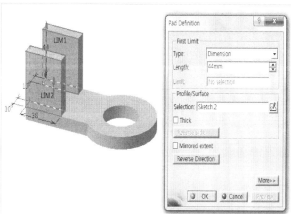

4) Pad(⚙)를 실행하고 44mm 돌출을 한다.

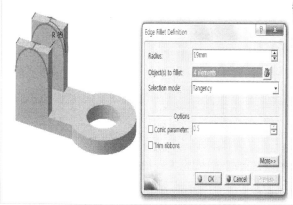

5) Edge Fillet(◔)을 실행하고 반경 : 19mm로 필렛을 한다.

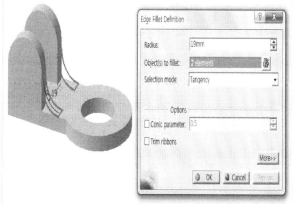

6) Edge Fillet(◔)을 실행하고 반경 : 19mm로 필렛을 한다.

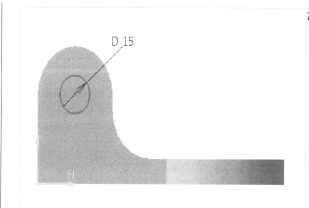

7) 스케치를 실행하고 Pad.2 객체의 앞면을 선택하여 다음과 같이 스케치를 한다.

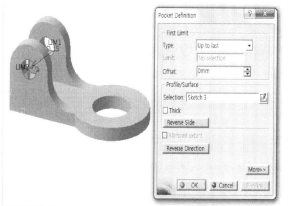

8) Pocket(▣)을 실행하고 Up to Last를 지정하여 돌출 컷을 한다.

● 완성 결과

[Pad-Pocket 10]

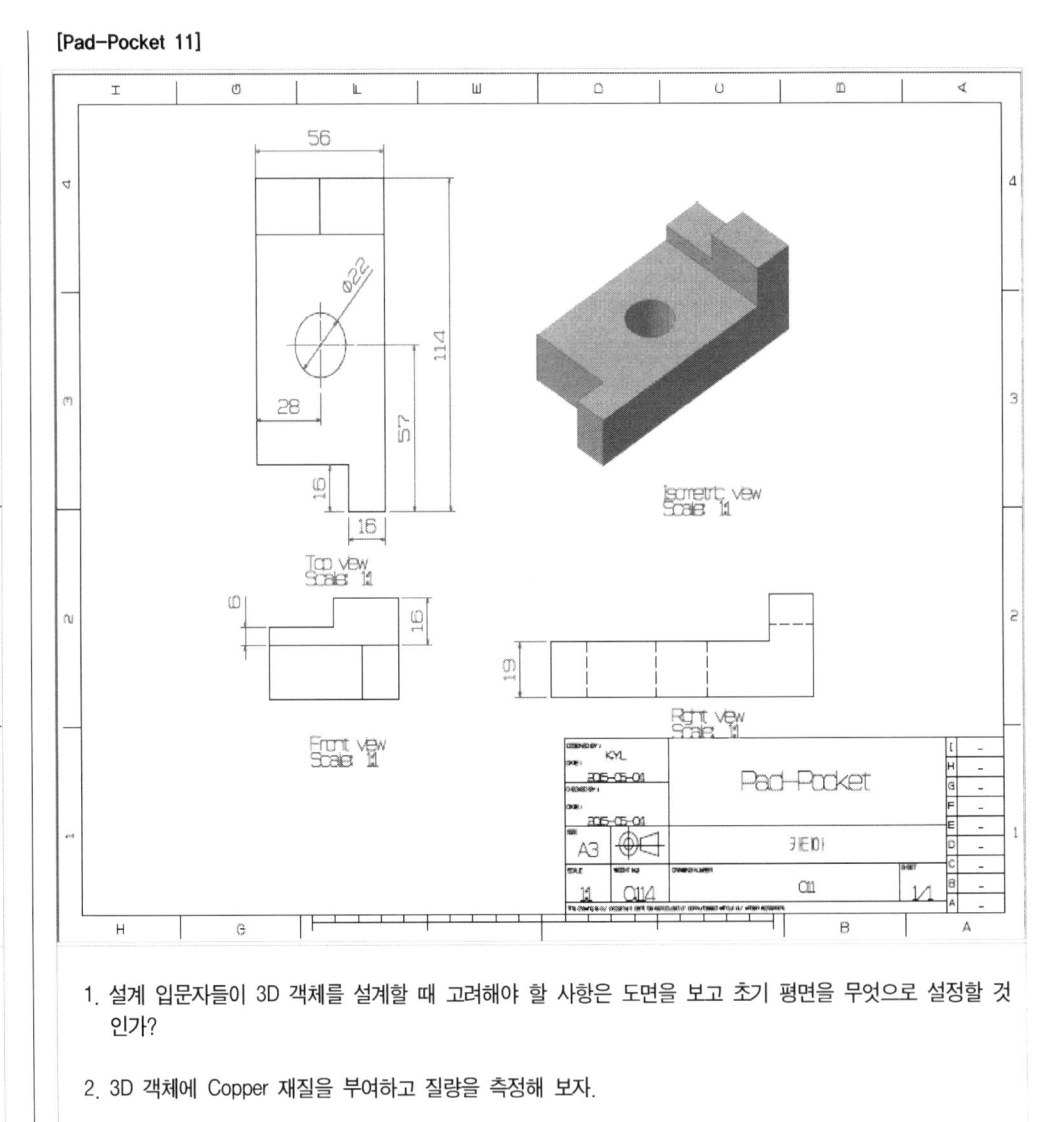

118

16

60

28

3-Ø10

2-R16

Top view
Scale 1:1

24

Isometric view
Scale 1:1

Ø24

R24

25

30

R12

Right view
Scale 1:1

Front view
Scale 1:1

DESIGNED BY: KYL
DATE: 2015-05-01
CHECKED BY:
DATE: 2015-05-01

Pad-Pocket

A3

카티아

SCALE 1:1 WEIGHT kg
Q215
DRAWING NUMBER
010
SHEET 1/1

1. 설계 입문자들이 3D 객체를 설계할 때 고려해야 할 사항은 도면을 보고 초기 평면을 무엇으로 설정할 것인가?

2. 도면에서 숨은선과 중심선에 대해서 생각해 보고 선분으로 표시 방법은?

3. 도면에서 ⊏⊐ ⊕ 의 의미? [도면해독 이해]

4. 표면 거칠기가 무엇인지 생각해 보자. [도면해독 이해]

[Pad-Pocket 11]

56

Ø22

28

114

57

16

16

Top view
Scale 1:1

Isometric view
Scale 1:1

6

16

19

Front view
Scale 1:1

Right view
Scale 1:1

DESIGNED BY: KYL
DATE: 2015-05-01
CHECKED BY:
DATE: 2015-05-01

Pad-Pocket

A3

카티아

SCALE 1:1 WEIGHT kg
Q114
DRAWING NUMBER
011
SHEET 1/1

1. 설계 입문자들이 3D 객체를 설계할 때 고려해야 할 사항은 도면을 보고 초기 평면을 무엇으로 설정할 것인가?

2. 3D 객체에 Copper 재질을 부여하고 질량을 측정해 보자.

3. CATIA로 도면을 만들고 다양하게 저장할 수 있는 방법을 생각해 보자.

4. 표면 거칠기에 사용하는 기호에는 무엇이 있는가? [도면해독 이해]

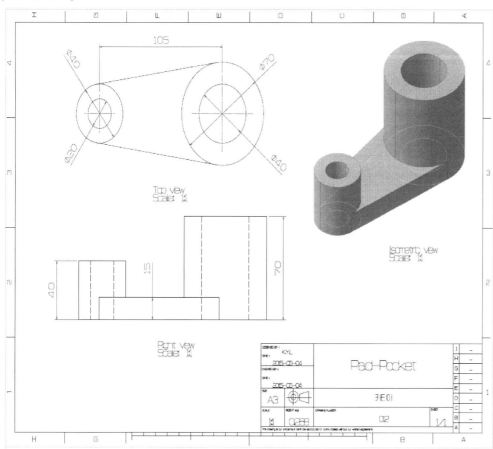

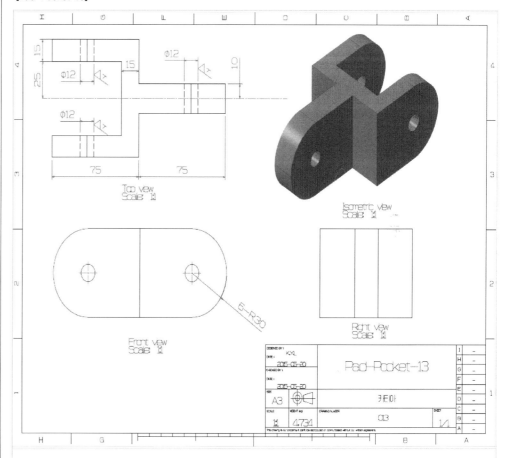

1. 설계 입문자들이 3D 객체를 설계할 때 고려해야 할 사항은 도면을 보고 초기 평면을 무엇으로 설정할 것인가?

2. 3D 객체에 Aluminium 재질을 부여하고 질량을 측정해 보자.

3. CATIA로 도면을 만들고 DWG로 저장하고 AutoCAD에서 레이어를 만들어 도면을 만들어보자.

4. 치수공차에 대해서 생각해 보자.　　　　　　　　　　　　　　　　[도면해독 이해]

1. 설계 입문자들이 3D 객체를 설계할 때 고려해야 할 사항은 도면을 보고 초기 평면을 무엇으로 설정할 것인가?

2. CATIA의 도면에 표면 거칠기를 표시해보고 　▽　 를 표시할 수 있는 곳을 생각해 보자.

3. CATIA로 3D 객체를 IGS로 저장해 보고 SolidWorks 프로그램에서 열어보자.

4. 치수공차에서 기준 치수, 위 치수허용차, 아래 치수허용차, 치수공차를 표시해 보자.　　[도면해독 이해]

$$75 \pm 0.25$$

[Pad-Pocket 14]

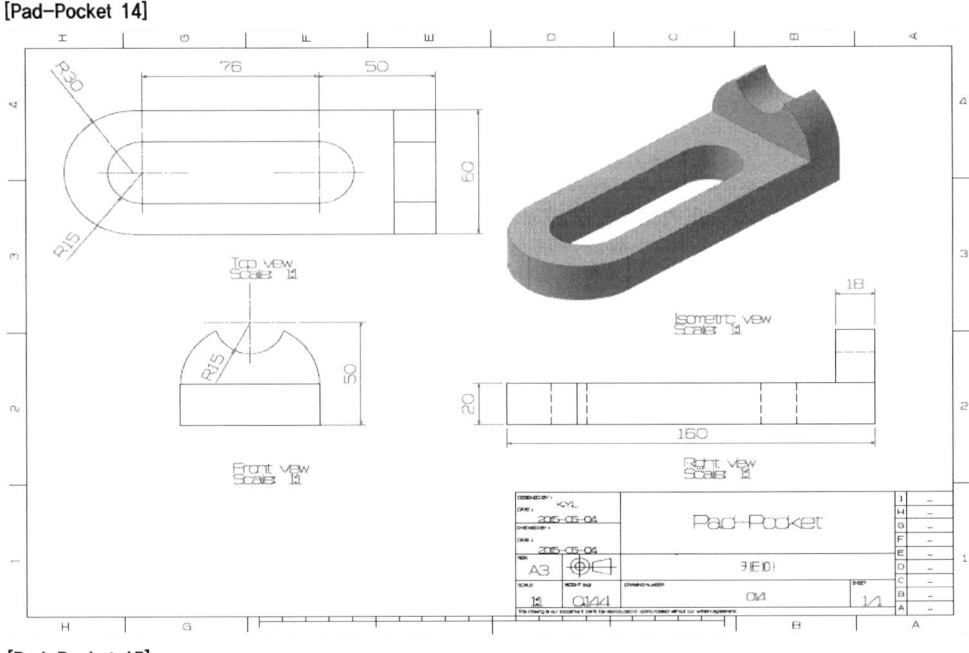

R30
76
50
60
R15
Top view
Scale 1:1
Isometric view
Scale 1:1
18
R15
50
20
160
Front view
Scale 1:1
Right view
Scale 1:1
KYL
2015-05-04
2015-05-04
Pad-Pocket
A3
1:1
0.144
014
1/1

[Pad-Pocket 15]

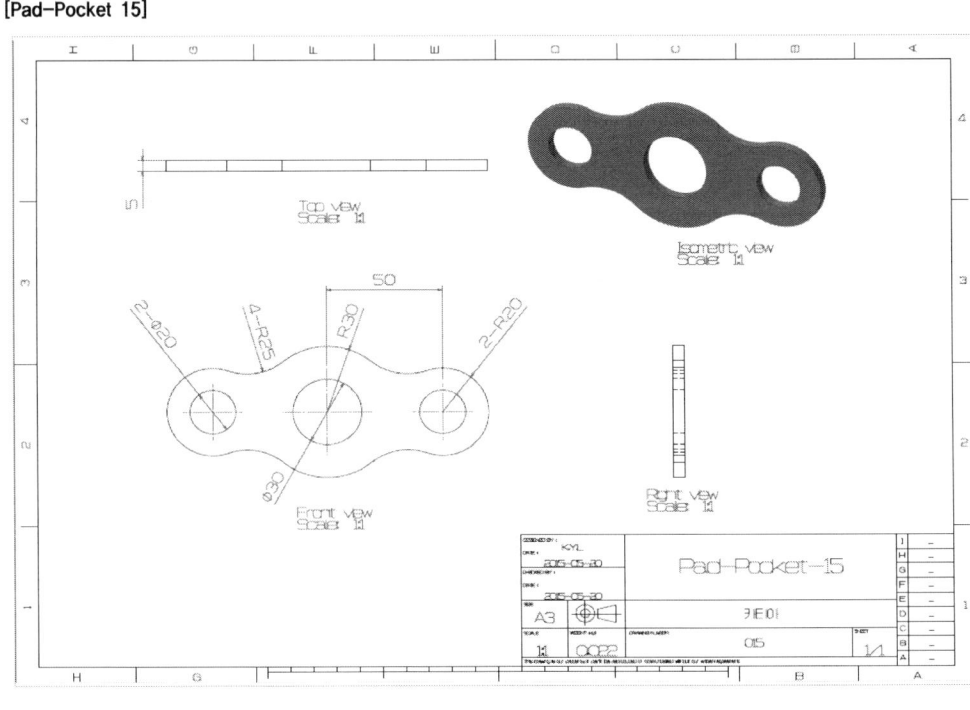

5
Top view
Scale 1:1
Isometric view
Scale 1:1
50
2-Ø20
4-R25
R30
2-R20
Ø30
Front view
Scale 1:1
Right view
Scale 1:1
KYL
2015-05-20
2015-05-20
Pad-Pocket-15
A3
1:1
0.022
015
1/1

[Pad-Pocket 16]

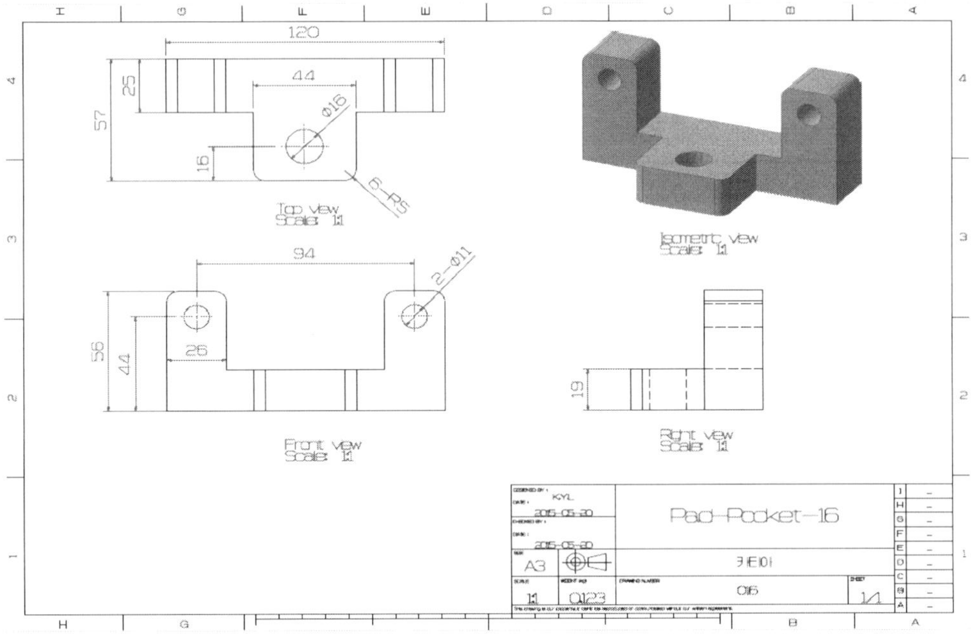

120
44
Ø16
25
57
16
6-R5
Top view
Scale 1:1
Isometric view
Scale 1:1
94
2-Ø11
56
44
26
19
Front view
Scale 1:1
Right view
Scale 1:1
KYL
2015-05-20
2015-05-20
Pad-Pocket-16
A3
1:1
0.123
016
1/1

[Pad-Pocket 17]

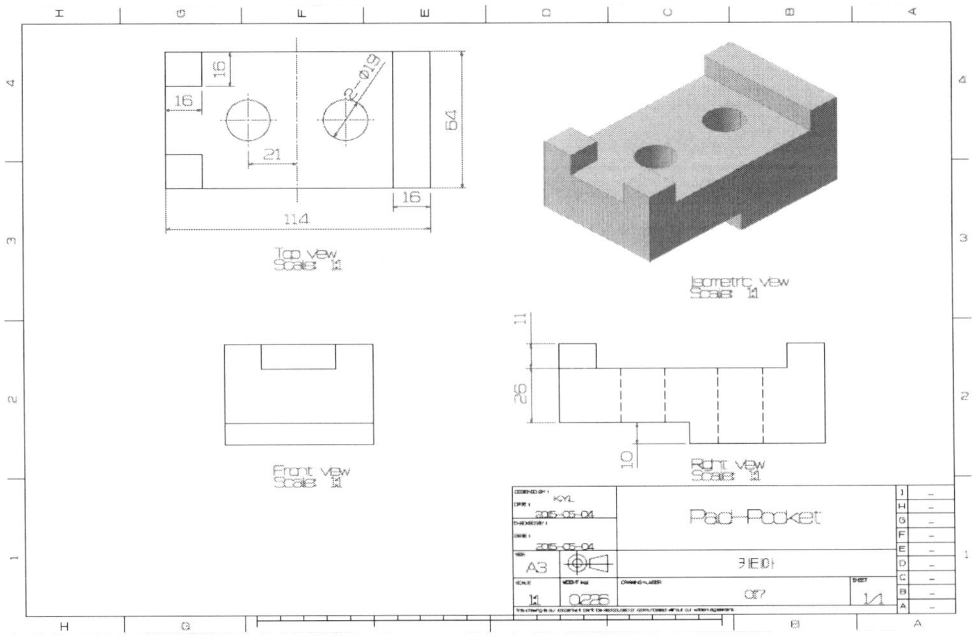

16
2-Ø19
16
64
21
16
114
Top view
Scale 1:1
Isometric view
Scale 1:1
11
26
10
Front view
Scale 1:1
Right view
Scale 1:1
KYL
2015-05-04
2015-05-04
Pad-Pocket
A3
1:1
0.226
017
1/1

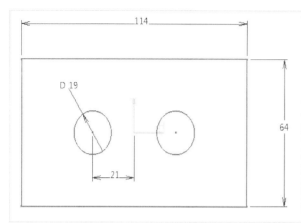

1) 스케치를 실행하고 XY Plane을 선택하여 다음과 같이 스케치를 한다.

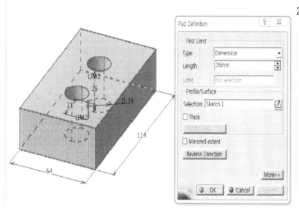

2) Pad(⟪⟫)를 실행하고 26mm 돌출을 한다.

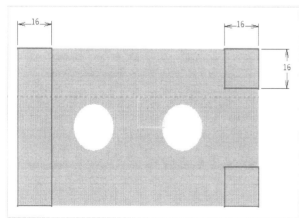

3) 스케치를 실행하고 Pad.1 객체의 윗면을 선택하여 다음과 같이 스케치를 한다.

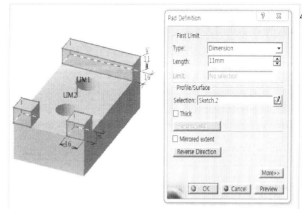

4) Pad(⟪⟫)를 실행하고 11mm 돌출을 한다.

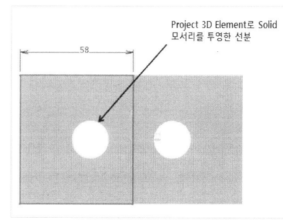

Project 3D Element로 Solid 모서리를 투영한 선분

5) 스케치를 실행하고 Pad.1 객체의 밑면을 선택하여 다음과 같이 스케치를 한다.
가운데 원은 Project 3D Elements로 스케치 요소를 투영한다.

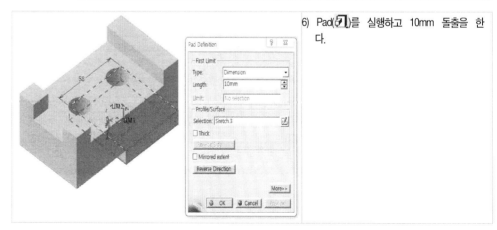

6) Pad(⟪⟫)를 실행하고 10mm 돌출을 한다.

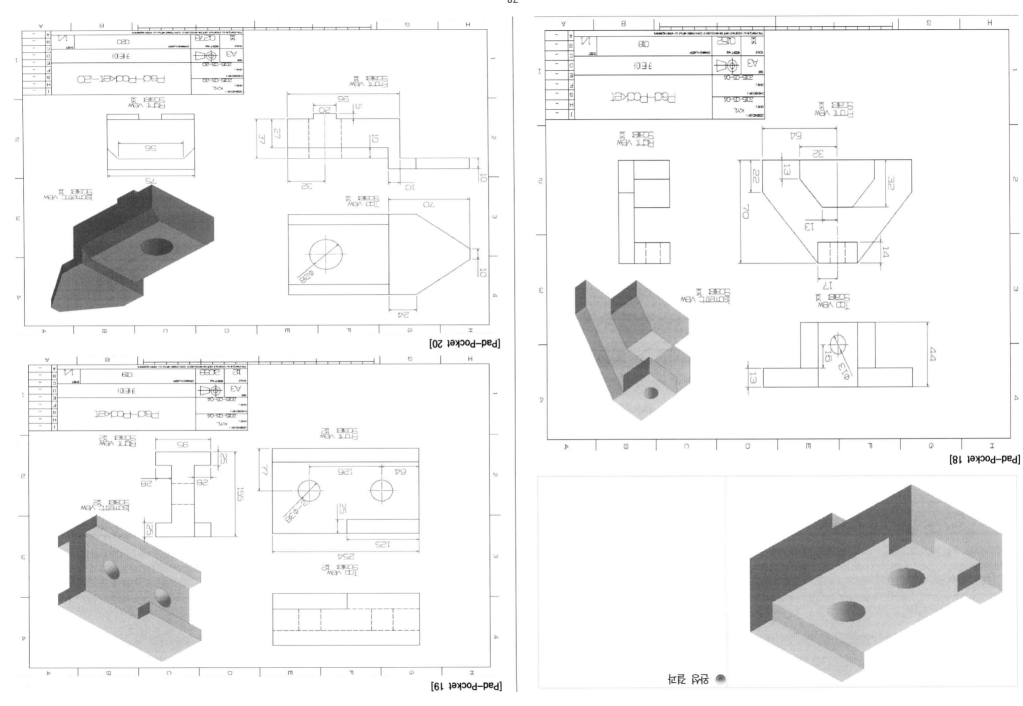

[Pad-Pocket 20]

[Pad-Pocket 19]

[Pad-Pocket 18]

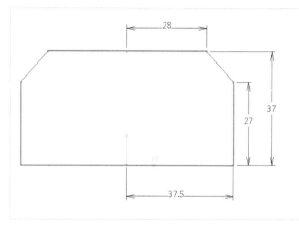

1) 스케치를 실행하고 YZ Plane을 선택하여 다음과 같이 스케치를 한다.

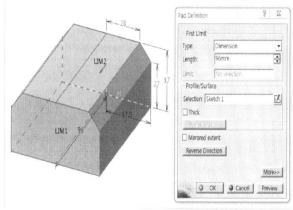

2) Pad(🔒)를 실행하고 96mm 돌출을 한다.

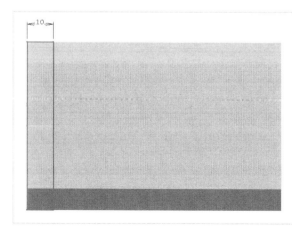

3) 스케치를 실행하고 Pad.1 객체의 윗면을 선택하여 다음과 같이 스케치를 한다.

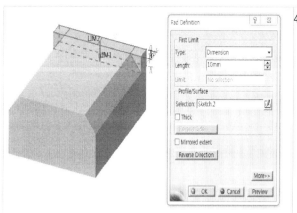

4) Pad(🔒)를 실행하고 10mm 돌출을 한다.

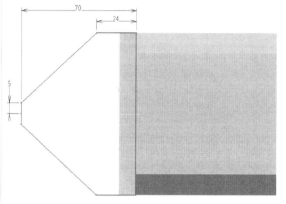

5) 스케치를 실행하고 Pad.2 객체의 윗면을 선택하여 다음과 같이 스케치를 한다.

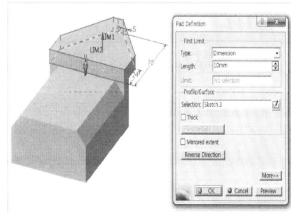

6) Pad(🔒)를 실행하고 10mm 돌출을 한다.

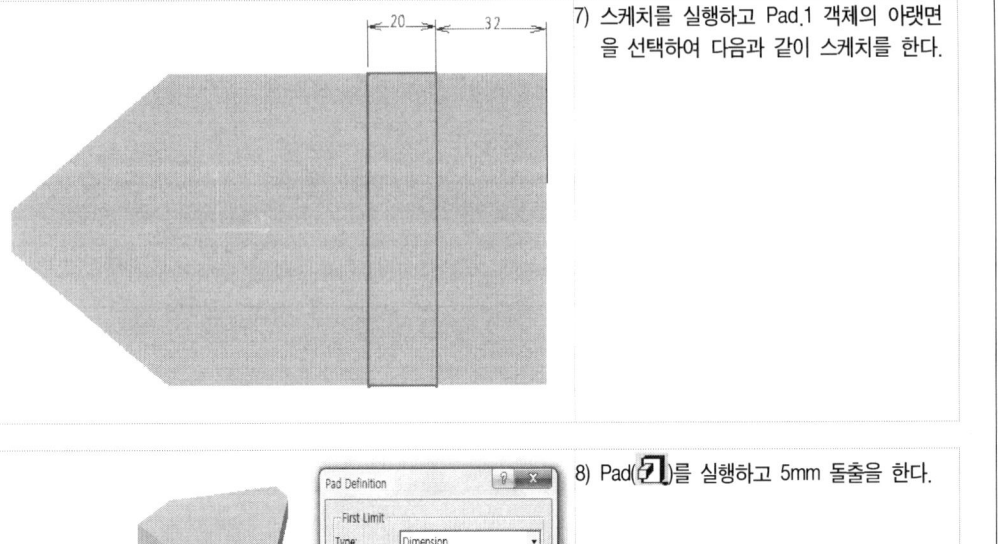

7) 스케치를 실행하고 Pad.1 객체의 아랫면
   을 선택하여 다음과 같이 스케치를 한다.

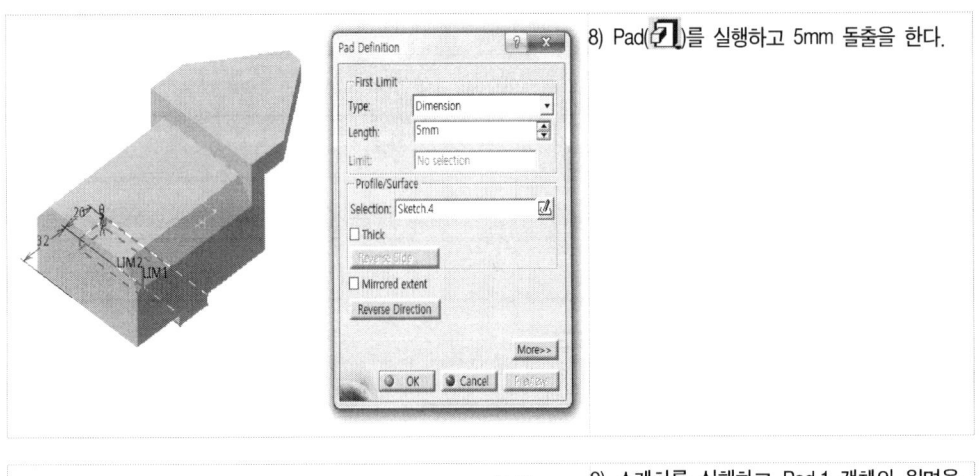

8) Pad(**기**)를 실행하고 5mm 돌출을 한다.

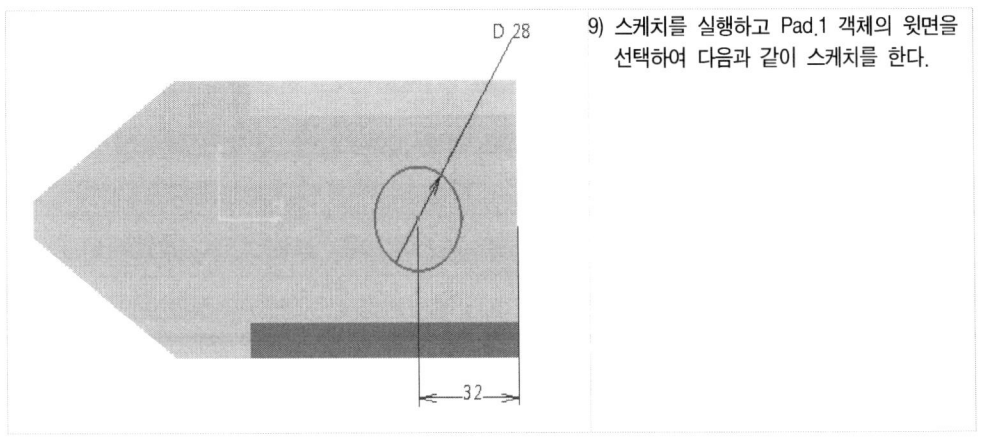

9) 스케치를 실행하고 Pad.1 객체의 윗면을
   선택하여 다음과 같이 스케치를 한다.

10) Pocket를 실행하고 Up to Last를 지정
    하여 돌출 컷을 한다.

● 완성 결과

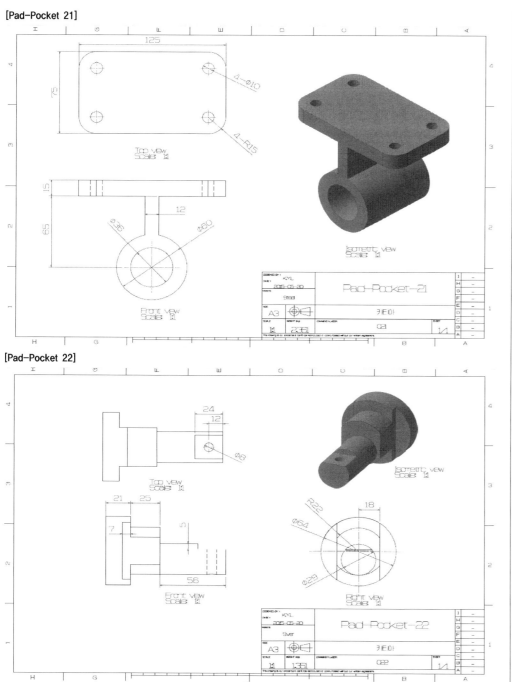

[Pad-Pocket 21]

[Pad-Pocket 22]

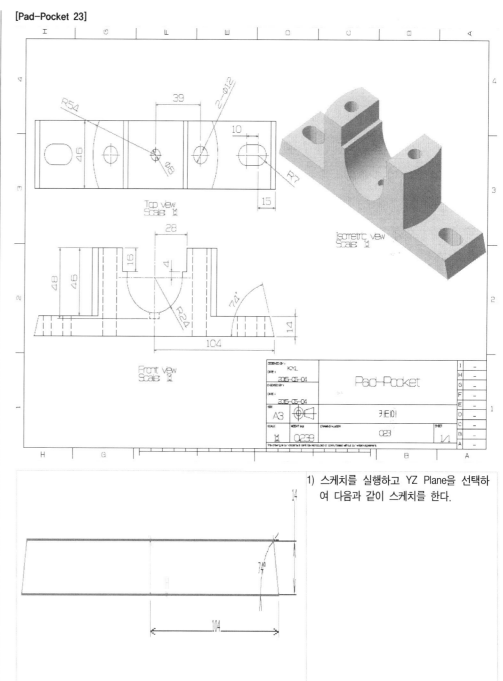

[Pad-Pocket 23]

1) 스케치를 실행하고 YZ Plane을 선택하여 다음과 같이 스케치를 한다.

2) Pad(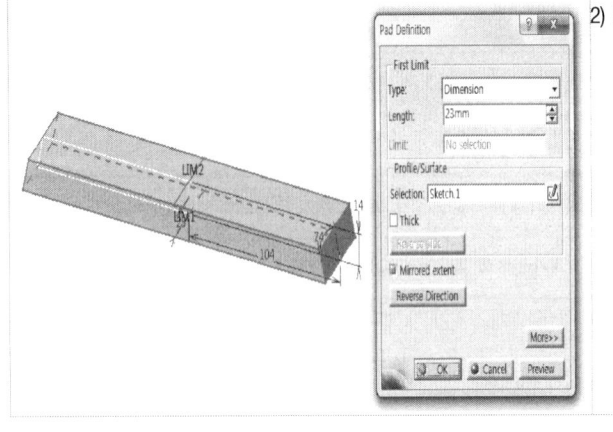)를 실행하고 23mm, Mirrored exte
nt를 지정하여 돌출을 한다.

3) 스케치를 실행하고 Pad.1 객체의 윗면을
지정하여 다음과 같이 스케치를 한다.

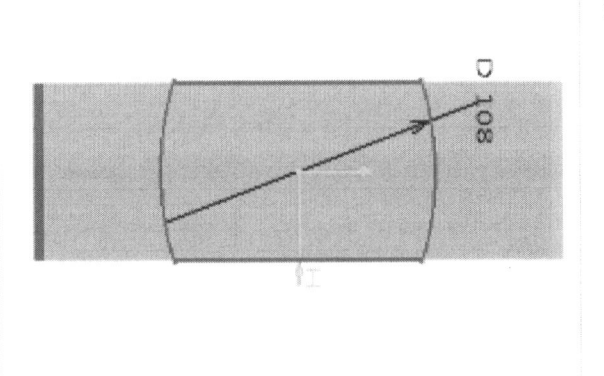

4) Pad(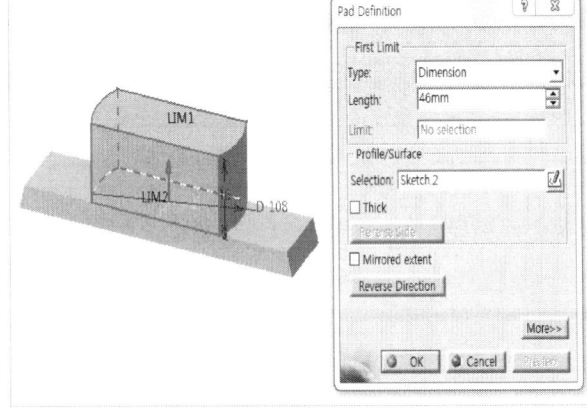)를 실행하고 46mm 돌출을 한다.

5) 스케치를 실행하고 Pad.2 객체의 앞면을
지정하여 다음과 같이 스케치를 한다.

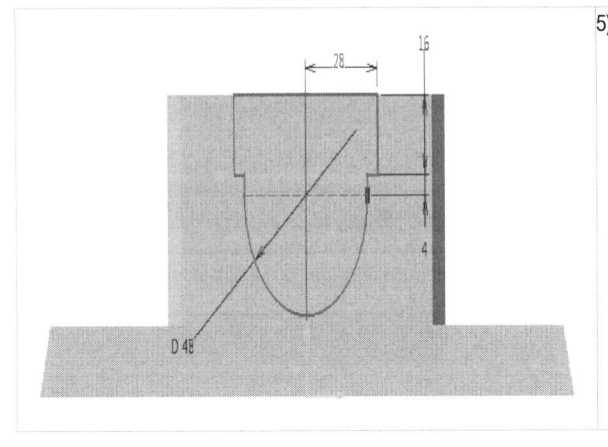

6) Pocket를 실행하고 Up to Next로 지정
하여 돌출 컷을 한다.

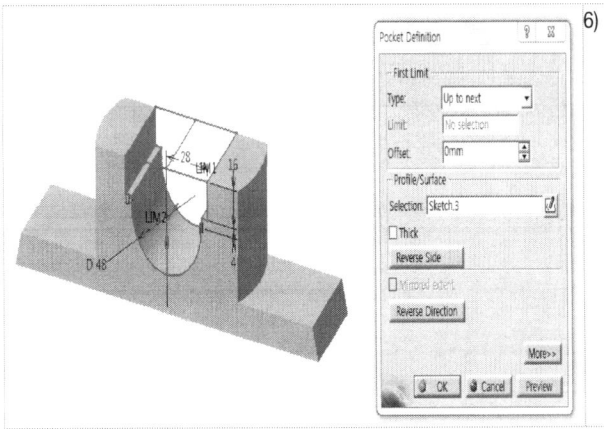

7) 스케치를 실행하고 Pad.2 객체의 윗면을
선택하여 다음과 같이 스케치를 한다.

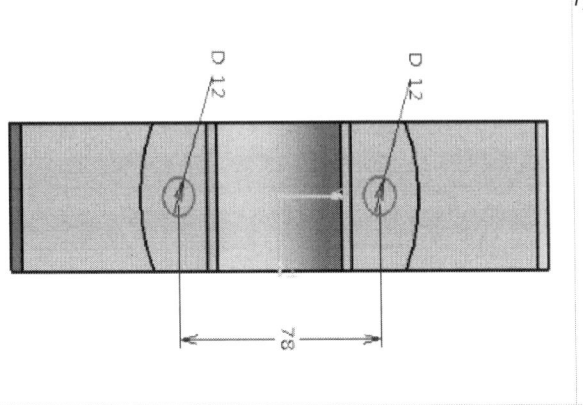

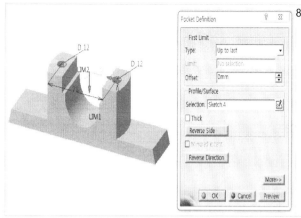

8) Pocket를 실행하고 Up To Last로 지정하여 돌출 컷을 한다.

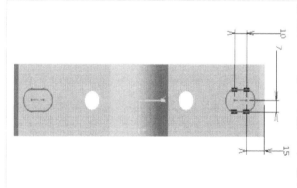

9) 스케치를 실행하고 Pad.1 객체의 윗면을 지정하여 다음과 같이 스케치를 한다.

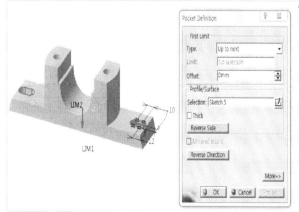

10) Pocket를 실행하고 Up to Next로 지정하여 돌출 컷을 한다.

11) 스케치를 실행하고 Pad.2 객체의 윗면을 지정하여 다음과 같이 스케치를 한다.

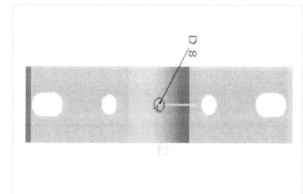

12) Pocket를 실행하고 48mm로 지정하여 돌출 컷을 한다.

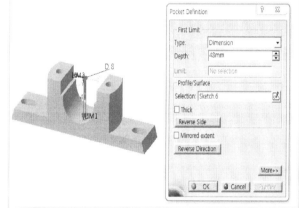

● 완성 결과

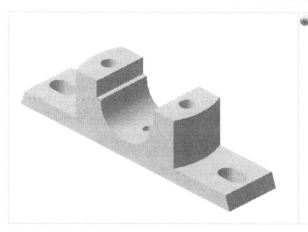

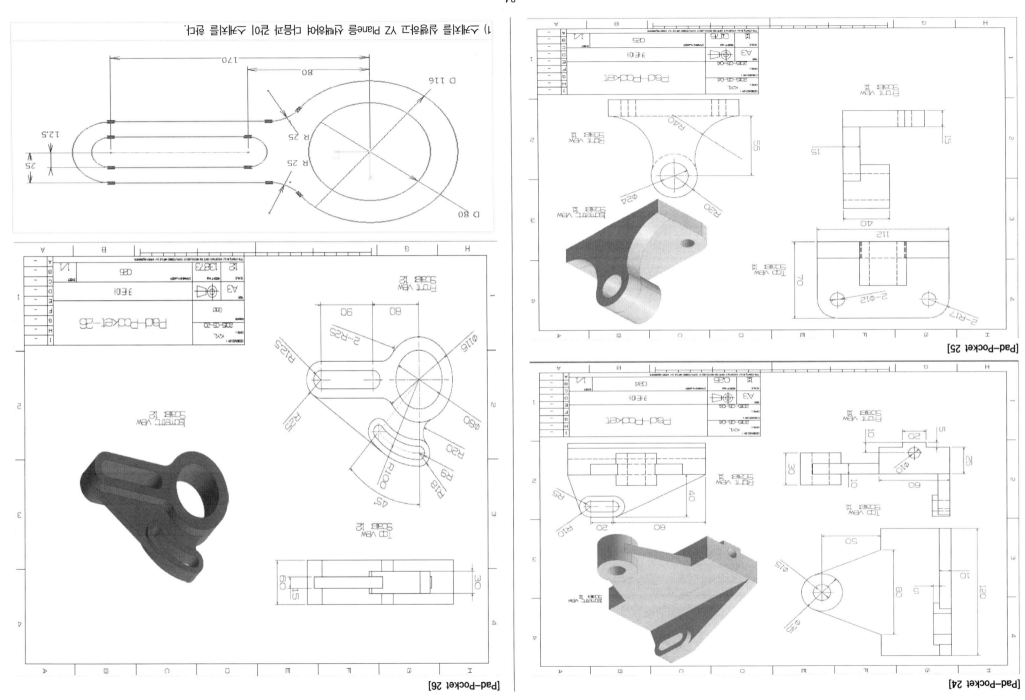

1) 스케치를 사용하고 YZ Plane을 기준으로 다음과 같이 스케치를 한다.

[Pad-Pocket 26]

[Pad-Pocket 25]

[Pad-Pocket 24]

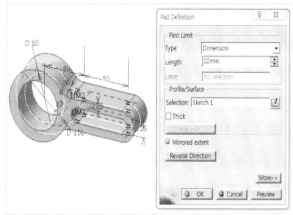

2 Pad(🔧)를 실행하고 30mm, Mirrored extent를 지정하여 돌출을 한다.

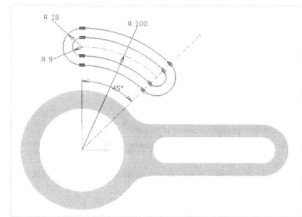

3) 스케치를 실행하고 YZ Plane을 선택하여 다음과 같이 스케치를 한다.

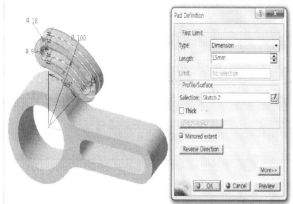

4) Pad(🔧)를 실행하고 15mm, Mirrored extent를 지정하여 돌출을 한다.

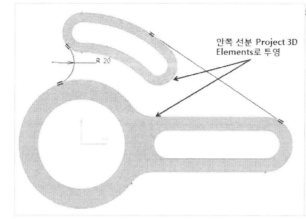

안쪽 선분 Project 3D Elements로 투영

5) 스케치를 실행하고 YZ Plane을 선택하여 다음과 같이 스케치를 한다.
Project 3D Elements 이용한다.

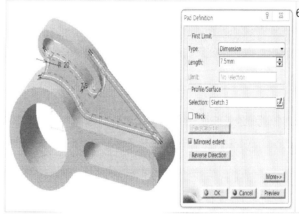

6) Pad(🔧)를 실행하고 7.5mm, Mirrored extent를 지정하여 돌출을 한다.

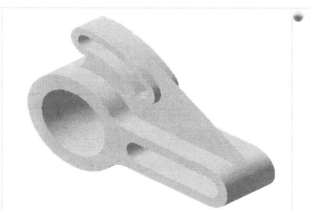

● 완성 결과

[Pad-Pocket 27]

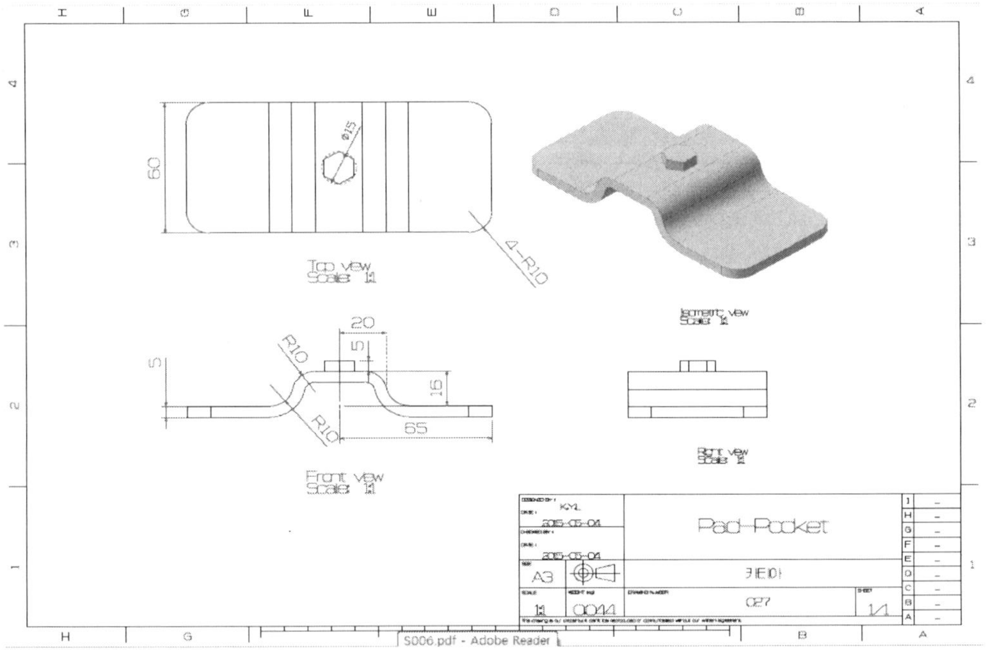

Top view
Scale 1:1

Isometric view
Scale 1:1

Front view
Scale 1:1

Right view
Scale 1:1

Ø15
4-R10
60
20
5
R10
R10
16
65
5

	KYL		Pad-Pocket		J	–
DESIGNED BY					H	–
DATE	2015-05-04				G	–
CHECKED BY					F	–
DATE	2015-05-04				E	–
A3			카티아		D	–
SCALE 1:1	WEIGHT kg	DRAWING NUMBER 027		SHEET 1/1	C	–
					B	–
					A	–

S006.pdf - Adobe Reader

[Pad-Pocket 28]

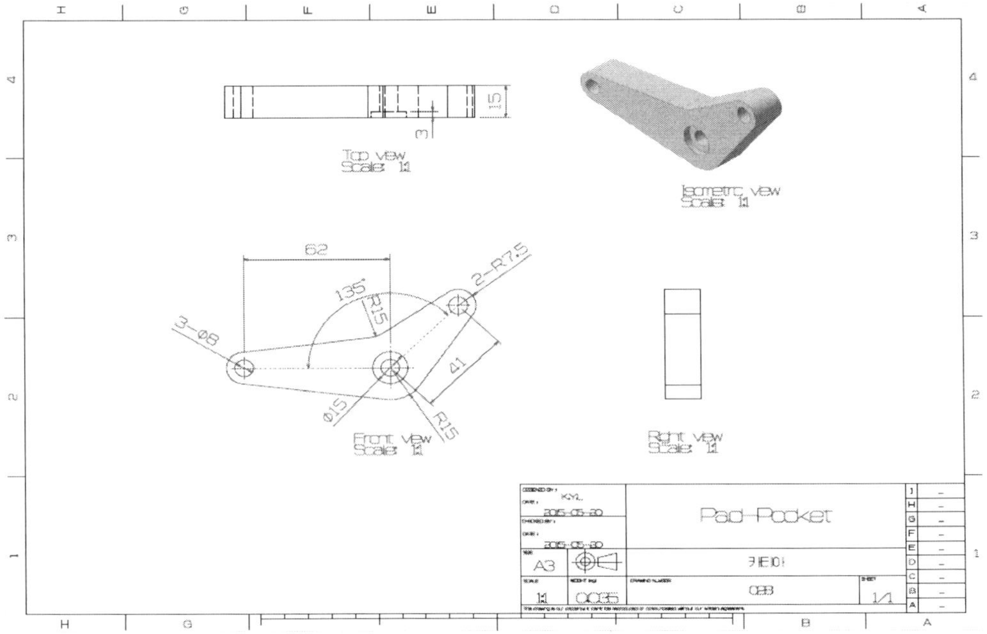

Top view
Scale 1:1

Isometric view
Scale 1:1

Front view
Scale 1:1

Right view
Scale 1:1

62
135°
R15
2-R7.5
41
3-Ø8
Ø15
R15
15
3

	KYL		Pad-Pocket		J	–
DESIGNED BY					H	–
DATE	2015-05-30				G	–
CHECKED BY					F	–
DATE	2015-05-30				E	–
A3			카티아		D	–
SCALE 1:1	WEIGHT kg	DRAWING NUMBER 028		SHEET 1/1	C	–
					B	–
					A	–

[Pad-Pocket 29]

Top view
Scale 1:1

Isometric view
Scale 1:1

Front view
Scale 1:1

2-R2
R50
25°
R35
10°
R30
50°
6-R4
6-R6
4

	KYL		Pad-Pocket		J	–
DESIGNED BY					H	–
DATE	2015-05-30				G	–
CHECKED BY					F	–
DATE	2015-05-30				E	–
A3			카티아		D	–
SCALE 1:1	WEIGHT kg	DRAWING NUMBER 029		SHEET 1/1	C	–
					B	–
					A	–

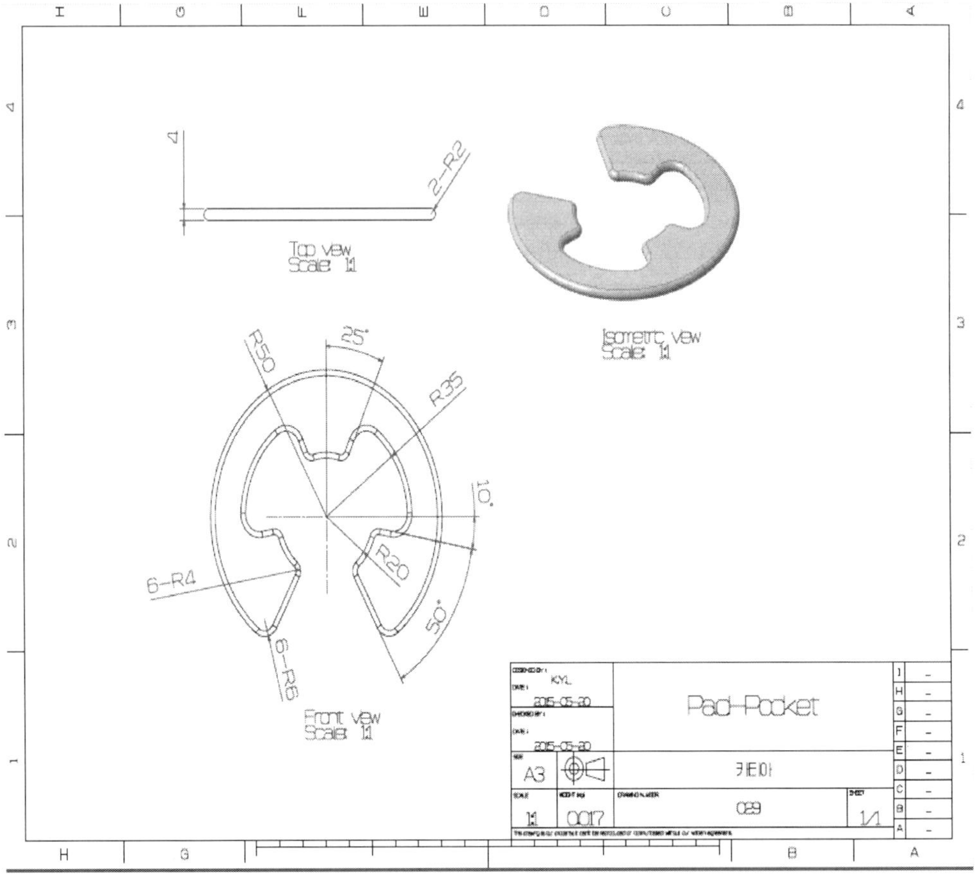

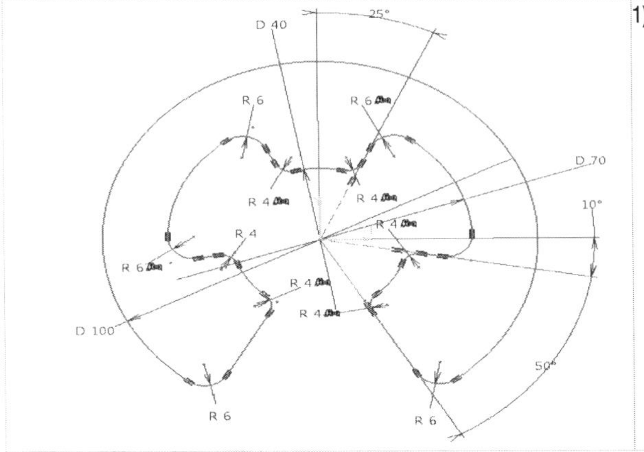

1) 스케치를 실행하고 XY Plane 선택하여
다음과 같이 스케치를 한다.

D 40
25°
R 6
R 6
D 70
R 4
R 4
10°
R 4
R 4
R 6
R 4
D 100
R 4
50°
R 6
R 6

86

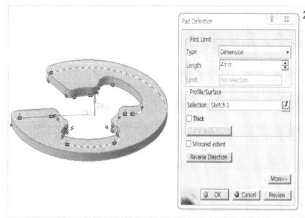

2) Pad을 실행하고 4mm 돌출을 한다.

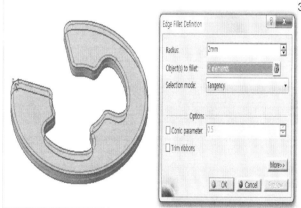

3) Edge Fillet을 실행하고 반경 : 2mm로 필렛을 한다.

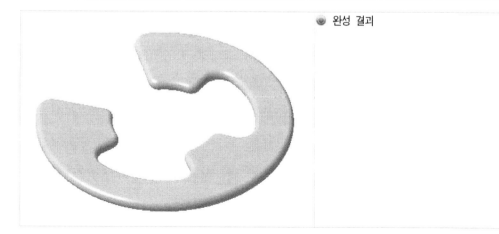

● 완성 결괴

[Pad-Pocket 30]

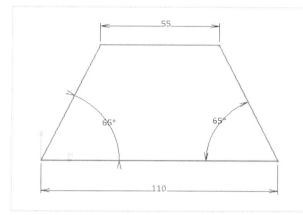

1) 스케치를 실행하고 YZ Plane을 선택하 여 다음과 같이 스케치를 한다.

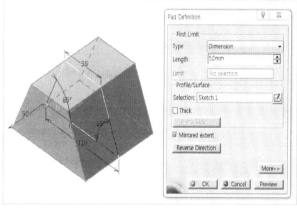

2) Pad를 실행하고 50mm, Mirrored Extent 를 지정하여 돌출을 한다.

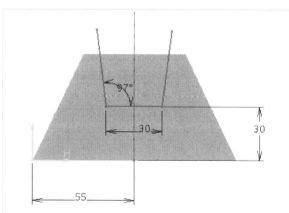

3) 스케치를 실행하고 YZ Plane을 선택하 여 다음과 같이 스케치를 한다.

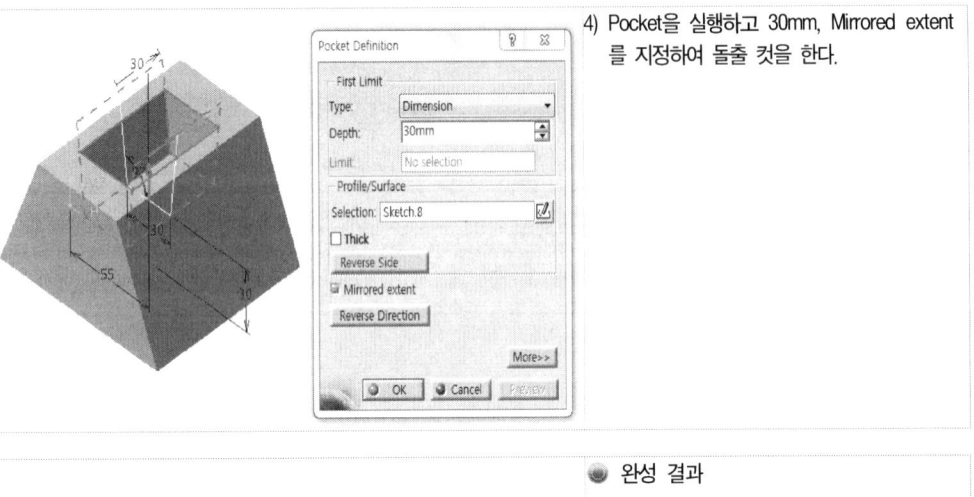

4) Pocket을 실행하고 30mm, Mirrored extent 를 지정하여 돌출 컷을 한다.

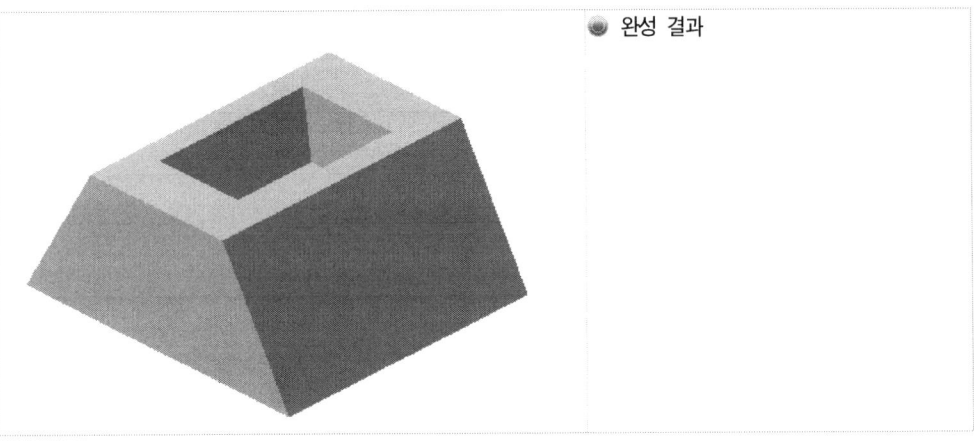

● 완성 결과

[Pad-Pocket 31]

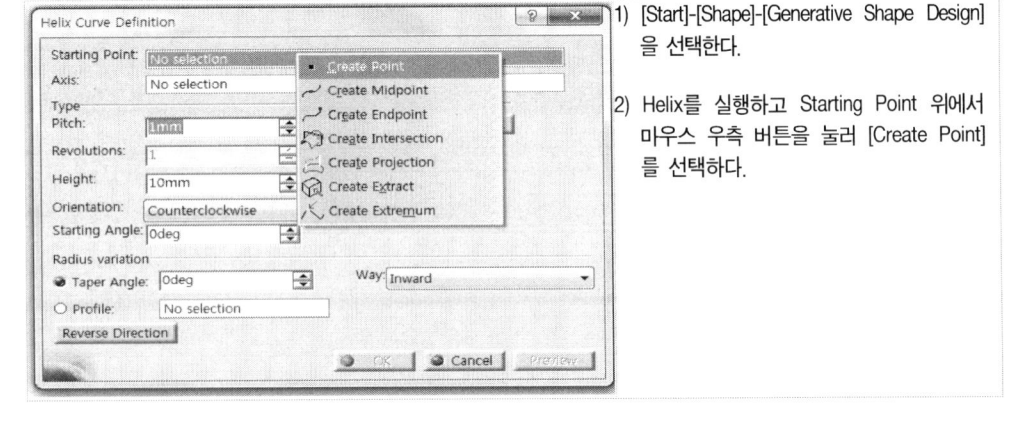

1) [Start]-[Shape]-[Generative Shape Design] 을 선택한다.

2) Helix를 실행하고 Starting Point 위에서 마우스 우측 버튼을 눌러 [Create Point] 를 선택하다.

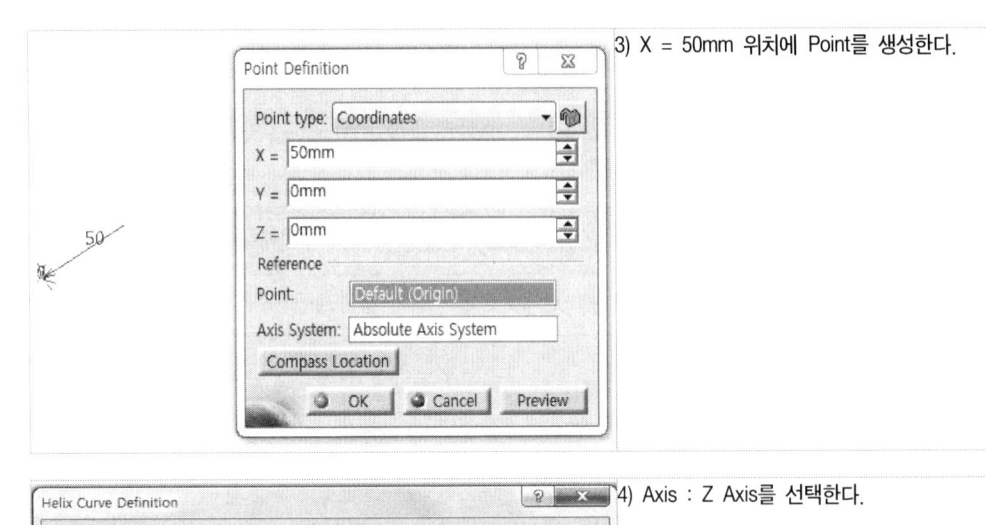

3) X = 50mm 위치에 Point를 생성한다.

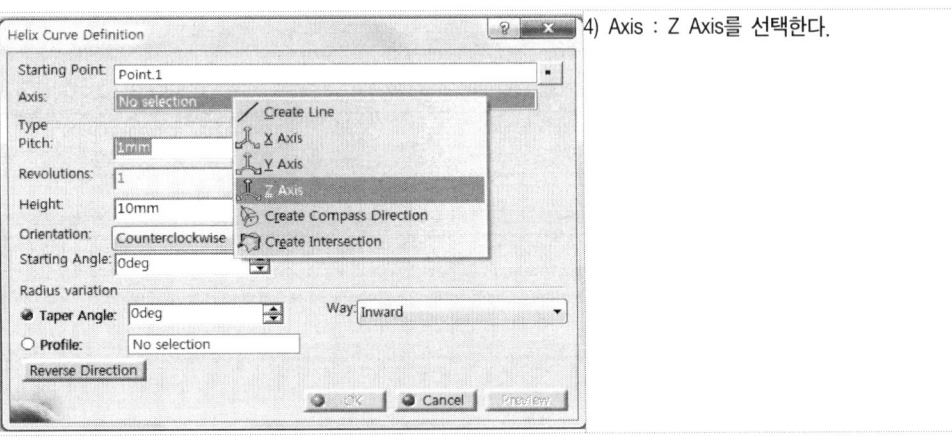

4) Axis : Z Axis를 선택한다.

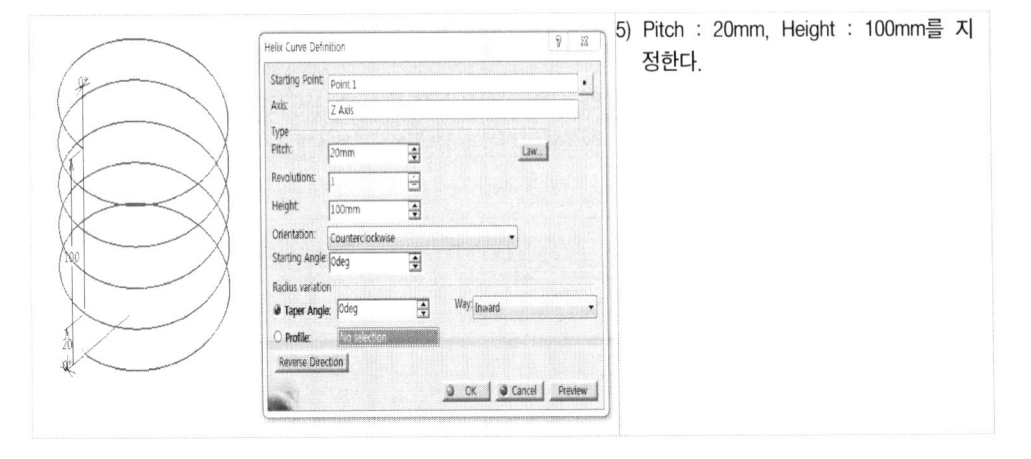

5) Pitch : 20mm, Height : 100mm를 지정한다.

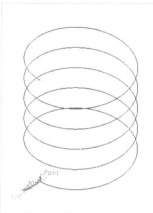

6) Line을 실행하고 Point : Helix.1의 끝점을 선택, Direction : X Component를 지정, 20mm를 지정을 지정한다.

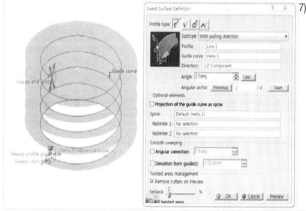

7) Sweep을 실행하고 Type : With Pulling Direction을 지정, Profile : Line.1, Guide Curve : Helix.1, Direction : Z Component, 15deg를 지정하여 생성한다.

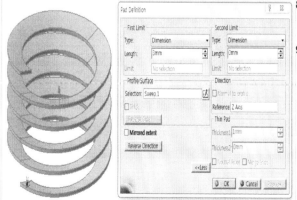

8) [Start]-[Mechanical Design]-[Part Design]을 선택한다.

9) Pad를 실행하고 3mm, Sweep.1을 지정하여 Z Axis 방향으로 돌출을 한다.

● 완성 결과

[Pad-Pocket 32]

1) 스케치를 실행하고 YZ Plane을 선택하여 다음과 같이 스케치를 한다.

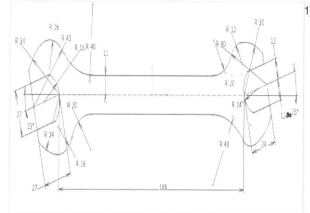

2) Pad를 실행하고 3mm 돌출을 한다.

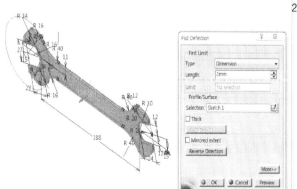

89

● 완성 결과

Shaft(●) : 회전체 Solid 형상을 만드는 명령이다. Shaft에는 필수적인 두 가지 요소가 있다. 그것은 회전축 (Axis)과 Profile이다. 회전에는 반드시 그 중심이 필요하며 회전시키고자 하는 대상도 있어야 한다.

◼ Shaft Definition

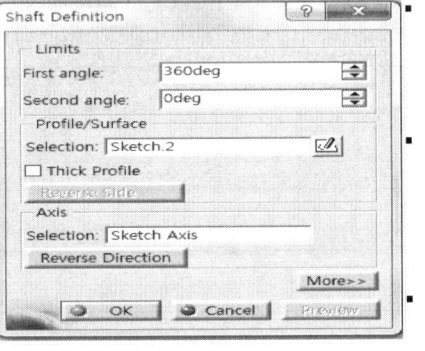

- Limit
  · First Angle : 회전 각도를 지정하는 것으로 First Angle 로 360도 회전하는 것이 기본적이다.
  · Second Angle : First angle 반대 방향으로 회전체 를 생성하는 각도를 지정한다.
- Profile/Surface
  · Selection : 회전체 Solid 형상을 만들기 위한 단면 Profile 형상을 선택한다.
  Sketcher Workbench에서 생성한 스케치나 면 요소를 선택할 수 있다. 선택한 Profile 요소가 Axis를 가지고 있다면 따로 Axis를 지정하지 않아도 된다.
- 직선 Profile과 Axis 축만 가지고도 회전체를 생성할 수 있다.

- Thick Profile
  Shaft 하고자 하는 대상의 Profile이 완전히 닫혀있지 않은 형상이거나 닫힌 형상을 두께를 지정하여 형상을 생성할 때 지정한다.

  · Thickness 1 : 안쪽 두께 값을 지정한다.
  · Thickness 2 : 바깥쪽 두께 값을 지정한다.
  · Neutral Fiber : Thickness 1 값을 형상 기준으로 안쪽/바깥쪽으로 등분하여 두께를 만든다.
  · Merge Ends : Shaft 스스로가 Profile의 부족한 부분을 보완하여 Shaft를 완성한다.

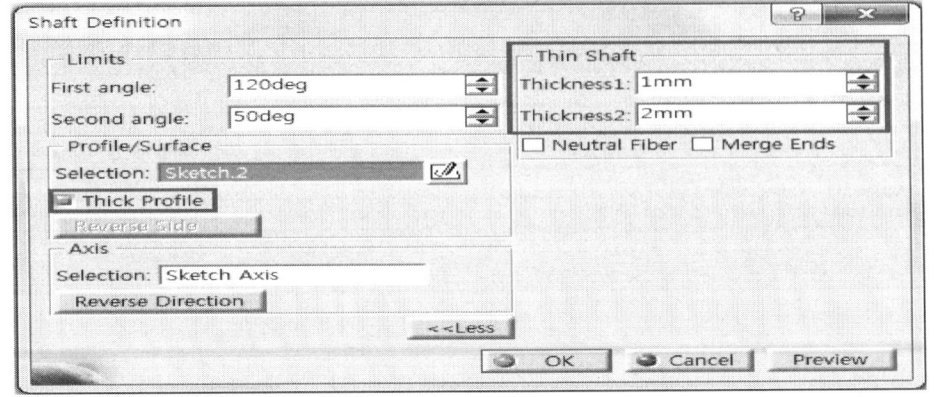

- Axis
  Axis는 회전하고자 하는 대상이 가지는 회전 중심축이다. 회전축은 Sketch Workbench에서 Axis를 사용하여

그려 주어도 되고 또는 형상 자체의 직선 요소를 선택할 수도 있다. 따로 스케치나 이전 작업으로 만들어진 곡률이 들어간 면을 지정하여도 된다.

[Shaft 실습 1]

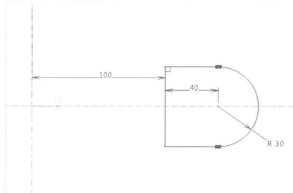

1) 스케치를 실행하고 ZX Plane을 선택하여 중심에 Axis( )을 수직으로 스케치하고 다음과 같이 Profile을 스케치를 한다.

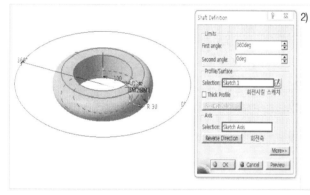

2) Shaft( )를 실행하고 First angle : 360deg로 지정해 본다.

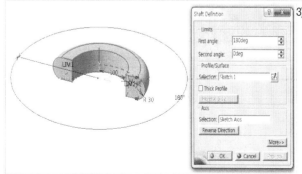

3) Shaft( )를 실행하고 First angle : 180deg 지정하고 [Reverse Direction]을 눌러 방향을 전환해 본다.

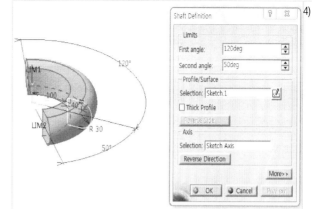

4) Shaft( )를 실행하고 First angle : 120 deg로 지정하고 Second angle : 50deg를 지정해 본다.

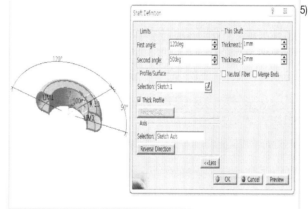

5) Shaft( )를 실행하고 First angle : 120 deg로 지정하고 Second angle : 50deg를 지정, Thick Profile을 체크하고 Thickness 1 : 1mm, Thickness 2 : 2mm를 지정해 본다.

[Shaft 실습 2]

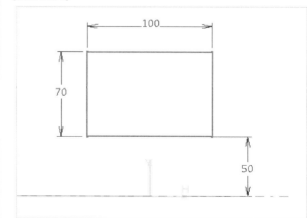

1) 스케치를 실행하고 YZ Plane을 선택하여 중심에 Axis( )을 수평으로 스케치하여 다음과 같이 Profile을 스케치를 한다.

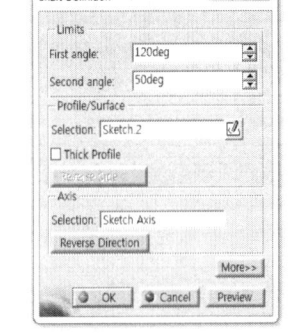

2) Shaft를 실행하고 First angle : 120deg, Second angle : 50deg로 지정해 본다. 스케치에 Axis를 포함했기 때문에 자동으로 회전체가 생성된다.

3) 트리에서 PartBody 앞에 +를 클릭하고 Shaft.1 객체를 선택, 마우스 우측 버튼을 눌러 [Delete]를 선택한다.

4) [Delete] 속성 창에서 [Delete aggregated elements]를 체크 해제한다.

- [Delete aggregated elements] 체크를 해제하면 Shaft.2만 삭제되고 그 안에 있는 스케치는 그대로 남게 된다.
- 체크하면 3D 객체와 스케치 모두 삭제된다.

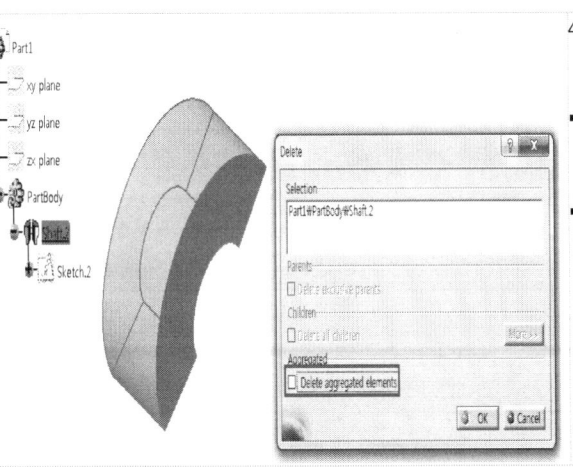

5) PartBody안에 Sketch.1을 더블클릭하여 스케치 편집 상태로 들어간다. Axis를 삭제한다.
자동으로 회전축으로 설정되던 Sketch Axis 가 삭제되므로 Error가 발생한다.
에러 해결 방법은 6번과 같이 다른 Axis를 설정해 주면 된다.

6 Shaft(🔧)를 실행하고 First angle : 120deg Second angle : 50deg로 지정하고, Axis를 삭제했기 때문에 회전축이 지정이 되어 있지 않다.
센터의 HDirection 선분을 회전축으로 선택한다.

- Shaft 결과

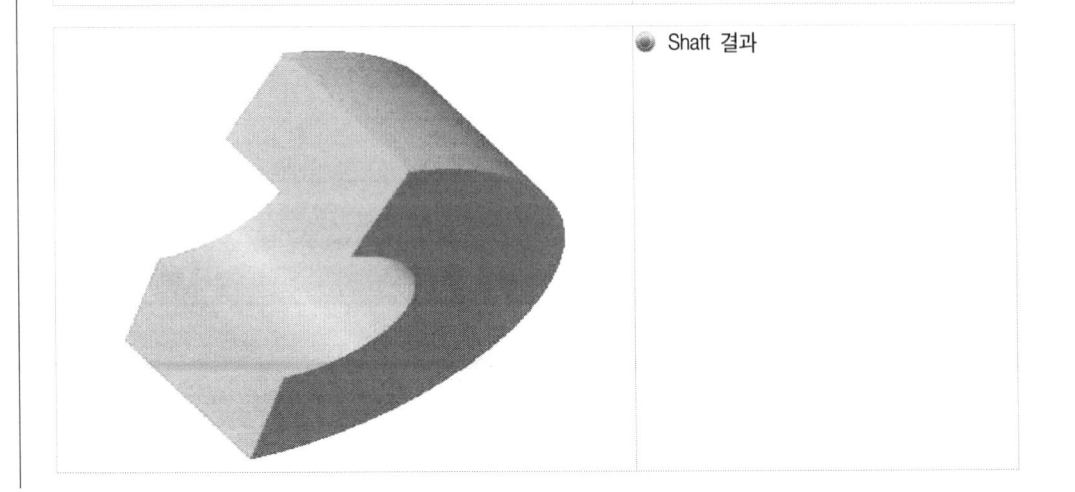

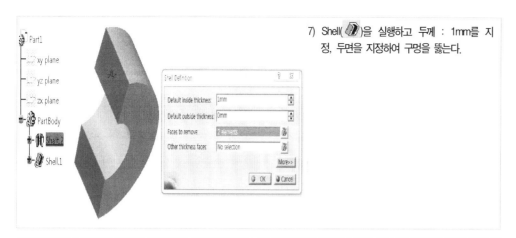

7) Shell(⬦)을 실행하고 두께 : 1mm를 지정, 두면을 지정하여 구멍을 뚫는다.

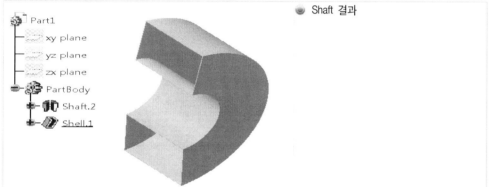

● Shaft 결과

[Shaft 실습 3]

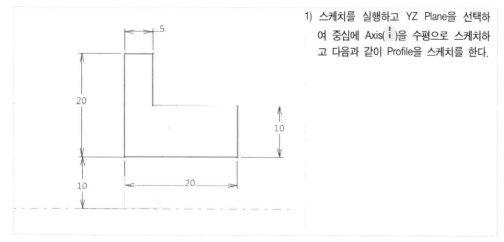

1) 스케치를 실행하고 YZ Plane을 선택하여 중심에 Axis(┃)을 수평으로 스케치하고 다음과 같이 Profile을 스케치를 한다.

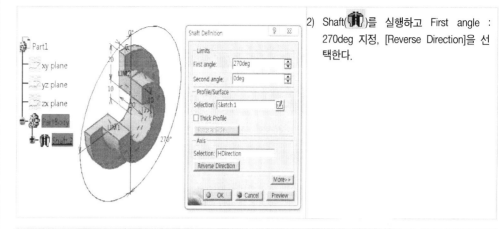

2) Shaft(🔩)를 실행하고 First angle : 270deg 지정, [Reverse Direction]을 선택한다.

● Shaft 결과

[Shaft 실습 4]

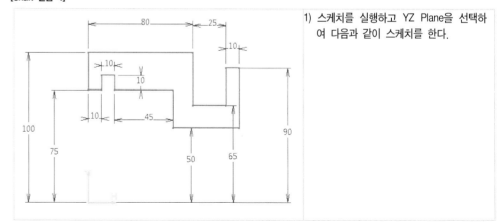

1) 스케치를 실행하고 YZ Plane을 선택하여 다음과 같이 스케치를 한다.

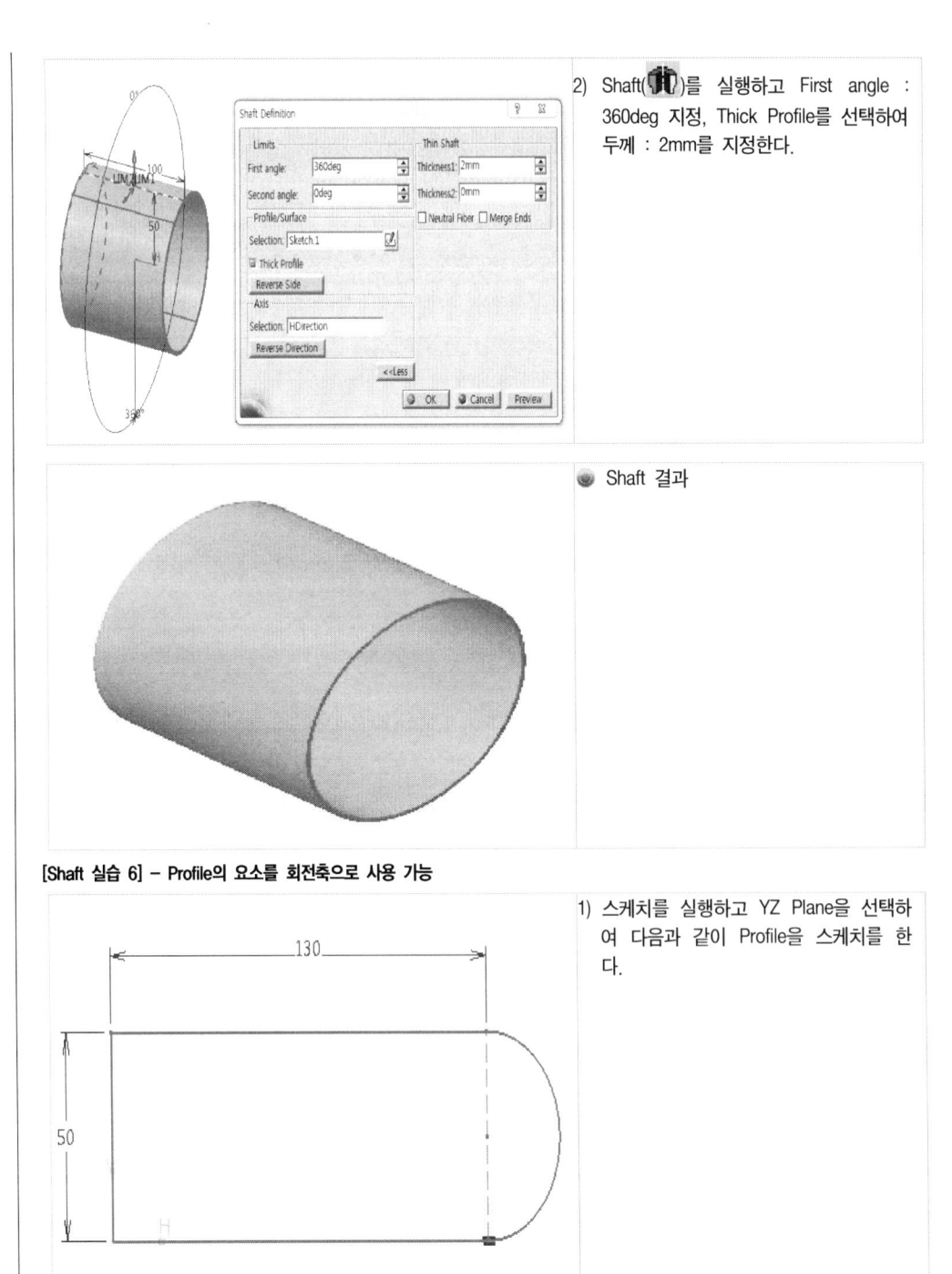

2) Shaft(⬚)를 실행하고 First angle : 360 deg 지정한다.

● Shaft 결과

[Shaft 실습 5] – 선분과 Axis 축만 가지고도 회전체를 생성 가능

1) 스케치를 실행하고 YZ Plane를 지정하여 중심에 Axis(ⅰ)을 수평으로 스케치하고 다음과 같이 Profile을 스케치를 한다.

2) Shaft(⬚)를 실행하고 First angle : 360deg 지정, Thick Profile를 선택하여 두께 : 2mm를 지정한다.

● Shaft 결과

[Shaft 실습 6] – Profile의 요소를 회전축으로 사용 가능

1) 스케치를 실행하고 YZ Plane을 선택하여 다음과 같이 Profile을 스케치를 한다.

94

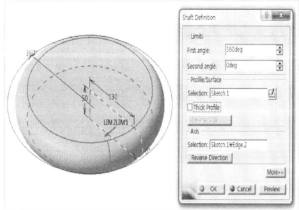

2) Shaft(🔧)를 실행하고 First angle : 360deg 지정, 좌측의 수직선을 회전축으로 사용해서 회전을 한다.

● Shaft 결과

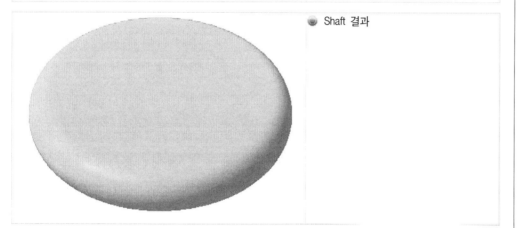

[Shaft 실습 7] - 절대 좌표축(Absolution Axis) 사용해서 회전 가능

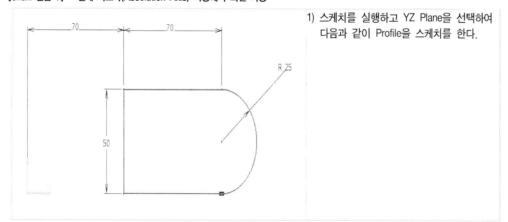

1) 스케치를 실행하고 YZ Plane을 선택하여 다음과 같이 Profile을 스케치를 한다.

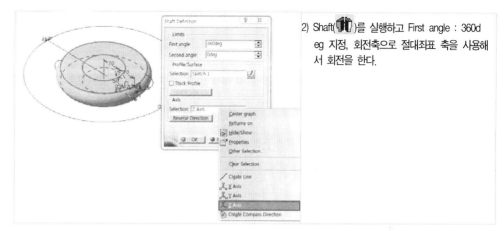

2) Shaft(🔧)를 실행하고 First angle : 360deg 지정, 회전축으로 절대좌표 축을 사용해서 회전을 한다.

● Shaft 결과

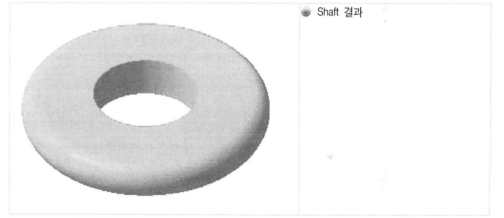

[Shaft 실습 8] - 절대 좌표축(Absolution Axis) 사용해서 두께 지정 회전 가능

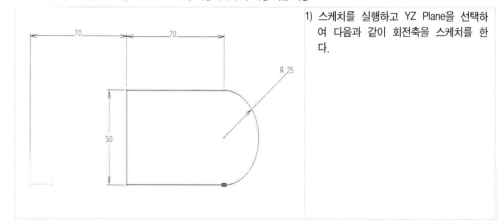

1) 스케치를 실행하고 YZ Plane을 선택하여 다음과 같이 회전축을 스케치를 한다.

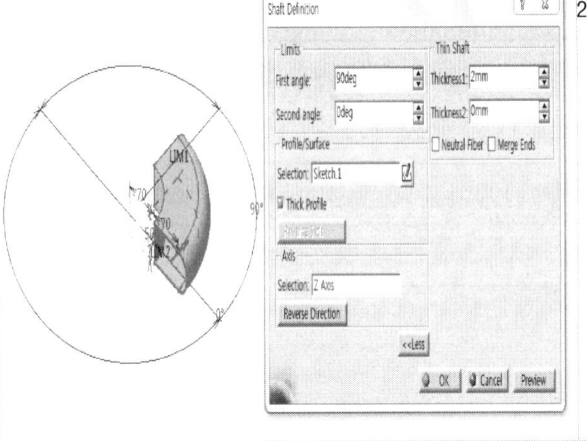

2) Shaft()를 실행하고 First angle : 90deg, 회전축으로 절대 좌표축을 사용, 두께 : 2mm를 지정해서 회전을 한다.

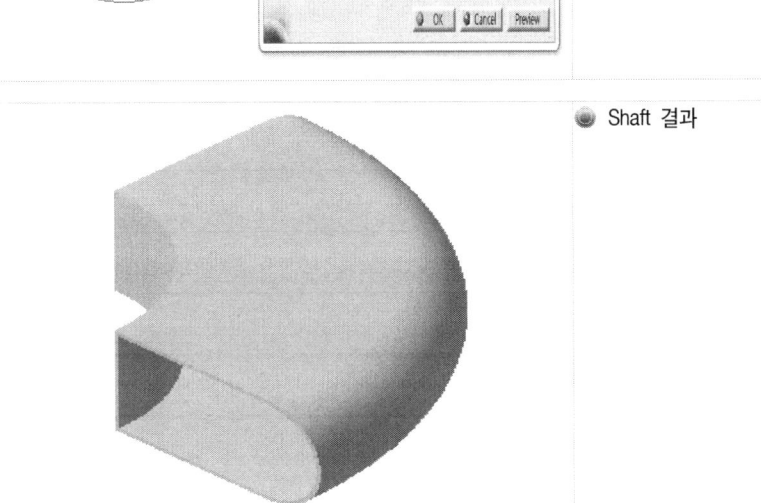

● Shaft 결과

8. Groove Features

Groove(🥫) : Shaft와 짝을 이루는 명령으로 Profile을 회전축을 기준으로 회전시켜 형상을 깎아 내는 명령이다. 세부 옵션을 Shaft와 동일하다.

Groove 역시 Shaft와 같이 프로 파일과 회전의 중심이 되는 축 요소의 선택이 필요하다.

▣ Groove Definition

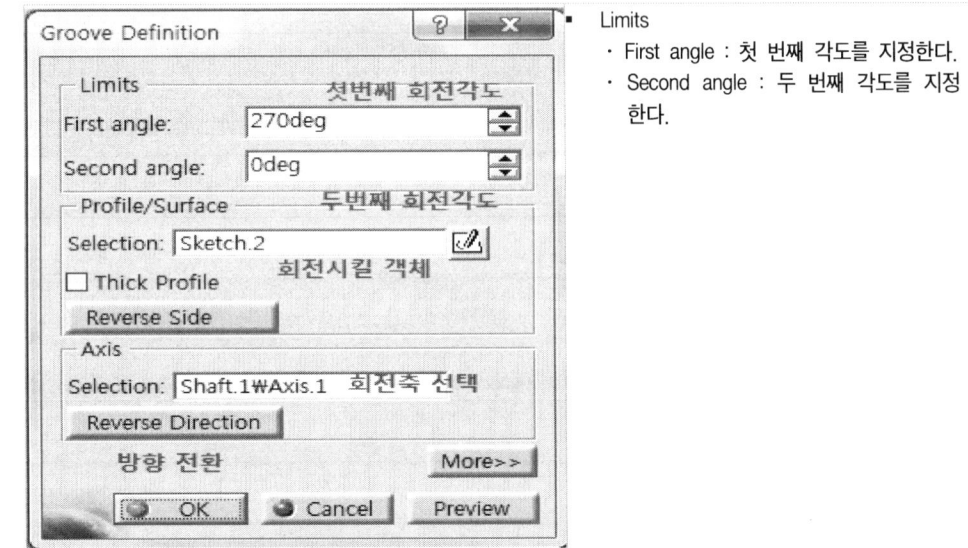

■ Limits
· First angle : 첫 번째 각도를 지정한다.
· Second angle : 두 번째 각도를 지정한다.

[Groove 실습 1]

1) 스케치를 실행하고 Pad.1 객체의 우측 면을 선택하여 다음과 같이 스케치를 한다.

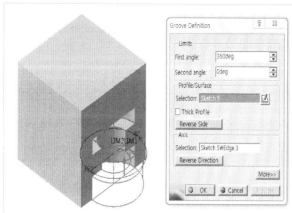

2) Groove(🔘)을 실행하고 360deg, 회전
축 : 수직선을 선택하여 회전 컷을 한다.

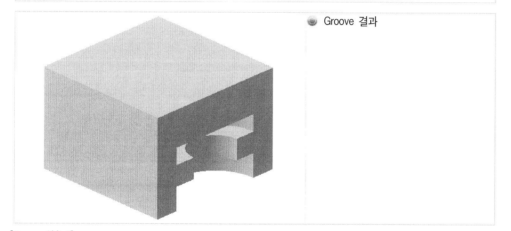

● Groove 결과

[Groove 실습 2]

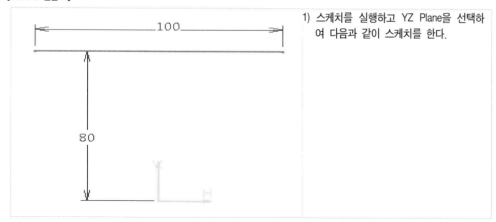

1) 스케치를 실행하고 YZ Plane을 선택하
여 다음과 같이 스케치를 한다.

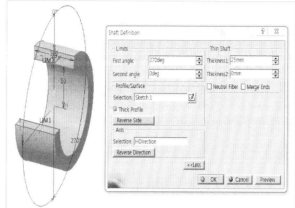

2) Shaft(🔩)를 실행하고 First angle : 270
deg 지정, Thick Profile를 선택, 두께 :
25mm를 지정한다.

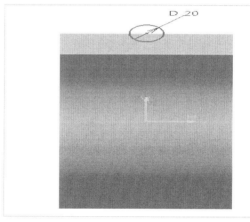

3) 스케치를 실행하고 Shaft.1 객체의 앞
면을 선택하여 다음과 같이 스케치를
한다.

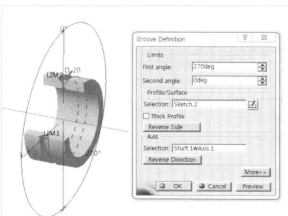

4) Groove(🔘)를 실행하고 회전각도 :
270deg, 회전축을 선택한다.

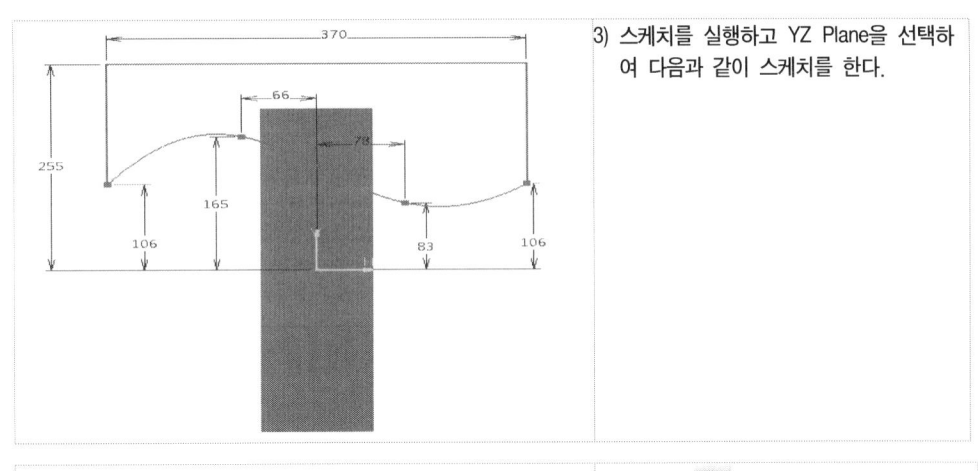

● Groove 결과

3) 스케치를 실행하고 YZ Plane을 선택하여 다음과 같이 스케치를 한다.

[Groove 실습 3]

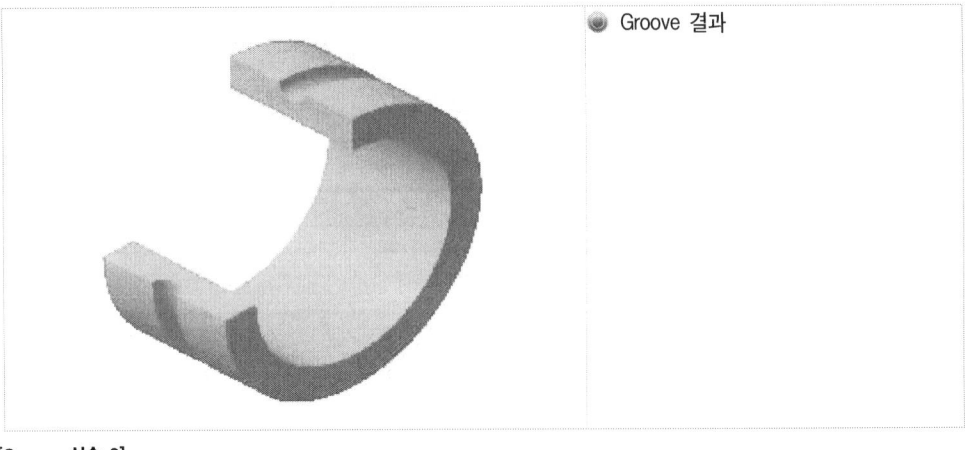

1) 스케치를 실행하고 XY Plane을 선택하여 다음과 같이 스케치를 한다.

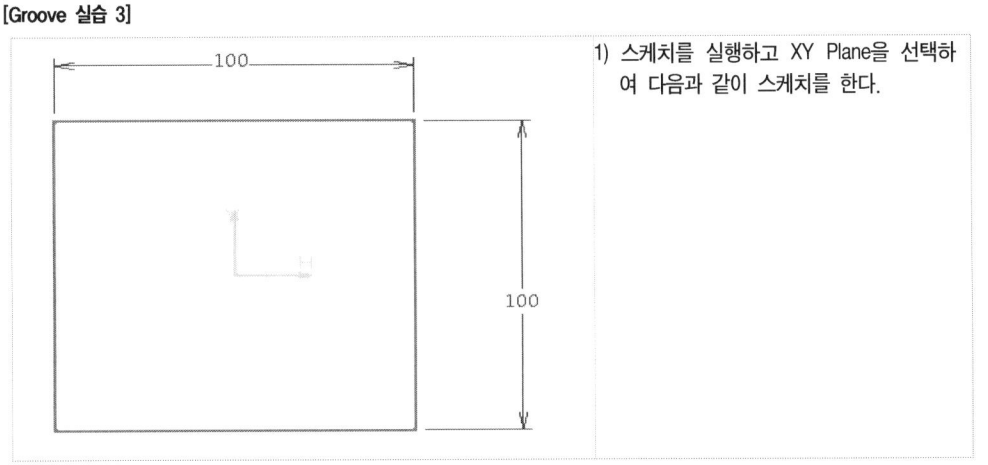

2) Pad를 실행하고 200mm, Mirrored Extent를 지정하여 돌출을 한다.

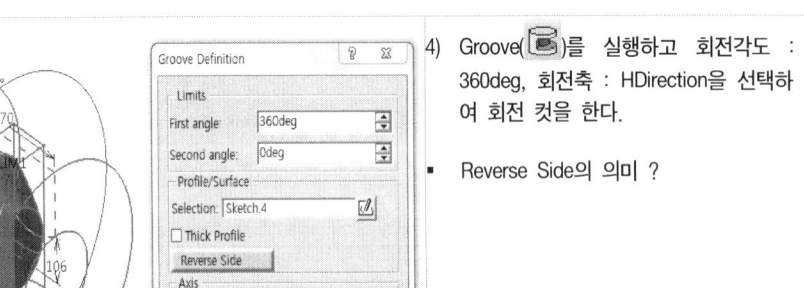

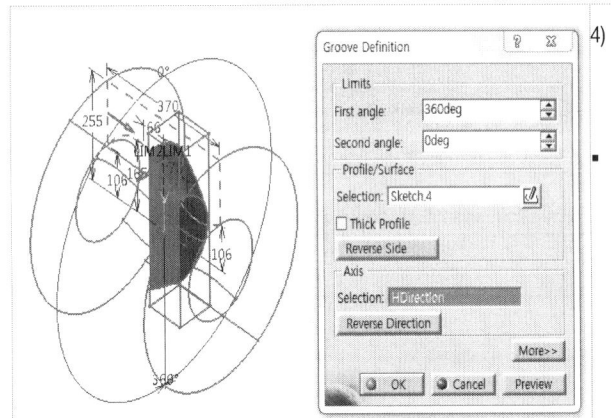

4) Groove( )를 실행하고 회전각도 : 360deg, 회전축 : HDirection을 선택하여 회전 컷을 한다.

- Reverse Side의 의미 ?

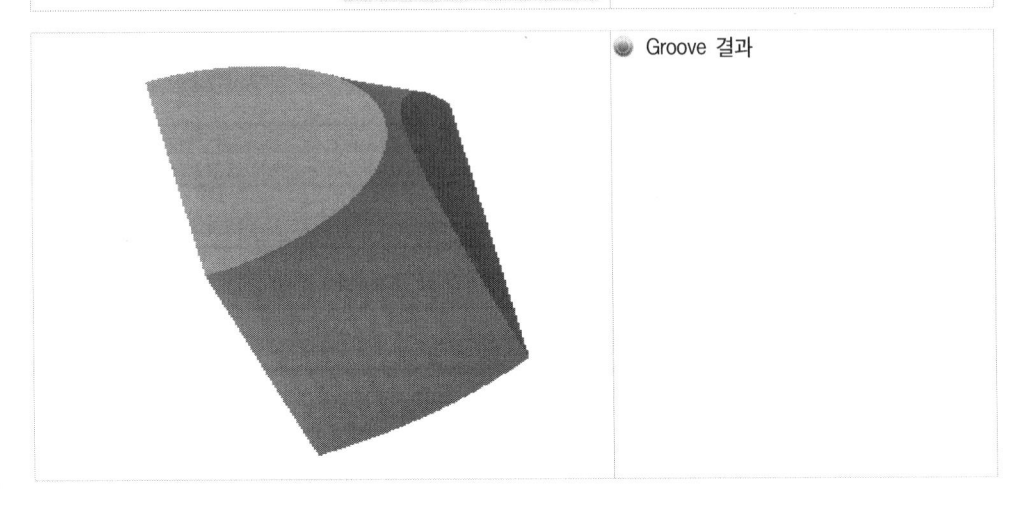

● Groove 결과

5) Spec Tree에서 Groove.1을 더블클릭하고 Reverse Side 버튼을 선택한다.

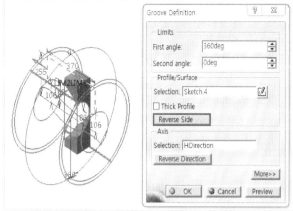

Groove Definition
Limits
First angle: 360deg
Second angle: 0deg
Profile/Surface
Selection: Sketch.4
☐ Thick Profile
Reverse Side
Axis
Selection: HDirection
Reverse Direction
More>>
OK   Cancel   Preview

● Groove 결과

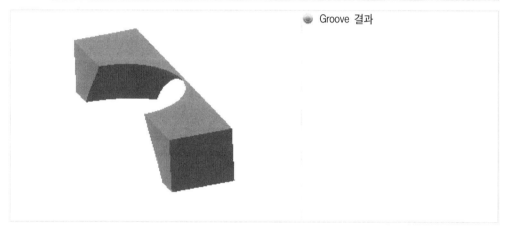

[Shaft-Groove 1]

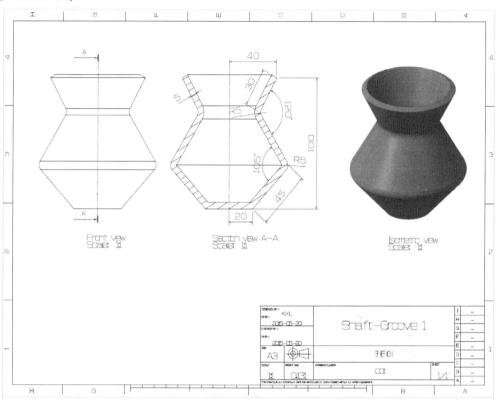

Front view
Scale 1:1

Section view A-A
Scale 1:1

Isometric view
Scale 1:1

Shaft-Groove 1

카티아

1. 설계자는 회전체를 이용하여 어떠한 부품들을 만들 수 있을지 생각해 보자.

2. 회전체를 만들기 위해서는 어떠한 구성 요소들이 필요한가?

3. 도면에서 단면도가 무엇인지 생각해 보자.   [도면해독 이해]

4. 도면에서 단면도의 종류는 무엇이 있는지 생각해 보자.   [도면해독 이해]

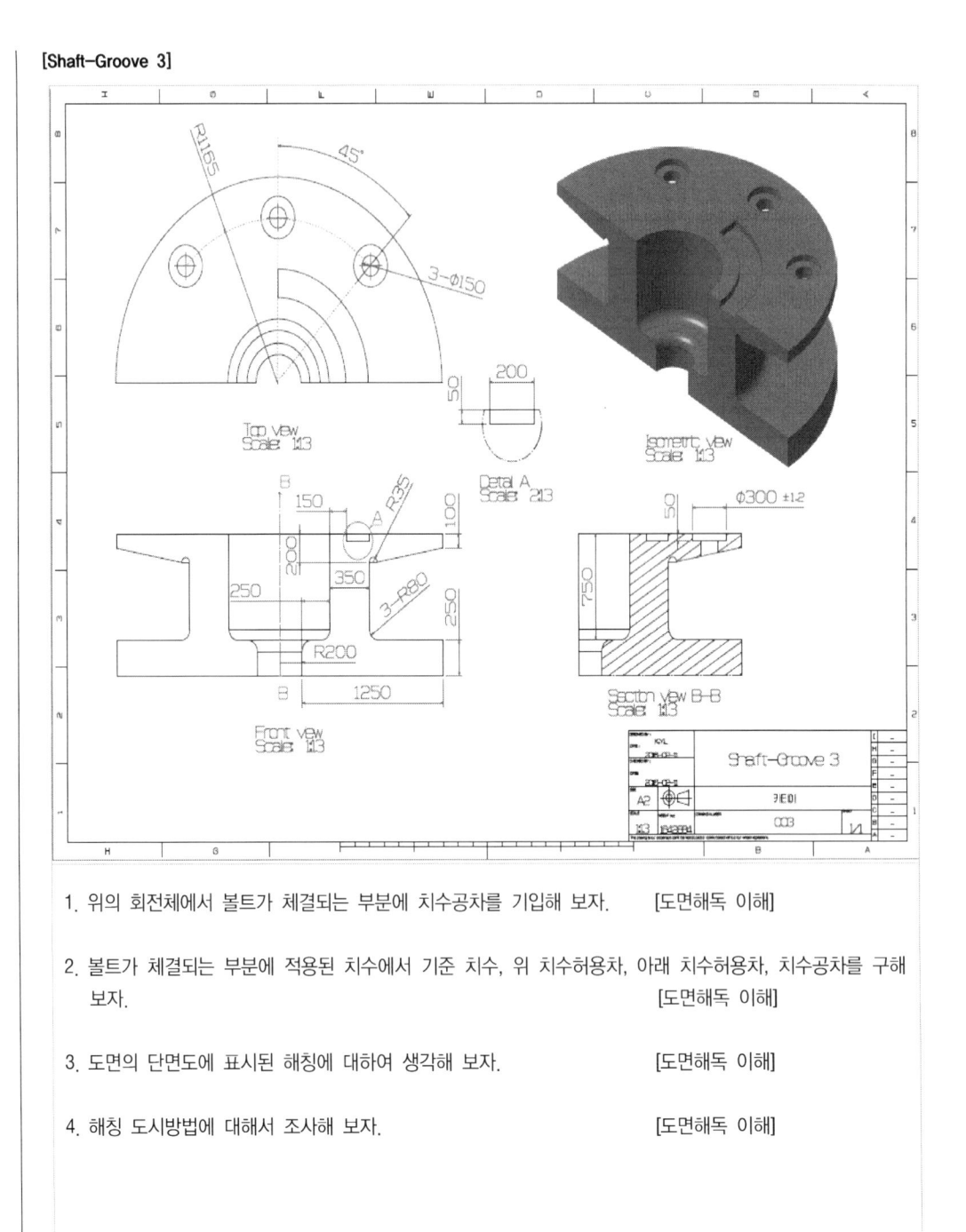

1. 설계자는 회전체를 설계하기 위해서 어떠한 점에 주안점을 두어야할지 생각해 보자.

2. 도면에는 부품의 정밀도를 조절하기 위해서 치수공차, 기하공차 등이 있다.
   부품 설계시 치수공차를 어떠한 기준에 의해서 부여해야 하는지 생각해 보자. [도면해독 이해]

3. 치수공차에 필요한 구성요소로 위 치수허용차, 아래 치수허용차, 기준 치수, 치수공차에 대해서 생각해
   보자.   [도면해독 이해]

1. 위의 회전체에서 볼트가 체결되는 부분에 치수공차를 기입해 보자.   [도면해독 이해]

2. 볼트가 체결되는 부분에 적용된 치수에서 기준 치수, 위 치수허용차, 아래 치수허용차, 치수공차를 구해
   보자.   [도면해독 이해]

3. 도면의 단면도에 표시된 해칭에 대하여 생각해 보자.   [도면해독 이해]

4. 해칭 도시방법에 대해서 조사해 보자.   [도면해독 이해]

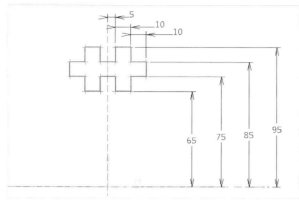

1) 스케치를 실행하고 ZX Plane을 선택하여 다음과 같이 스케치를 한다.

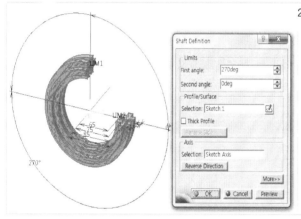

2) Shaft( )를 실행하고 270deg 회전을 한다.

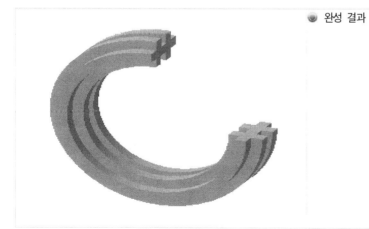

● 완성 결과

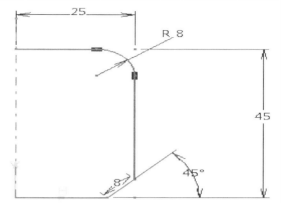

1) 스케치를 실행하고 ZX Plane을 선택하여 다음과 같이 스케치를 한다.

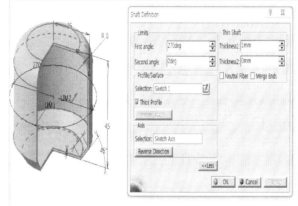

2) Shaft( )를 실행하고 270deg, 두께 : 1mm를 지정하여 회전을 한다.

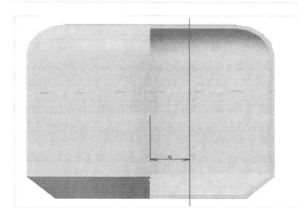

3) 스케치를 실행하고 Shaft.1 객체의 앞면을 선택하여 다음과 같이 스케치를 한다.

4) Shaft(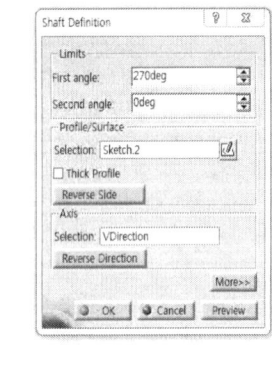)를 실행하고 270deg, 회전축 : VDirection을 지정하여 회전을 한다.

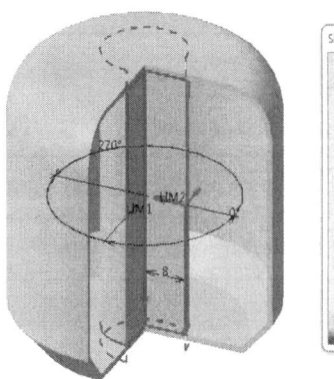

● 완성 결과

5) 스케치를 실행하고 Shaft.1 객체의 윗면을 선택하여 다음과 같이 스케치를 한다.

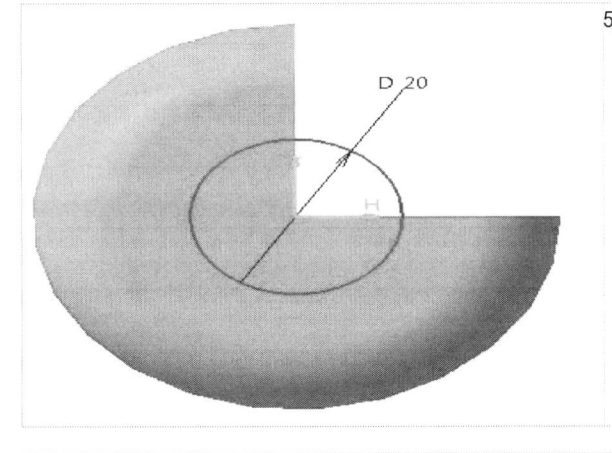

6) Pocket을 실행하고 20mm 아래쪽으로 돌출 컷을 한다.

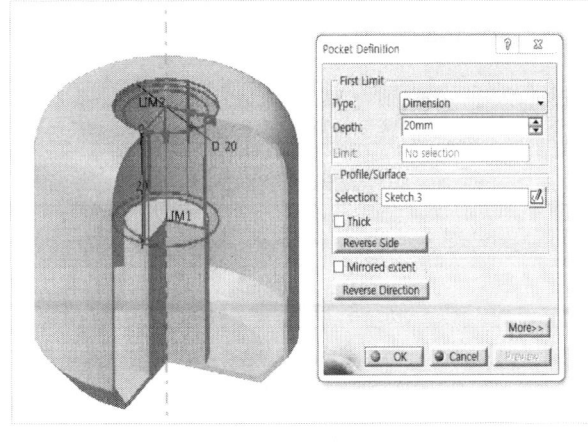

Hole() : 일반적인 나사 구멍을 뚫은 명령이다. Pocket을 사용해 원이든 어떤 Profile을 사용해 뚫는다. 그러나 Hole은 원으로만 구멍을 뚫는다.

Hole Definition

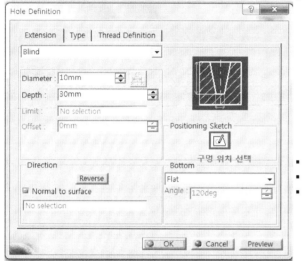

- Hole할 지점을 선택
  - Blind : 깊이 값을 지정할 수 있다.
  - Up to Next : 현재 스케치 Plane에서 다음 형상의 면까지 생성한다.
  - Up to Last : 현재의 PartBody의 가장 마지막 면까지 생성한다.
  - Up to Plane : 사용자가 지정한 Plane 까지 생성한다.
  - Up to Surface : 현재 Part에 곡면과 같은 형상을 선택, 그 곡면까지 생성한다.
- Diameter : 구멍의 지름을 지정한다.
- Depth : 구멍의 깊이를 지정한다.
- Direction
  - Normal to Surface : 선택한 면에 수직으로 구멍을 뚫어준다.
  - Normal to Surface를 해제하고 방향 벡터를 지정하면 지정한 방향대로 구멍을 뚫어준다.

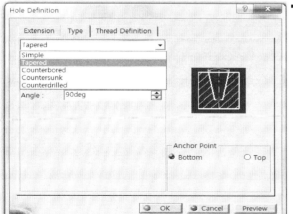

- Hole의 세부 Type
  - Simple : 중점과 반경, 깊이를 지정하여 구멍을 뚫는다. Pocket과 동일
  - Tapered : Hole이 생기는 면에 각도를 주어 벌어지거나 오므라들게 구멍을 뚫는다.
  - Counterbored : 냄비 머리 나사 그려주는 형태로 나사 머리 부분의 시름과 깊이를 지정해 줄 수 있다.
  - CounterSunk : 나사 머리가 Taper가 들어간 형태로 각도와 깊이를 설정한다.
  - Countetdrilled : 카운터보어와 카운터 싱크가 혼합된 형태이다.

- Bottom : 나사 가공을 할 때 바닥 부분을 평평하게 할 것인지(Flat), Taper를 줄 것인지 결정한다. V-Bottom으로 설정하면 Hole의 끝부분에 Taper 각도를 주어 뾰족하게 만들 수 있다.

- : 원하는 치수로 공차를 입력하면 Hole에 적용된다. Hole에 공차가 적용된 경우 Spec Tree에서 Hole 표시가 바뀐다.

Hole.6 ⇨ Hole.7

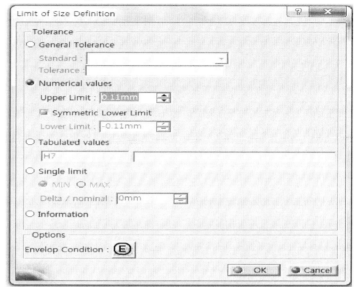

- Thread Definition

  Hole의 나사산 가공을 하는 부분으로 Threaded를 체크해야 사용할 수 있다. CATIA에서는 실제 나사산 가공을 자세하게 나타내지 않는다. 무수히 많은 나사산이 사용된다면 컴퓨터에 무리를 줄 있기 때문이다. CATIA 노변에는 나사산이 들어간 표시를 Thread를 지정하여 표시할 수 있다.

- Thread Type 3가지
  - No Standard : 사용자 정의 값
  - Metric Thin Pitch : ISO Standard values(ISO 965 2)
  - Metric Thin Pitch : ISO Standard values(ISO 965-2)

103

Section view A-A
Scale 1:2

Isometric view
Scale 1:2

Top view
Scale 1:2

Front view
Scale 1:2

Top view
Scale 2:1

Front view
Scale 2:1

Section view A-A
Scale 2:1

Isometric view
Scale 2:1

* 부품이 사용되는 부분 : 보통공차
* 도시표시 없는 곳 필렛 : R3

Top view
Scale 1:1

Section view A-A
Scale 1:1

Isometric view
Scale 1:1

Front view
Scale 1:1

Right view
Scale 1:1

1. 위의 도면에 표시된 단면도를 온단면도라고 한다. CATIA 도면에서 온단면도가 표시되도록 도면을 만들어보자. [도면해독 이해]

2. 볼트가 체결되는 구멍에는 거친 보통공차가 부여되었다. 정밀공차, 보통공차, 거친 공차, 아주 거친 공차 부여 기준에 대해 생각해 보자. [도면해독 이해]

3. 온단면도에는 해칭 대신 다음과 같이 Coloring으로 표시할 수 있다. 명칭이 무엇인가?

4. 도면에서 치수공차와 기하공차가 부여되는 부품의 위치에 대해서 생각해 보자.

5. 위의 도면에서 P.C.D가 무엇인가?

[Hole 실습 4]

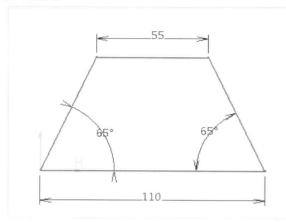

1) 스케치를 실행하고 YZ Plane을 선택하여 다음과 같이 스케치를 한다.

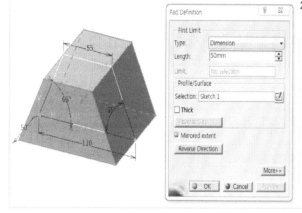

2) Pad을 실행하고 50mm, Mirrored extent 를 지정하여 돌출을 한다.

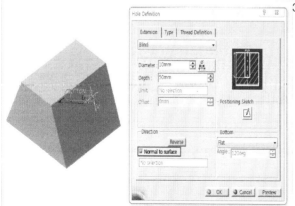

3) Hole을 실행하고 지름과 깊이를 지정한다. Direction 부분에 Normal to Surface가 체 크되어 있기 때문에 선택한 면에 수직으 로 구멍이 뚫린다.

4) 다음과 같이 선택한 면에 수직 방향으로 구멍이 뚫렸다.

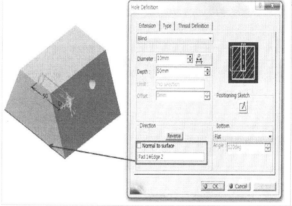

5) Hole을 실행하고 지름과 깊이를 지정한 다. Normal to Surface를 체크 해제하고 Solid의 수평 모서리를 선택한다. 선택한 수평 모서리 방향대로 구멍이 뚫린다.

6) 선택한 수평 모서리 방향대로 구멍이 뚫린다.

Rib(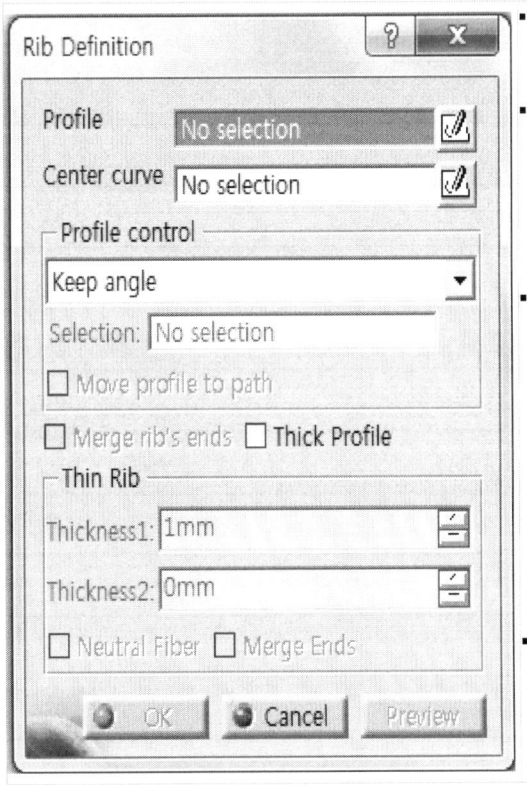) : 하나의 단면 Profile을 임의의 가이드 커브를 따라 지나가도록 Solid 형상을 만드는 명령이다.
Pad는 직선 방향으로만 단면 Profile을 생성하는 것에 반해 Rib는 단면 Profile을 곡선이나 여러 개의 직선으로 이루어진 가이드 커브를 따라서 형상을 만들어 준다. 곡선이나 구불구불한 선들에 대해서도 Solid 형상을 만들 수 있다.

■ Rib(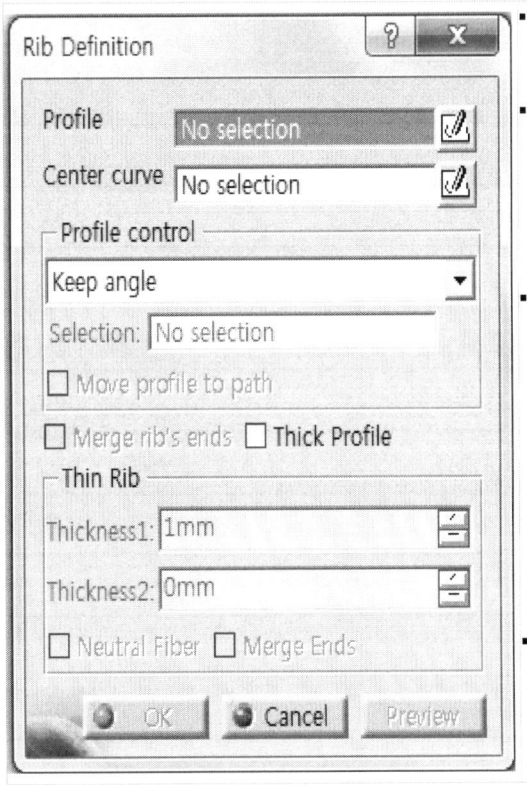) Definition

- Profile : Rib을 하고자 하는 형상의 단면이다. 닫힌 Profile 형상을 기본으로 하며 닫힌 Profile 형상이 아닌 경우 Thick 옵션을 사용한다.
- Center Curve : 단면 Profile이 따라 가게 되는 가이드 선이 된다. Profile은 Center Curve 형상을 따라 형상을 만들게 된다.
  · 연속적인 곡선이나 다각형을 사용할 수 있다.
  · Center Curve는 항상 단면 Profile과 꼬임이 발생하지 않도록 적절한 곡률을 가져야 한다.
- Profile Control : Profile을 Center Curve를 따라 Rib하는 방법에는 3가지 Type이 있다.
  · Keep Angle : Profile 단면과 Center Curve가 이루는 각을 그대로 유지한 상태로 Rib를 만든다.
  · Pulling Direction : Profile을 임의의 방향으로 정한 상태에서 Rib이 생성 되도록 한다. Center Curve를 따라가기는 하지만 Center Curve와 일정한 각을 유지하지는 않는다.
  · Reference Surface : Profile을 Surface를 사용하여 Center Curve를 따라가게 한다.
- Merge Ribs ends : Rib는 따로 길이를 정하지 않고 Center Curve의 길이만큼 형상이 만들어진다. 따라서 따로 제한을 둘 수 없다. Merge Ribs ends를 사용하여 다른 Solid까지 연장하여 Rib의 끝을 마무리 지을 수 있다.

11. Slot Features

Slot(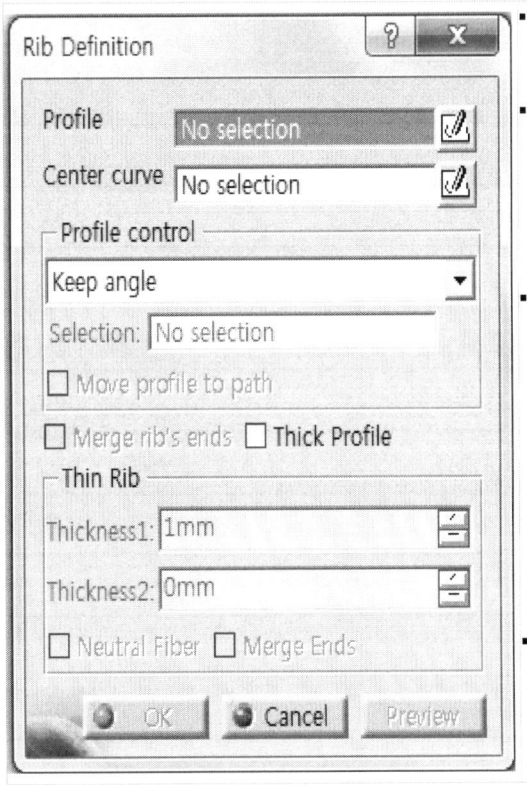) : Rib와 짝을 이루는 명령으로 Center Curve를 따라 단면 Profile 형상대로 기존의 Solid 형상을 파내는 명령이다.

[Rib 실습 1]

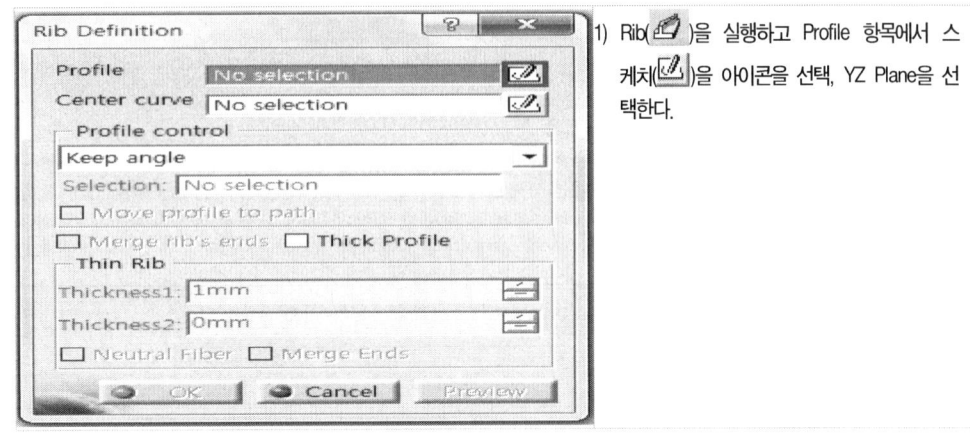

1) Rib( ) 을 실행하고 Profile 항목에서 스케치( )을 아이콘을 선택, YZ Plane을 선택한다.

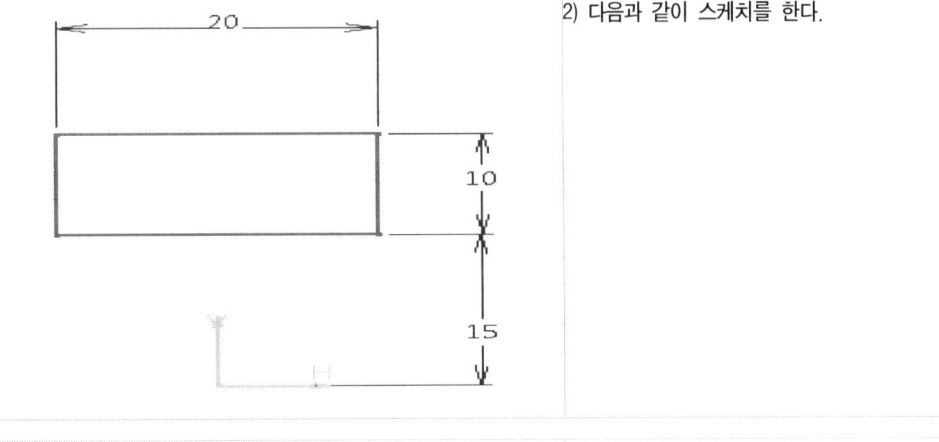

2) 다음과 같이 스케치를 한다.

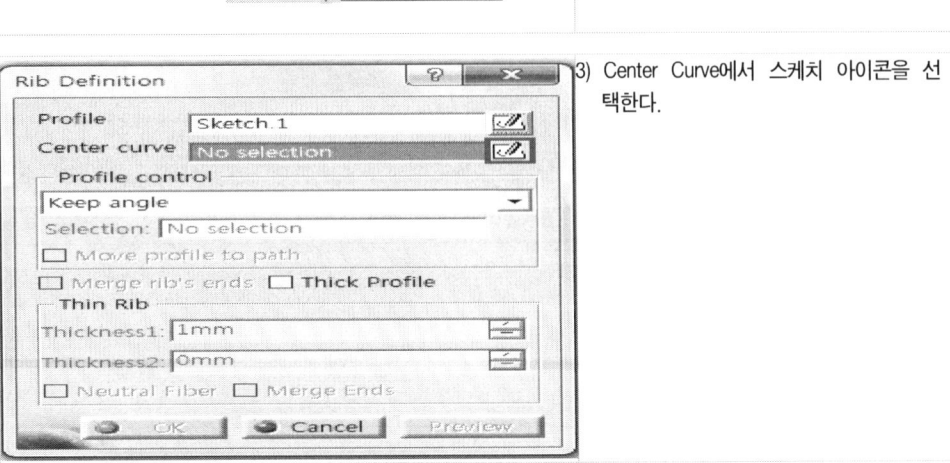

3) Center Curve에서 스케치 아이콘을 선택한다.

4) XY Plane을 선택하여 자유 곡선을 선택하여 다음과 같이 스케치를 한다.

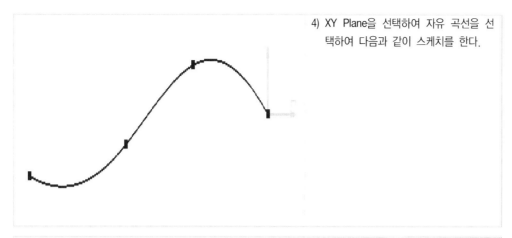

5) Center Curve를 따라서 Rib을 생성한다.

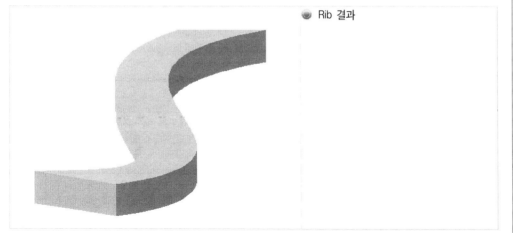

● Rib 결과

6) PartBody 앞에 +를 클릭하고 Rib을 선택하여 [Delete]를 한다.

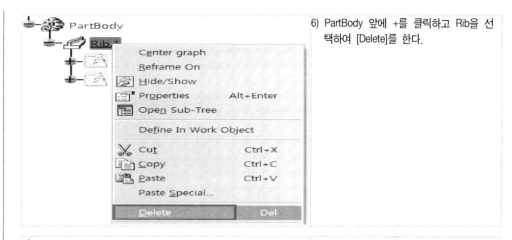

7) Delete 대화상자에서 "Delete aggregated elements"를 해제해야 그 안에 있던 스케치들은 남기고 Rib만 삭제된다.

■ Delete aggregated elements의 의미 ?

8) Spec Tree에서 Sketch.2를 더블클릭한다. 기존에 있던 곡선을 지우고 다음과 같이 스케치를 수정한다.

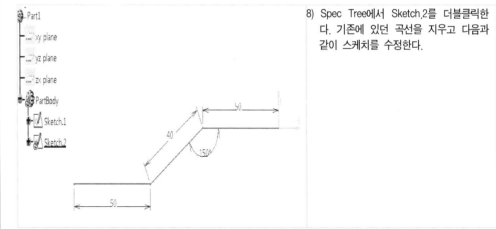

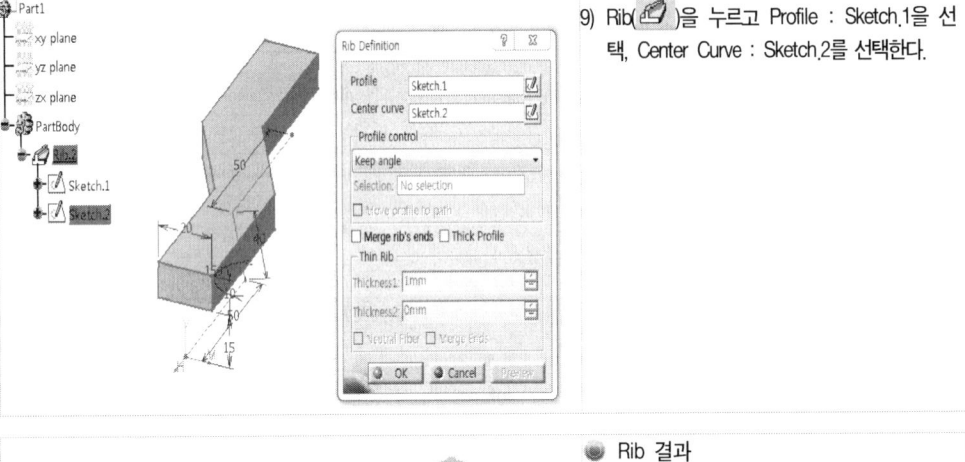

9) Rib(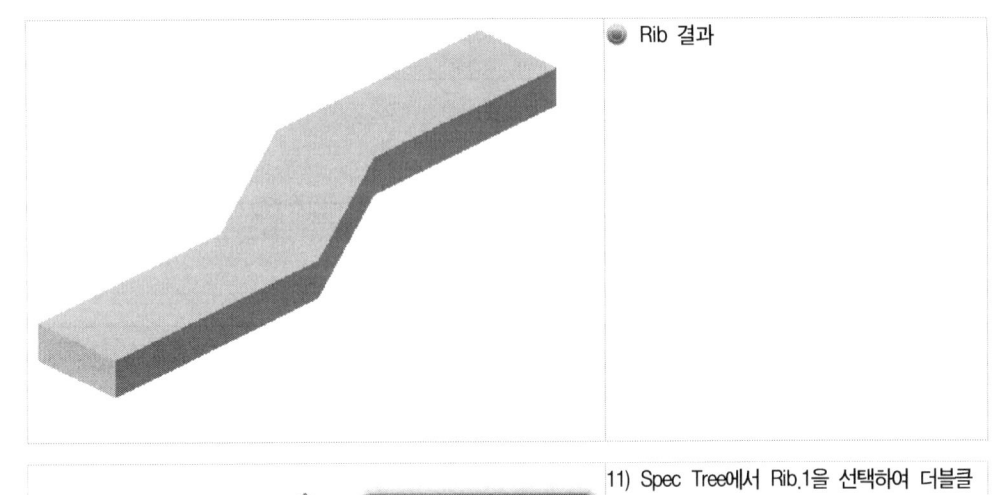을 누르고 Profile : Sketch.1을 선택, Center Curve : Sketch.2를 선택한다.

● Rib 결과

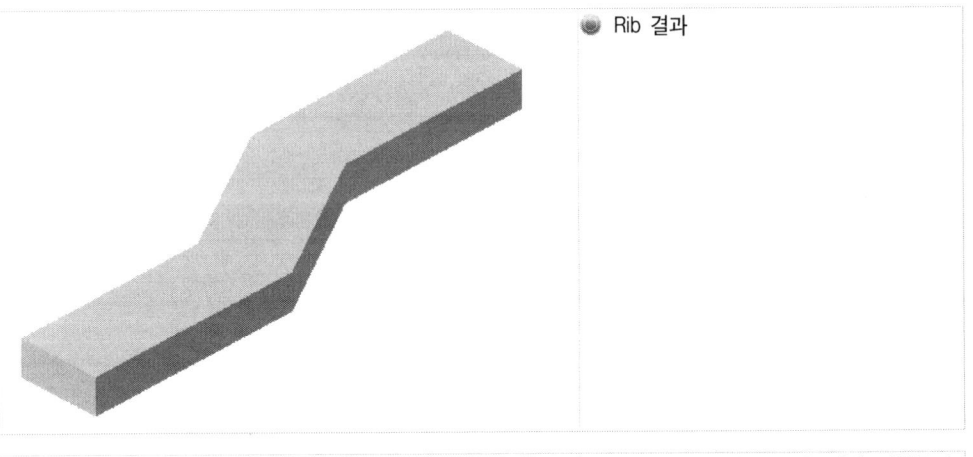

● Rib 결과

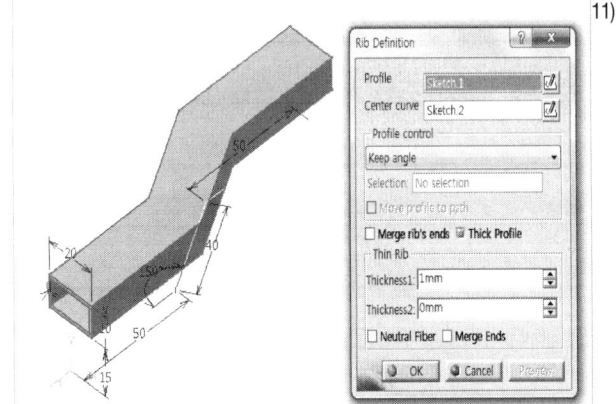

11) Spec Tree에서 Rib.1을 선택하여 더블클릭한다. Profile Control를 Keep Angle을 선택, Thick Profile을 지정, Thickness 1 : 1mm 지정한다.

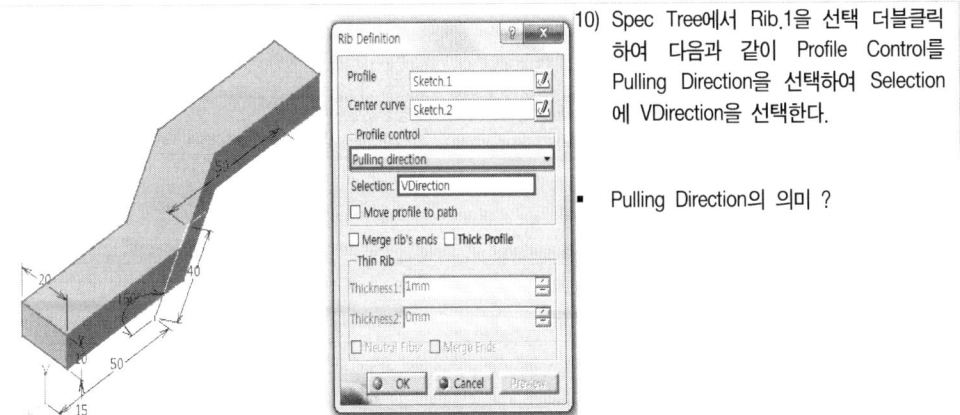

10) Spec Tree에서 Rib.1을 선택 더블클릭하여 다음과 같이 Profile Control를 Pulling Direction을 선택하여 Selection에 VDirection을 선택한다.

■ Pulling Direction의 의미 ?

● Rib 결과

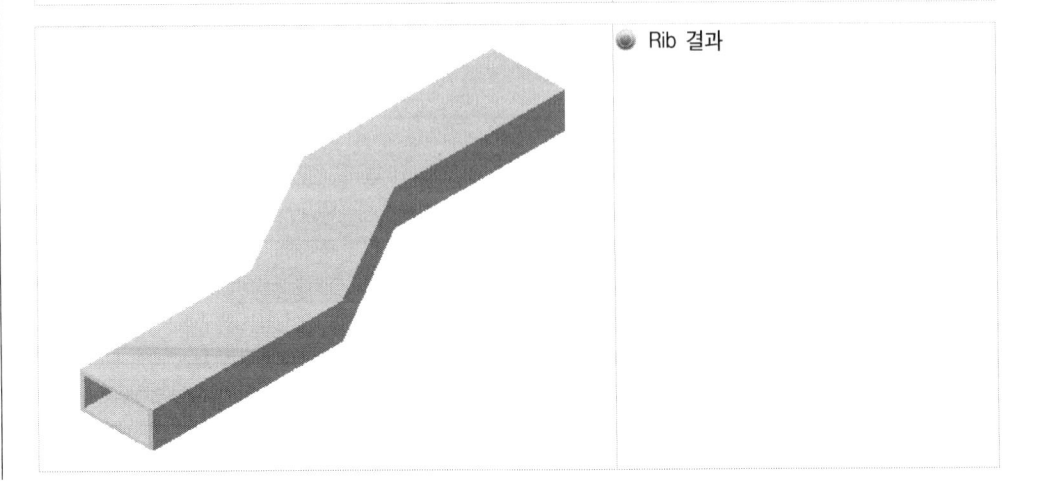

[Rib과 Slot 실습 2]

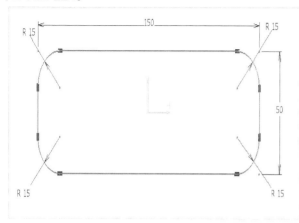

1) 스케치를 실행하고 YZ Plane을 선택하여 다음과 같이 스케치를 한다.
(Profile 작성)

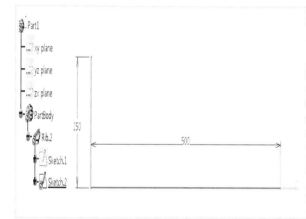

2) 스케치를 실행하고 XY Plane을 선택하여 다음과 같이 스케치를 한다.
(Center Curve 작성)

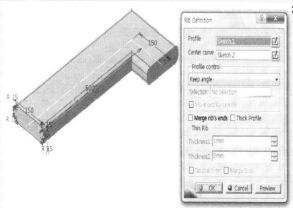

3) Rib를 실행하고 Profile : Sketch.1을 선택, Center Curve : Sketch.2를 지정한다.

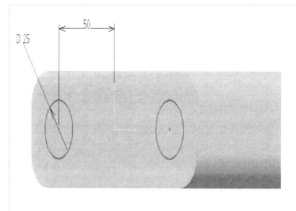

4) 스케치를 실행하고 Rib.1 객체의 앞면을 선택하여 다음과 같이 스케치를 한다.
(Profile 작성)

5) Slot( )을 실행하고 Profile : Sketch.3을 선택, Center Curve : Sketch.2를 지정한다.

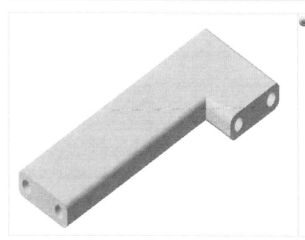

● 완성 결과

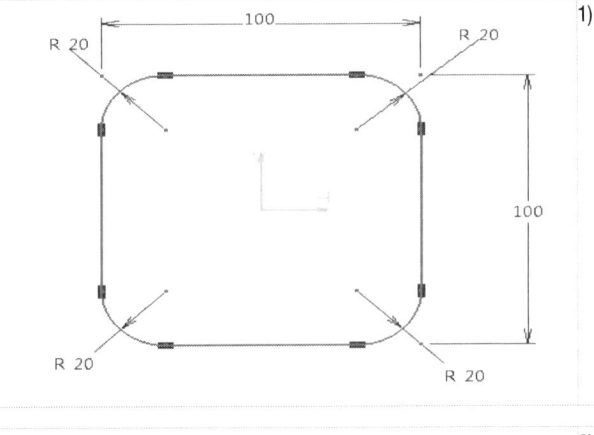

1) 스케치를 실행하고 XY Plane을 선택하여 다음과 같이 스케치를 한다.
(Center Curve 작성)

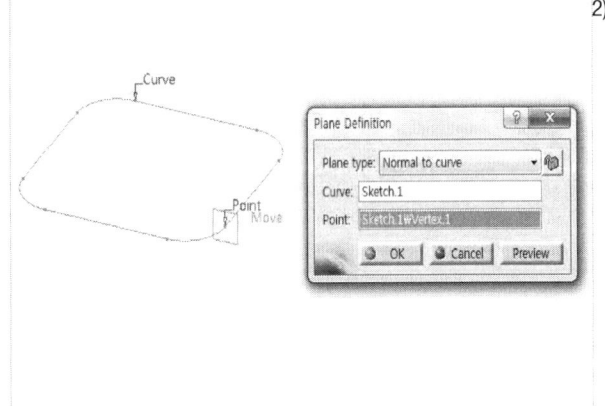

2) Plane을 실행하고 Sketch.1과 경로의 임의의 Point를 이용하여 Plane을 생성한다.

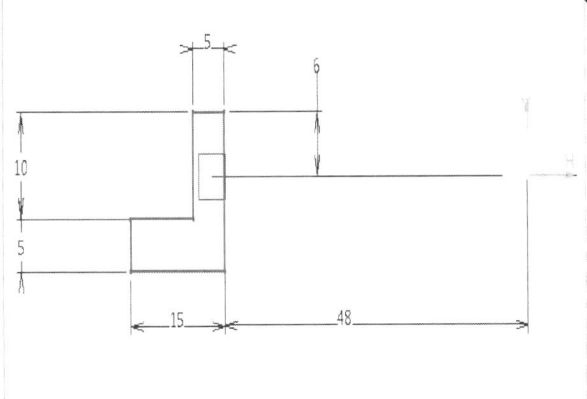

3) 스케치를 실행하고 Plane.1을 선택하여 다음과 같이 스케치를 한다.(Profile 작성)

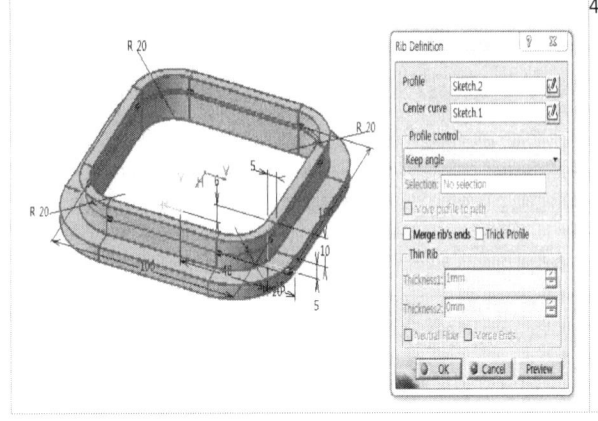

4) Rib을 실행하고 Profile : Sketch.2를 선택, Center Curve : Sketch.1을 지정하여 다음과 같이 Rib을 생성한다.

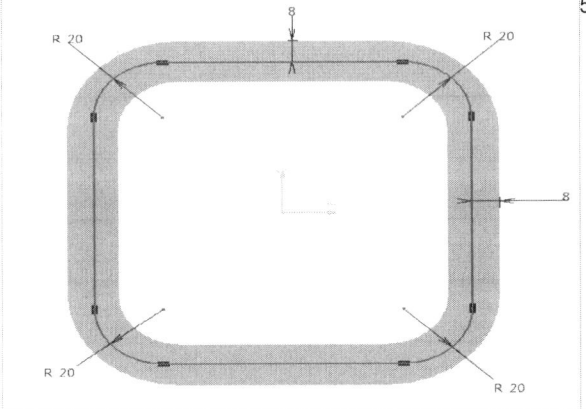

5) 스케치를 실행하고 Rib.1 객체의 밑면을 선택하여 다음과 같이 스케치를 한다.

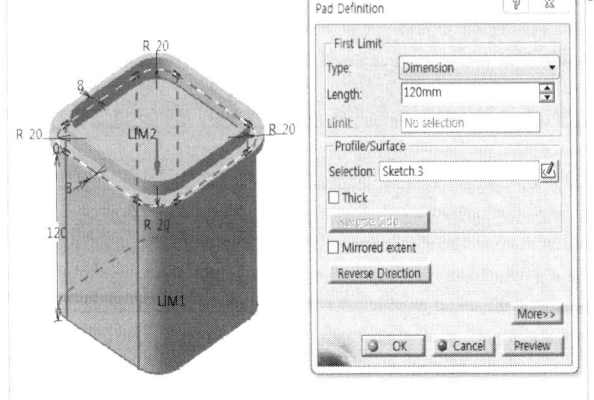

6) Pad를 실행하고 120mm 돌출을 한다.

7) Draft를 실행하고 구배 각도 : 6deg, Face to draft : Pad.1 객체의 측면 선택, 기준 면 : Pad.1 객체의 윗면을 선택한다.

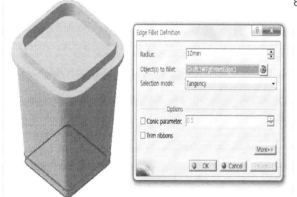

8) Edge Fillet을 실행하고 반경 : 10mm로 필렛을 한다.

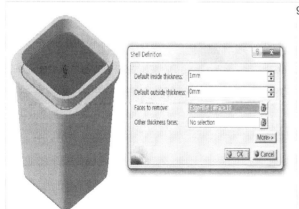

9) Shell을 실행하고 두께 : 1mm로 다음 면을 지정하여 쉘을 생성한다.

● 완성 결과

[Rib 실습 4] – 스프링 만들기

1) [Start]-[Shape]-[Generative Shape Design]을 선택한다.

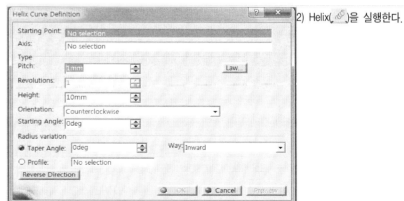

2) Helix( )을 실행한다.

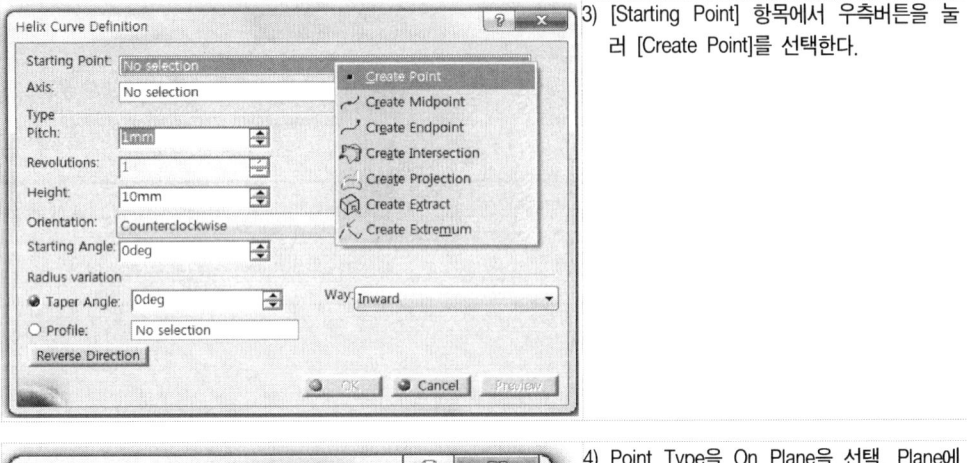

3) [Starting Point] 항목에서 우측버튼을 눌러 [Create Point]를 선택한다.

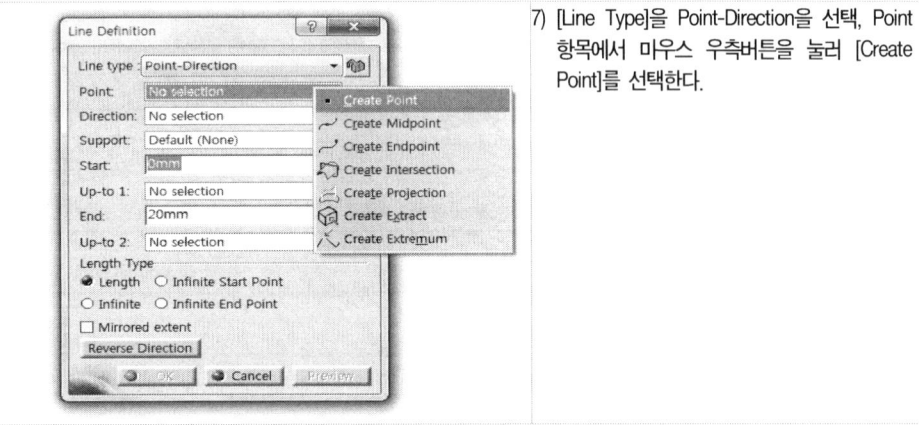

6) [Axis] 항목에서 마우스 우측버튼을 눌러 [Create Line]를 선택한다.

4) Point Type을 On Plane을 선택, Plane에서 우측 버튼을 눌러 XY Plane을 선택한다.

7) [Line Type]을 Point-Direction을 선택, Point 항목에서 마우스 우측버튼을 눌러 [Create Point]를 선택한다.

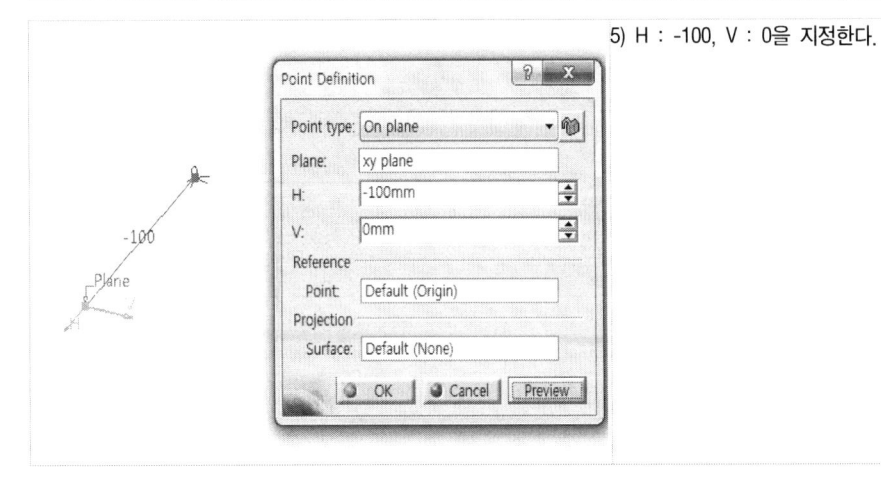

5) H : -100, V : 0을 지정한다.

8) Point Type : Coordinate를 선택하여 원점을 지정한다.

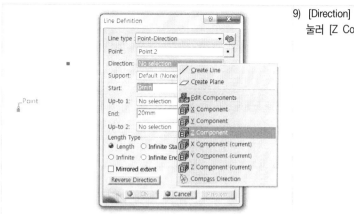

9) [Direction] 항목에서 마우스 우측버튼을 눌러 [Z Component]를 선택한다.

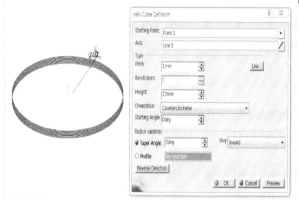

10) 다음과 같이 나선형 곡선을 표시된다.

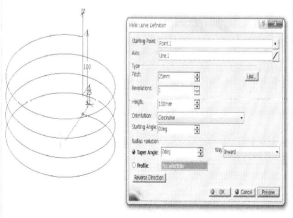

11) Pitch : 25mm, Height : 100mm, 시계방향(Clockwise)을 지정하고 시작 각도 : 0deg을 지정한다.

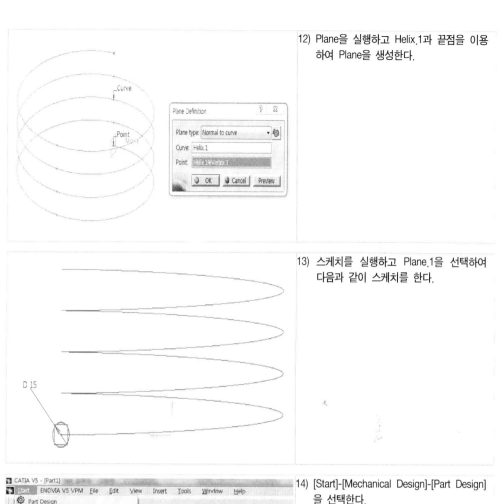

12) Plane을 실행하고 Helix.1과 끝점을 이용하여 Plane을 생성한다.

13) 스케치를 실행하고 Plane.1을 선택하여 다음과 같이 스케치를 한다.

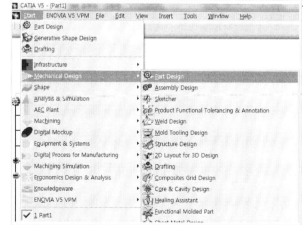

14) [Start]-[Mechanical Design]-[Part Design]을 선택한다.

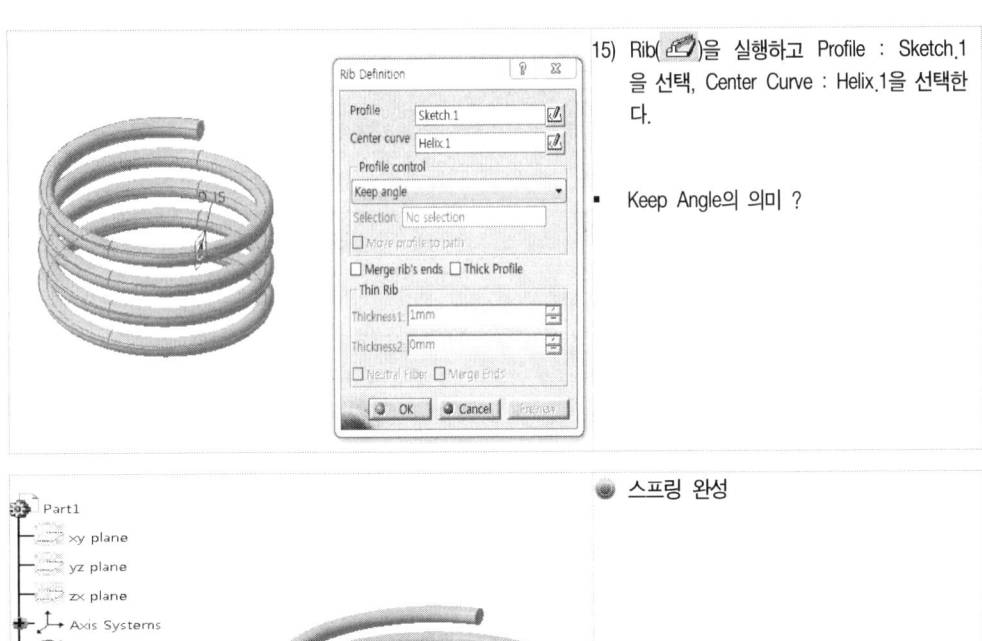

15) Rib( )을 실행하고 Profile : Sketch.1
을 선택, Center Curve : Helix.1을 선택한
다.

- Keep Angle의 의미 ?

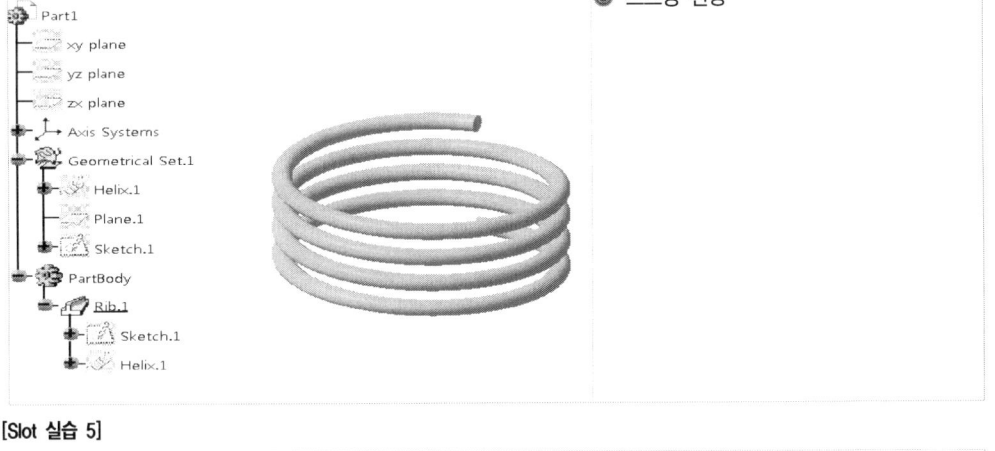

● 스프링 완성

[Slot 실습 5]

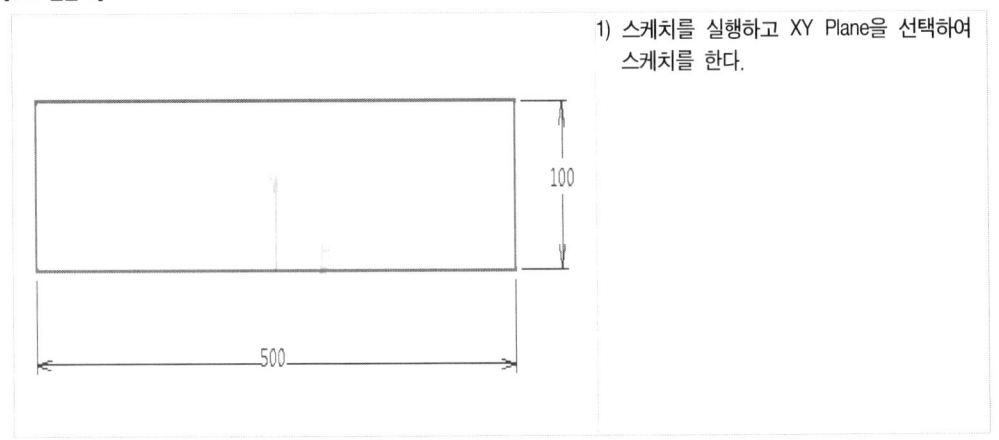

1) 스케치를 실행하고 XY Plane을 선택하여
스케치를 한다.

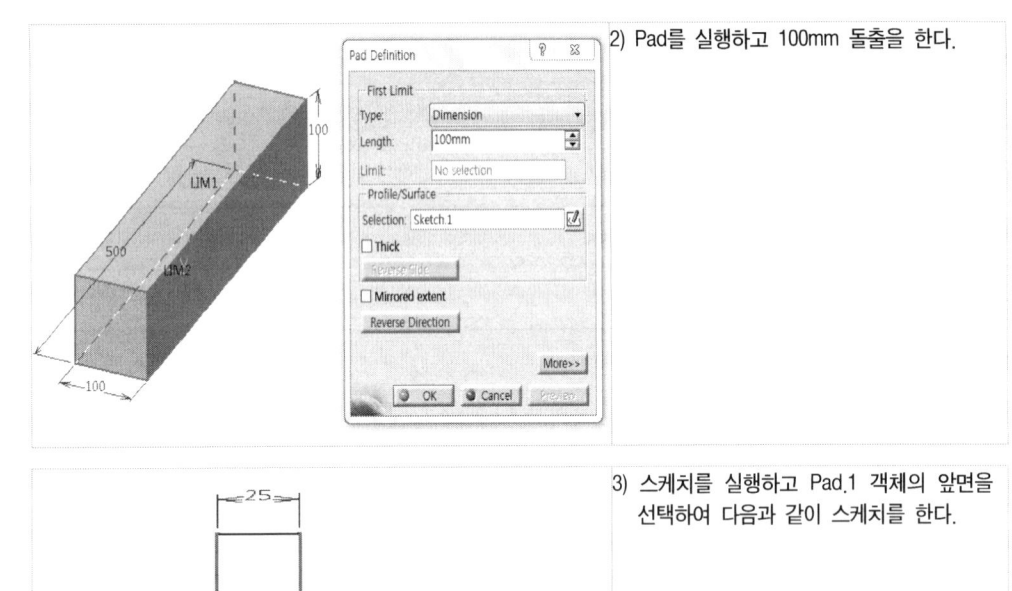

2) Pad를 실행하고 100mm 돌출을 한다.

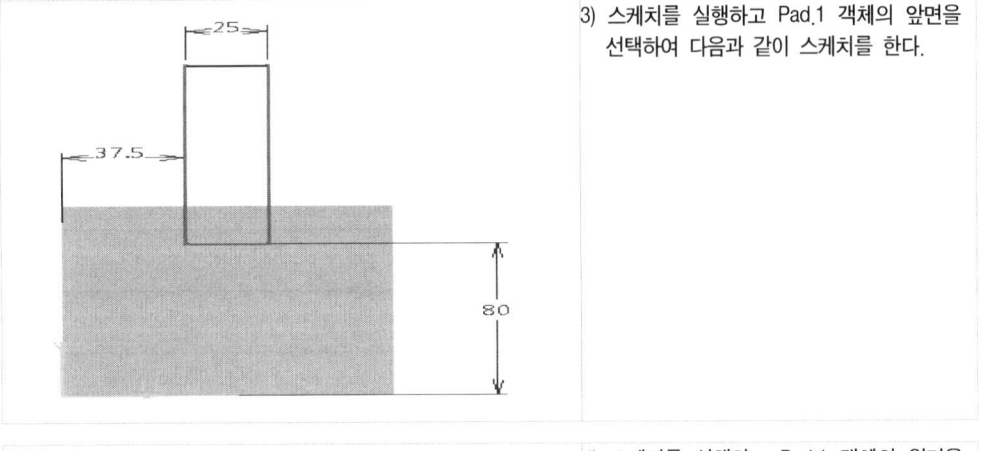

3) 스케치를 실행하고 Pad.1 객체의 앞면을
선택하여 다음과 같이 스케치를 한다.

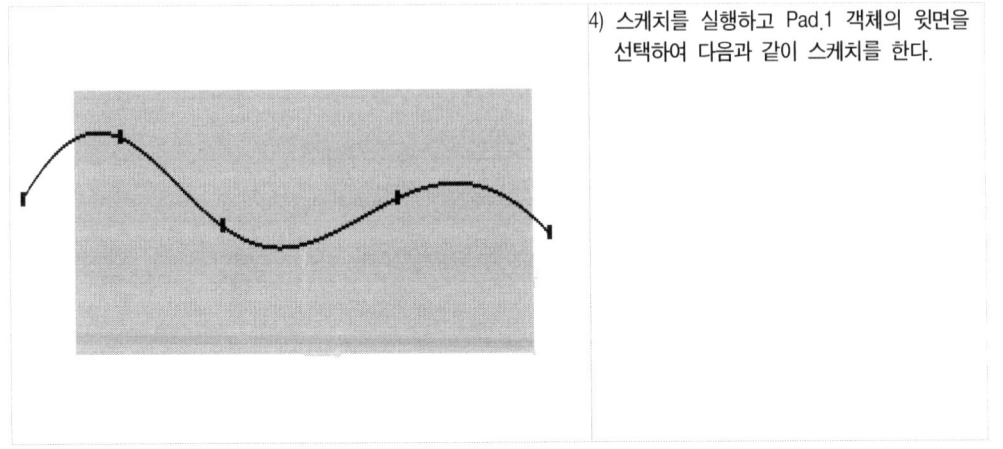

4) 스케치를 실행하고 Pad.1 객체의 윗면을
선택하여 다음과 같이 스케치를 한다.

114

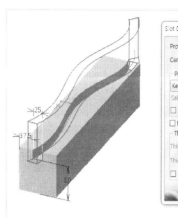

5) Slot( )을 실행하고 Profile : Sketch.2를 선택, Center Curve : Sketch.3을 지정한다.

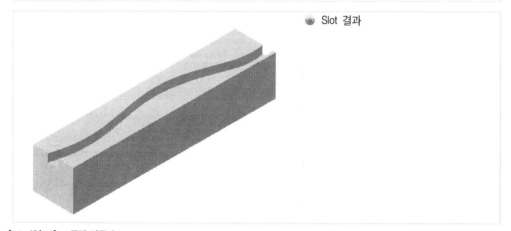

● Slot 결과

[Rib 실습 6] - 클립 만들기

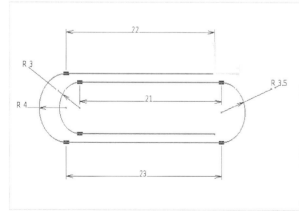

1) 스케치를 실행하고 XY Plane을 선택하여 다음과 같이 스케치를 한다.

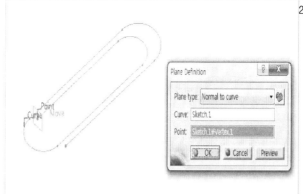

2) Plane 생성을 위해 Plane( )을 실행하고 선분 끝점과 경로 선분을 선택한다.

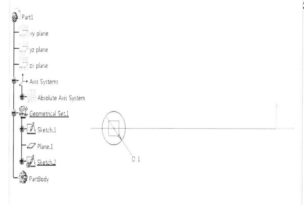

3) 스케치를 실행하고 Plane.1을 선택하여 다음과 같이 스케치를 한다.

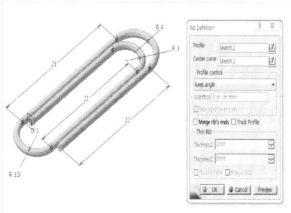

4) Rib( )을 실행하고 Profile : Sketch.2를 선택, Center Curve : Sketch.1을 선택한다.

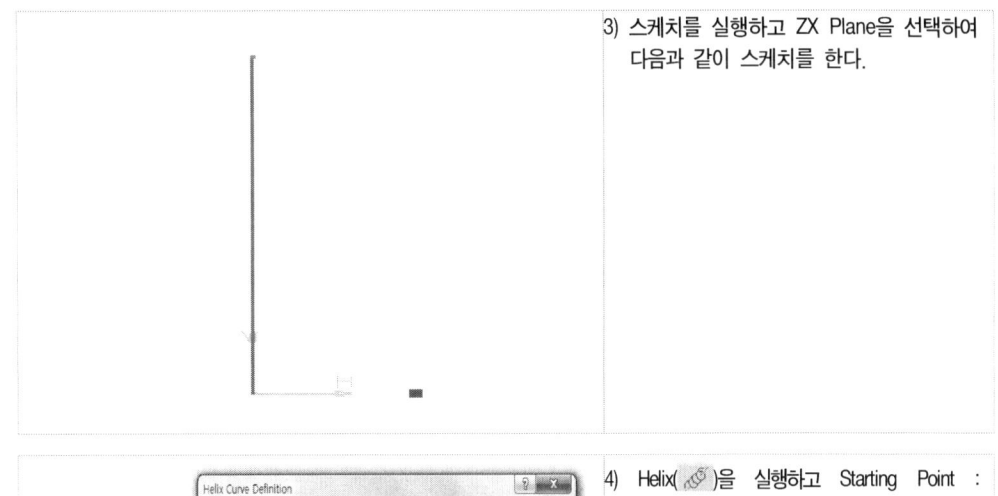

● Rib 결과

[Rib 실습 7] - Spring 만들기

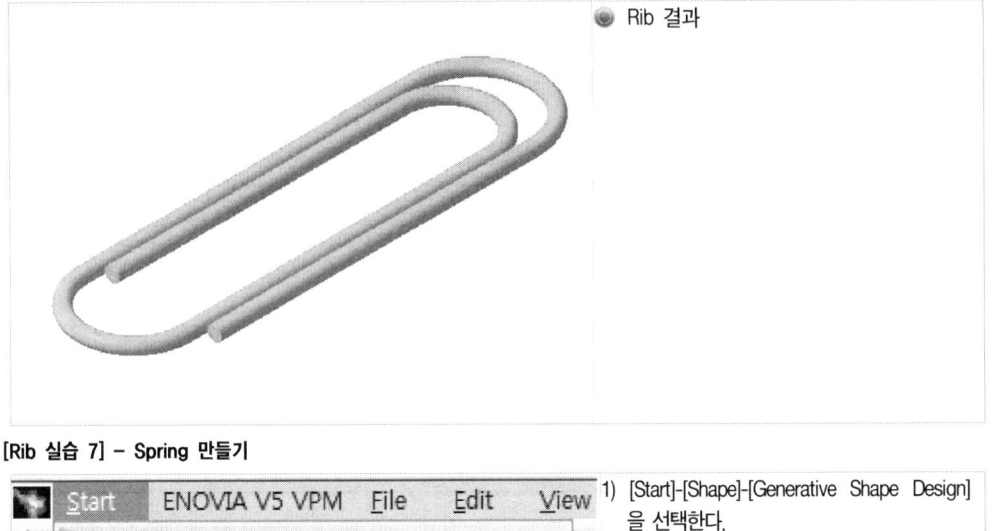

1) [Start]-[Shape]-[Generative Shape Design]을 선택한다.

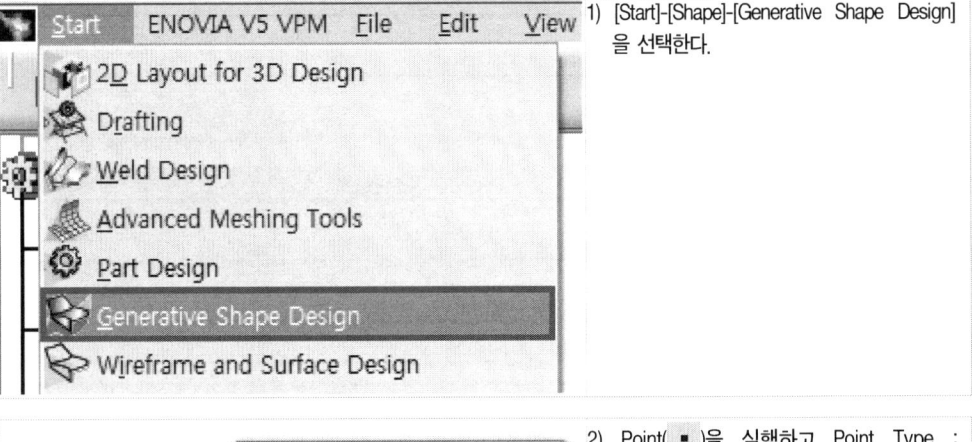

2) Point(■)을 실행하고 Point Type : On Plane을 지정, ZX Plane을 기준으로 H : 40mm, V : 0mm을 지정한다.

3) 스케치를 실행하고 ZX Plane을 선택하여 다음과 같이 스케치를 한다.

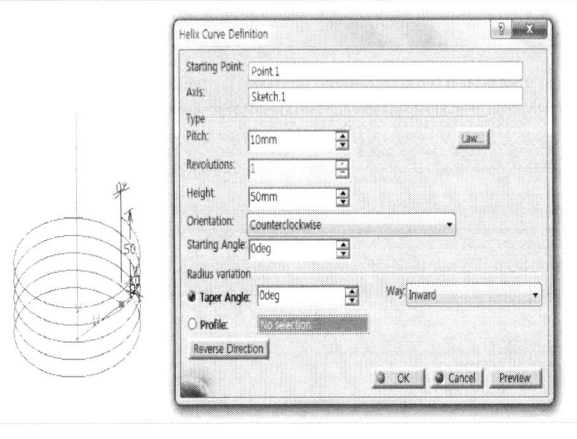

4) Helix(⟋)을 실행하고 Starting Point : Point.1을 선택, Axis : Sketch.1을 선택, Pitch : 10mm, Height : 50mm, 시작 각도 : 0deg를 지정하여 Helix를 생성한다.

5) Plane(⟋)을 실행하고 Helix.1 객체의 끝점과 Helix.1 객체를 경로로 선택한다.

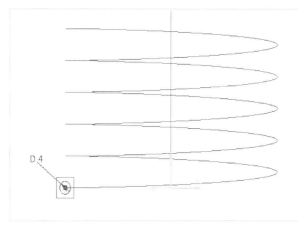

6) 스케치를 실행하고 Plane.1을 선택하여 다음과 같이 스케치를 한다.

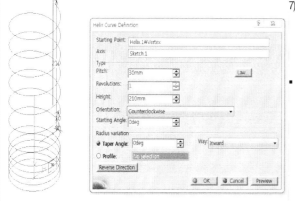

7) Helix( )을 실행하고 Starting Point : Helix.1의 끝점을 선택, Axis : Sketch.1을 선택, Pitch : 30mm, Height : 210 mm, 시작 각도 : 0deg를 지정한다.

- Taper Angle의 의미 ?

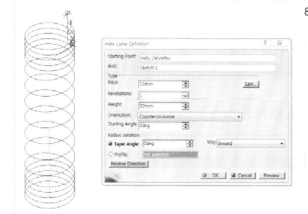

8) Helix( )을 실행하고 Starting Point : Helix.2의 끝점을 선택 Axis : Sketch.1을 선택, Pitch : 10mm, Height : 50mm, 시작 각도 : 0deg를 지정한다.

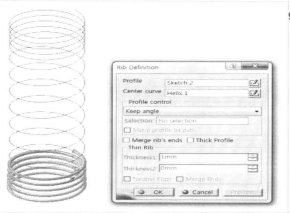

9) Rib( )을 실행하고 Profile : Sketch.2를 선택, Center Curve : Helix.1을 선택한다.

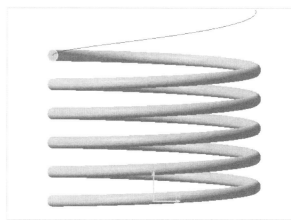

10) 스케치를 실행하고 다음 Rib.1 객체의 면을 지정하여 Project 3D Elements ( ) 아이콘을 눌러 2D 면상에서 원을 투영한다.

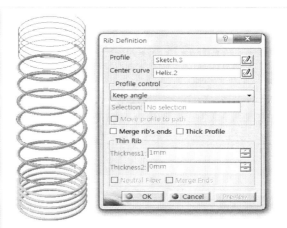

11) Rib( )을 실행하고 Profile : Sketch.3을 선택, Center Curve : Helix.2를 선택한다.

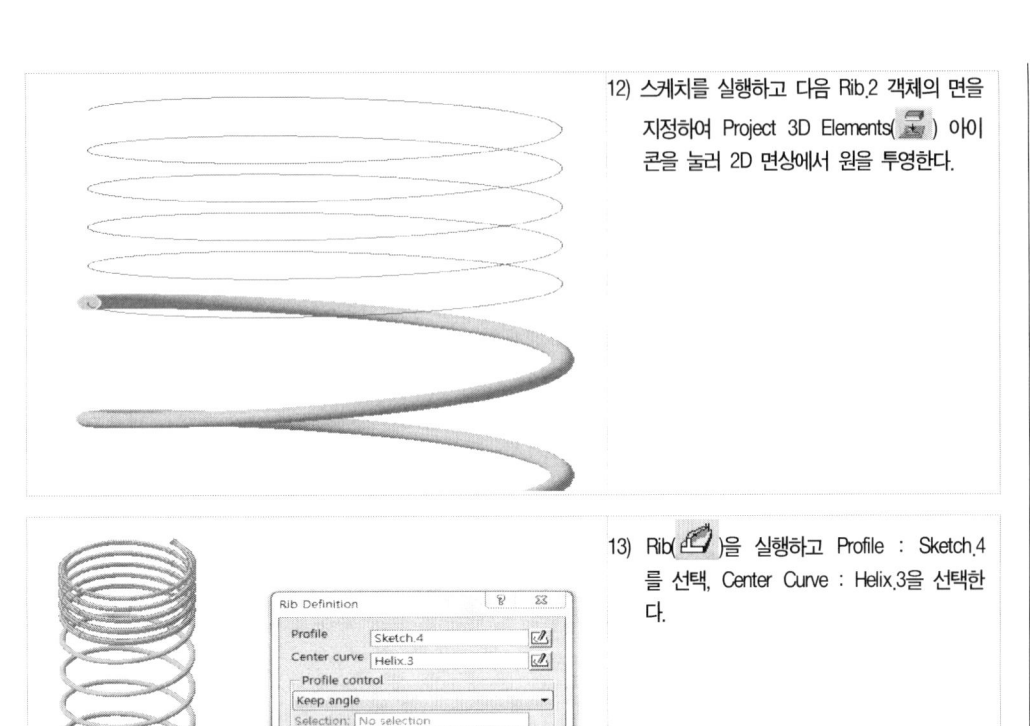

12) 스케치를 실행하고 다음 Rib.2 객체의 면을 지정하여 Project 3D Elements() 아이콘을 눌러 2D 면상에서 원을 투영한다.

13) Rib()을 실행하고 Profile : Sketch.4 를 선택, Center Curve : Helix.3을 선택한다.

● Rib 결과

[Rib 실습 8] – 같은 모양 다른 방법으로 Spring 만들기

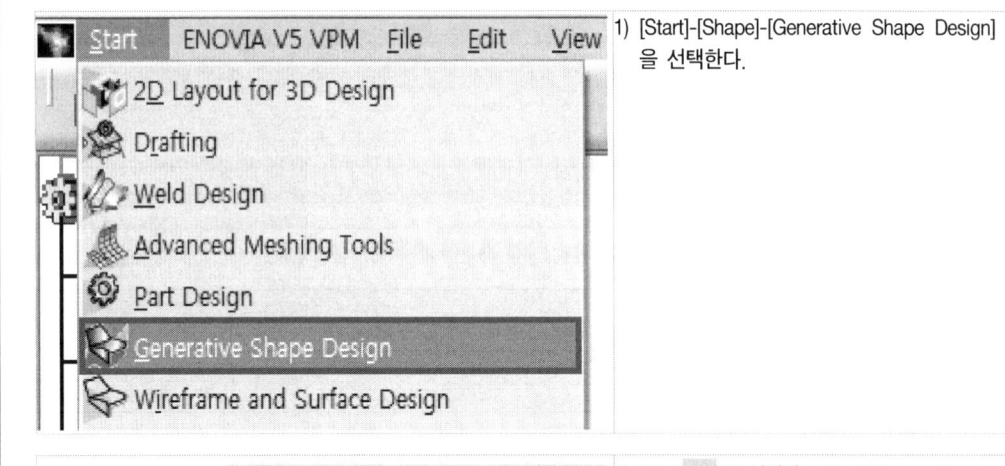

1) [Start]-[Shape]-[Generative Shape Design]을 선택한다.

2) Point(■)을 실행하고 Point Type : Coordinates를 지정, X : 40mm를 지정한다.

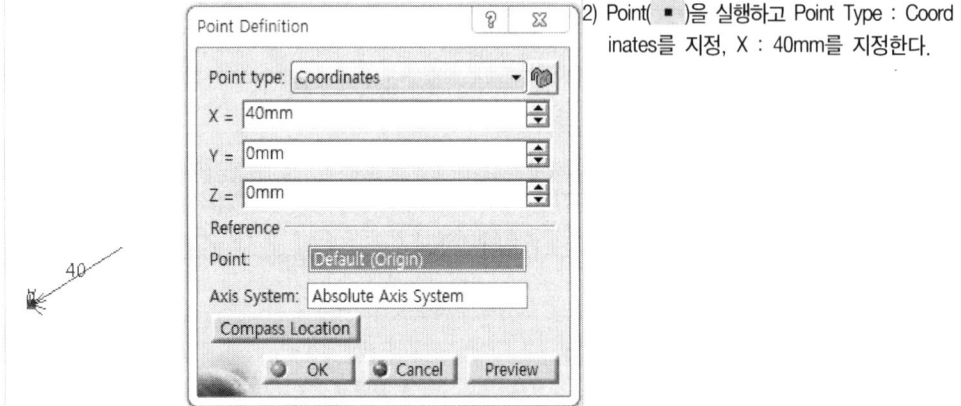

3) Point(■)을 실행하고 Point Type : Coordinates를 지정, Z : 180mm를 지정한다.

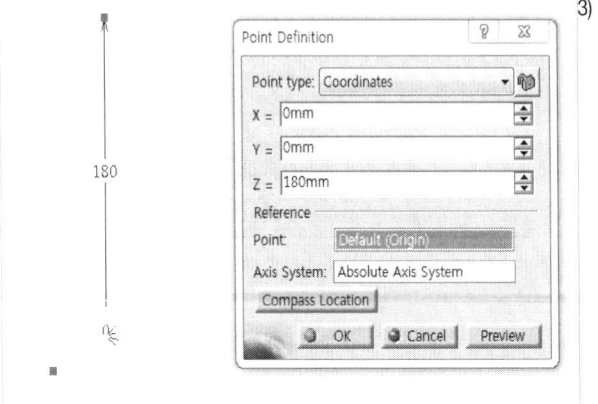

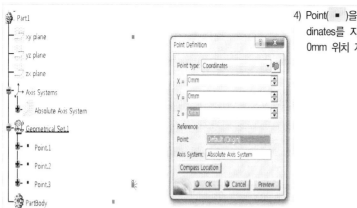

4) Point(▪)을 실행하고 Point Type : Coor dinates를 지정, X : 0mm, Y : 0mm, Z : 0mm 위치 지정한다.

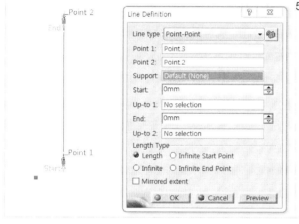

5) Line(╱)을 실행하고 다음 위치의 두 개의 Point를 지정하여 Line을 생성한다.

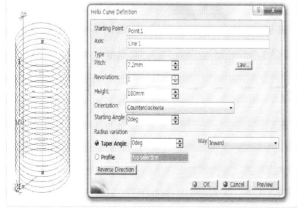

6) Helix(✐)을 실행하고 Starting Point : Point.1을 선택 Axis : Line.1을 선택, Pitch : 7.2mm, Height : 180mm, 시작 각도 : 0deg를 지정한다.

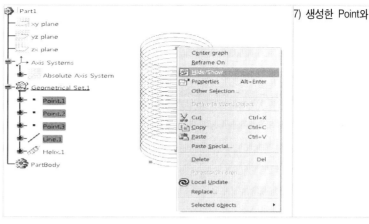

7) 생성한 Point와 Line을 숨긴다.

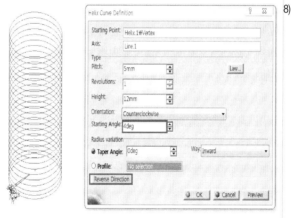

8) Helix(✐)을 실행하고 Starting Point : Helix.1의 아래 끝점을 선택, Axis : Line.1을 선택, Pitch : 5mm, Height : 12mm, 시작 각도 : 4deg를 지정한다.

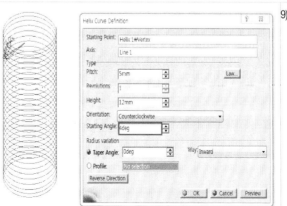

9) Helix(✐)을 실행하고 Starting Point : Helix.1의 위쪽 끝점을 선택, Axis : Line.1을 선택, Pitch : 5mm, Height : 12mm, 시작 각도 : 4deg를 지정한다.

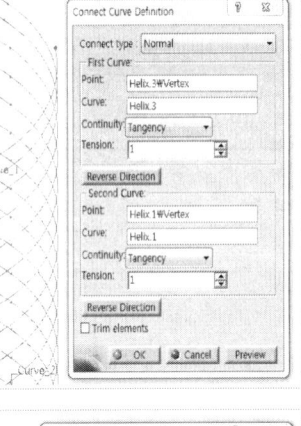

10) Connect Curve( )을 실행하고 Helix 곡선 사이 떨어진 부분을 연결한다.
연결 부분 화살표 방향이 중요하며 반드시 확인한다.(→)
같은 방향을 향해야 한다.

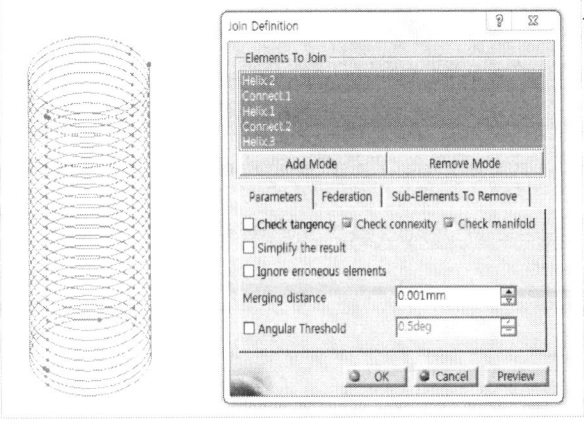

11) 아래 부분도 같은 방법으로 연결한다.
Connect Curve( )을 실행하고 Helix 곡선 사이 떨어진 부분을 연결한다.

12) Join( )을 실행하고 다음 항목들을 모두 선택한다.
※ 주의) 차례대로 선택한다.

13) Plane( )을 실행하고 Plane Type : Normal to Curve, Curve : Join.1을 선택하여 Point : Helix 끝점을 선택한다.

14) 스케치를 실행하고 Plane.1을 지정하여 지름 4mm 원을 스케치 한다.

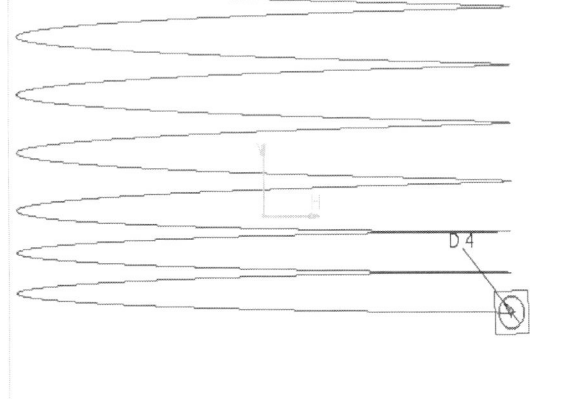

15) [Start]-[Mechanical Design]-[Part Design]을 선택한다.

16) Rib을 실행하고 Profile : Sketch.1을 선택, Center Curve : Helix.1을 지정하여 Rib을 생성한다.
Rib 수행 단계에서 오류가 발생하면 연결 화살표 방향을 확인해야 한다. 화살표 방향이 한 쪽 방향으로 향하도록 한다.

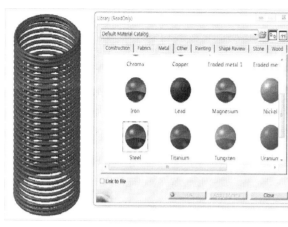

16) Apply Material(🖨️)을 실행하고 스프링의 재질을 변경한다.
[Metal]-[Steel]로 변경한다.
다른 재질로도 변경해 본다.

17) 재질 변경한 것을 보려면 Shading with Material (🔲)아이콘을 선택한다.

[Slot 실습 9]

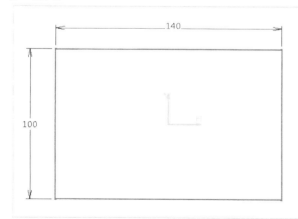

1) 스케치를 실행하고 XY Plane을 선택하여 다음과 같이 스케치를 한다.

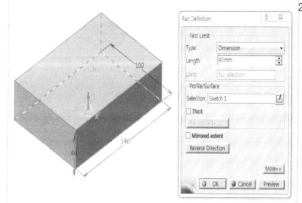

2) Pad를 실행하고 40mm 돌출을 한다.

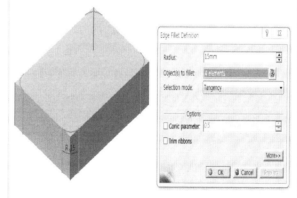

3) Edge Fillet을 실행하고 반경 : 15mm로 필렛을 한다.

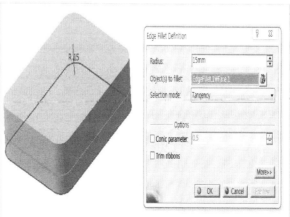

4) Edge Fillet을 실행하고 반경 : 15mm로 필렛을 한다.

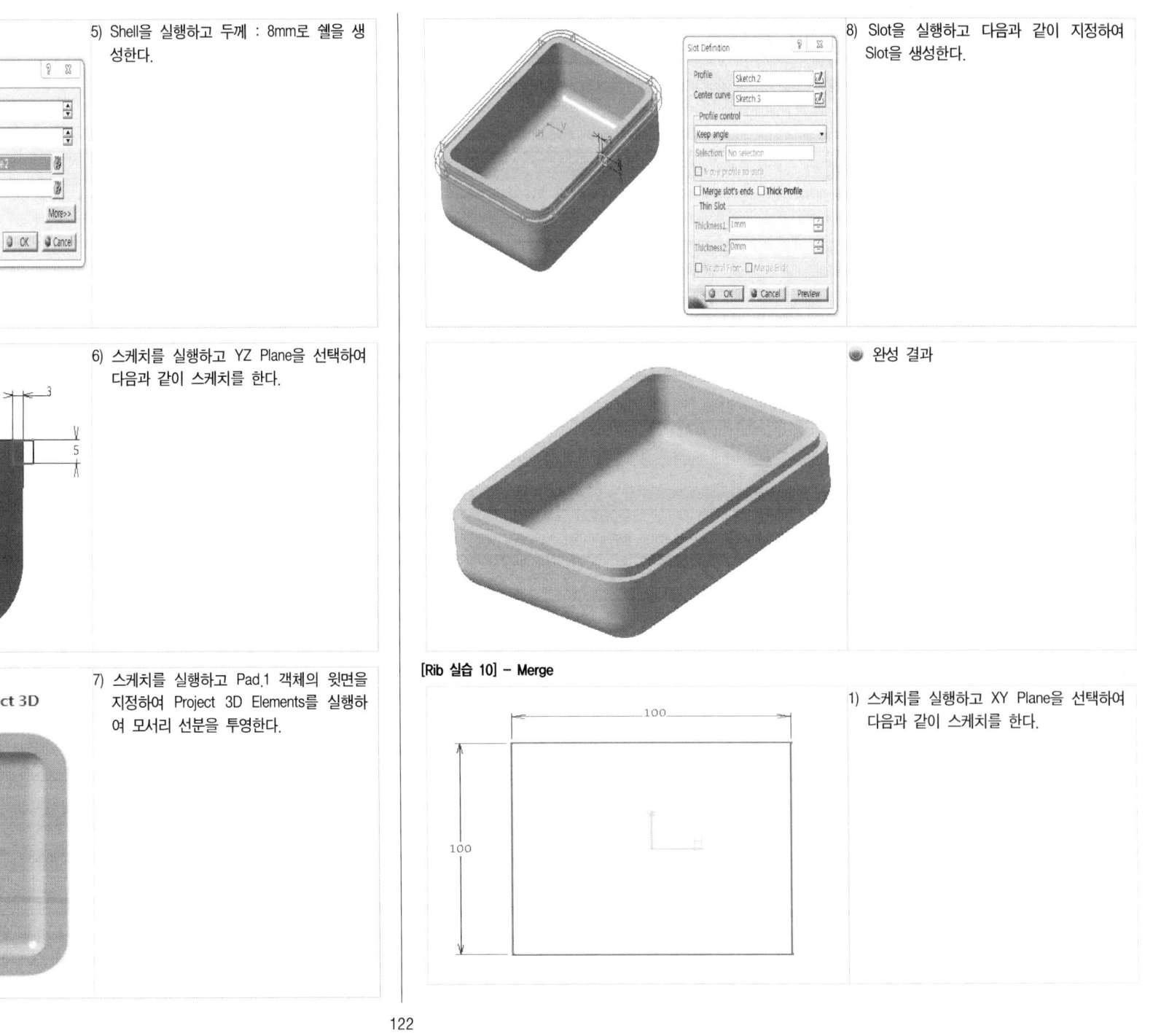

5) Shell을 실행하고 두께 : 8mm로 쉘을 생성한다.

6) 스케치를 실행하고 YZ Plane을 선택하여 다음과 같이 스케치를 한다.

7) 스케치를 실행하고 Pad.1 객체의 윗면을 지정하여 Project 3D Elements를 실행하여 모서리 선분을 투영한다.

Solid 모서리 Project 3D Elements로 투영

8) Slot을 실행하고 다음과 같이 지정하여 Slot을 생성한다.

● 완성 결과

[Rib 실습 10] - Merge

1) 스케치를 실행하고 XY Plane을 선택하여 다음과 같이 스케치를 한다.

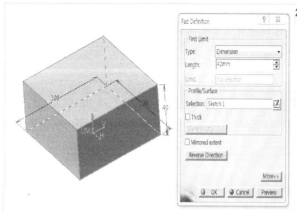

2) Pad를 실행하고 40mm 돌출을 한다.

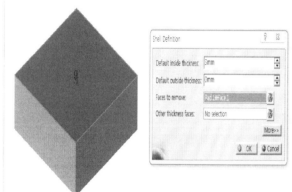

3) Shell을 실행하고 두께 : 3mm로 쉘을 생성한다.

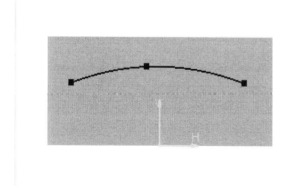

4) 스케치를 실행하고 YZ Plane을 선택하여 다음과 같이 스케치를 한다.

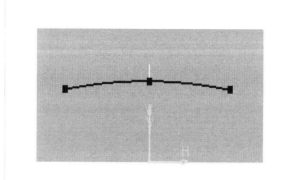

5) 스케치를 실행하고 ZX Plane을 선택하여 다음과 같이 스케치를 한다.

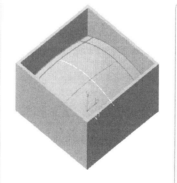

6) Rib을 실행하고 다음과 같이 지정하여 Rib을 생성한다.

- Merge rib's ends : 근접한 Solid까지 형상을 연장시켜준다.

- Merge rib's ends의 의미 ?

● 완성 결과

[Rib 실습 11] - Pipe

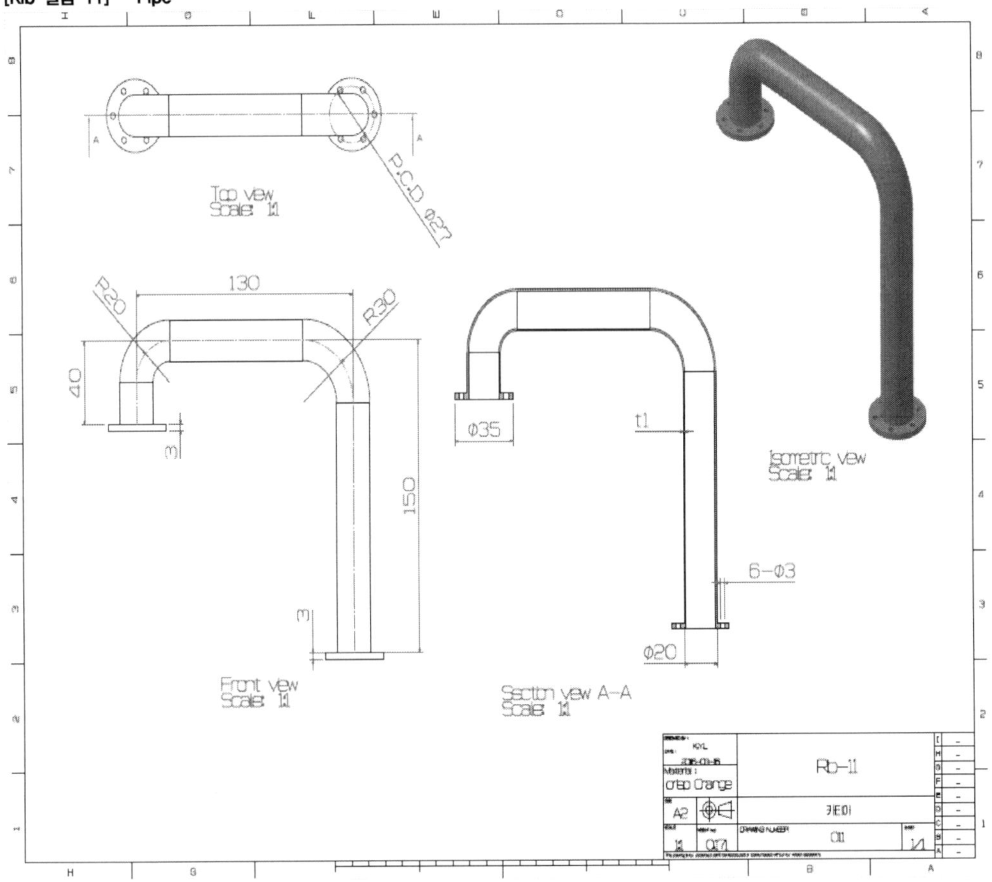

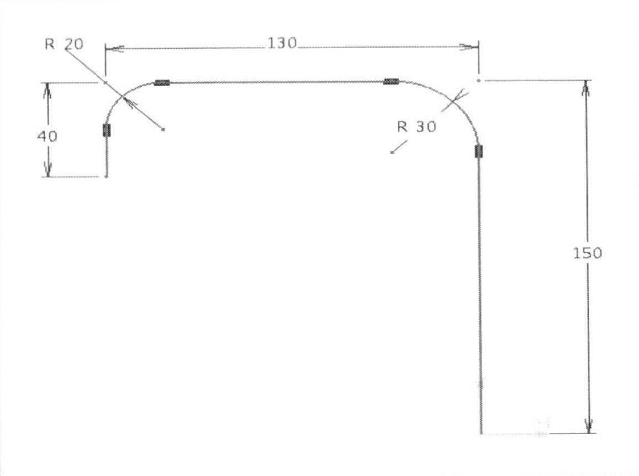

Top view
Scale: 1:1

P.C.D Ø27

R20 130 R30

40

Ø35

150

t1

Ø20

6-Ø3

Front view
Scale: 1:1

Section view A-A
Scale: 1:1

Isometric view
Scale: 1:1

Rib-11

KYL

Material: OreD Orange

A2

케0I

DRAWING NUMBER 011

1) 스케치를 실행하고 YZ Plane을 선택하여
   다음과 같이 스케치를 한다.

R 20 130

40

R 30

150

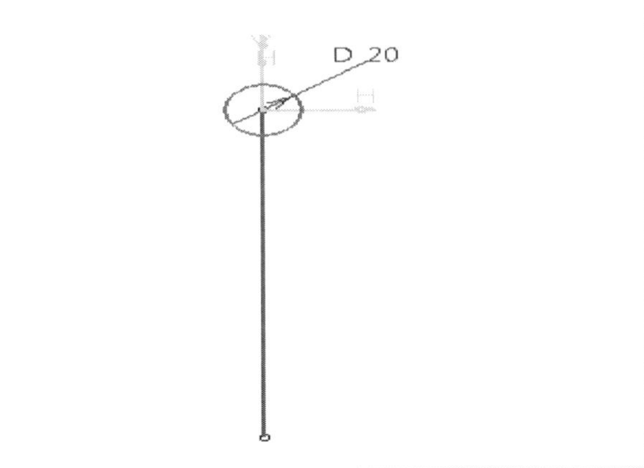

2) 스케치를 실행하고 XY Plane을 선택하여
   다음과 같이 스케치를 한다.

D 20

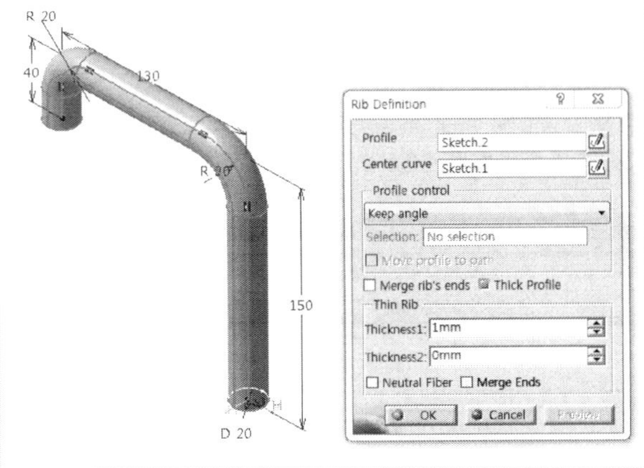

3) Rib을 실행하고 Thickness1 : 1mm로 Rib
   을 생성한다.

Rib Definition

Profile   Sketch.2
Center curve Sketch.1
Profile control
Keep angle
Selection: No selection
☐ Move profile to curve
☐ Merge rib's ends ☑ Thick Profile
Thin Rib
Thickness1: 1mm
Thickness2: 0mm
☐ Neutral Fiber ☐ Merge Ends
OK Cancel

**Project 3D Elements로 안쪽 구멍 모서리
선분 투영**

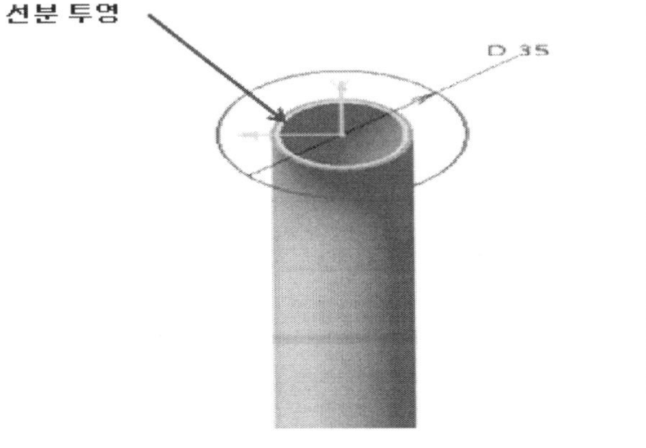

D 35

4) 스케치를 실행하고 XY Plane을 선택하여
   다음과 같이 스케치를 한다.

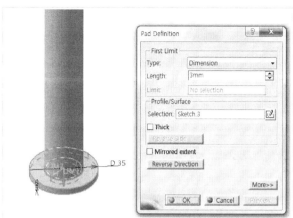

5) Pad를 실행하고 3mm 돌출을 한다.

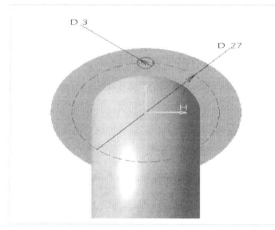

6) 스케치를 실행하고 Pad.1의 윗면을 선택하여 다음과 같이 스케치를 한다.

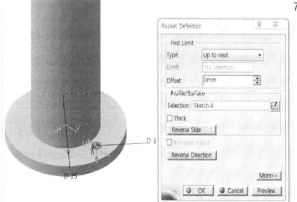

7) Pocket을 실행하고 Up to Next를 지정하여 돌출 컷을 한다.

8) Circular Pattern을 실행하고 Instance : 6, Pocket.1 객체를 패턴복사 한다.

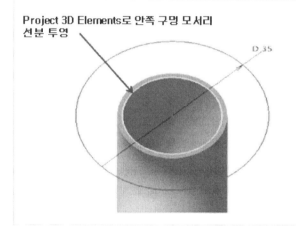

Project 3D Elements로 안쪽 구멍 모서리 선분 투영

9) 스케치를 실행하고 Rib.1 객체의 좌측 밑면을 선택하여 다음과 같이 스케치를 한다.

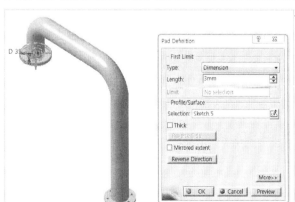

10) Pad를 실행하고 3mm 돌출을 한다.

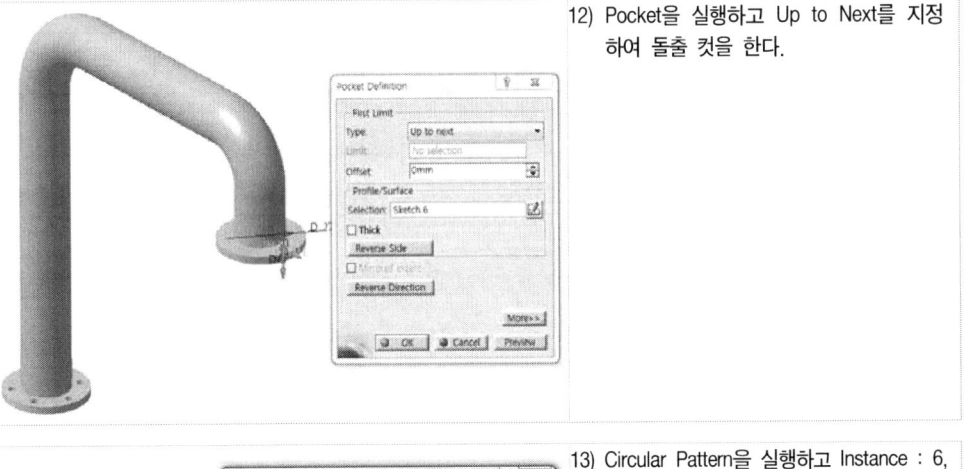

11) 스케치를 실행하고 Pad.2의 윗면을 선택
    하여 다음과 같이 스케치를 한다.

D 27

D 3

12) Pocket을 실행하고 Up to Next를 지정
    하여 돌출 컷을 한다.

13) Circular Pattern을 실행하고 Instance : 6,
    Pocket.2 객체를 패턴복사 한다.

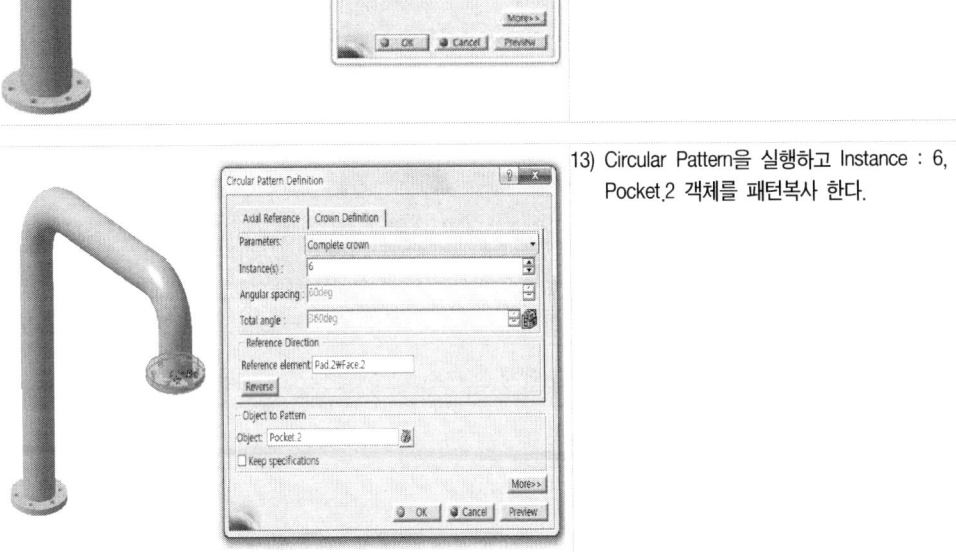

● 완성 결과

[Rib 실습 12] – Pipe

1) 스케치를 실행하고 YZ Plane을 선택하여
   다음과 같이 스케치를 한다.

R 116

2) 스케치를 실행하고 XY Plane을 선택하여
   다음과 같이 스케치를 한다.

D 80   D 84

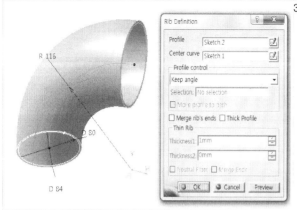

3) Rib을 실행하고 Profile : Sketch.2, Center Curve : Sketch.1을 선택하여 Rib을 생성한다.

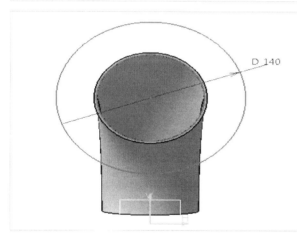

4) 스케치를 실행하고 Rib.1 객체의 우측면을 선택하여 다음과 같이 스케치를 한다.

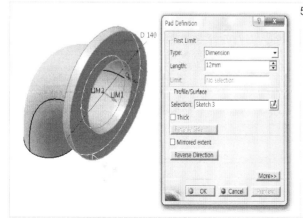

5) Pad를 실행하고 12mm 돌출을 한다.

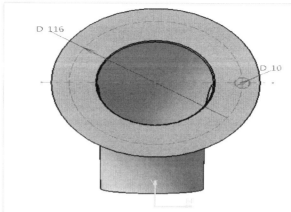

6) 스케치를 실행하고 Pad.1 객체의 우측면을 선택하여 다음과 같이 스케치를 한다.

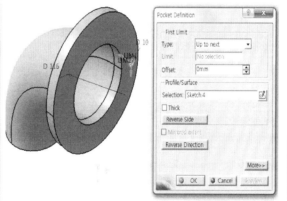

7) Pocket을 실행하고 Up to Next로 돌출컷을 한다.

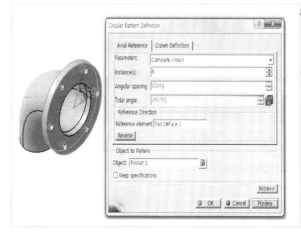

8) Circular Pattern을 실행하고 Instance : 6, 회전축 : Pad.1 객체의 원기둥면을 선택, Pocket.1 객체를 패턴복사 한다.

- Complete Crown의 의미 ?

9) 스케치를 실행하고 Rib.1 객체 밑면을 선택하여 다음과 같이 스케치를 한다.

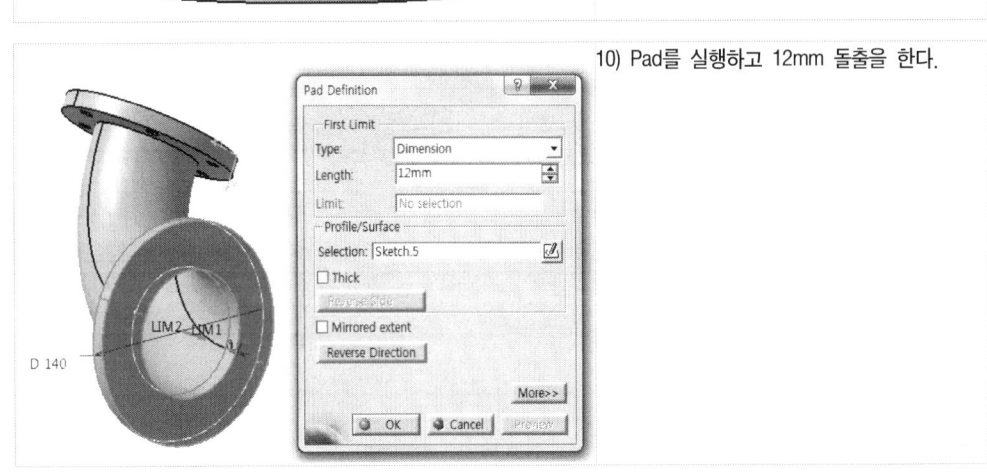

10) Pad를 실행하고 12mm 돌출을 한다.

11) 스케치를 실행하고 Pad.2 객체의 밑면을 선택하여 다음과 같이 스케치를 한다.

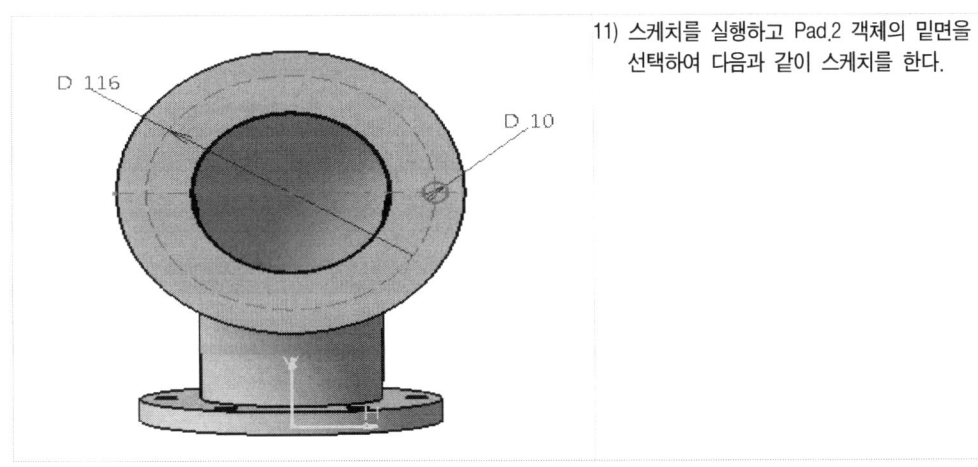

12) Pocket을 실행하고 Up to Next로 돌출 컷을 한다.

13) Circular Pattern을 실행하고 Instance : 6, 회전축 : Pad.2 객체의 원기둥면을 선택, Pocket.2 객체를 패턴복사 한다.

● 완성 결과

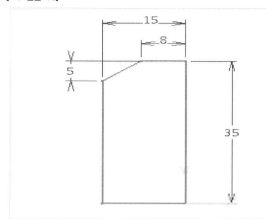

1) 스케치를 실행하고 YZ Plane을 선택하여 다음과 같이 스케치를 한다.

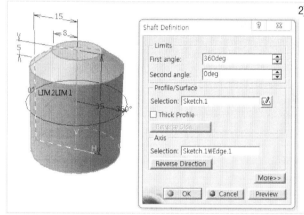

2) Shaft를 실행하고 360deg 회전을 한다.

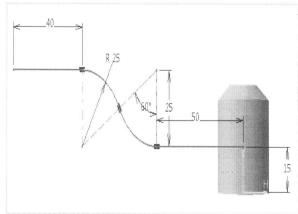

3) 스케치를 실행하고 YZ Plane을 선택하여 다음과 같이 스케치를 한다.

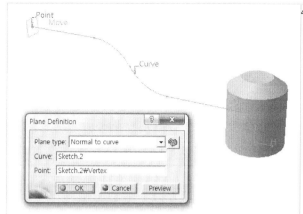

4) Plane을 실행하고 3)에서 생성한 스케치를 Curve로, 끝점을 Point로 지정하여 Plane을 생성한다.

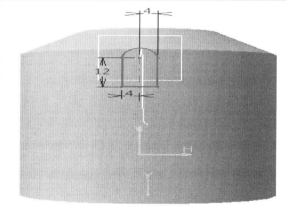

5) 스케치를 실행하고 Plane.1을 선택하여 다음과 같이 스케치를 한다.

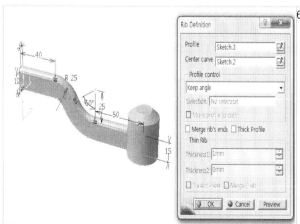

6) Rib을 실행하고 Profile : Sketch.3을 선택, Center Curve : Sketch.2를 선택하여 Rib 객체를 생성한다.

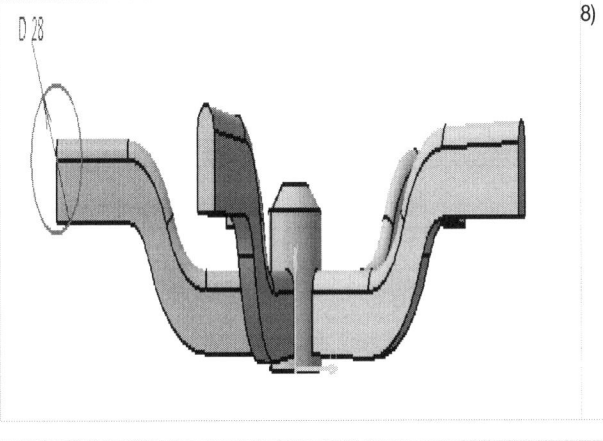

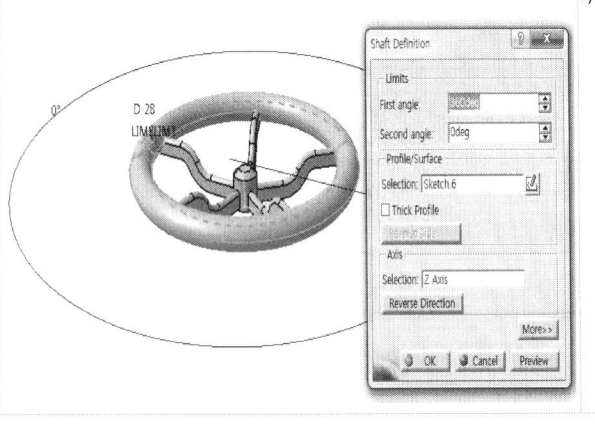

7) Circular Pattern을 실행하고 Instance : 5, 회전축으로 회전체의 원통면을 선택하여 패턴복사 한다.

8) 스케치를 실행하고 패턴 객체 중에 하나의 면을 선택하여 다음과 같이 스케치를 한다.

9) Shaft를 실행하고 Z Axis를 회전 기준축으로 360deg 회전을 한다.

10) Edge Fillet을 실행하고 반경 : 4mm로 필렛을 한다.

11) Edge Fillet을 실행하고 반경 : 4mm로 필렛을 한다.

12) Edge Fillet을 실행하고 반경 : 3mm로 필렛을 한다.

● 완성 결과

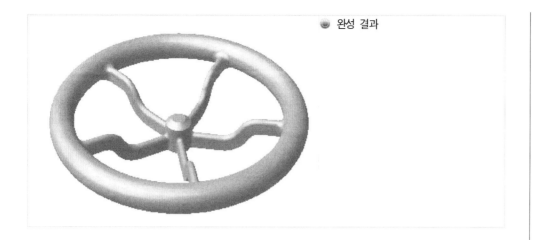

Stiffener(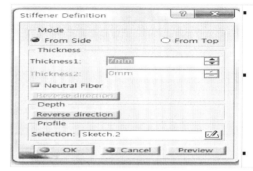) : Solid 형상 사이에 보강대 형상의 구조물을 만들어주는 명령이다.

■ Stiffener Definition

■ Mode
· From Side : 보강대를 대려는 부분이 나란히 있는 경우 보강대를 생성할 때
· From Top : 위에서 바닥 면으로 보강대를 대는 경우
■ Thickness : 보강대가 들어갈 경우 그 두께를 지정
· Neutral Fiber가 체크되어 있어야 두께를 입력하면 Profile을 기준으로 좌우로 값이 들어간다.
· Neutral Fiber가 체크 해제 : 두께를 다르게 하고자 할 때 체크를 해제한다.
■ Profile : 보강대로 사용할 스케치를 선택한다.

| 두면이 나란한 경우 | 위에서 아래로 보강대 생성할 경우 |

[Stiffener 실습 1]

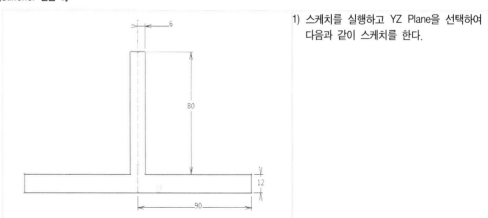

1) 스케치를 실행하고 YZ Plane을 선택하여 다음과 같이 스케치를 한다.

131

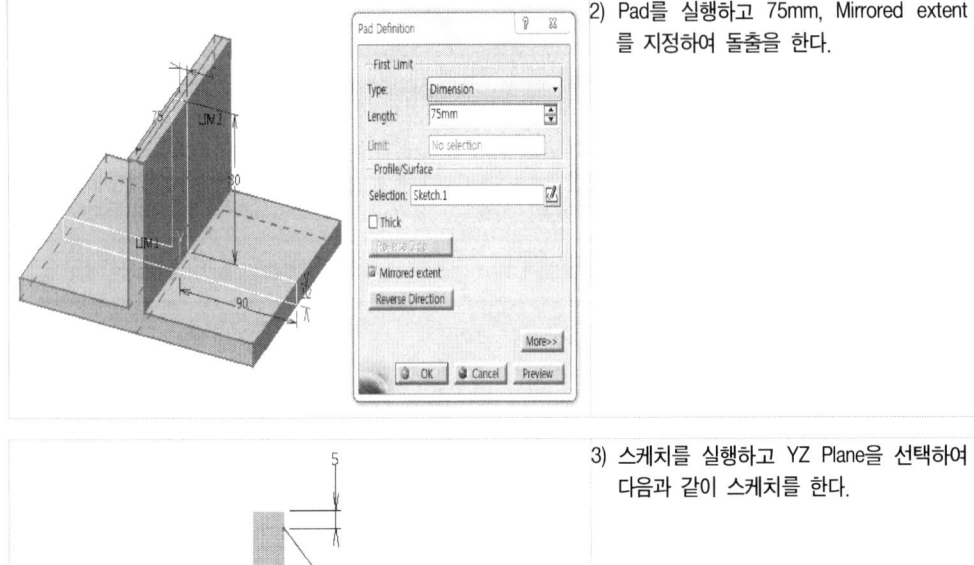

2) Pad를 실행하고 75mm, Mirrored extent를 지정하여 돌출을 한다.

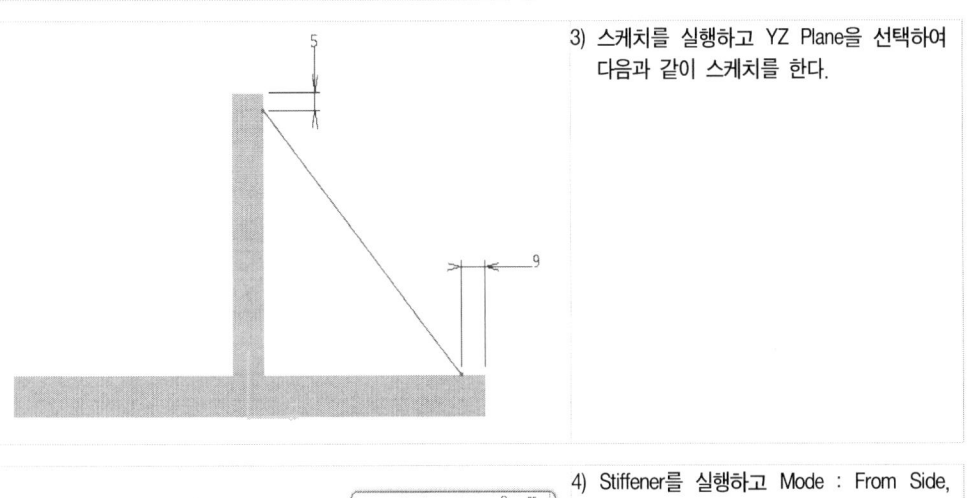

3) 스케치를 실행하고 YZ Plane을 선택하여 다음과 같이 스케치를 한다.

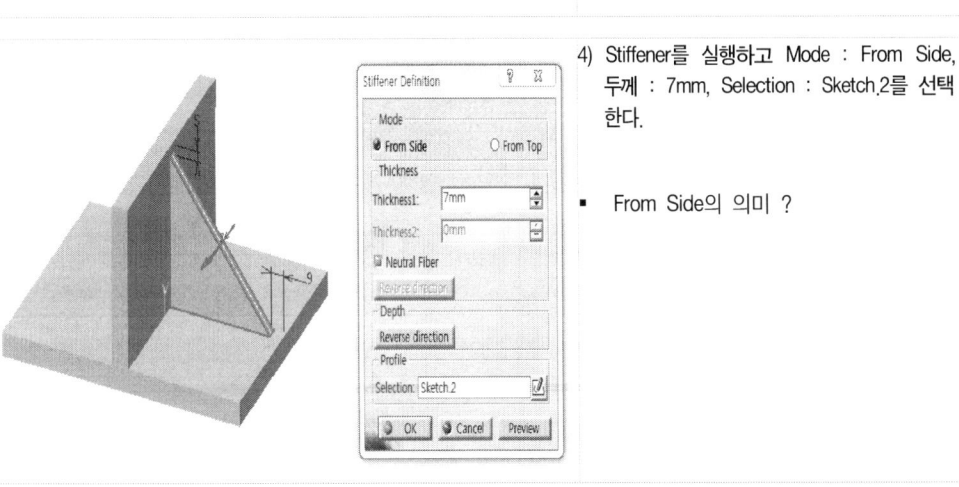

4) Stiffener를 실행하고 Mode : From Side, 두께 : 7mm, Selection : Sketch.2를 선택한다.

- From Side의 의미 ?

● Stiffener 완성

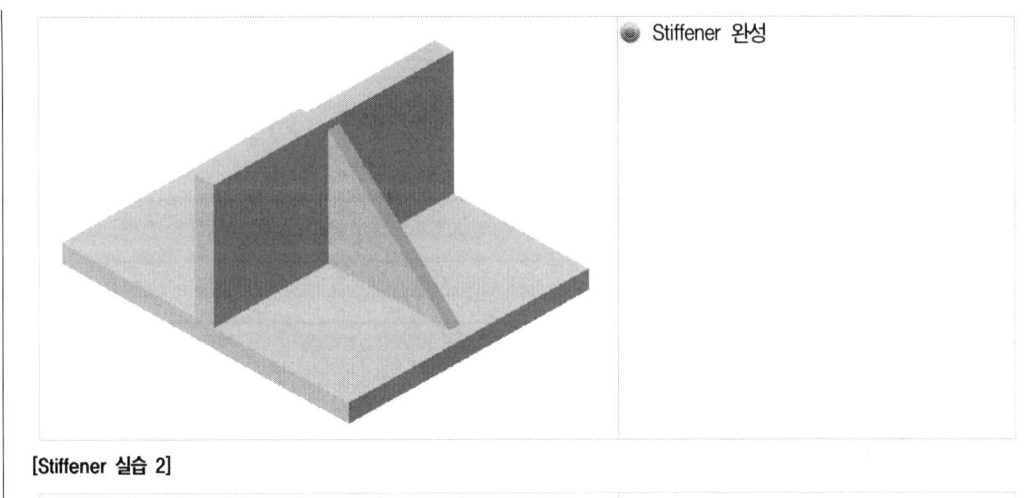

[Stiffener 실습 2]

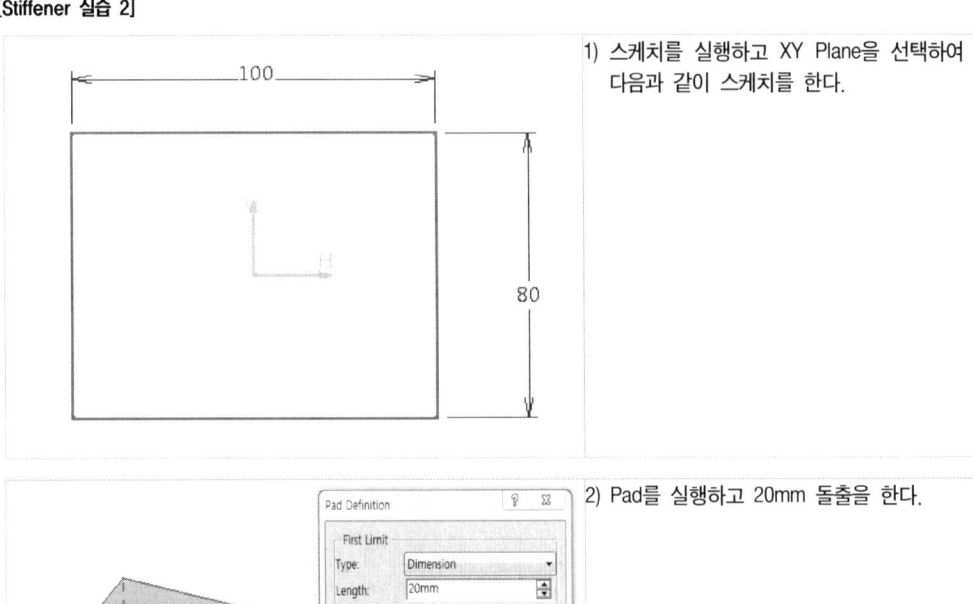

1) 스케치를 실행하고 XY Plane을 선택하여 다음과 같이 스케치를 한다.

2) Pad를 실행하고 20mm 돌출을 한다.

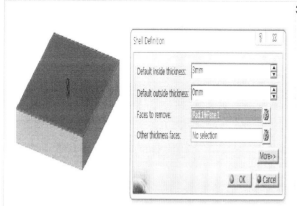

3) Shell을 실행하고 윗면을 지정하여 두께 : 3mm를 지정하여 쉘을 생성한다.

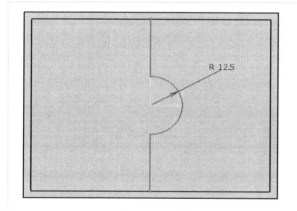

4) 스케치를 실행하고 Pad.1 객체의 윗면을 선택하여 다음과 같이 스케치를 한다.

R 12.5

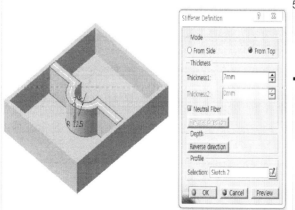

5) Stiffener를 실행하고 Mode : From Top, 두께 : 7mm, Selection : Sketch.2를 선택한다.

- From Top과 From Side의 차이 ?

● Stiffener 완성

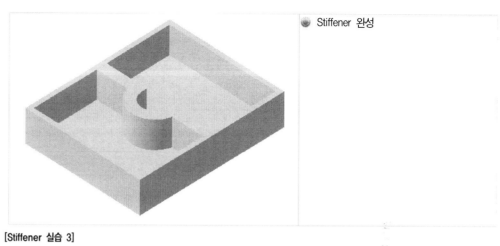

[Stiffener 실습 3]

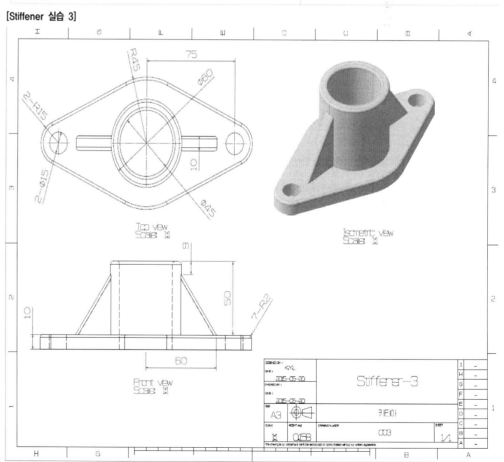

133

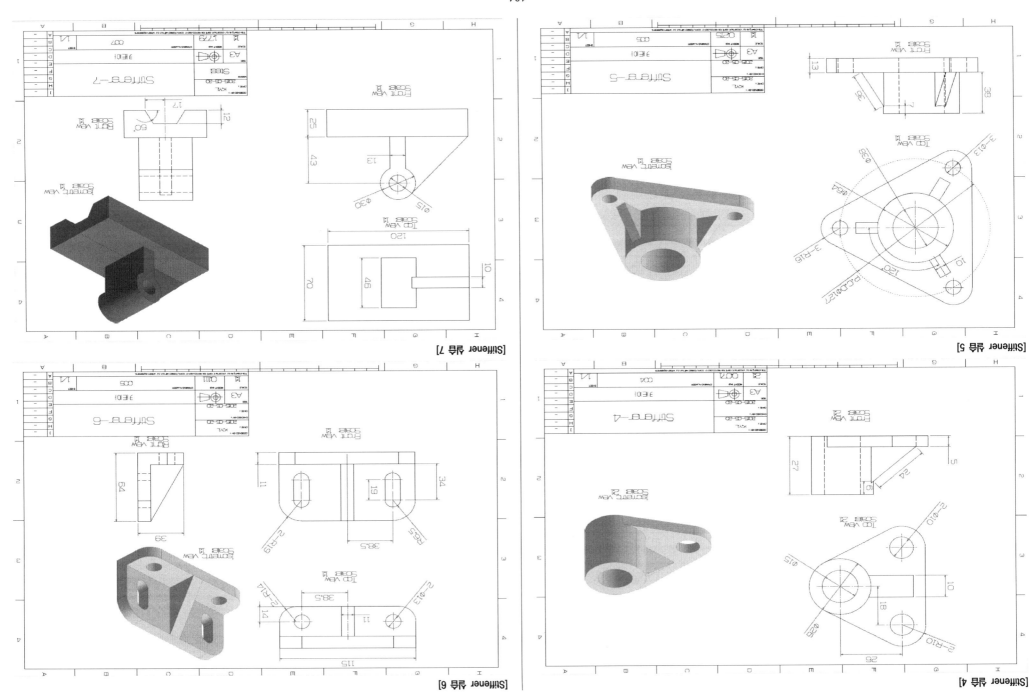

[Stiffener 강화 7]

[Stiffener 강화 5]

[Stiffener 강화 6]

[Stiffener 강화 4]

[Stiffener 실습 8]

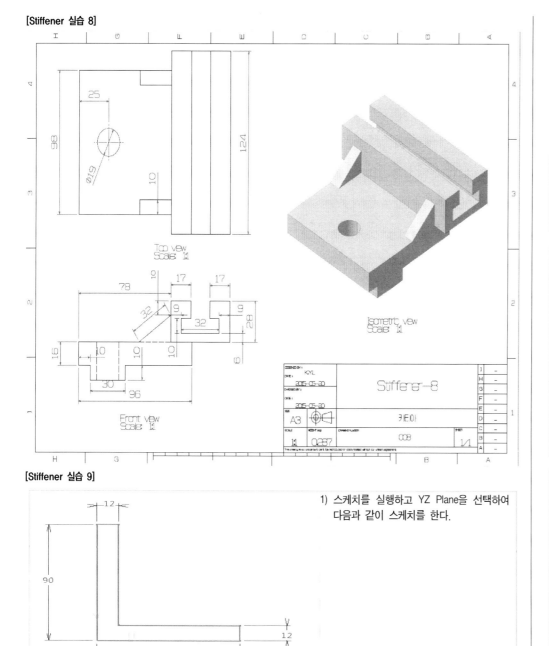

Top view
Scale 1:1

Isometric view
Scale 1:1

Front view
Scale 1:1

DESIGNED BY	KYL		Stiffener-8		J	-
	2015-05-30				H	-
CHECKED BY					G	-
DRN	2015-05-30				F	-
					E	1
	A3		커이		D	
SCALE	WEIGHT kg	DRAWING NUMBER	008		C	
1:1	0.287			SHEET	B	
				1:1	A	

[Stiffener 실습 9]

1) 스케치를 실행하고 YZ Plane을 선택하여 다음과 같이 스케치를 한다.

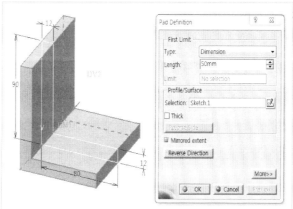

2) Pad(🔒)를 실행하고 50mm, Mirrored extent를 지정하여 돌출을 한다.

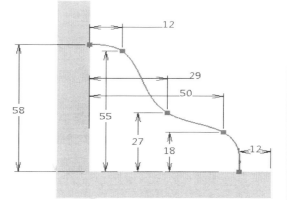

3) 스케치를 실행하고 YZ Plane을 선택하여 다음과 같이 스케치를 한다.

- 보강대는 직선뿐만 아니라 곡선도 가능하다.

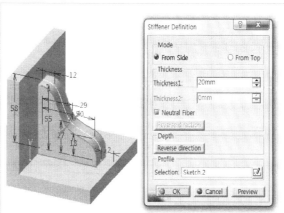

4) Stiffener 생성을 실행하고 두께 : 20mm 를 지정한다.

135

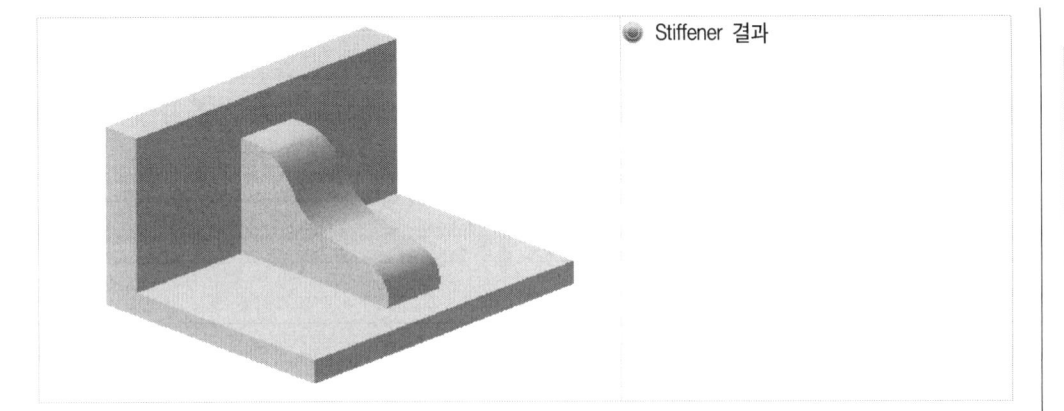

● Stiffener 결과

1. 위의 구조물을 설계하기 위해서 첫 평면을 무엇을 지정하고 설계를 해야 할지 생각해 보자.

2. 도면에서 2종류 이상의 선이 같은 장소에 겹치게 될 경우 우선순위를 생각해 보자.
   (중심선, 외형선, 숨은선, 치수선, 절단선, 무게 중심선, 해칭선)   [도면해독 이해]

3. 3D 객체 설계시 CATIA 명령 중 원기둥 및 곡면을 투영하는 명령은 ?

136

[Stiffener 실습 11]

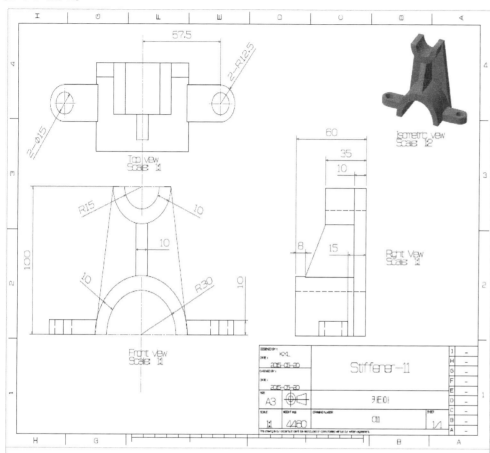

1. 위의 구조물을 설계하기 위해서 첫 평면을 무엇을 지정하고 설계를 해야 할지 생각해 보자.

2. Stiffener의 기능을 할 수 있는 다른 명령을 생각해 보자.

3. 재질 : Titanium을 부여하고 질량을 측정해 보자.

4. KS 공업규격에서 지정된 도면의 크기 및 양식을 생각해 보자. [도면해독 이해]

---

13. Solid Combine Features

Solid Combine(⬡) : 두 개의 Sketch Profile에 대해서 이 둘의 단면 Profile이 교차하는 부분을 3차원 형상으로 만들어주는 명령이다.
두 개의 Profile이 필요하고 다른 수치 값은 필요하지 않다.
Profile은 반드시 다른 Profile에 대해서 수직이거나 수직이 아닌 방향을 잡아줄 수 있다.

Solid Combine Definition

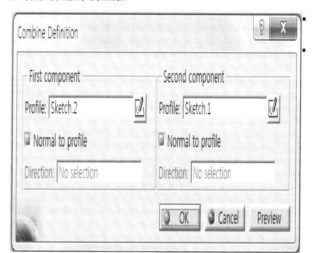

- First Component : 첫 번째 Profile을 선택한다.
- Second Component : 두 번째 Profile을 선택한다.

[Solid Combine 실습 1]

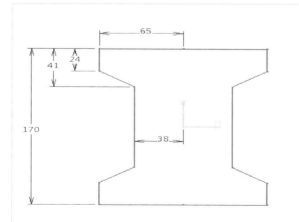

1) 스케치를 실행하고 YZ Plane를 선택하여 다음과 같이 스케치를 한다.

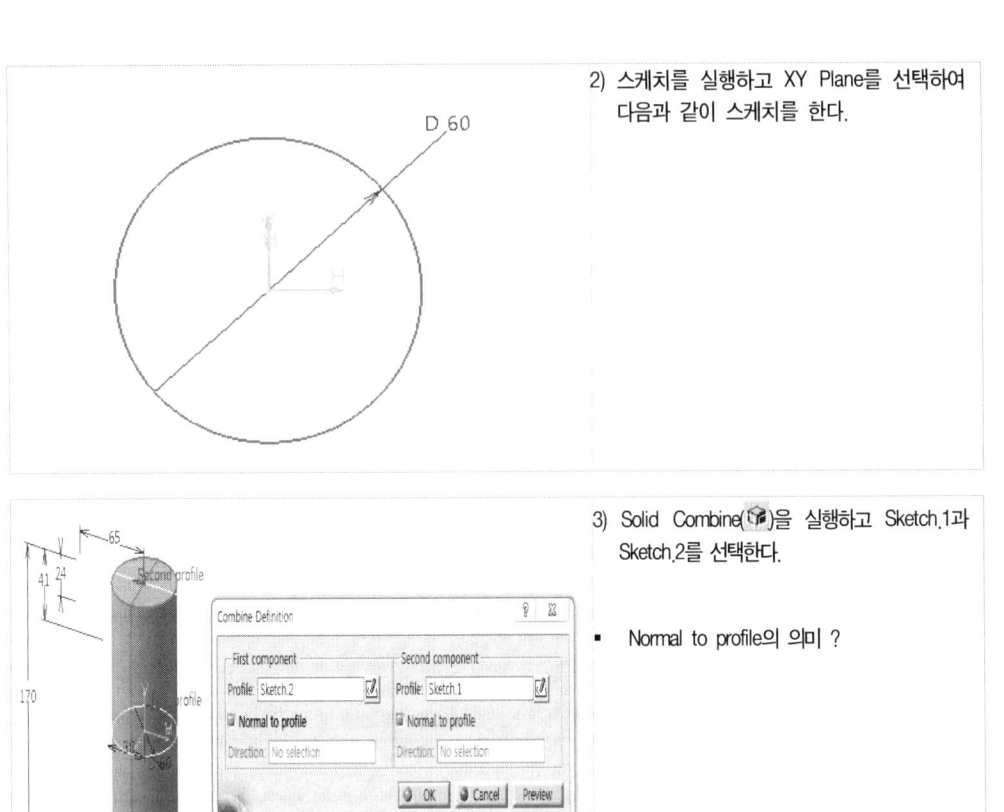

2) 스케치를 실행하고 XY Plane를 선택하여 다음과 같이 스케치를 한다.

3) Solid Combine(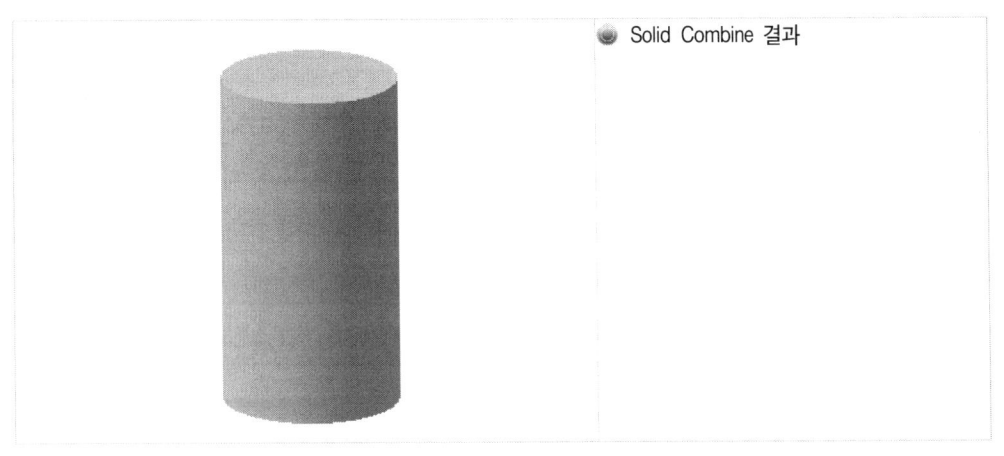)을 실행하고 Sketch.1과 Sketch.2를 선택한다.

- Normal to profile의 의미 ?

● Solid Combine 결과

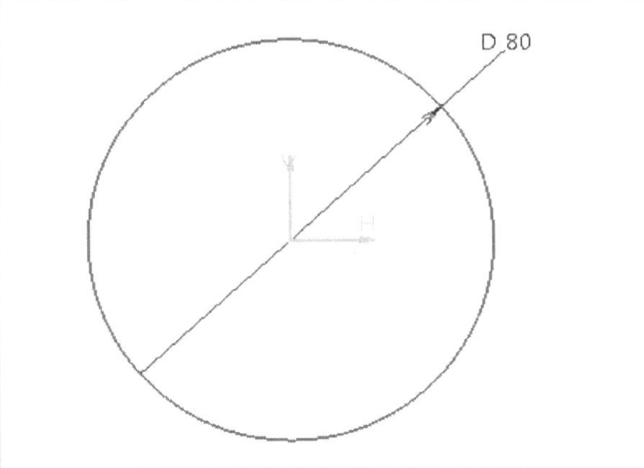

4) Sketch.2를 다음과 같이 원의 지름을 80mm로 수정한다.

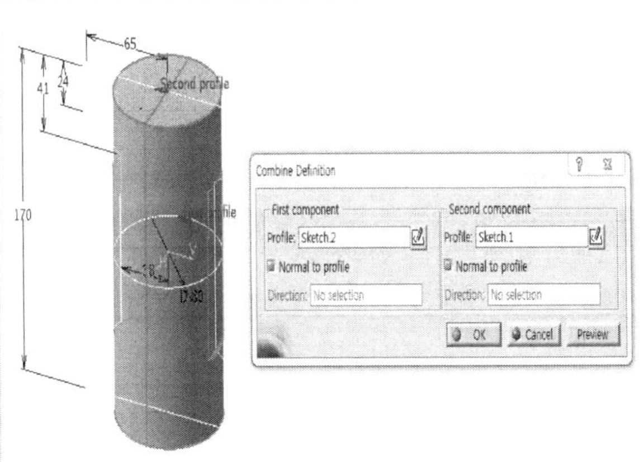

5) Spec Tree에서 Solid Combine.1을 더블 클릭하여 속성창이 뜨면 [OK]를 한다.

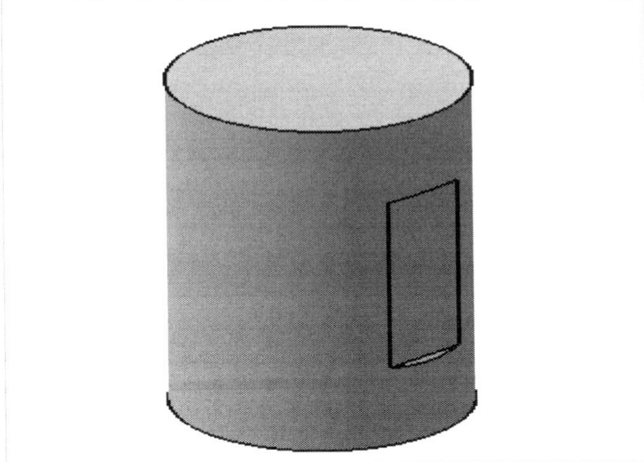

● Solid Combine 결과

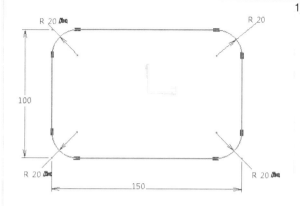

1) 스케치를 실행하고 XY Plane를 선택하여 다음과 같이 스케치를 한다.

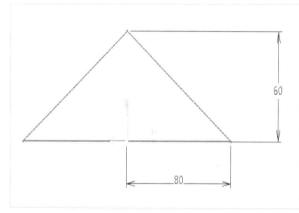

2) 스케치를 실행하고 ZX Plane를 선택하여 다음과 같이 스케치를 한다.

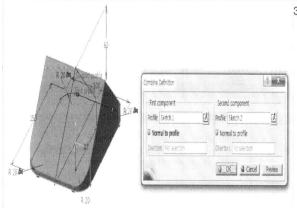

3) Solid Combine(⬛)을 실행하고 Sketch.1과 Sketch.2를 선택한다.

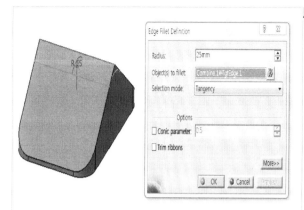

4) Edge Fillet을 실행하고 반경 : 25mm로 필렛을 한다.

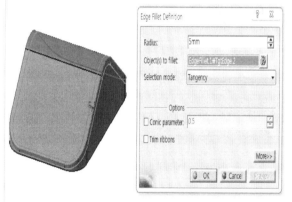

5) Edge Fillet을 실행하고 반경 : 5mm로 필렛을 한다.

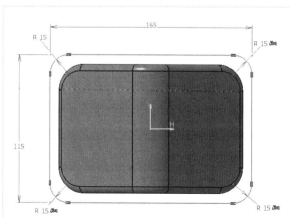

6) 스케치를 실행하고 XY Plane를 선택하여 다음과 같이 스케치를 한다.

7) Pad를 실행하고 5mm 돌출을 한다.

8) Edge Fillet을 실행하고 반경 : 2mm로 필렛을 한다.

9) Shell을 실행하고 두께 : 3mm로 쉘을 한다.

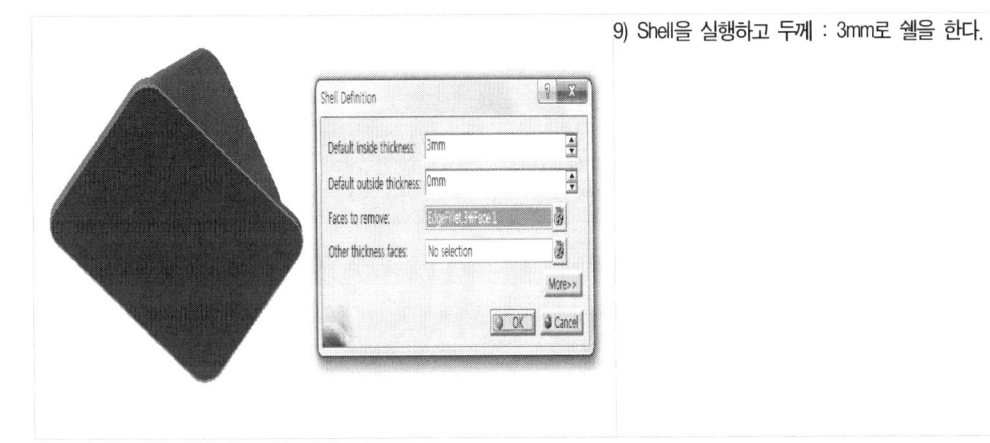

● Solid Combine 결과

Project 3D Elements로 모서리 선분 투영

10) 스케치를 실행하고 XY Plane를 선택하여 다음과 같이 스케치를 한다.

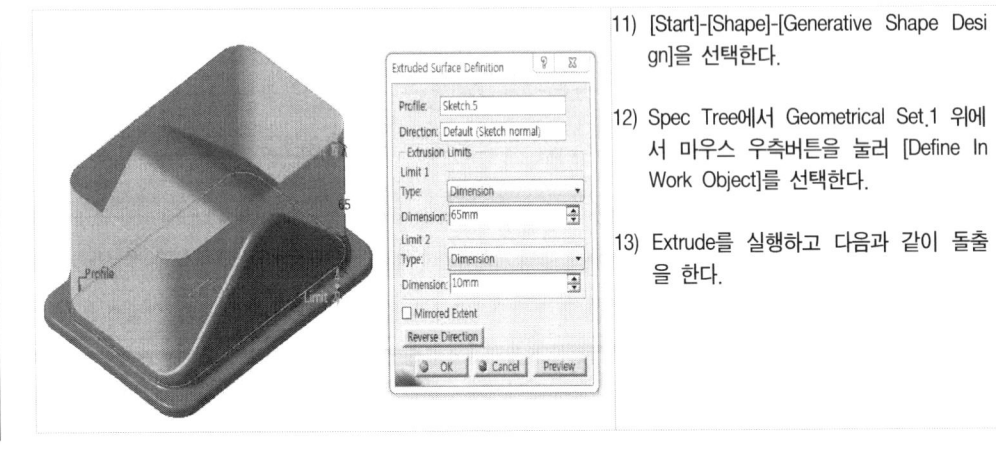

11) [Start]-[Shape]-[Generative Shape Design]을 선택한다.

12) Spec Tree에서 Geometrical Set.1 위에서 마우스 우측버튼을 눌러 [Define In Work Object]를 선택한다.

13) Extrude를 실행하고 다음과 같이 돌출을 한다.

14) PartBody 위에서 마우스 우측버튼을 눌러 [Copy]를 선택한다.

- 다음 응용은 실제 실무에서 많이 사용하는 방식이다.
  어셈블리에서 개별 부품을 하나씩 만드는 것이 아니라 이와 같이 부품을 분할하는 방식으로 어셈블리 부품을 개별적으로 만든다.
- 이와 같은 방법을 사용하면 개별적으로 부품을 만들어 어셈블리로 조립할 때보다 부품간의 오차를 줄일 수 있다.

15) PartBody 위에서 마우스 우측버튼을 눌러 [Paste Special]을 선택한다.

16) Paste Special 내화상사에서 [As Result]를 선택한다.

- As Specified In Part document ?
- As Result With Link ?
- As Result의 의미 ?

17) [Start]-[Mechanical Design]-[Part Design]을 선택한다.

18) Split을 실행하고 Extrude.1을 선택하여 다음과 같이 지정하여 잘라낸다.

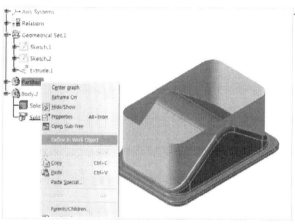

19) PartBody 위에서 마우스 우측버튼을 눌러 [Define In Work Object]를 선택한다.

20) Split을 실행하고 Extrude.1을 선택하여 다음과 같이 지정하여 잘라낸다.

21) Cover 위에서 마우스 우측 버튼을 눌러 [Hide]를 선택한다.
PartBody만 [Show]된 결과이다.

22) Cover 위에서 마우스 우측 버튼을 눌러 [Show]를 선택한다.
PartBody만 [Hide]된 결과이다.

● 두 개의 Body를 분리한 결과

---

14. Multi Section Solid Features

Multi-Section Solid(⟨img⟩) : 두 개 이상의 단면 Profile을 이용하여 그 단면들을 따라 이어지는 Solid 형상을 만드는 명령이다. SolidWorks의 Loft 명령과 동일하다. 배나 비행기의 단면들처럼 여러 개의 단면을 이용하여 형상을 만들기 때문이다. Multi-Section Solid는 여러 개의 단면 Profile외에 Guide Curve를 사용하기도 하며 각각의 단면 Profile에서 Closing Point라는 요소를 살펴야 한다.

▣ Multi-Section Solid Definition

Multi-Sections Solid Definition

No	Section	Tangent	Closing Point
1	Sketch.2		Sketch.2\V...
2	Sketch.1		Sketch.1\V...

Guides | Spine | Coupling | Relimitation

No	Guide	Tangent
...		

Replace | Remove | Add

Smooth parameters

☐ Angular correction: 0.5deg

☐ Deviation: 0.001mm

● OK ● Cancel Preview

- Section : 단면 Profile을 선택해 주는 부분이다.
  다수의 단면 Profile을 입력 할 수 있다. 각각의 단면에 Section1, Section2, ...와 같이 표시가 되며 단면 Profile을 선택할 때는 반드시 순서대로 선택한다.
- 각 단면 Profile을 선택할 때는 다음의 'Closing Point'를 유의해야 한다.
- Guides : 두 개 이상의 다른 Section을 연결하고자 할 때 Guide Line을 정의해 줌으로써 원하는 형상을 생성한다. Guide Line은 Section과 접해 있어야 한다.
- Spine : 두 개 이상의 Section을 연결하고자 할 때 가운데 중심부를 지나는 곡선을 지정하여 형상을 생성한다.
- Coupling : 단면의 형상이 상이한 Solid Model을 생성하기에 적합하다. 여러 가지 선택되는 옵션에 의해 연결될 지점을 정의한다.
- Relimitation : Multi-Section Solid가 생성되는 범위를 Section이 아닌 Spine이나 Guide line의 범위로 설정해 주는 명령이다.

- Closing Point : 하나의 단면 형상을 종이에 손으로 그린다고 했을 때 시작점과 끝점이 만나는 지점이라고 보면 된다. 어떤 단면 형상이든 이러한 점은 반드시 존재하게 되며 이 점의 위치와 그리는 방향을 맞추어 주는 게 Closed된 단면을 사용하는 Multi-Section Solid에서는 매우 중요하다.
- Closing Point의 위치 변경은 Closing Point 위에서 Contextual Menu에서 'Replace'를 사용한다.

[Multi-Section Solid 실습 1]

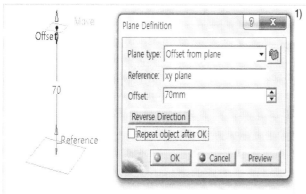

1) Plane(⟋)을 실행하고 XY Plane을 기준으로 70mm를 위쪽에 Plane을 생성한다.

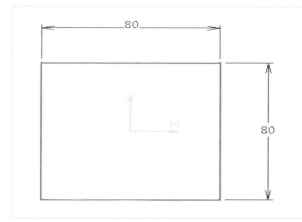

2) 스케치를 실행하고 XY Plane을 선택하여 다음과 같이 스케치를 한다.

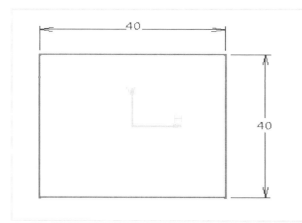

3) 스케치를 실행하고 Plane.1을 선택하여 다음과 같이 스케치를 한다.

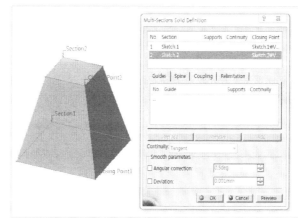

4) Multi-Section Solid(⟋)을 실행하고 Sketch.1과 Sketch.2를 트리에서 차례대로 선택한다.

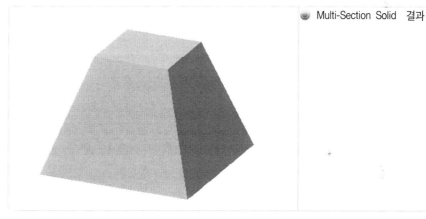

● Multi-Section Solid 결과

[Multi-Section Solid 실습 2]

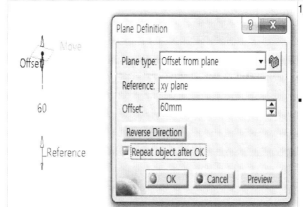

1) Plane(⟋)을 실행하고 XY Plane를 기준으로 오프셋 거리 60mm를 지정하여 Plane을 3개 생성한다.
Plane을 여러 개 생성하려면 Repeat Object after OK를 체크한다.

■ Repeat object after OK의 의미 ?

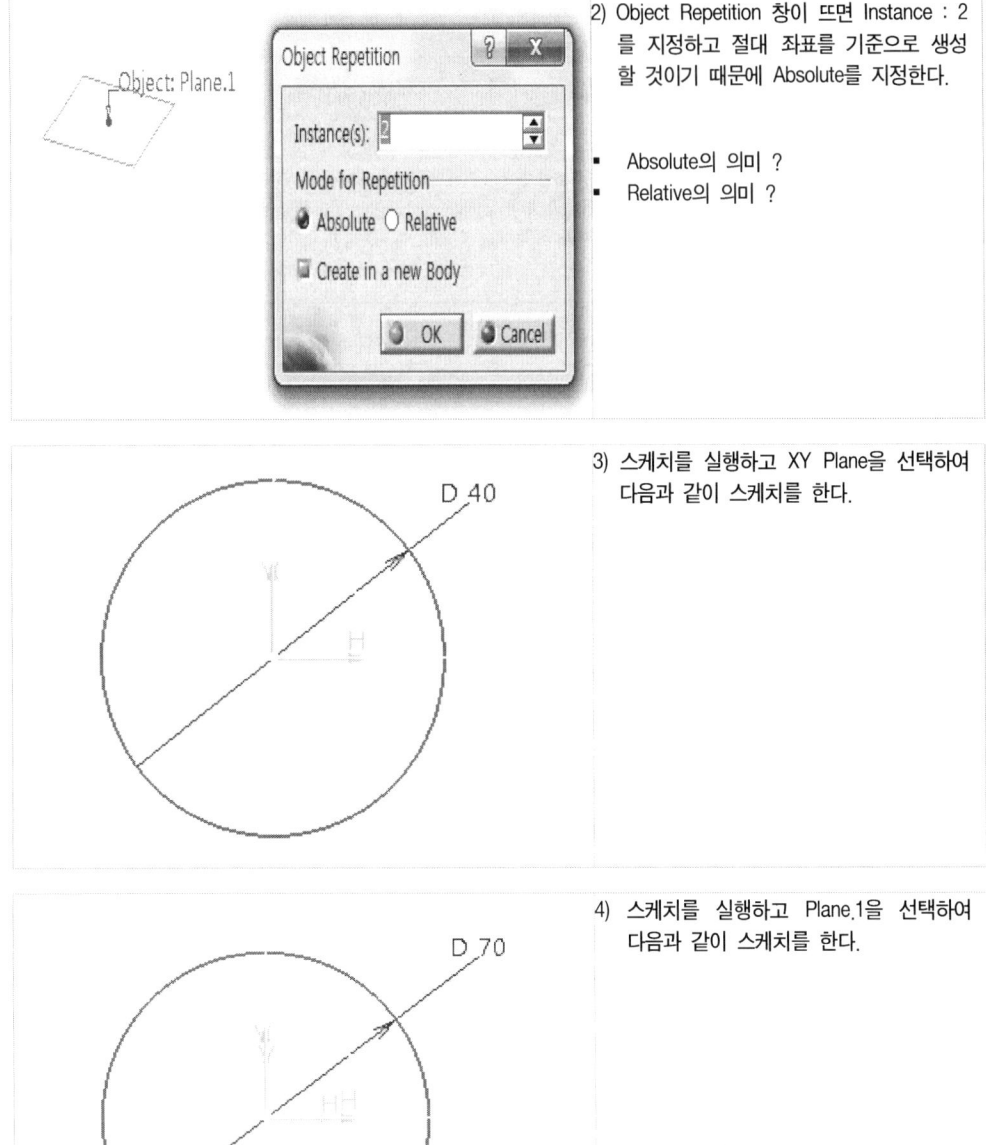

2) Object Repetition 창이 뜨면 Instance : 2
   를 지정하고 절대 좌표를 기준으로 생성
   할 것이기 때문에 Absolute를 지정한다.

   - Absolute의 의미 ?
   - Relative의 의미 ?

3) 스케치를 실행하고 XY Plane을 선택하여
   다음과 같이 스케치를 한다.

D 40

4) 스케치를 실행하고 Plane.1을 선택하여
   다음과 같이 스케치를 한다.

D 70

5) 스케치를 실행하고 Plane.2를 선택하여
   다음과 같이 스케치를 한다.

D 30

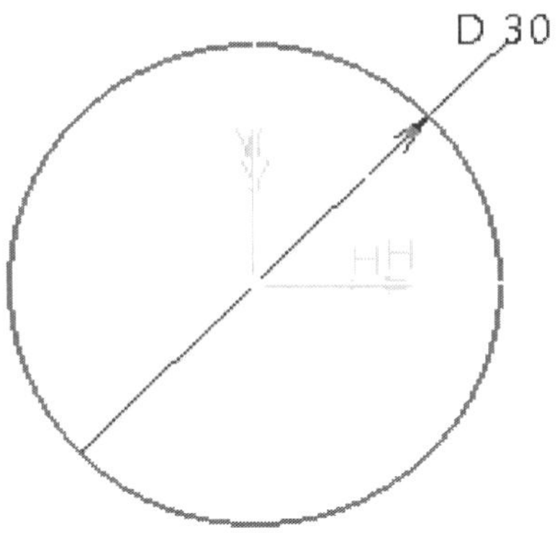

6) 스케치를 실행하고 Plane.3을 선택하여
   다음과 같이 스케치를 한다.

D 40

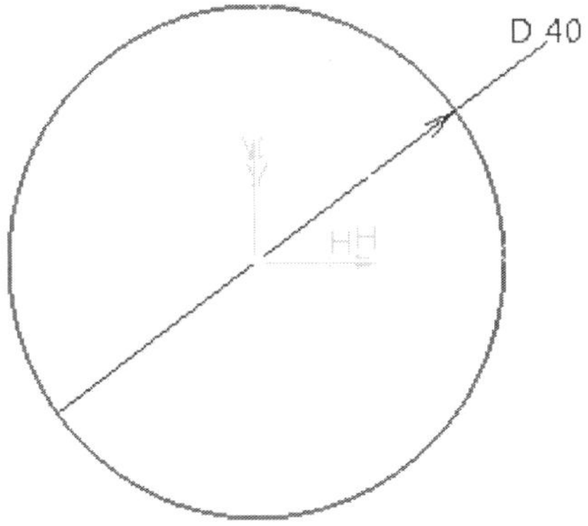

7) Multi-Section Solid를 실행하고 Sketch.1
   ~Sketch.4를 트리에서 차례대로 선택한
   다.

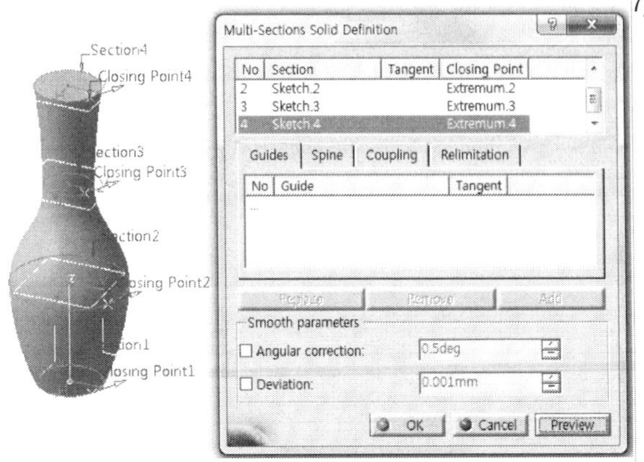

8) Shell을 실행하고 두께 : 2mm 지정하여 쉘을 생성한다.

● Multi-Section Solid 결과

[Multi-Section Solid 실습 3] - Guide 추가

1) Plane(　)을 실행하고 YZ Plane를 기준으로 80mm를 지정하여 Plane을 3개 생성한다.
   Plane을 여러 개 생성하려면 Repeat Objcct after OK를 체크한다.

2) Object Repetition 창이 뜨면 Instance : 2를 지정하고 절대 좌표를 기준으로 생성할 것이기 때문에 Absolute를 지정한다.

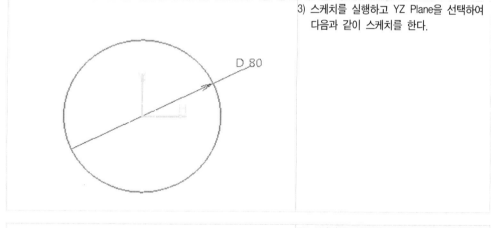

3) 스케치를 실행하고 YZ Plane을 선택하여 다음과 같이 스케치를 한다.

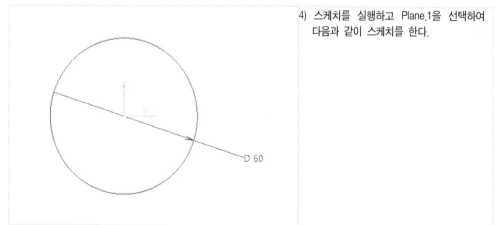

4) 스케치를 실행하고 Plane.1을 선택하여 다음과 같이 스케치를 한다.

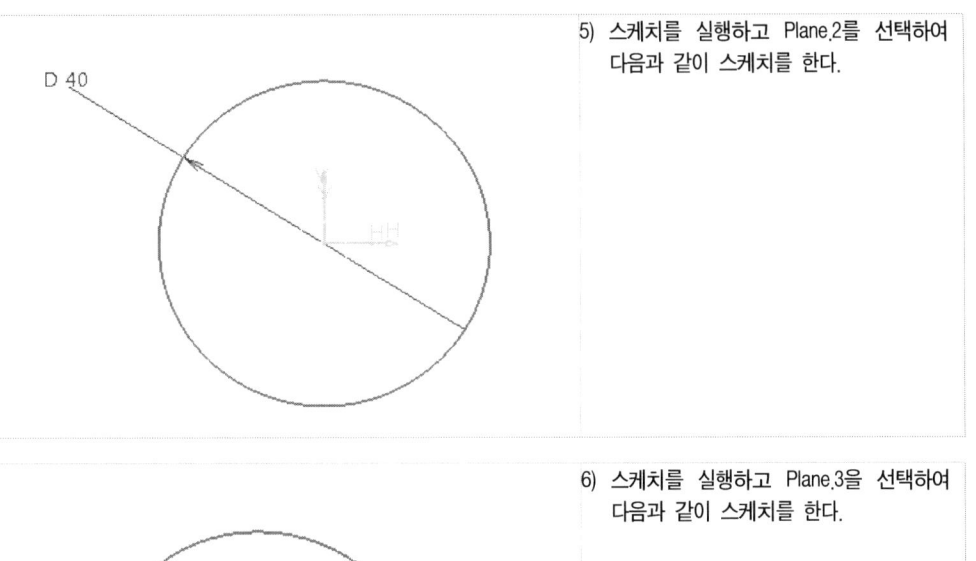

5) 스케치를 실행하고 Plane.2를 선택하여 다음과 같이 스케치를 한다.

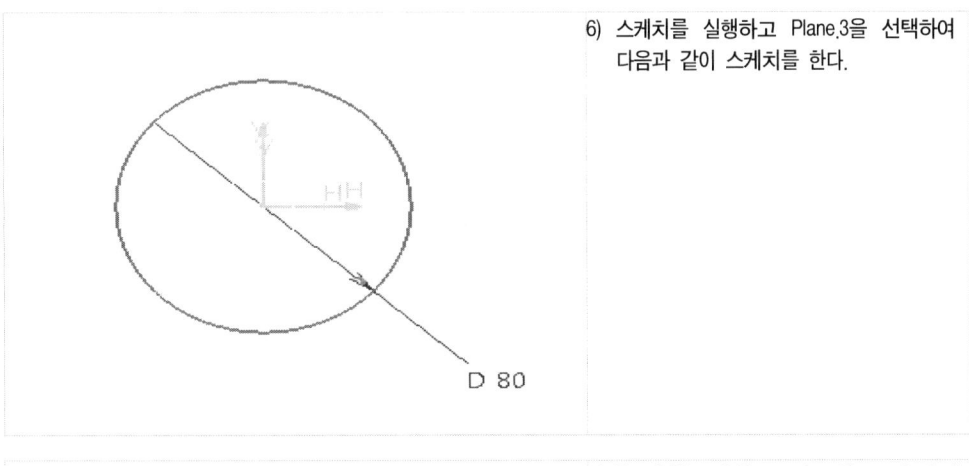

6) 스케치를 실행하고 Plane.3을 선택하여 다음과 같이 스케치를 한다.

7) [Start]-[Shape]-[Generative Shape Design]을 선택한다.

8) Point를 실행하고 다음 위치에 Point를 생성한다.

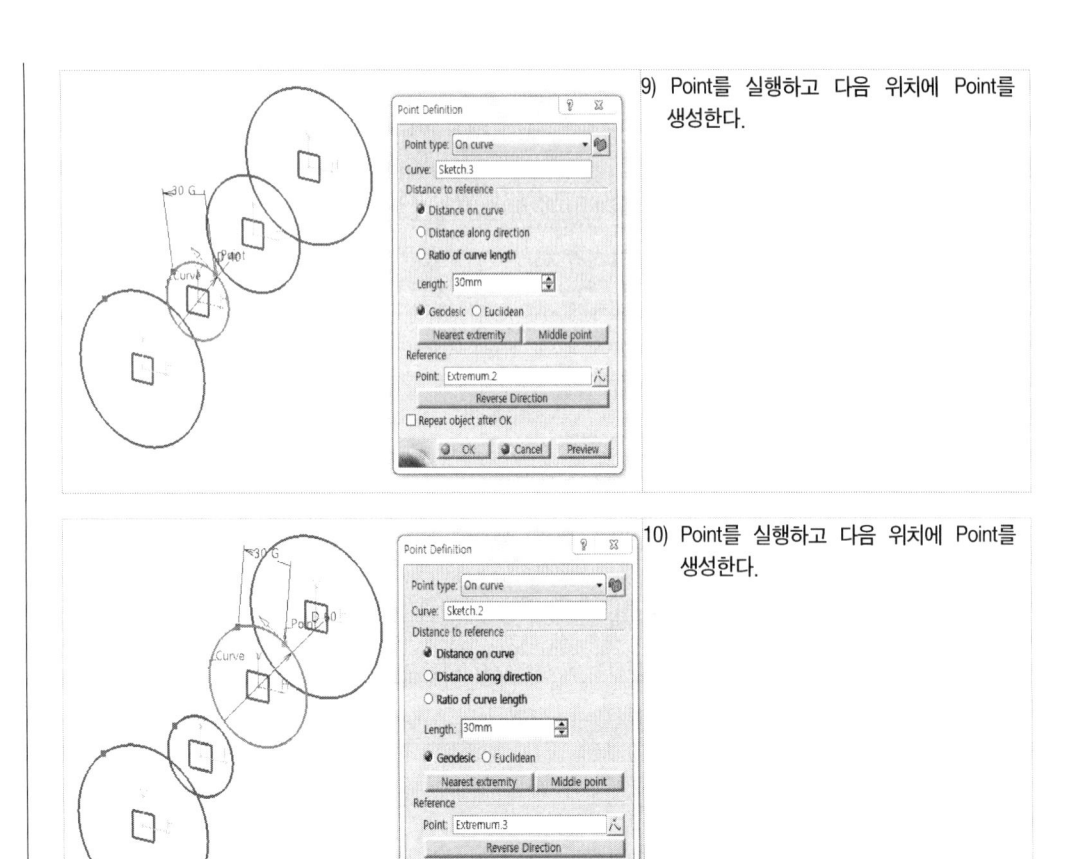

9) Point를 실행하고 다음 위치에 Point를 생성한다.

10) Point를 실행하고 다음 위치에 Point를 생성한다.

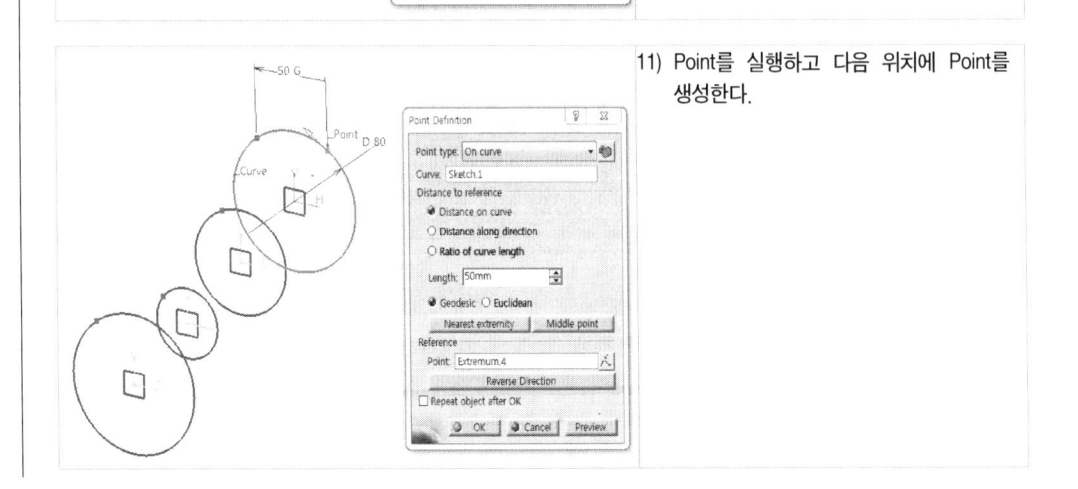

11) Point를 실행하고 다음 위치에 Point를 생성한다.

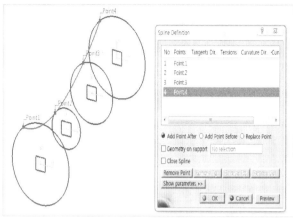

12) Spline을 실행하고 Point를 선택하여 생성한다.

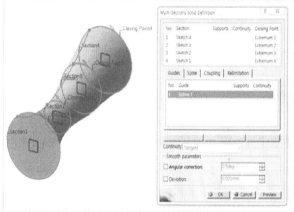

13) [Start]-[Mechanical Design]-[Part Design]을 선택한다.

14) Multi-Section Solid를 실행하고 Sketch.1 ~Sketch.4를 트리에서 차례대로 지정, Guides : Spline.1을 선택한다.

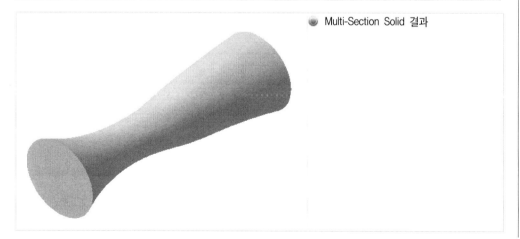

● Multi-Section Solid 결과

[Multi-Section Solid 실습 4] - Guide 추가

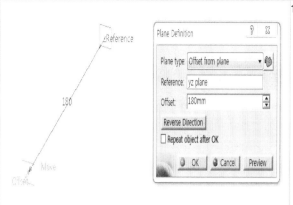

1) Plane(➱)을 실행하고 YZ Plane를 기준으로 180mm를 위치에 Plane을 생성한다.

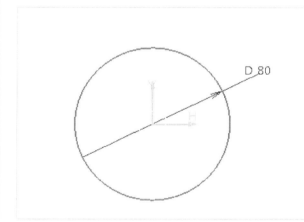

2) 스케치를 실행하고 YZ Plane을 선택하여 다음과 같이 스케치를 한다.

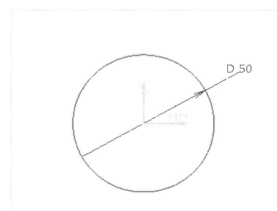

3) 스케치를 실행하고 Plane.1을 선택하여 다음과 같이 스케치를 한다.

4) 스케치를 실행하고 ZX Plane를 선택하여
   다음과 같이 스케치를 한다.

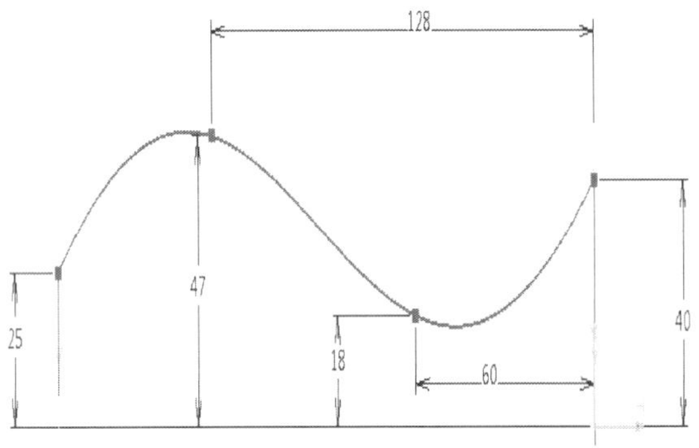

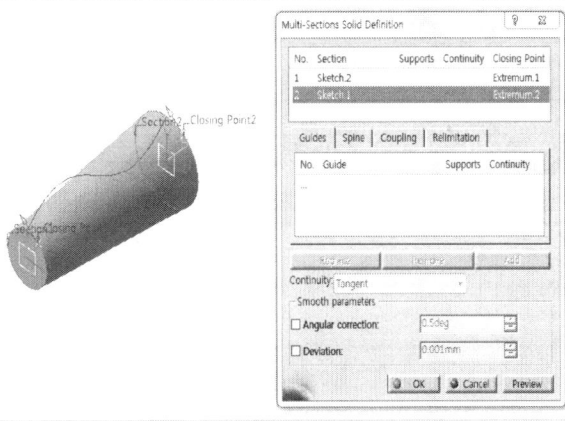

5) Multi-Section Solid( )을 실행하고 Ske
   tch.1~Sketch.2를 트리에서 차례대로 지정,
   Guides를 선택하기 전 상태이다.

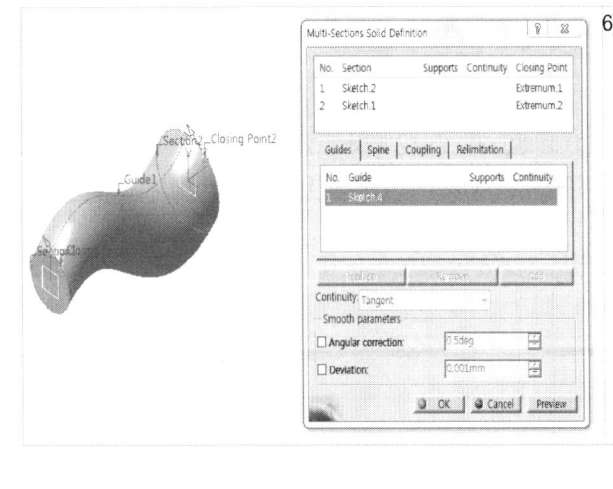

6) Spec Tree에서 Multi-Section Solid.1을
   더블클릭하고 Guides : Sketch.4를 추가
   한다.

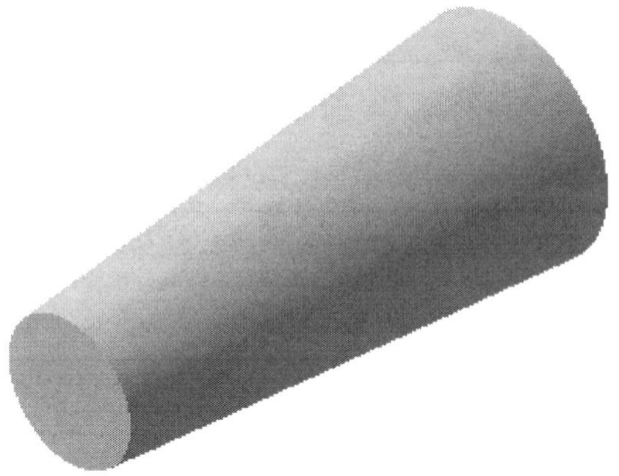

● Multi-Section Solid의 Guide를 선택 안
  한 결과

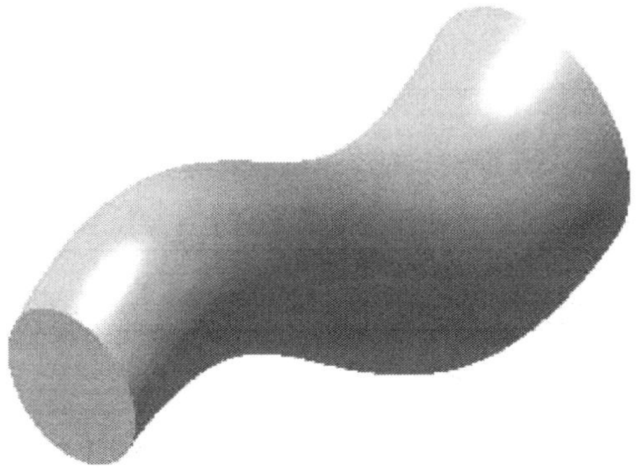

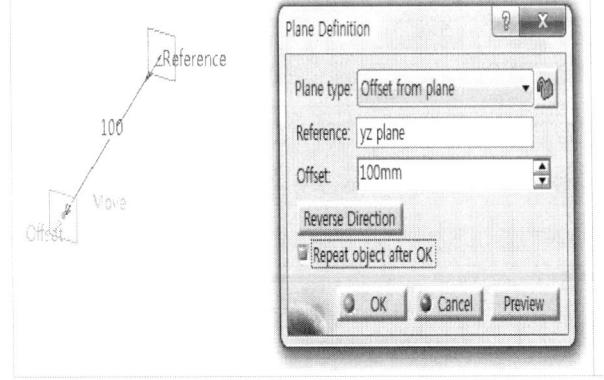

● Multi-Section Solid의 Guide를 선택한
  결과

[Multi-Section Solid 실습 5] – Spine 추가

1) Plane( )을 실행하고 YZ Plane를 기
   준으로 오프셋 거리 100mm를 지정하여
   Plane을 2개 생성한다.
   Plane을 여러 개 생성 하려면 Repeat
   Object after OK를 체크한다.

2) Object Repetition 창이 뜨면 Instance : 1
   을 지정, Absolute를 지정한다.

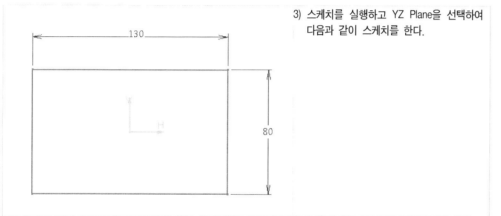

3) 스케치를 실행하고 YZ Plane을 선택하여
   다음과 같이 스케치를 한다.

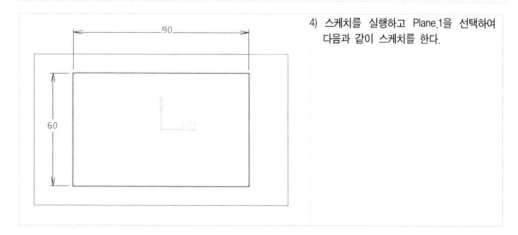

4) 스케치를 실행하고 Plane.1을 선택하여
   다음과 같이 스케치를 한다.

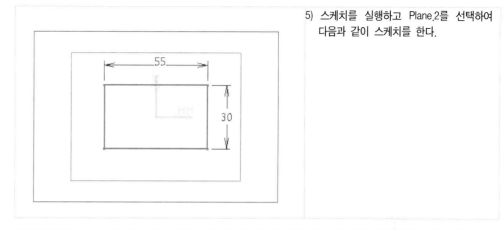

5) 스케치를 실행하고 Plane.2를 선택하여
   다음과 같이 스케치를 한다.

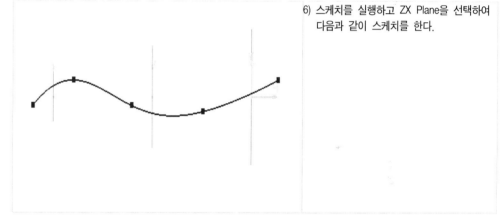

6) 스케치를 실행하고 ZX Plane을 선택하여
   다음과 같이 스케치를 한다.

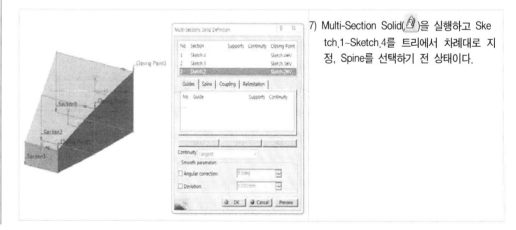

7) Multi-Section Solid(   )을 실행하고 Ske
   tch.1~Sketch.4를 트리에서 차례대로 지
   정, Spine를 선택하기 전 상태이다.

8) Spine : Sketch.5를 선택한다.

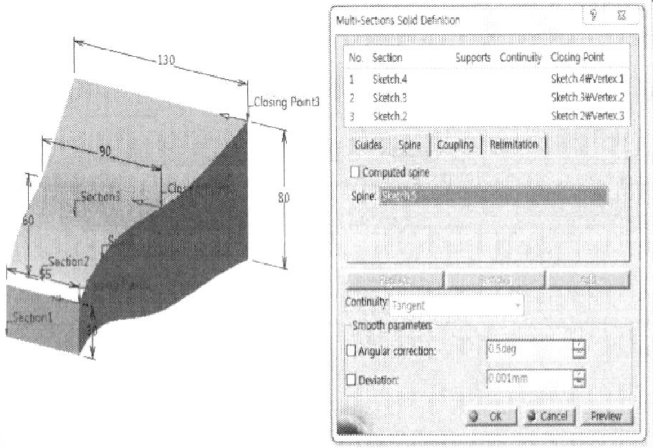

Multi-Section Solid의 Spine를 선택 안 한 결과

Multi-Section Solid의 Spine를 선택한 결과

[Multi-Section Solid 실습 6] - Guide 추가

1) 스케치를 실행하고 YZ Plane을 선택하여 다음과 같이 스케치를 한다.

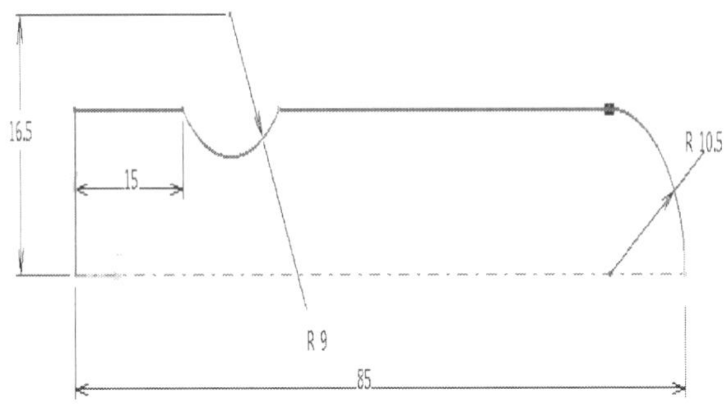

2) Shaft를 실행하고 360deg 회전을 한다.

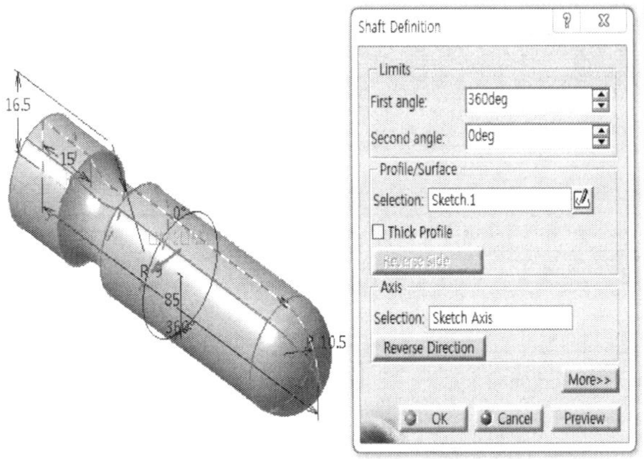

3) 스케치를 실행하고 Shaft.1 객체의 좌측 면을 선택하여 다음과 같이 스케치를 한 다.

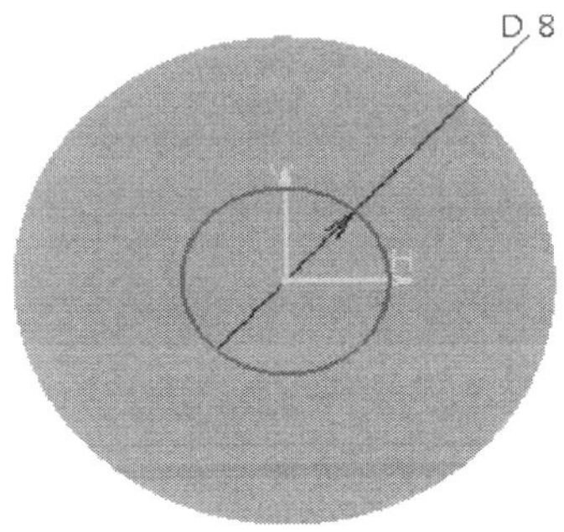

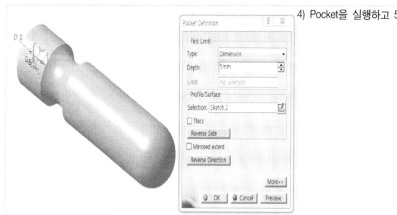

4) Pocket을 실행하고 5mm 돌출 컷을 한다.

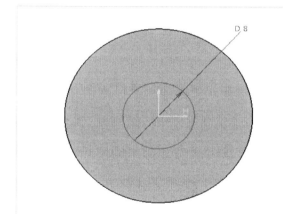

5) [Insert]-[Body]를 선택한다.

6) 스케치를 실행하고 Packet.1 객체의 안쪽 면을 선택하여 다음과 같이 스케치를 한다.

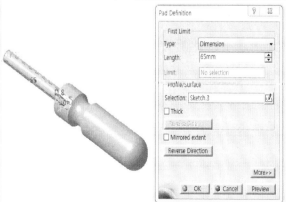

7) Pad를 실행히고 65mm 돌출을 한다.

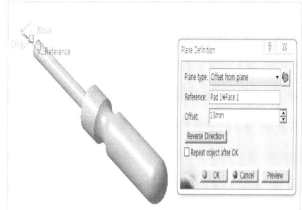

8) Plane을 실행하고 Pad.1 객체의 우측면을 기준으로 13mm 위치에 Plane을 생성한다.

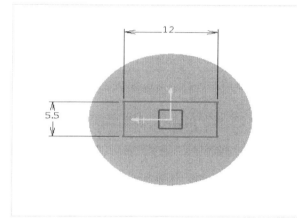

9) 스케치를 실행하고 Plane.1을 선택하여 다음과 같이 스케치를 한다.

Project 3D Elements로 선분 투영

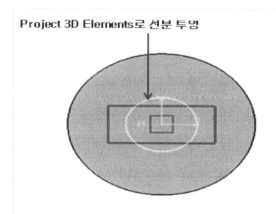

10) 스케치를 실행하고 Pad.1 객체의 좌측면을 선택하여 다음과 같이 스케치를 한다.
Project 3D Elements로 Diameter 8mm 원의 모서리를 투영한다.

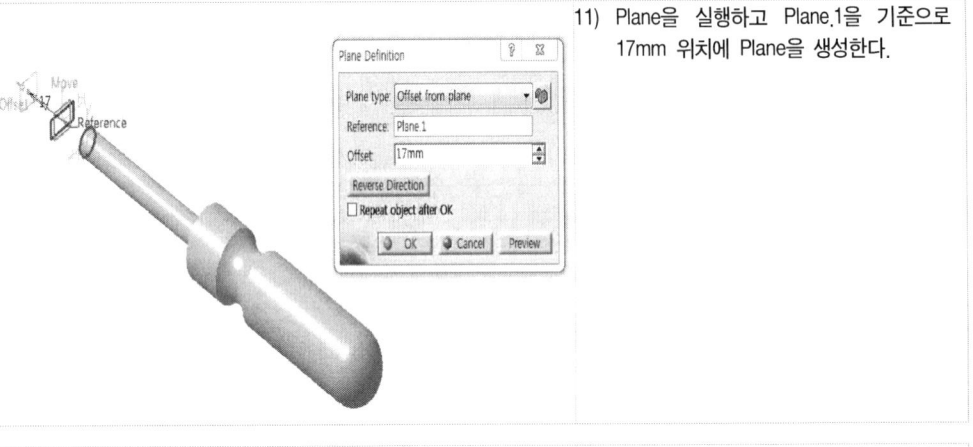

11) Plane을 실행하고 Plane.1을 기준으로 17mm 위치에 Plane을 생성한다.

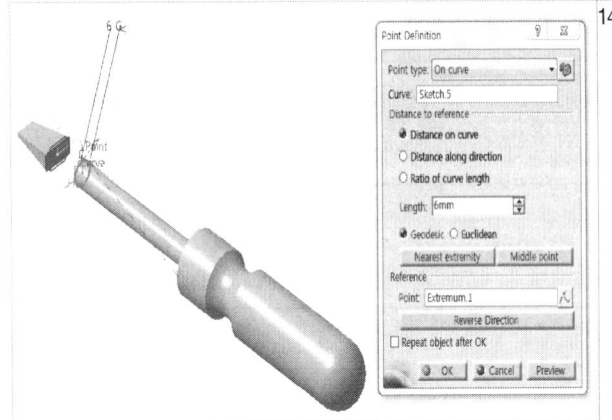

14) Point를 실행하고 On Curve를 지정, 6mm 위치에 Point를 생성한다.

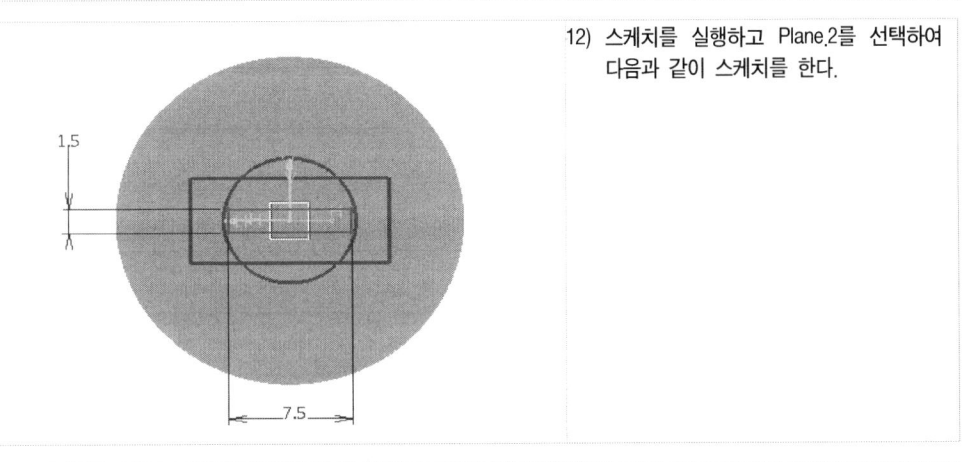

12) 스케치를 실행하고 Plane.2를 선택하여 다음과 같이 스케치를 한다.

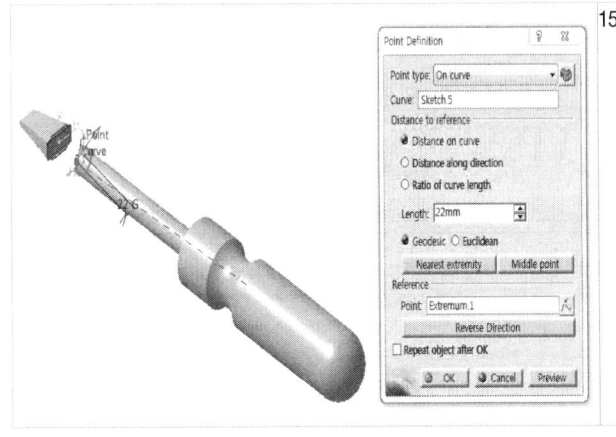

15) Point를 실행하고 On Curve를 지정, 22mm 위치에 Point를 생성한다.

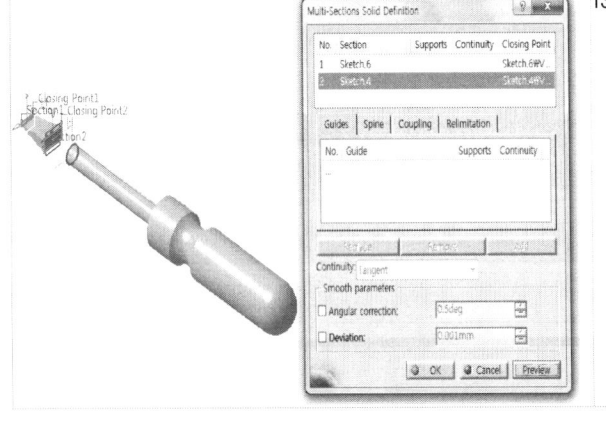

13) Multi-Section Solid를 실행하고 두 개의 Sketch를 선택하여 Solid를 생성한다.

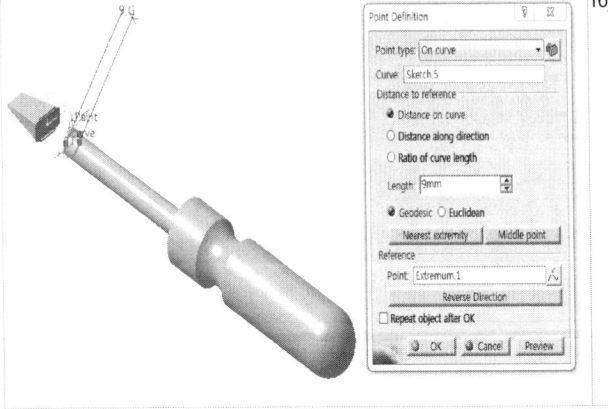

16) Point를 실행하고 On Curve를 지정, 9mm 위치에 Point를 생성한다.

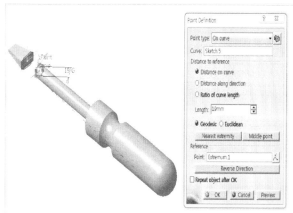

17) Point를 실행하고 On Curve를 지정, 19mm 위치에 Point를 생성한다.

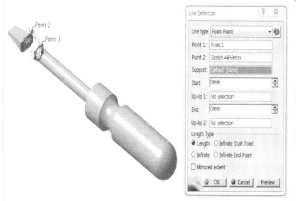

18) Line을 실행하고 Point와 Sketch.4의 사각형 꼭지점을 연결하는 Line을 생성한다.

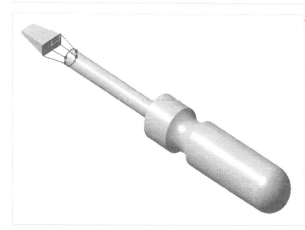

19) 나머지도 같은 방법으로 Line을 생성한다.

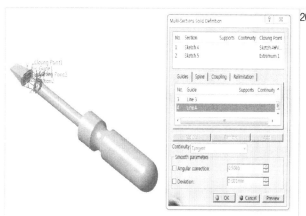

20) Multi-Section Solid를 실행하고 Section에 Sketch.4와 Sketch.5를 선택, [Guides]탭을 선택하여 Line.1~Line.4를 모두 선택한다.
[Preview]를 선택하면 Error가 발생할 것이다. 원인은 Closing Point가 맞지 않아서 그러하니 맞춰주는 작업을 한다.

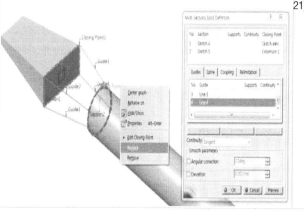

21) Closing Point 위에서 마우스 우측버튼을 눌러 [Replace]를 선택한다.

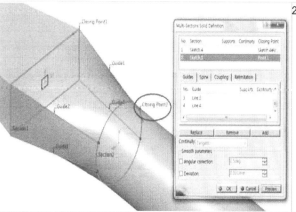

22) Point.1을 선택하여 Closing Point를 이동한다.

153

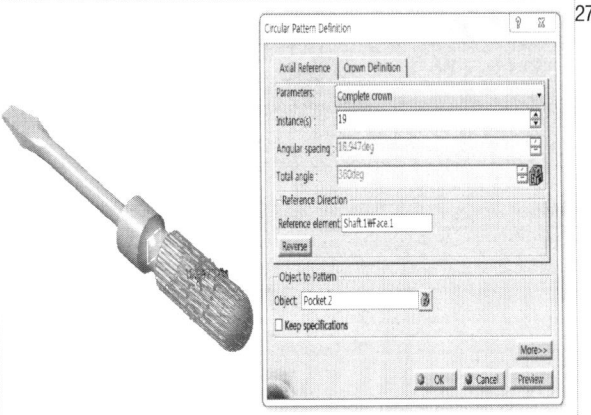

25) PartBody 위에서 마우스 우측 버튼을 눌러 [Define in Work Object]를 선택한다.

26) Pocket을 실행하고 Up to Next를 지정하여 돌출 컷을 한다.

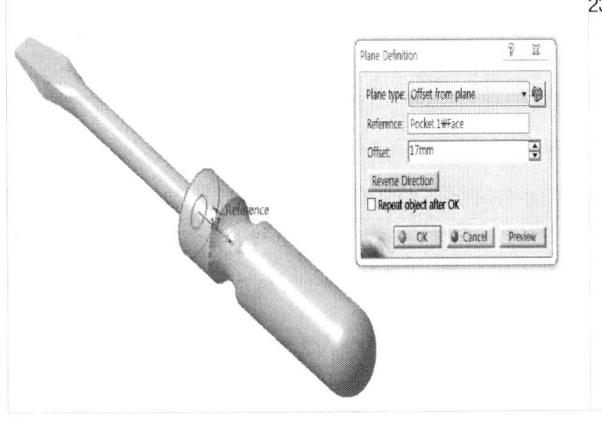

23) Plane을 실행하고 Plane.1을 기준으로 17mm 위치에 Plane을 생성한다.

27) Circular Pattern을 실행하고 Instance : 19, 회전축 : Shaft.1 객체의 원기둥을 선택, Pocket.2 객체를 패턴복사 한다.

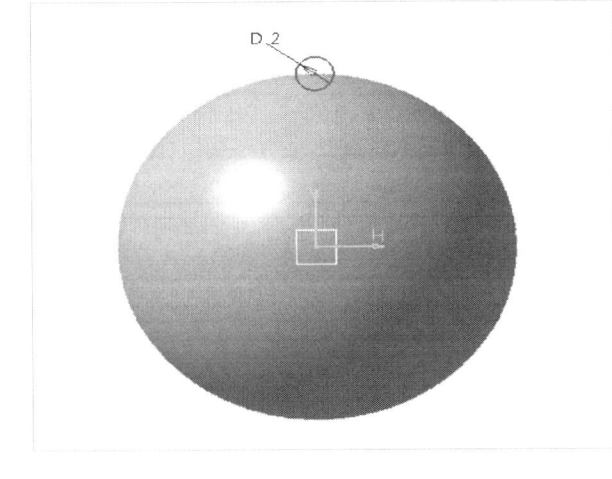

24) 스케치를 실행하고 Plane.3을 선택하여 다음과 같이 스케치를 한다.

● Screwdriver 완성

28) Screwdriver Assy로 저장한다.

15. Removed Multi Section Solid Features

Removed Multi-Section Solid(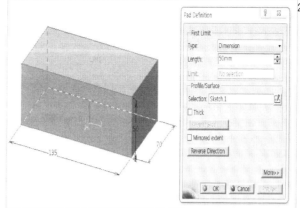) : 여러 개의 단면을 이용하여 현재 형상에서 단면들로 이루어진 형상을
제거하는 명령이다.

Removed Multi-Section Solid Definition

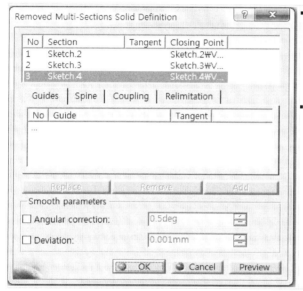

- Section : 단면 Profile을 선택해 주는 부분이다.
  다수의 단면 Profile을 선택 할 수 있다. 각각의 단면에 Section1, Section2와 같이 표시가 되며 단면 Profile을 선택할 때는 반드시 순서대로 선택한다.
- 각 단면 Profile을 선택할 때는 다음의 'Closing Point'를 유의해야 한다.

[Removed Multi-Section Solid 실습 1]

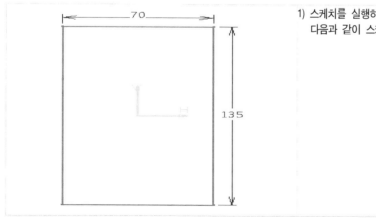

1) 스케치를 실행하고 XY Plane을 선택하여 다음과 같이 스케치를 한다.

2) Pad를 실행하고 50mm 돌출을 한다.

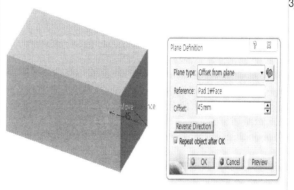

3) Plane(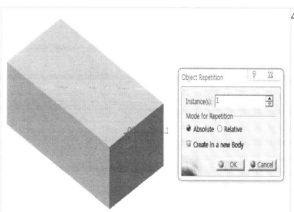)을 실행하고 Solid의 우측면을 기준으로 좌측방향으로 45mm 길이로 2개의 Plane을 생성한다.

4) Object Repetition 창에서 Instance : 1을 지정한다.

155

5) 스케치를 실행하고 Solid의 우측면을 선택하여 다음과 같이 스케치를 한다.

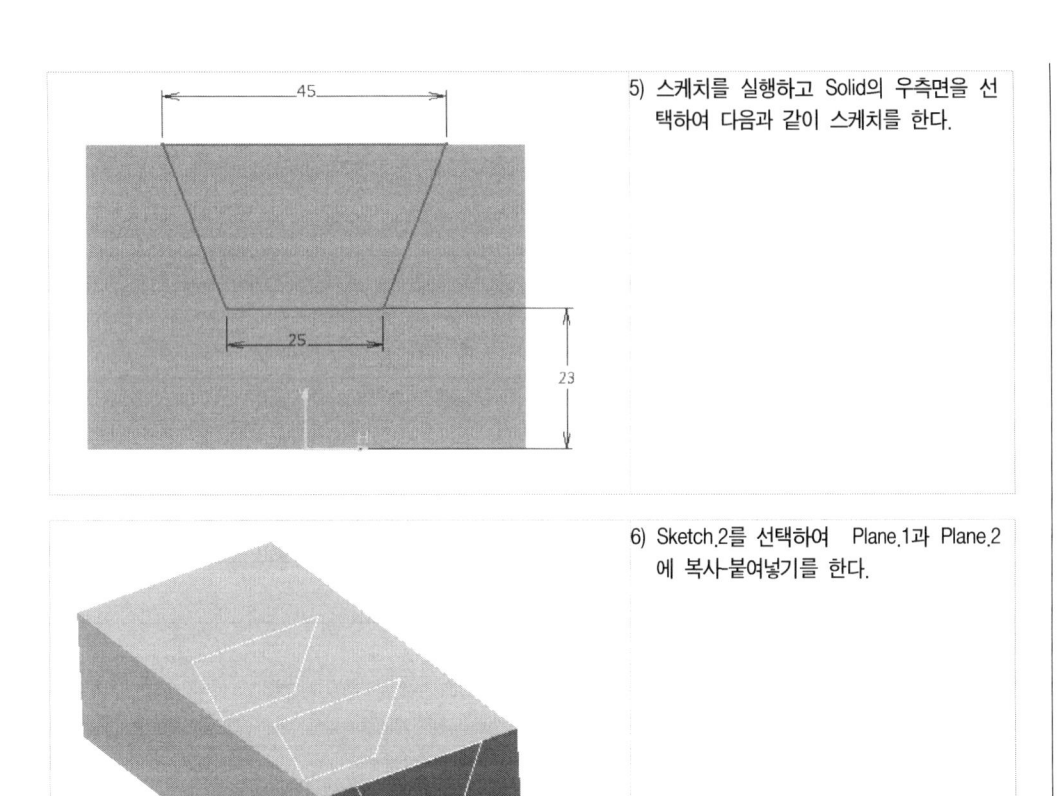

6) Sketch.2를 선택하여 Plane.1과 Plane.2에 복사-붙여넣기를 한다.

7) Solid의 좌측면을 지정하여 하나 더 복사-붙여넣기를 한다.

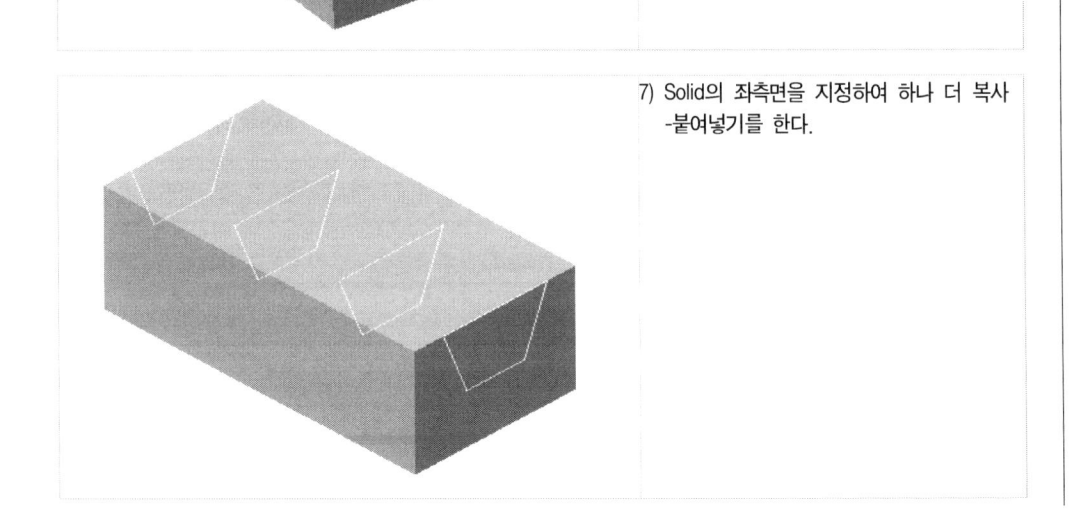

8) Removed Multi-Section Solid( )을 실행하고 트리에서 스케치를 차례대로 선택한다.

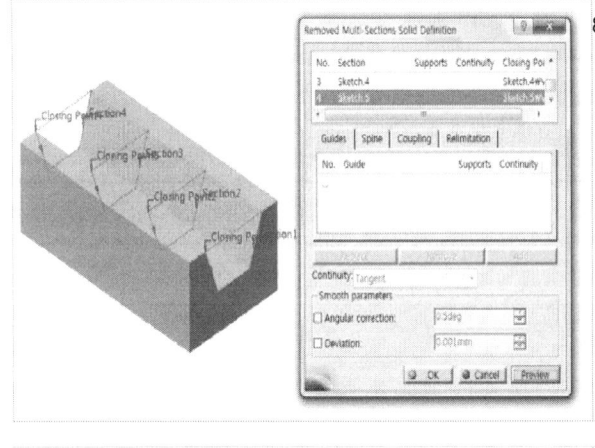

● Remove Multi-Section Solid 결과

156

Chapter 4 | Boolean Operations

Boolean Operation은 Body와 Body를 합치거나 하나의 Body로 다른 Body를 뺀다든지, 교차하는 부분을 구해서 형상을 만들어 주는 명령이다.

1. Add Features

합집합(Add) : 두 Body를 하나로 합쳐주는 명령이다. Body의 속성을 무시하고 화면에 보이는 대로 합쳐준다.

Add( ) Definition

- Add : 합칠 Body를 선택한다.
- To : 합쳐질 Body를 선택한다.

[Add 실습]

1) 스케치를 실행하고 YZ Plane를 선택하여 다음과 같이 스케치를 한다.

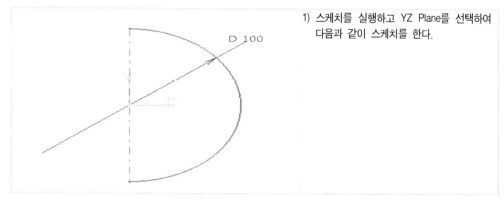

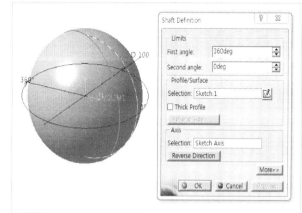

2) Shaft를 실행하고 360deg 회전을 한다.

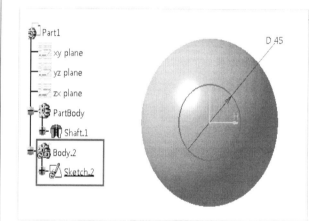

3) [Insert]-[Body]를 선택한다. 스케치를 실행하고 XY Plane를 선택하여 다음과 같이 스케치를 한다.

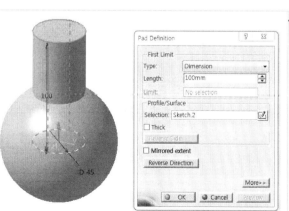

4) Pad를 실행하고 100mm 돌출을 한다.

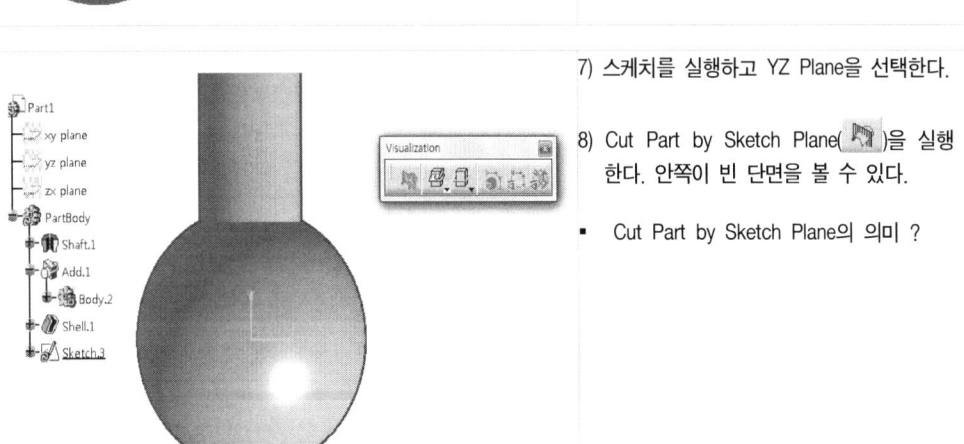

5) Add(⊘)를 실행하고 PartBody와 Body.2
   를 선택한다.

6) Shell을 실행하고 두께 : 1mm로 쉘을 생
   성한다.

   - Add를 하지 않으면 원기둥에만 Shell이
     생성된다.

7) 스케치를 실행하고 YZ Plane을 선택한다.

8) Cut Part by Sketch Plane(🔲)을 실행
   한다. 안쪽이 빈 단면을 볼 수 있다.

   - Cut Part by Sketch Plane의 의미 ?

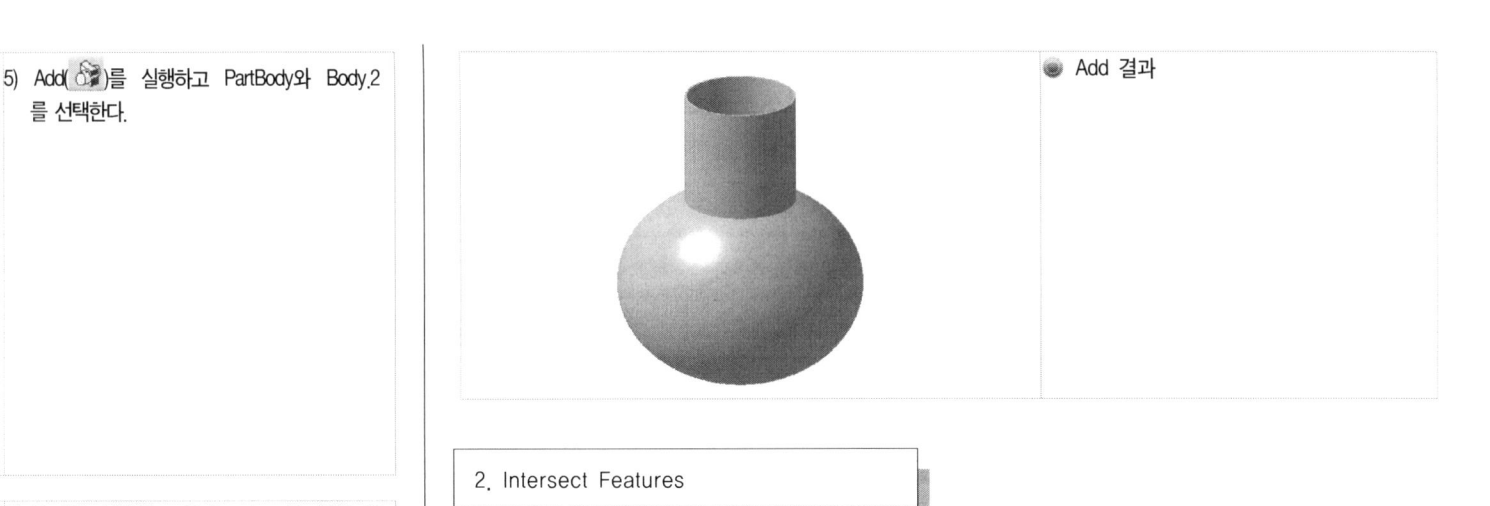

● Add 결과

2. Intersect Features

교집합(Intersect) : 두 Body 간의 교집합을 수행하는 명령이다.

■ Intersect(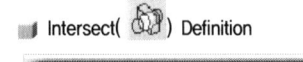) Definition

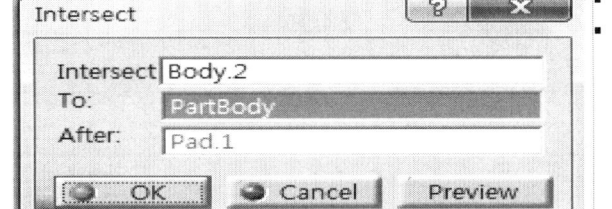

- Intersect : 교차시킬 Body를 선택한다.
- To : 교차할 Body를 선택한다.

[Intersect 실습]

1) 스케치를 실행하고 XY Plane을 선택하여
   다음과 같이 스케치를 한다.

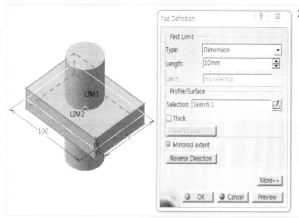

2) Pad를 실행하고 10mm, Mirrored extent 를 지정하여 돌출을 한다.

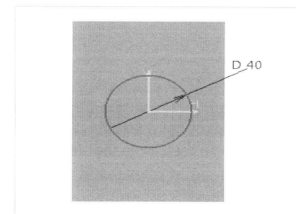

3) [Insert]-[Body]를 선택한다.

4) 스케치를 실행하고 XY Plane을 선택하여 다음과 같이 스케치를 한다.

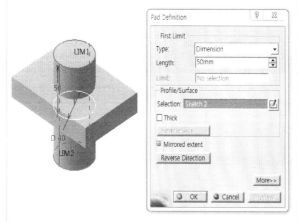

5) Pad를 실행하고 50mm, Mirrored extent 를 지정하여 돌출을 한다.

6) Intersect( )을 실행하고 PartBody와 Body.2를 순서 없이 선택한다. 교차하는 부분만 남고 나머지는 제거된다.

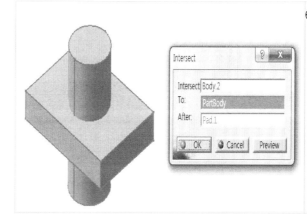

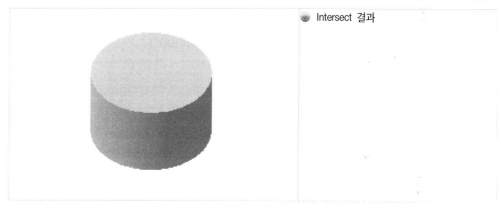

● Intersect 결과

3. Remove Features

차집합(Remove) : 첫 번째 선택한 Body에서 두 번째 선택한 Body를 제거한다.

■ Remove( ) Definition

- Remove : 제거될 Body를 선택한다.
- From : Remove에 선택된 Body를 제거할 본체 Body를 선택한다.

[차집합(Remove) 실습]

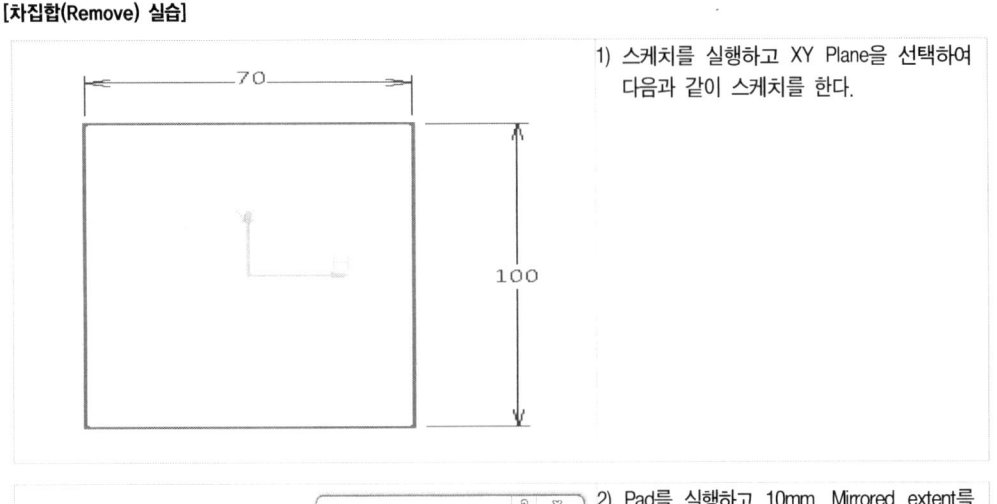

1) 스케치를 실행하고 XY Plane을 선택하여 다음과 같이 스케치를 한다.

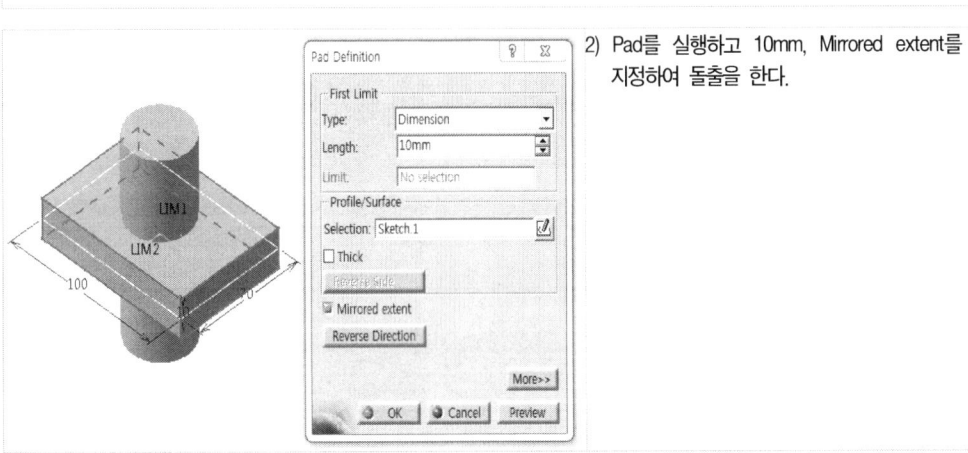

2) Pad를 실행하고 10mm, Mirrored extent를 지정하여 돌출을 한다.

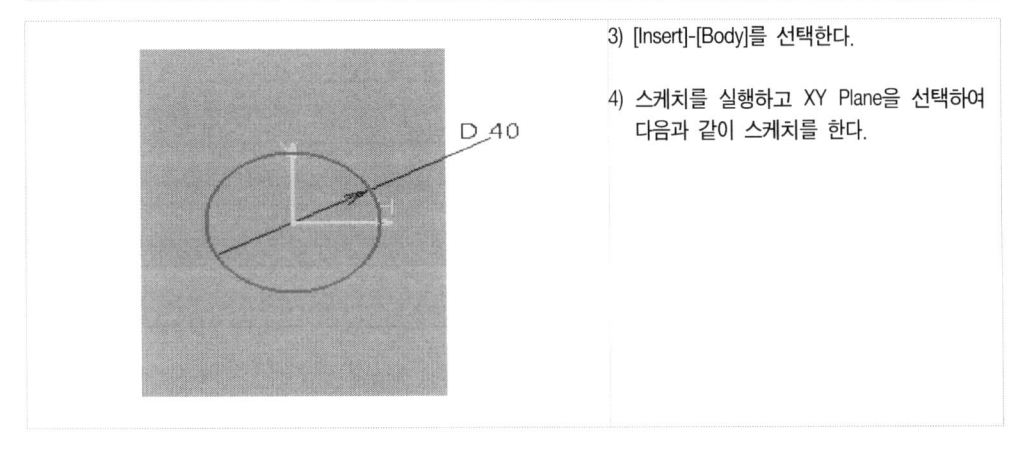

3) [Insert]-[Body]를 선택한다.

4) 스케치를 실행하고 XY Plane을 선택하여 다음과 같이 스케치를 한다.

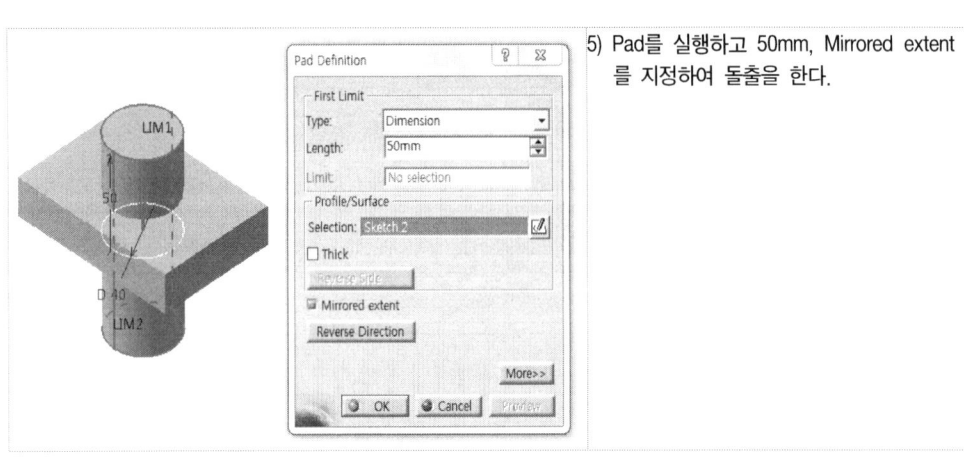

5) Pad를 실행하고 50mm, Mirrored extent를 지정하여 돌출을 한다.

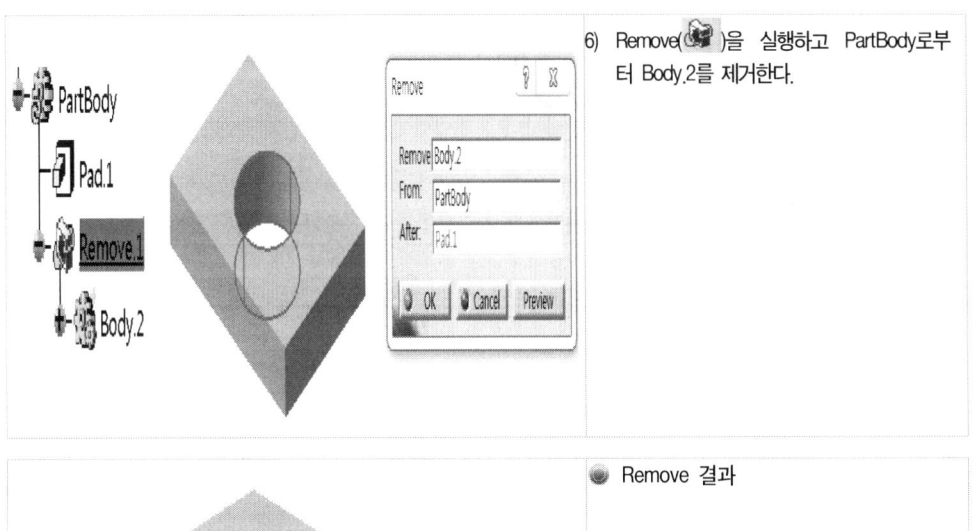

6) Remove( )을 실행하고 PartBody로부터 Body.2를 제거한다.

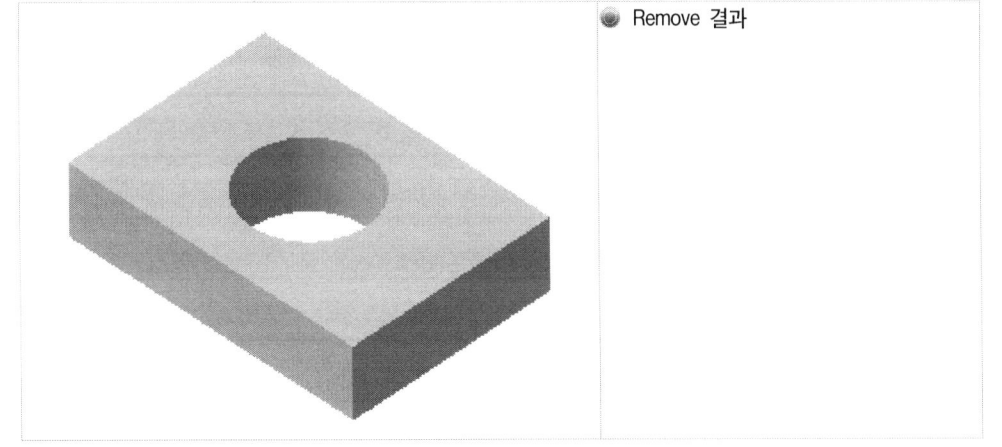

● Remove 결과

160

4. Union Trim

Union Trim(🔧) : Body에서 생성된 모델에서 삭제할 부분과 남길 부분을 지정하여 모델을 재구성할 수 있는 명령이다. 삭제할 부분과 남길 부분을 지정하여 형상을 만든다.

■ Union Trim Definition

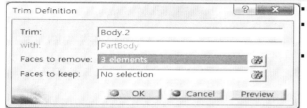

- Trim에 새로 추가한 Body를 선택한다.
- Face to Remove에는 제거할 면을 선택한다.
- Face to keep에는 제거하지 않을 면을 선택해 준다.

[Union Trim 실습]

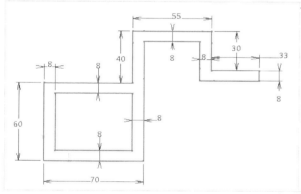

1) 스케치를 실행하고 XY Plane을 선택하여 다음과 같이 스케치를 한다.

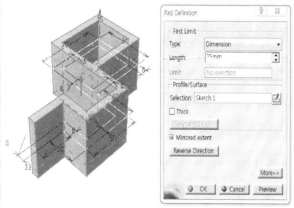

2) Pad를 실행하고 25mm, Mirrored extent 를 지정하여 돌출을 한다.

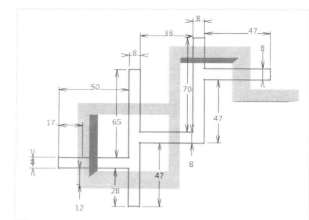

3) [Insert]-[Body]를 선택한다.

4) 스케치를 실행하고 XY Plane을 선택하여 다음과 같이 스케치를 한다.

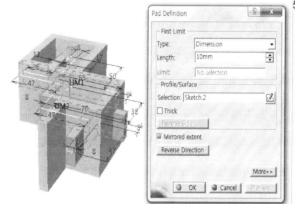

5) Pad를 실행하고 10mm, Mirrored extent 를 지정하여 돌출을 한다.

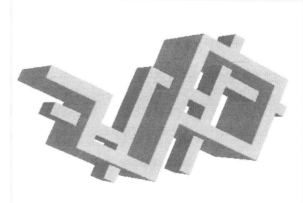

7) 다음과 같이 3D 형상을 준비한다.

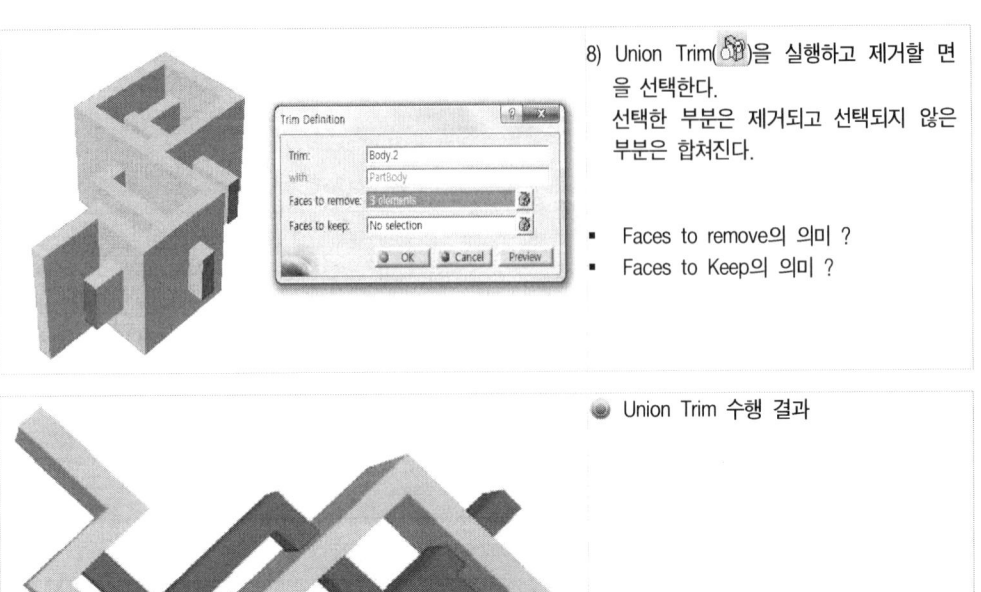

8) Union Trim()을 실행하고 제거할 면
   을 선택한다.
   선택한 부분은 제거되고 선택되지 않은
   부분은 합쳐진다.

- Faces to remove의 의미 ?
- Faces to Keep의 의미 ?

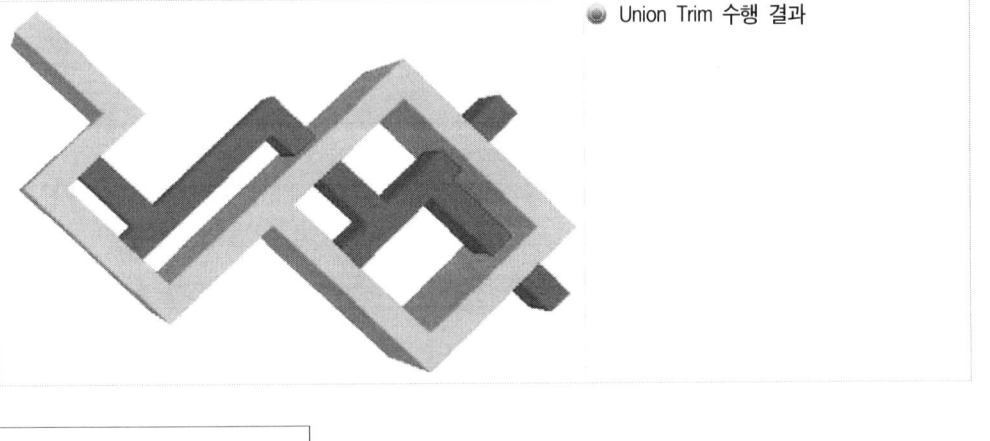

- Union Trim 수행 결과

5. Assemble

Assemble() : 서로 다른 두 개의 Body에서 하나의 Body에 속성(Feature의 특성)을 유지한 채 하나로 합쳐준다.

- Assemble() Definition

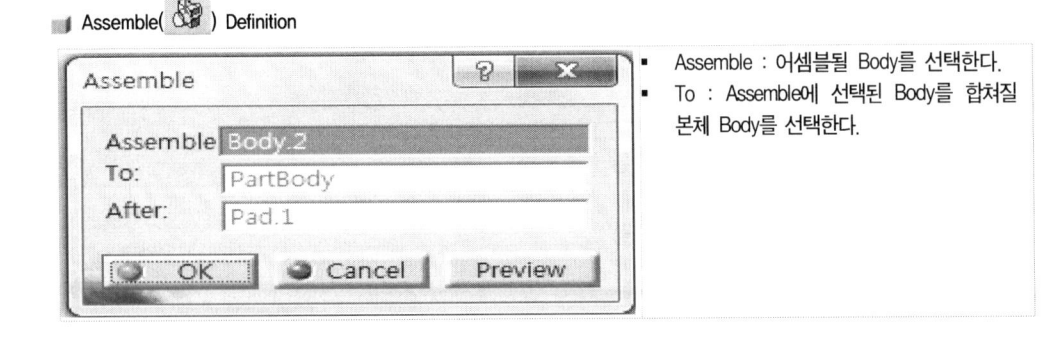

- Assemble : 어셈블될 Body를 선택한다.
- To : Assemble에 선택된 Body를 합쳐질
  본체 Body를 선택한다.

[Assemble(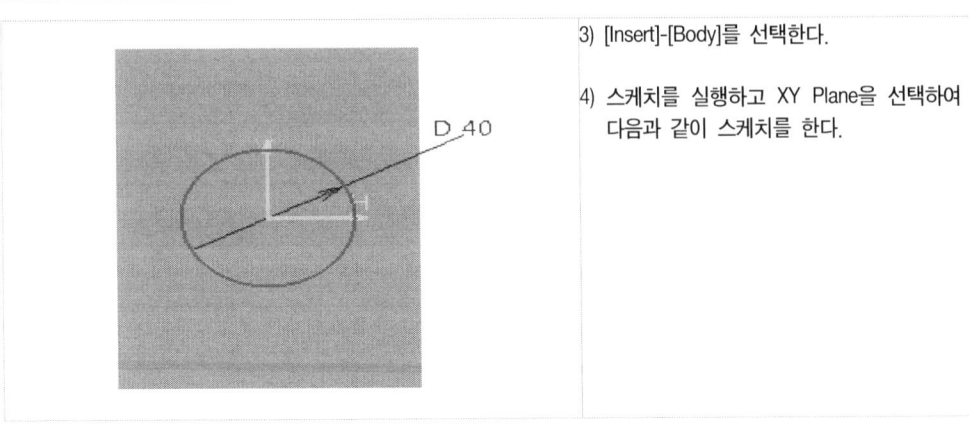) 실습]

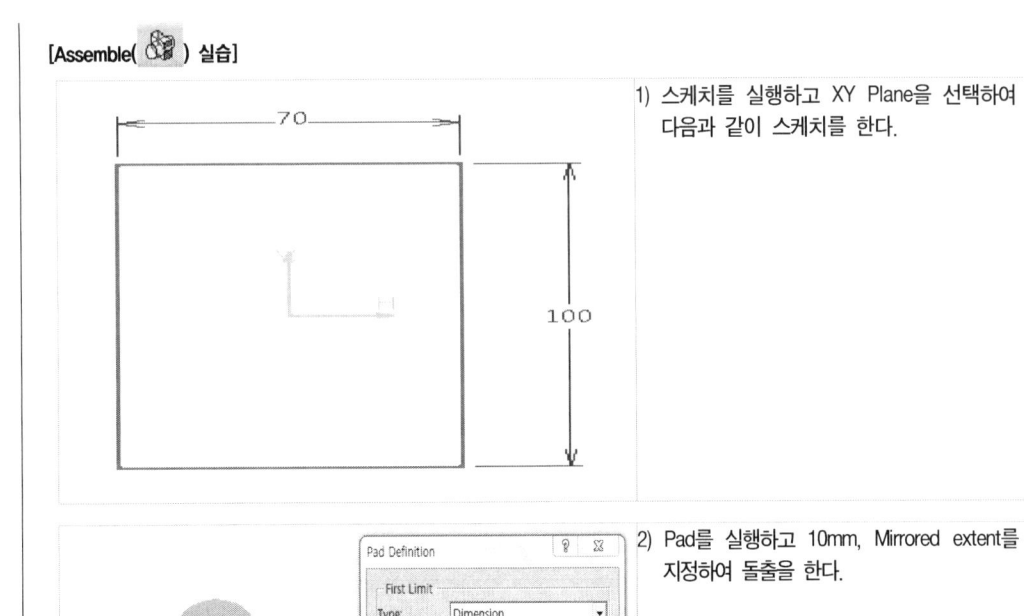

1) 스케치를 실행하고 XY Plane을 선택하여
   다음과 같이 스케치를 한다.

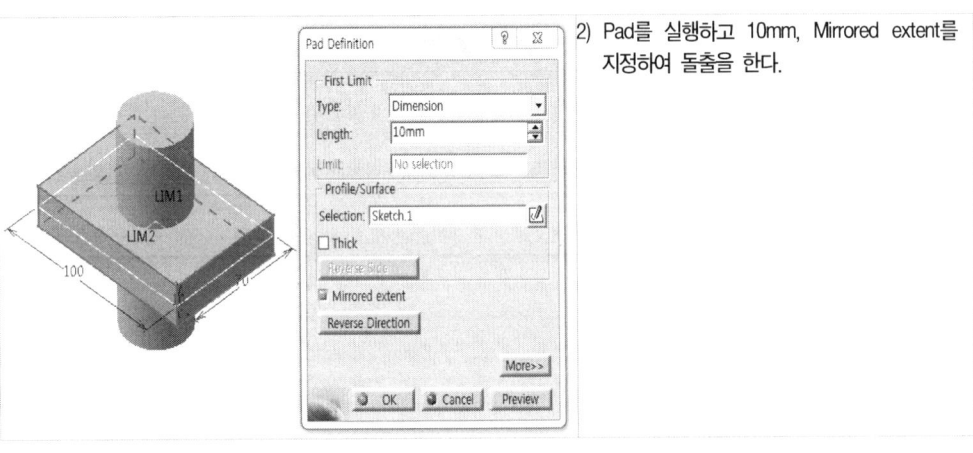

2) Pad를 실행하고 10mm, Mirrored extent를
   지정하여 돌출을 한다.

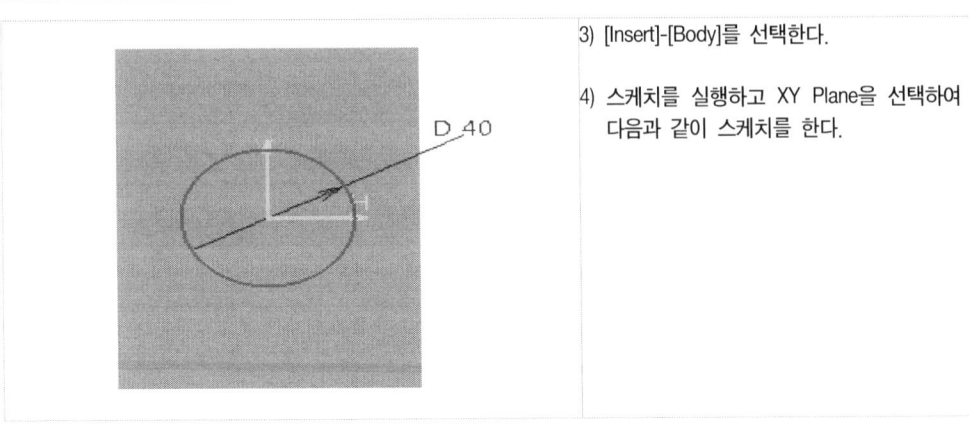

3) [Insert]-[Body]를 선택한다.

4) 스케치를 실행하고 XY Plane을 선택하여
   다음과 같이 스케치를 한다.

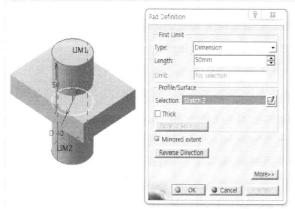

5) Pad를 실행하고 50mm, Mirrored extent 를 지정하여 돌출을 한다.

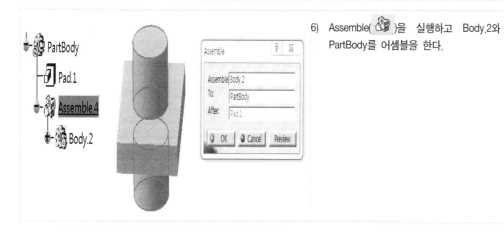

6) Assemble( )을 실행하고 Body.2와 PartBody를 어셈블을 한다.

● Assembly 결과
7) Body를 유지한 채로 합쳐준다.
   Add와 구별하기 어렵다.

6. Remove Lump

Remove Lump( ) : 분리되어 있는 상태의 Solid를 제거할 수 있다. Body를 Remove한 후 기하학적으로 불필요한 부분을 제거하는 기능이다. Lump(덩어리) Cavity(구멍)을 제거하는 명령이다.

Remove Lump( ) Definition

■ Faces to remove : 제거할 덩어리의 면을 선택한다.

[Remove Lump( ) 실습]

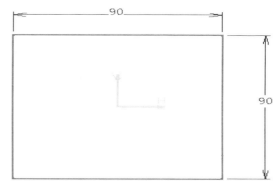

1) 스케치를 실행하고 XY Plane을 선택하여 다음과 같이 스케치를 한다.

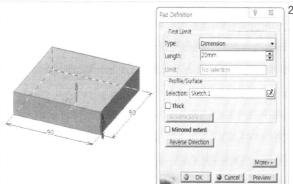

2) Pad를 실행하고 20mm 돌출을 한다.

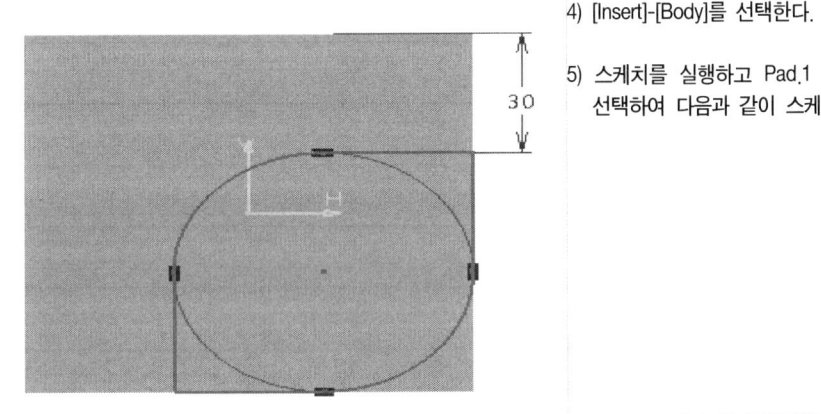

3) Shell을 실행하고 두께 : 1mm로 두면을 지정하여 쉘을 생성한다.

4) [Insert]-[Body]를 선택한다.

5) 스케치를 실행하고 Pad.1 객체의 윗면을 선택하여 다음과 같이 스케치를 한다.

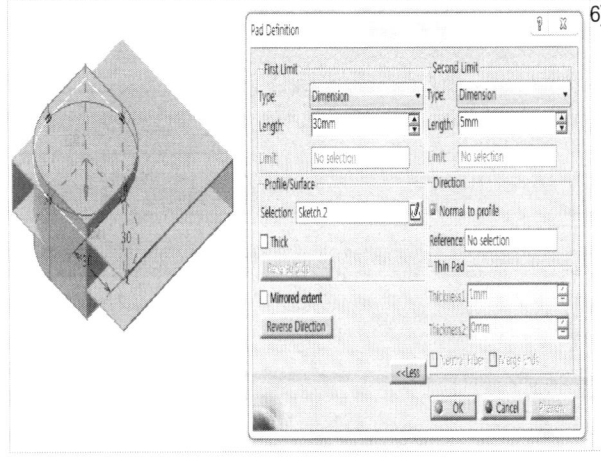

6) Pad를 실행하고 방향1 : 30mm, 방향2 : 5mm 돌출을 한다.

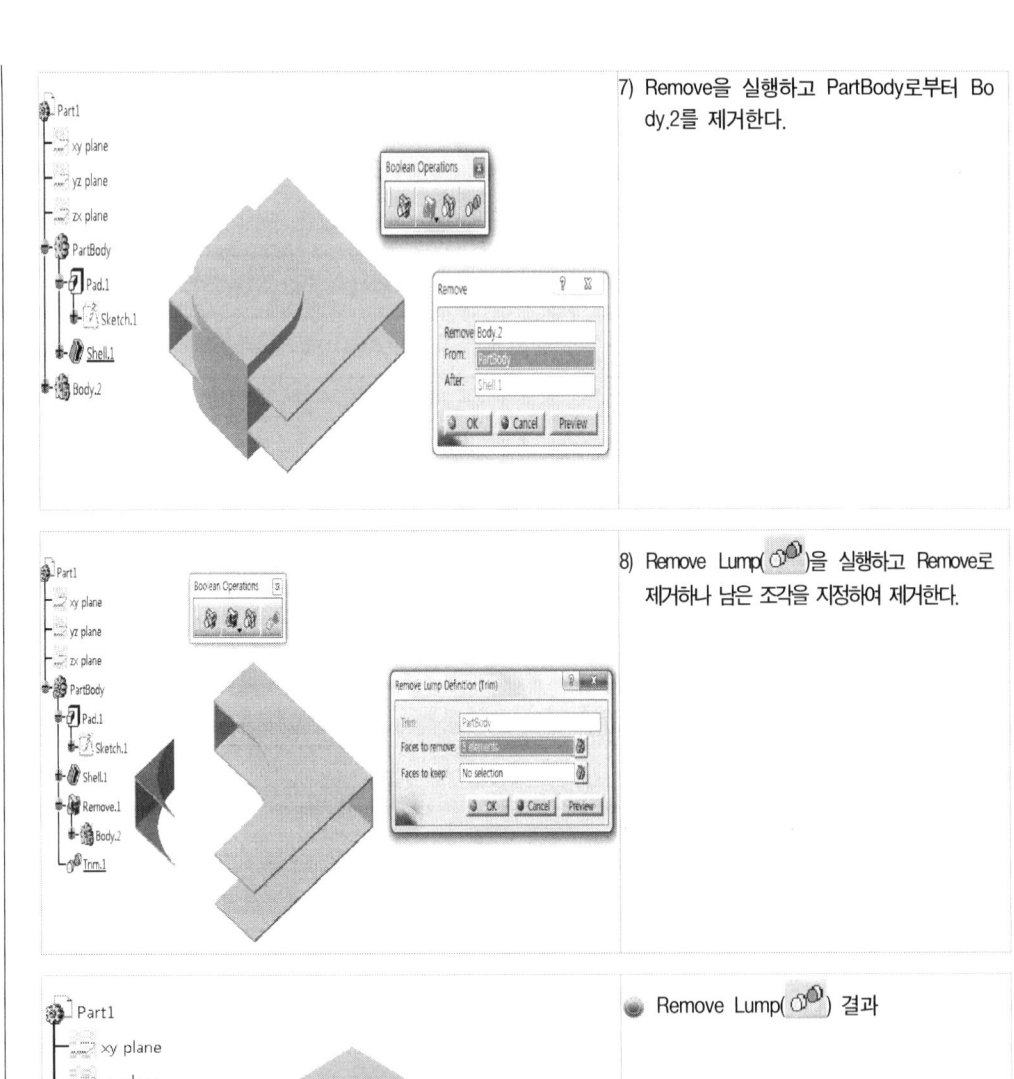

7) Remove을 실행하고 PartBody로부터 Body.2를 제거한다.

8) Remove Lump(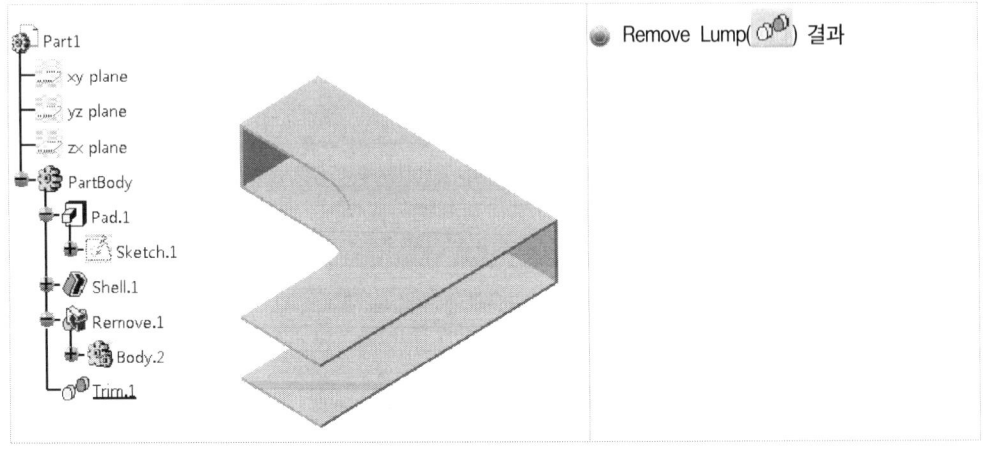)을 실행하고 Remove로 제거하나 남은 조각을 지정하여 제거한다.

● Remove Lump( ) 결과

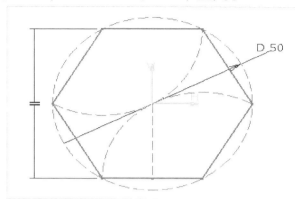

1) 스케치를 실행하고 XY Plane을 선택하여 다음과 같이 스케치를 한다.

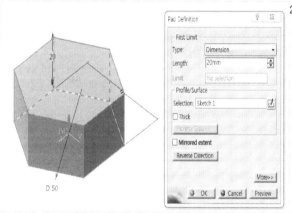

2) Pad를 실행하고 20mm 돌출을 한다.

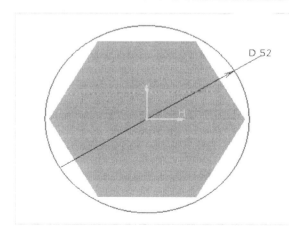

3) [Insert]-[Body]를 선택한다. 스케치를 실행하고 XY Plane을 선택하여 다음과 같이 스케치를 한다.

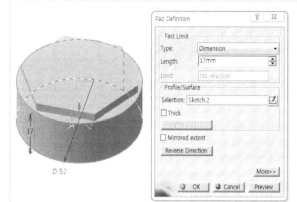

4) Pad를 실행하고 17mm 돌출을 한다.

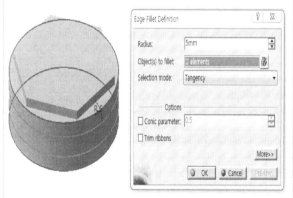

5) Edge Fillet를 실행하고 반경 : 5mm로 필렛을 한다.

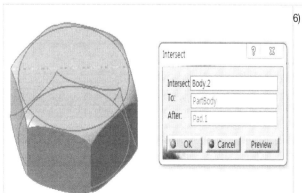

6) Intersect(🔗)을 실행하고 Body.2와 Part Body 교집합인 부분을 남긴다.
   · Intersect : Body.2
   · To : PartBody를 지정한다.

165

7) 스케치를 실행하고 Pad.1 객체의 윗면을 선택하여 다음과 같이 스케치를 한다.

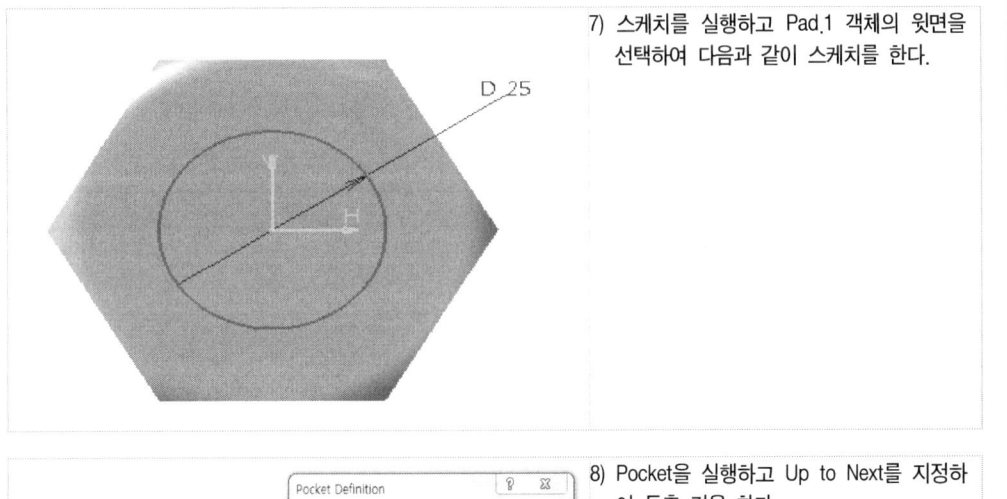

D 25

8) Pocket을 실행하고 Up to Next를 지정하여 돌출 컷을 한다.

Pocket Definition

First Limit
Type: Up to last
Limit: No selection
Offset: 0mm

Profile/Surface
Selection: Sketch.3
☐ Thick
Reverse Side
☐ Mirrored extent
Reverse Direction

More>>

● OK ● Cancel Preview

● 너트 완성 결과

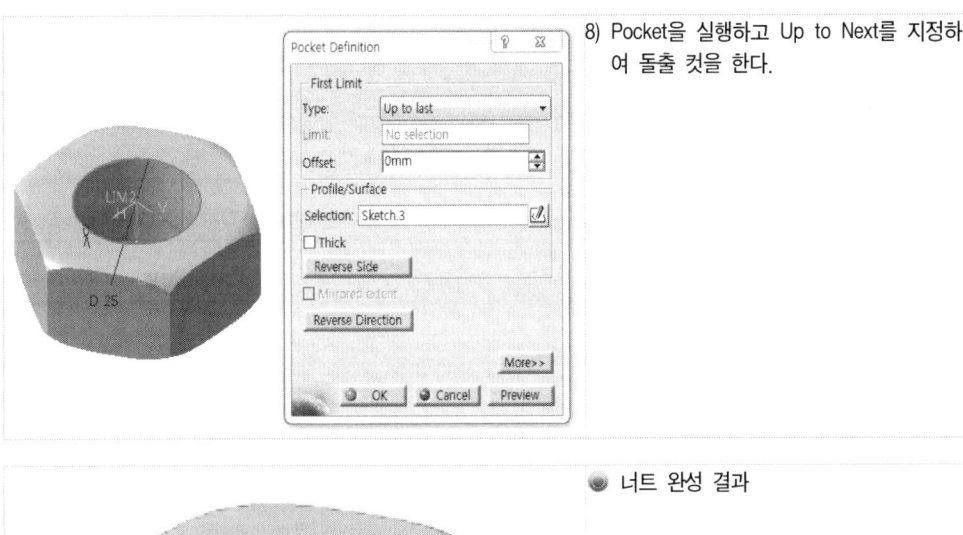

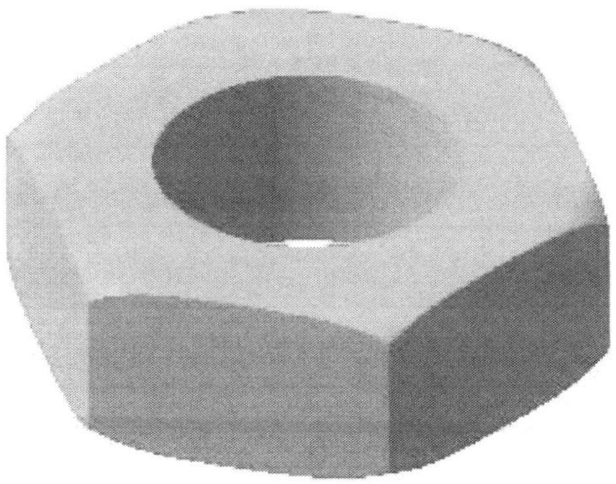

[Boolean Operations-Intersect 2] Helix. Slot 생성

1) 문제1에서 생성한 Nut를 준비한다.

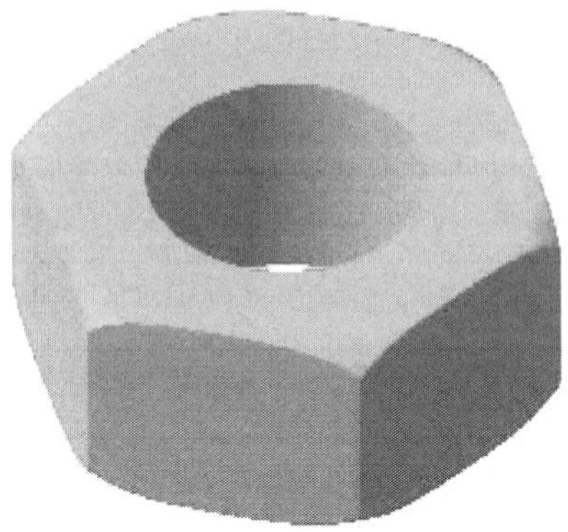

2) [Start]-[Shape]-[Generative Shape Design]을 선택한다.

3) Point를 실행하고 다음 위치에 Point를 생성한다.

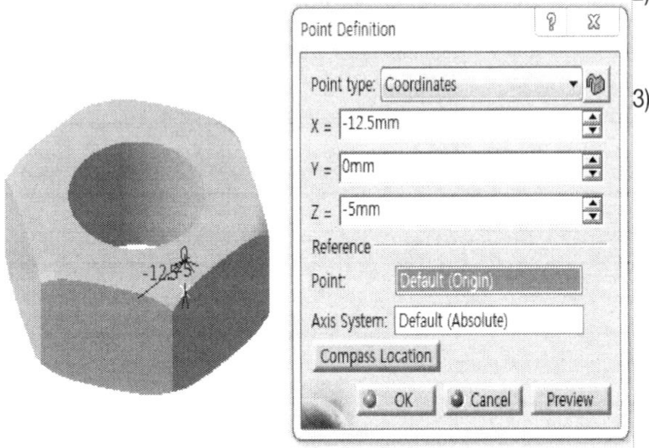

Point Definition

Point type: Coordinates
X = -12.5mm
Y = 0mm
Z = -5mm

Reference
Point: Default (Origin)
Axis System: Default (Absolute)
Compass Location

● OK ● Cancel Preview

-12.5

4) 스케치를 실행하고 YZ Plane을 선택하여 다음과 같이 수직선을 스케치한다.

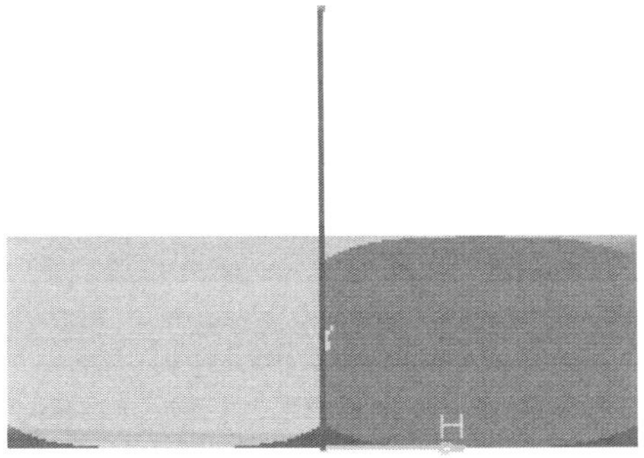

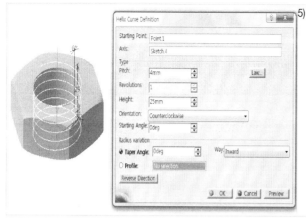

5) Helix를 실행하고 Starting Point : Point.1
   을 선택, Axis : Sketch.4를 선택, Pitch :
   4mm, Height : 25mm로 지정한다.

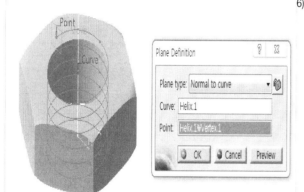

6) Plane을 실행하고 Helix와 Helix의 끝점
   을 이용하여 Plane을 생성한다.

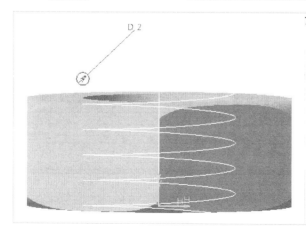

7) 스케치를 실행하고 Plane.1을 선택하여
   지름 2mm 원을 스케치한 후 Helix의
   끝점에 일치 구속을 한다.

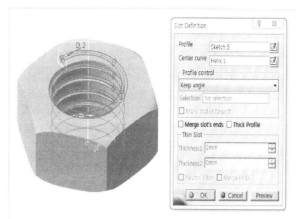

8) [Start]-[Mechanical Design]-[Part Design]
   을 선택한다.

9) Slot을 실행하고 Profile : Sketch.5를 선
   택, Center Curve : Helix.1을 선택한다.

● 너트 완성 결과

[Boolean Operations-Intersect 3] Intersect(교집합) 생성

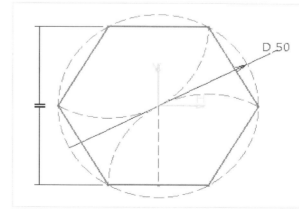

1) 스케치를 실행하고 XY Plane을 선택하
   여 다음과 같이 스케치를 한다.

2) Pad를 실행하고 20mm 돌출을 한다.

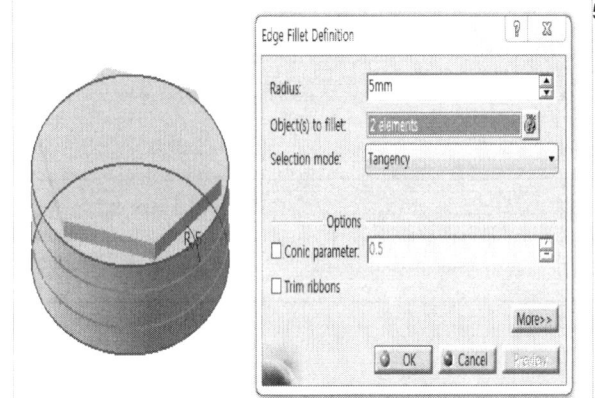

5) Edge Fillet를 실행하고 반경 : 5mm로 필렛을 한다.

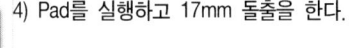

3) [Insert]-[Body]를 선택한다. 스케치를 실행하고 XY Plane을 선택하여 다음과 같이 스케치를 한다.

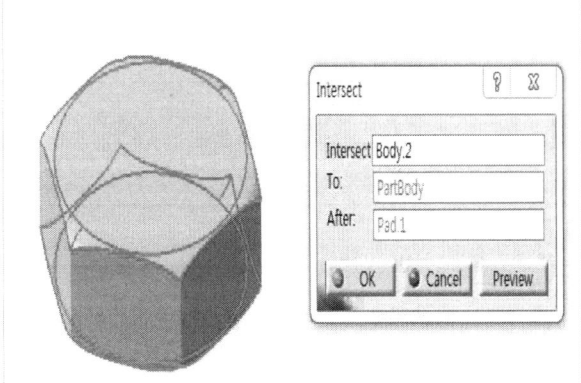

6) Intersect(⚙)을 실행하고 Body.2와 Part Body 교집합인 부분을 남긴다.
· Intersect : Body.2
· To : PartBody를 지정한다.

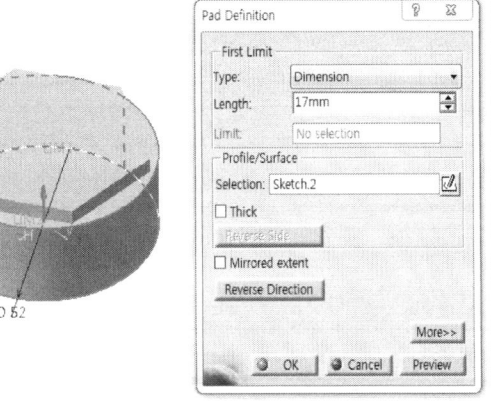
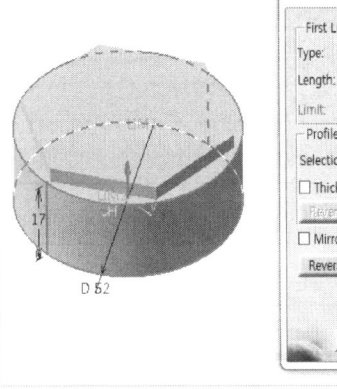

4) Pad를 실행하고 17mm 돌출을 한다.

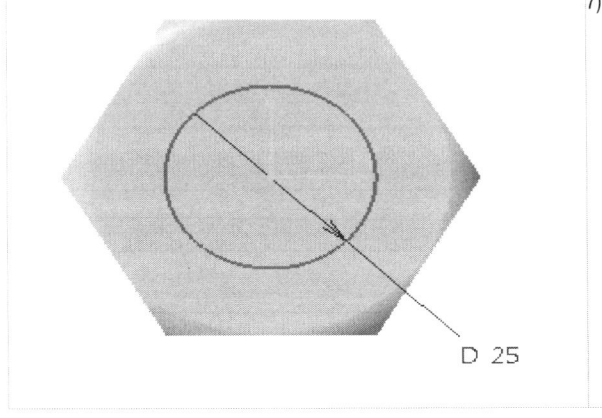

7) 스케치를 실행하고 Pad.1 객체의 밑면을 선택하여 다음과 같이 스케치를 한다.

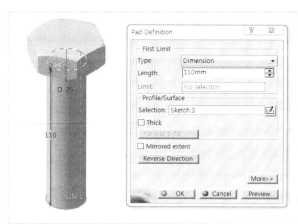

8) Pad를 실행하고 110mm 돌출을 한다.

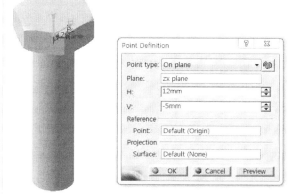

9) Point(•)을 실행한다.
   On Plane을 지정, ZX Plane을 기준으로 H
   : 12mm, V : -5mm 아래에 Point를 찍는다.

10) 스케치를 실행하고 ZX Plane을 선택하
    여 다음과 같이 스케치를 한다.
    Axis 축으로 사용될 수직선을 스케치한
    다. 길이는 임의의 길이로 하면 된다.

11) [Start]-[Shape]-[Generative Shape Desi
    gn]을 선택한다.

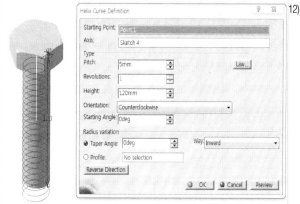

12) Helix( )을 실행하고 Starting Point :
    Point.1을 선택, Axis : Sketch.4를 선택,
    Pitch : 5mm, Height : 120mm 지정한
    다.

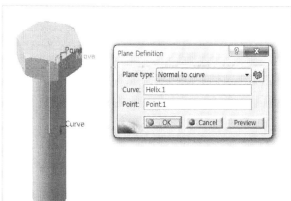

13) Plane( )을 실행하고 Helix.1의 끝점
    과 Helix.1의 곡선을 지정하여 Plane을
    생성한다.

D. 4

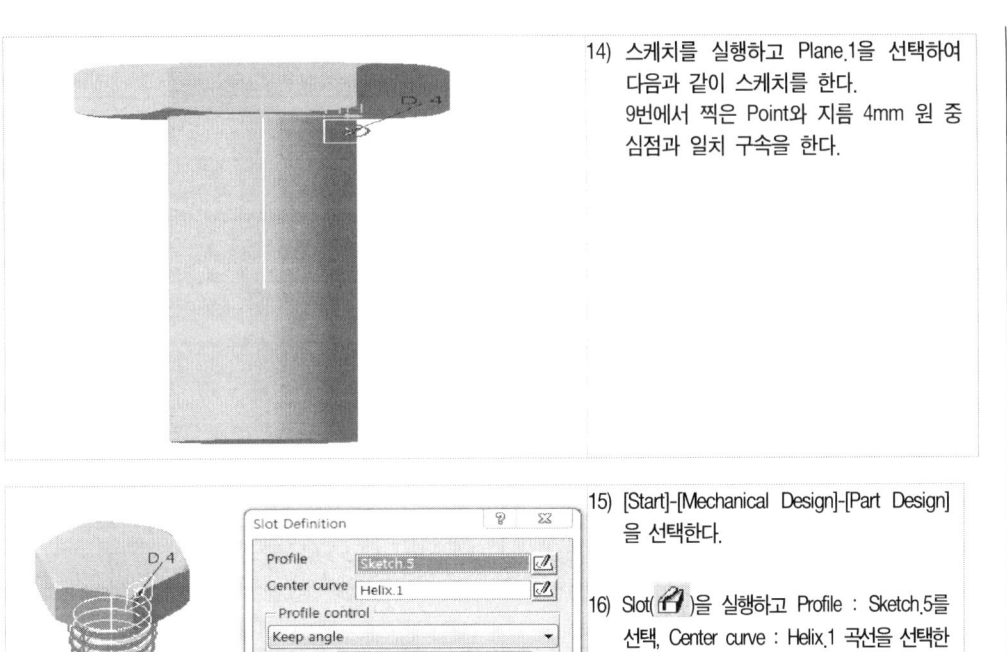

14) 스케치를 실행하고 Plane.1을 선택하여 다음과 같이 스케치를 한다.
9번에서 찍은 Point와 지름 4mm 원 중심점과 일치 구속을 한다.

D 4
Slot Definition
Profile
Sketch.5
Center curve
Helix.1
Profile control
Keep angle
Selection:
No selection
Move profile to path
Merge slot's ends
Thick Profile
Thin Slot
Thickness1
1mm
Thickness2
0mm
Neutral Fiber
Merge Ends
OK
Cancel
Preview

15) [Start]-[Mechanical Design]-[Part Design]을 선택한다.

16) Slot()을 실행하고 Profile : Sketch.5를 선택, Center curve : Helix.1 곡선을 선택한다.

너트 완성 결과

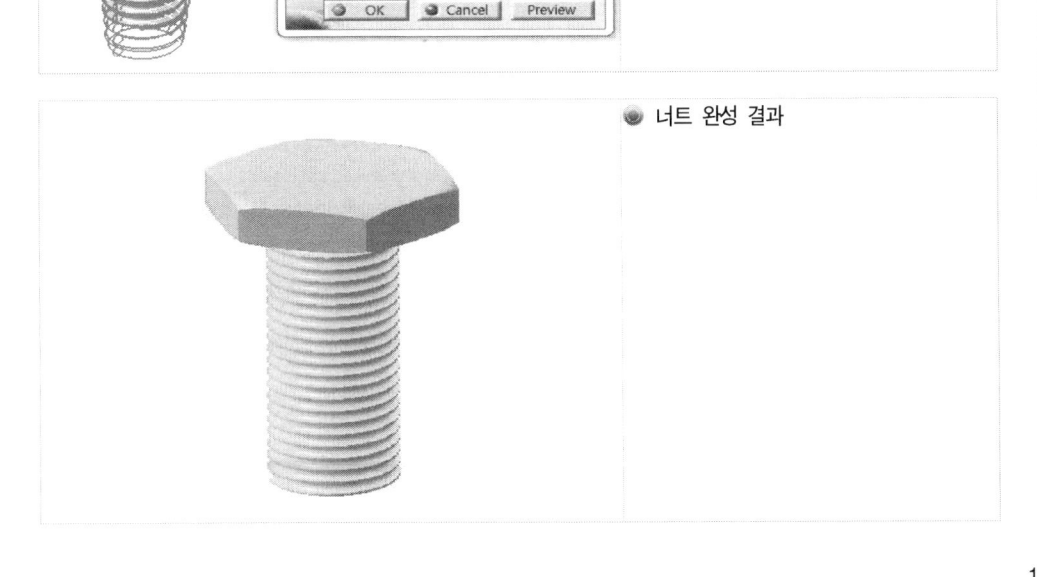

[Boolean Operations-Intersect 4] Add(합집합), Remove(차집합)

Part1
xy plane
yz plane
zx plane
PartBody
Body.2
Sketch.2
60
70
80
50
20
50
50

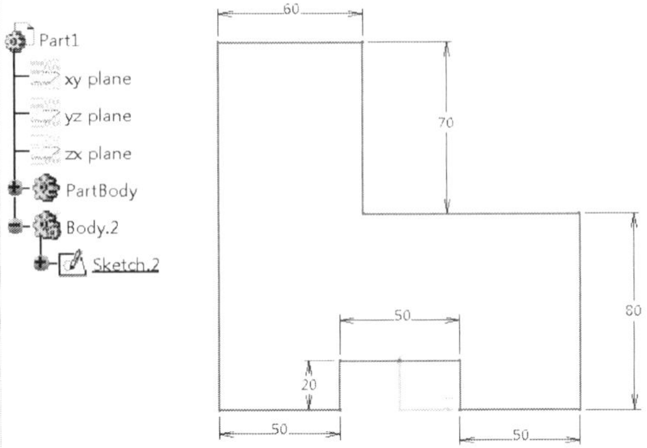

1) [Insert]-[Body]를 선택한다.

2) 스케치를 실행하고 YZ Plane을 선택하여 다음과 같이 스케치를 한다.

60
225
50
20
80
Pad Definition
First Limit
Type:
Dimension
Length:
225mm
Limit:
No selection
Profile/Surface
Selection:
Sketch.2
Thick
Reverse Side
Mirrored extent
Reverse Direction
More>>
OK
Cancel
Preview

3) Pad를 실행하고 225mm 돌출을 한다.

Part1
xy plane
yz plane
zx plane
PartBody
Body.2
Pad.1
Body.3
Sketch.3
137
D 55

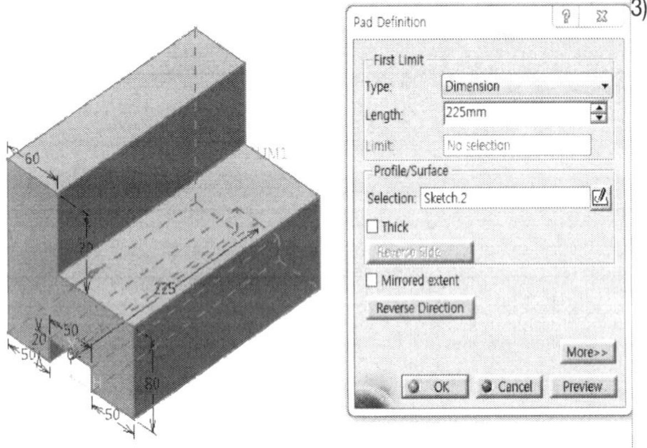

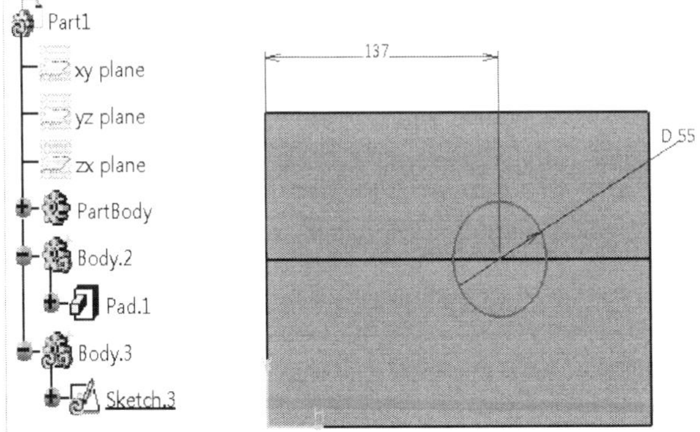

4) [Insert]-[Body]를 선택한다.

5) 스케치를 실행하고 Pad.1 객체의 우측 면을 선택하여 다음과 같이 스케치를 한다.

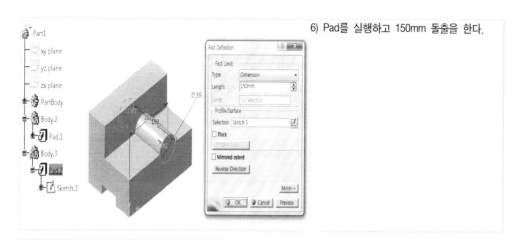

6) Pad를 실행하고 150mm 돌출을 한다.

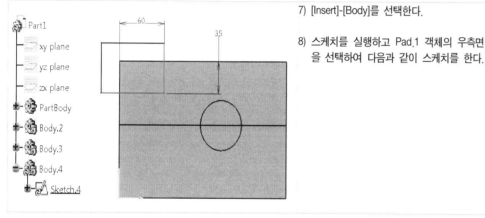

7) [Insert]-[Body]를 선택한다.

8) 스케치를 실행하고 Pad.1 객체의 우측면을 선택하여 다음과 같이 스케치를 한다.

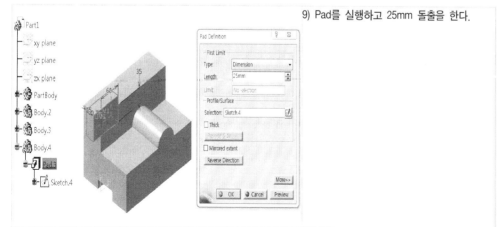

9) Pad를 실행하고 25mm 돌출을 한다.

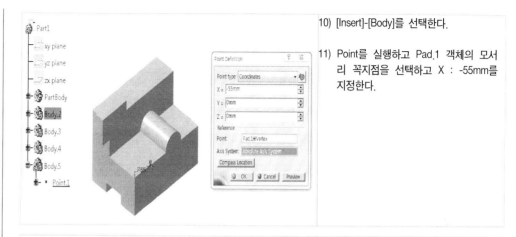

10) [Insert]-[Body]를 선택한다.

11) Point를 실행하고 Pad.1 객체의 모서리 꼭지점을 선택하고 X : -55mm를 지정한다.

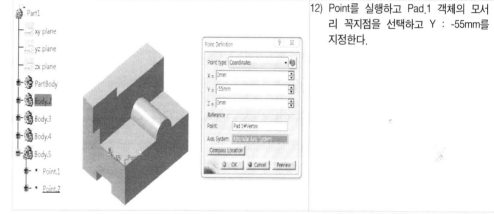

12) Point를 실행하고 Pad.1 객체의 모서리 꼭지점을 선택하고 Y : -55mm를 지정한다.

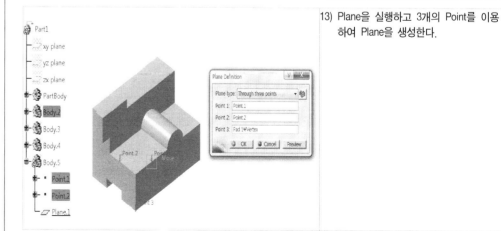

13) Plane을 실행하고 3개의 Point를 이용하여 Plane을 생성한다.

14) 스케치를 실행하고 Plane.1을 선택하여 다음과 같이 스케치를 한다.
치수 기입과 모서리에 일치 구속을 한다.

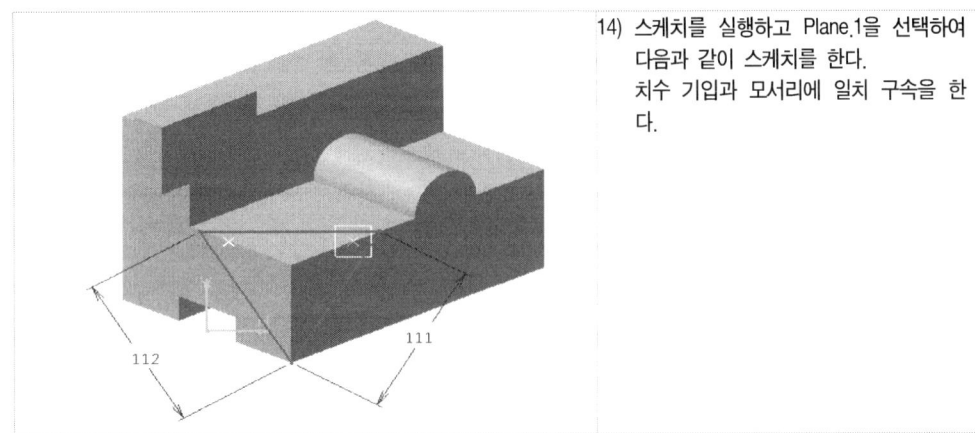

15) Pad를 실행하고 80mm 돌출을 한다.

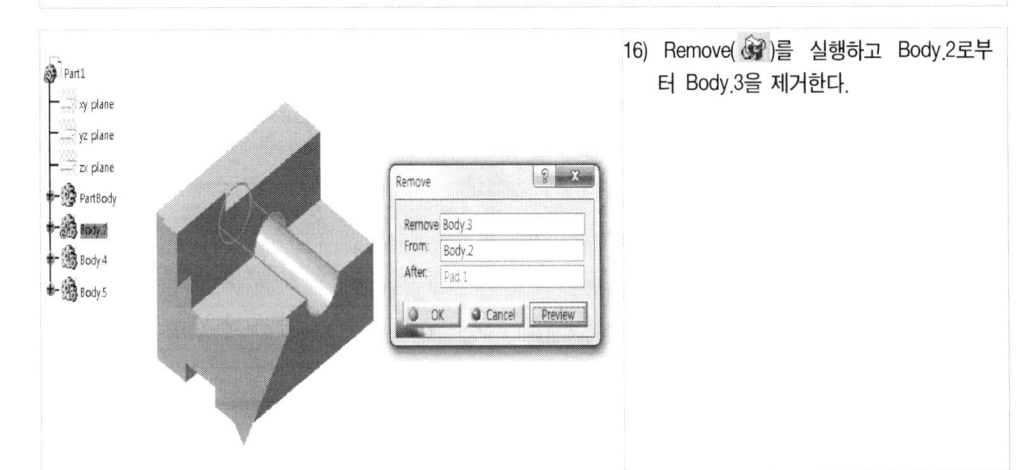

16) Remove( )를 실행하고 Body.2로부터 Body.3을 제거한다.

17) Remove( )를 실행하고 Body.2로부터 Body.4를 제거한다.

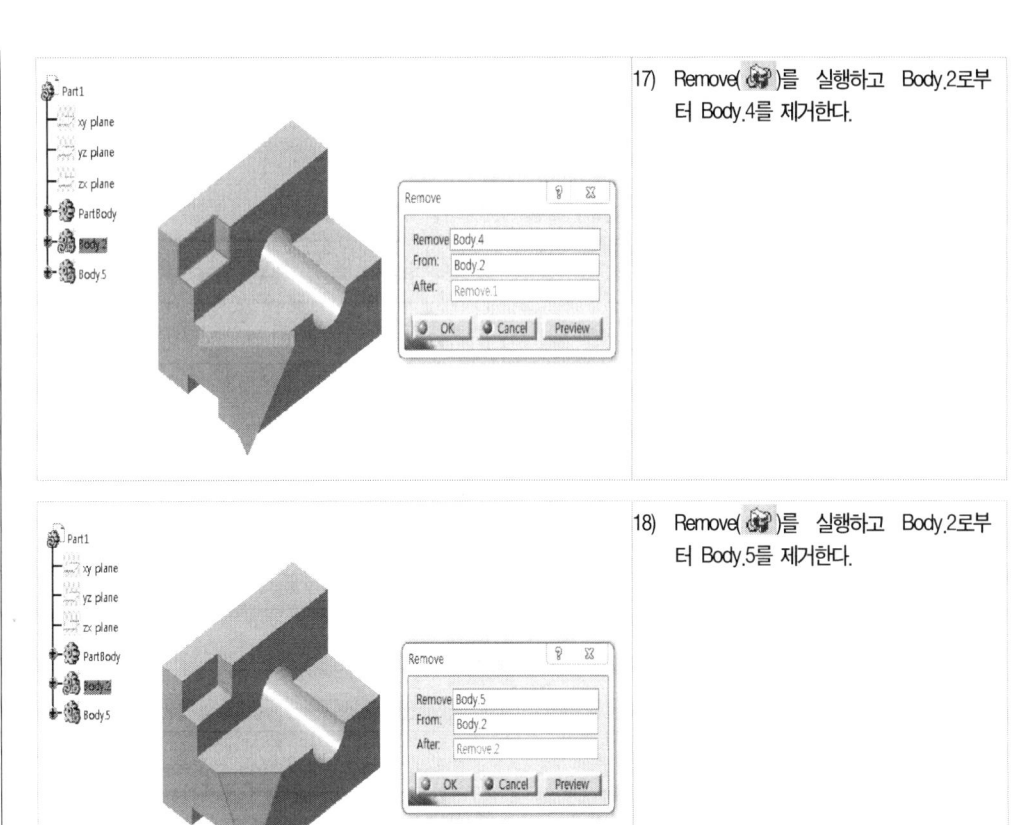

18) Remove( )를 실행하고 Body.2로부터 Body.5를 제거한다.

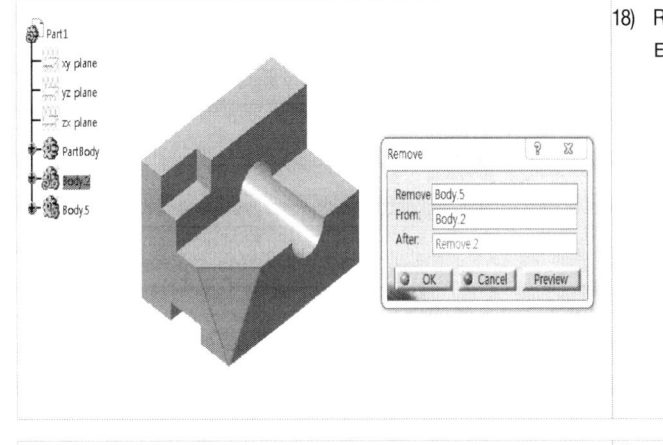

● 완성 결과

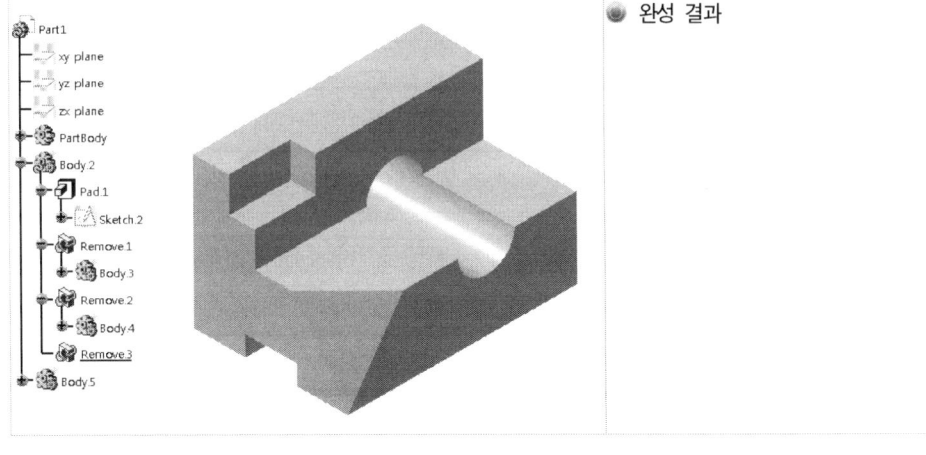

172

[Boolean Operations-Add 5] Add(합집합) 생성

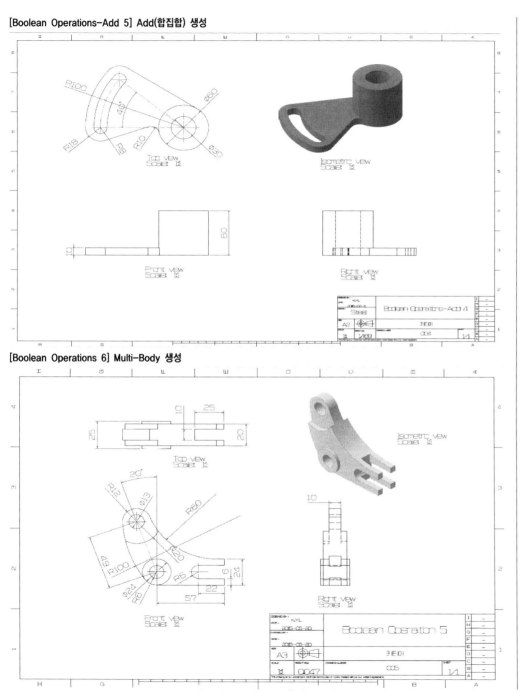

[Boolean Operations 6] Multi-Body 생성

Chapter 5 | Surface Based Features

1. Split

Split() : Surface 또는 Plane을 이용하여 Solid 형상을 자른다.

■ Split( ) Definition

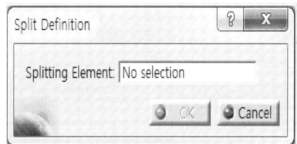

• Splitting Element : 경계 요소(Surface, Plane)를 선택한다.
• 자를 방향은 화살표로 조정한다.

[Split( ) 실습]

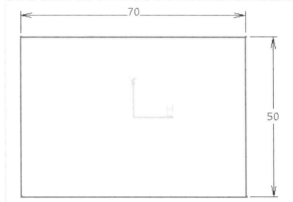

1) [Start]-[Mechanical Design]-[Part Design]을 선택한다.

2) 스케치를 실행하고 XY Plane을 선택하여 다음과 같이 스케치를 한다.

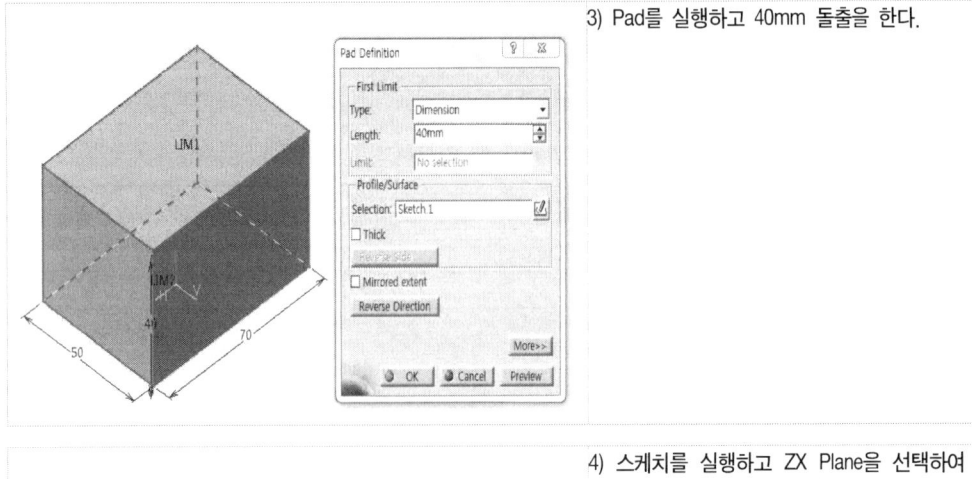

3) Pad를 실행하고 40mm 돌출을 한다.

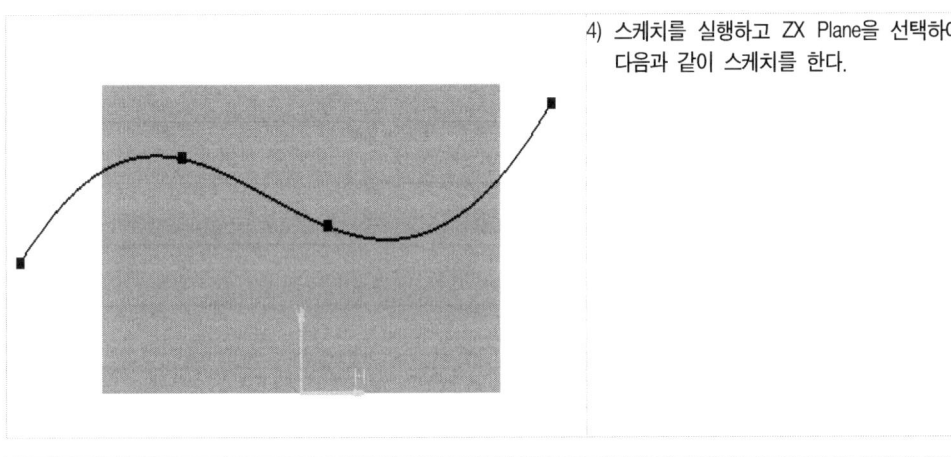

4) 스케치를 실행하고 ZX Plane을 선택하여 다음과 같이 스케치를 한다.

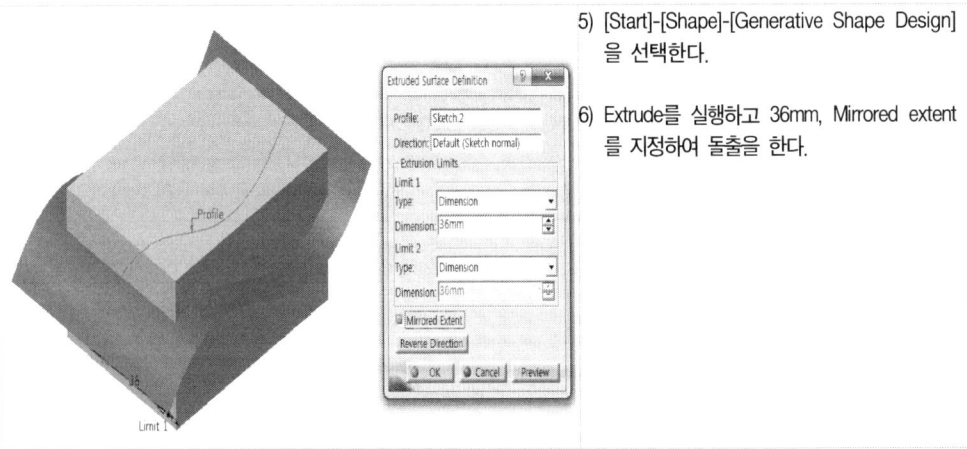

5) [Start]-[Shape]-[Generative Shape Design] 을 선택한다.

6) Extrude를 실행하고 36mm, Mirrored extent 를 지정하여 돌출을 한다.

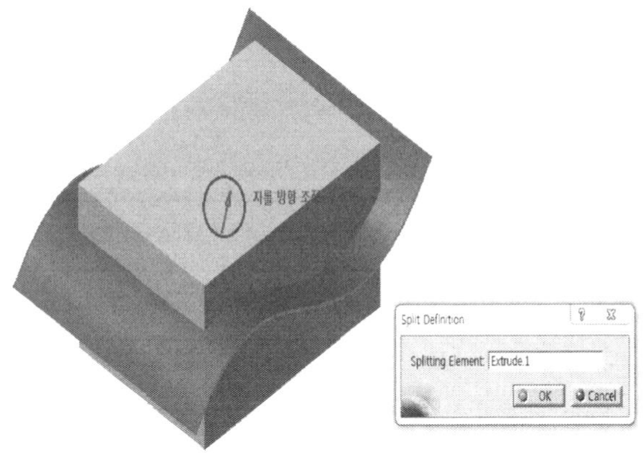

7) [Start]-[Mechanical Design]-[Part Design] 를 선택한다.

8) Split(⬚)을 실행하고 Surface를 선택한 다.

● Split 결과
9) 아래 부분이 잘려진다.

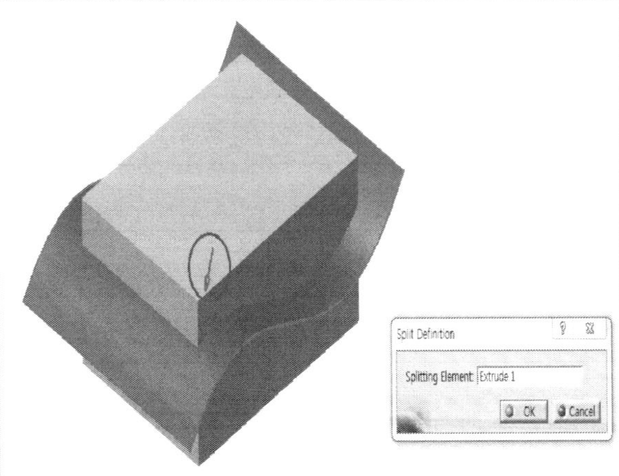

10) Spec Tree에서 Split.1을 더블클릭하고 화살표를 클릭하여 방향을 바꿔본다.

174

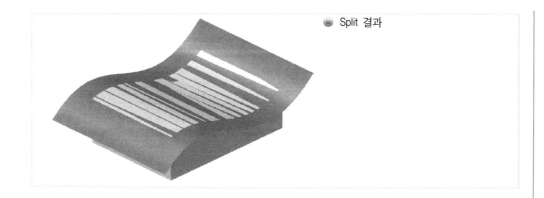

● Split 결과

---

2. ThickSurface

ThickSurface(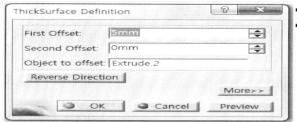) : Surface에 두께를 주는 기능이다.

◼ ThickSurface() Definition

- First Offset : 두께를 입력한다.
- Object to offset : 두께를 줄 Surface 를 선택한다.

[ThickSurface() 실습]

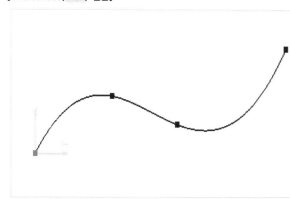

1) [Start]-[Shape]-[Generative Shape Design] 을 선택한다.

2) 스케치를 실행하고 ZX Plane을 선택하여 다음과 같이 스케치를 한다.

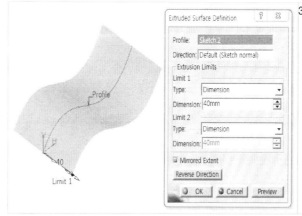

3) Extrude를 실행하고 40mm, Mirrored extent 를 지정하여 돌출을 한다.

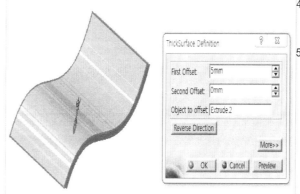

4) [Start]-[Mechanical Design]-[Part Design]을 선택한다.

5) ThickSurface()을 실행하고 두께 : 5mm 솔리드로 전환한다.

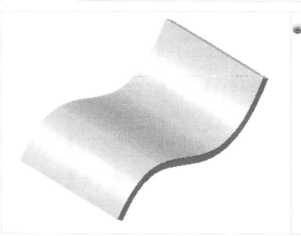

● ThickSurface()수행 결과

CloseSurface(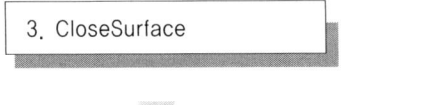)은 닫혀 있는 Surface에 Solid를 채운다.

■ CloseSurface(◇) Definition

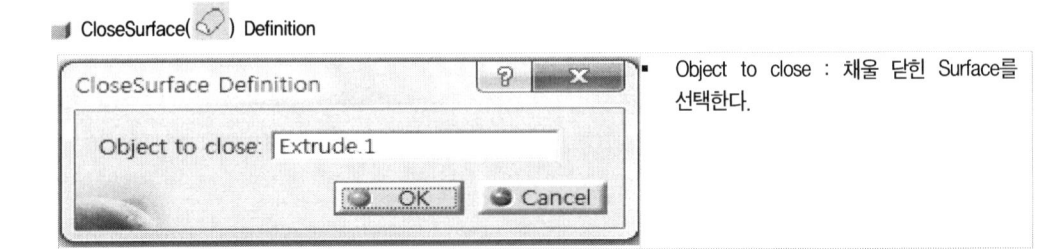

- Object to close : 채울 닫힌 Surface를 선택한다.

[CloseSurface(◇) 실습]

1) [Start]-[Shape]-[Generative Shape Design] 을 선택한다.

2) 스케치를 실행하고 XY Plane을 선택하여 다음과 같이 스케치를 한다.

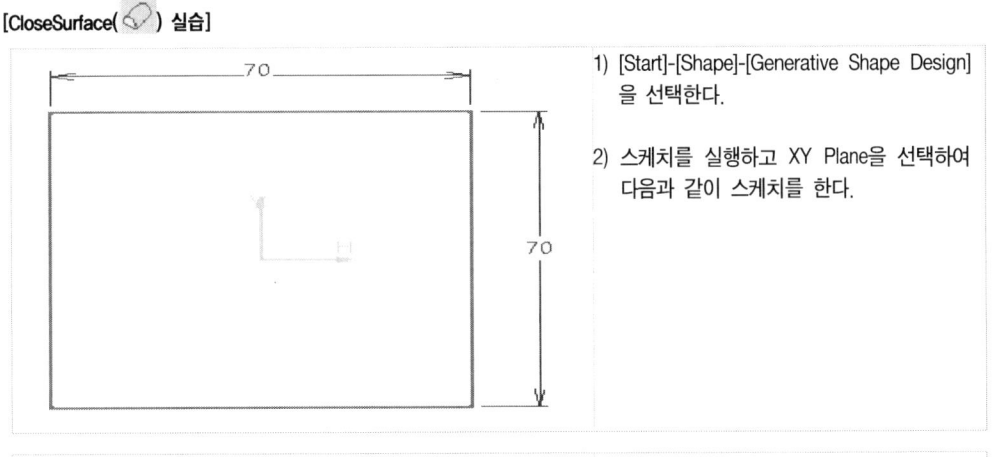

3) Extrude를 실행하고 40mm 돌출을 한다.

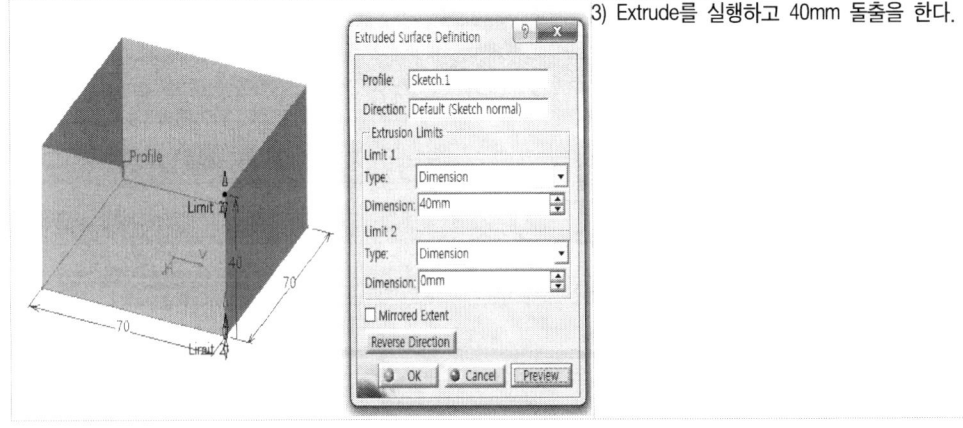

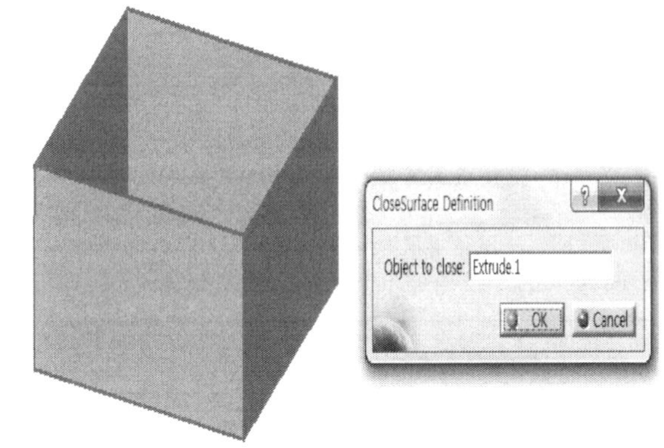

4) [Start]-[Mechanical Design]-[Part Design]를 선택한다.

5) CloseSurface(◇)을 실행하고 Surface를 선택한다.

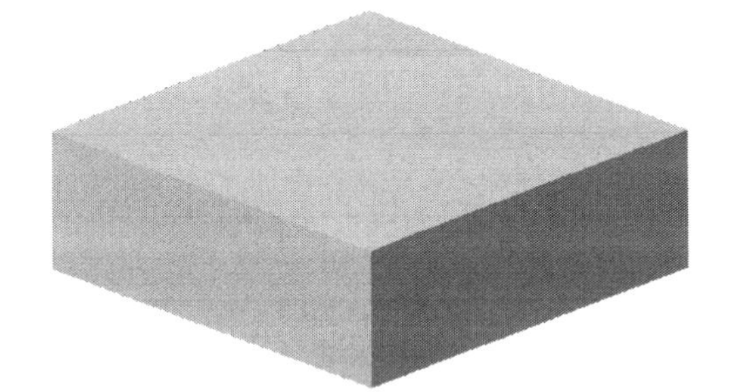

● CloseSurface 결과

6) 속이 빈부분이 채워진다.

4. Sew Surface

Sew Surface(▦)은 Surface을 기준으로 Solid와 겹치는 부분은 제거하고 빈 공간은 채워서 생성하는 기능이다.

■ Sew Surface(▦) Definition

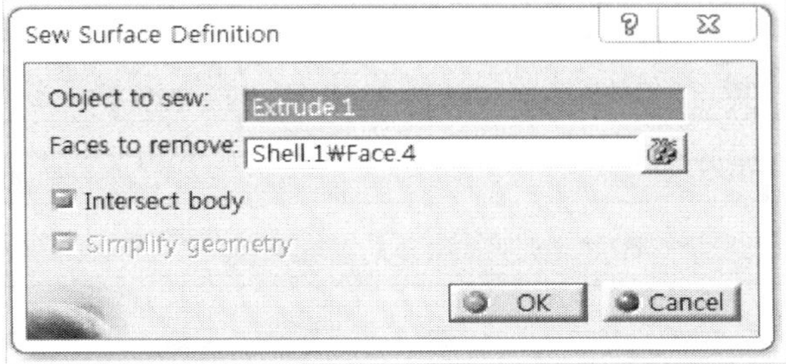

- Object to sew : 경계 요소(Surface, Plane)를 선택한다.
- Faces to remove : 제거할 면을 선택한다.

[Sew Surface(▣) 실습]

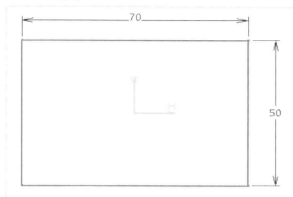

1) [Start]-[Mechanical Design]-[Part Design] 를 선택한다.

2) 스케치를 실행하고 XY Plane을 선택하여 다음과 같이 스케치를 한다.

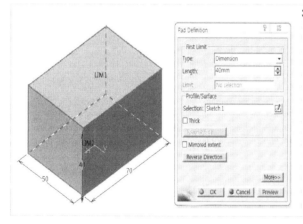

3) Pad를 실행하고 40mm 돌출을 한다.

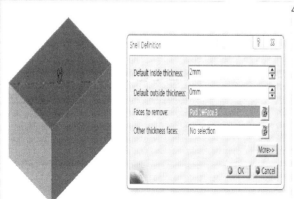

4) Shell을 실행하고 두께 : 2mm로 쉘을 생성한다.

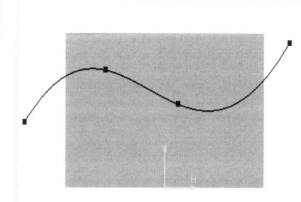

5) 스케치를 실행하고 ZX Plane을 선택하여 다음과 같이 스케치를 한다.

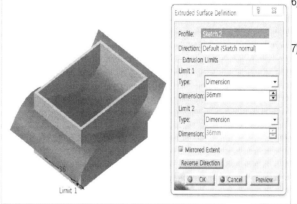

6) [Start]-[Shape]-[Generative Shape Design] 을 선택한다.

7) Extrude를 실행하고 36mm, Mirrored extent 를 지정하여 돌출을 한다.

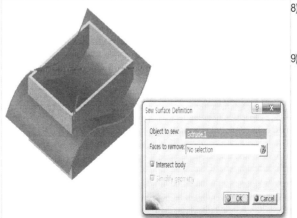

8) [Start]-[Mechanical Design]-[Part Design] 를 선택한다.

9) Sew Surface(▣)을 실행하고 Surface를 선택한다. Intersect body를 체크해야 한다.

177

● Sew Surface 결과

10) 속이 빈부분이 채워지고 Surface 위쪽에
있는 Solid는 잘려진다.

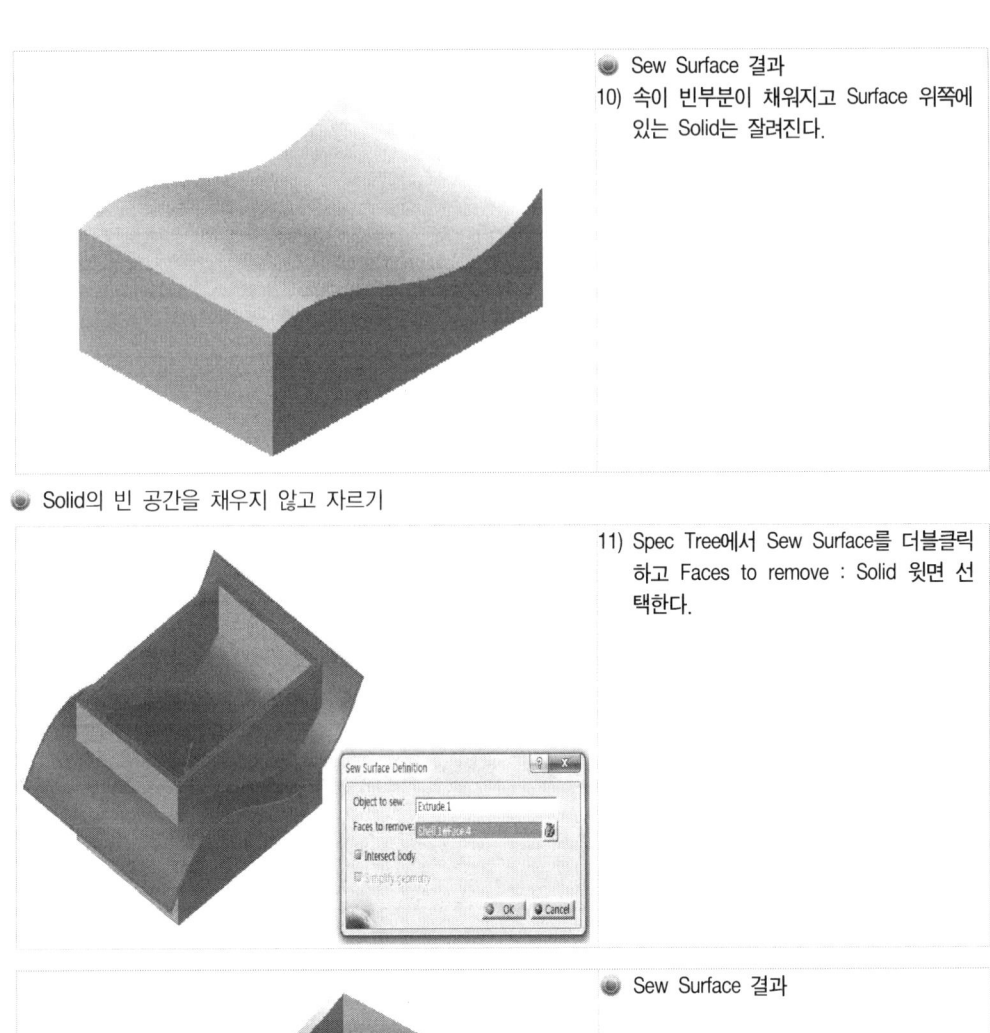

● Solid의 빈 공간을 채우지 않고 자르기

11) Spec Tree에서 Sew Surface를 더블클릭
하고 Faces to remove : Solid 윗면 선
택한다.

● Sew Surface 결과

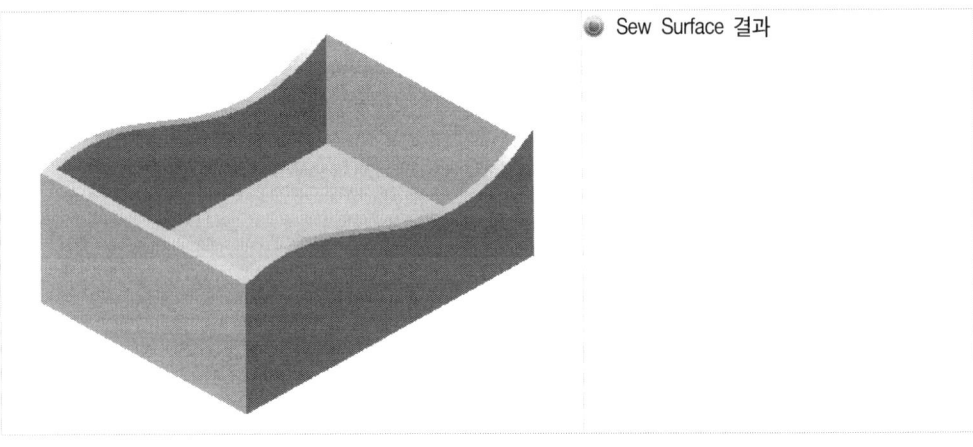

Chapter 6 Reference Elements

1. Plane

Plane(⟋) : 형상 요소가 아닌 기준 요소로 CATIA에서 작업 Plane 역할을 한다. Part 도큐먼트를 시작할
때 나타나는 원점의 3개의 Plane 역시 Plane이다. 기본 Plane 외에도 사용자가 다양한 방법으로 원하는 위
치에 만들 수 있다.

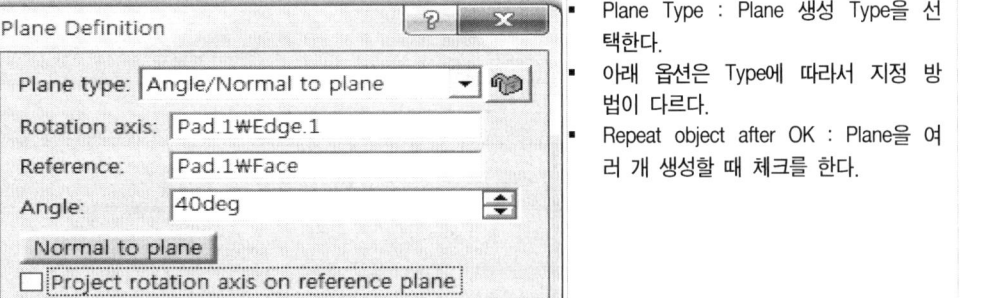

- Plane Type : Plane 생성 Type을 선
택한다.
- 아래 옵션은 Type에 따라서 지정 방
법이 다르다.
- Repeat object after OK : Plane을 여
러 개 생성할 때 체크를 한다.

■ Plane Type

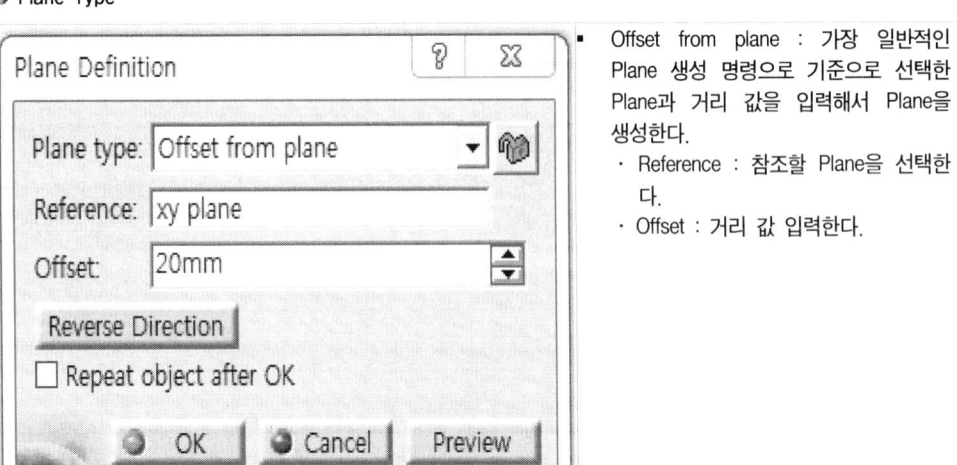

- Offset from plane : 가장 일반적인
Plane 생성 명령으로 기준으로 선택한
Plane과 거리 값을 입력해서 Plane을
생성한다.
  · Reference : 참조할 Plane을 선택한
  다.
  · Offset : 거리 값 입력한다.

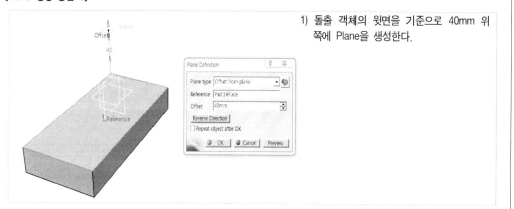

1) 돌출 객체의 윗면을 기준으로 40mm 위쪽에 Plane을 생성한다.

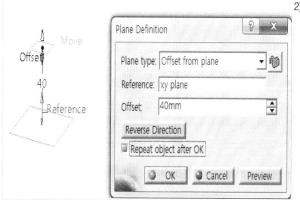

2) XY Plane 기준으로 40mm 위쪽에 Plane을 3개 생성한다.
Repeat object after OK를 체크한다.

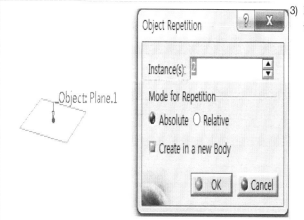

3) XY Plane 기준으로 40mm 위쪽에 Plane을 2개 더 생성한다.

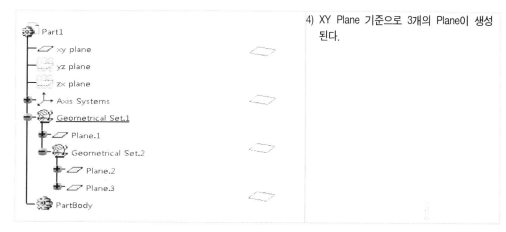

4) XY Plane 기준으로 3개의 Plane이 생성된다.

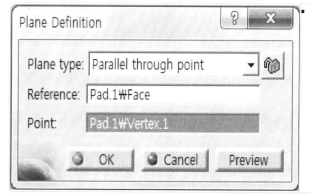

■ Parallel through point : 선택한 기준 Plane을 임의의 포인트의 위치로 평행하게 새 Plane을 만들어 준다. 거리 값을 알 수 없거나 커브의 끝이나 형상의 꼭지점에 Plane을 만들어 주고자 할 때 사용한다.

[Plane 생성 방법 2]

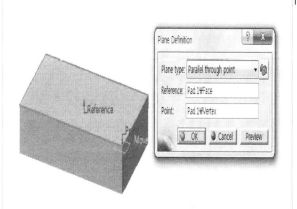

1) Plane과 꼭지점을 선택하여 Plane을 생성한다.

179

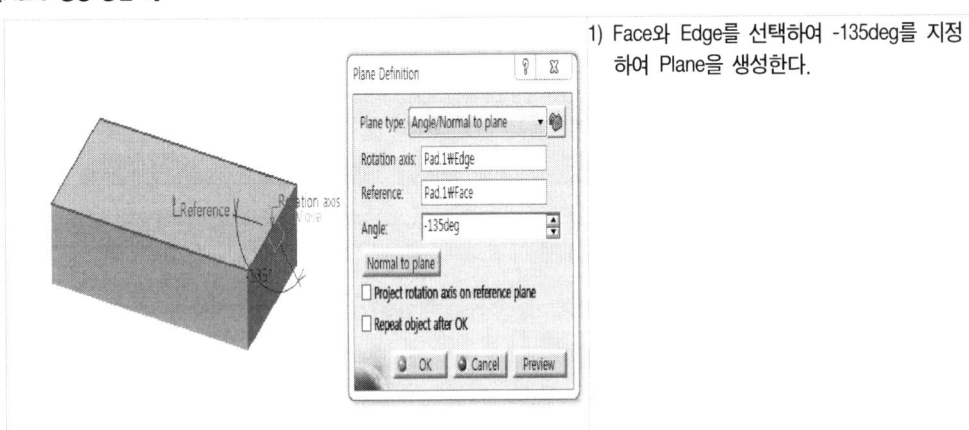

- Angle/Normal to a plane : 기준 Plane 에 대해서 입력한 각도만큼 기울어진 Plane을 만들 수 있다.
  · Rotation axis : 회전축 선택
  · Reference : 참조면 선택
  · Angle : 각도 입력
  필요에 따라 회전축으로 사용될 Line을 그리거나 Contextual Menu을 통해 축을 선택할 수도 있다.

[Plane 생성 방법 3]

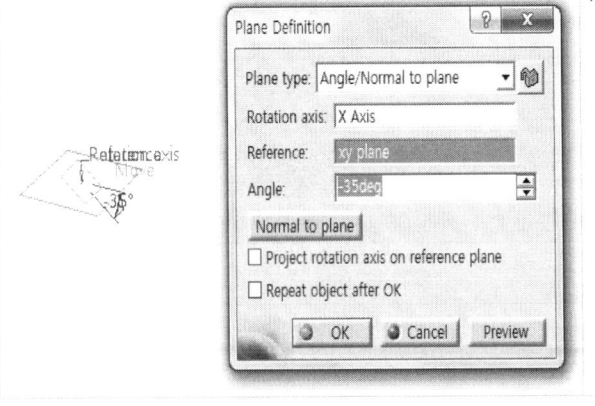

1) Face와 Edge를 선택하여 -135deg를 지정하여 Plane을 생성한다.

2) XY Plane과 회전축으로 X Axis를 지정 -35deg 기울어진 Plane을 생성한다.

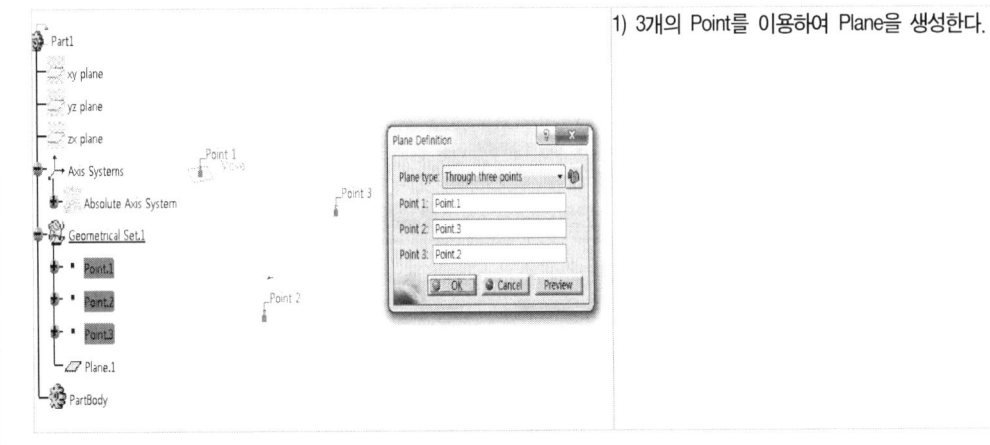

- Through three points : Plane을 결정 짓는 조건 중에 하나로 3개의 점으로 Plane을 만들 수 있다.

[Plane 생성 방법 4]

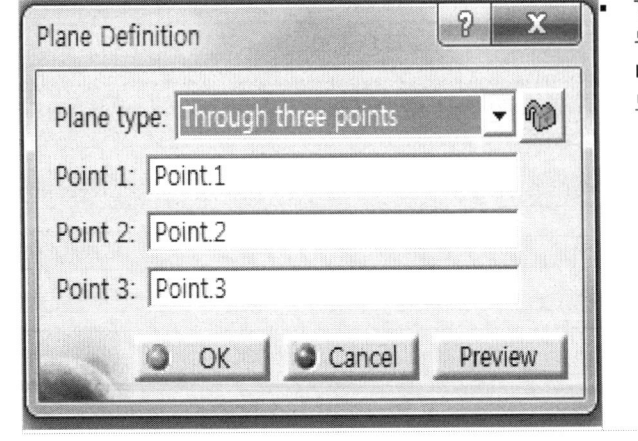

1) 3개의 Point를 이용하여 Plane을 생성한다.

- Through two lines : Plane을 지나는 두 개의 직선을 이용하여 Plane을 만든다. 3차원 형상의 모서리를 이용할 수 도 있다.

[Plane 생성 방법 5]

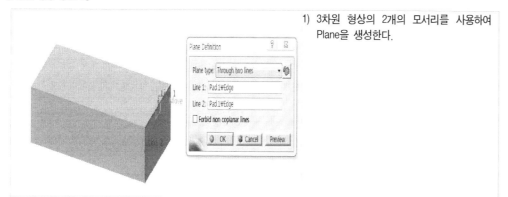

1) 3차원 형상의 2개의 모서리를 사용하여 Plane을 생성한다.

[Plane 실습 1]

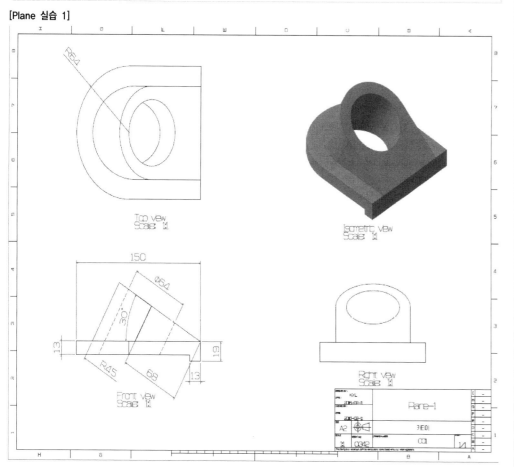

[Plane 실습 2]

[Plane 실습 3]

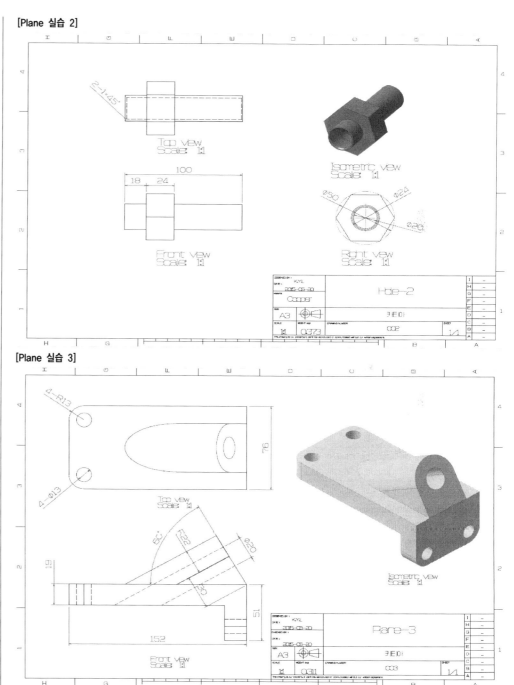

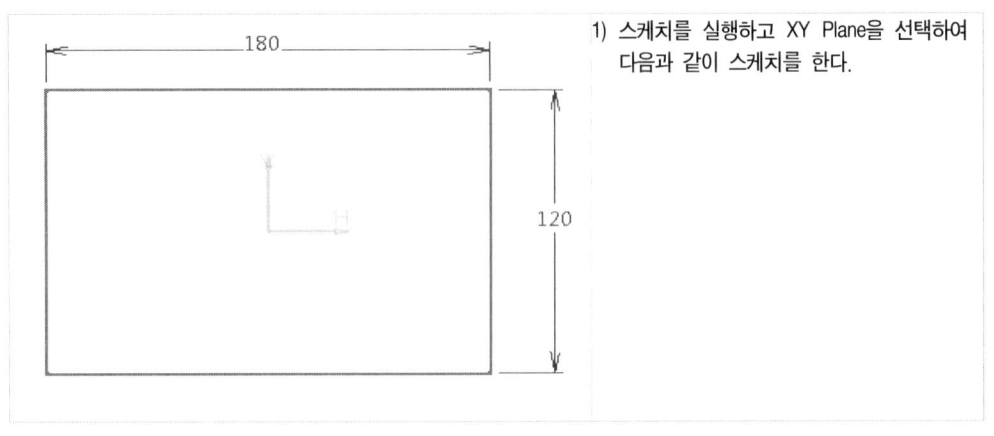

1) 스케치를 실행하고 XY Plane을 선택하여 다음과 같이 스케치를 한다.

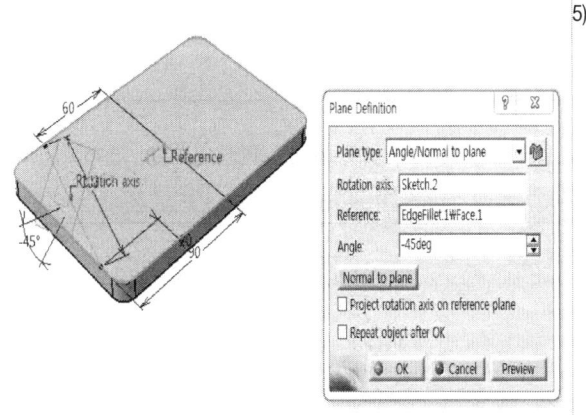

2) Pad를 실행하고 10mm 돌출을 한다.

3) Edge Fillet를 실행하고 반경 : 10mm로 필렛을 한다.

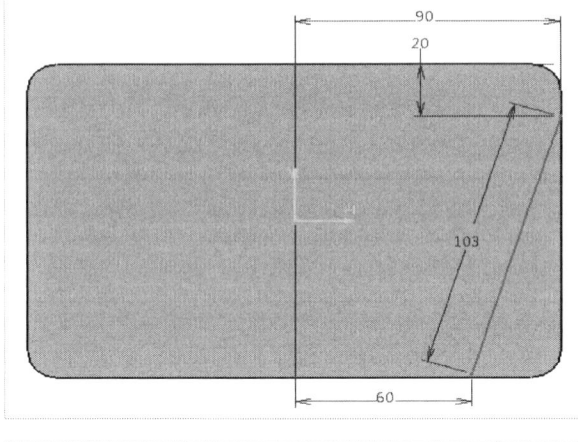

4) 스케치를 실행하고 Pad.1 객체의 윗면을 선택하여 다음과 같이 스케치를 한다.

5) Plane을 실행하고 Rotation Axis : Sketch.2, Reference : Pad.1 객체의 윗면을 선택, Angle : -45deg로 Plane을 생성한다.

6) 스케치를 실행하고 Plane.1을 선택하여 다음과 같이 스케치를 한다.

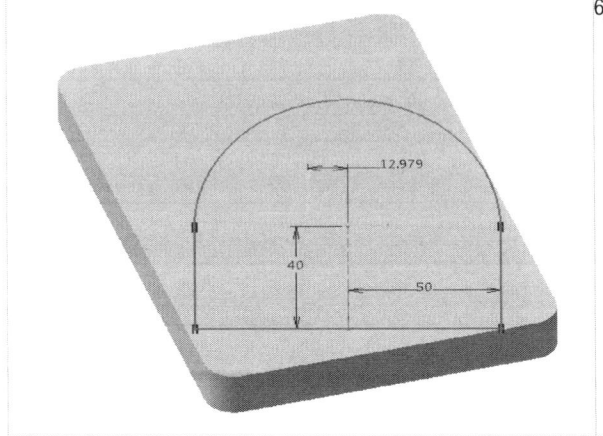

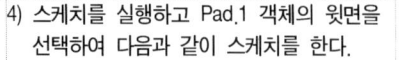

182

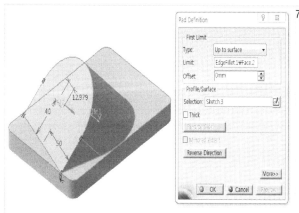

7) Pad를 실행하고 Up to Surface를 지정,
Limit : Pad.1 객체의 윗면을 지정하여
돌출을 한다.

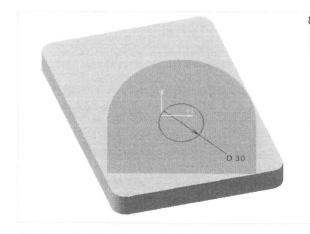

8) 스케치를 실행하고 Pad.2 객체의 윗면을
선택하여 다음과 같이 스케치를 한다.
바깥쪽 호와 동심 구속을 한다.

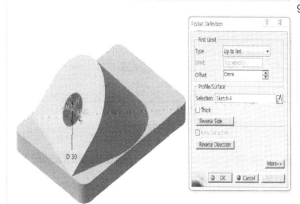

9) Pocket을 실행하고 Up to Last를 지정하
여 돌출 컷을 한다.

● 완성 결과

[Plane 실습 5]

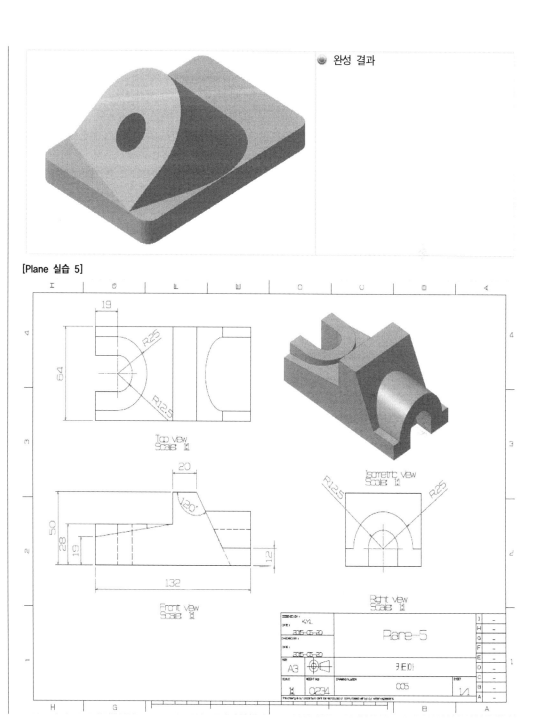

Dress-Up Features

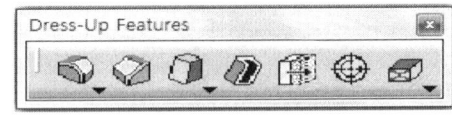

이 Toolbar는 형상을 꾸미는데 필요한 작업 명령이 들어 있다. 스케치를 기반으로 거친 형상을 만드는 작업 형상을 이 Toolbar들을 사용하여 다듬어 준다.

1. Fillet Features

1) Edge Fillet( )

Edge Fillet : 형상의 모서리(Edge)를 둥글게 라운드 처리하는 작업 명령이다. Sketched Based Feature에서 만든 Solid 형상은 모서리가 날카롭게 되는데 이러한 모서리를 둥글게 가공할 때 사용한다.

Edge Fillet( ) Definition

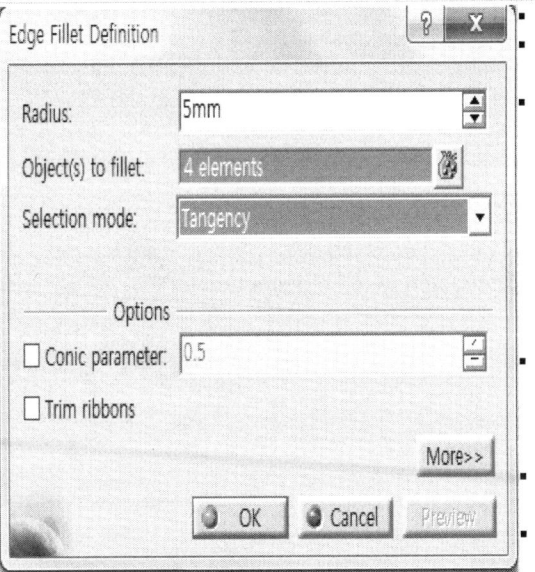

- Radius : Edge Fillet의 반경을 입력한다.
- Object(s) to fillet : Fillet을 주고자하는 모서리를 선택한다. 복수 선택이 가능하다.
- Selection mode
  - Tangency : 선택한 모서리와 탄젠트하게 접하는 모든 모서리에 Fillet이 들어간다.
  - Minimal : 선택한 모서리에 대해서 이웃하는 모서리에 최소한의 영향이 가도록 Fillet을 한다.
  - Intersection : 선택한 두 Feature의 교차하는 부분에 대한 Fillet을 수행하고자 할 경우 사용한다.
- Edge(s) to Keep : 형상의 Fillet 값을 주고자하는 부분 외에 주변의 모서리에 의해 범위가 제한된다. Fillet에서 제외하고자 하는 모서리를 선택해 준다.
- Limiting element(s) : 모서리에 임의의 기준면을 넣고 이 기준까지 Fillet하게 할 수 있다.
- Blend corner : Fillet을 여러 곳에 주다보면 형상이 매우 지저분한 데 부드럽게 연결해준다.

- Conic Parameter : Fillet을 단순 곡률이 아닌 Fillet의 단면 형상을 다양하게 변형하기 위하여 0에서 1사이

값으로 그 형상을 정의해 줄 수 있다.

0 〈 parameter 〈 0.5	Ellipse
0.5 = parameter	Parabola
0.5 〈 parameter 〈 1	Hyperbola

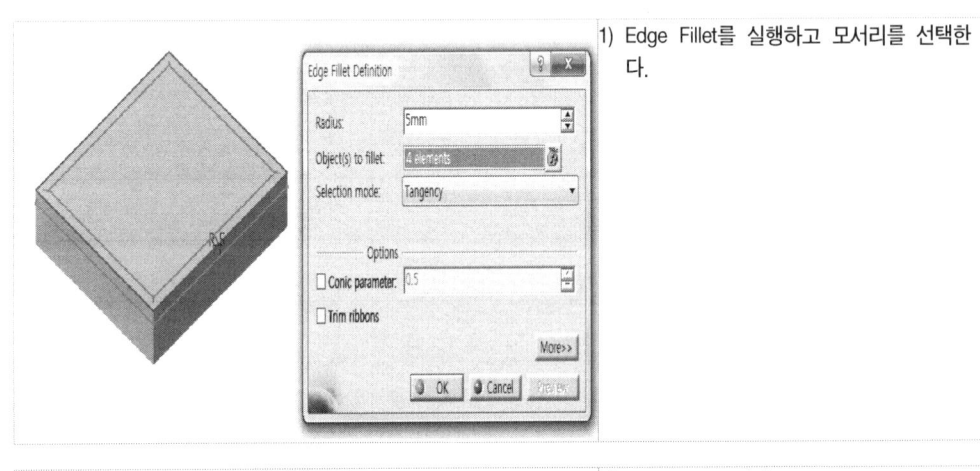

1) Edge Fillet를 실행하고 모서리를 선택한다.

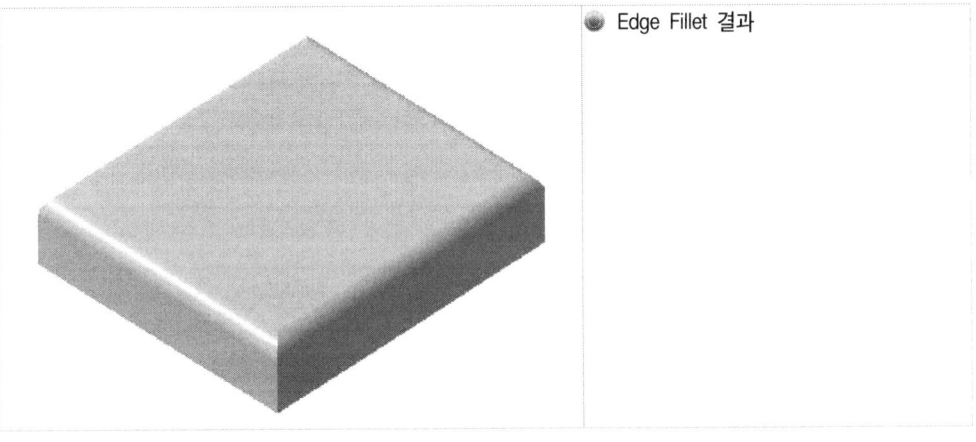

● Edge Fillet 결과

- Trim Ribbons
  두 Fillet이 만나는 부위를 매끄럽게 이어주는 옵션이다.

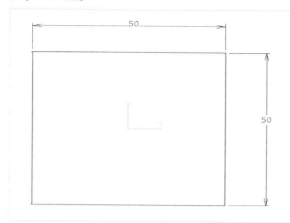

1) 스케치를 실행하고 XY Plane을 선택하여 다음과 같이 스케치를 한다.

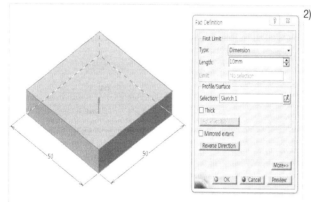

2) Pad를 실행하고 10mm 돌출을 한다.

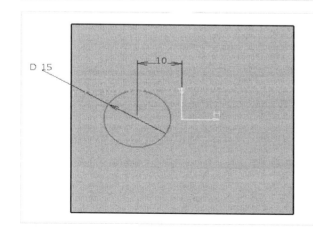

3) 스케치를 실행하고 Pad.1 객체의 윗면을 선택하여 다음과 같이 스케치를 한다.

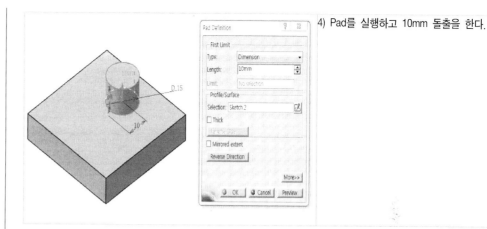

4) Pad를 실행하고 10mm 돌출을 한다.

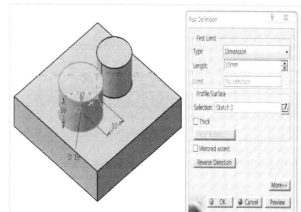

5) 스케치를 실행하고 Pad.1 객체의 윗면을 선택하여 다음과 같이 스케치를 한다.

6) Pad를 실행하고 10mm 돌출을 한다.

185

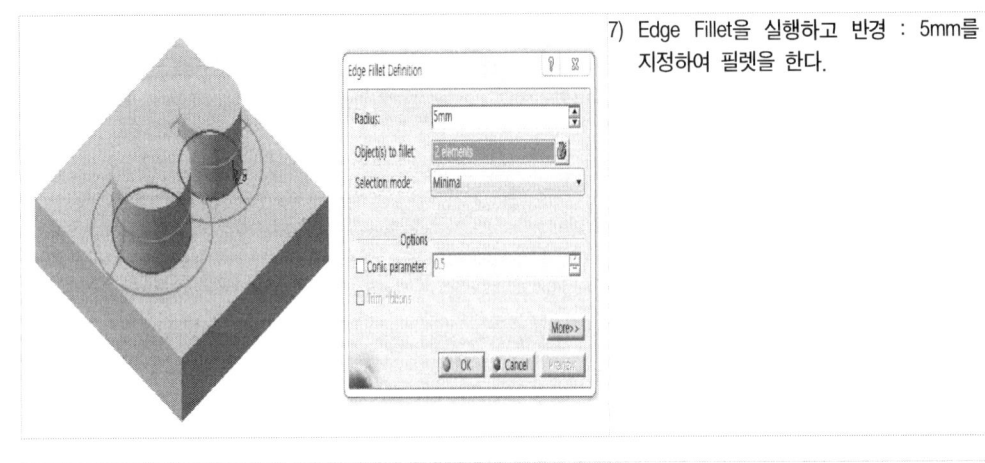

7) Edge Fillet을 실행하고 반경 : 5mm를 지정하여 필렛을 한다.

8) 두 개의 Fillet이 서로 겹쳐서 다음과 같은 Error 메시지 창이 뜬다.

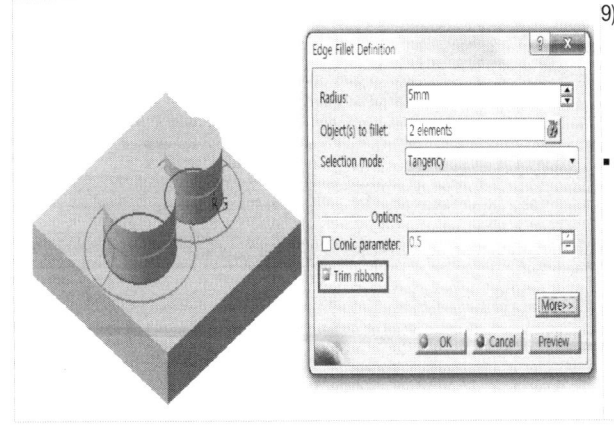

9) 8번의 Error를 수정하기 위해서 Trim Ribbons를 지정하여 겹치는 두 개의 필렛 부분을 제거한 후 매끄럽게 이어준다.

- Trim Ribbons의 의미 ?

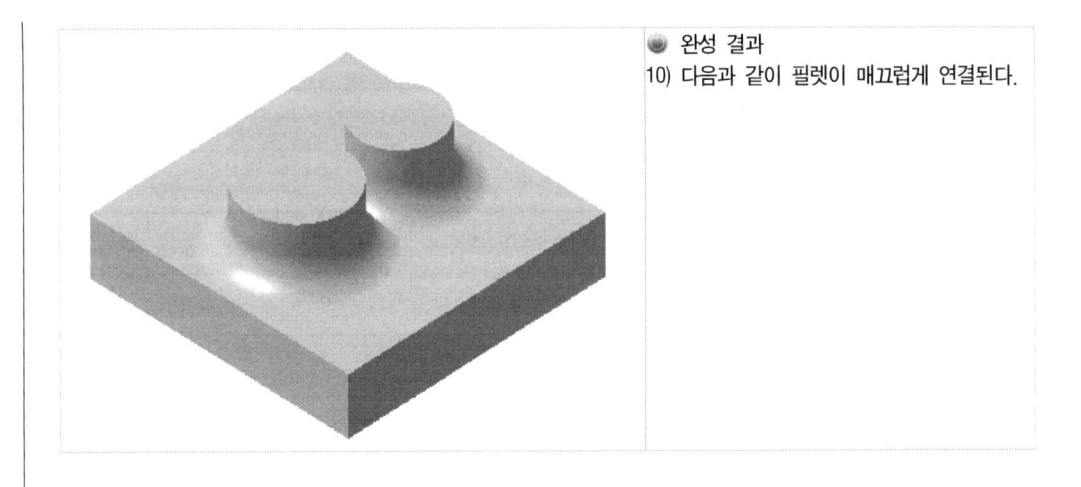

● 완성 결과

10) 다음과 같이 필렛이 매끄럽게 연결된다.

2) Variable Radius Fillet( )

Variable Radius Fillet : 하나의 모서리에 다중 필렛 값을 적용할 수 있는 명령이다. 선택한 모서리에 대해서 임의의 지점을 기준으로 반경 값에 변화를 줄 수 있다. 곡률 값이 일정하지 않고 모서리를 따라 변하게 작업하고자한다면 이 명령을 사용하여 구현할 수 있다.

■ Variable Radius Fillet Definition

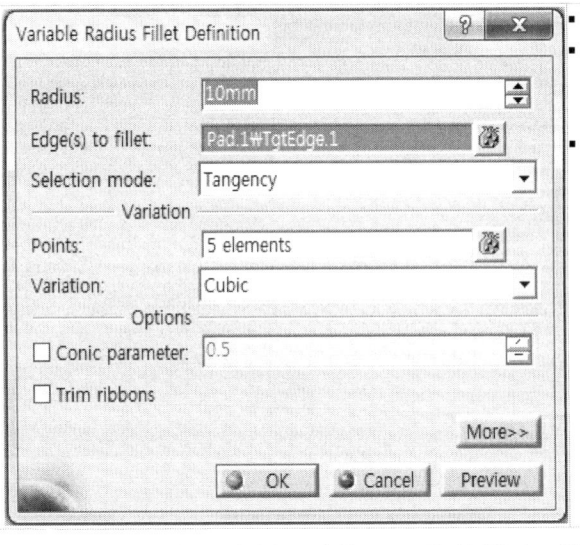

- Radius : Edge Fillet의 반경을 입력한다.
- Object(s) to fillet : Fillet을 주고자하는 모서리를 선택한다. 복수 선택이 가능하다.
- Points : 이 부분에 Fillet의 곡률을 변화시킬 지점을 지정하여 주면 되는데 작업자가 임의로 점을 선택하거나 모서리가 Tangent하게 옆의 모서리와 연결되면서 그 사이의 마디 점을 곡률이 변하는 지점으로 선택될 수 있다.

- Fillet 하고자 선택한 모서리와 교차하는 Plane을 선택하여 교차하는 부분의 교차점이 생겨 그 점을 기준으로 곡률 값을 바꾸어 줄 수 있다.

[Variable Radius Fillet 실습]

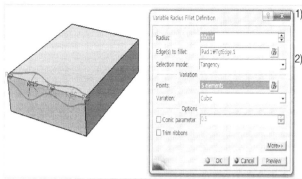

1) Variable Radius Fillet를 실행하고 모서리를 선택한다.

2) 모서리에 다른 반경을 지정하기 위해 모서리 중간을 클릭한다. 필요한 개수만큼 변경할 점을 선택하여 반경을 변경해 준다.

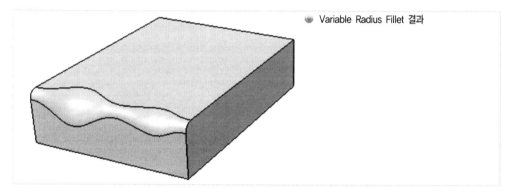

● Variable Radius Fillet 결과

3) Chordal Fillet( )

Chordal Fillet : Solid 형상에 Fillet을 정의할 때 곡률의 반지름이 아닌 현의 길이를 입력하여 Fillet을 주는 명령이다. Edge Fillet과 곡률에서 약간의 차이가 있다.

■ Chordal Fillet Definition

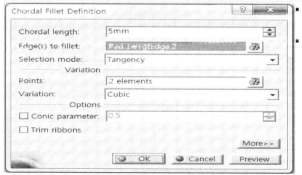

- Chordal Length : Fillet의 길이 값을 입력하여 Edge 필렛을 한다.
- Edge(s) to Fillet : Fillet을 주고자하는 모서리를 선택한다. 복수 선택이 가능하다.

4) Face-Face Fillet( )

Face-Face Fillet : 형상의 면(Face)을 지정하여 그 면과 면 사이에 곡률을 주는 명령이다. 두 면을 지정하여 Fillet를 지정한다.

Hold Curve : 곡률 반지름 값을 넣는 대신에 Fillet이 들어갈 곡률의 경계선을 입력해 주어 Fillet을 수행하는 옵션이다.

1) Edge Fillet를 실행하고 면과 면을 지정하여 반경 : 15mm 지정한다.

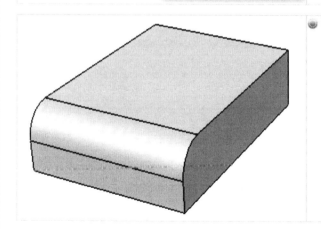

● Face-Face Edge Fillet 결과

5) Tri-tangent Fillet( )

Tri-tangent Fillet: 곡률 값을 따로 지정하지 않고 3개의 면을 지정하여 Fillet을 주는 명령이다.

1) Tri-tangent Fillet를 실행하고 윗면, 옆면, 아랫면을 차례로 선택한다.

Tritangent Fillet Definition

Faces to fillet: 2 elements 두 개 면 선택

Face to remove: Pad 1#Face.2 옆면 선택

More>>

OK Cancel Preview

● Tri-tangent Fillet 결과

2. Chamfer Features

Chamfer( ) : 3차원 형상에 Chamfer를 해주는 명령이다. 다중 선택이 가능하고 치수 값은 길이와 각도를 입력하거나 두 개의 길이를 사용하여 입력해 준다.
원하는 모서리나 면 요소를 선택한 후에 모따기 값을 입력하면 Chamfer를 수행한다.

◢ Chamfer Definition

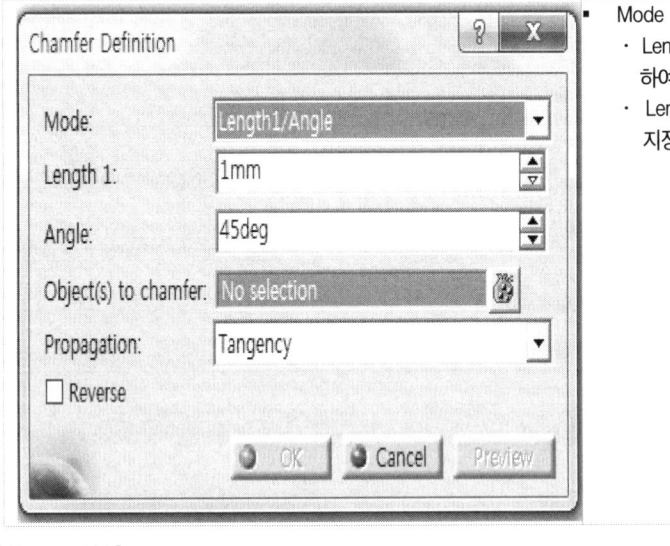

- Mode
  · Length1/Angle : 길이와 각도를 지정 하여 Chamfer를 지정한다.
  · Length1/Length2 : 두 개의 길이를 지정하여 Chamfer를 한다.

[Chamfer 실습]

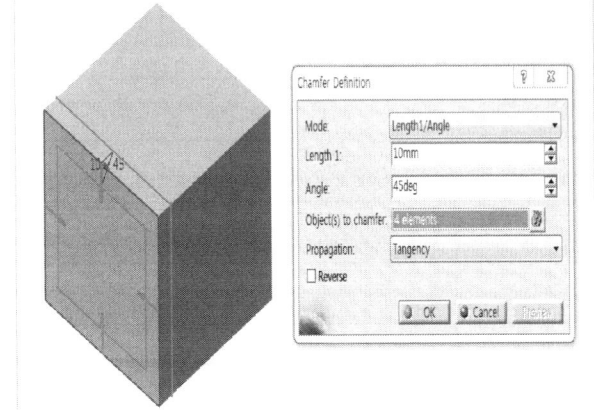

1) Chamfer를 실행하고 모서리를 지정하여 Length : 10mm, Angle : 45deg를 지정 한다.

Chamfer 결과

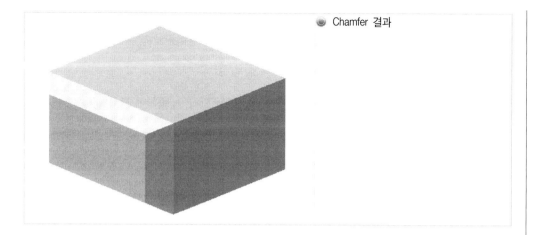

3. Draft Features

Draft Angle( ) : Solid 형상의 면에 각도를 부여하는 명령으로 Mold 작업에서 형상을 만들고 떼어 내기 편하도록 각도를 부여하는 작업에 사용하도록 만들어졌다.

Draft Angle Definition

- Draft Type
Draft Angle이 기본적으로 선택되어 있으며 선택한 면에 대해서 일정한 구배 각을 정의한다.
Variable Draft Angle : 선택한 면에 대해서 구배 각이 변하는 Draft를 수행한다.
· Angle : 기준 방향에 대해서 선택한 Solid 면을 몇 도의 각으로 기울이게 할 것 인지 값을 입력한다.
· Face(S) to draft : Draft 주고자하는 면을 선택히는 **부분**으로 다중 신댁이 가능하나.
· Neutral Element : Draft의 기준이 되는 중립면이다. 반드시 선택을 해주어야 하며 Draft를 면에 기준이 될 면을 선택한다. Plane 또는 곡면 요소를 선택할 수 있다.
· Pulling Direction : Draft가 들어가는 방향을 정의, Neutral Element에 수직이다.
· Draft Both Sides : 구배를 위와 아래 부분을 따로 준다.

[Draft Angle( ) 실습 1]

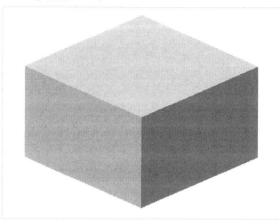

1) 3D 형상 준비한다.

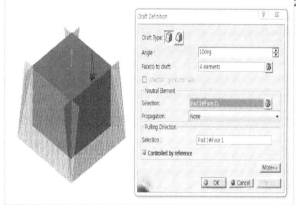

2) 구배 각도 : 10deg, 구배 줄 면 : Pad.1 객체의 측면을 선택, 기준면 : Pad.1 객체의 윗면을 선택한다.
화살표로 방향을 변경한다.

Draft Angle 결과

1) 3D 형상 준비한다.

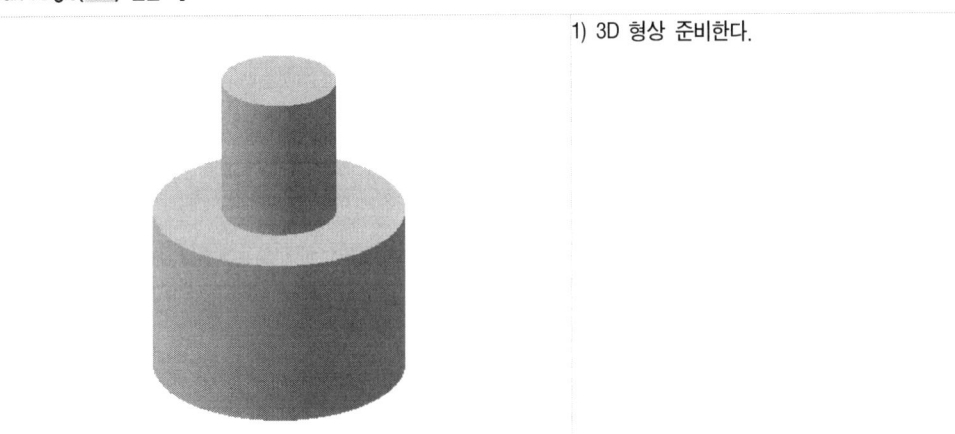

2) Draft를 실행하고 구배 각도 : 20deg, 구배 줄 면 : Pad.1 객체의 원기둥을 선택, 기준면 : Pad.1 객체의 윗면을 선택한다.

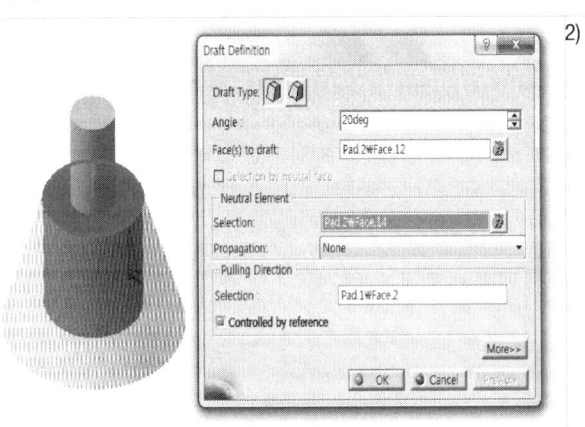
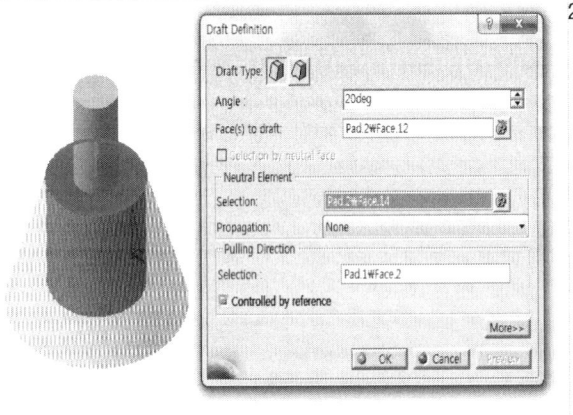

● Draft Angle 결과

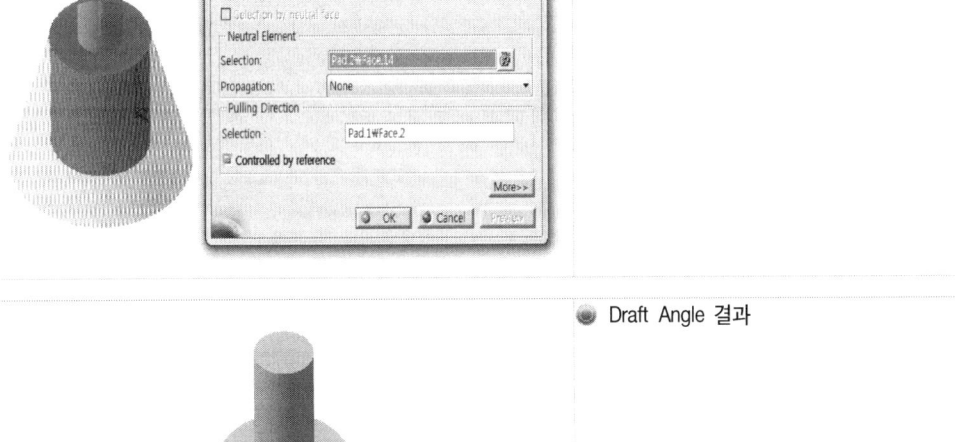

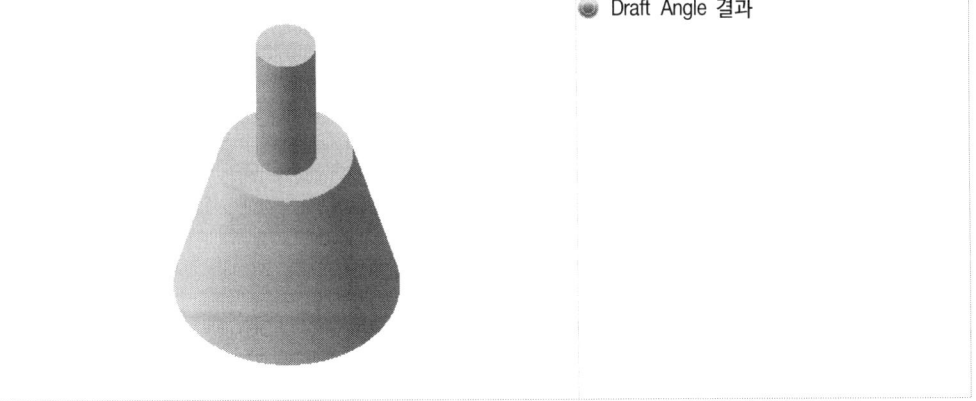

4. Draft Reflect Line Features

Draft Reflect Line() : Reflect Line을 이용한 방법은 선택한 면에 대해서 Pulling Direction으로 Draft하는 것은 위와 동일하나 Reflect Line을 기준으로 Draft가 만들어진다.

■ Draft Reflect Line Definition

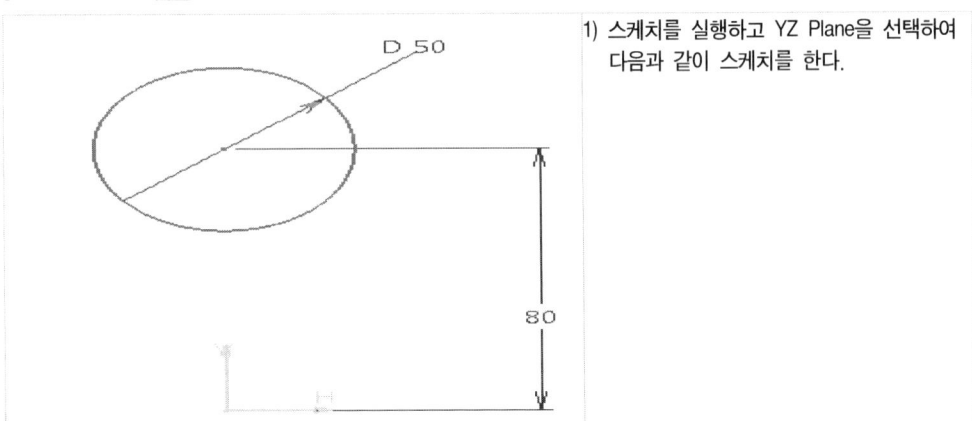
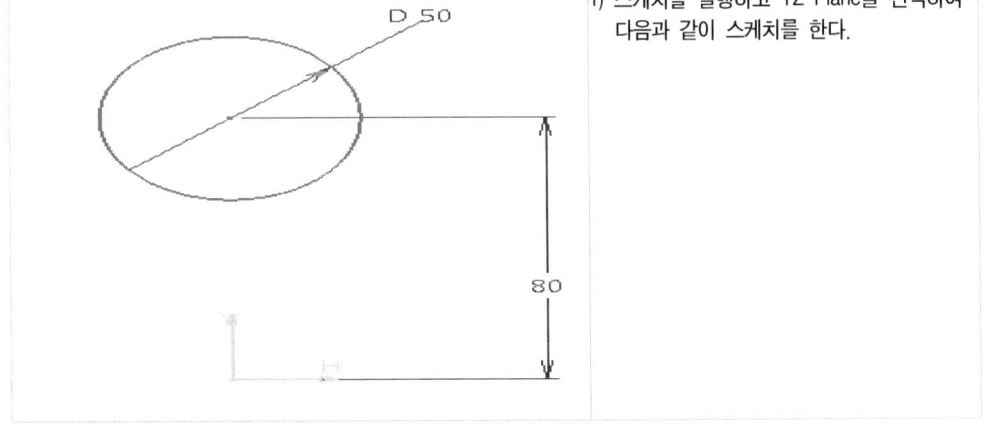

■ Draft Type
   Draft Reflect Line이 기본적으로 선택되어 있으며 선택한 면에 대해서 일정한 구배 각을 정의 한다.
   · Pulling Direction : Draft가 들어가는 방향을 정의, Neutral Element에 수직이다.

[Draft Reflect Line() 실습]

1) 스케치를 실행하고 YZ Plane을 선택하여 다음과 같이 스케치를 한다.

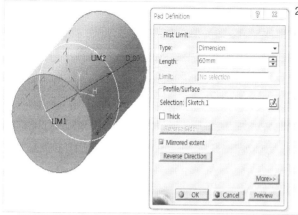

2) Pad를 실행하고 60mm, Mirrored extent 를 지정하여 돌출을 한다.

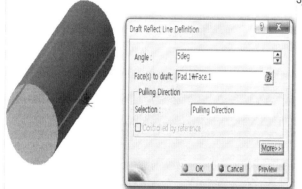

3) Draft Reflect Line을 실행하고 구배 각도 : 5deg, Face to Draft : 원기둥을 선택한 다.

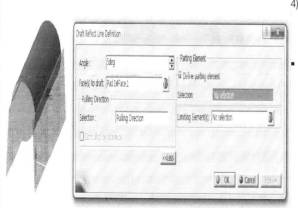

4) [More] 버튼을 누르고 Define parting El ement를 선택하여 XY Plane을 선택하여 화살표 방향을 다음과 같이 지정한다.

■ Define parting Element의 의미 ?

● Draft Angle 결과

5. Variable Angle Draft Features

Variable Angle Draft : Solid의 한 모서리에 서로 다른 각도를 적용하여 Draft 시키는 기능이다.

■ Variable Angle Draft( ) Definition

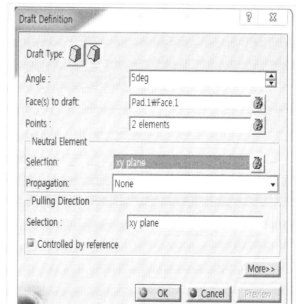

■ Draft Type

Variable Angle Draft이 한 모서리에 서로 다른 각도를 적용하여 Draft를 한다.

· Face(s) to draft : 구배를 줄 면을 선택한다.

· Neutral Element : 구배를 줄 기준면을 선택해 준다.

[Variable Angle Draft( ) 실습]

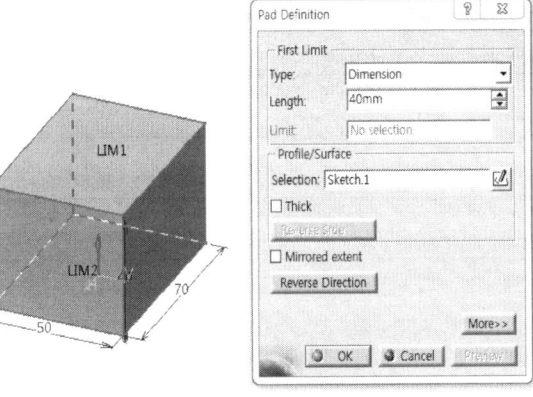

1) 스케치를 실행하고 XY Plane을 선택하여 다음과 같이 스케치를 한다.

70
50

2) Pad를 실행하고 40mm 돌출을 한다.

Pad Definition

First Limit
Type: Dimension
Length: 40mm
Limit: No selection
Profile/Surface
Selection: Sketch.1
□ Thick
□ Mirrored extent
Reverse Direction
More>>
OK Cancel Preview

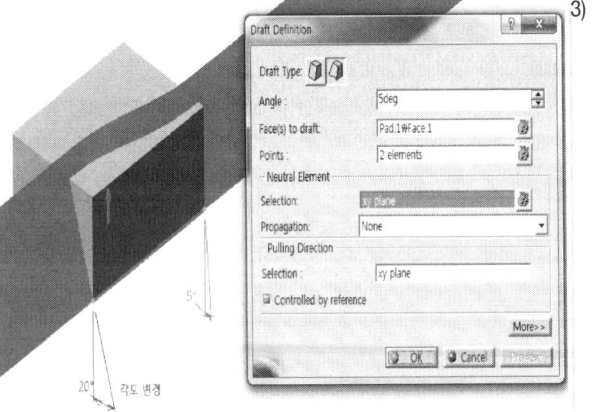

3) Variable Angle Draft를 실행하고 구배 각도 : 5deg, Face to Draft : 우측면을 선택, 기준면으로 : XY Plane을 선택하여 한쪽 구배 각도를 20deg로 변경한다.

Draft Definition

Draft Type:
Angle: 5deg
Face(s) to draft: Pad.1\Face.1
Points: 2 elements
Neutral Element
Selection: xy plane
Propagation: None
Pulling Direction
Selection: xy plane
☑ Controlled by reference
More>>
OK Cancel Preview

● Variable Angle Draft 결과

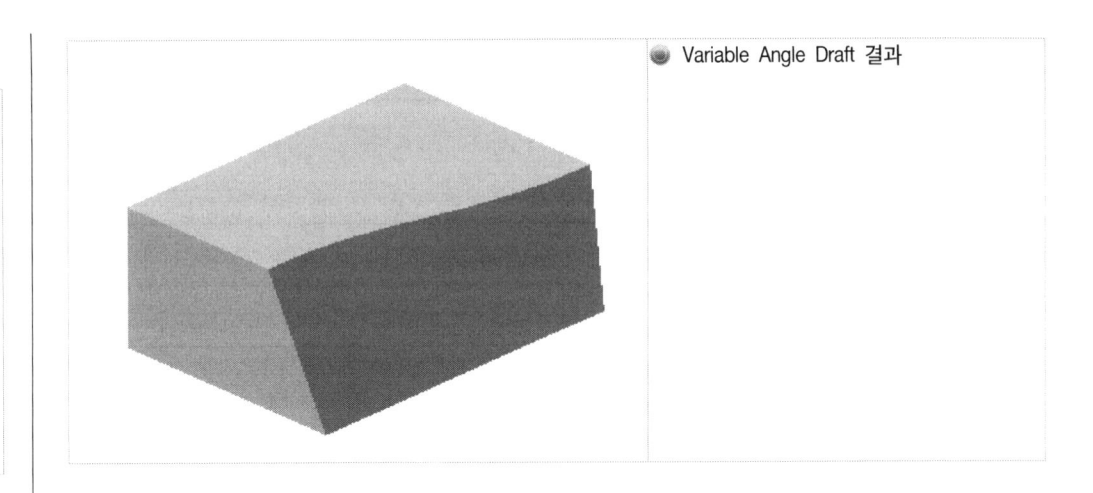

---

6. Shell Features

Shell( ) : 안이 꽉 차 있는 Solid 형상에 대해서 그 안을 일정한 두께로 파내어 얇은 껍데기와 같은 구조로 만드는 작업을 수행한다.

■ Shell Definition

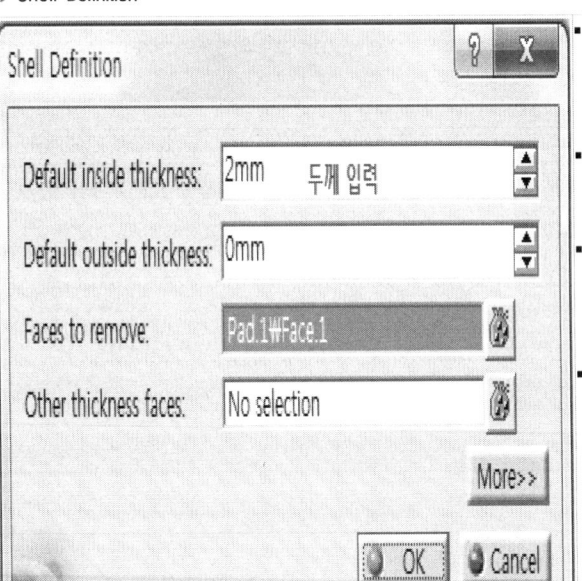

Shell Definition

Default inside thickness: 2mm 두께 입력
Default outside thickness: 0mm
Faces to remove: Pad.1\Face.1
Other thickness faces: No selection
More>>
OK Cancel

- Default inside thickness : 현재 Solid 형상의 경계면을 기준으로 안쪽 방향으로 두께를 정의하고자 하는 값을 입력한다.
- Default outside thickness : Solid 형상의 경계면을 기준으로 바깥쪽 방향으로 두께를 정의하고자 하는 값을 입력한다.
- Face to remove : Shell 작업을 수행하기 위해 Open 시키고자 하는 면을 선택한다. 복수 면 선택이 가능하다.
- Other thickness faces : 일부 면에 다른 두께 값을 정의하고자 할 때 선택한다. 여기에 선택한 면은 따로 두께 입력 값을 가진다.

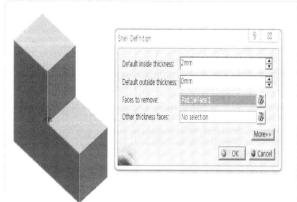

1) Shell을 실행하고 Pad.1 객체의 앞면을 선택, 두께 : 2mm로 쉘을 생성한다.

● Shell 결과

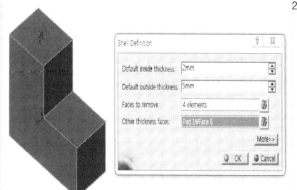

2) Spec Tree에서 Shell.1을 더블클릭하여 Faces to remove : Pad.1 객체의 측면을 4면을 선택, Default inside thickness : 2mm로 지정, Other thickness faces : Pad.1 객체의 앞면을 선택, Default Outside thickness : 5mm로 쉘을 생성한다.

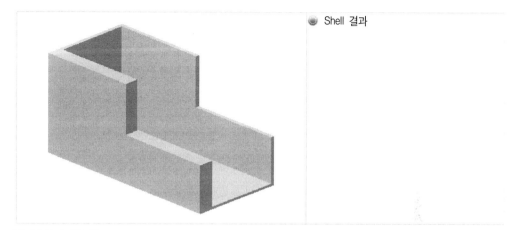

● Shell 결과

[Shell과 Draft 실습 2]

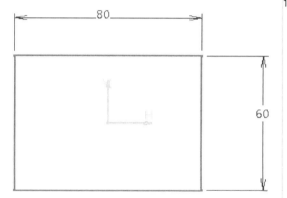

1) 스케치를 실행하고 XY Plane을 선택하여 다음과 같이 스케치를 한다.

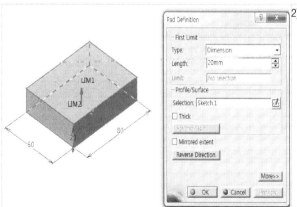

2) Pad를 실행하고 20mm로 돌출을 한다.

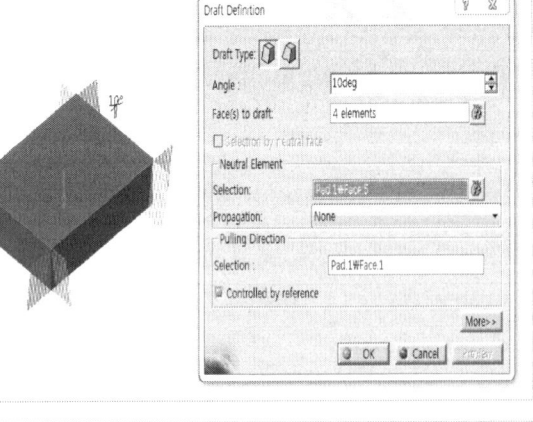

3) Draft Angle을 실행하고 구배 각도 : 10deg
구배 줄 면 : Pad.1 객체의 측면 4개 면을
선택, 기준면 : Pad.1 객체의 윗면을 선택한
다. 화살표 방향을 클릭하여 아래쪽으로 향
하도록 지정한다.

- Neutral Element의 의미 ?

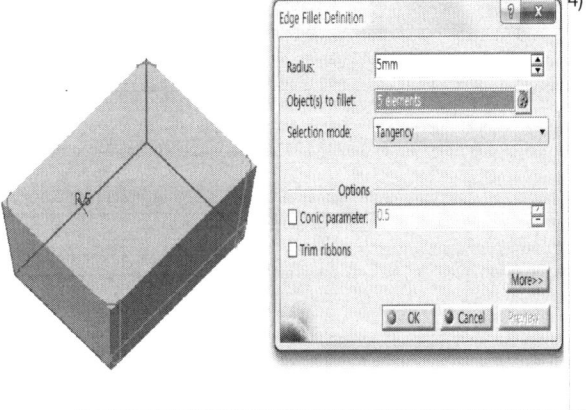

4) Edge Fillet을 실행하고 반경 : 5mm로 필
렛을 한다.

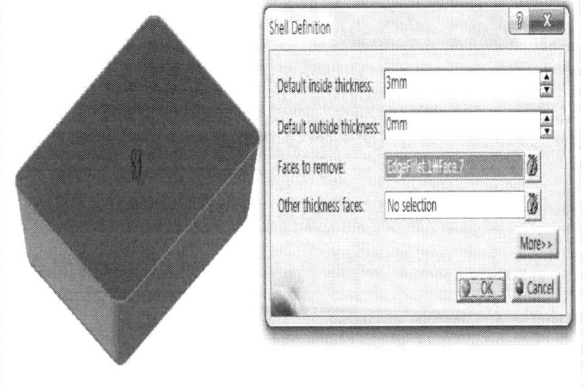

5) Shell을 실행하고 두께 : 3mm로 쉘을 생
성한다.

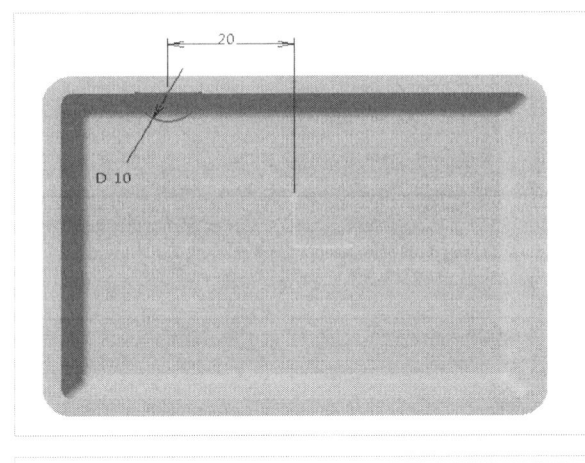

6) 스케치를 실행하고 Pad.1 객체의 윗면을
선택하여 다음과 같이 스케치를 한다.

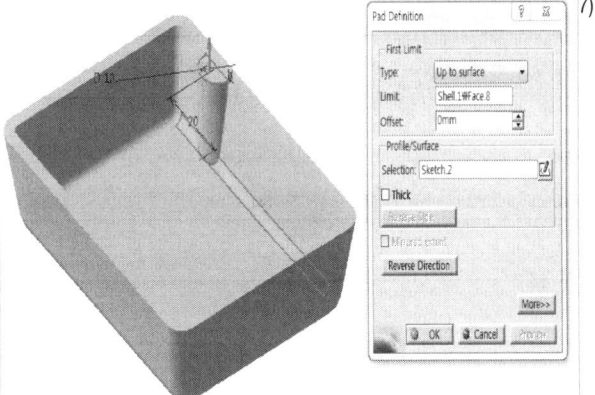

7) Pad를 실행하고 Up to Surface를 지정,
Limit : 아랫면에 필렛 면을 선택한다.

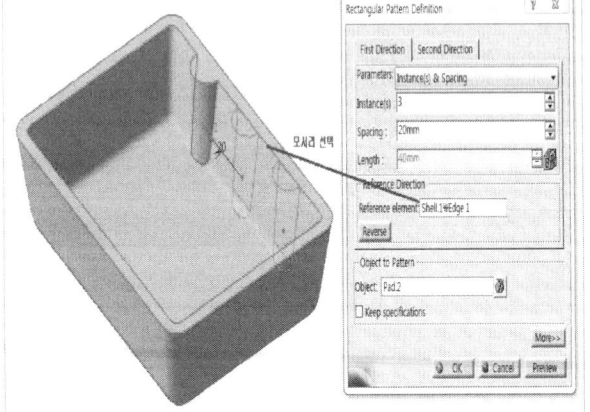

8) Rectangular Pattern을 실행하고 Instance :
3, Spacing : 20mm, Reference Element :
Shell.1 객체의 안쪽 모서리를 선택한다.

9) 대칭 복사를 실행하고 ZX Plane을 기준으로 로대칭복사를 한다.

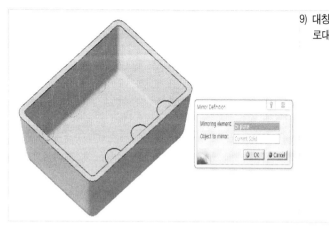

완성 결과

[Shell과 Draft 실습 3]

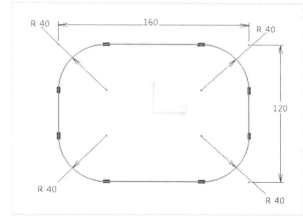

1) 스케치를 실행하고 XY Plane을 선택하여 다음과 같이 스케치를 한다.

2) Pad를 실행하고 25mm로 돌출을 한다.

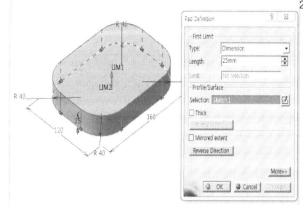

3) Draft Angle을 실행하고 구배 각도 : 10deg, 구배 줄 면 : Pad.1 객체의 측면을 선택, 기준면 : Pad.1 객체의 윗면을 선택한다. 화살표 방향을 클릭하여 아래쪽으로 향하도록 지정한다.

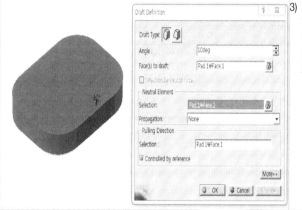

4) 스케치를 실행하고 ZX Plane을 선택하여 다음과 같이 스케치를 한다.

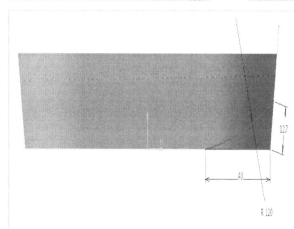

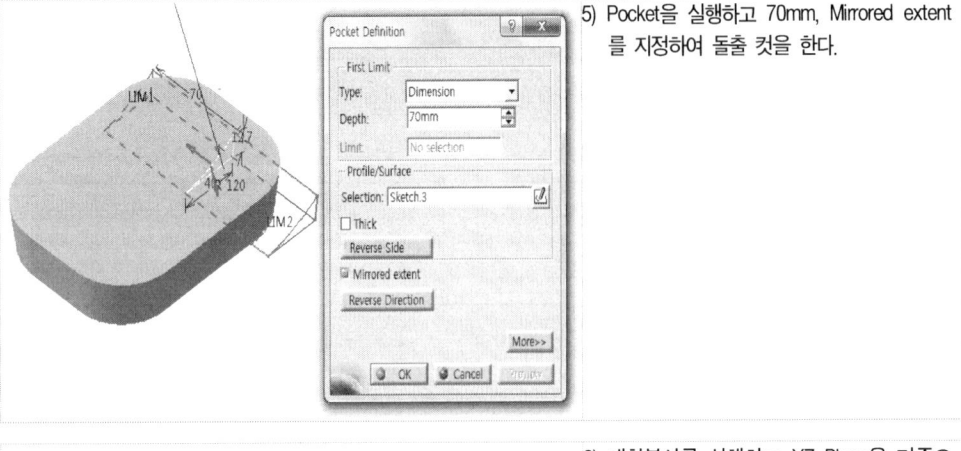

5) Pocket을 실행하고 70mm, Mirrored extent
   를 지정하여 돌출 컷을 한다.

6) 대칭복사를 실행하고 YZ Plane을 기준으
   로 대칭복사를 한다.

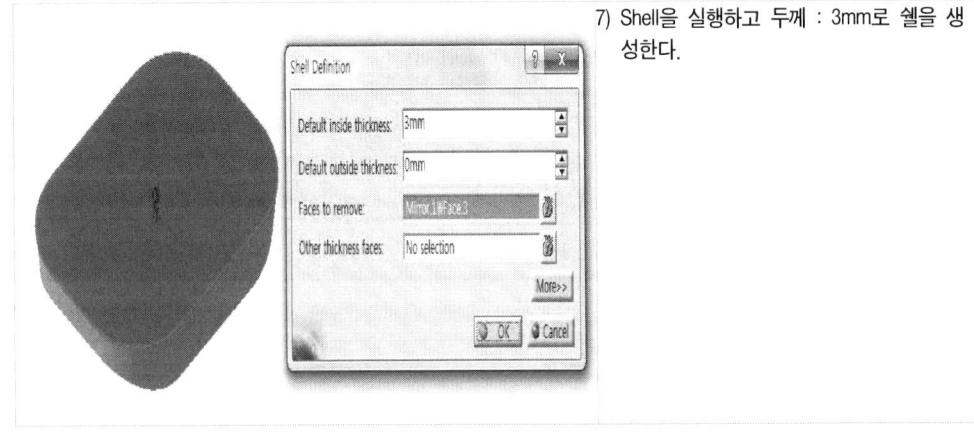

7) Shell을 실행하고 두께 : 3mm로 쉘을 생
   성한다.

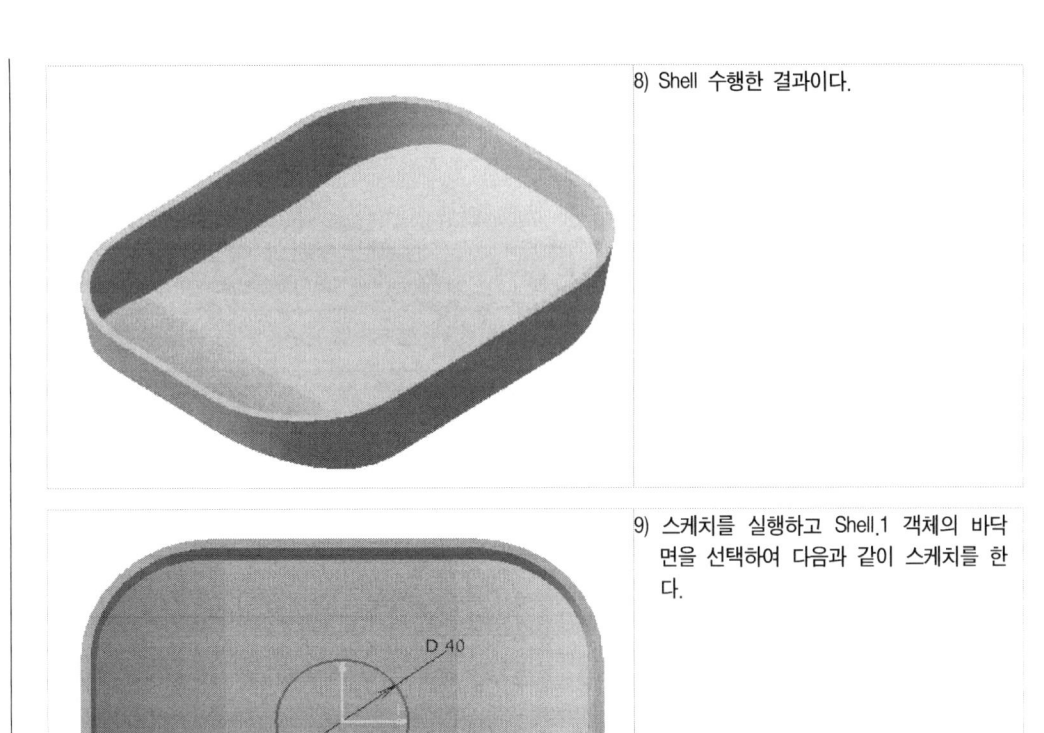

8) Shell 수행한 결과이다.

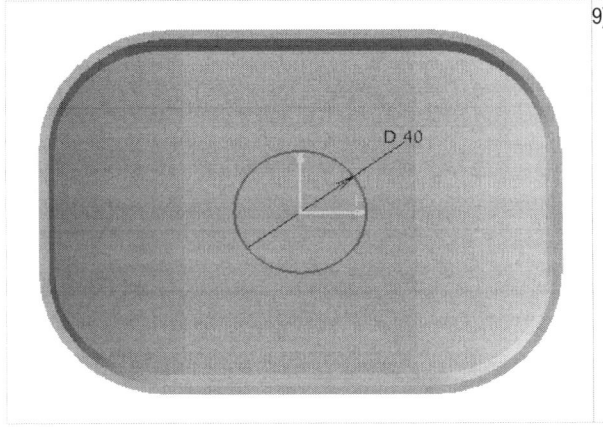

9) 스케치를 실행하고 Shell.1 객체의 바닥
   면을 선택하여 다음과 같이 스케치를 한
   다.

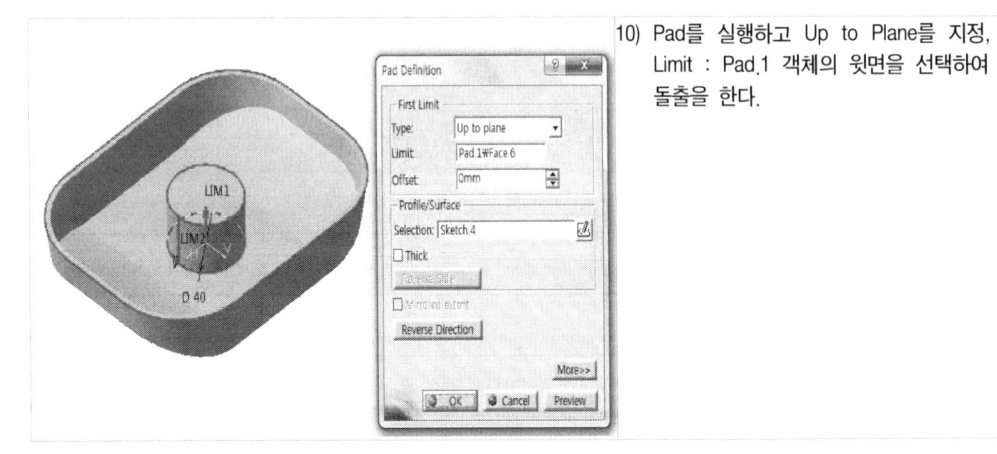

10) Pad를 실행하고 Up to Plane를 지정,
    Limit : Pad.1 객체의 윗면을 선택하여
    돌출을 한다.

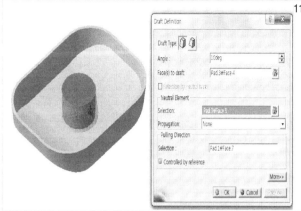

11) Draft를 실행하고 구배 각도 : 10deg을 지정, 구배 줄 면 : Pad.3 객체의 측면을 선택, 기준면 : Pad.3 객체의 윗면을 지정, 화살표 방향이 위쪽을 향하도록 하여 구배를 준다.

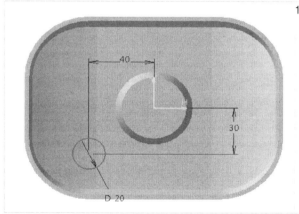

12) 스케치를 실행하고 Shell.1 객체의 바닥면을 선택하여 다음과 같이 스케치를 한다.

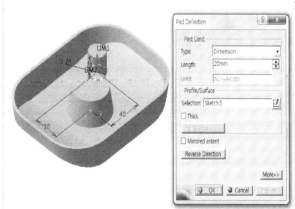

13) Pad를 실행하고 20mm 돌출을 한다.

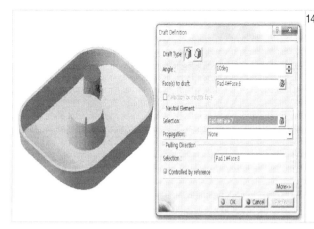

14) Draft를 실행하고 구배 각도 : 10deg을 지정, 구배 줄 면 : 측면을 선택, 기준면 : Pad.4 객체의 윗면을 지정, 화살표 방향이 위쪽을 향하도록 하여 구배를 준다.

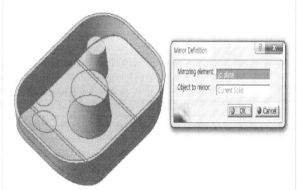

15) 대칭복사를 실행하고 YZ Plane를 기준으로 대칭복사를 한다.

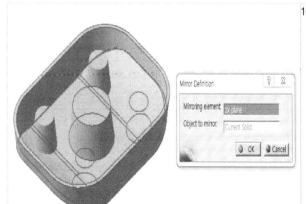

16) 대칭복사를 실행하고 ZX Plane를 기준으로 대칭복사를 한다.

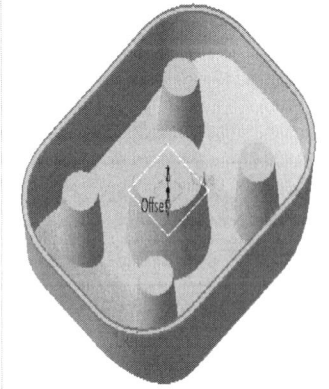
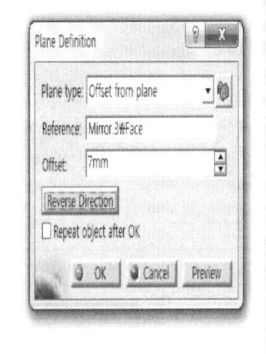

17) Plane을 실행하고 Pad.1 객체의 윗면을 기준으로 아래쪽으로 7mm 위치에 Plane 을 생성한다.

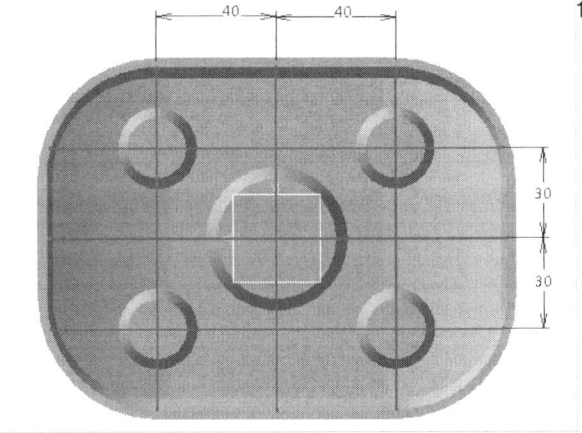

18) 스케치를 실행하고 Plane.1을 선택하여 다음과 같이 스케치를 한다.

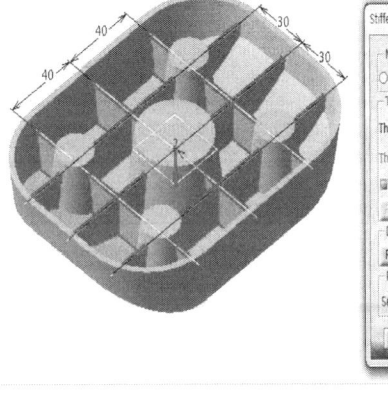
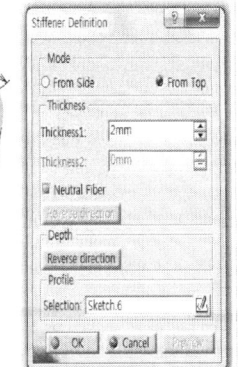

19) Stiffener를 실행하고 두께 : 2mm 지정, From Top을 지정하여 보강대를 생성한 다.

● 완성 결과

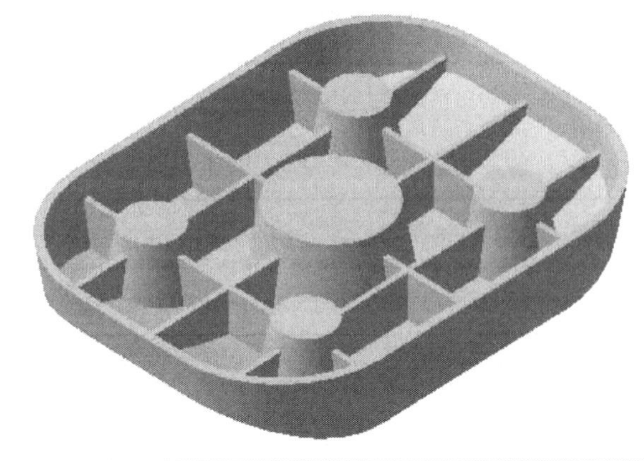

[Shell 실습 4]

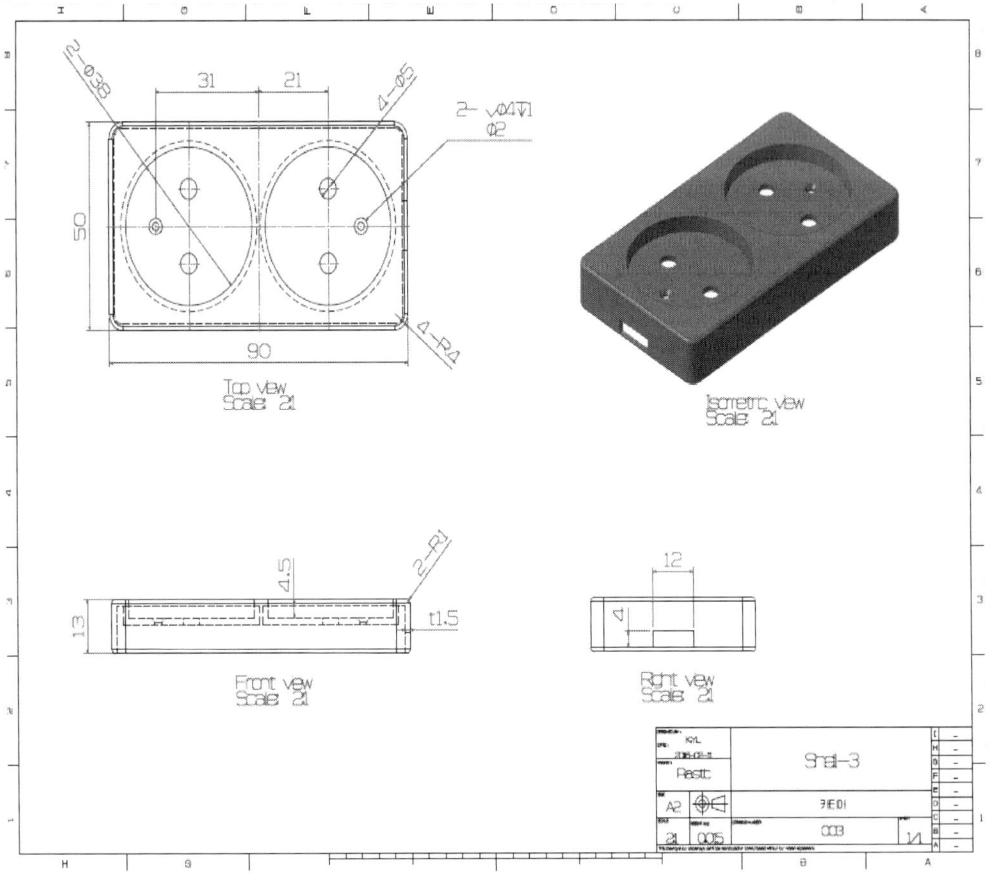

Top view
Scale 2:1

Isometric view
Scale 2:1

Front view
Scale 2:1

Right view
Scale 2:1

198

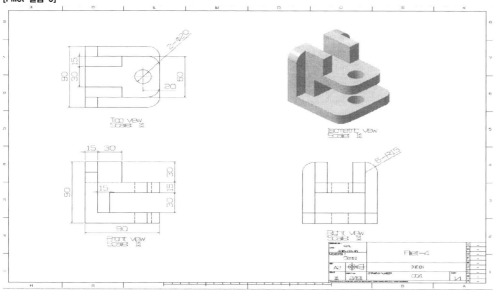

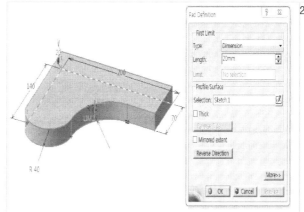

2) Pad를 실행하고 20mm 돌출을 한다.

7. Thickness Features

Thickness(🔲) : Solid 형상에 두께를 넣거나 제거시키는 명령이다. 임의적으로 현재 만들어진 형상의 어떤 면에 두께를 추가시켜 주거나 두께를 빼 주어야 할 때 이 명령을 사용하여 두께를 조절할 수 있다.

- 수치 값은 양수(+)와 음수(-) 모두 가능하다.
- 복수 선택이 가능하다.
- Other thickness face를 이용히여 두께를 다르게 입력해 줄 수 있다.

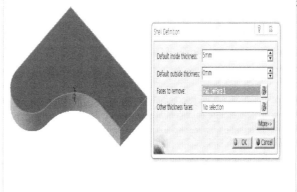

3) Shell을 실행하고 두께 : 5mm로 쉘을 생성한다.

[Thickness 실습]

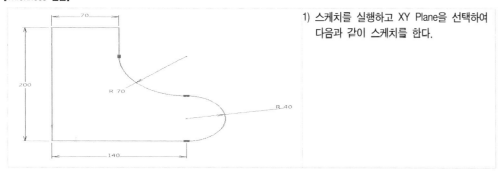

1) 스케치를 실행하고 XY Plane을 선택하여 다음과 같이 스케치를 한다.

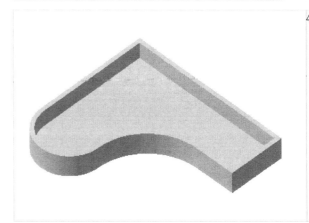

4) 다음 3D 형상을 준비한다.

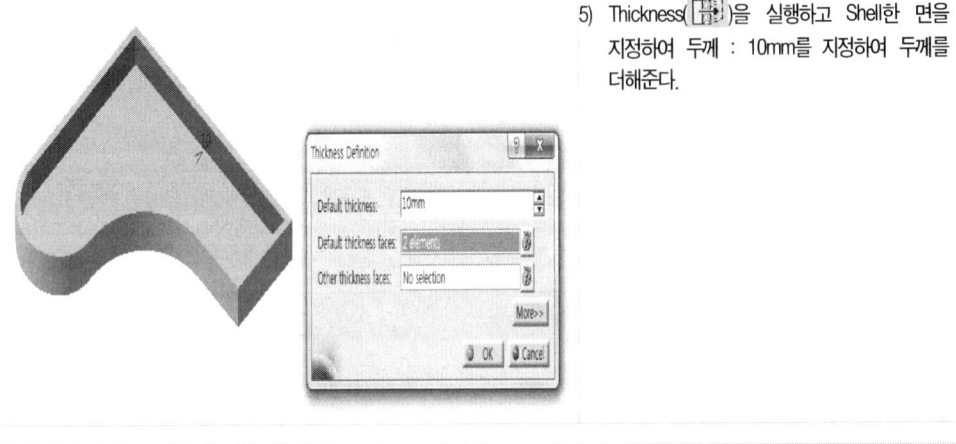

5) Thickness(⊞)을 실행하고 Shell한 면을 지정하여 두께 : 10mm를 지정하여 두께를 더해준다.

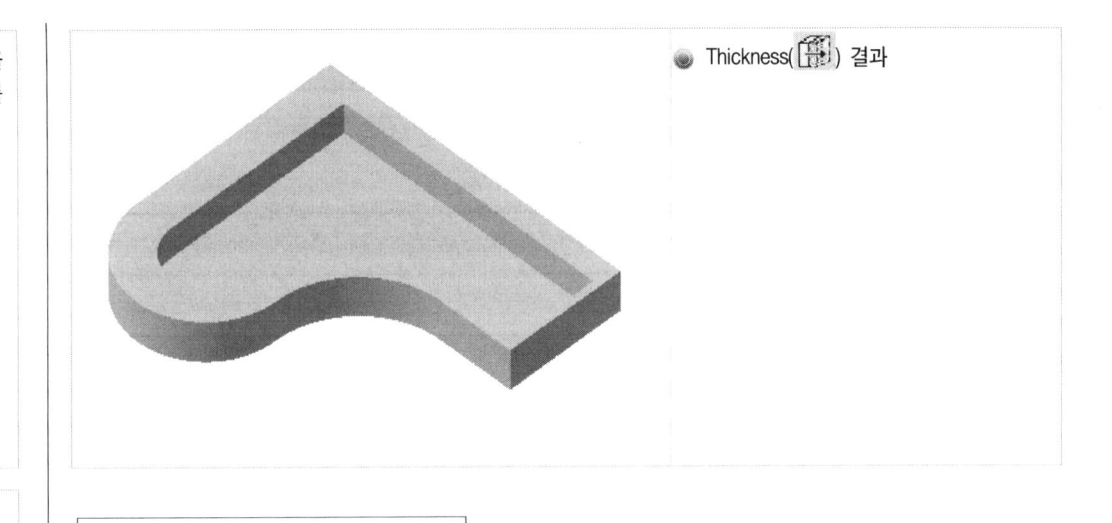

● Thickness(⊞) 결과

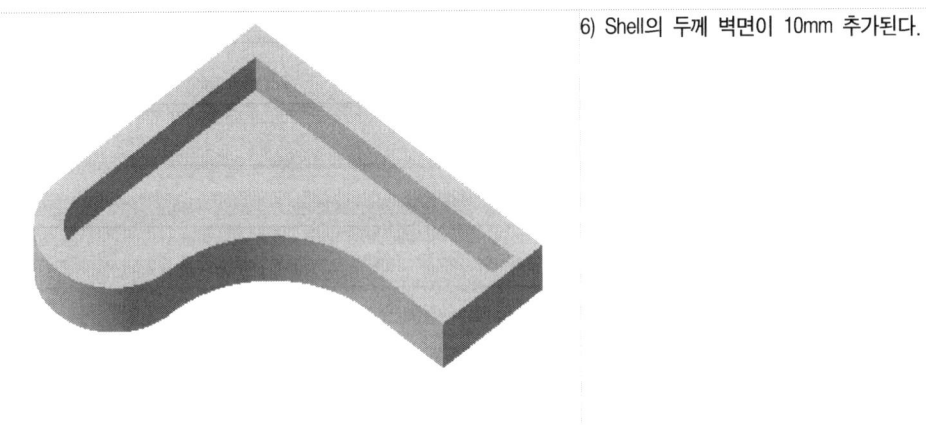

6) Shell의 두께 벽면이 10mm 추가된다.

---

8. Thread/Tap Features

Thread/Tap(⊕) : Hole 부분에서 Thread 옵션을 사용하여 나사 가공 시 나사산을 치수 넣는데 사용한다. 이 명령은 따로 Hole을 사용하지 않는 원통 형상 부분에 Thread를 주는 명령이다.

🍃 Thread/Tap Definition

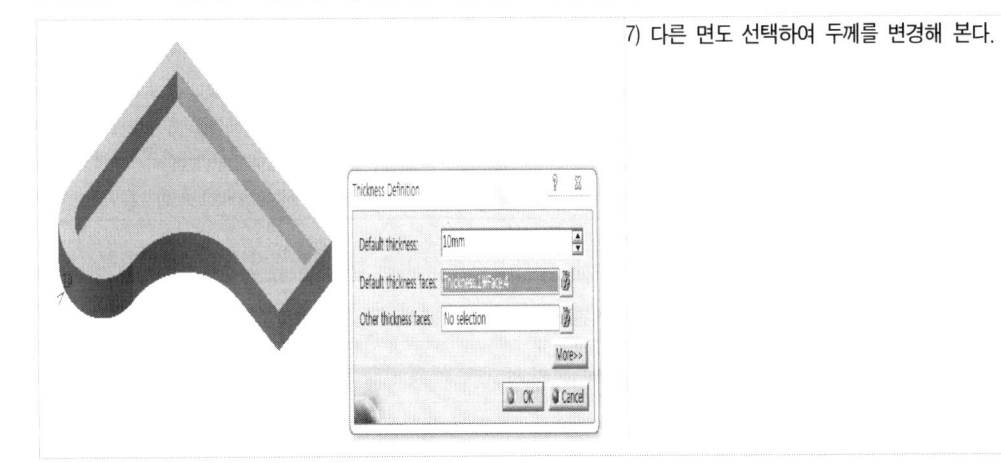

7) 다른 면도 선택하여 두께를 변경해 본다.

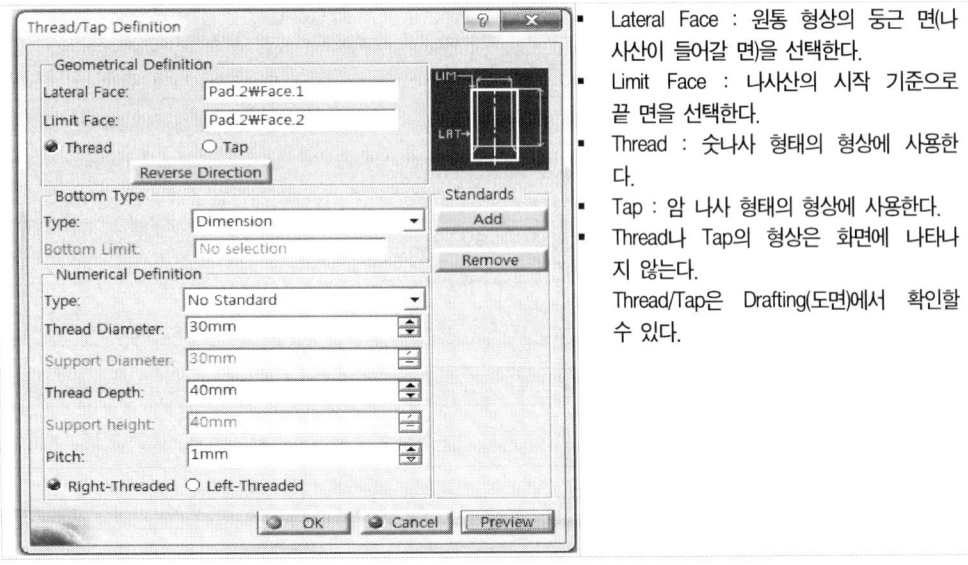

- Lateral Face : 원통 형상의 둥근 면(나사산이 들어갈 면)을 선택한다.
- Limit Face : 나사산의 시작 기준으로 끝 면을 선택한다.
- Thread : 숫나사 형태의 형상에 사용한다.
- Tap : 암 나사 형태의 형상에 사용한다.
- Thread나 Tap의 형상은 화면에 나타나지 않는다.
Thread/Tap은 Drafting(도면)에서 확인할 수 있다.

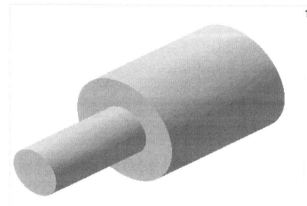

1) 다음과 같이 3D 형상을 준비한다.

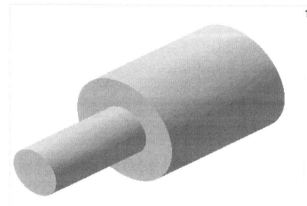

2) Thread/Tap( ) 을 실행하고 다음과 같
이 지정한다.

- Thread나 Tap의 형상은 화면에 나타
나지 않으나 도면에서 확인할 수 있다.

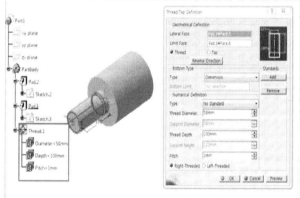

3) 도면에 Thread가 들어간 것을 확인할 수
있다.

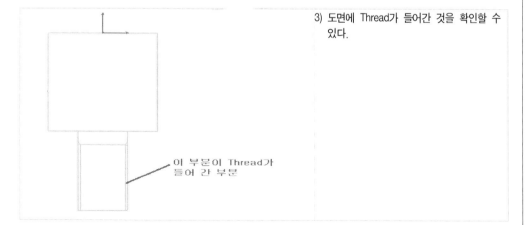

이 부분이 Thread가
들어 간 부분

9. Remove Face Features

Remove Face( ) : 현재의 Solid 형상에서 필요하지 않은 형상의 면을 제거하는 명령이다.
아무 면이나 강제로 제거하는 것이 아니고 제거할 면을 현재 존재하는 면들로 감쌀 수 있는 경우에만 사용할
수 있다.

■ Remove Face Definition

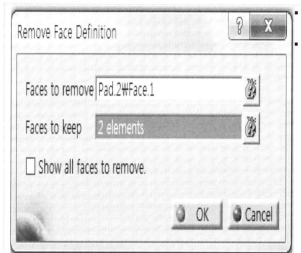

- Face to remove : 제거하고자 하는 면
들을 선택
- Faces to keep : 제거하기 위해 선택
한 면을 제거할 때 이 부분을 감싸는 면
들을 선택해 준다.

[Remove Face (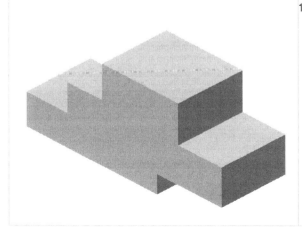) 실습]

1) 다음과 같이 3D 형상을 준비한다.

201

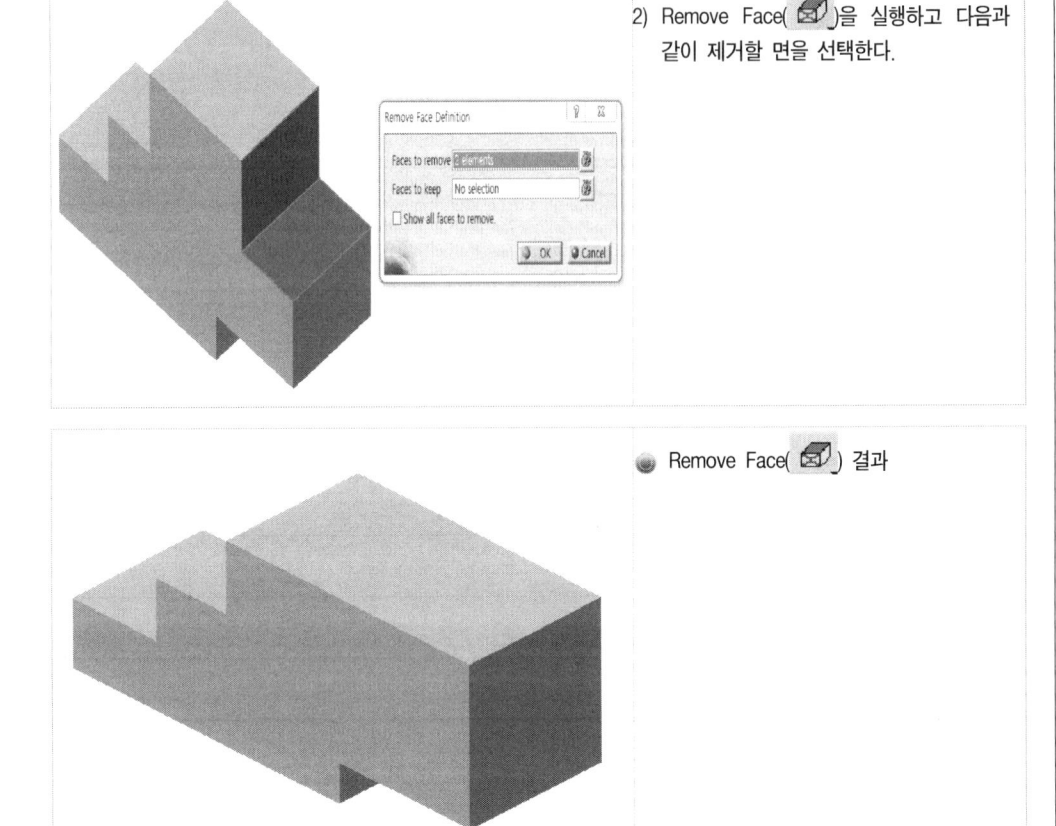

2) Remove Face(✉)을 실행하고 다음과
   같이 제거할 면을 선택한다.

● Remove Face(✉) 결과

Replace Face(⬚) : 현재 형상의 면을 다른 면으로 대체하는 명령이다. 현재 형상의 면을 전체 작업을 수정
하지 않고 다른 면이나 Surface의 면으로 바꿀 수 있는 명령이다.

▪ Replace Face Definition

Replace Face Definition

Replacing surface: Extrude.1

Face to remove: Shell.1₩Face.2

OK   Cancel

- Replacing Surface : 새로이 바꾸게 될
  면을 선택한다.
- Faces to Remove : 바꾸어 버릴 기존
  형상의 면을 선택한다.

[Replace Face Feature(⬚) 실습]

1) 스케치를 실행하고 XY Plane을 선택하여
   다음과 같이 스케치를 한다.

30

30

202

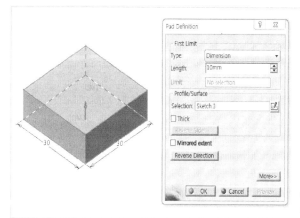

2) Pad를 실행하고 10mm 돌출을 한다.

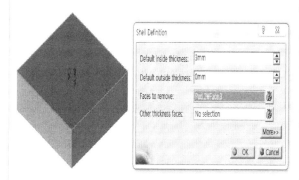

3) Shell을 실행하고 두께 : 3mm로 쉘을 생성한다.

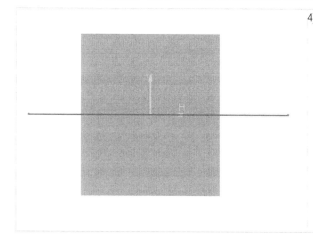

4) 스케치를 실행하고 XY Plane을 선택하여 다음과 같이 스케치를 한다.

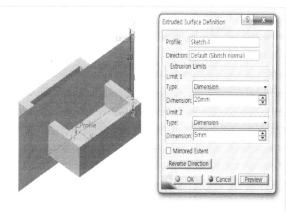

5) [Start]-[Shape]-[Generative Shape Design]을 선택한다.

6) Extrude를 실행하고 다음과 같이 길이를 지정하여 돌출을 한다.

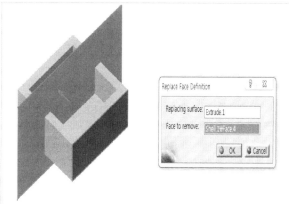

7) [Start]-[Mechanical Design]-[Part Design]을 선택한다.

8) Replace Face(   )을 실행하고 Replacing Surface : Extrude.1을 선택, Face to Remove : Solid의 우측면을 선택한다.

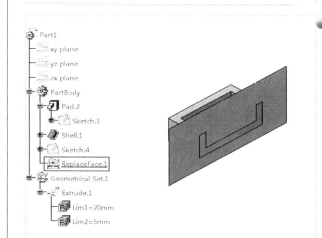

● Replace Face 결과

1. Translate

Translate(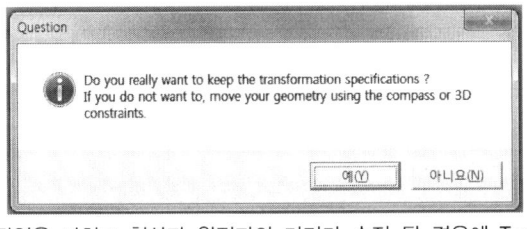) : Solid 형상을 현재의 Part 도큐먼트 상에서 평행 이동을 시킬 때 사용한다. 평행이동은 PartBody를 기준으로 이동한다.

Translate 아이콘을 누르면 처음에 다음과 같은 창이 뜬다. "예" 를 선택하연 이전 상태로 복귀 되지 않는다.

Question

ⓘ Do you really want to keep the transformation specifications ?
If you do not want to, move your geometry using the compass or 3D constraints.

예(Y)   아니요(N)

작업을 마치고 형상과 원점과의 거리가 수정 된 경우에 Translate를 사용하여 전체 작업을 다시 하거나 수정 하는 일을 피할 수 있다.

■ Translate Definition

Translate Definition   ? X

Vector Definition: Direction, distance   ▼

Direction: No selection

Distance: 0mm   ▲▼

● OK   ● Cancel

- Translate Type
  · Direction, distance : 방향과 거리 값으로 Solid 객체를 이동한다.
  · Point to Point : Point에서 Point로 이동한다.
  · Coordinates : 좌표의 X, Y, Z를 지정하여 원하는 지점으로 이동을 한다.

[Translate 실습 1]

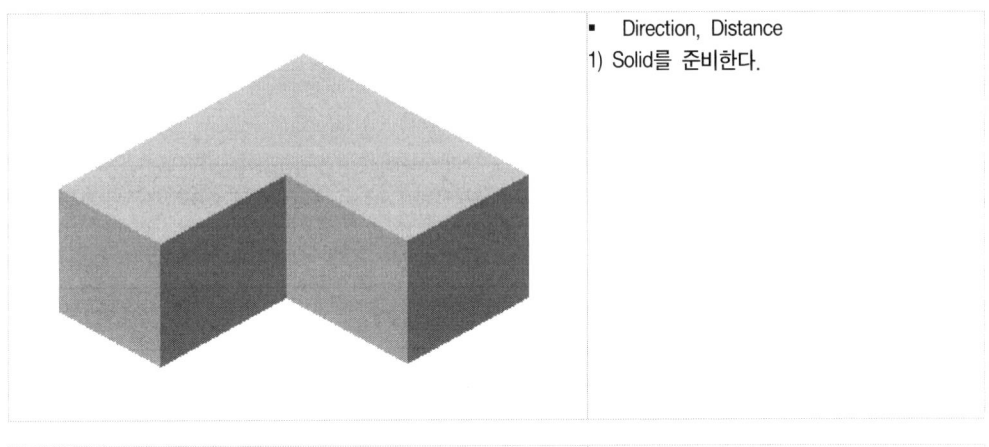

- Direction, Distance
1) Solid를 준비한다.

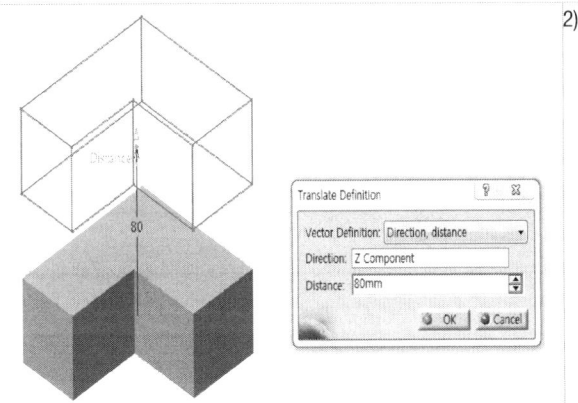

2) Translate를 실행하고 다음과 같이 방향과 거리 값을 지정하여 Solid를 이동을 해 본다. Z 방향으로 80mm 이동을 한다.

Translate Definition   ? X
Vector Definition: Direction, distance   ▼
Direction: Z Component
Distance: 80mm   ▲▼
● OK   ● Cancel

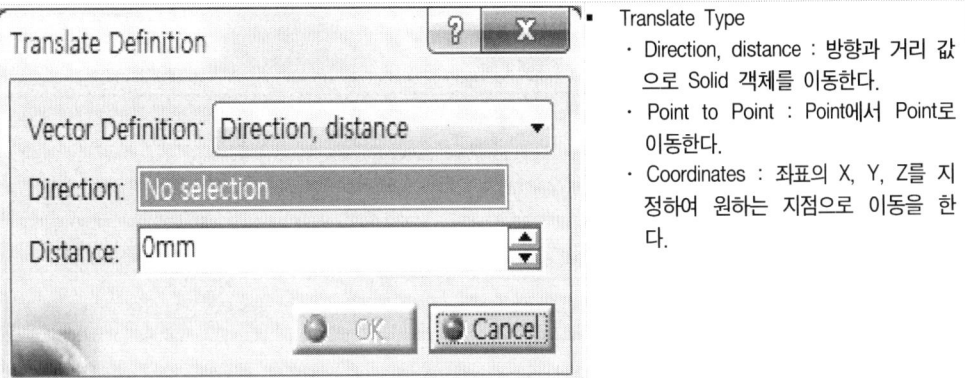

● Translate 결과

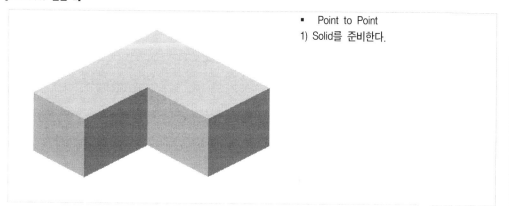

- Point to Point
1) Solid를 준비한다.

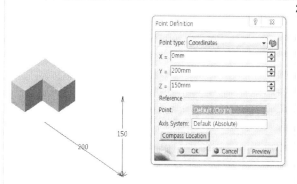

2) Point를 실행하고 Y : 200mm, Z : 150mm 위치에 Point를 생성한다.

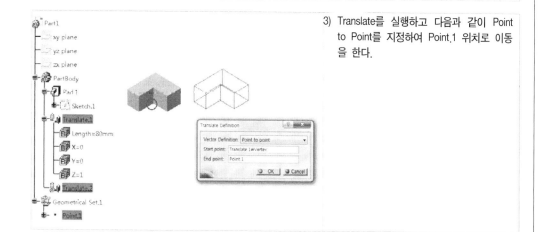

3) Translate를 실행하고 다음과 같이 Point to Point를 지정하여 Point.1 위치로 이동을 한다.

● Translate 결과

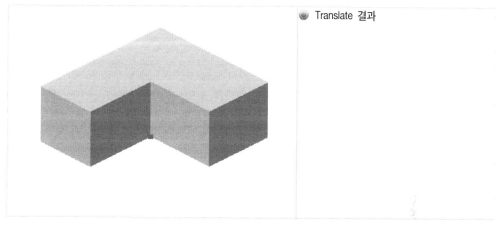

[Translate 실습 3]

- Direction, distance
1) Solid를 준비한다.

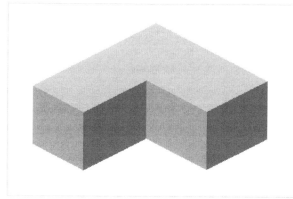

2) Translate를 실행하고 다음과 같이 Coordinates를 지정하여 Solid를 이동을 해 본다.

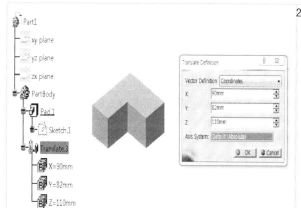

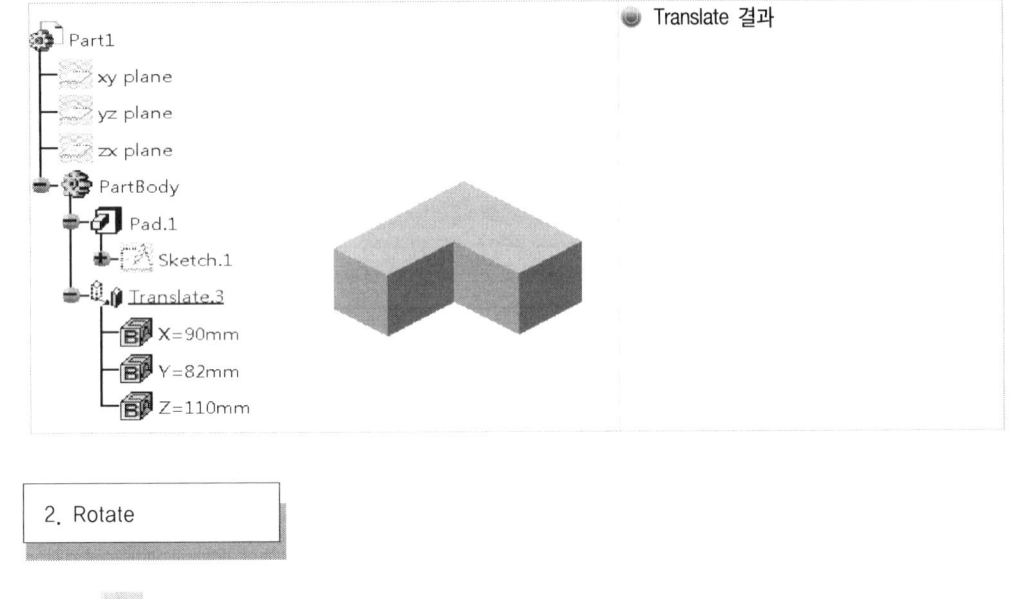

● Translate 결과

2. Rotate

Rotate() : Body를 임의의 축을 기준으로 회전 이동시키는 명령이다. Body 단위로만 이동이 가능하다.
Rotate 명령에서는 회전축과 각도를 입력한다.

Rotate Definition

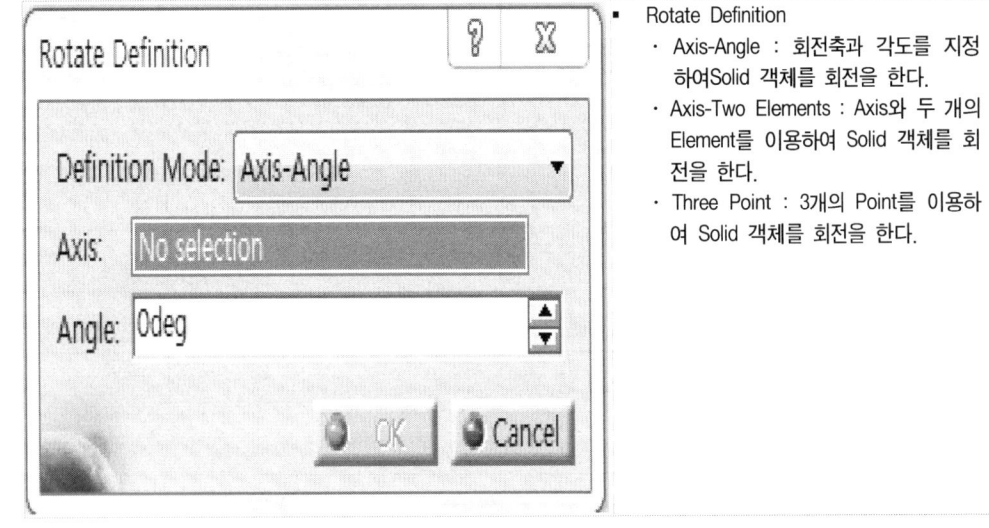

- Rotate Definition
  · Axis-Angle : 회전축과 각도를 지정
    하여Solid 객체를 회전을 한다.
  · Axis-Two Elements : Axis와 두 개의
    Element를 이용하여 Solid 객체를 회
    전을 한다.
  · Three Point : 3개의 Point를 이용하
    여 Solid 객체를 회전을 한다.

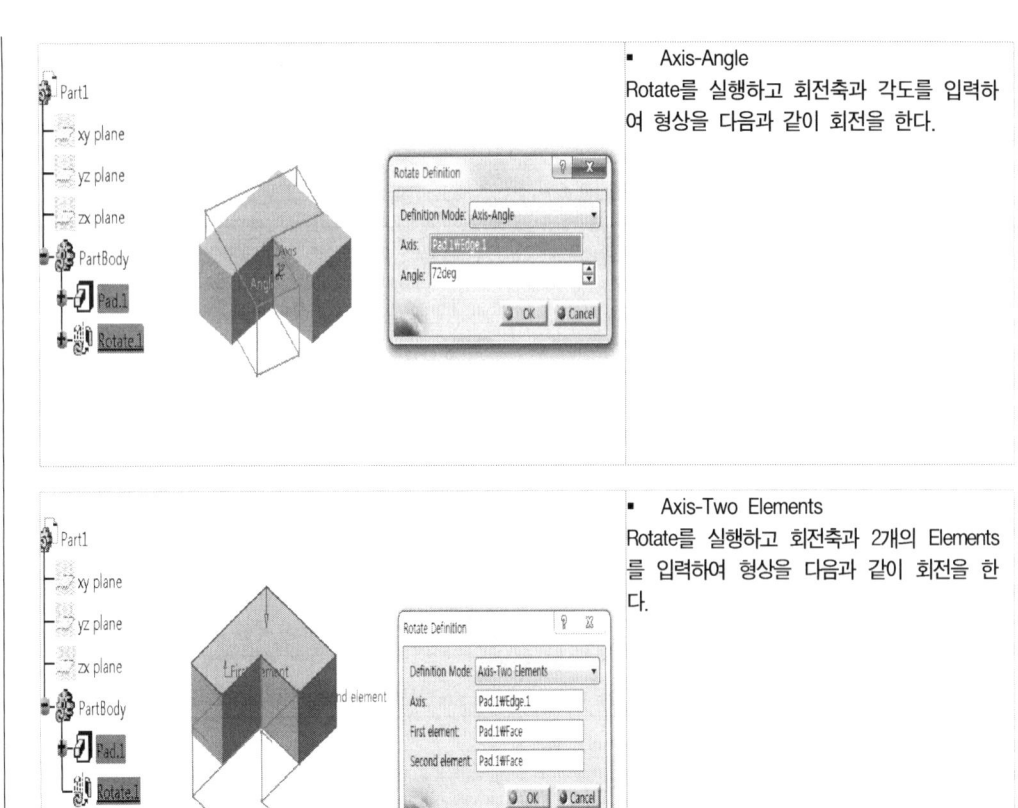

- Axis-Angle
Rotate를 실행하고 회전축과 각도를 입력하
여 형상을 다음과 같이 회전을 한다.

- Axis-Two Elements
Rotate를 실행하고 회전축과 2개의 Elements
를 입력하여 형상을 다음과 같이 회전을 한
다.

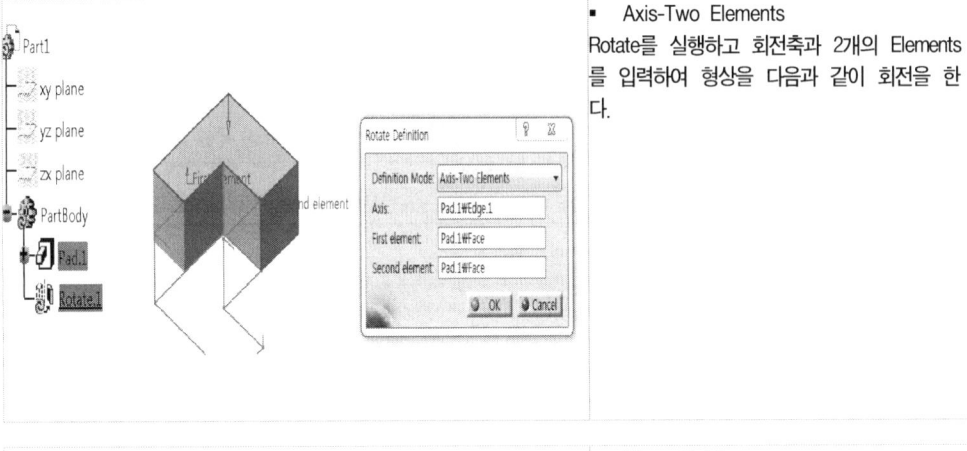

- Three Point
Rotate를 실행하고 3개의 Point를 지정하여
형상을 다음 과 같이 회전을 한다.

[Rotate 실습]

● 회전 결과

3. Symmetry

대칭이동(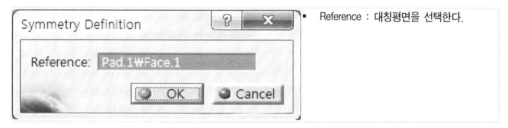 : Symmetry)은 좌우 반대로 그리거나 위아래를 반전해서 작업하는 경우 형상을 Plane을 대상으로 대칭된 이동을 시킬 수 있다.

Body를 기준으로 이동하며 Plane과 Solid 면을 선택해 주면 대칭 이동이 가능하다.

▣ Symmetry Definition

- Reference : 대칭평면을 선택한다.

[대칭이동 실습]

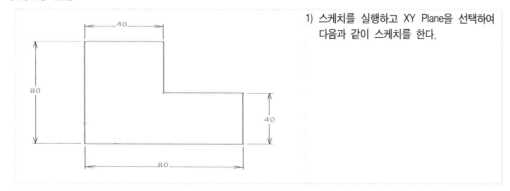

1) 스케치를 실행하고 XY Plane을 선택하여 다음과 같이 스케치를 한다.

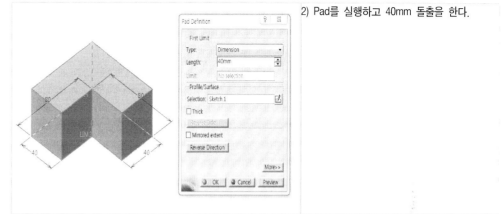

2) Pad를 실행하고 40mm 돌출을 한다.

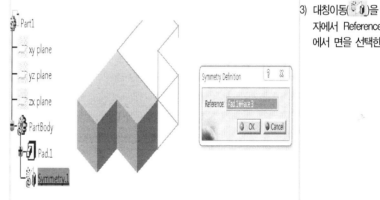

3) 대칭이동( )을 실행하고 대칭이동 대화상자에서 Reference 부분을 지정하여 3D 객체에서 면을 선택한다.

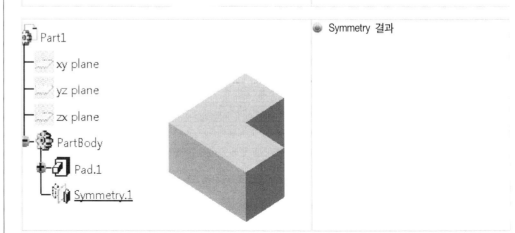

● Symmetry 결과

207

4. Axis to Axis

Axis To Axis(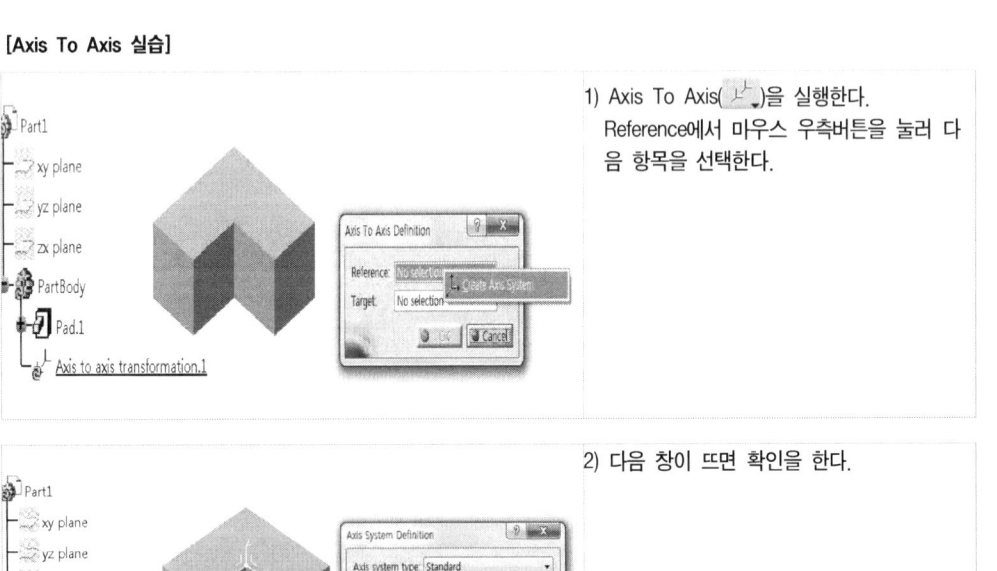)는 선택한 Body 형상 전체를 현재의 작업의 기준이 되는 Axis에서 다른 위치에 생성한 Axis로 그대로 이동시키는 명령이다.

[Axis To Axis 실습]

1) Axis To Axis( )을 실행한다.
   Reference에서 마우스 우측버튼을 눌러 다음 항목을 선택한다.

2) 다음 창이 뜨면 확인을 한다.

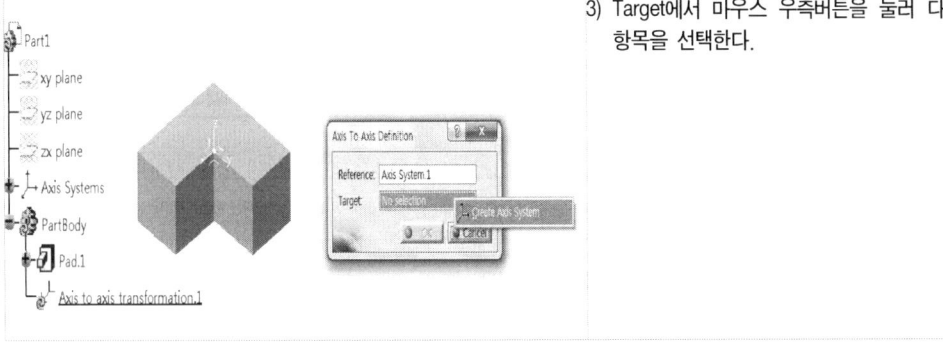

3) Target에서 마우스 우측버튼을 눌러 다음 항목을 선택한다.

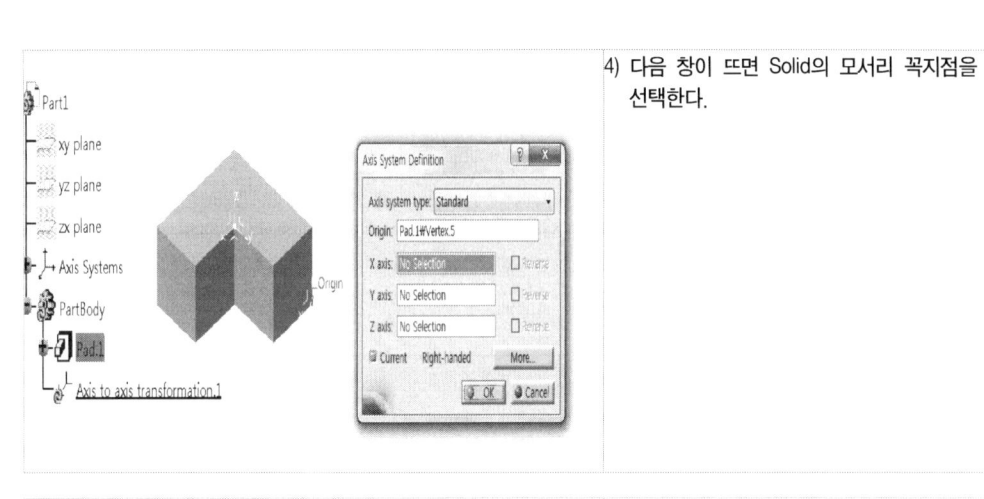

4) 다음 창이 뜨면 Solid의 모서리 꼭지점을 선택한다.

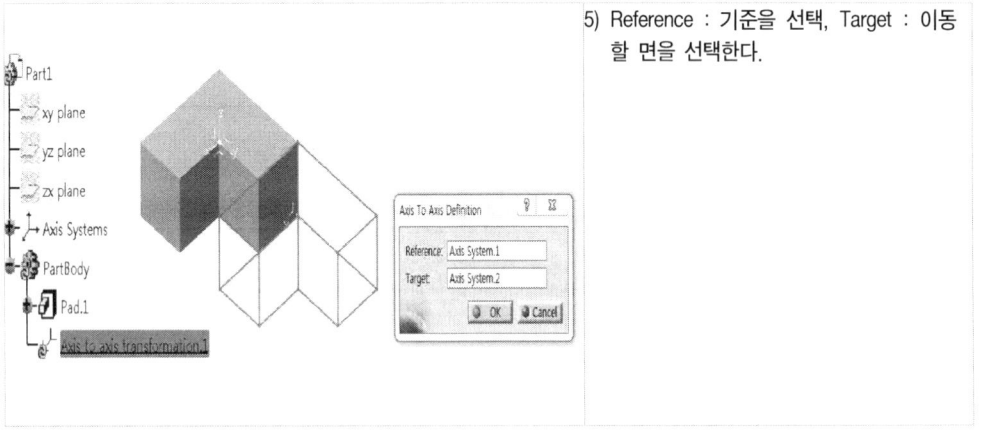

5) Reference : 기준을 선택, Target : 이동할 면을 선택한다.

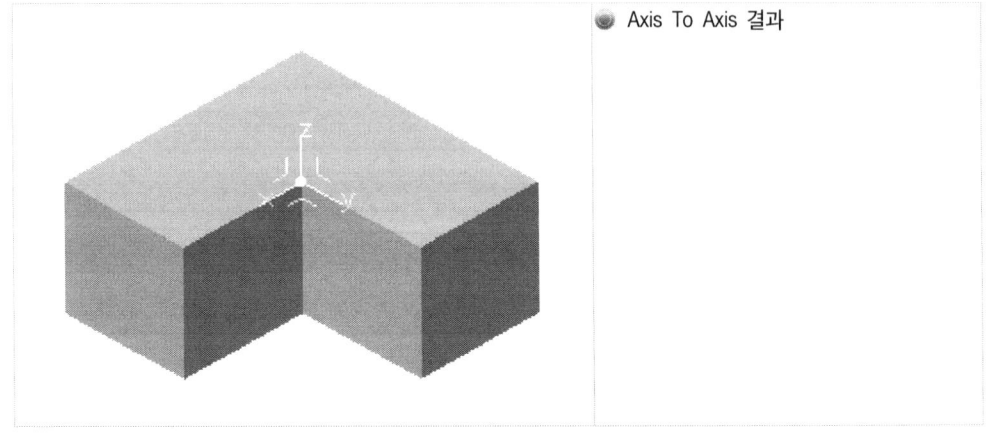

● Axis To Axis 결과

5. Mirror

대칭 복사(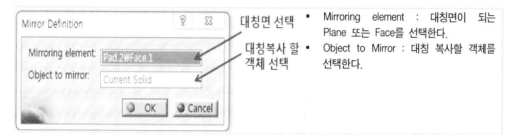)는 만들어진 형상에 대해서 선택한 Plane에 대해서 대칭복사 하는 명령이다.

Body 안에서 임의로 어떤 부분만을 지정하여 대칭 복사에 사용할 수 있으며 Body 전체를 대칭복사를 할 수 있다.

Mirror Definition

대칭면 선택

대칭복사 할 객체 선택

- Mirroring element : 대칭면이 되는 Plane 또는 Face를 선택한다.
- Object to Mirror : 대칭 복사할 객체를 선택한다.

[Mirror 실습 1]

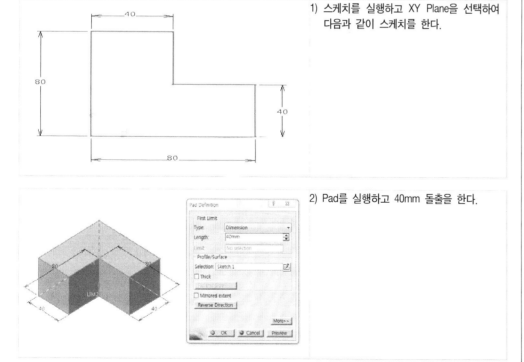

1) 스케치를 실행하고 XY Plane을 선택하여 다음과 같이 스케치를 한다.

2) Pad를 실행하고 40mm 돌출을 한다.

3) Mirror(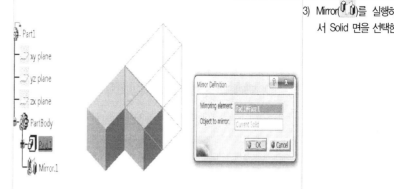)를 실행하고 Mirroring element 에서 Solid 면을 선택한다.

● Mirror 결과

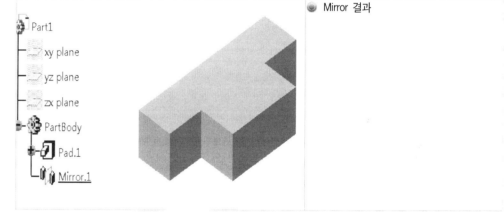

[Mirror 실습 2]

1) 돌출 객체 준비한다.

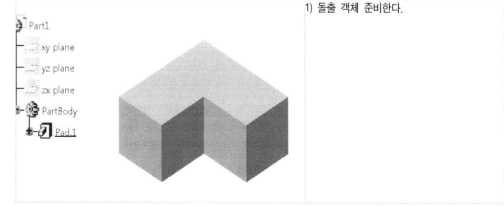

209

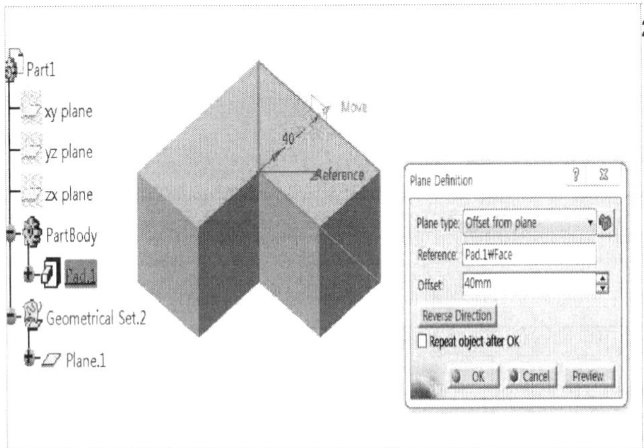

2) Plane(⬭)을 실행하고 Pad.1 객체의 뒷면을 기준으로 40mm 위치에 Plane을 생성한다.

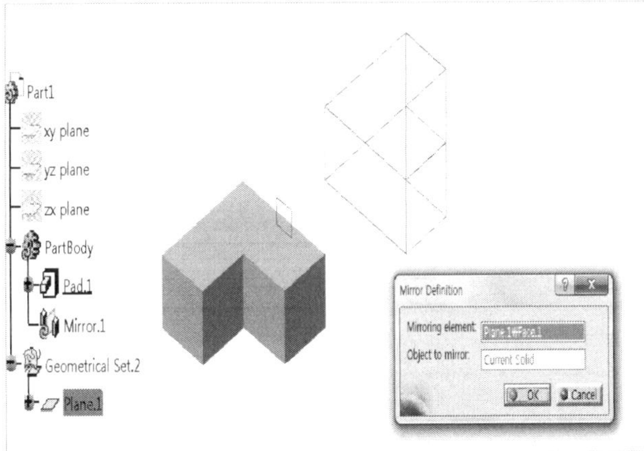

3) 대칭복사(⬭)를 실행하고 Mirroring element에서 Plane.1을 선택한다.

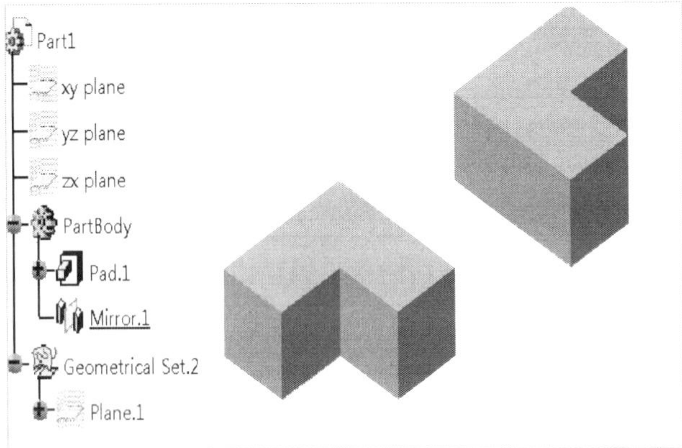

● Mirror 결과

[Mirror 실습 3]

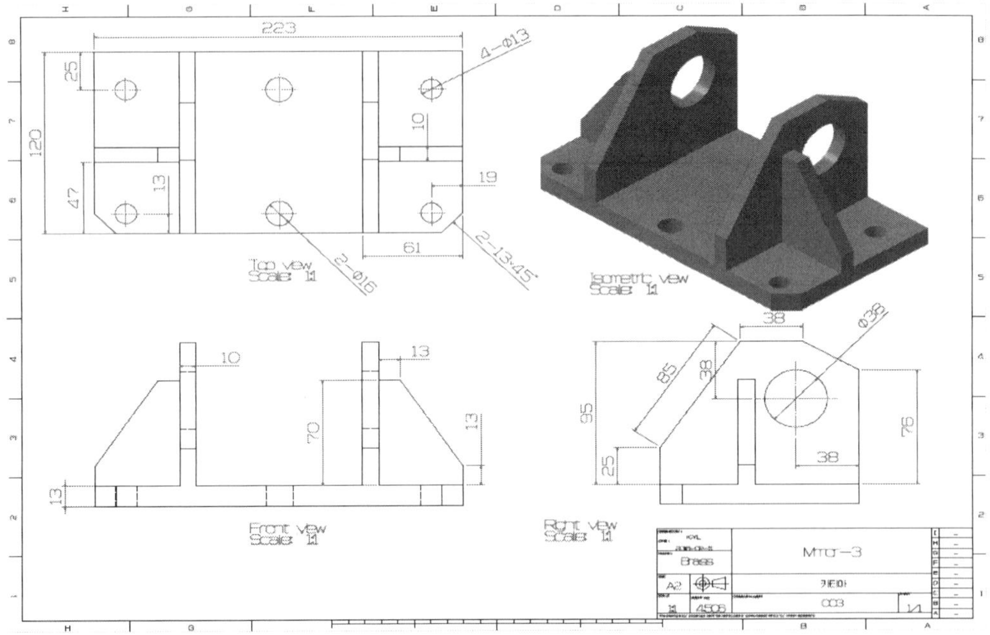

[Mirror 실습 4]

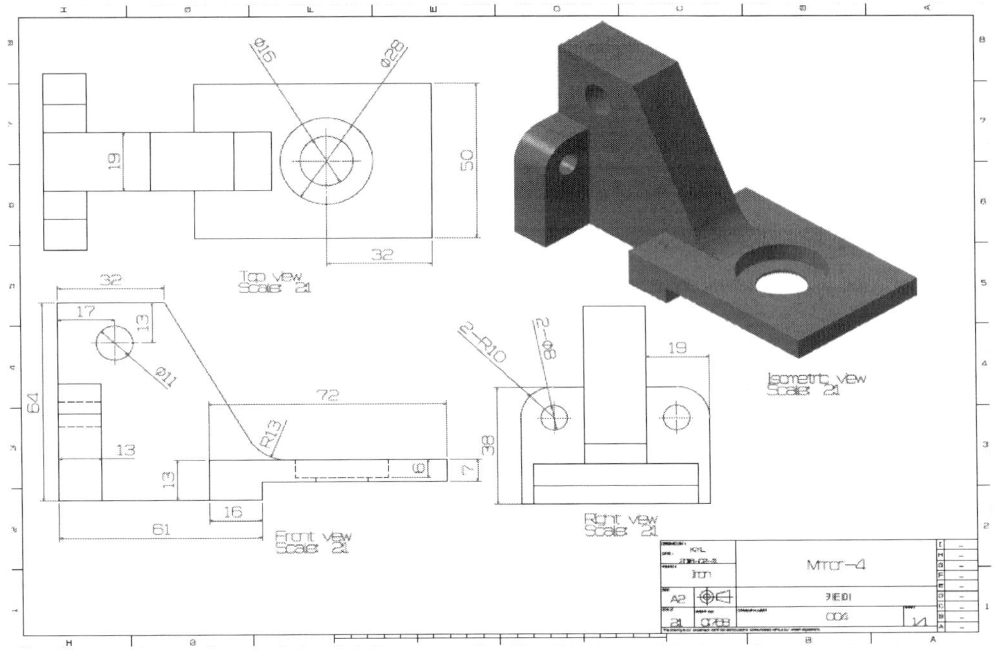

210

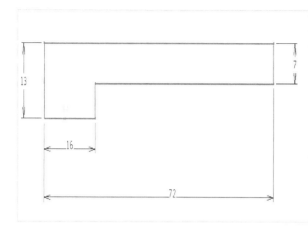

1) 스케치를 실행하고 YZ Plane을 선택하여 다음과 같이 스케치를 한다.

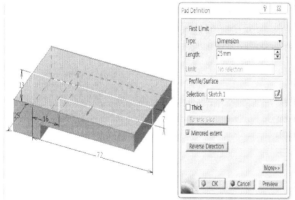

2) Pad를 실행하고 25mm, Mirrored extent 를 지정하여 돌출을 한다.

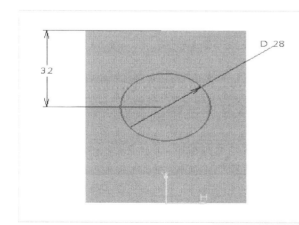

3) 스케치를 실행하고 Pad.1 객체의 윗면을 선택하여 다음과 같이 스케치를 한다.

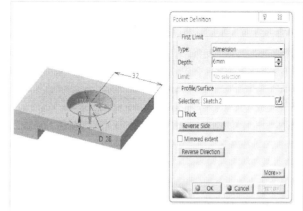

4) Pocket을 실행하고 6mm 돌출 컷을 한다.

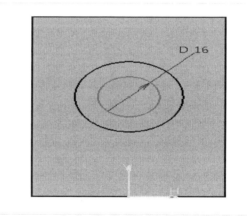

5) 스케치를 실행하고 Pocket.1 객체의 원 안쪽을 선택하여 다음과 같이 스케치를 한다.

6) Pocket을 실행하고 Up to Next를 지정 하여 돌출 컷을 한다.

7) 스케치를 실행하고 Pad.1 객체의 윗면을
   선택하여 다음과 같이 스케치를 한다.

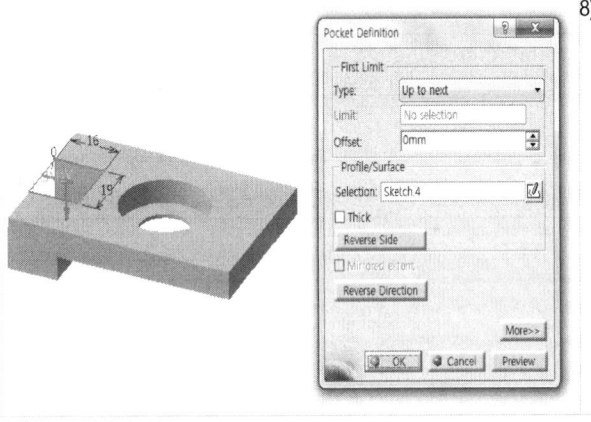

8) Pocket을 실행하고 Up to Next를 지정하
   여 돌출 컷을 한다.

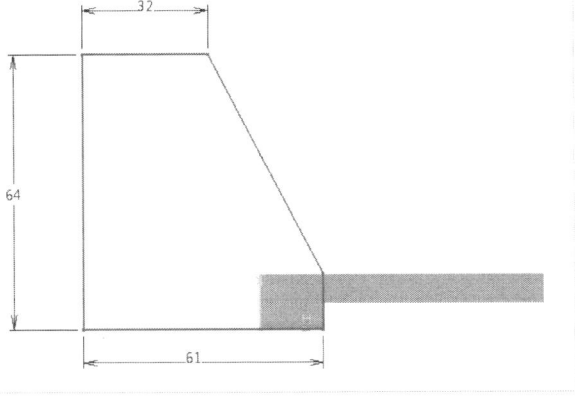

9) 스케치를 실행하고 YZ Plane을 선택하여
   다음과 같이 스케치를 한다.

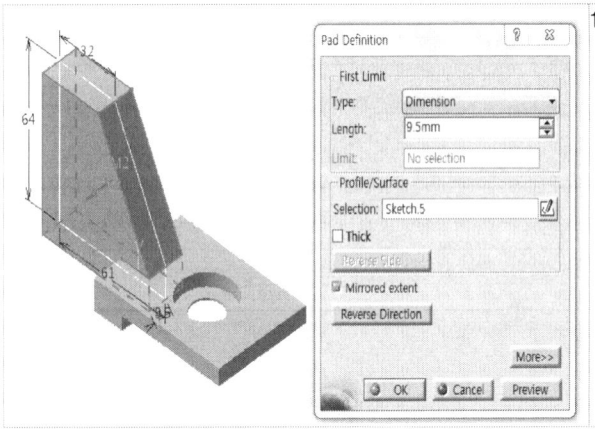

10) Pad를 실행하고 9.5mm, Mirrored extent
    지정하여 돌출을 한다.

11) 스케치를 실행하고 Pad.2 객체의 좌측
    면을 선택하여 다음과 같이 스케치를
    한다.

12) Pad를 실행하고 13mm 돌출을 한다.

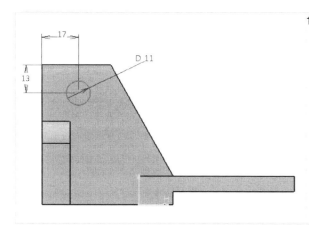

13) 스케치를 실행하고 Pad.2 객체의 앞면을
선택하여 다음과 같이 스케치를 한다.

14) Pocket을 실행하고 Up to Next를 지정
하여 돌출 컷을 한다.

15) Edge Fillet를 실행하고 반경 : 13mm로
필렛을 한다.

16) Mirror( )를 실행하고 YZ Plane을 기
준으로 Pad.3 객체를 대칭복사 한다.

● 대칭 복사 결과

[Mirror 실습 5]

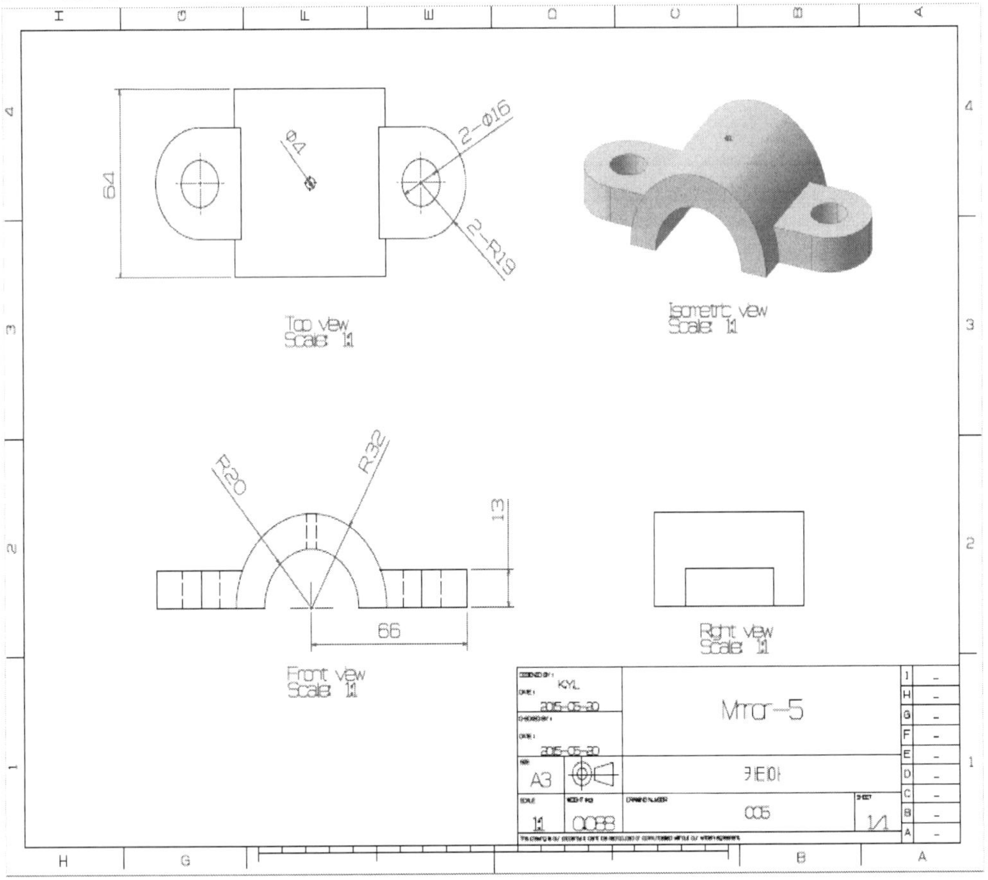

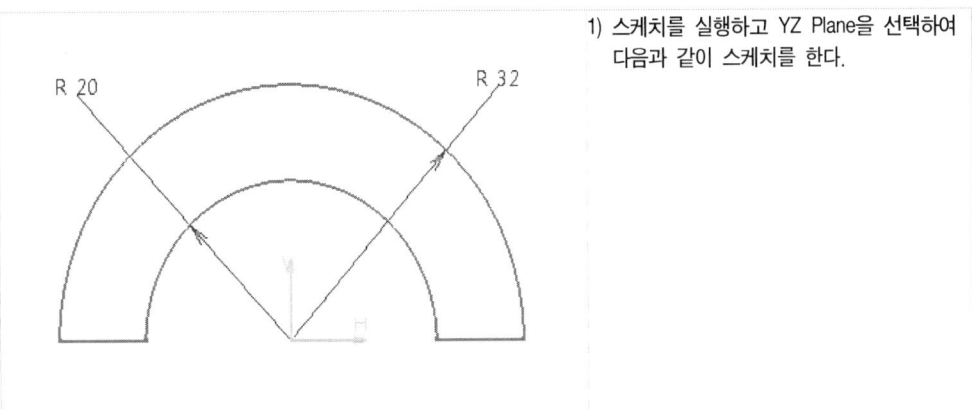

Top view
Scale 1:1

Isometric view
Scale 1:1

R20   R32

13

66

Front view
Scale 1:1

Right view
Scale 1:1

DESIGNED BY : KYL				I	-
DATE : 2015-05-30				H	-
CHECKED BY :		Mirror-5		G	-
DATE : 2015-05-30				F	-
				E	-
A3		키타아		D	-
SCALE	WEIGHT(kg)	DRAWING NUMBER		C	-
1:1	0.088	005	SHEET 1/1	B	-
				A	-

1) 스케치를 실행하고 YZ Plane을 선택하여
   다음과 같이 스케치를 한다.

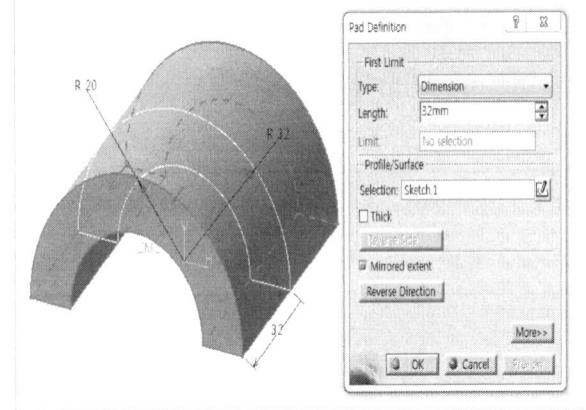

2) Pad를 실행하고 32mm, Mirrored extent
   를 지정하여 돌출을 한다.

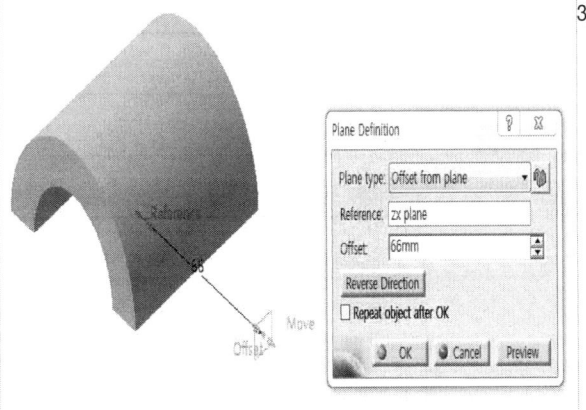

3) Plane(▱)을 실행하고 ZX Plane을 선
   택, 66mm 위치에 Plane을 생성한다.

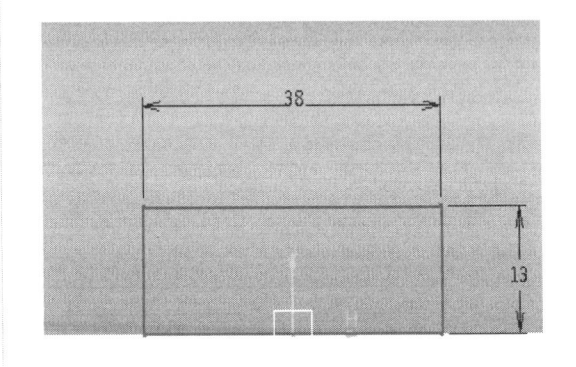

4) 스케치를 실행하고 Plane.1을 선택하여
   다음과 같이 스케치를 한다.

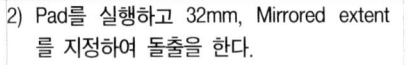

214

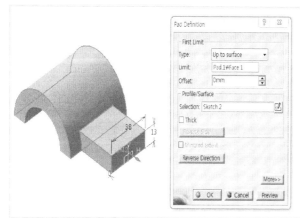

5) Pad를 실행하고 Up To Surface을 지정하여 돌출을 한다.

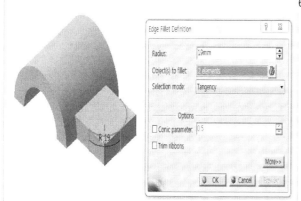

6) Edge Fillet를 실행하고 반경 : 19mm로 필렛을 한다.

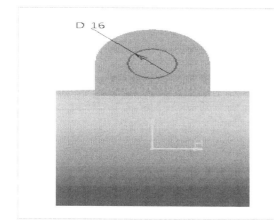

7) 스케치를 실행하고 Pad.2 객체의 윗면 선택하여 다음과 같이 스케치를 한다.

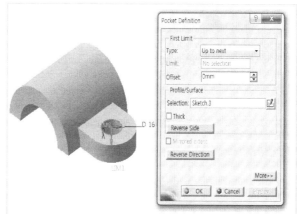

8) Pocket을 실행하고 Up to Next를 지정하여 돌출 컷을 한다.

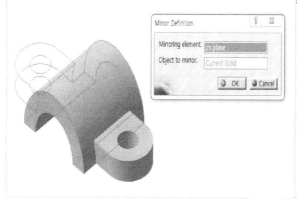

9) Mirror( )를 실행하고 ZX Plane을 기준으로 대칭복사를 한다.

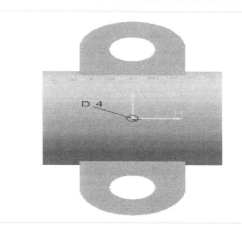

10) 스케치를 실행하고 XY Plane을 선택하여 다음과 같이 스케치를 한다.

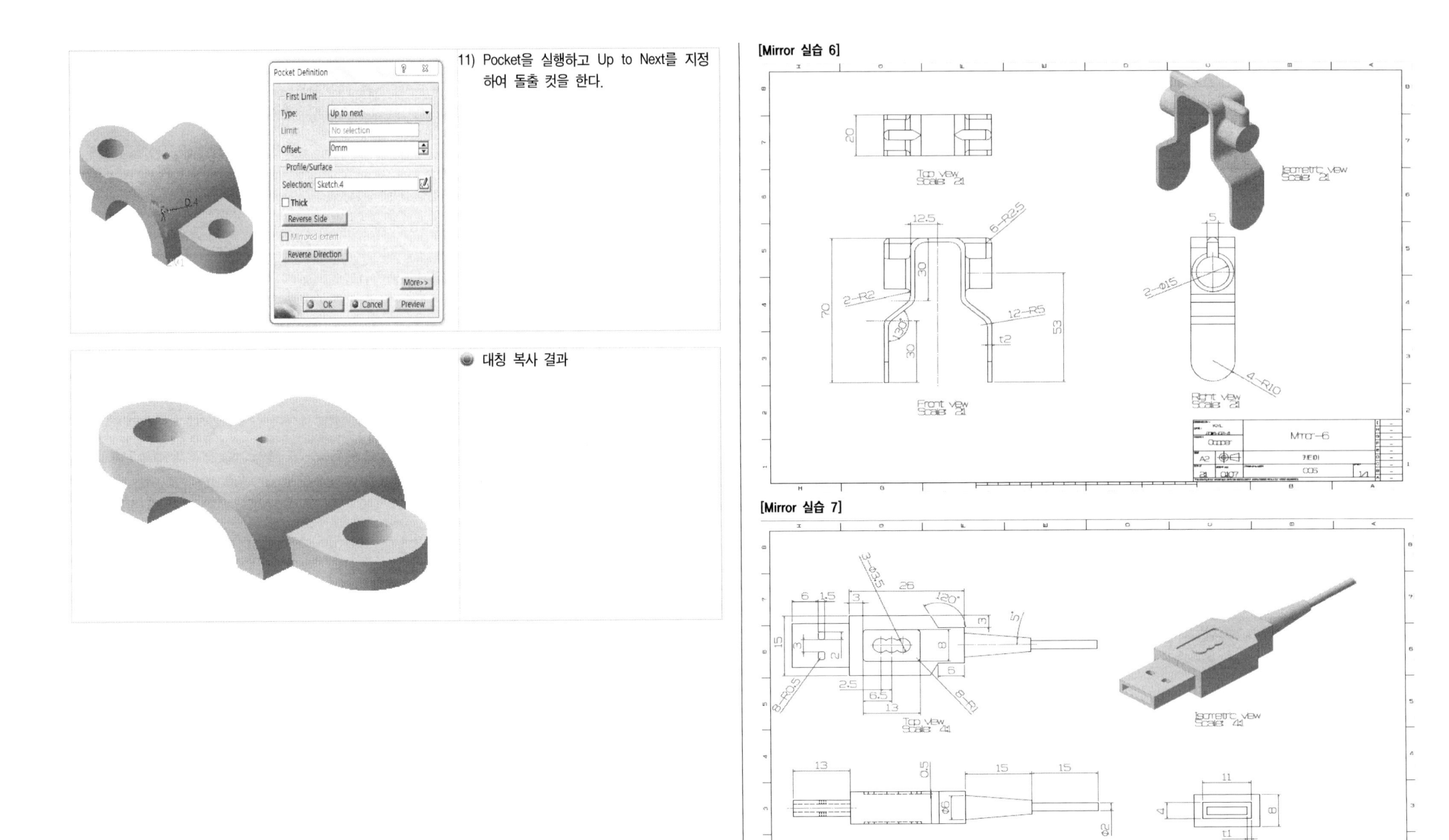

11) Pocket을 실행하고 Up to Next를 지정하여 돌출 컷을 한다.

● 대칭 복사 결과

[Mirror 실습 6]

[Mirror 실습 7]

216

[Mirror 실습 8]

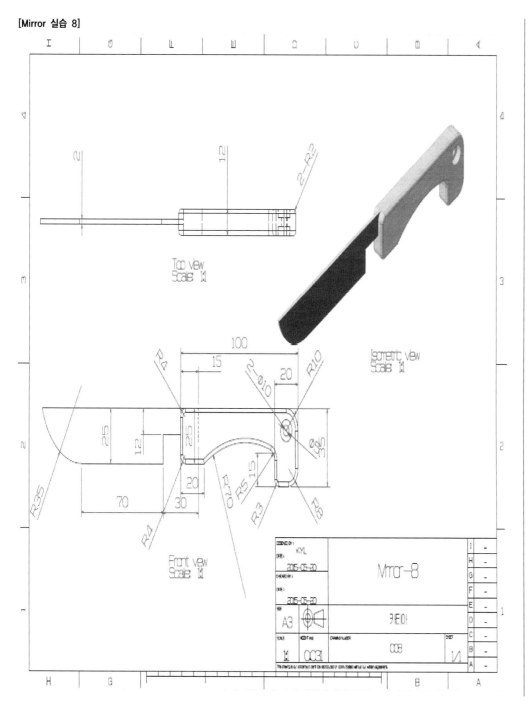

Top view
Scale 1:1

Isometric view
Scale 1:1

Front view
Scale 1:1

	KYL		Mirror-8		1	-
	DATE:				H	-
	2015-05-20				G	-
	CHECKED BY:				F	-
	DATE:				E	1
	2015-05-20				D	-
A3			케01		C	-
SCALE	WEIGHT kg	DRAWING NUMBER		SHEET	B	-
1:1	0031		008	1/1	A	-

[Mirror 실습 9]

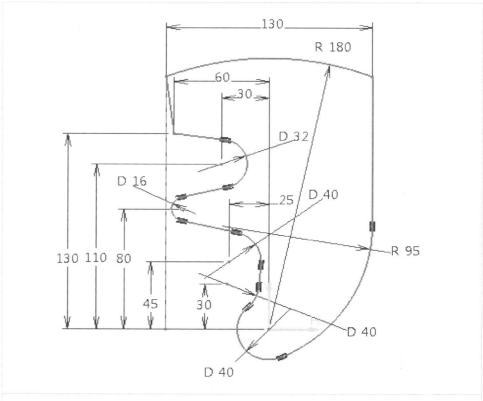

1) 스케치를 실행하고 XY Plane을 선택하여 다음과 같이 스케치를 한다.

2) Pad를 실행하고 12mm 돌출을 한다.

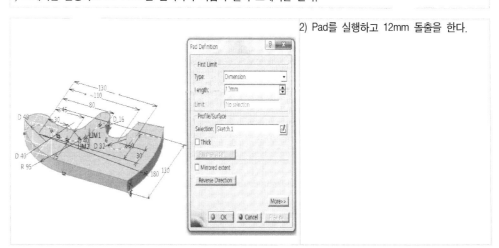

217

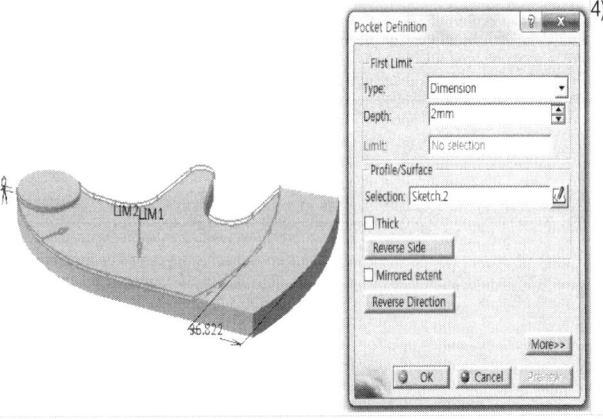

3) 스케치를 실행하고 Pad.1 객체의 윗면을 선택하여 다음과 같이 스케치한다.

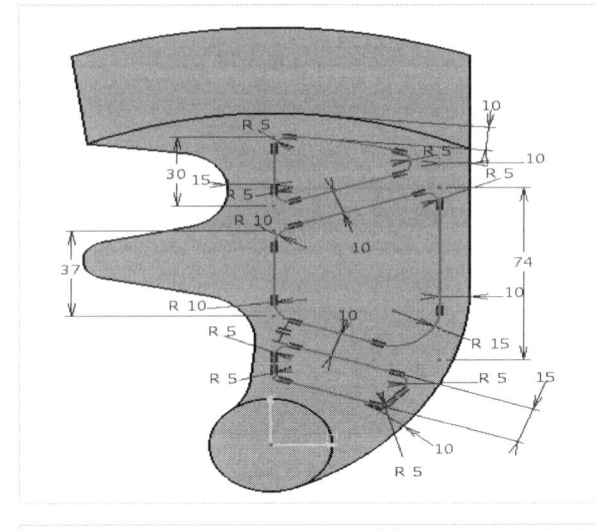 : Project 3D Elements 이용

Project 3D Elements로
Solid 모서리를 투영

4) Pocket를 실행하고 2mm 돌출 컷을 한다.

5) 스케치를 실행하고 Pocket.1 객체의 면을 선택하여 다음과 같이 스케치를 한다.

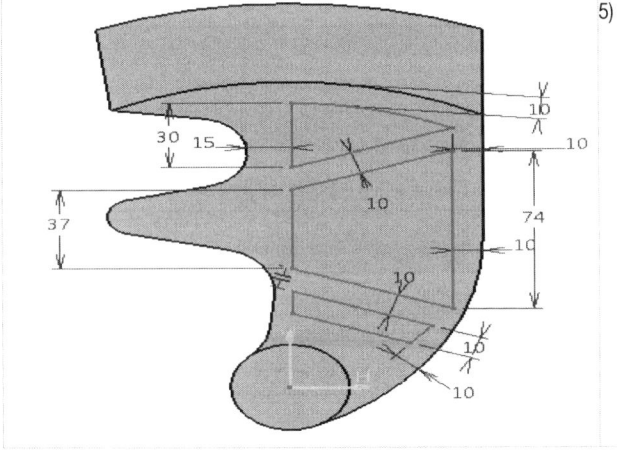

6) Corner를 실행하고 반경 : 5mm, 10mm, 15mm로 필렛을 한다.

7) Pocket를 실행하고 4mm 돌출 컷을 한다.

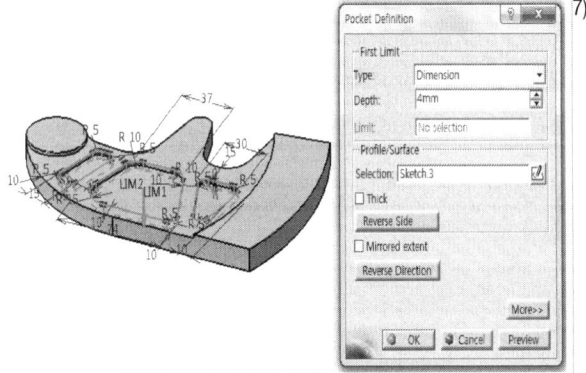

8) Draft를 실행하고 구배각도 : 5deg, 구배줄 면 : Pocket.1 객체의 측면 3개를 선택하여 구배를 한다.

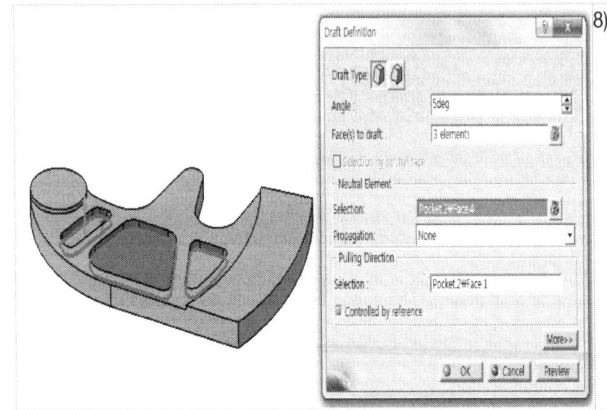

218

9) Edge Fillet를 실행하고 반경 : 2mm로 필렛을 한다.

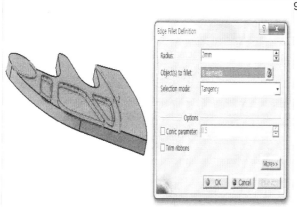

10) Mirror를 실행하고 Mirroring Element : Pad.1 객체의 밑면을 선택한다.

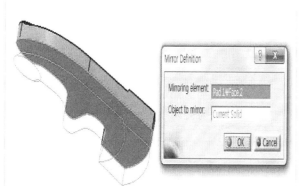

11) Mirror 수행 결과

12) Hole을 실행하고 Diameter : 15mm로 구멍을 뚫는다.

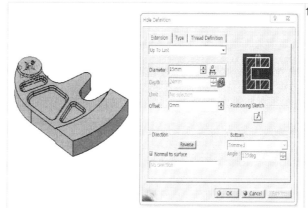

● 완성 결과

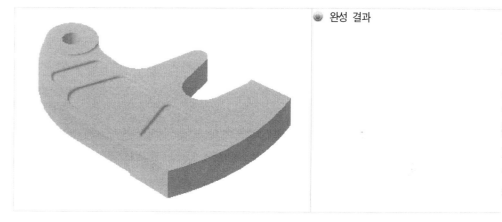

Top view
Scale 1:1

Section view B-B
Scale 1:1

Isometric view
Scale 1:1

Front view
Scale 1:1

Section view A-A
Scale 1:1

Right view
Scale 1:1

Mirror-10

Steel

A2

기타

1208

010

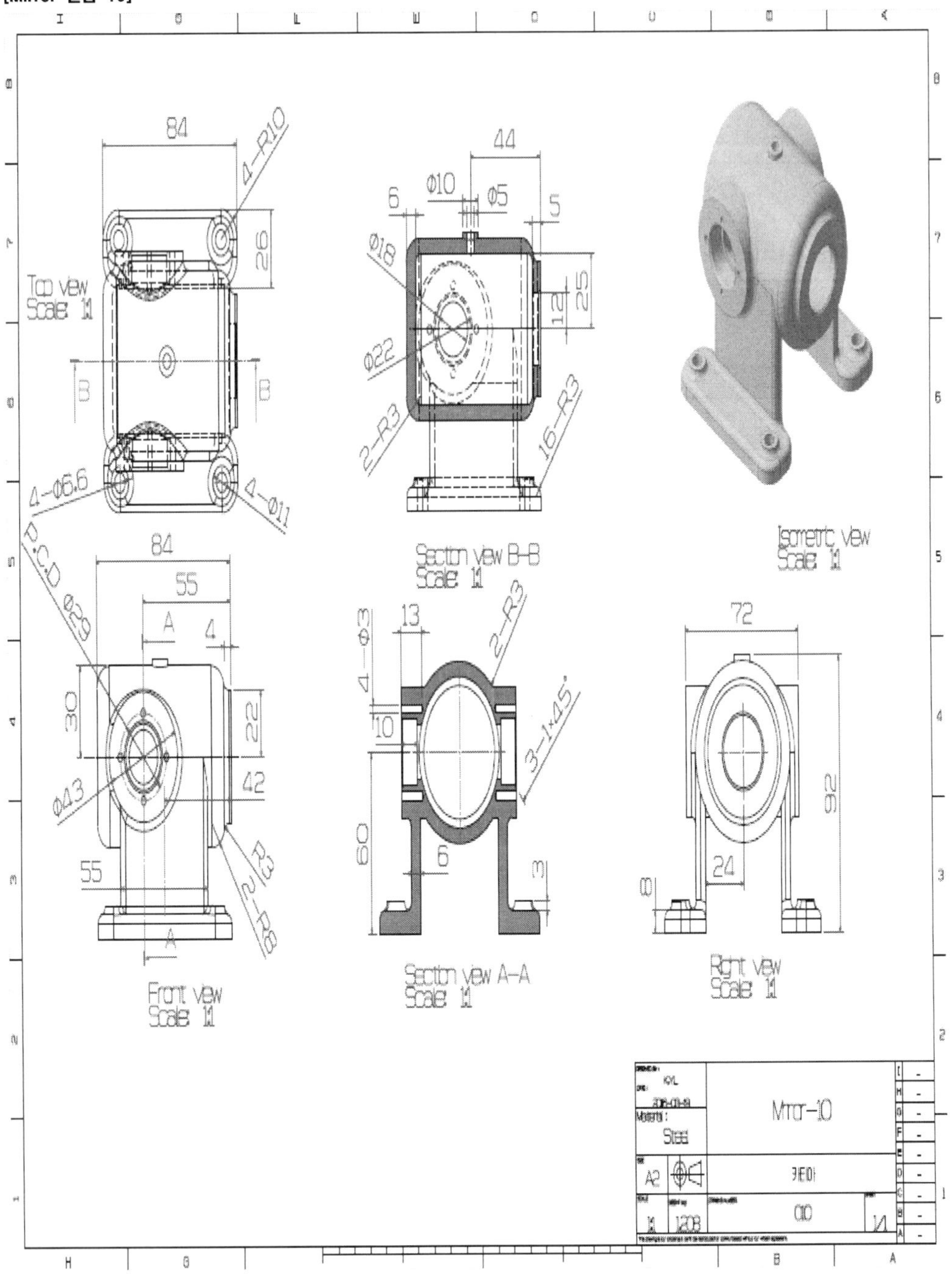

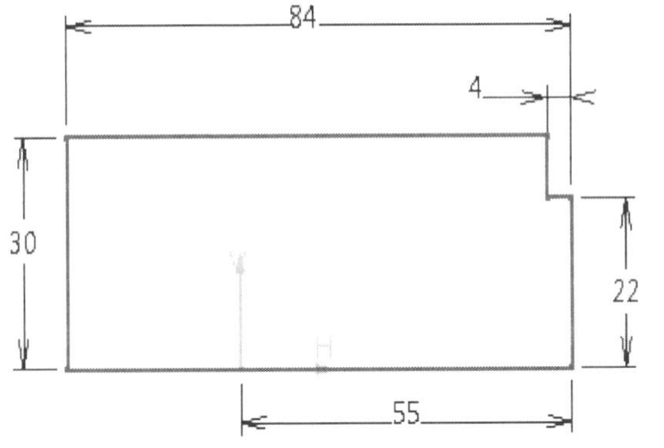

1) 스케치를 실행하고 YZ Plane을 선택하여 다음과 같이 스케치를 한다.

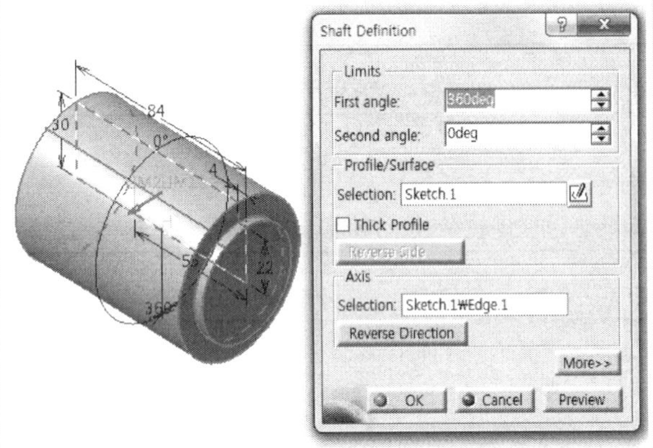

2) Shaft를 실행하고 360deg 회전을 한다.

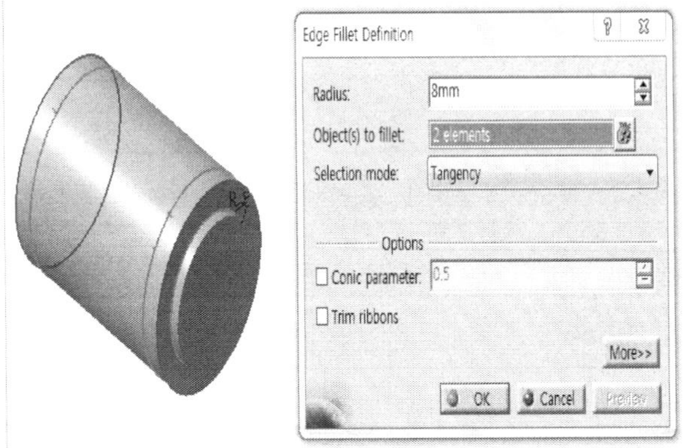

3) Edge Fillet을 실행하고 반경 : 8mm로 필렛을 한다.

220

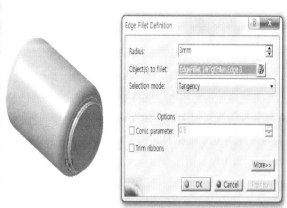

4) Edge Fillet을 실행하고 반경 : 3mm로 필 렛을 한다.

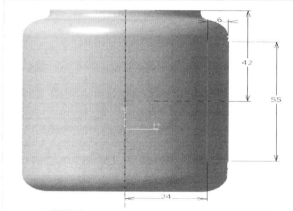

5) 스케치를 실행하고 XY Plane을 선택하여 다음과 같이 스케치를 한다.

6) Pad를 실행하고 60mm 돌출을 한다.

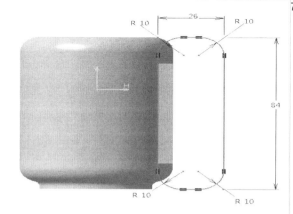

7) 스케치를 실행하고 돌출 객체의 밑면을 선택하여 다음과 같이 스케치를 한다.

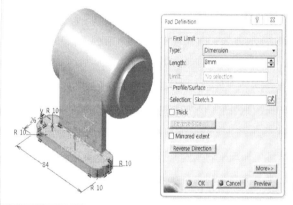

8) Pad를 실행하고 8mm 위쪽으로 돌출을 한다.

9) Mirror를 실행하고 YZ Plane을 기준으로 대칭복사를 한다.

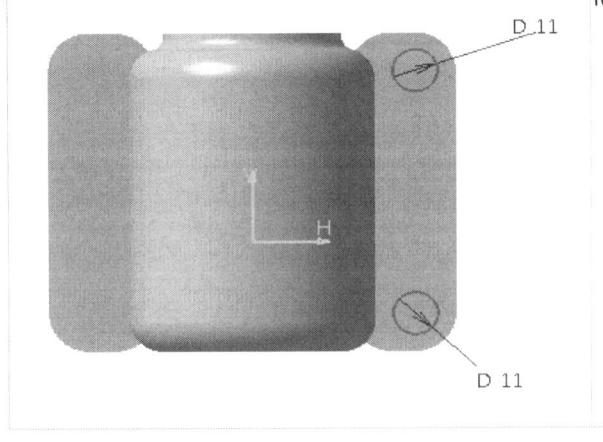

10) 스케치를 실행하고 Pad.2 객체의 윗면을
    선택하여 다음과 같이 스케치를 한다.

D 11
D 11

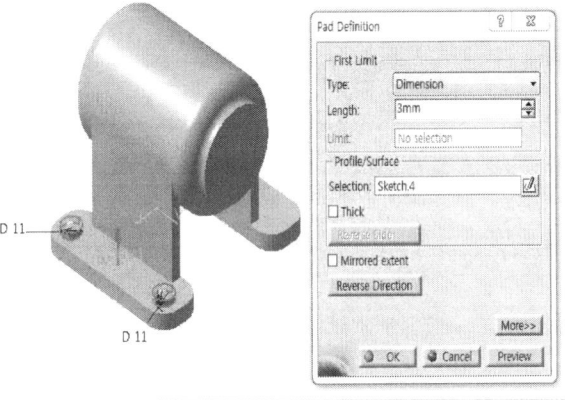

11) Pad을 실행하고 3mm로 돌출 컷을 한
    다.

D 11
D 11

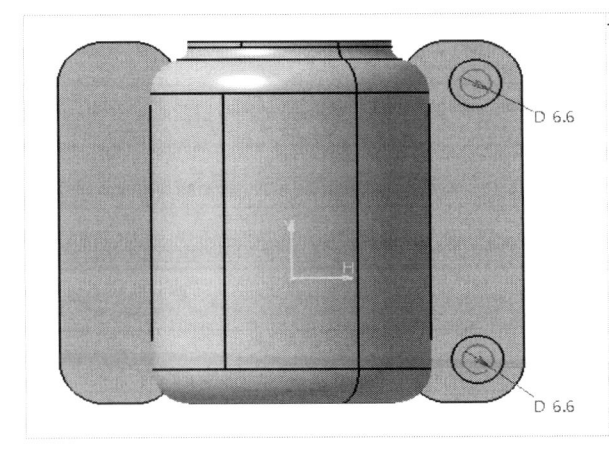

12) 스케치를 실행하고 Pad.3 객체의 윗면을
    선택하여 다음과 같이 스케치를 한다.

D 6.6
D 6.6

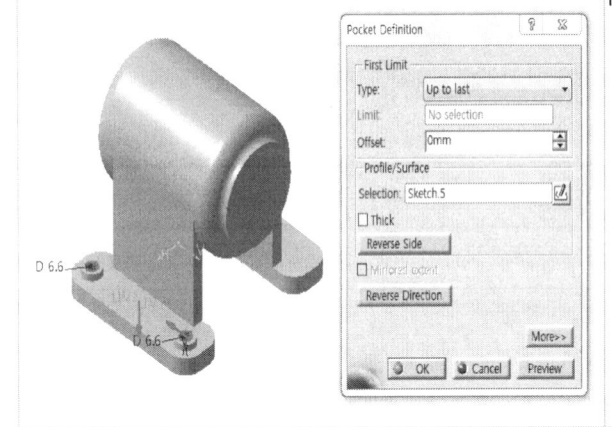

13) Pocket을 실행하고 Up to Last로 돌출
    컷을 한다.

14) Spec Tree에서 두 개의 객체를 선택하
    여 Mirror를 실행하고 YZ Plane을 기준
    으로 다음 항목을 대칭복사 한다.

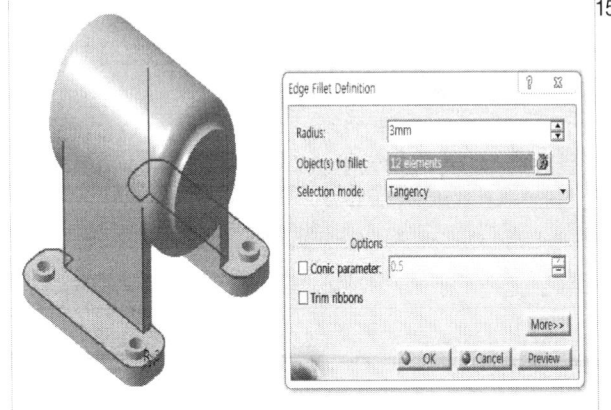

15) Edge Fillet을 실행하고 반경 : 3mm로
    필렛을 한다.

16) Edge Fillet을 실행하고 반경 : 3mm로 필렛을 한다.

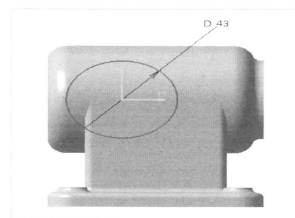

17) 스케치를 실행하고 YZ Plane을 선택하여 다음과 같이 스케치를 한다.

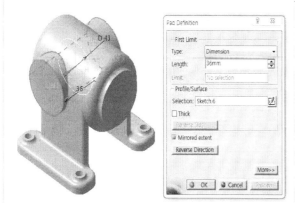

18) Pad를 실행하고 36mm, Mirrored extent 를 지정하여 돌출을 한다.

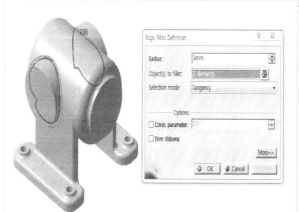

19) Edge Fillet을 실행하고 반경 : 3mm로 필렛을 한다.

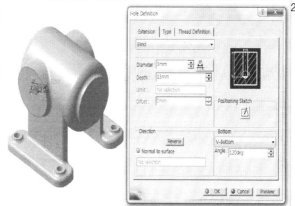

20) Hole을 실행하고 Diameter : 3mm, Depth : 13mm, V-Bottom으로 지정한다.

21) [Extension]탭의 Sketch Positioning에서 Sketch를 선택하여 다음과 같이 구멍의 위치를 구속한다.

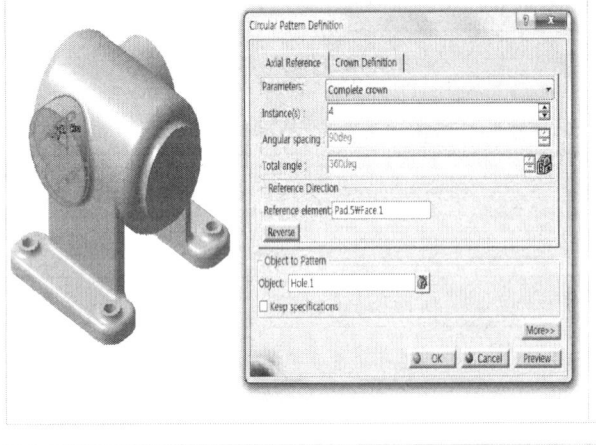

22) Circular Pattern을 실행하고 Instance : 4, Reference element : 원통면을 선택, 패턴 객체 : Hole.1을 선택하여 패턴복사 한다.

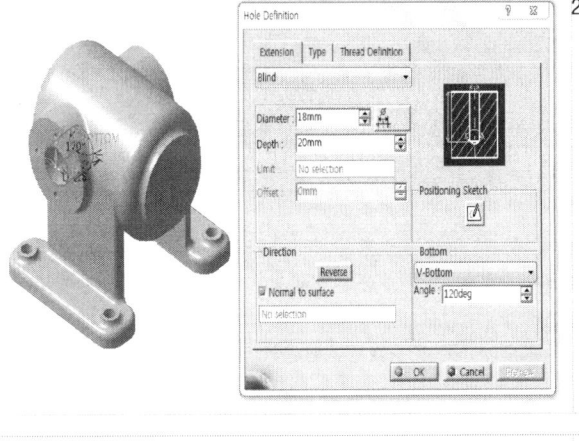

23) Hole을 실행하고 Diameter : 18mm, Depth : 20mm, Flat으로 지정한다.

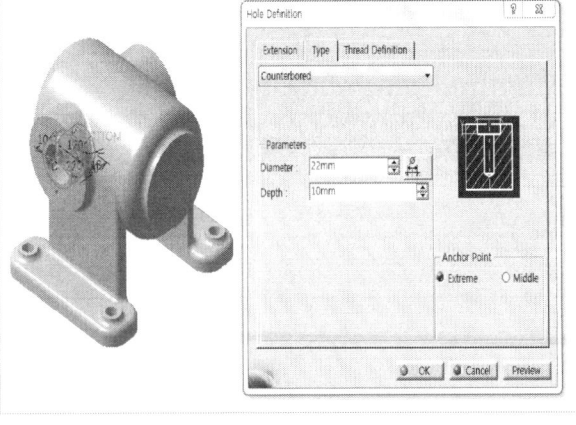

24) Hole Type : Counterbored, Diameter : 22mm, Depth : 10mm을 지정한다.

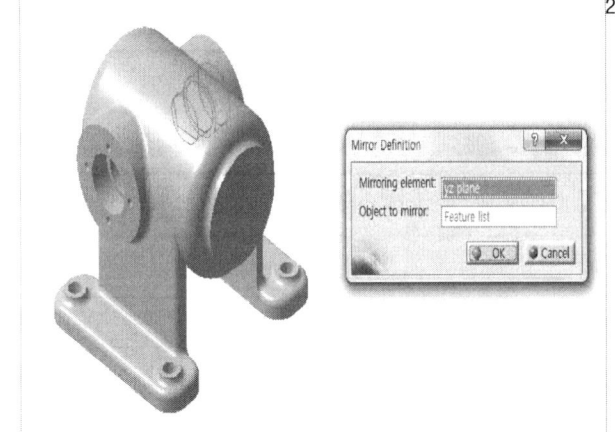

25) Spec Tree에서 Hole.2 객체를 선택하여 Mirror를 실행하고 YZ Plane을 기준으로 다음 항목을 대칭복사 한다.

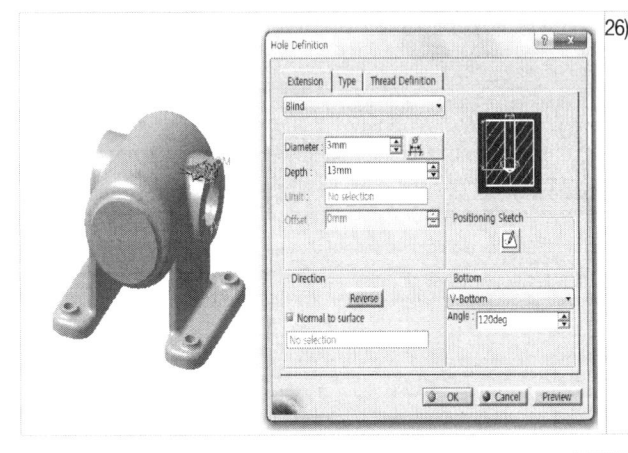

26) 반대편도 다음과 같이 구멍을 뚫는다. Hole을 실행하고 Diameter : 3mm, Depth : 13mm, V-Bottom으로 지정한다.

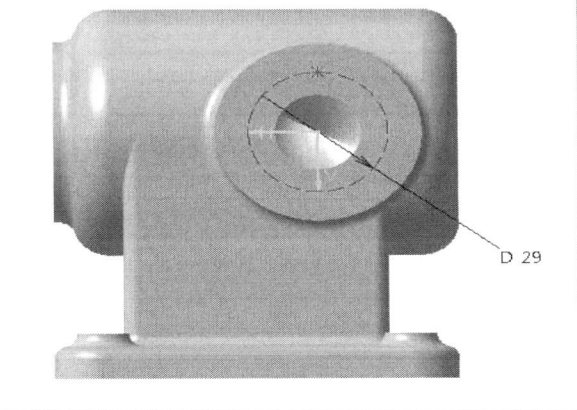

27) [Extension]탭의 Sketch Positioning에서 Sketch를 선택하여 다음과 같이 구멍의 위치를 구속한다.

28) Circular Pattern을 실행하고 Instance : 4, Reference element : 원통면을 선택, 패턴 객체 : Hole.1을 선택한다.

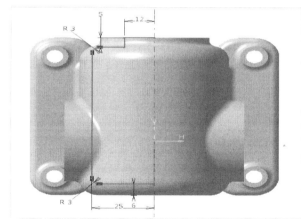

29) 스케치를 실행하고 XY Plane을 선택하여 다음과 같이 스케치를 한다.

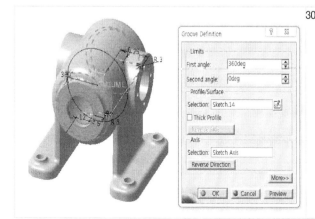

30) Groove를 실행하고 360deg 회전을 한다.

31) Plane을 실행하고 가장 밑바닥 면을 기준으로 92mm 위쪽에 Plane을 생성한다.

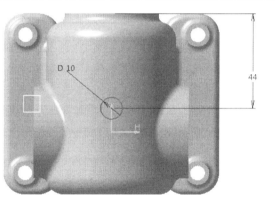

32) 스케치를 실행하고 Plane.1을 선택하여 다음과 같이 스케치를 한다.

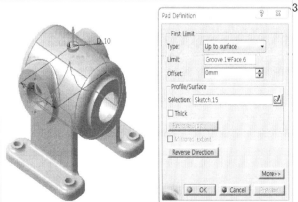

33) Pad를 실행하고 Up to Surface를 지정한 후 아래 원통을 선택하여 확인을 한다.

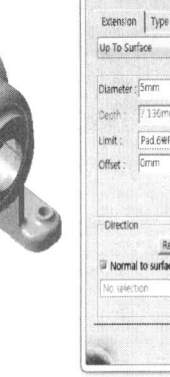
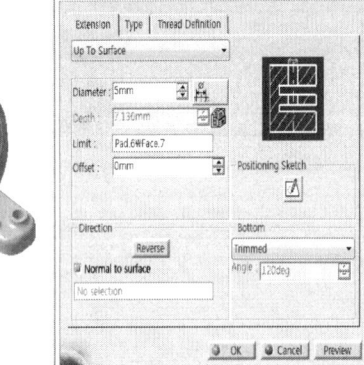
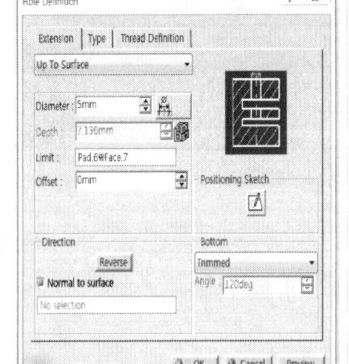

34) Hole을 실행하고 Diameter : 5mm, Up to Surface를 지정한 후 원통 안쪽 면을 선택하고 확인을 한다.

35) Chamfer를 실행하고 Length : 1mm, 45deg 로 Chamfer를 한다.

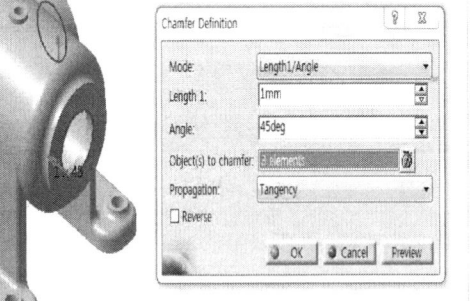

● 완성 결과

6. Pattern Features

1) Rectangular Pattern(▦) : 일정한 규칙성을 가진 채 반복되는 형상을 가로와 세로 두 개의 직교하는 방향을 선택한 형상을 반복하여 생성하는 명령이다.

■ Rectangular Pattern Definition

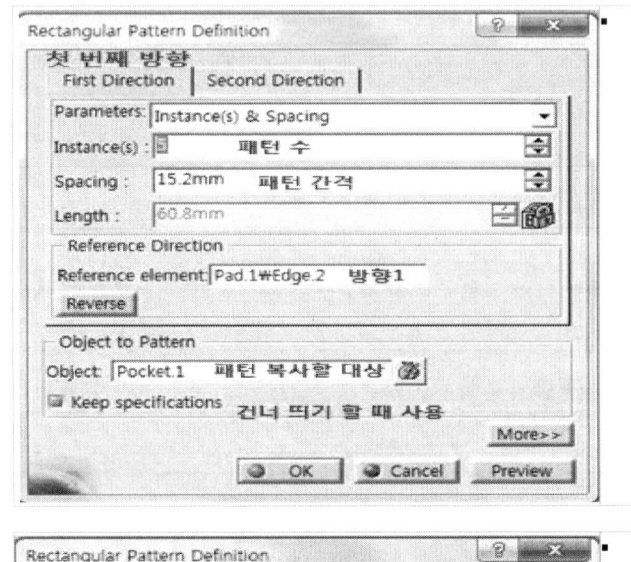

- Parameters
  · Instance : 현재 형상을 포함한 반복하여 만들 형상의 수를 지정한다.
  · Spacing : 복사될 형상과 형상 사이의 간격을 지정한다.
  · Length : 패턴으로 만들어질 전체 형상의 개수에 따른 배열의 길이. 패턴 수행의 전체 길이를 의미한다.
  · Reference Direction : 패턴이 만들어질 기준 방향을 정의(모서리 또는 Plane)한다.
  · Object Pattern : 패턴 하고자 하는 대상을 선택한다.

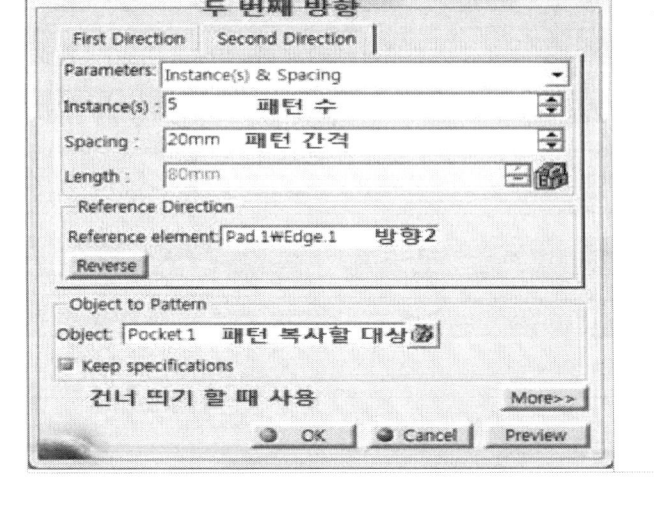

- Keep Specification
  · 선택을 하고 건너 뛰기 할 부분을 선택하면 패턴 형상에서 건너뛴다. 선택한 상태를 그대로 유지하라는 뜻이다.

[Rectangular Pattern 실습 1]

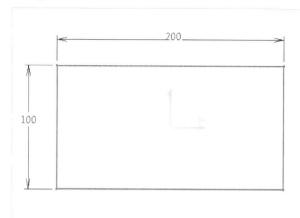

1) 스케치를 실행하고 XY Plane을 선택하여 다음과 같이 스케치를 한다.

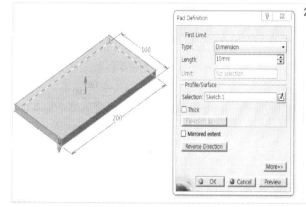

2) Pad를 실행하고 10mm 돌출을 한다.

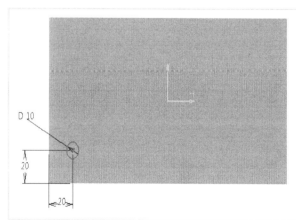

3) 스케치를 실행하고 Pad.1 객체의 윗면을 선택하여 다음과 같이 스케치를 한다.

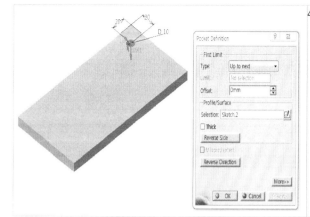

4) Pocket을 실행하고 Up to Next를 지정하여 돌출 컷을 한다.

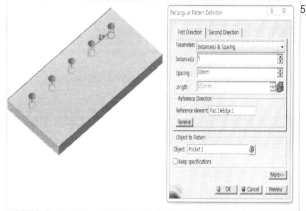

5) Rectangular Pattern을 실행하고 첫 번째 방향 : Pad.1 객체의 장축 모서리를 선택, Instance : 5, Spacing : 38mm 지정 한다.

6) 두 번째 방향으로 Pad.1 객체의 단축 모서리를 선택, Instance : 4, Spacing : 22mm 지정, Pocket.1 객체를 패턴복사 한다.

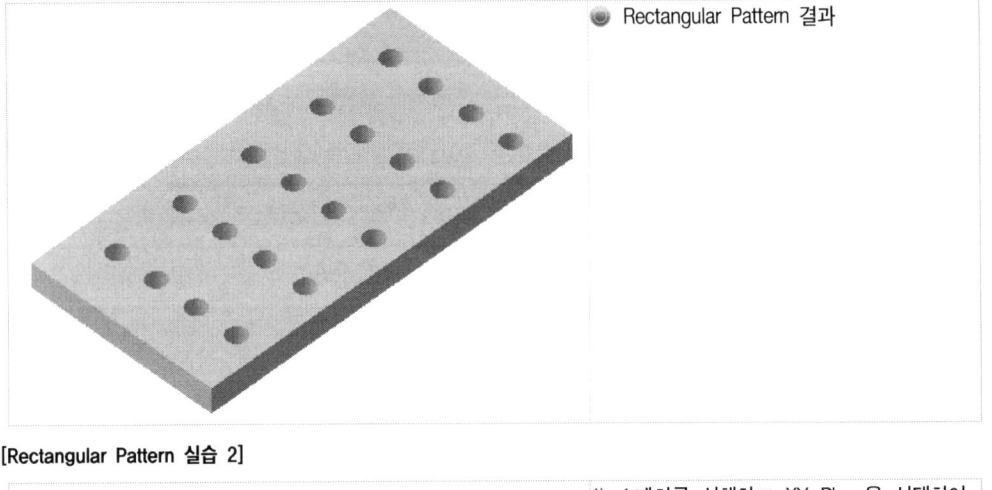

● Rectangular Pattern 결과

[Rectangular Pattern 실습 2]

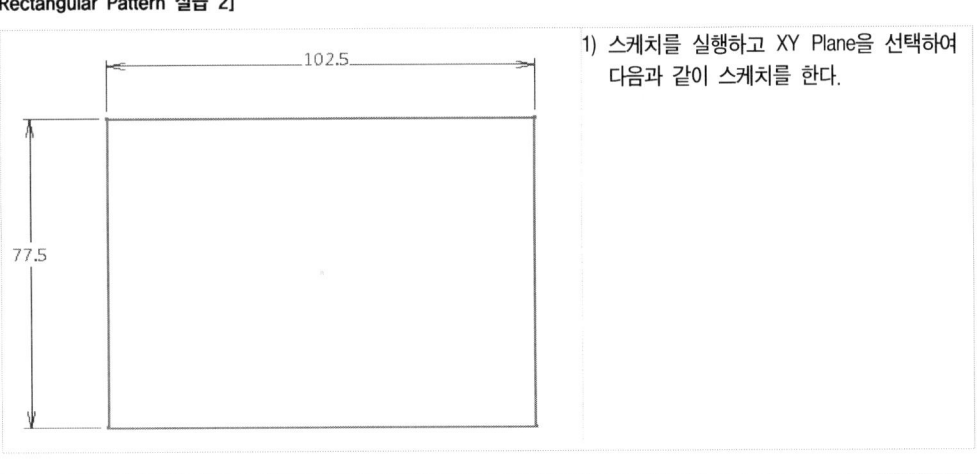

1) 스케치를 실행하고 XY Plane을 선택하여 다음과 같이 스케치를 한다.

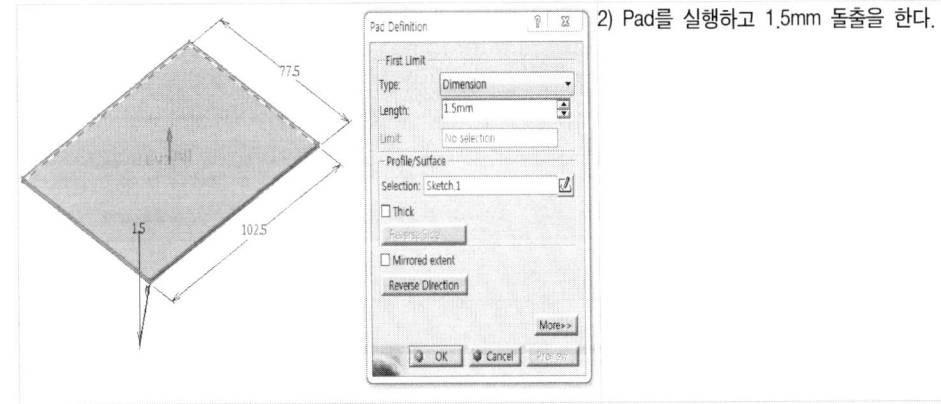

2) Pad를 실행하고 1.5mm 돌출을 한다.

3) 스케치를 실행하고 Pad.1 객체의 윗면을 선택하여 다음과 같이 스케치를 한다.

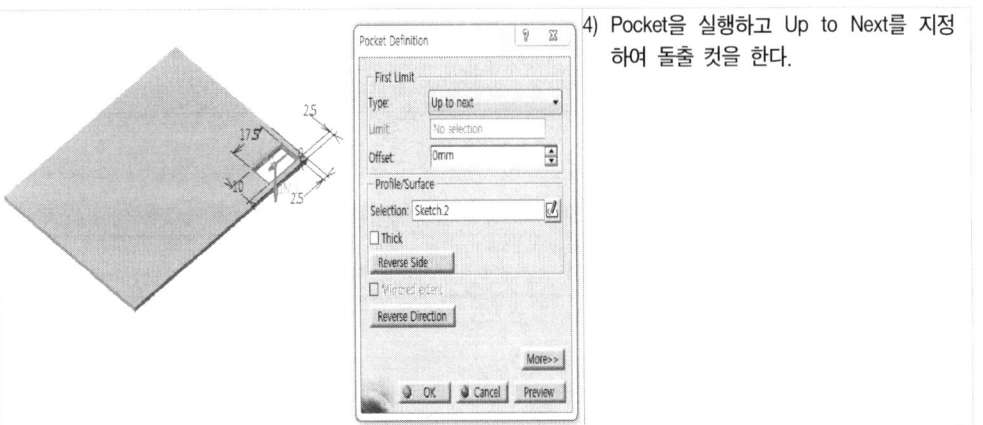

4) Pocket을 실행하고 Up to Next를 지정하여 돌출 컷을 한다.

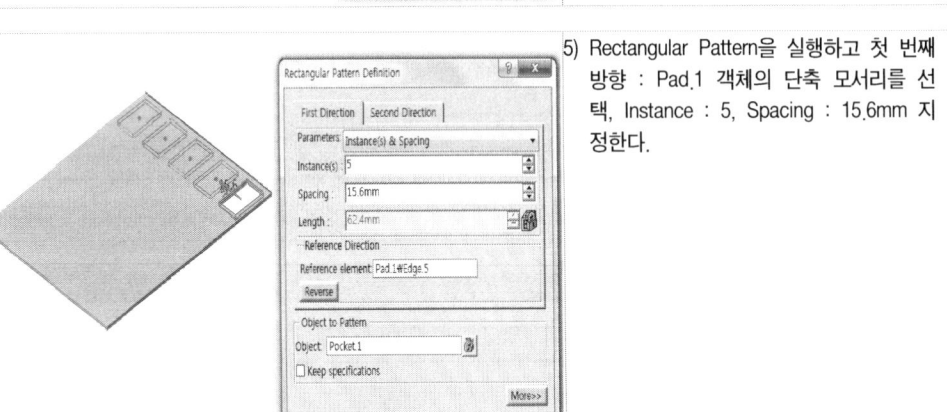

5) Rectangular Pattern을 실행하고 첫 번째 방향 : Pad.1 객체의 단축 모서리를 선택, Instance : 5, Spacing : 15.6mm 지정한다.

6) 두 번째 방향 : Pad.1 객체의 장축 모서리
   를 선택, Instance : 5, Spacing : 20mm
   지정, Pocket.1 객체를 패턴복사 한다.

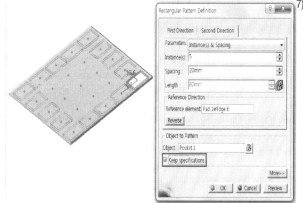

7) Keep Specifications를 선택하고 건너뛸
   부분을 선택한다.

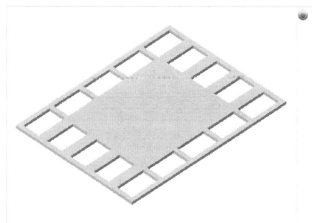

● Rectangular Pattern 결과

[Rectangular Pattern 실습 3]

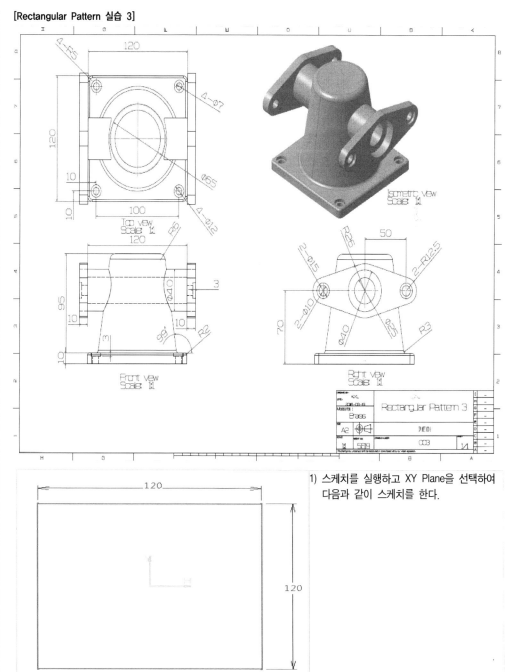

1) 스케치를 실행하고 XY Plane을 선택하여
   다음과 같이 스케치를 한다.

229

2) Pad를 실행하고 10mm 돌출을 한다.

5) 스케치를 실행하고 Pad.1 객체의 윗면을 선택하여 다음과 같이 스케치를 한다.

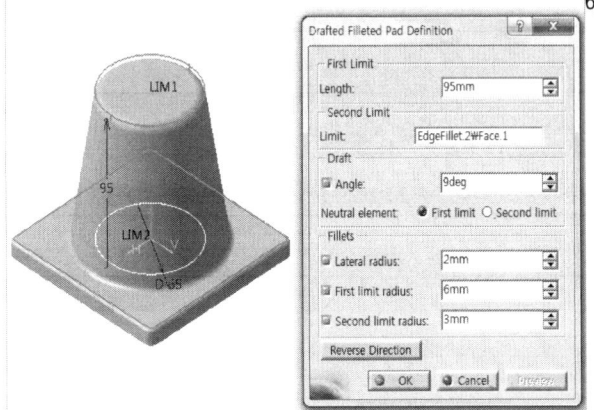

3) Edge Fillet을 실행하고 반경 5mm로 필렛을 한다.

6) Drafted Filleted Pad를 실행하고 돌출 길이 : 95mm, 구배 각도 : 9deg, Fillets은 다음과 같이 지정한다.

4) Edge Fillet을 실행하고 반경 2mm로 필렛을 한다.

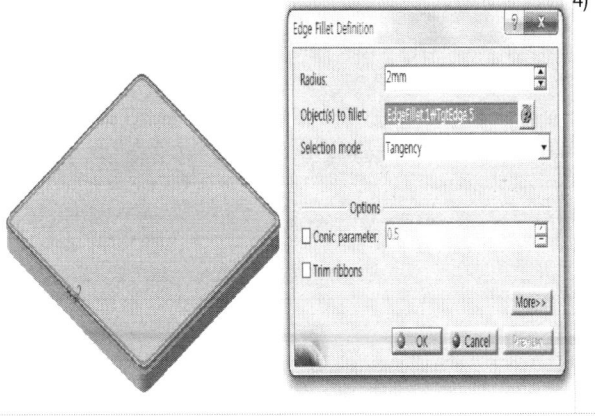

7) Hole을 실행하고 Diameter : 7mm, Depth : 10mm를 지정한다.

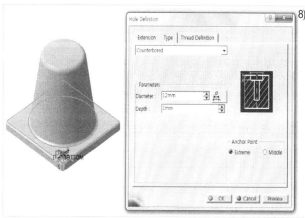

8) Hole Type : Counterbored를 선택, Diam
eter : 12mm, Depth : 3mm를 지정한다.

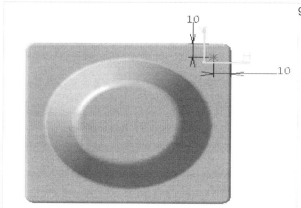

9) [Extension]탭의 Sketch Positioning에서
Sketch를 선택하여 다음과 같이 구멍의
위치를 구속한다.

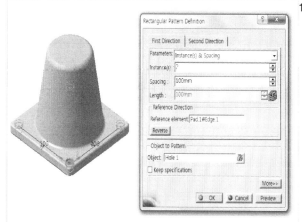

10) Rectangular Pattern을 실행하고 Instance
: 2, Spacing : 100mm 지정한다.

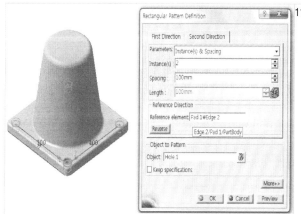

11) Instance : 2, Spacing : 100mm를 지정,
Hole.1 객체를 패턴복사 한다.

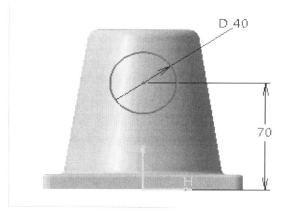

12) 스케치를 실행하고 ZX Plane을 선택하여
다음과 같이 스케치를 한다.

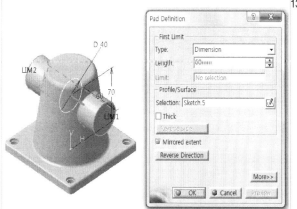

13) Pad를 실행하고 60mm, Mirrored extent
를 지정하여 돌출을 한다.

Project 3D Elements로 Solid의 모서리를 투영

14) 스케치를 실행하고 Pad,2 객체의 우측면을 선택하여 다음과 같이 스케치를 한다.

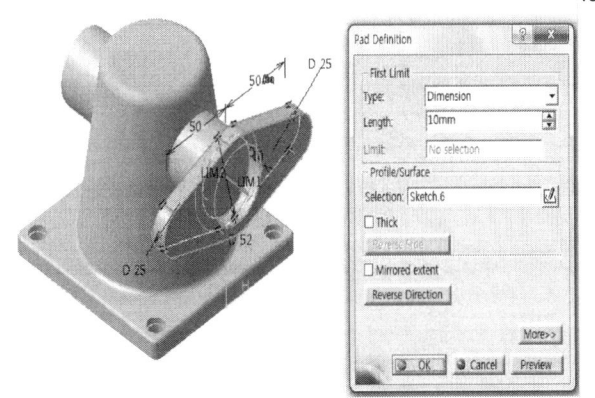

15) Pad를 실행하고 10mm 돌출을 한다.

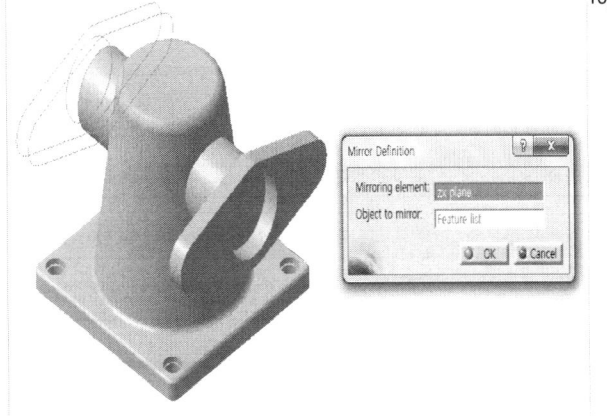

16) Mirror를 실행하고 우측 Pad,3 객체를 ZX Plane을 기준으로 대칭복사를 한다.

17) 스케치를 실행하고 Pad,3 객체의 우측면을 선택하여 다음과 같이 스케치를 한다.

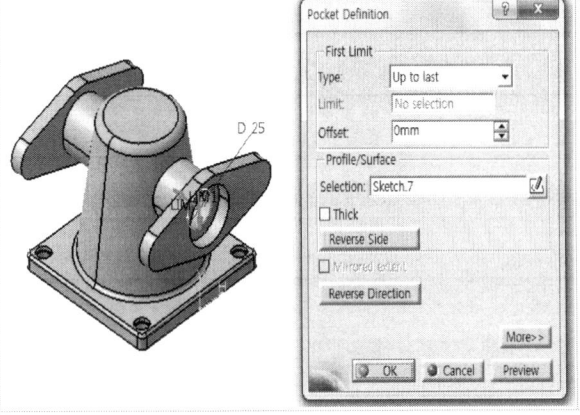

18) Pocket을 실행하고 Up to last를 지정하여 돌출 컷을 한다.

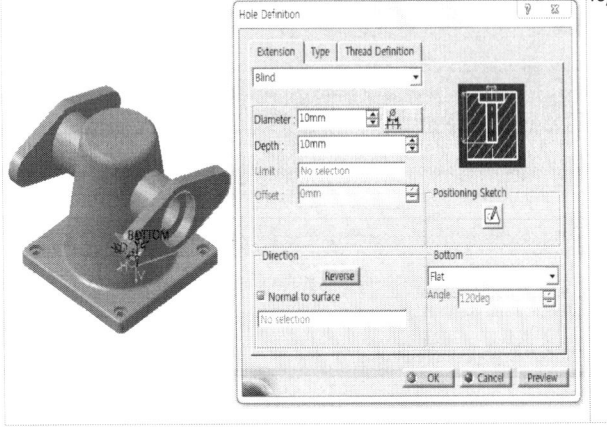

19) Hole을 실행하고 Diameter : 10mm, Depth : 10mm를 지정한다.

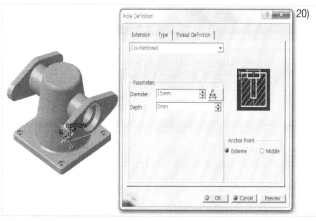

20) Hole Type : Counterbored를 선택, Diameter : 15mm, Depth : 3mm를 지정한다.

21) Mirror를 실행하고 Hole 객체를 YZ Plane을 기준으로 대칭복사를 한다.

22) Mirror를 실행하고 Hole 객체를 ZX Plane을 기준으로 대칭복사를 한다.

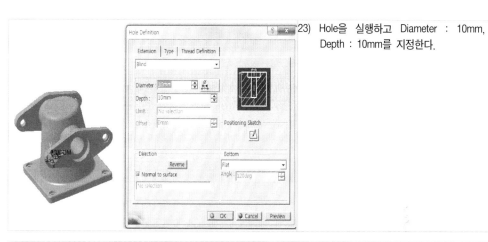

23) Hole을 실행하고 Diameter : 10mm, Depth : 10mm를 지정한다.

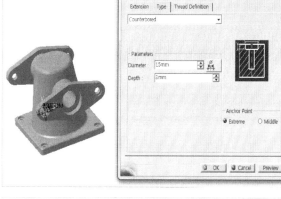

24) Hole Type : Counterbored를 선택, Diameter : 15mm, Depth : 3mm를 지정한다.
구멍의 위치는 호의 중심에 동심 구속된다.

● 완성 결과

233

2) Circular Pattern(⟳) : 회전축을 기준으로 회전하여 형상을 복사해주는 명령이다.

Reference Direction은 회전축이기 때문에 축(Axis) 요소나 선(Line) 요소 또는 Cylindrical Face를 선택할 수 있다.

- Axial Reference/Crown Definition Tab : Circular Pattern은 두 개 방향을 가지는데 하나는 축 회전 방향 (Axial Reference)과 반지름 방향(Crown Definition)이다.

Circular Pattern Definition

- Parameters
  · Instance : 현재 형상을 포함한 반복 하여 만들 형상의 수를 지정한다.
  · Angular Spacing : 복사될 형상과 형 상 사이의 각도를 지정한다.
  · Total Angle : 전체 각도가 지정된다.
  · Reference Direction : 패턴이 만들어 질 회전축을 선택한다.
  · Object Pattern : 패턴 하고자 하는 대상을 선택한다.

[Circular Pattern 실습 1]

1) 스케치를 실행하고 XY Plane을 선택하여 다음과 같이 스케치를 한다.

2) Pad를 실행하고 20mm 돌출을 한다.

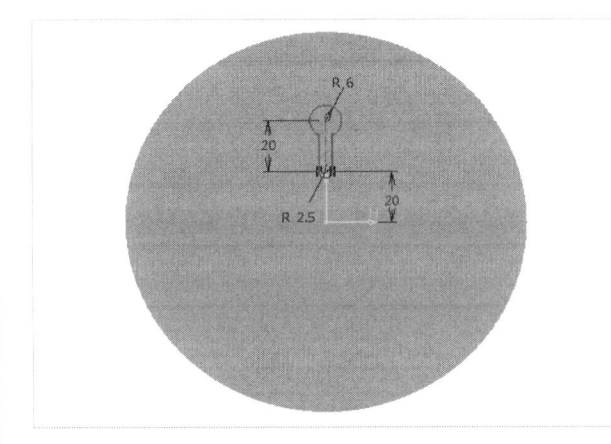

3) 스케치를 실행하고 Pad.1 객체의 윗면을 선택하여 다음과 같이 스케치를 한다.

4) Pocket를 실행하고 Up to Next를 지정하여 돌출 컷을 한다.

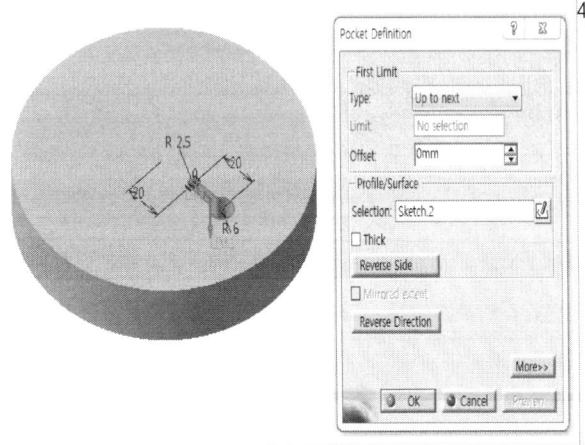

234

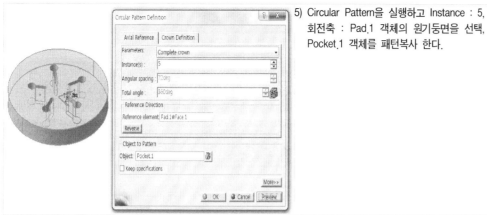

5) Circular Pattern을 실행하고 Instance : 5, 회전축 : Pad.1 객체의 원기둥면을 선택, Pocket.1 객체를 패턴복사 한다.

● Circular Pattern 완성

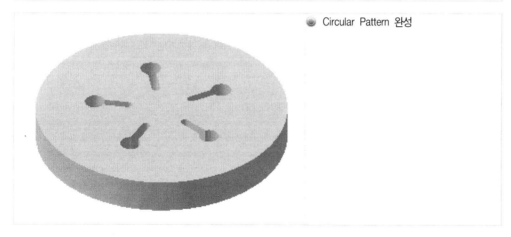

[Circular Pattern 실습 2]

[Circular Pattern 실습 3]

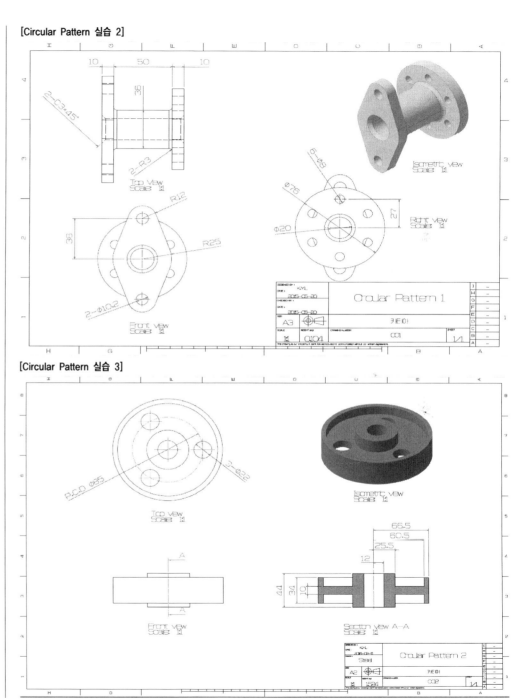

235

[Circular Pattern 실습 4]

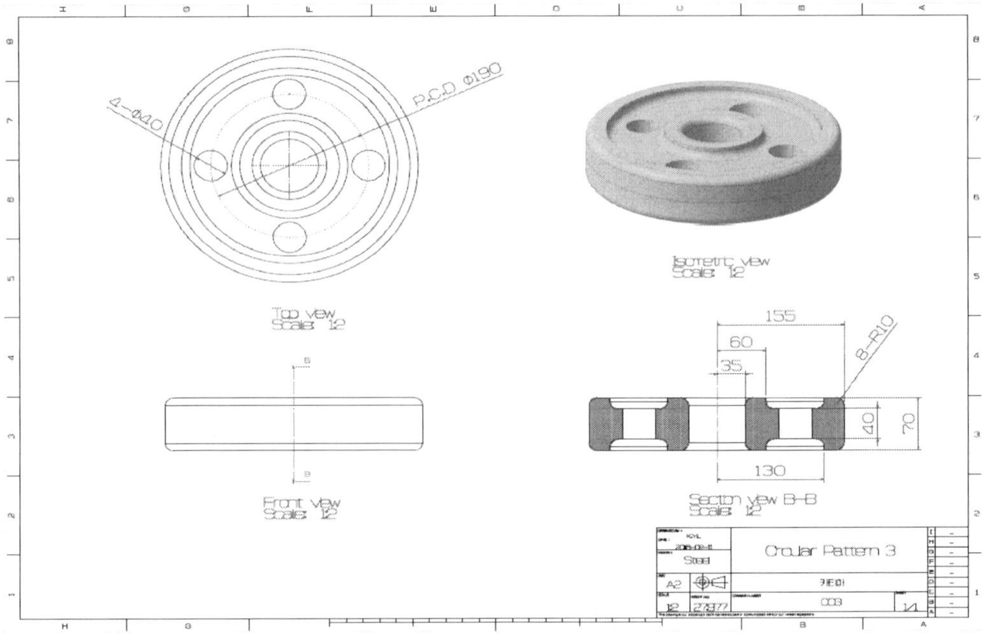

P.C.D Φ190

4-Φ10

Top view
Scale 1:2

Isometric view
Scale 1:2

Front view
Scale 1:2

155
60
35
8-R10
40
70
130

Section view B-B
Scale 1:2

	KYL		
	2016-01-15	Circular Pattern 3	
	Steel		
A2		기계과	
1:2	2.9077	003	1/1

[Circular Pattern 실습 5]

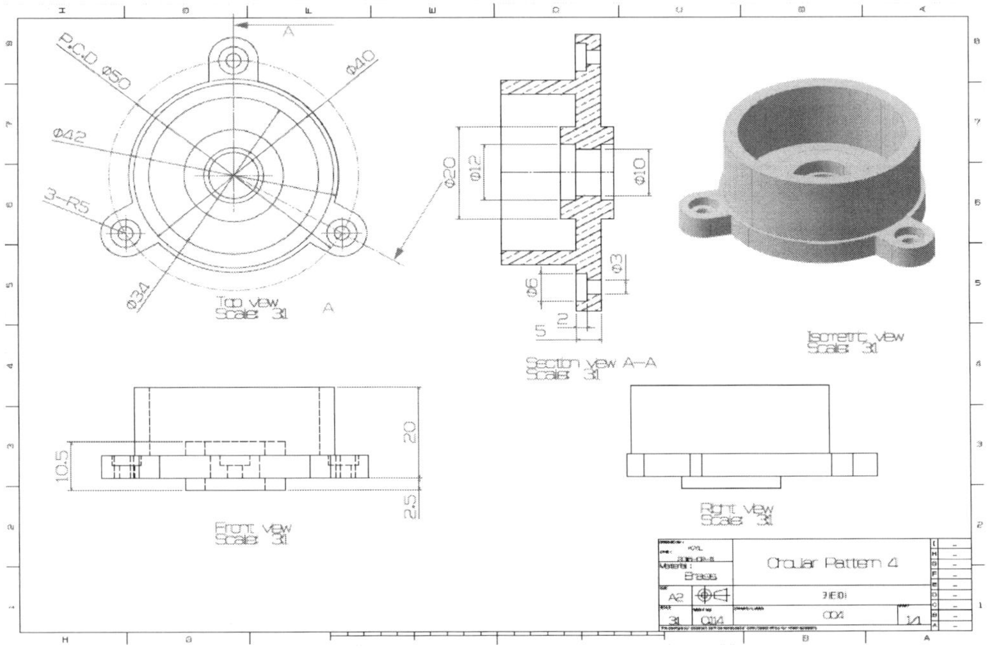

P.C.D Φ50
Φ40
Φ42
3-R5
Φ12
Φ10
Φ3
Φ20
6
5
2

Top view
Scale 3:1

Section view A-A
Scale 3:1

Isometric view
Scale 3:1

10.5
20
2.5

Front view
Scale 3:1

Right view
Scale 3:1

	KYL		
	2016-01-15	Circular Pattern 4	
	Brass		
A2		기계과	
3:1	0.04	004	1/1

[Circular Pattern 실습 6] - 스프로 킷

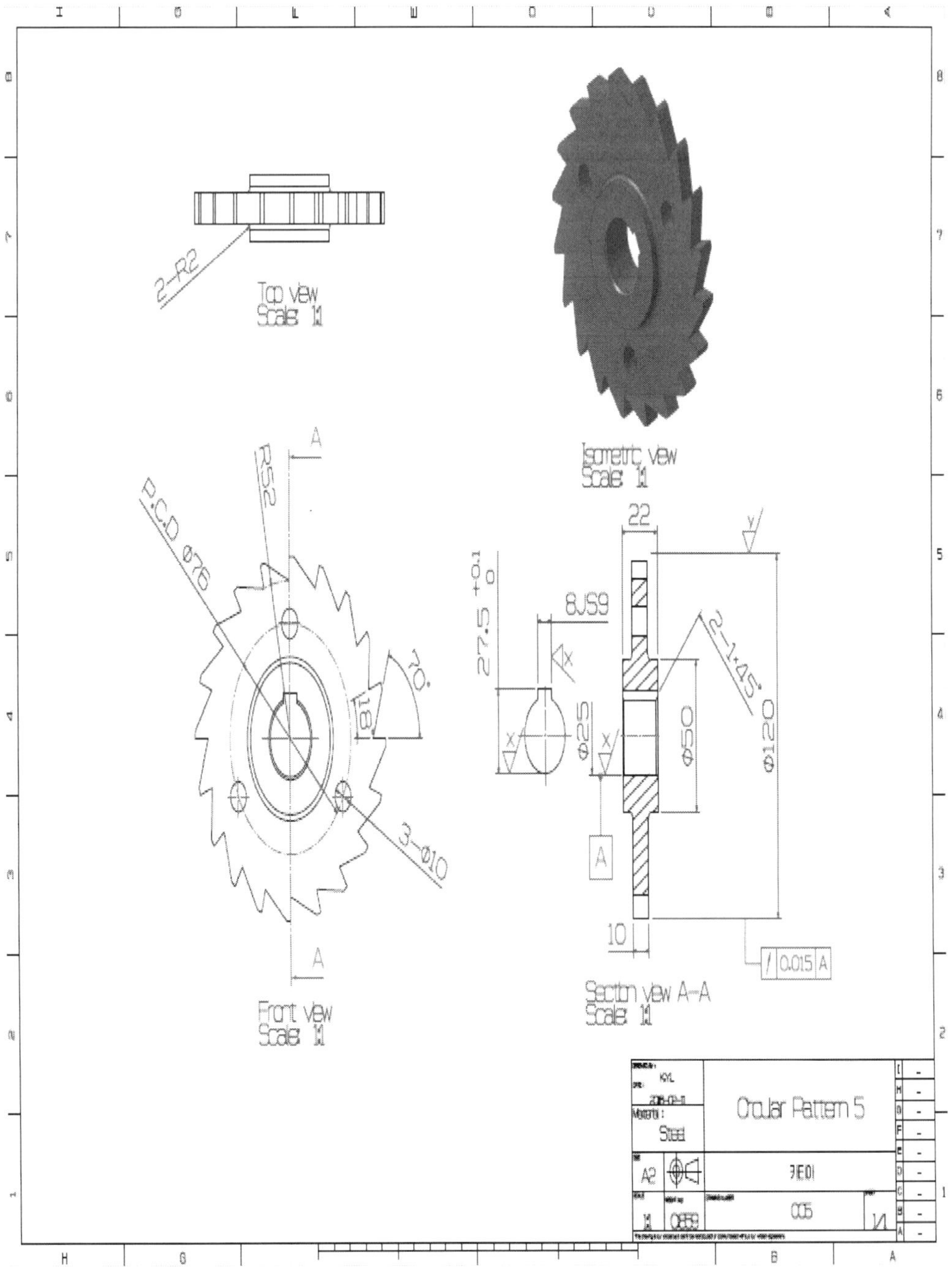

2-R2

Top view
Scale 1:1

Isometric view
Scale 1:1

P.C.D Φ76
R52
18
70°
3-Φ10

Front view
Scale 1:1

22
8JS9
Φ25
Φ50
27.5 +0.1 0
2-1.45°
Φ10 -0.2
10
A
⌀ 0.015 A

Section view A-A
Scale 1:1

	KYL		
	2016-01-11	Circular Pattern 5	
	Steel		
A2		기계과	
1:1	0.59	005	1/1

236

[Circular Pattern 실습 7] - V-Belt Pulley(M Type)

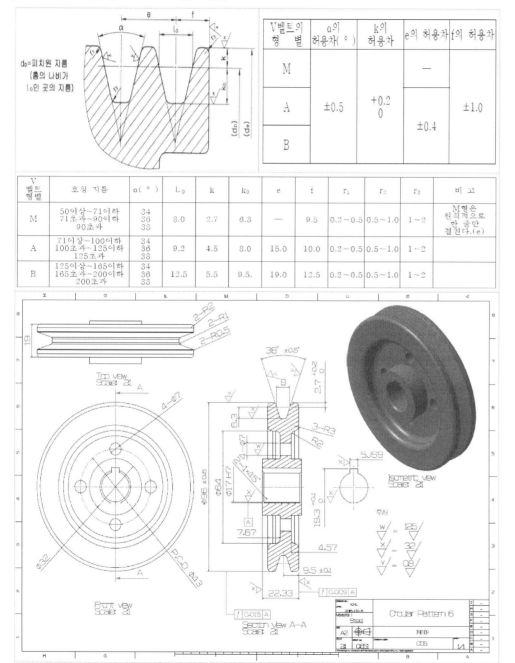

V벨트의 형 별	α의 허용차(°)	k의 허용차	e의 허용차	f의 허용차
M		+0.2 0	—	
A	±0.5		±0.4	±1.0
B				

V벨트 형별	호칭 지름	α(°)	L_0	k	k_0	e	f	r_1	r_2	r_3	비 고
M	50이상~71이하 71초과~90이하 90초과	34 36 38	8.0	2.7	6.3	—	9.5	0.2~0.5	0.5~1.0	1~2	M형은 원칙적으로 한 줄만 걸친다.(e)
A	71이상~100이하 100초과~125이하 125초과	34 36 38	9.2	4.5	8.0	15.0	10.0	0.2~0.5	0.5~1.0	1~2	
B	125이상~165이하 165초과~200이하 200초과	34 36 38	12.5	5.5	9.5	19.0	12.5	0.2~0.5	0.5~1.0	1~2	

[Circular Pattern 실습 8] - Double Spur Gear

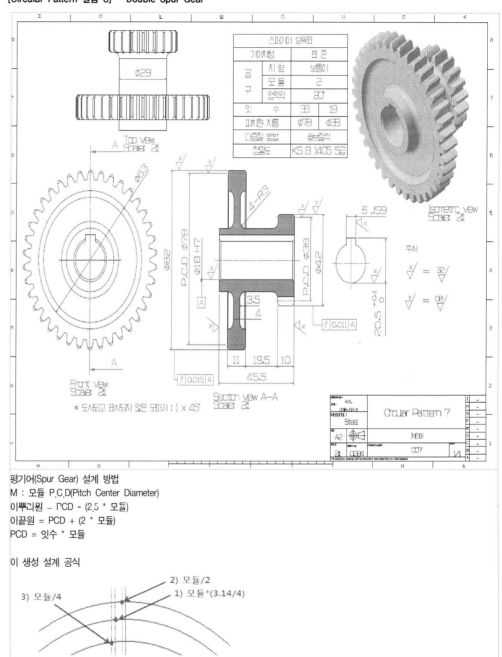

평기어(Spur Gear) 설계 방법

M : 모듈 P.C.D(Pitch Center Diameter)

이뿌리원 = PCD - (2.5 * 모듈)
이끝원 = PCD + (2 * 모듈)
PCD = 잇수 * 모듈

이 생성 설계 공식

1) 모듈*(3.14/4)
2) 모듈/2
3) 모듈/4

237

키 홈의 치수

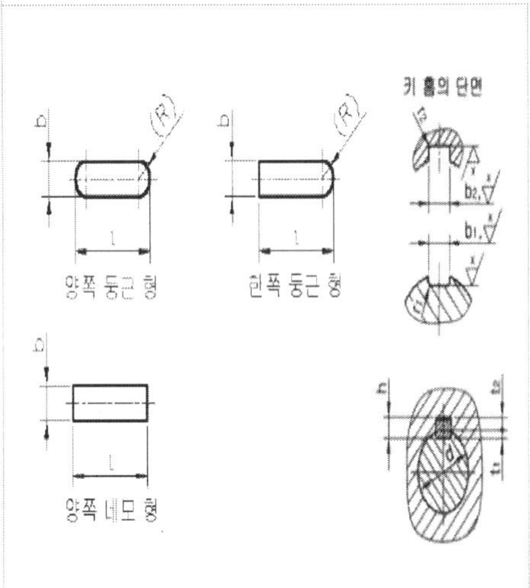

b₁ 및 b₂의 기준 치수	활동형		보통형		t₁의 기준 치수	t₂의 기준 치수	t₁ 및 t₂의 허용차	적용하는 축 지름 d (초과~이하)
	b₁ 허용차	b₂ 허용차	b₁ 허용차	b₂ 허용차				
	H9	D10	N9	Js9				
2					1.2	1.0	+0.1 0	6~8
3					1.8	1.4		8~10
4					2.5	1.8		10~12
5					3.0	2.3		12~17
6					3.5	2.8		17~22
7					4.0	3.3	+0.2 0	20~25
8					4.0	3.3		22~30
10					5.0	3.3		30~38

[Circular Pattern 실습 9]

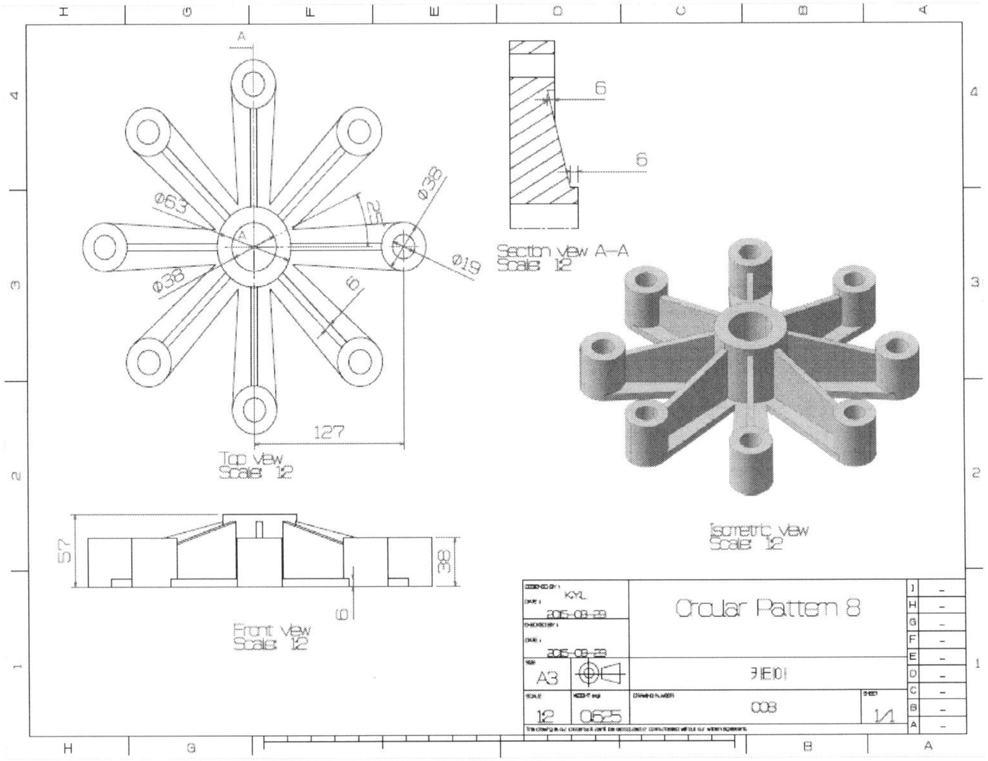

[Circular Pattern 실습 10]

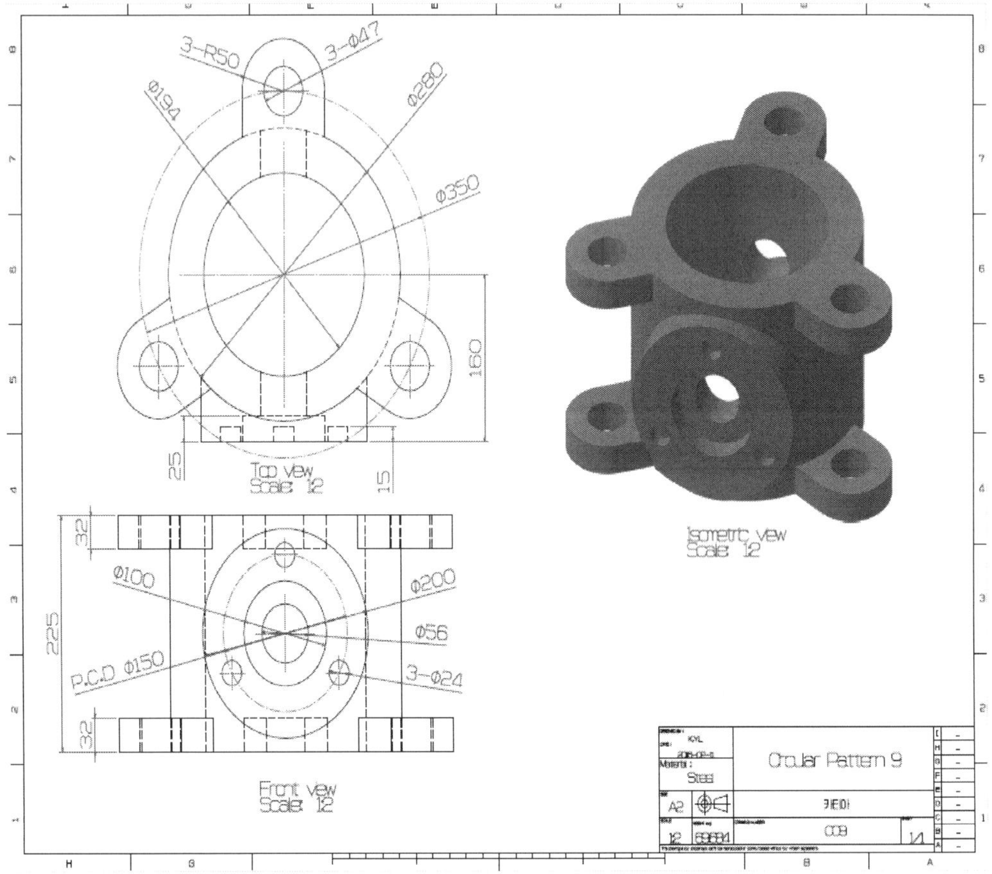

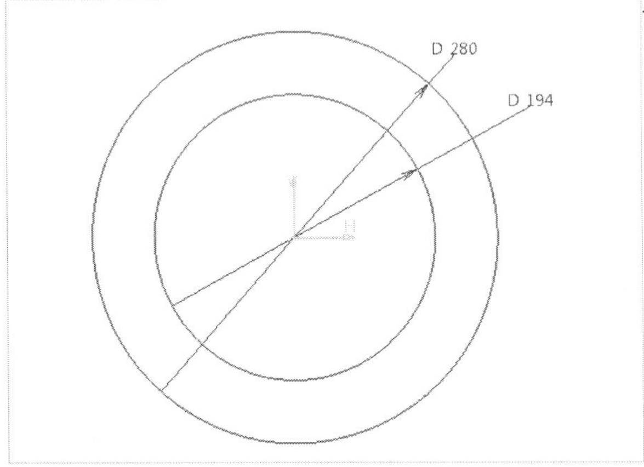

1) 스케치를 실행하고 XY Plane을 선택하여 다음과 같이 스케치를 한다.

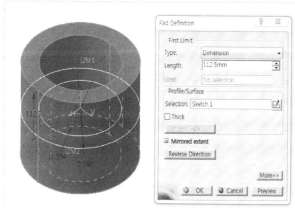

2) Pad를 실행하고 112.5mm, Mirrored ex
tent를 지정하여 돌출을 한다.

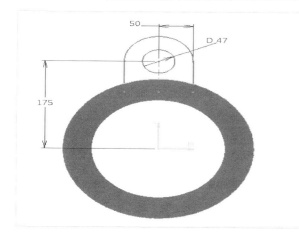

3) 스케치를 실행하고 Pad.1 객체의 윗면
을 선택하여 다음과 같이 스케치를 한
다.

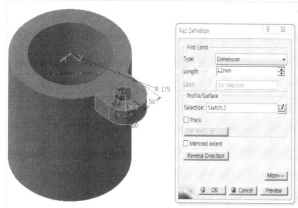

4) Pad를 실행하고 32mm 돌출을 한다.

5) Circular Pattern을 실행하고 Instance : 3,
회전축 : Pad.1 객체의 원기둥면을 선택,
Pad.2 객체를 패턴복사 한다.

6) Mirror를 실행하고 XY Plane를 기준으로
대칭복사를 한다.

7) Point를 실행하고 선분을 지정하여 Middle
Point를 지정하여 중간에 Point를 생성한
다.

8) Point를 실행하고 선분을 지정하여 Point를 생성한다.

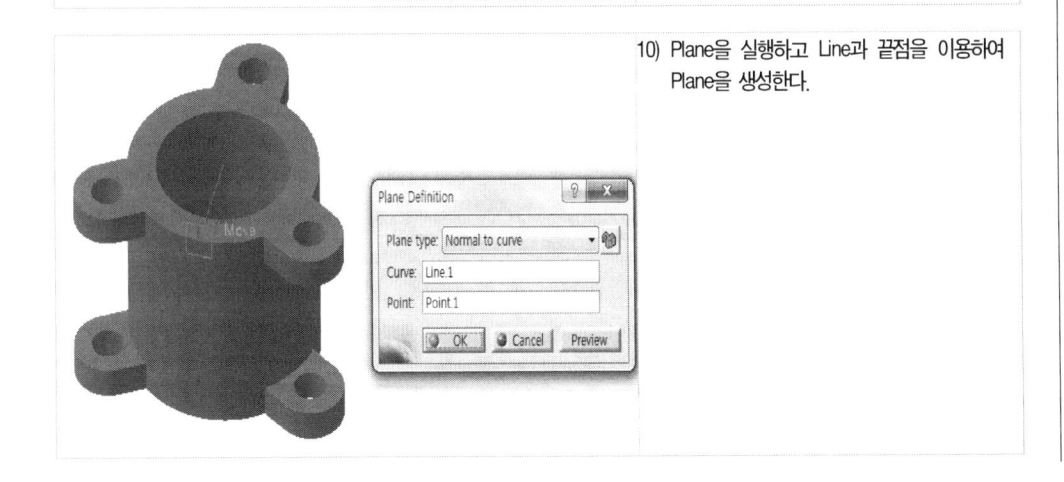

9) Line을 실행하고 두 점을 연결하는 Line를 생성한다.

10) Plane을 실행하고 Line과 끝점을 이용하여 Plane을 생성한다.

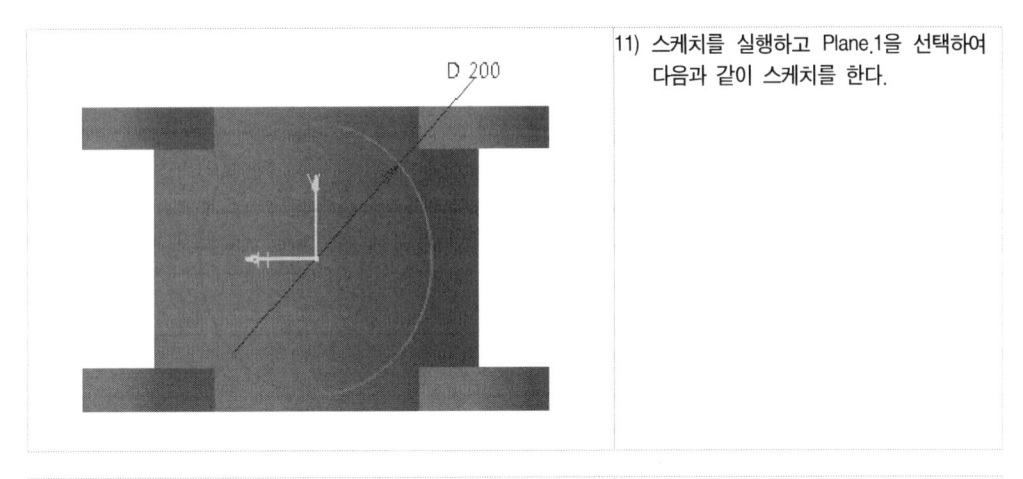

11) 스케치를 실행하고 Plane.1을 선택하여 다음과 같이 스케치를 한다.

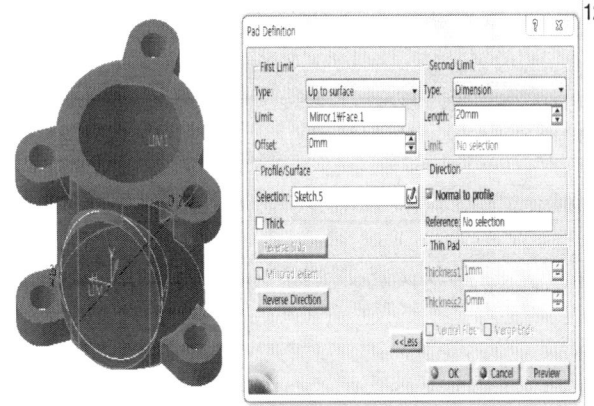

12) Pad를 실행하고 방향1 : Up to Surface를 선택, 곡면을 선택, 방향2 : 20mm 앞쪽으로 돌출을 한다.

13) 스케치를 실행하고 Pad.3 객체의 앞면을 선택하여 다음과 같이 스케치를 한다.

14) Pocket을 실행하고 25mm 돌출 컷을 한다.

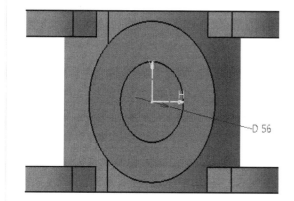

15) 스케치를 실행하고 Pocket.1 객체의 안쪽 면을 선택하여 다음과 같이 스케치를 한다.

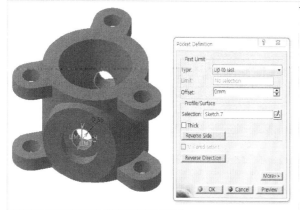

16) Pocket을 실행하고 Up to Last를 지정하여 돌출 컷을 한다.

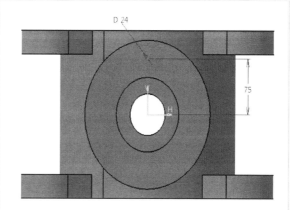

17) 스케치를 실행하고 Pad.3 객체의 앞면을 선택하여 다음과 같이 스케치를 한다.

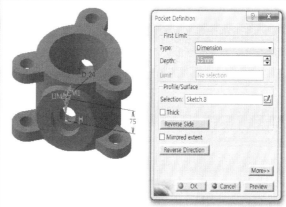

18) Pocket을 실행하고 15mm 돌출 컷을 한다.

19) Circular Pattern을 실행하고 Instance : 3, 회전축 : Pad.3 객체의 원기둥면을 선택, Pocket.2 객체를 패턴복사한다

● 완성 결과

[Circular Pattern 실습 11] – Motor Cover

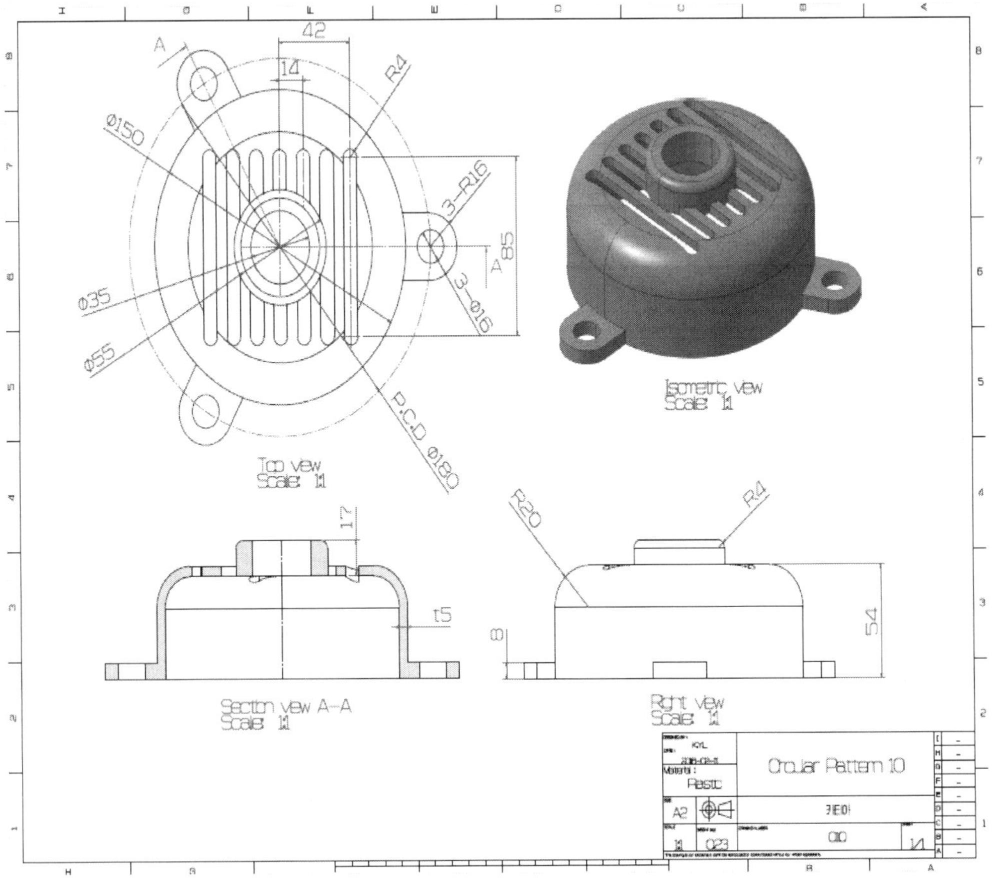

Ø150
Ø35
Ø55
42
14
R4
3-R16
3-Ø16
A
A
85
P.C.D Ø180

Top view
Scale 1:1

17
t5
8

Section view A-A
Scale 1:1

R20
R4
54

Right view
Scale 1:1

Isometric view
Scale 1:1

Circular Pattern 10

1) 스케치를 실행하고 XY Plane을 선택하여 다음과 같이 스케치를 한다.

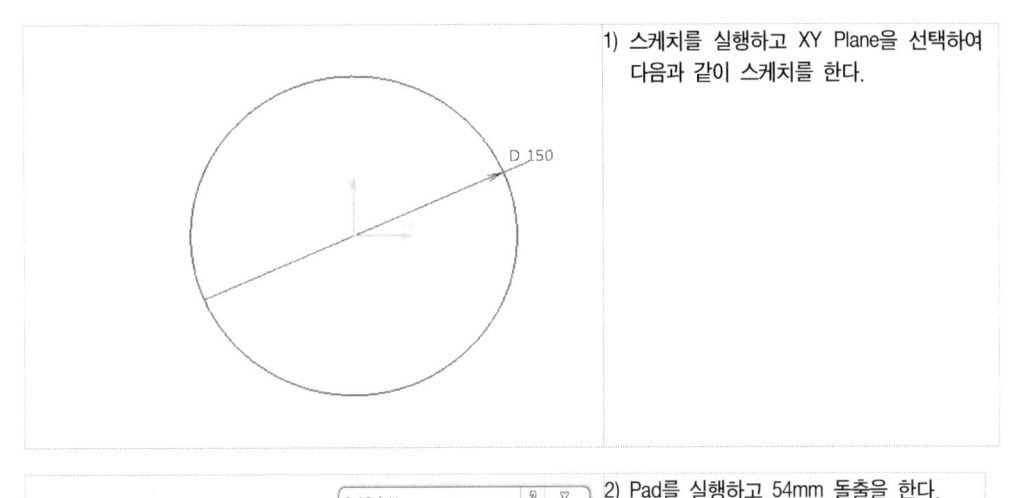

D 150

2) Pad를 실행하고 54mm 돌출을 한다.

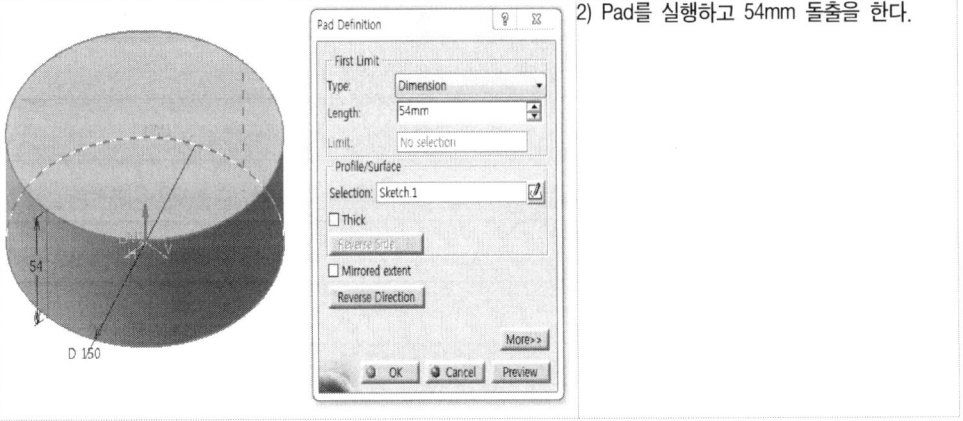

Pad Definition

First Limit
Type: Dimension
Length: 54mm
Limit: No selection

Profile/Surface
Selection: Sketch.1
☐ Thick
Reverse Side
☐ Mirrored extent
Reverse Direction

More>>

OK   Cancel   Preview

3) Edge Fillet을 실행하고 반경 : 20mm로 필렛을 한다.

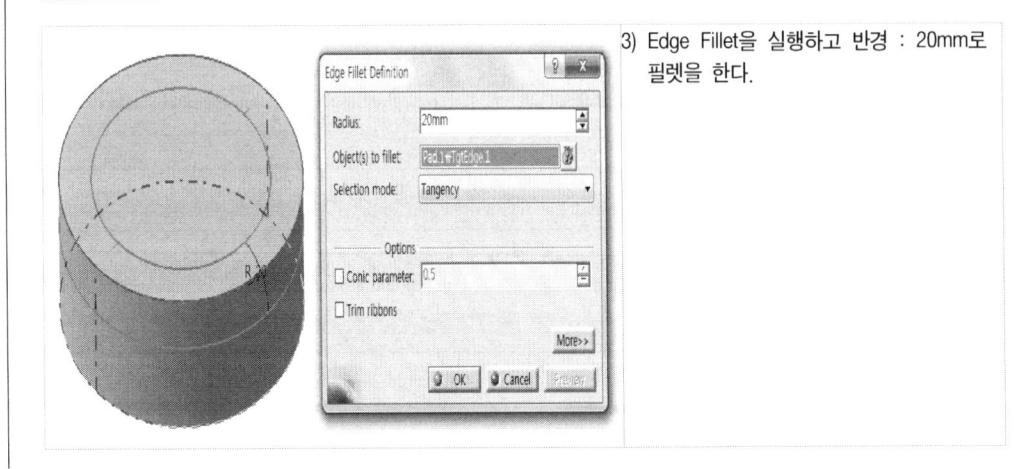

Edge Fillet Definition

Radius: 20mm
Object(s) to fillet: Pad.1\TgtEdge.1
Selection mode: Tangency

Options
☐ Conic parameter: 0.5
☐ Trim ribbons

More>>

OK   Cancel   Preview

242

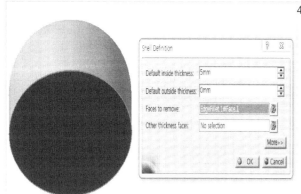

4) Shell을 실행하고 두께 : 5mm로 쉘을 생성한다.

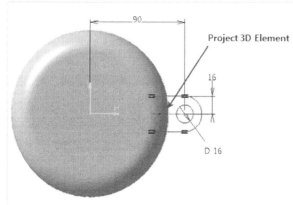

5) 스케치를 실행하고 XY Plane을 선택하여 다음과 같이 스케치를 한다.

Project 3D Element

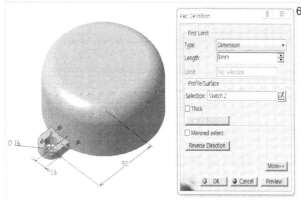

6) Pad를 실행하고 8mm 돌출을 한다.

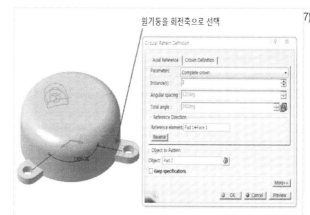

원기둥을 회전축으로 선택

7) Circular Pattern을 실행하고 Instance : 3, 회전축 : Pad.1 객체의 원기둥면을 선택, Pad.3 객체를 패턴복사 한다.

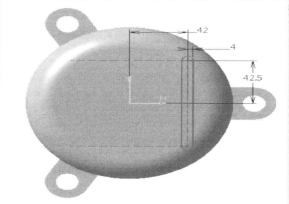

8) 스케치를 실행하고 Pad.1 객체의 윗면을 선택하여 다음과 같이 스케치를 한다.

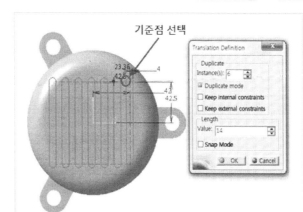

기준점 선택

9) Translation을 실행하고 Instance : 6, Length : 14mm를 지정하여 다음과 같이 복사한다.

- Duplicate Mode의 의미 ?

10) 다음과 같이 구속을 한다.

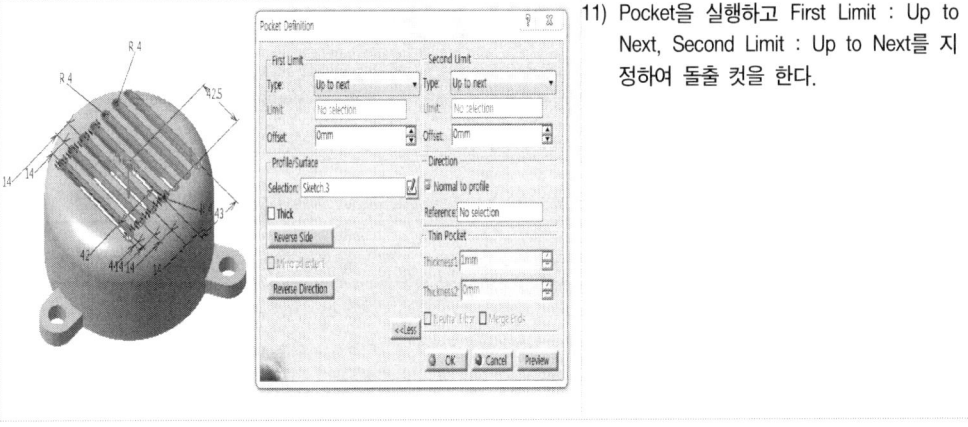

11) Pocket을 실행하고 First Limit : Up to Next, Second Limit : Up to Next를 지정하여 돌출 컷을 한다.

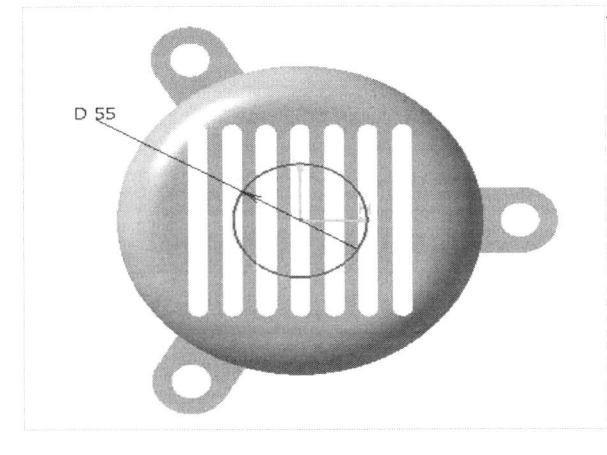

12) 스케치를 실행하고 Pad.1 객체의 윗면을 선택하여 다음과 같이 스케치를 한다.

13) Pad를 실행하고 방향1 : 5mm, 방향2 : 12mm로 돌출을 한다.

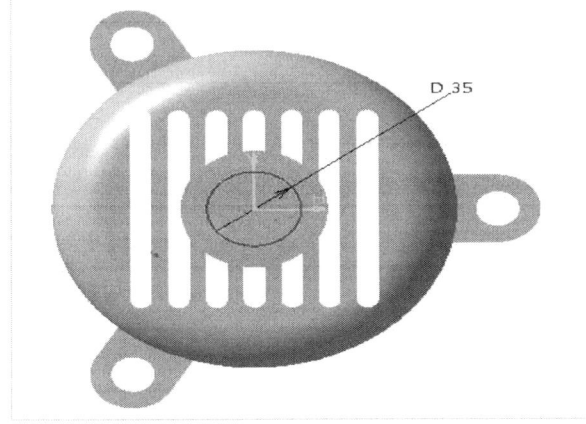

14) 스케치를 실행하고 Pad.3 객체의 윗면을 선택하여 다음과 같이 스케치를 한다.

15) Pocket을 실행하고 Up to Next를 지정하여 돌출 컷을 한다.

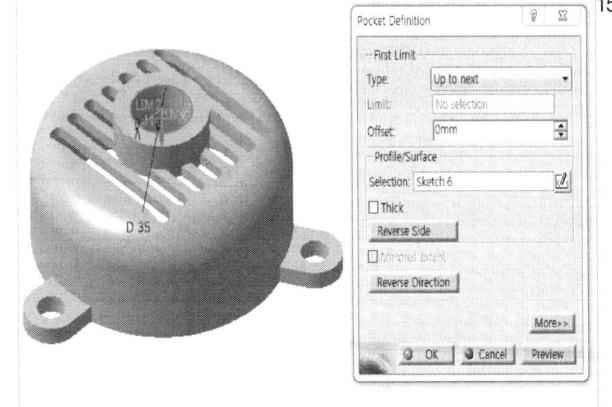

16) Edge Fillet을 실행하고 반경 : 4mm로
   필렛을 한다.

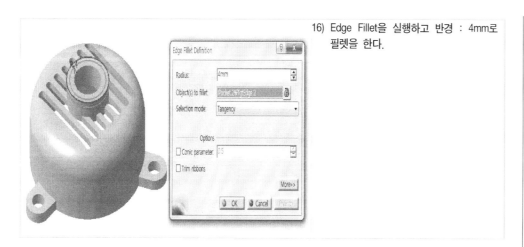

● 완성 결과

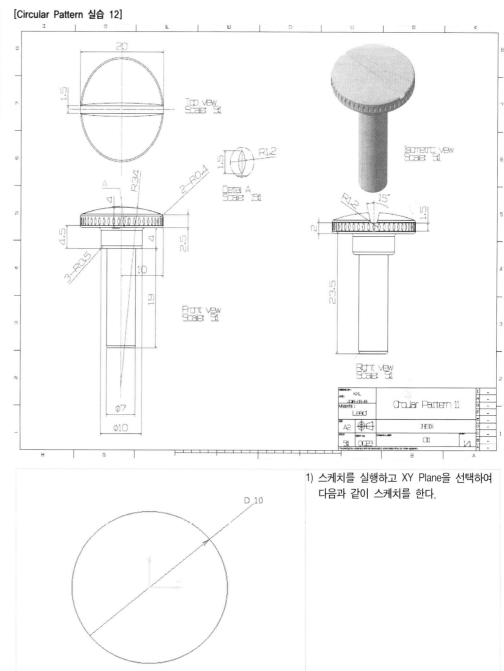

1) 스케치를 실행하고 XY Plane을 선택하여
   다음과 같이 스케치를 한다.

245

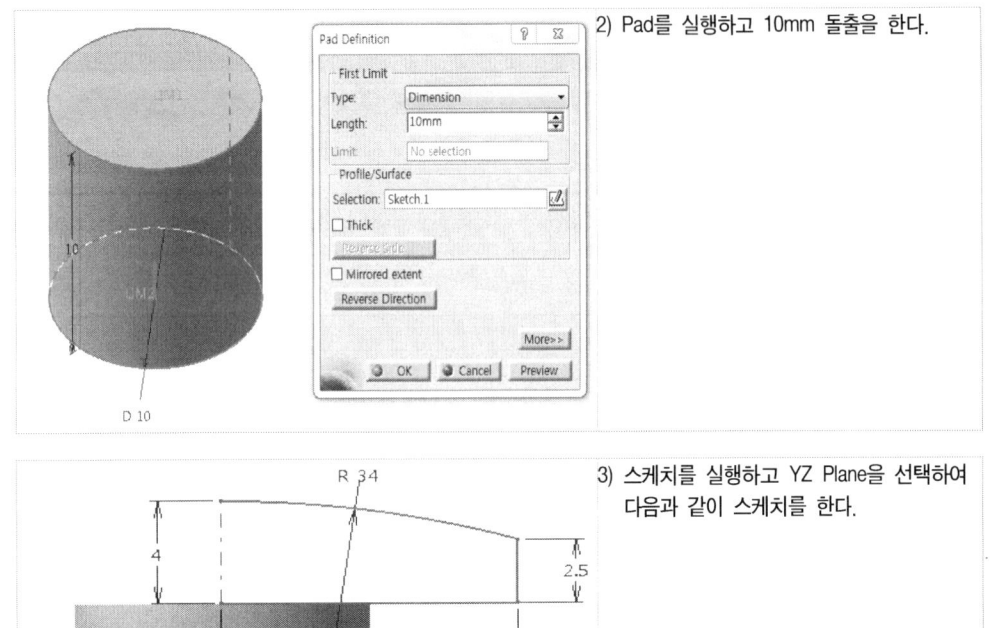

2) Pad를 실행하고 10mm 돌출을 한다.

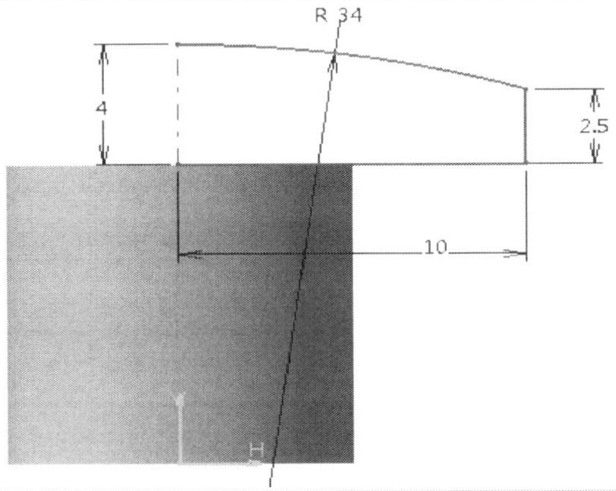

3) 스케치를 실행하고 YZ Plane을 선택하여
   다음과 같이 스케치를 한다.

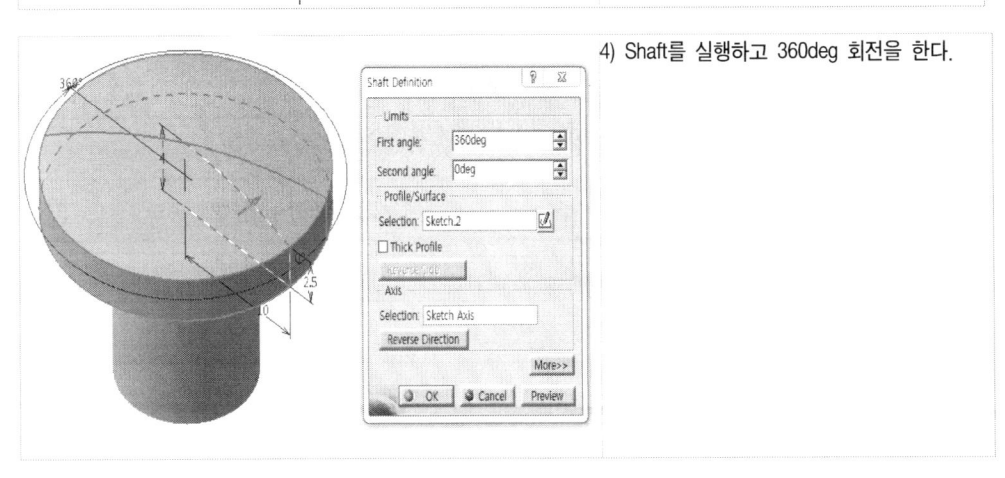

4) Shaft를 실행하고 360deg 회전을 한다.

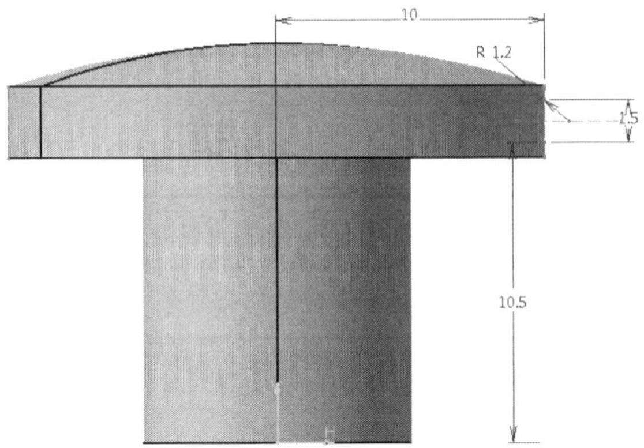

5) 스케치를 실행하고 YZ Plane을 선택하여
   다음과 같이 스케치를 한다.

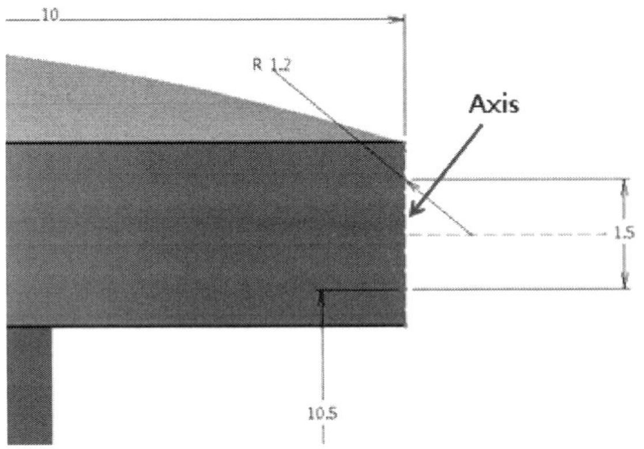

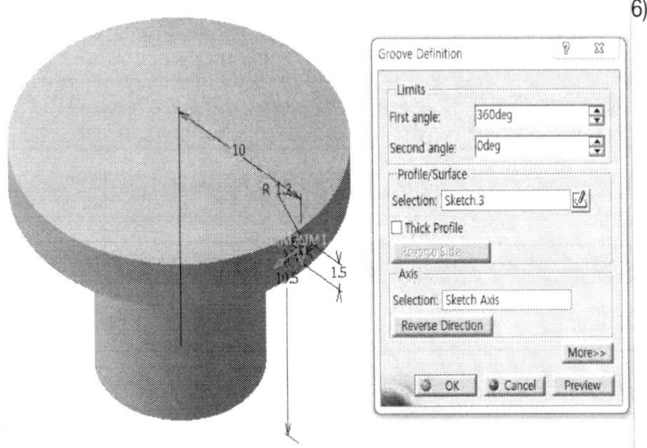

6) Groove을 실행하고 360deg 회전 컷을
   한다.

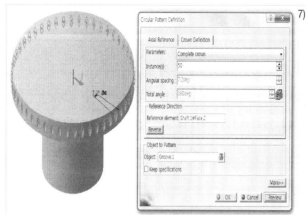

7) Circular Pattern을 실행하고 Reference element : Pad.1의 원기둥면을 선택, Instance : 50을 지정하여 패턴복사 한다.

8) Edge Fillet을 실행하고 반경 : 0.4mm로 필렛을 한다.

9) Plane을 실행하고 13mm 위쪽으로 Plane을 생성한다.

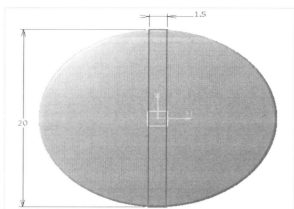

10) 스케치를 실행하고 Plane.1을 선택하여 다음과 같이 스케치를 한다.

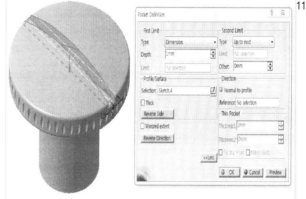

11) Pocket을 실행하고 방향1 : 1mm, 방향2 : Up to next를 지정하여 돌출 컷을 한다.

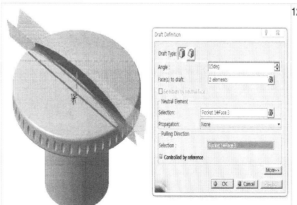

12) Draft를 실행하고 구배 각도 : 15deg, 구배면 : Pocket.1의 측면 2면을 선택, 기준면 : Pocket 밑면을 선택한다.

13) 스케치를 실행하고 XY Plane을 선택하여 다음과 같이 스케치를 한다.
바깥쪽 원 모서리 선분을 Project 3D Elements로 투영을 한다.

Project 3D Element

14) Pocket을 실행하고 6mm 돌출 컷을 한다.

Project 3D Element

15) 스케치를 실행하고 XY Plane을 선택하여 다음과 같이 스케치를 한다.

16) Pad를 실행하고 13mm 돌출을 한다.

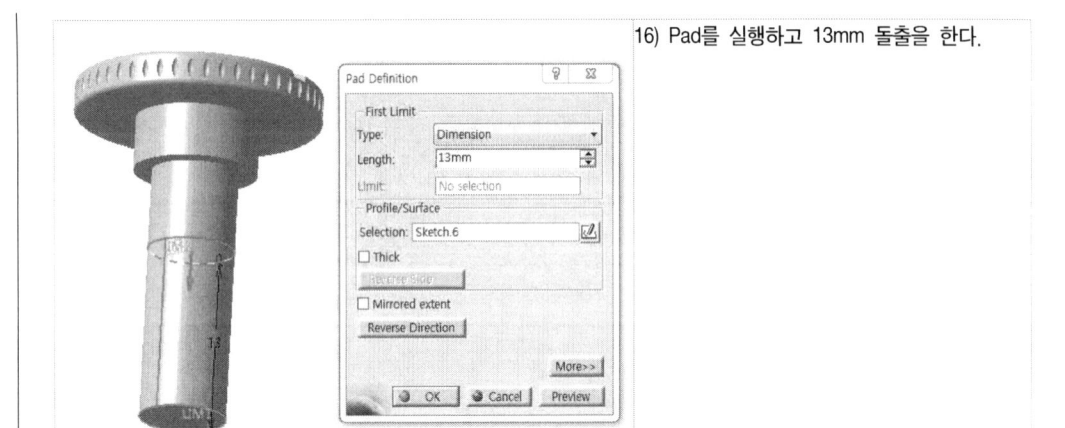

17) Edge Fillet을 실행하고 반경 : 0.5mm로 필렛을 한다.

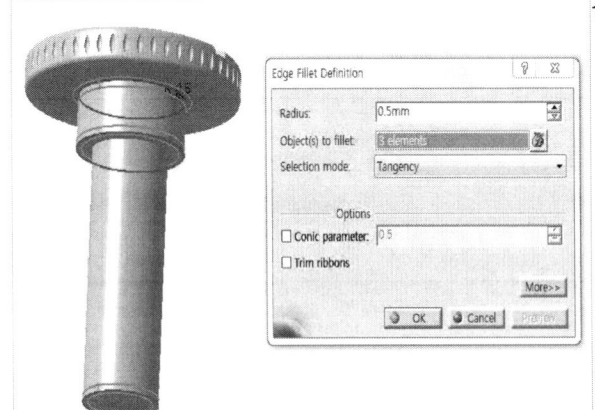

● 완성 결과

248

[Circular Pattern 실습 13]

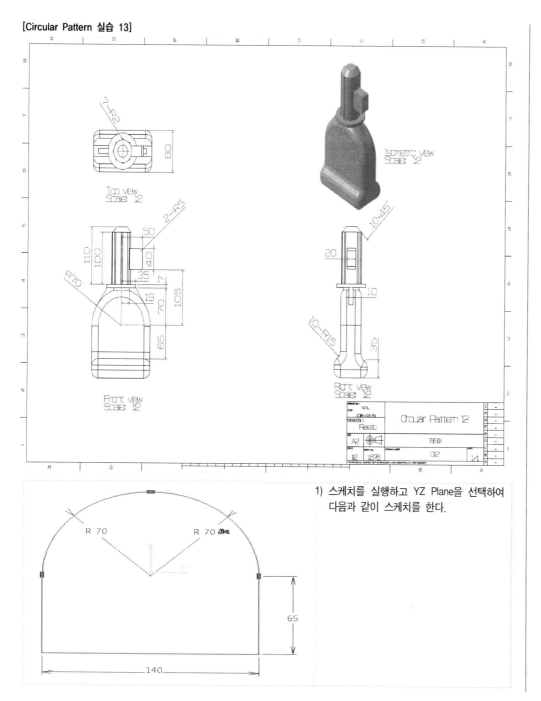

1) 스케치를 실행하고 YZ Plane을 선택하여 다음과 같이 스케치를 한다.

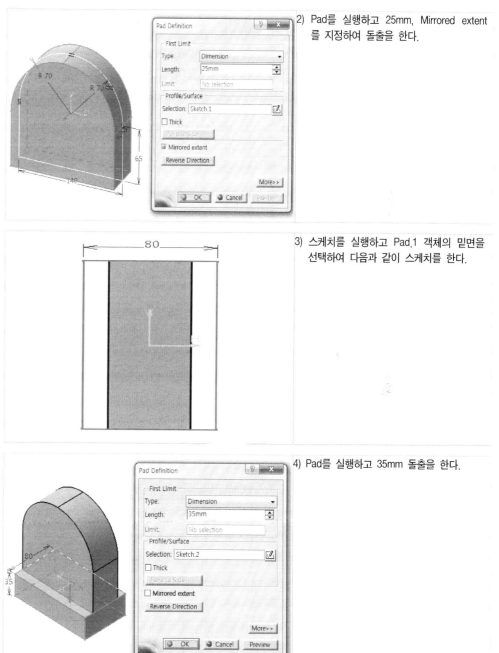

2) Pad를 실행하고 25mm, Mirrored extent 를 지정하여 돌출을 한다.

3) 스케치를 실행하고 Pad.1 객체의 밑면을 선택하여 다음과 같이 스케치를 한다.

4) Pad를 실행하고 35mm 돌출을 한다.

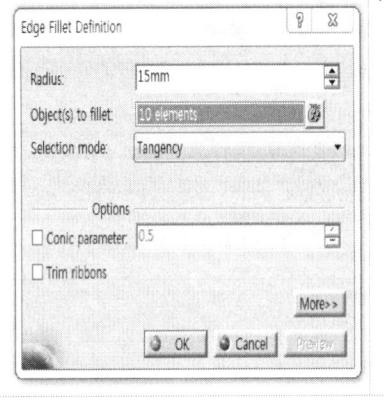

5) Edge Fillet를 실행하고 반경 : 15mm로 필렛을 한다.

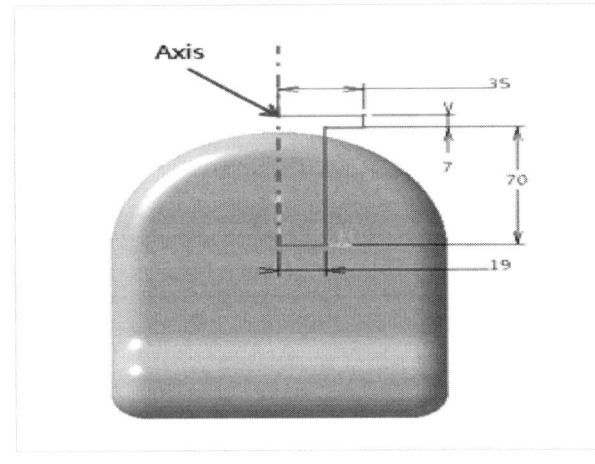

6) 스케치를 실행하고 YZ Plane을 선택하여 다음과 같이 스케치를 한다,

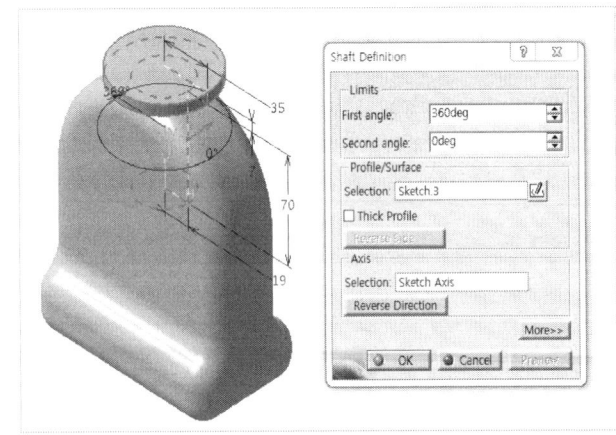

7) Shaft를 실행하고 360deg 회전을 한다.

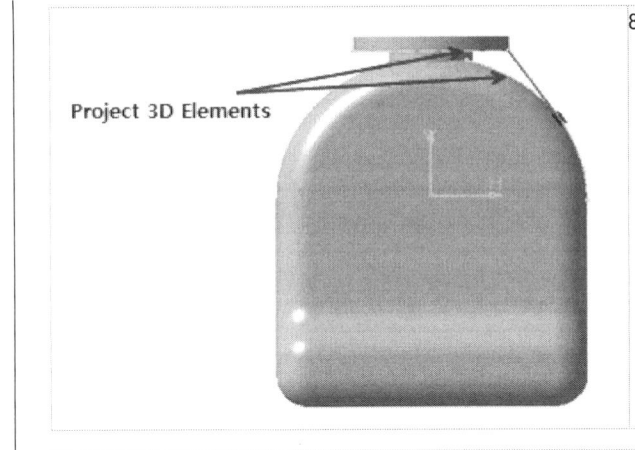

Project 3D Elements

8) 스케치를 실행하고 YZ Plane을 선택하여 다음과 같이 스케치를 한다,

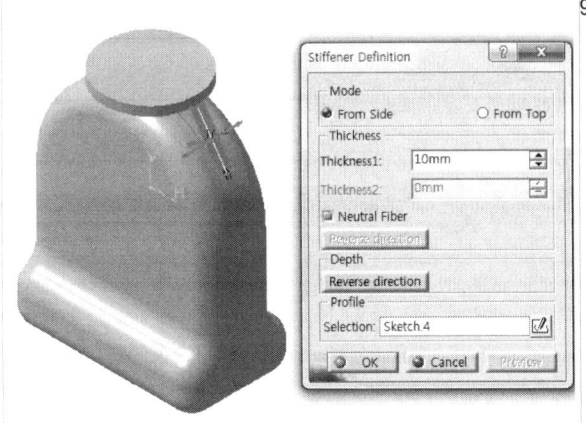

9) Stiffener를 실행하고 두께 : 10mm로 보강대를 생성한다.

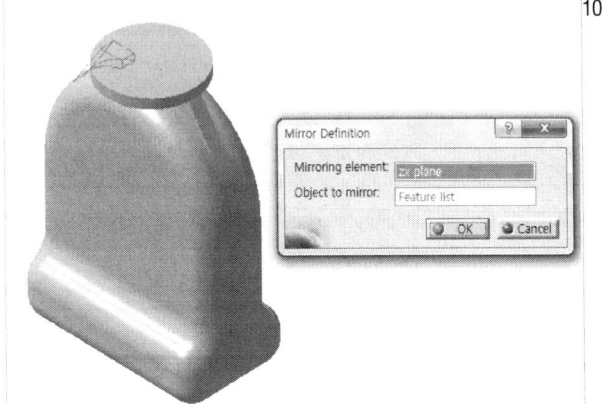

10) Mirror를 실행하고 ZX Plane을 기준으로 Stiffener.1 객체를 대칭복사 한다.

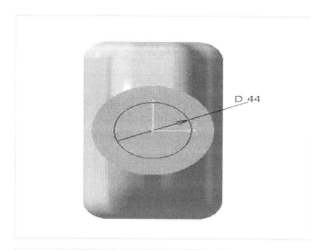

11) 스케치를 실행하고 Shaft.1 객체의 윗
면을 선택하여 다음과 같이 스케치를
한다.

12) Pad를 실행하고 110mm 돌출을 한다.

13) Chamfer를 실행하고 Length : 10mm,
Angle : 45deg로 모따기를 생성한다.

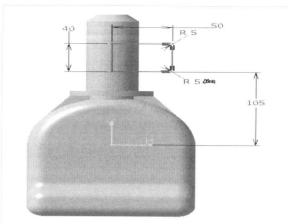

14) 스케치를 실행하고 YZ Plane을 선택하여
다음과 같이 스케치를 한다.

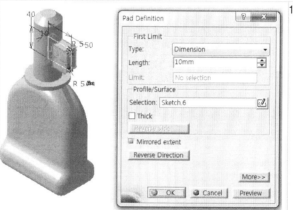

15) Pad를 실행하고 10mm, Mirrored extent
를 지정하여 돌출을 한다.

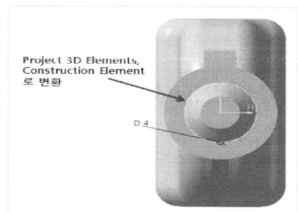

16) 스케치를 실행하고 Shaft.1 객체의 윗면을 선
택하여 다음과 같이 Diameter : 4mm인 원을
스케치 한다. (아래 그림 참조)

Project 3D Elements,
Construction Element
로 변환

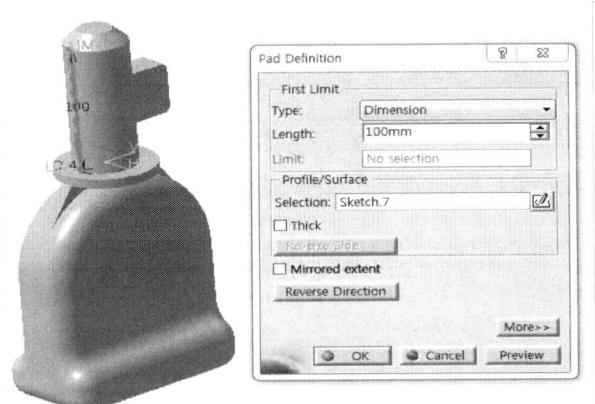

회전체 윗면의 돌출객체 사분점에 원의 중심이 일치 구속을 한다.

17) Pad를 실행하고 100mm 돌출을 한다.

18) Circular Pattern을 실행하고 Instance : 8, Angle : 45deg, 우측 한 군데는 건너 띄기 한 후 Pad.9 객체를 패턴복사 한다.

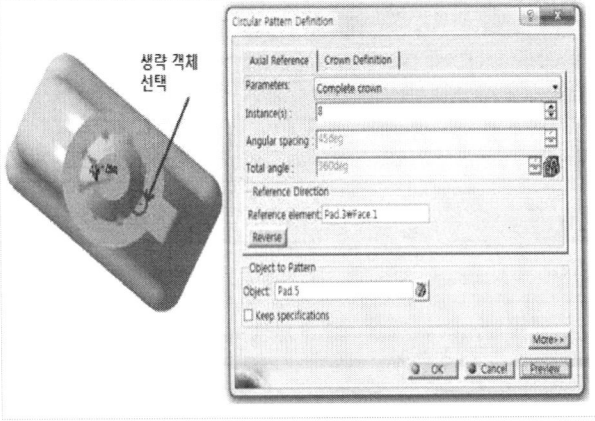

● 완성 결과

[Circular Pattern 실습 14]

1) 스케치를 실행하고 XY Plane을 선택하여 다음과 같이 스케치를 한다.

2) Pad를 실행하고 100mm 돌출을 한다.

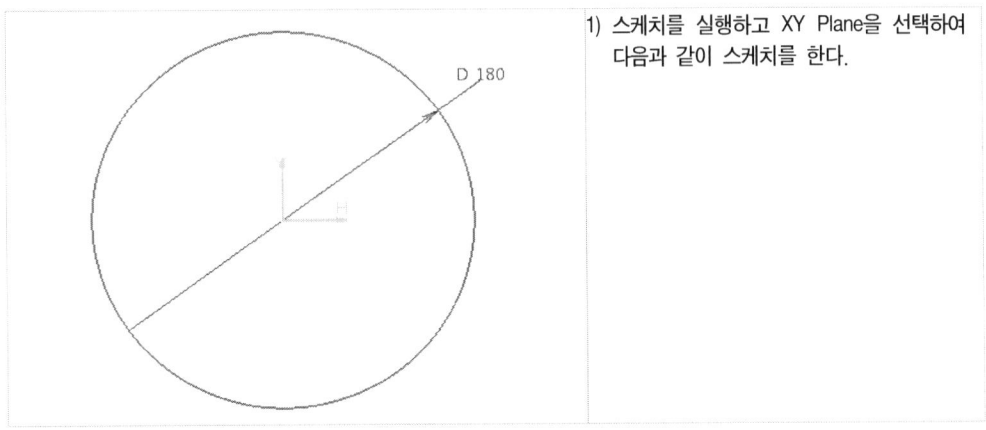

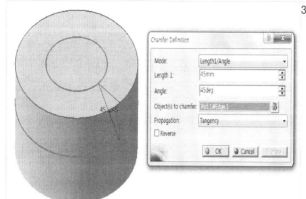

3) Chamfer를 실행하고 Length : 45mm, Angle : 45deg로 모따기를 생성한다.

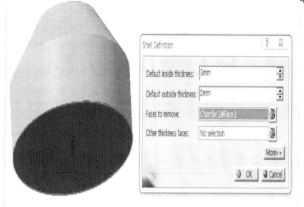

4) Shell을 실행하고 두께 : 3mm로 쉘을 생성한다.

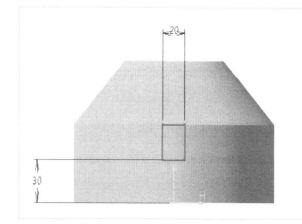

5) 스케치를 실행하고 YZ Plane을 선택하여 다음과 같이 스케치를 한다.
위 모서리와 위쪽 수평선을 일치 구속시킨다.

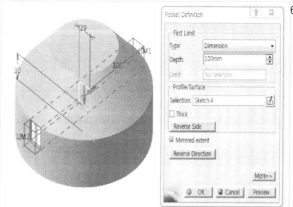

6) Pocket을 실행하고 100mm, Mirrored extent를 지정하여 돌출 컷을 한다.

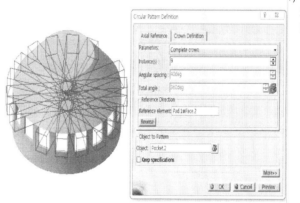

7) Circular Pattern을 실행하고 Instance : 9, 회전축 : Pad.1 객체의 원기둥을 선택, Pocket.1 객체를 패턴복사 한다.

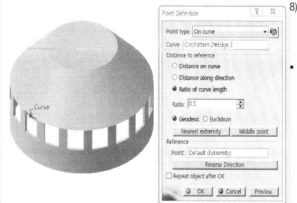

8) Point를 실행하고 On Curve를 지정, Middle Point를 선택하여 Point를 생성한다.

- Point Type : On Curve, Middle Point 선택한 Curve의 중간에 Point를 생성한다.

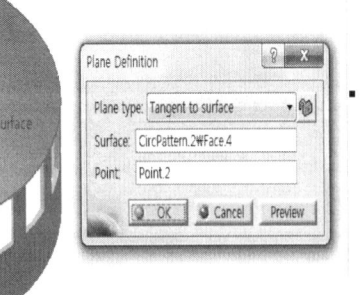

9) Plane을 실행하고 Plane Type : Tangent
   to Surface를 지정, Surface : 모따기 곡
   면을 선택, Point.1을 선택하여 Plane을
   생성한다.

   ■ Plane Type : Tangent to Surface
   　 Point와 Surface를 이용하여 Plane을
   　 생성한다.

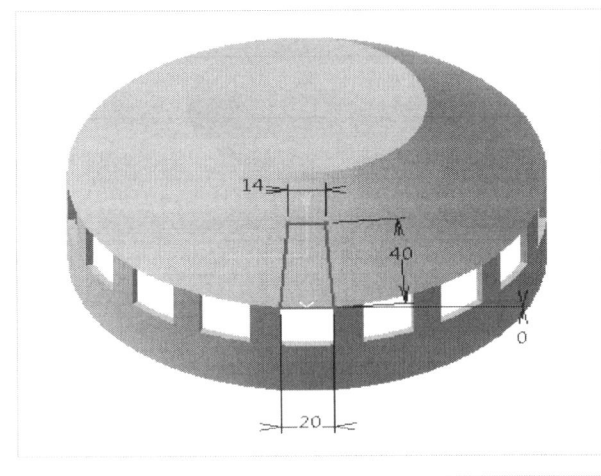

10) 스케치를 실행하고 Plane.1을 선택하여
    다음과 같이 스케치를 한다.
    아래 수평선과 Point를 일치 구속을 한
    다.

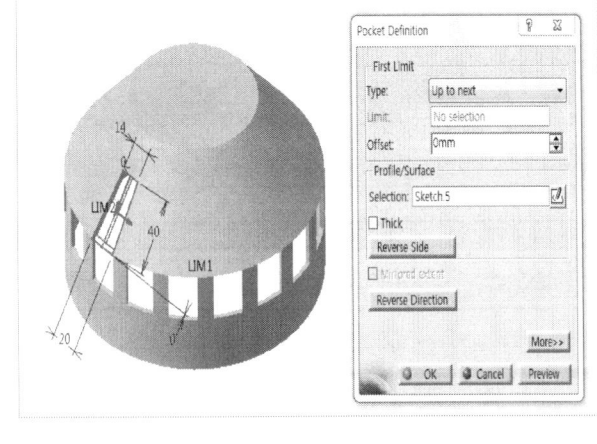

11) Pocket을 실행하고 Up to Next를 지정
    하여 돌출 컷을 한다.

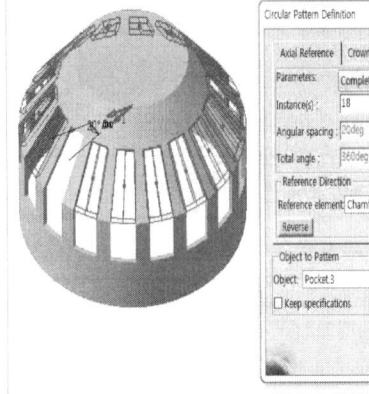

12) Circular Pattern을 실행하고 Instance :
    18, 회전축 : Chamfer.1 객체의 면을 선
    택, Pocket.3 객체를 패턴복사 한다.

13) 스케치를 실행하고 Pad.1 객체의 윗면을
    선택하여 다음과 같이 스케치를 한다.

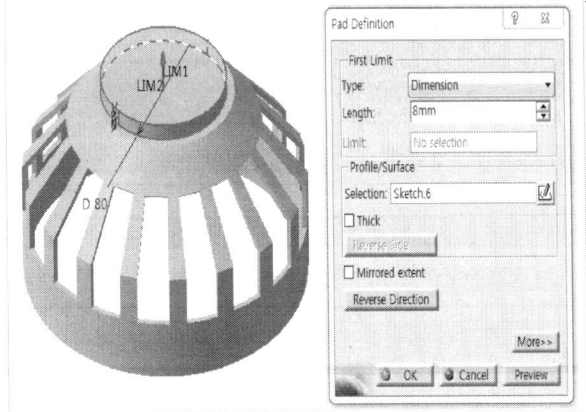

14) Pad를 실행하고 8mm 돌출을 한다.

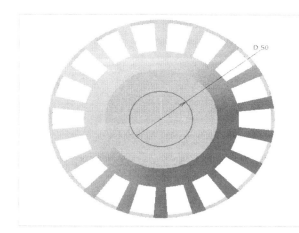

15) 스케치를 실행하고 Pad.2 객체의 윗면을 선택하여 Diameter : 50mm 원을 스케치 한다.

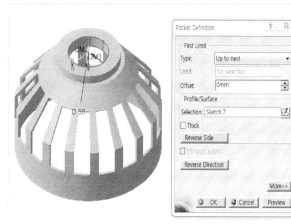

16) Pocket을 실행하고 Up to Next를 지정하여 돌출 컷을 한다.

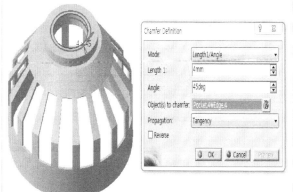

17) Chamfer를 실행하고 Length : 4mm, Angle : 45deg로 모따기를 생성한다.

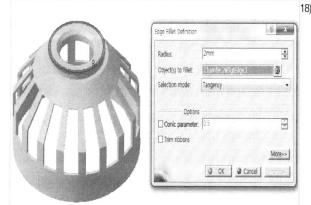

18) Edge Fillet를 실행하고 반경 : 2mm로 필렛을 한다.

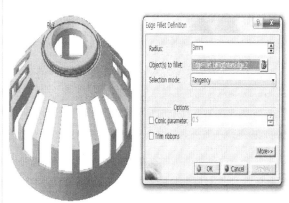

19) Edge Fillet를 실행하고 반경 : 3mm로 필렛을 한다.

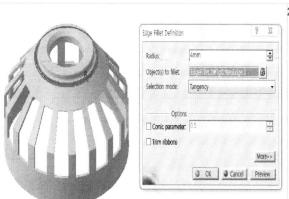

20) Edge Fillet를 실행하고 반경 : 4mm로 필렛을 한다.

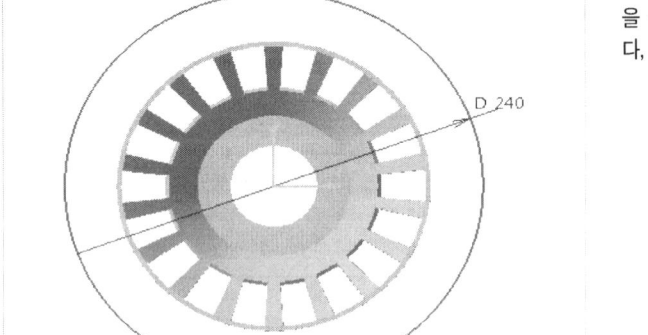

21) 스케치를 실행하고 Pad.1 객체의 밑면을 선택하여 다음과 같이 스케치를 한다,

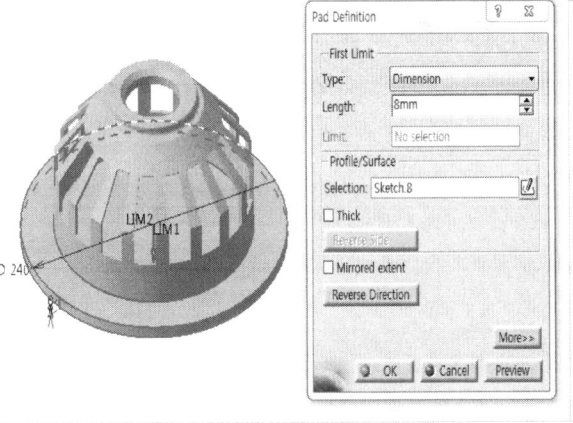

22) Pad를 실행하고 8mm 아래쪽으로 돌출을 한다.

23) 스케치를 실행하고 Pad.3 객체의 밑면을 선택하여 다음과 같이 스케치를 한다.

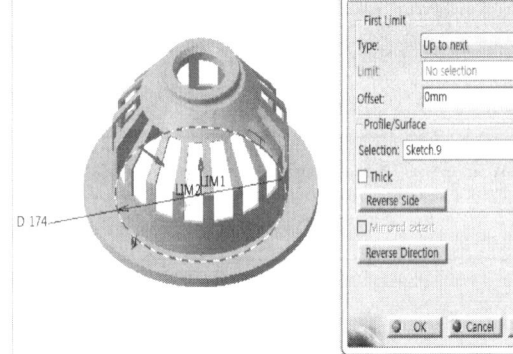
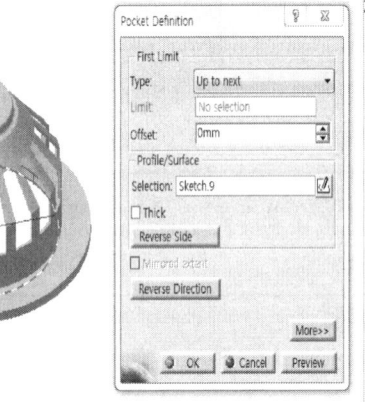

24) Pocket을 실행하고 Up to Next를 지정하여 돌출 컷을 한다.

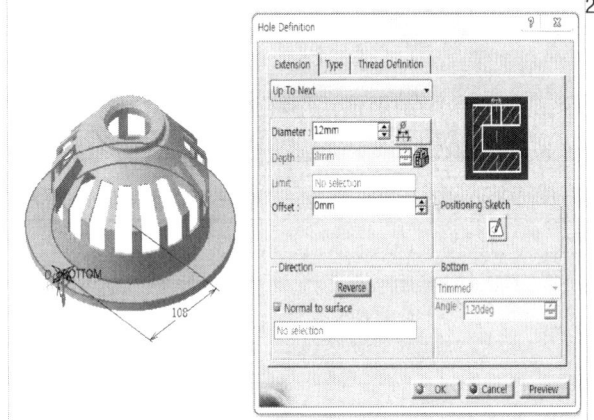

25) Hole을 실행하고 Diameter : 12mm, Up to Next를 지정하여 구멍을 생성한다.

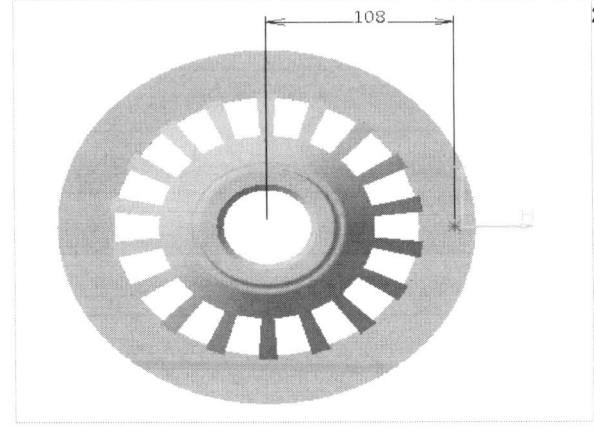

26) [Extension]탭의 Sketch Positioning에서 Sketch를 선택하여 다음과 같이 구멍의 위치를 구속한다.

27) Circular Pattern을 실행하고 Instance : 18, 회전축 : Pad.1 객체의 원기둥을 선택, Hole.1 객체를 패턴복사 한다.

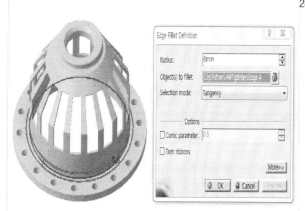

28) Edge Fillet를 실행하고 반경 : 6mm로 필렛을 한다.

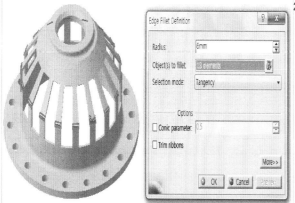

29) Edge Fillet를 실행하고 반경 : 6mm로 필렛을 한다.

● 완성 결과

[Circular Pattern 실습 15] – 웜 기어

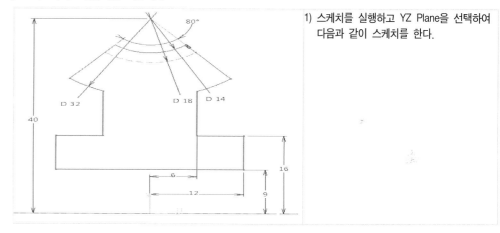

1) 스케치를 실행하고 YZ Plane을 선택하여 다음과 같이 스케치를 한다.

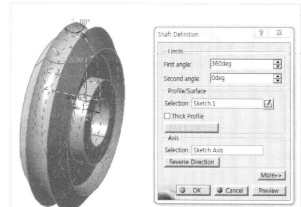

2) Shaft를 실행하고 360deg 회전을 한다.

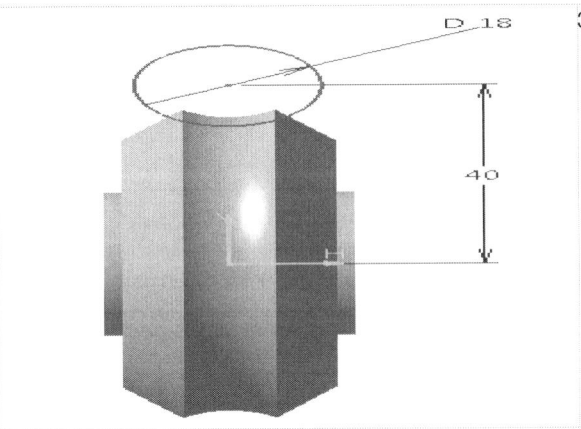

3) 스케치를 실행하고 YZ Plane을 선택하여 다음과 같이 스케치를 한다.

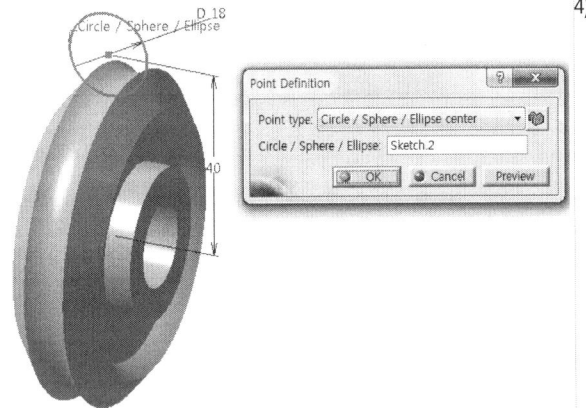

4) Point를 실행하고 Sketch.2를 이용하여 원 중심에 Point를 생성한다.

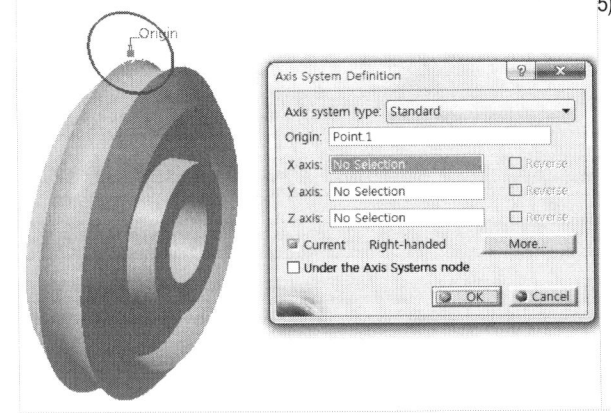

5) [Insert]-[Axis System]을 선택하여 Point.1을 이용하여 Axis System을 생성한다.

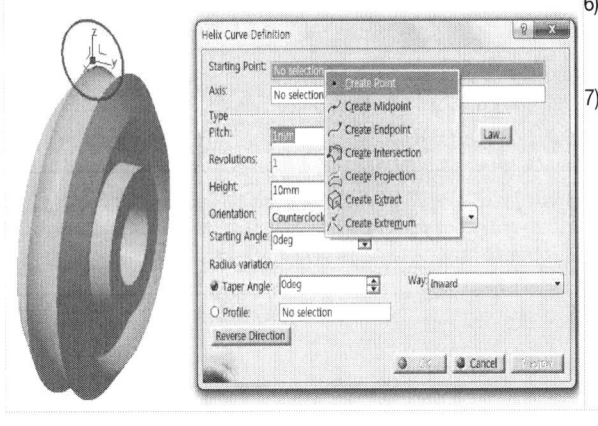

6) [Start]-[Shape]-[Generative Shape Design]을 선택한다.

7) Helix를 실행하고 Starting Point 위에서 마우스 우측 버튼을 눌러 [Create Point]를 선택한다.

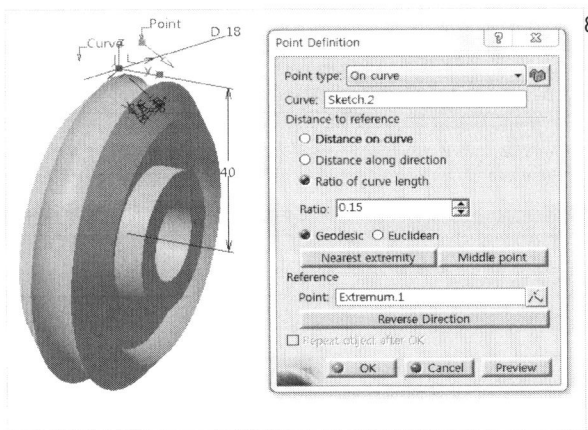

8) 다음 위치에 Point를 생성한다.

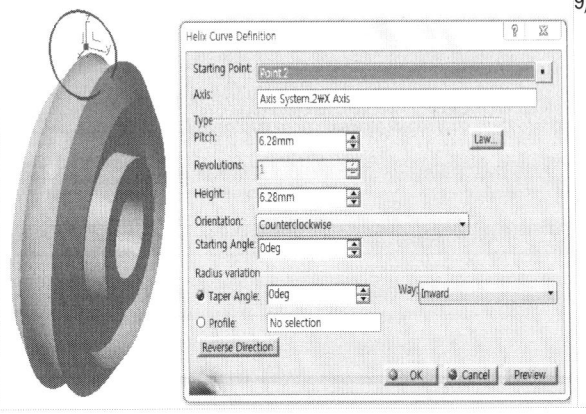

9) 다음과 같이 지정하여 Helix를 생성한다.

258

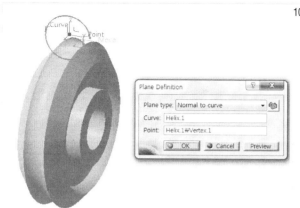

10) Plane을 실행하고 Helix.1의 선분과 끝점을 선택하여 Plane을 생성한다.

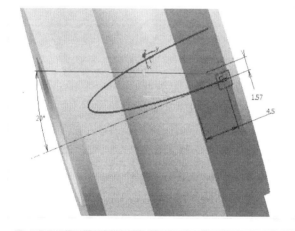

11) 스케치를 실행하고 Plane.1을 선택하여 다음과 같이 스케치를 한다.

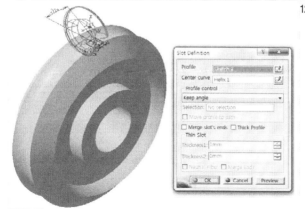

12) Slot을 실행하고 Profile : Sketch.3, Center Curve : Helix.1을 지정하여 Slot을 생성한다.

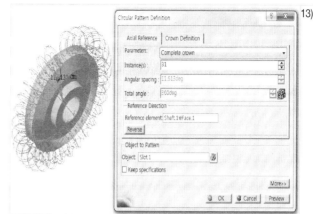

13) Circular Pattern을 실행하고 Instance : 31, 패턴 객체 : Slot.1을 패턴복사 한다.

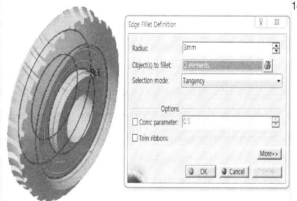

14) Edge Fillet을 실행하고 반경 : 3mm로 필렛을 한다.

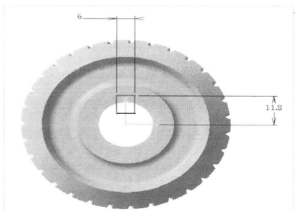

15) 스케치를 실행하고 Shaft 객체의 우측면을 선택하여 다음과 같이 스케치를 한다.

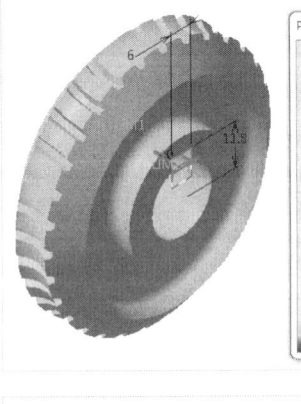
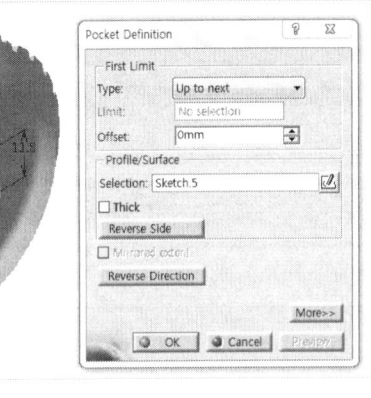

16) Pocket을 실행하고 Up To Next를 지정
하여 돌출 컷을 한다.

● 완성 결과

3) User Pattern(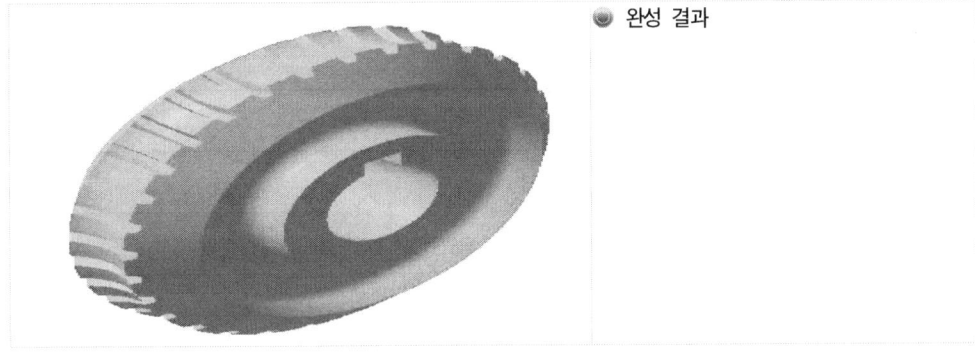)

User Pattern : + Point 위치에 복사하고자 하는 패턴을 복사 해준다.
CATIA에서는 Point 종류가 네모 Point와 + Point가 존재한다. User Pattern에서는 + Point가 패턴 복사 위치
를 지정하는 객체로 사용된다.

■ User Pattern Definition

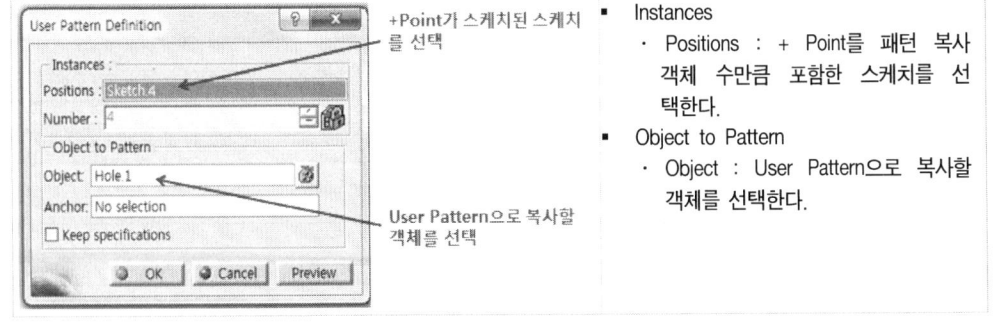

■ Instances
  · Positions : + Point를 패턴 복사
    객체 수만큼 포함한 스케치를 선
    택한다.
■ Object to Pattern
  · Object : User Pattern으로 복사할
    객체를 선택한다.

+Point가 스케치된 스케치
를 선택

User Pattern으로 복사할
객체를 선택

[User Pattern 실습 1]

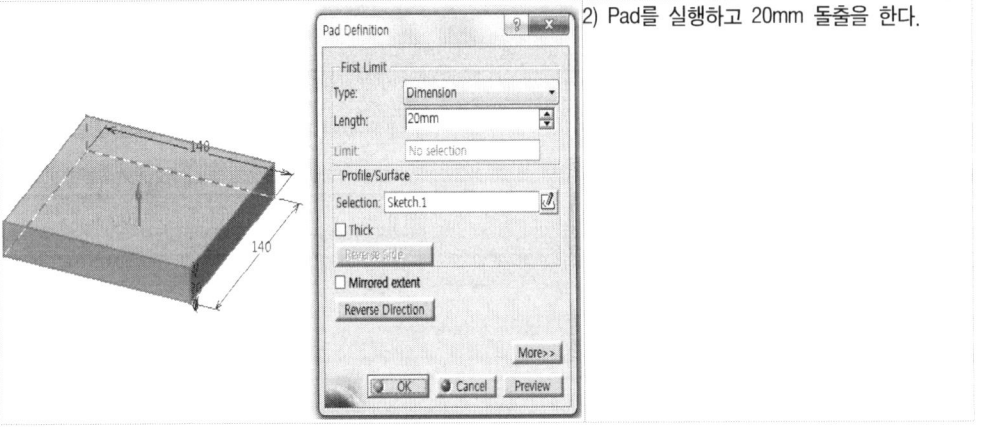

1) 스케치를 실행하고 XY Plane을 선택하여
   다음과 같이 스케치를 한다.

2) Pad를 실행하고 20mm 돌출을 한다.

260

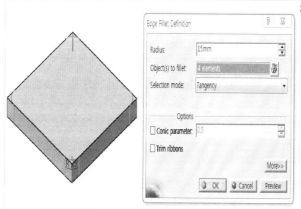

3) Edge Fillet을 실행하고 반경 : 15mm로
   필렛을 한다.

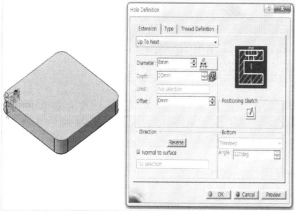

4) Hole을 실행하고 Diameter : 8mm, Up
   to Next를 지정한다.

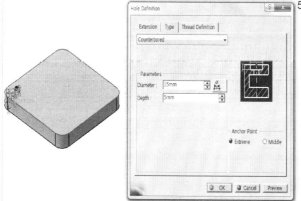

5) [Type]탭에서 구멍 종류 : Counterbored를
   지정, Diameter : 15mm, Depth : 5mm을
   지정한다.

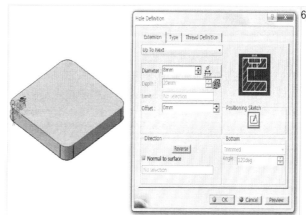

6) [Extension]탭에서 Sketch 아이콘을 선택
   한다.

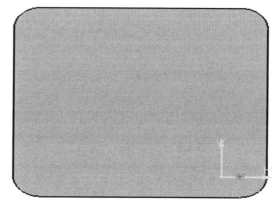

7) 호의 중심점에 Point를 일치 구속을 한
   다.

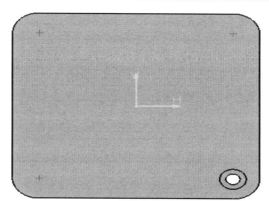

8) 스케치를 실행하고 Pad.1 객체의 윗면을
   선택하여 다음과 같이 스케치를 한다.
   + Point를 호의 중심에 일치되도록 스케
   치를 한다.

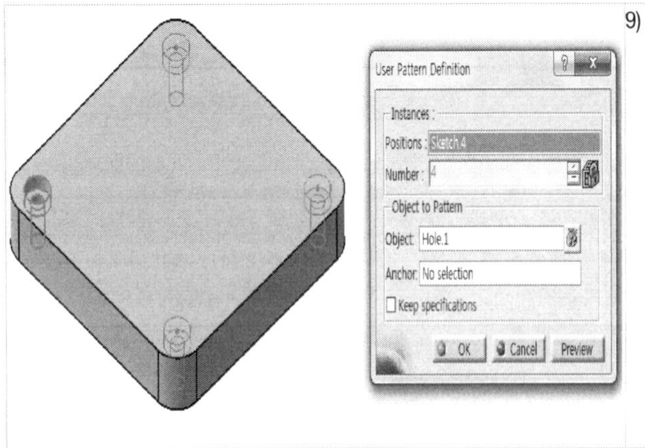

9) User Pattern을 실행하고 Positions : + Point를 포함한 Sketch.4를 선택, Object : 복사할 객체 Hole.1을 선택하여 패턴 복사 한다.

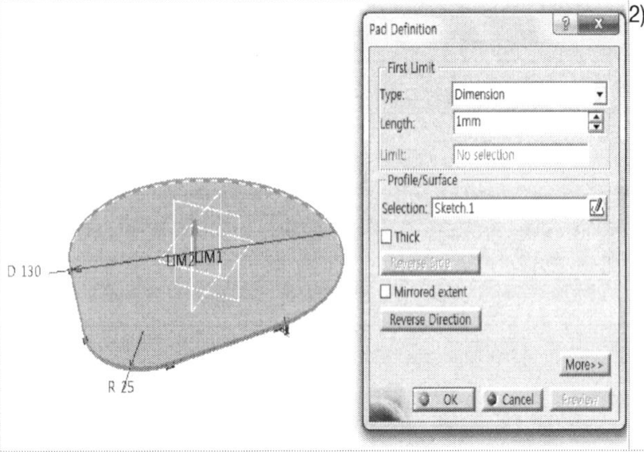

2) Pad를 실행하고 1mm 돌출을 한다.

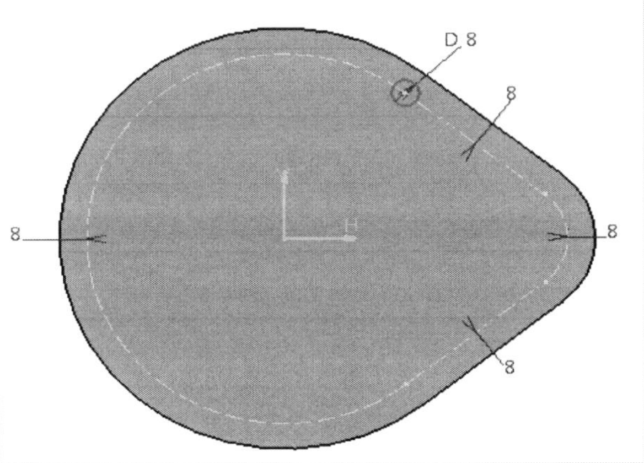

● User Pattern 결과

3) 스케치를 실행하고 돌출 객체의 윗면을 선택하여 다음과 같이 스케치를 한다.

[User Pattern 실습 2]

1) 스케치를 실행하고 XY Plane을 선택하여 다음과 같이 스케치를 한다.

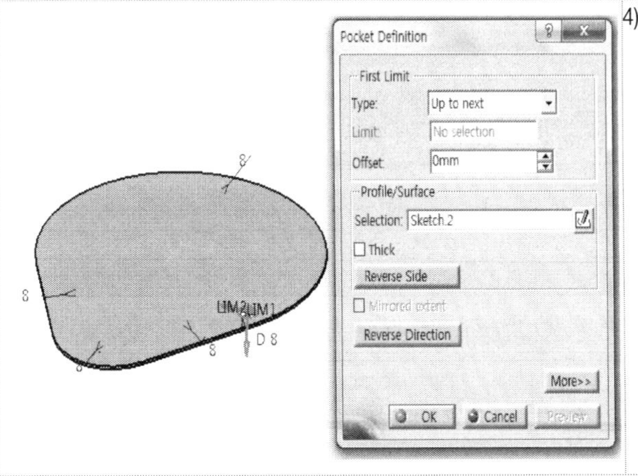

4) Pocket을 실행하고 Up to Next를 지정하여 돌출 컷을 한다.

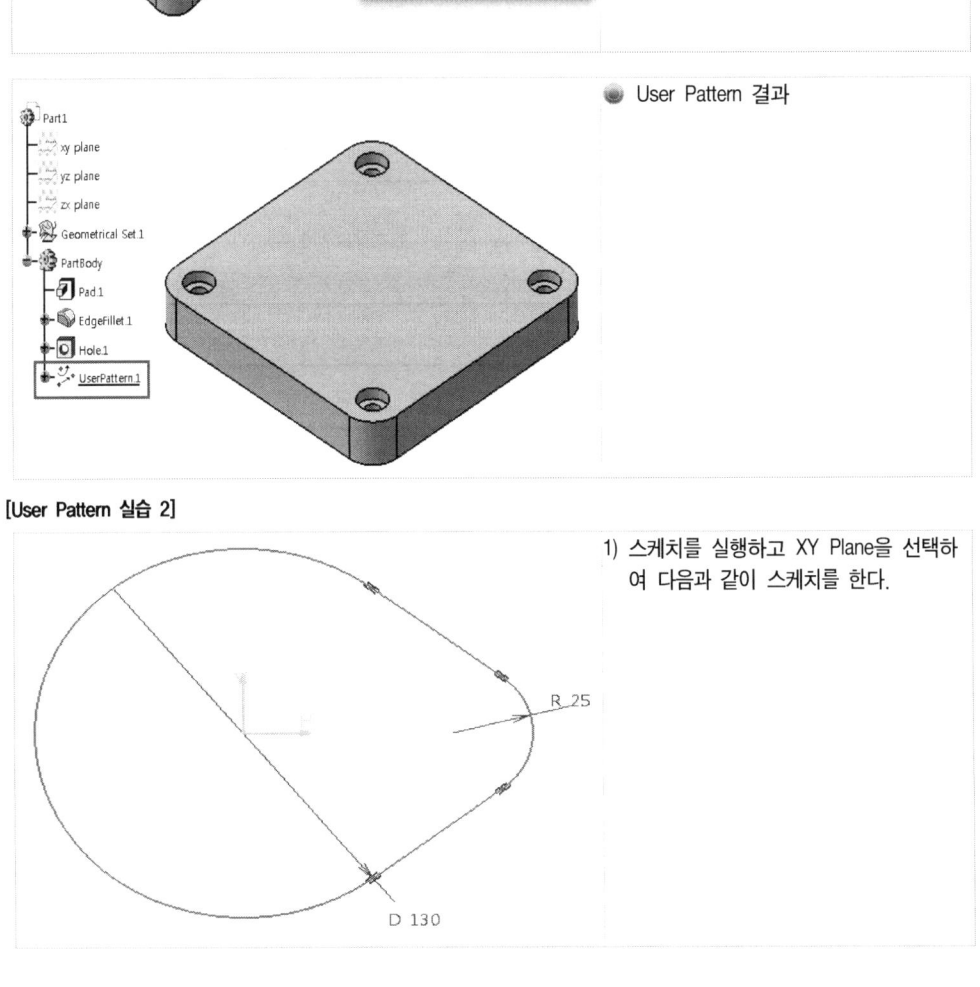

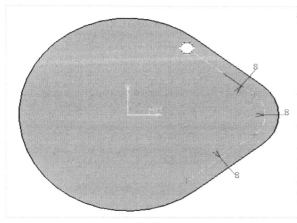

5) 스케치를 실행하고 돌출 객체 윗면을 선택하여 다음과 같이 스케치를 한다.

- + Point 3개를 찍는다.
- 8mm 안쪽으로 오프셋을 한다.
- 정점에 Point를 일치 구속을 한다.

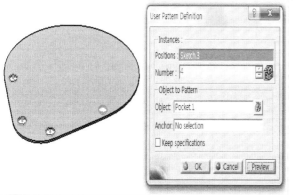

6) User Pattern을 실행하고 Position으로 Point를 찍은 Sketch를 선택하고, Object로 Pocket.1 객체를 선택하여 복사한다.

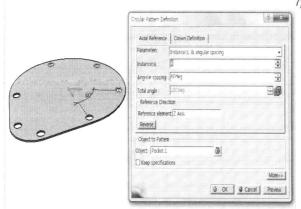

7) Circular Pattern을 실행하고 Instance : 4, Angular spacing : 60deg를 지정, Pocket.1 객체를 Object로 선택하여 패턴복사 한다.

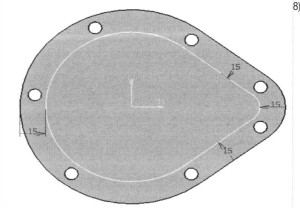

8) 스케치를 실행하고 돌출 객체 윗면을 선택하여 다음과 같이 스케치를 한다. Offset을 한다.

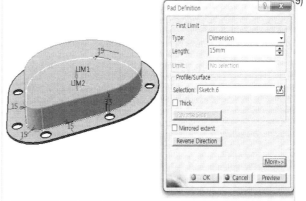

9) Pad를 실행하고 15mm 돌출을 한다.

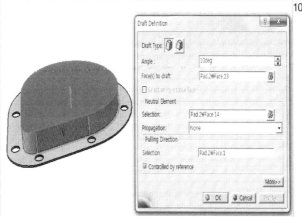

10) Draft를 실행하고 Angle : 10deg, Face(s) to draft : 측면 선택, Selection : 윗면을 선택하여 구배 객체를 생성한다.

11) Edge Fillet을 실행하고 반경 : 8mm로 필렛을 한다.

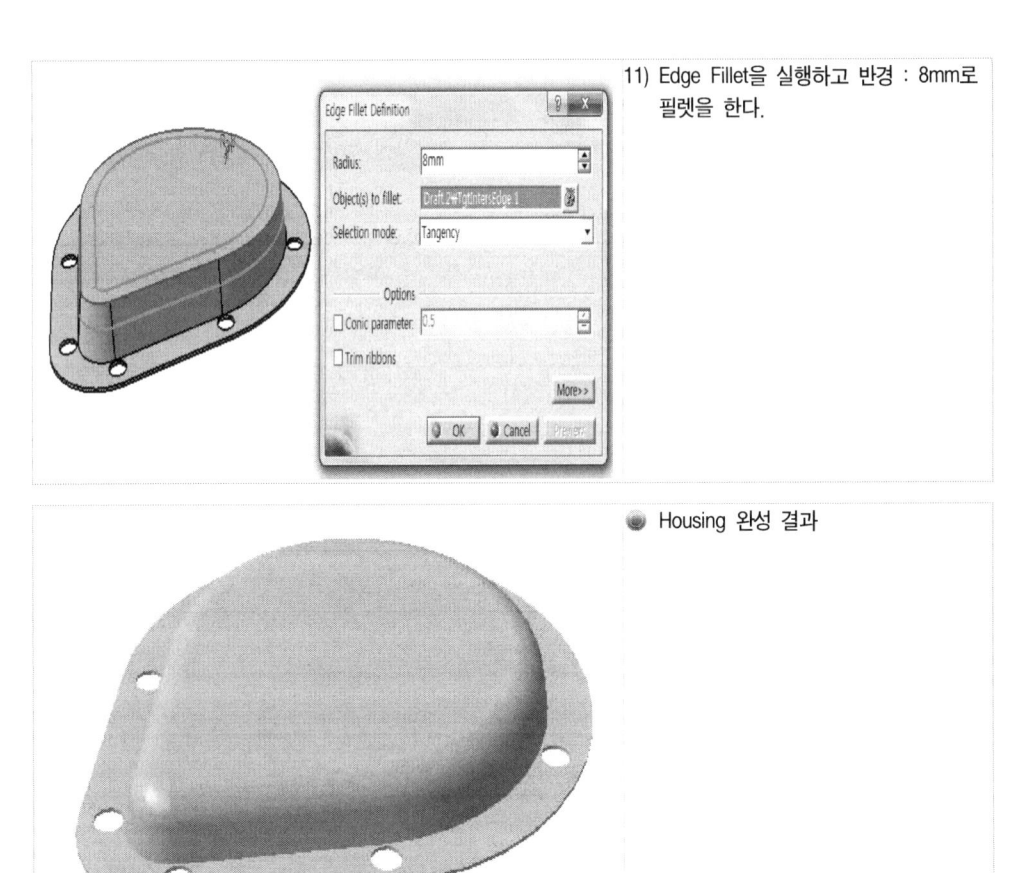

● Housing 완성 결과

[User Pattern 실습 3]

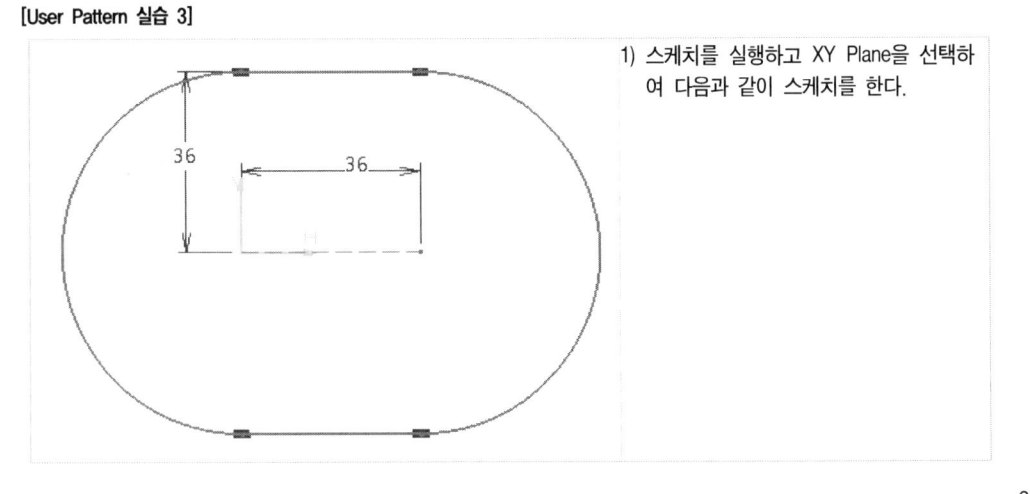

1) 스케치를 실행하고 XY Plane을 선택하여 다음과 같이 스케치를 한다.

2) Pad를 실행하고 10mm 돌출을 한다.

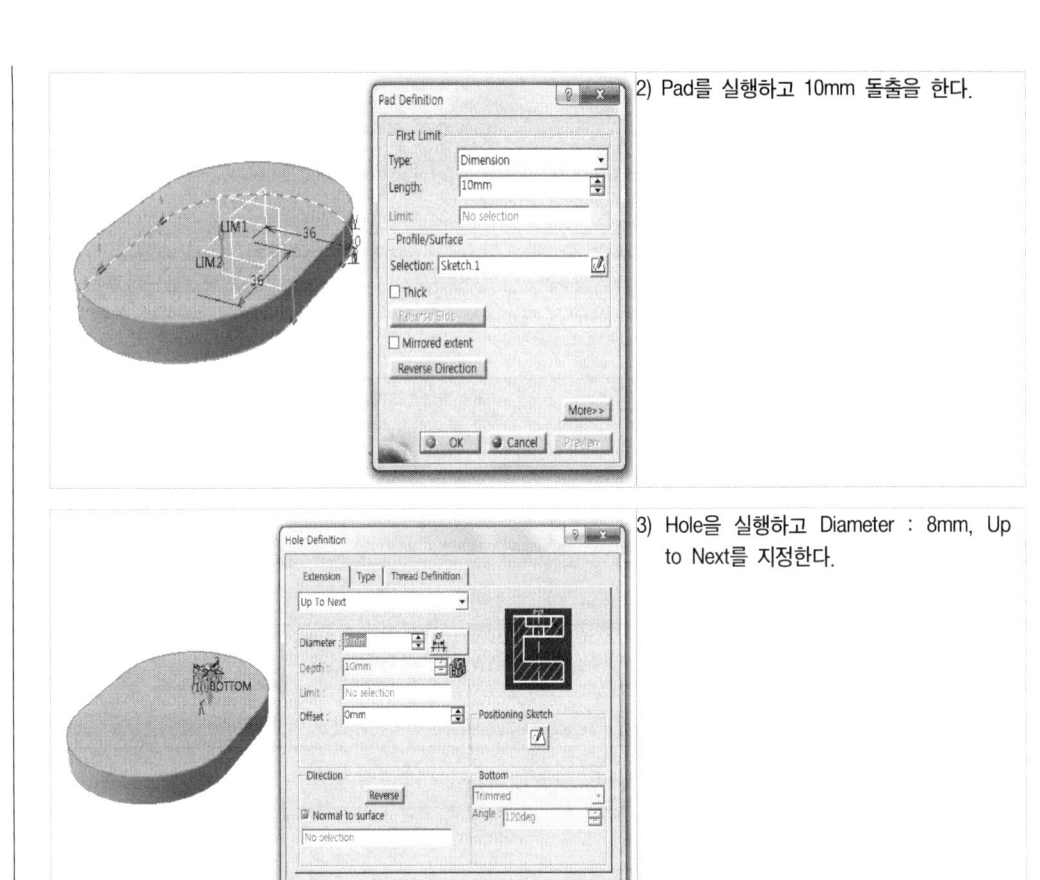

3) Hole을 실행하고 Diameter : 8mm, Up to Next를 지정한다.

4) Hole Type : Counterbored, Diameter : 12mm, Depth : 3mm를 지정한다.

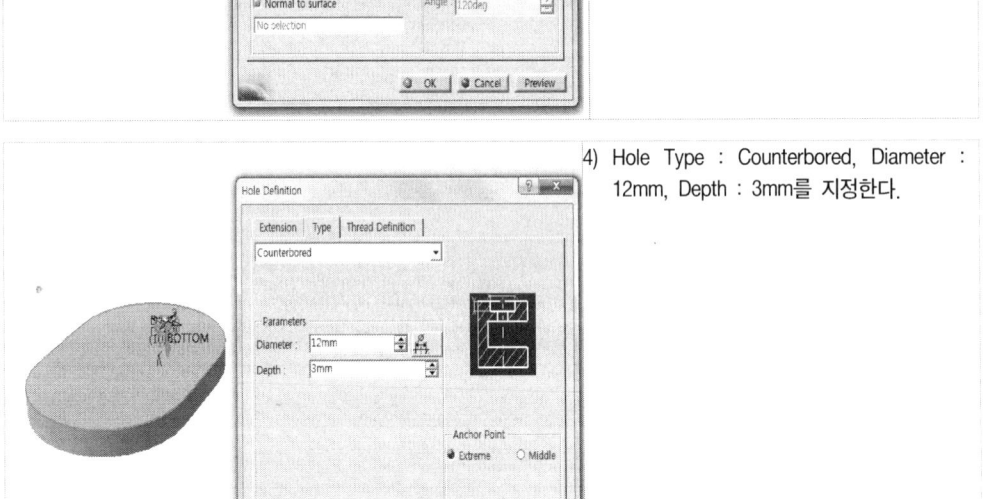

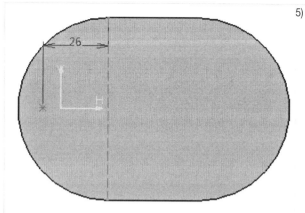

5) [Extension]탭의 Sketch Positioning에서 Sketch를 선택하여 다음과 같이 구멍의 위치를 구속한다.

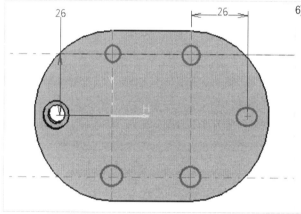

6) 스케치를 실행하고 돌출 객체 위쪽을 선택하여 + Point를 5개 먼저 찍는다. 보조선을 스케치하고 수직/수평이 만나는 지점에 Point를 일치 구속을 한다.

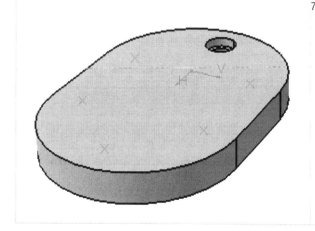

7) User Pattern을 하기 위해 미리 패턴 복사할 부분에 Point를 찍어 놓아야 한다.

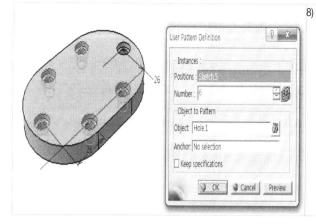

8) User Pattern을 실행하고 Position : Point 를 찍은 스케치를 선택, Object : Hole.1을 선택하여 패턴복사 한다.

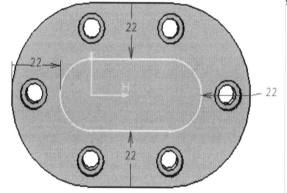

9) 스케치를 실행하고 돌출 객체 위쪽을 선택하여 다음과 같이 스케치를 한다.

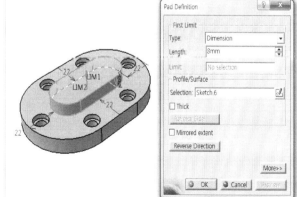

10) Pad를 실행하고 8mm 돌출을 한다.

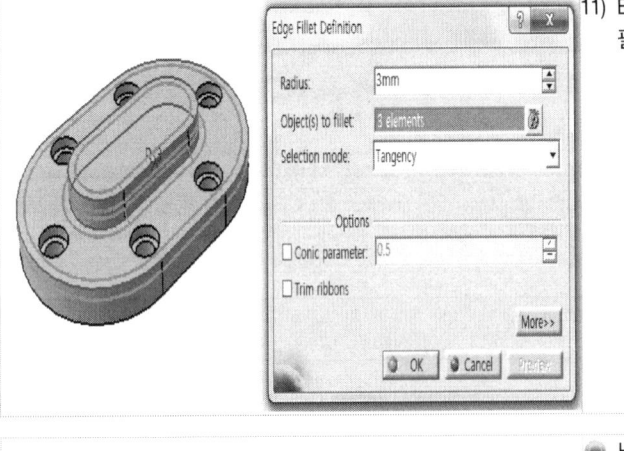

11) Edge Fillet을 실행하고 반경 : 3mm로 필렛을 한다.

● Housing 완성 결과

3D 객체를 Sketch Plane을 절단된 형상을 보여주는 기능이다. 현재의 스케치 면을 기준으로 화면을 가리고 있는 다른 대상을 감춰주는 기능이다.
즉, 현재의 스케치 면에서의 작업을 위해 방해가 되는 3차원 물체를 잠시 동안 잘라내어 보이지 않게 할 수 있다.
여러 개의 스케치를 가지고 작업을 하거나 3차원 형상의 중간에 또는 다른 작업이 필요할 때 매우 유용하다.
절단된 모습은 스케치 밖을 나가면 자동으로 다시 원래대로 보이며 스케치 상에서는 다시 명령을 해제해야 절단되어 보이지 않는 부분을 볼 수 있다.
3D 형상이 실제로 잘리는 것이 아니다.

[Cut Part by Sketch Plane( ) 실습 1]

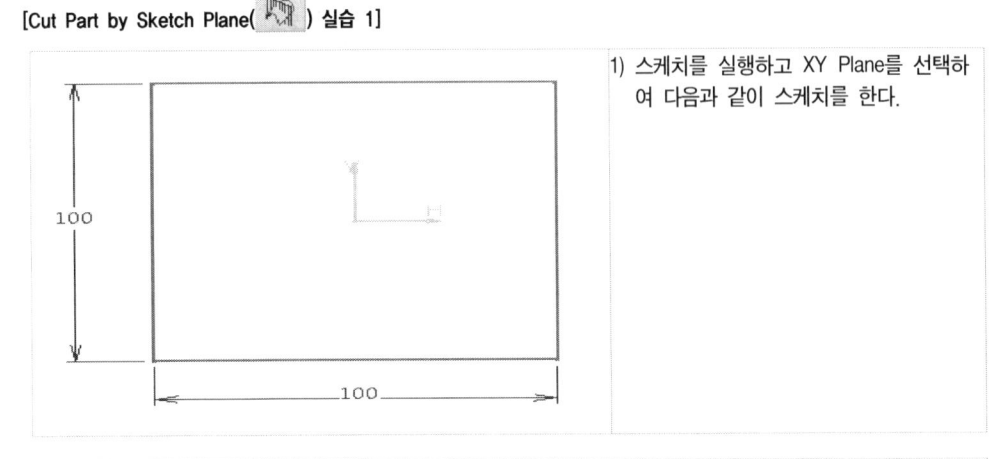

1) 스케치를 실행하고 XY Plane를 선택하여 다음과 같이 스케치를 한다.

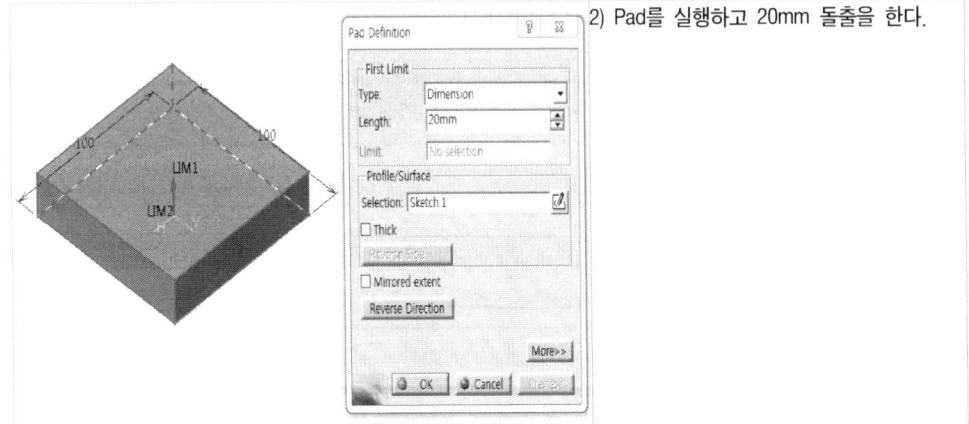

2) Pad를 실행하고 20mm 돌출을 한다.

266

3) Shell을 실행하고 두께 : 3mm로 쉘을 생성한다.

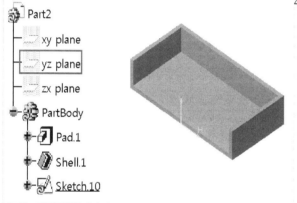

- Part2
  - xy plane
  - yz plane
  - zx plane
  - PartBody
    - Pad.1
    - Shell.1
    - Sketch.10

4) 스케치를 실행하고 ZX Plane을 선택하여 Cut Part by Sketch Plane(▣)을 실행한다.

- YZ Plane을 기준으로 잘려 보인다.
- 스케치 안에서만 실행된다.

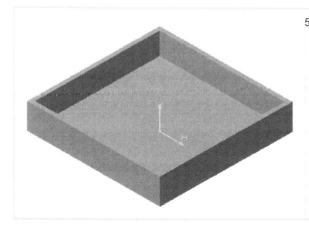

5) Cut Part by Sketch Plane(▣) 아이콘을 누르면 다시 원래대로 보인다.

[Cut Part by Sketch Plane(▣) 실습 2]

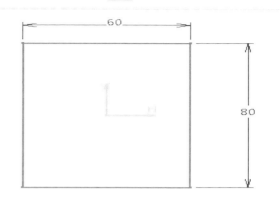

1) 스케치를 실행하고 YZ Plane를 선택하여 다음과 같이 스케치를 한다.

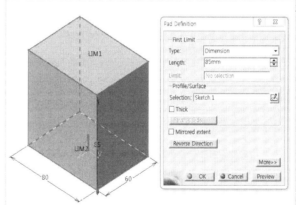

2) Pad를 실행하고 20mm 돌출을 한다.

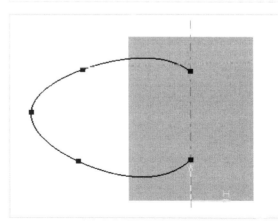

3) 스케치를 실행하고 ZX Plane를 선택하여 다음과 같이 스케치를 한다.

4) Shaft를 실행하고 360deg 회전을 한다.

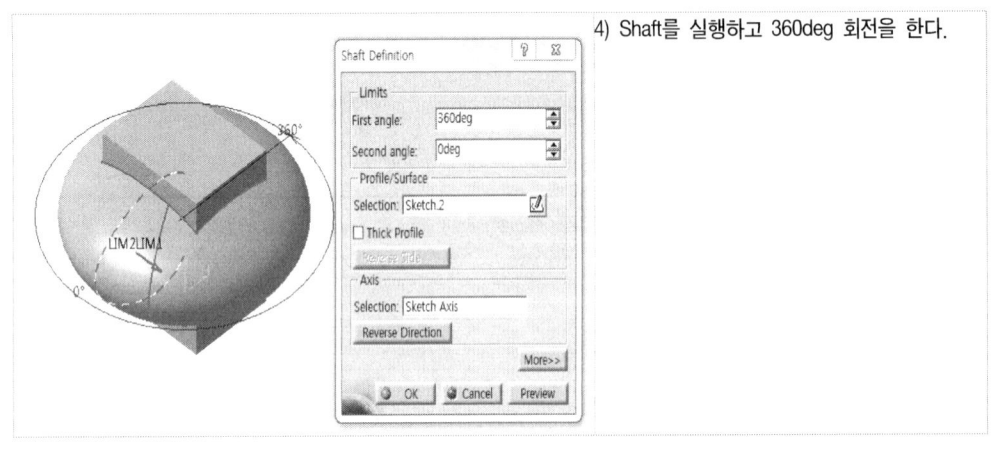

5) Shaft를 실행하고 두께 : 5mm로 쉘을 생성한다.

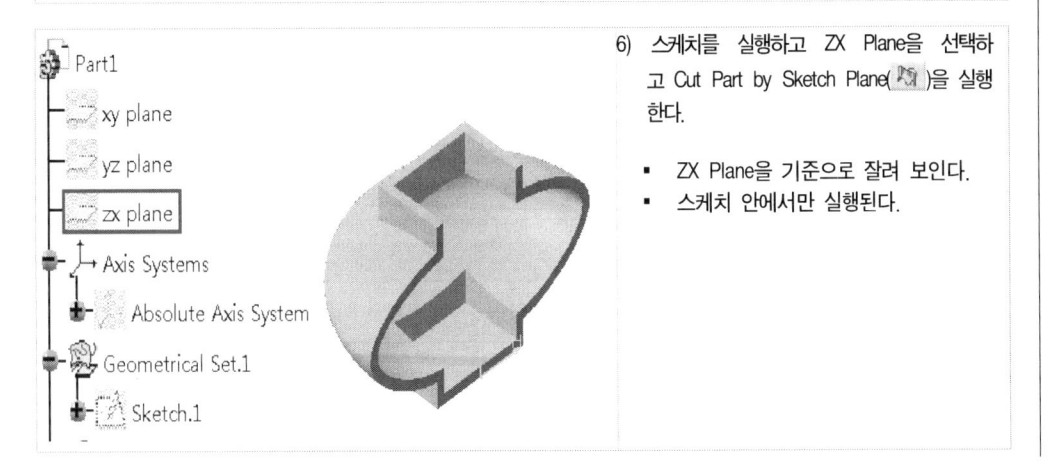

6) 스케치를 실행하고 ZX Plane을 선택하고 Cut Part by Sketch Plane( )을 실행한다.

- ZX Plane을 기준으로 잘려 보인다.
- 스케치 안에서만 실행된다.

7) Cut Part by Sketch Plane( ) 아이콘을 누르면 다시 원래대로 보인다.

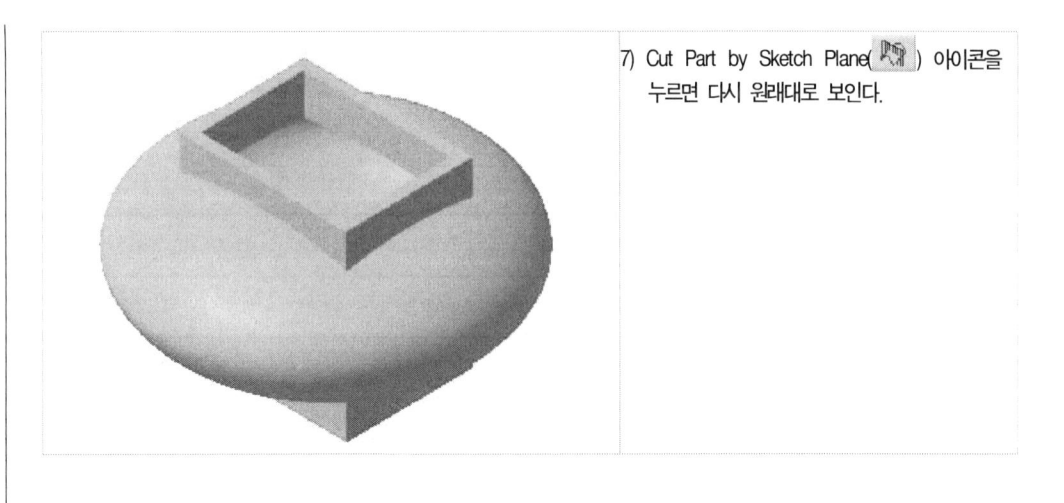

[종합실습 1]

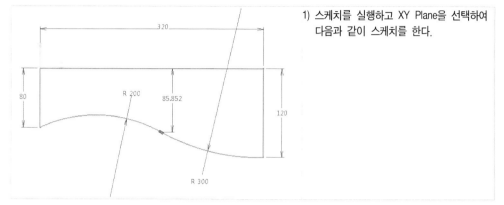

1) 스케치를 실행하고 XY Plane을 선택하여 다음과 같이 스케치를 한다.

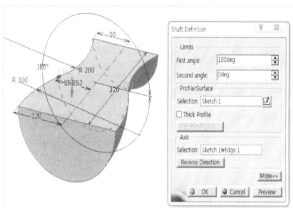

2) Shaft를 실행하고 180deg 회전을 한다.

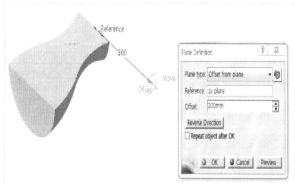

3) Plane( )을 실행하고 ZX Plane을 기준으로 300mm 위치에 Plane을 생성한다.

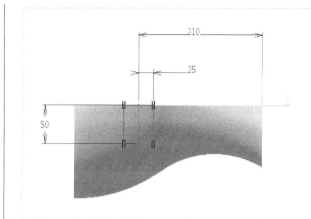

4) 스케치를 실행하고 ZX Plane을 선택하여 다음과 같이 스케치를 한다.

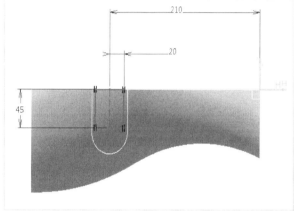

5) 스케치를 실행하고 Plane.1을 선택하여 다음과 같이 스케치를 한다.

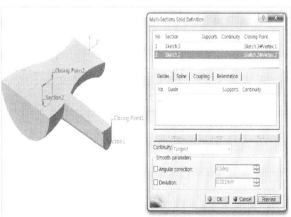

6) Multi-Sections Solid( )을 실행하고 Sketch 두 개를 차례대로 선택한다.

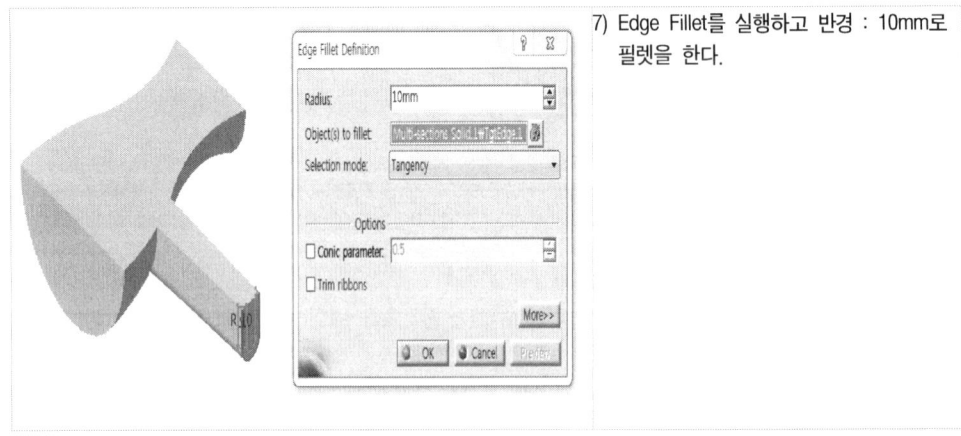

7) Edge Fillet를 실행하고 반경 : 10mm로
   필렛을 한다.

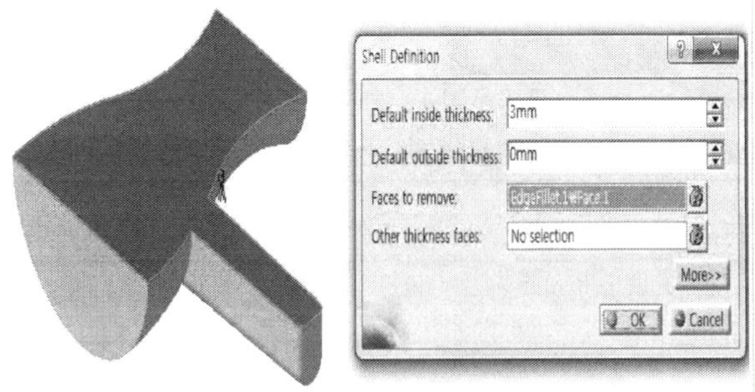

8) Shell( )을 실행하고 두께 : 3mm로
   쉘을 생성한다.

   ※ 주의) Spec Tree에 Geometric Set
   이 활성화 되어 있으면 쉘이 제대
   로 되지 않는다.
   [Tools]-[Option]-[Infrastructure]-[Part
   Infrastructure]-[Part Documents]에서
   [In a Body]에 놓고 작업해야 한다.

● 완성 결과

[종합실습 2]

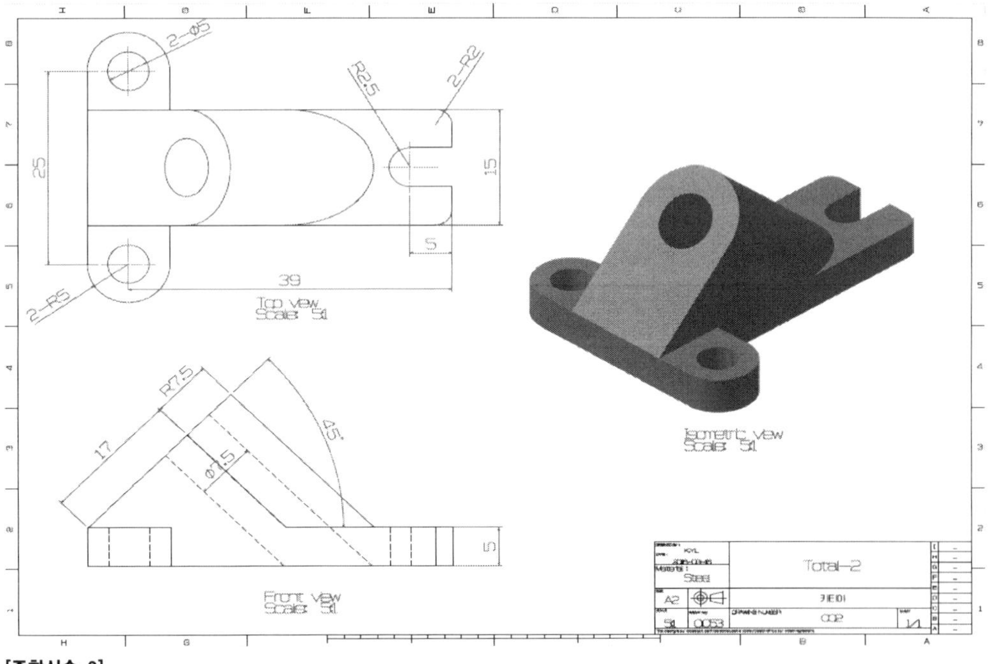

[종합실습 3]

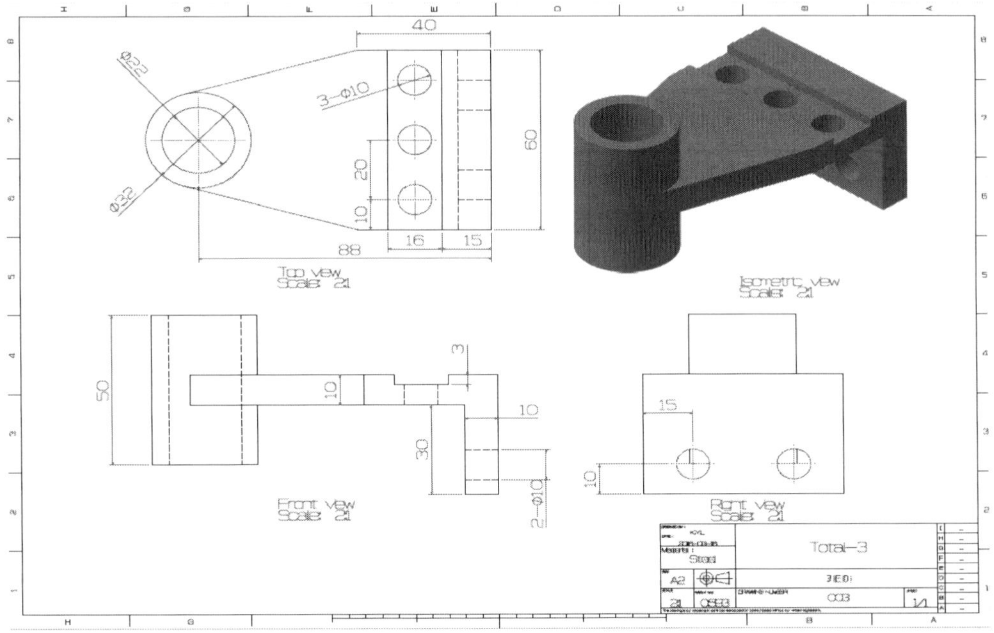

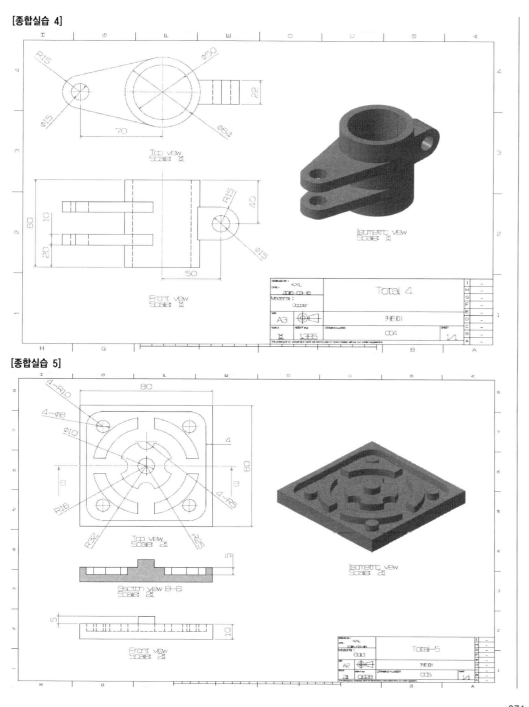

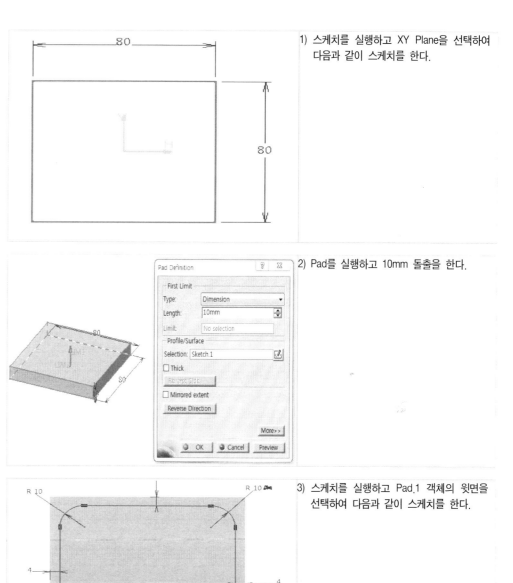

1) 스케치를 실행하고 XY Plane을 선택하여 다음과 같이 스케치를 한다.

2) Pad를 실행하고 10mm 돌출을 한다.

3) 스케치를 실행하고 Pad.1 객체의 윗면을 선택하여 다음과 같이 스케치를 한다.

271

4) Pocket을 실행하고 5mm 돌출 컷을 한다.

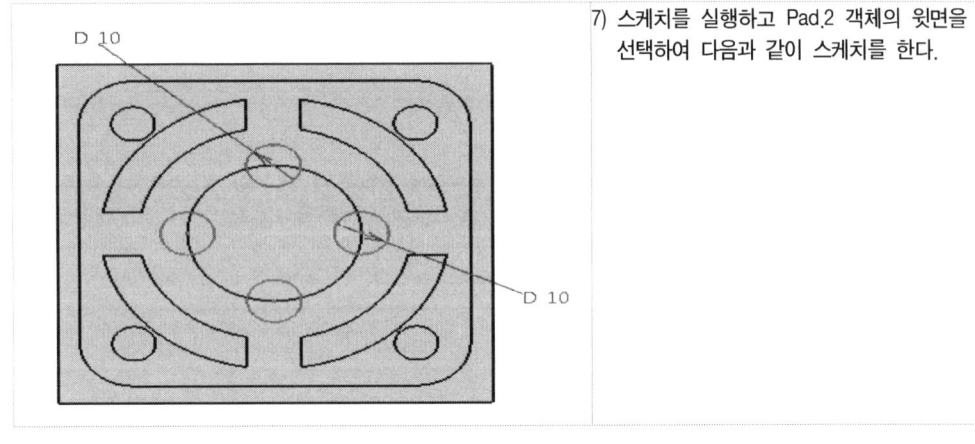

7) 스케치를 실행하고 Pad.2 객체의 윗면을
선택하여 다음과 같이 스케치를 한다.

5) 스케치를 실행하고 Pocket.1 객체의 윗면
을 선택하여 다음과 같이 스케치를 한다.

8) Pocket을 실행하고 5mm를 지정하여 돌
출 컷을 한다.

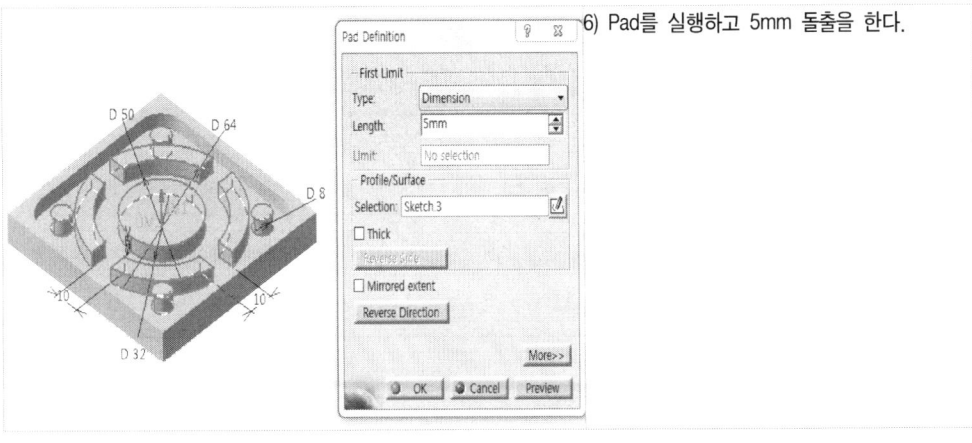

6) Pad를 실행하고 5mm 돌출을 한다.

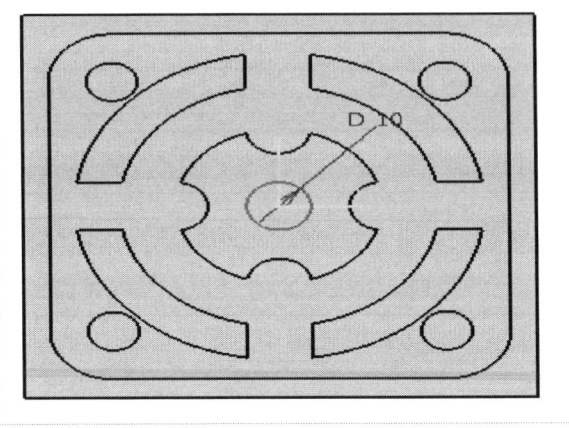

9) 스케치를 실행하고 Pad.2 객체의 윗면을
선택하여 다음과 같이 스케치를 한다.

10) Pad를 실행하고 5mm 돌출을 한다.

● 완성 결과

[종합실습 6]

[종합실습 7]

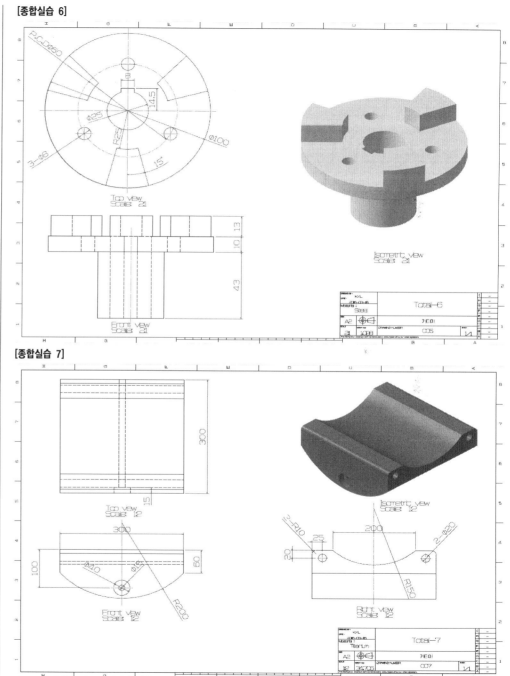

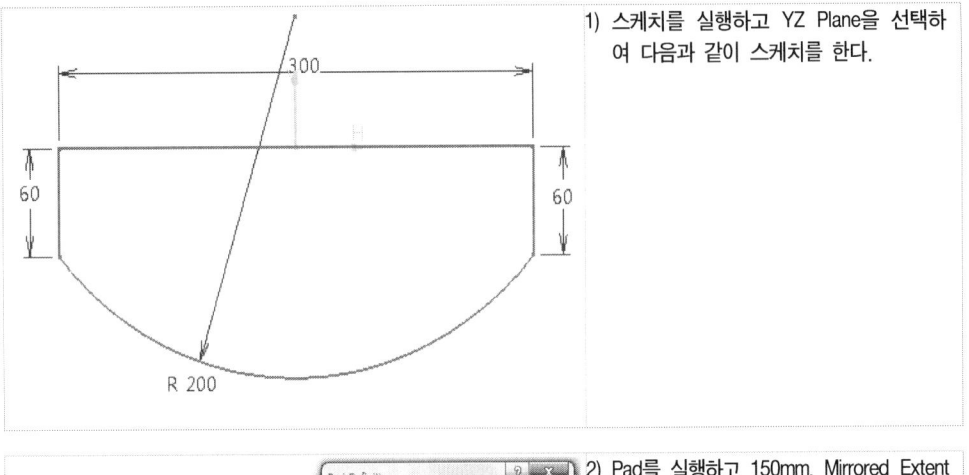

1) 스케치를 실행하고 YZ Plane을 선택하여 다음과 같이 스케치를 한다.

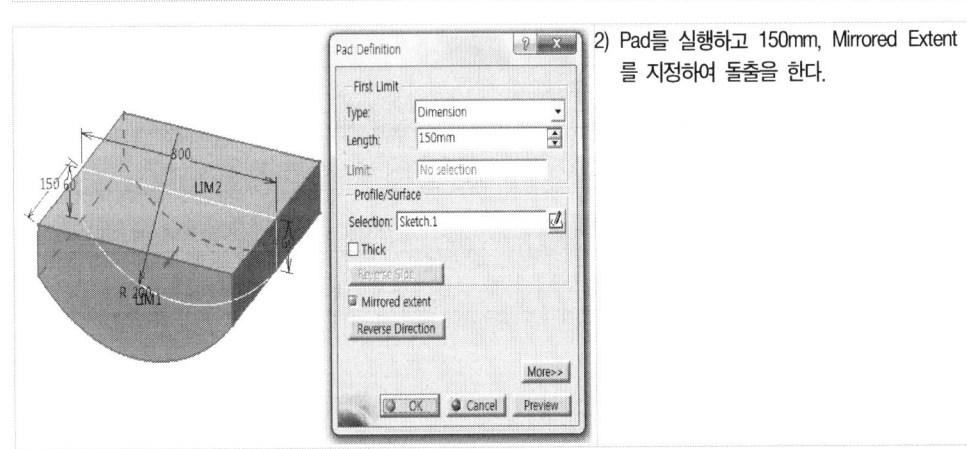

2) Pad를 실행하고 150mm, Mirrored Extent를 지정하여 돌출을 한다.

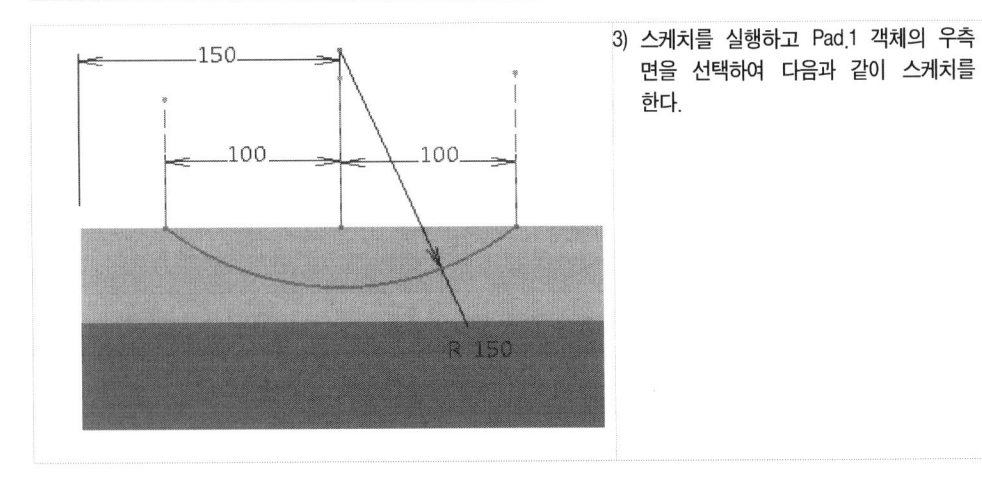

3) 스케치를 실행하고 Pad.1 객체의 우측면을 선택하여 다음과 같이 스케치를 한다.

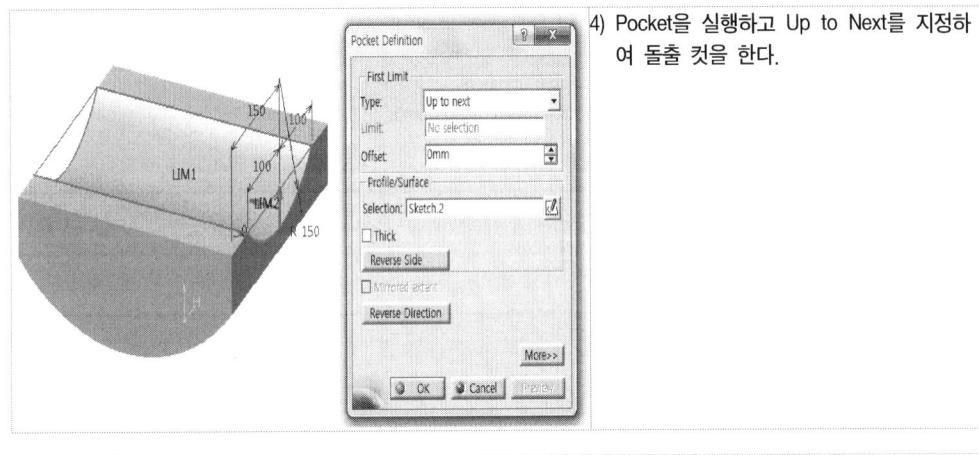

4) Pocket을 실행하고 Up to Next를 지정하여 돌출 컷을 한다.

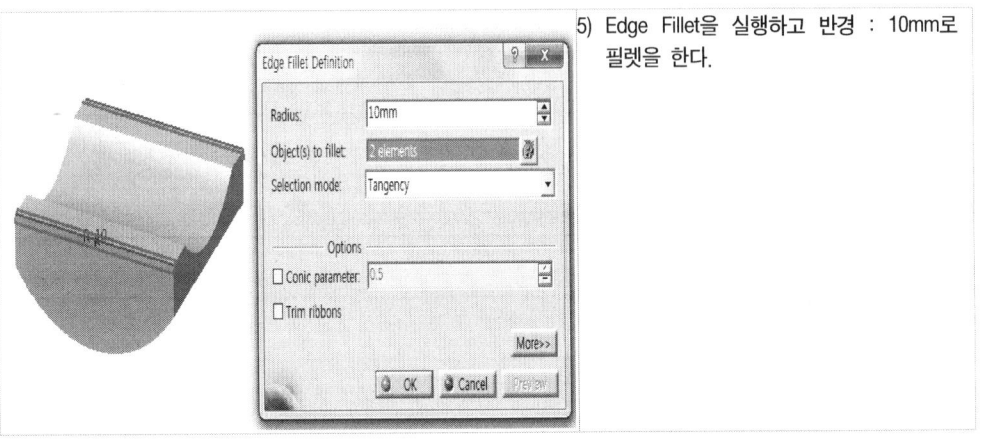

5) Edge Fillet을 실행하고 반경 : 10mm로 필렛을 한다.

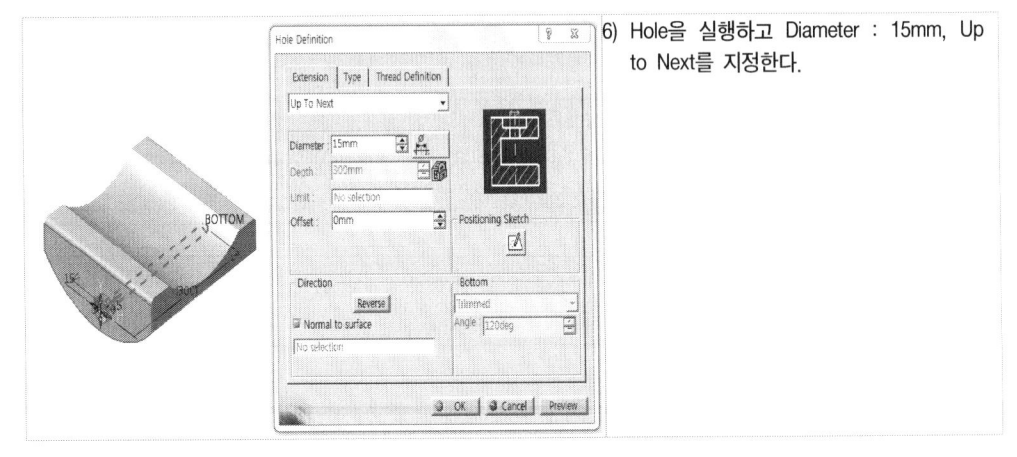

6) Hole을 실행하고 Diameter : 15mm, Up to Next를 지정한다.

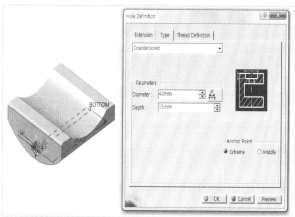

7) Hole Type : Counterbored를 선택, Diameter : 40mm, Depth : 15mm를 지정하여 Hole을 생성한다.

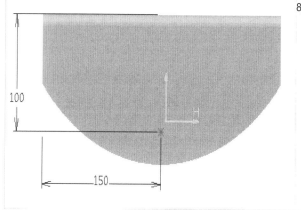

8) [Extension]탭의 Positioning Sketch에서 Sketch를 선택하여 다음과 같이 구멍 위치를 지정한다.

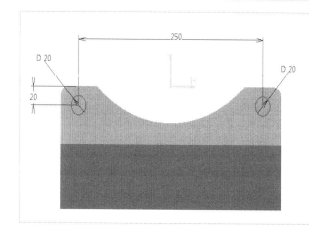

9) 스케치를 실행하고 Pad.1 객체의 우측 면을 선택하여 다음과 같이 스케치를 한다.

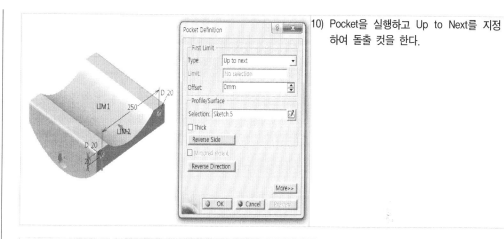

10) Pocket을 실행하고 Up to Next를 지정하여 돌출 컷을 한다.

● 완성 결과

Top view
Scale: 1:1

Isometric view
Scale: 1:1

Section view A-A
Scale: 1:1

Front view
Scale: 1:1

Right view
Scale: 1:1

Detail B
Scale: 5:1

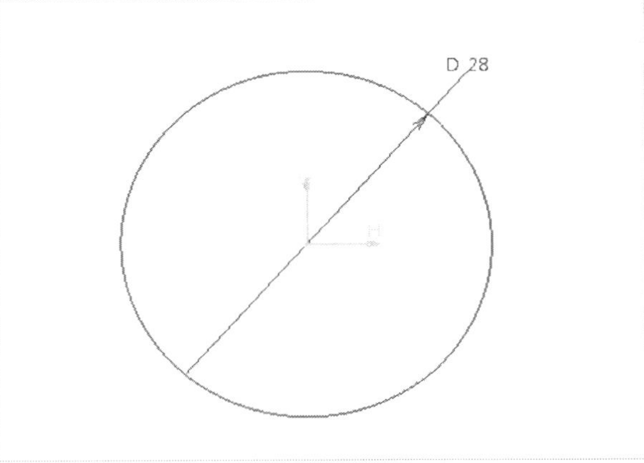

2) Pad를 실행하고 20mm 돌출을 한다.

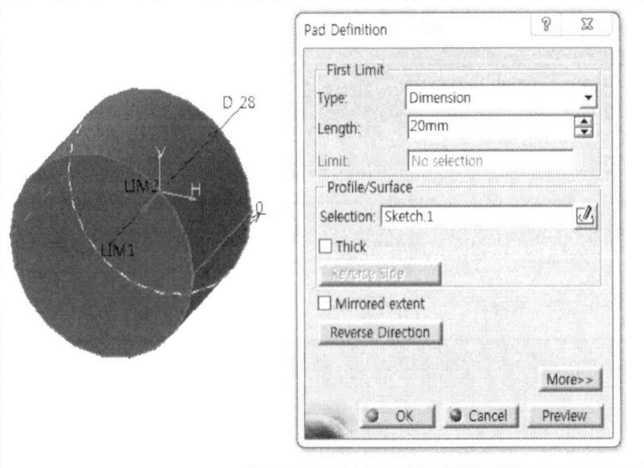

3) 스케치를 실행하고 Pad.1 객체의 앞면을
선택하여 다음과 같이 스케치를 한다.

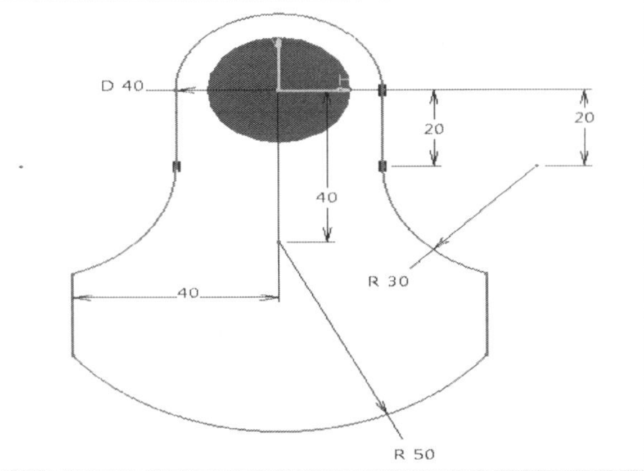

4) Pad를 실행하고 10mm 돌출을 한다.

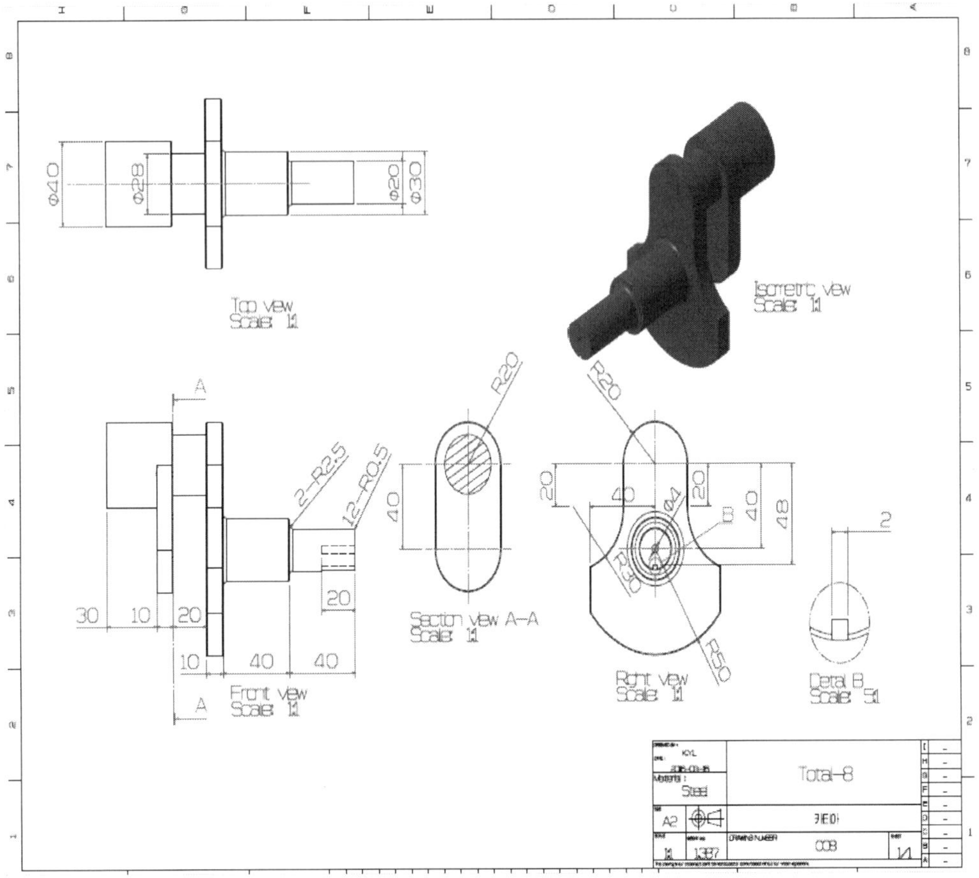

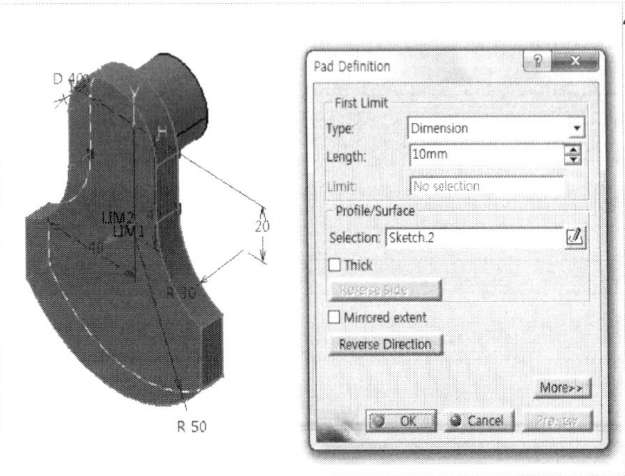

1) 스케치를 실행하고 YZ Plane을 선택하
여 다음과 같이 스케치를 한다.

276

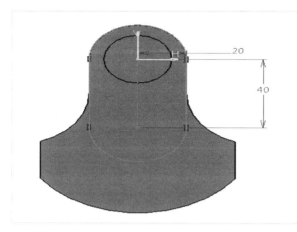

5) 스케치를 실행하고 Pad.1 객체의 뒷면을 선택하여 다음과 같이 스케치를 한다.

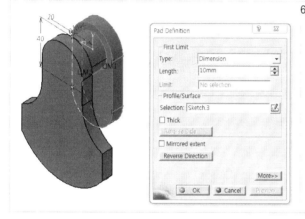

6) Pad를 실행하고 10mm 돌출을 한다.

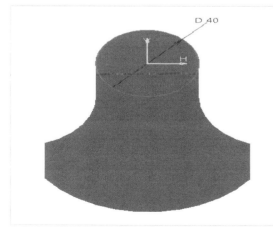

7) 스케치를 실행하고 Pad.3 객체의 뒷면을 선택하여 다음과 같이 스케치를 한다.

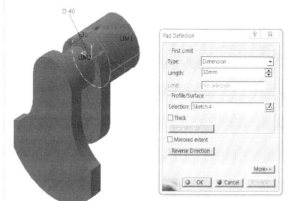

8) Pad를 실행하고 30mm 돌출을 한다.

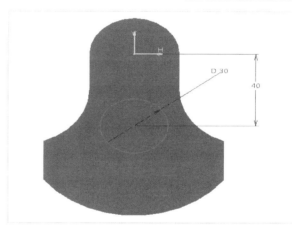

9) 스케치를 실행하고 Pad.2 객체의 앞면을 선택하여 다음과 같이 스케치를 한다.

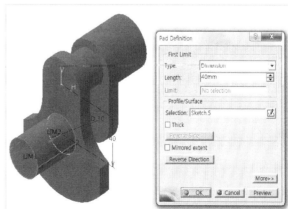

10) Pad를 실행하고 40mm 돌출을 한다.

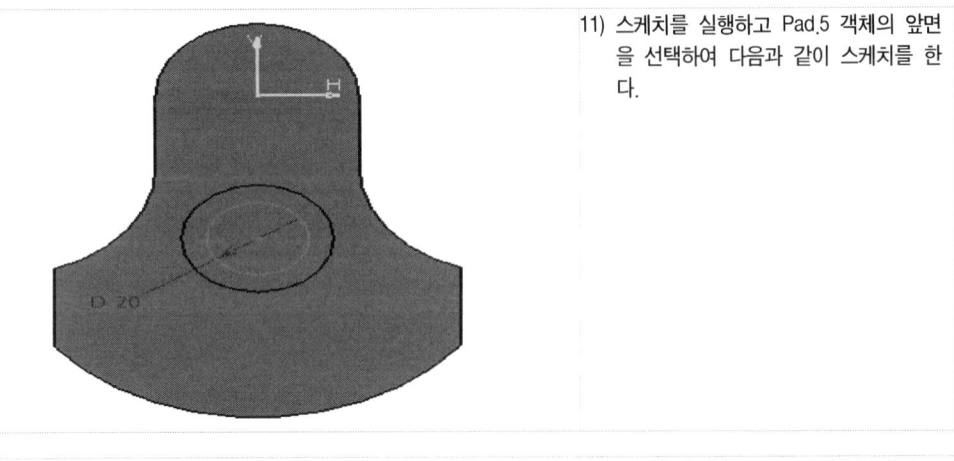

11) 스케치를 실행하고 Pad.5 객체의 앞면을 선택하여 다음과 같이 스케치를 한다.

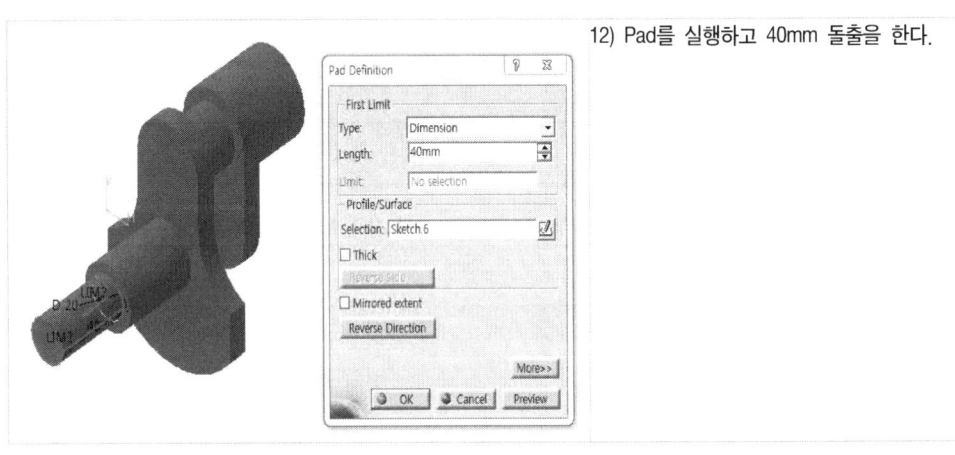

12) Pad를 실행하고 40mm 돌출을 한다.

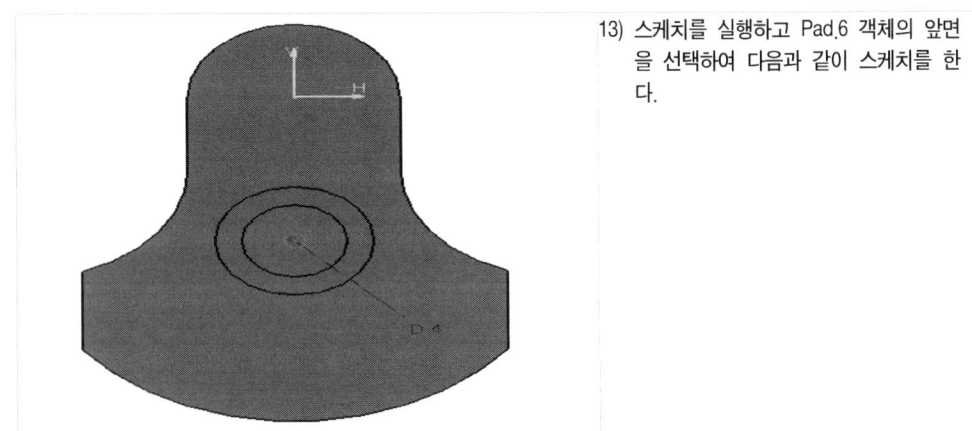

13) 스케치를 실행하고 Pad.6 객체의 앞면을 선택하여 다음과 같이 스케치를 한다.

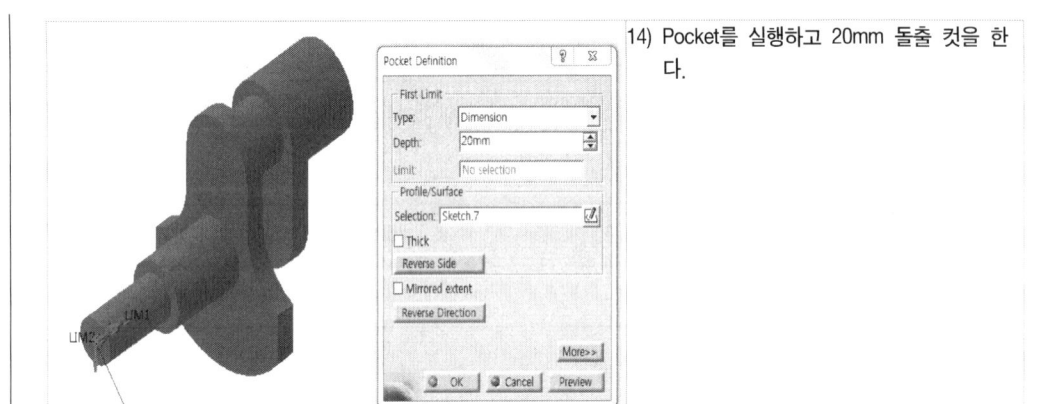

14) Pocket를 실행하고 20mm 돌출 컷을 한다.

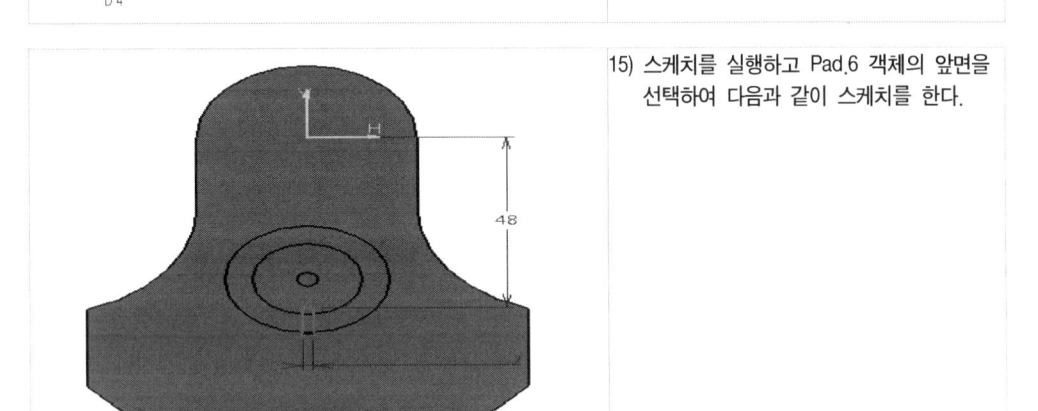

15) 스케치를 실행하고 Pad.6 객체의 앞면을 선택하여 다음과 같이 스케치를 한다.

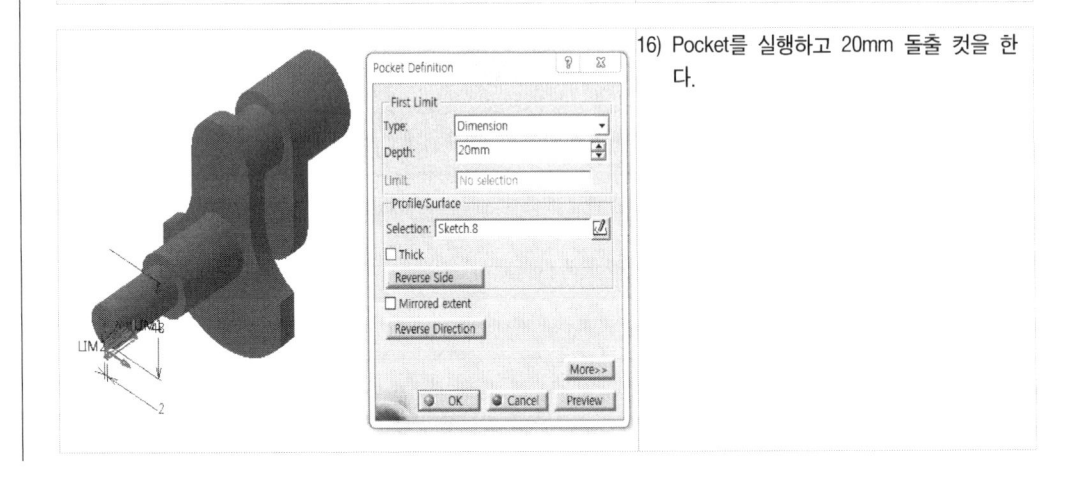

16) Pocket를 실행하고 20mm 돌출 컷을 한다.

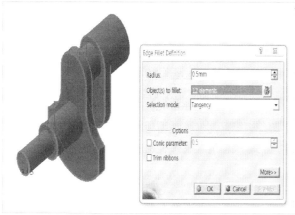

17) Edge Fillet을 실행하고 반경 : 0.5mm
로 필렛을 한다.

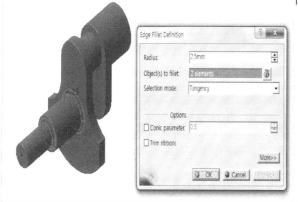

18) Edge Fillet을 실행하고 반경 : 2.5mm
로 필렛을 한다.

● 완성 결과
19) Crank Shaft로 저장한다.

[종합실습 9]

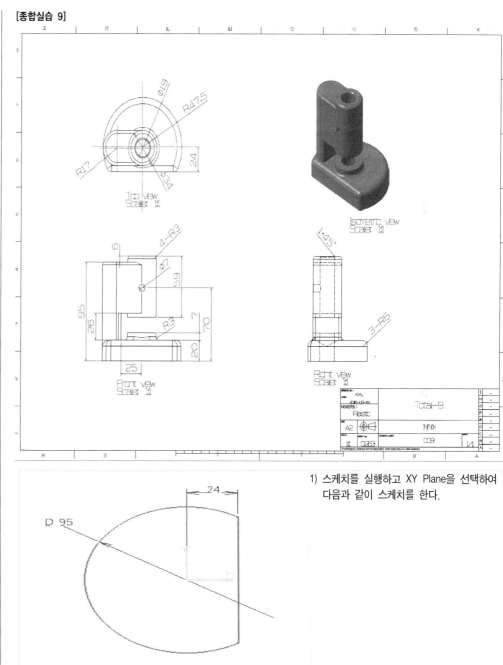

1) 스케치를 실행하고 XY Plane을 선택하여
다음과 같이 스케치를 한다.

279

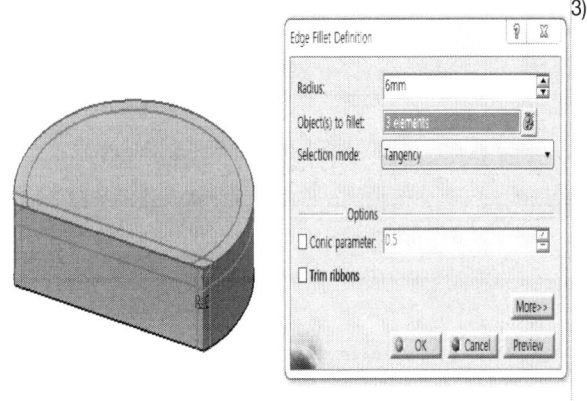

2) Pad를 실행하고 18mm 돌출을 한다.

5) Pad를 실행하고 95mm 돌출을 한다.

3) Edge Fillet을 실행하고 반경 : 6mm로 필렛을 한다.

6) 스케치를 실행하고 Pad.1 객체의 앞면을 선택하여 다음과 같이 스케치를 한다.

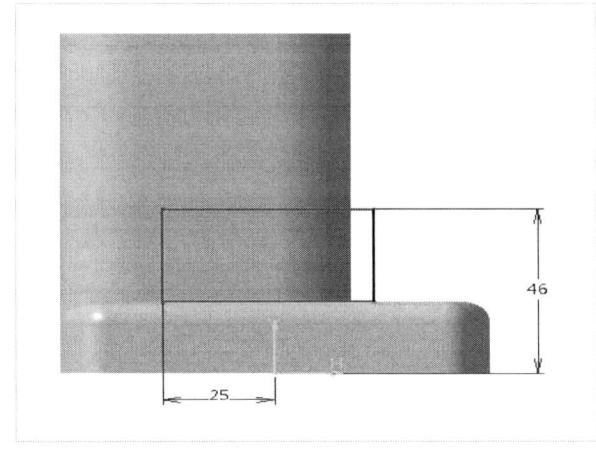

4) 스케치를 실행하고 XY Plane을 선택하여 다음과 같이 스케치를 한다.

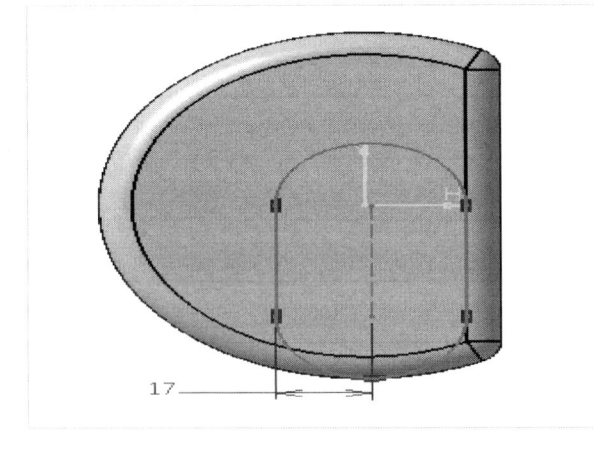

7) Pocket을 실행하고 Up to Next를 지정하여 돌출 컷을 한다.

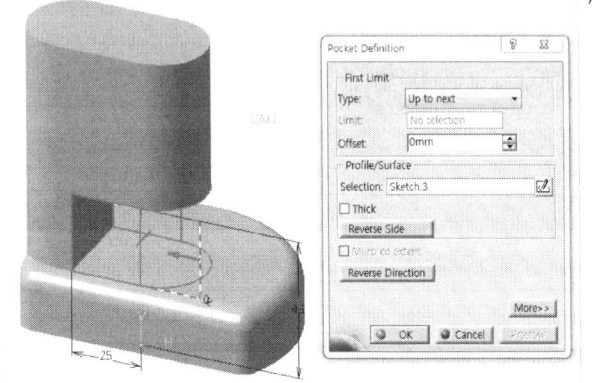

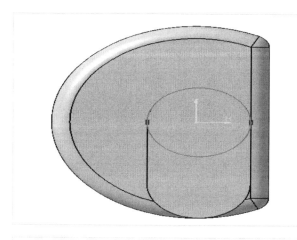

8) 스케치를 실행하고 Pad.1 객체의 윗면을 선택하여 다음과 같이 스케치를 한다.

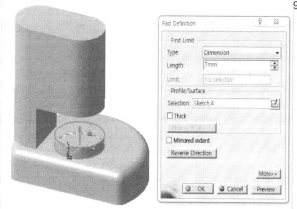

9) Pad를 실행하고 7mm 돌출을 한다.

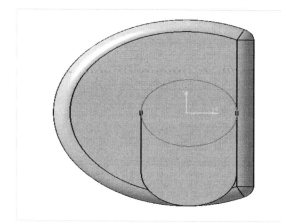

10) 스케치를 실행하고 Pad.2 객체의 윗면을 선택하여 다음과 같이 스케치를 한다.

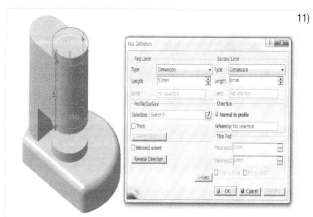

11) Pad를 실행하고 방향1 : 53mm, 방향2 : 6mm로 돌출을 한다.

12) Edge Fillet을 실행하고 반경 : 3mm로 필렛을 한다.

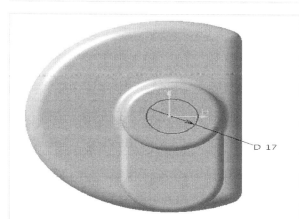

13) 스케치를 실행하고 Pad.4 객체의 윗면을 선택하여 다음과 같이 스케치를 한다.

14) Pocket을 실행하고 Up to Last를 지정
하여 돌출 컷을 한다.

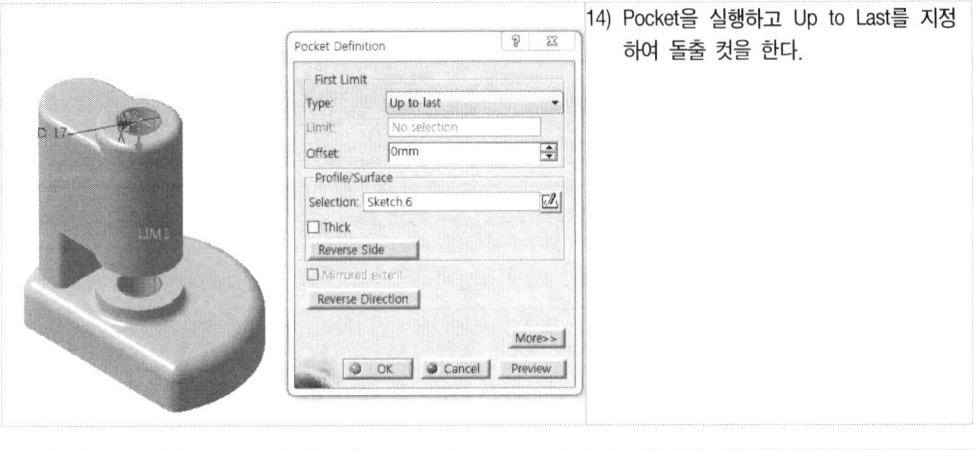

15) 스케치를 실행하고 Pad.2의 앞면을 선
택하여 다음과 같이 스케치를 한다.

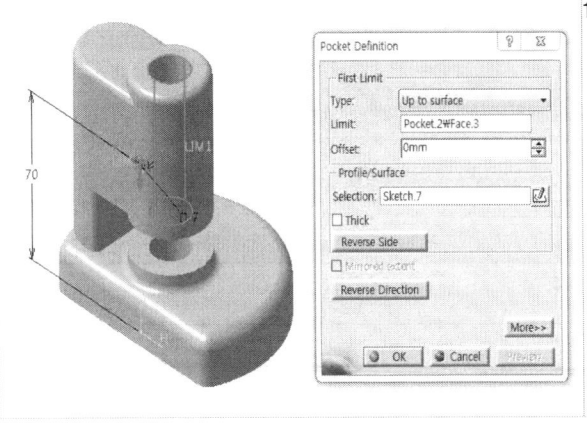

16) Pocket을 실행하고 Up to Surface를 지
정, Limit : 원기둥 안쪽 면을 선택하여
돌출 컷을 한다.

17) Chamfer를 실행하고 Length : 1mm, An
gle : 45deg로 모따기를 생성한다.

● 완성 결과

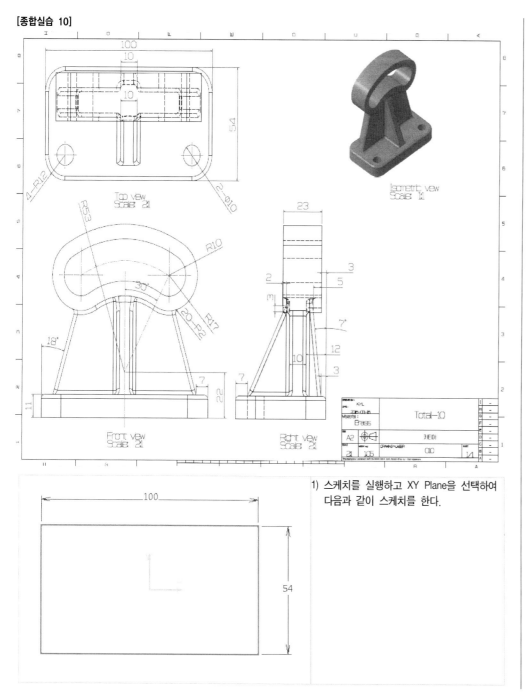

Top view
Scale 2:1

Front view
Scale 2:1

Right view
Scale 2:1

Isometric view
Scale 1:1

Total-10

A2

1) 스케치를 실행하고 XY Plane을 선택하여
   다음과 같이 스케치를 한다.

2) Pad를 실행하고 11mm 돌출을 한다.

3) Plane을 실행하고 Pad.1 객체의 좌측면
   을 기준으로 3mm 우측으로 Plane을 생
   성한다.

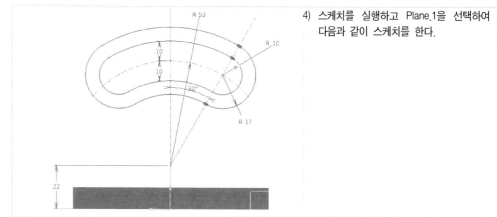

4) 스케치를 실행하고 Plane.1을 선택하여
   다음과 같이 스케치를 한다.

5) Pad를 실행하고 23mm 돌출을 한다.

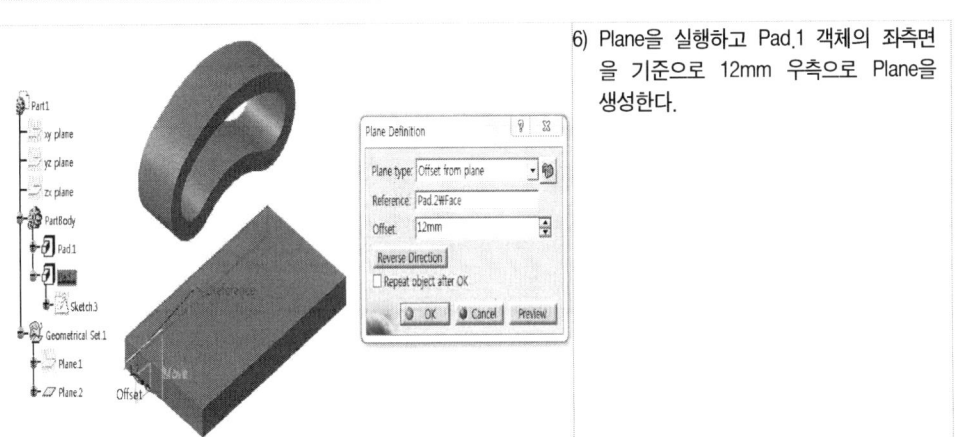

6) Plane을 실행하고 Pad.1 객체의 좌측면을 기준으로 12mm 우측으로 Plane을 생성한다.

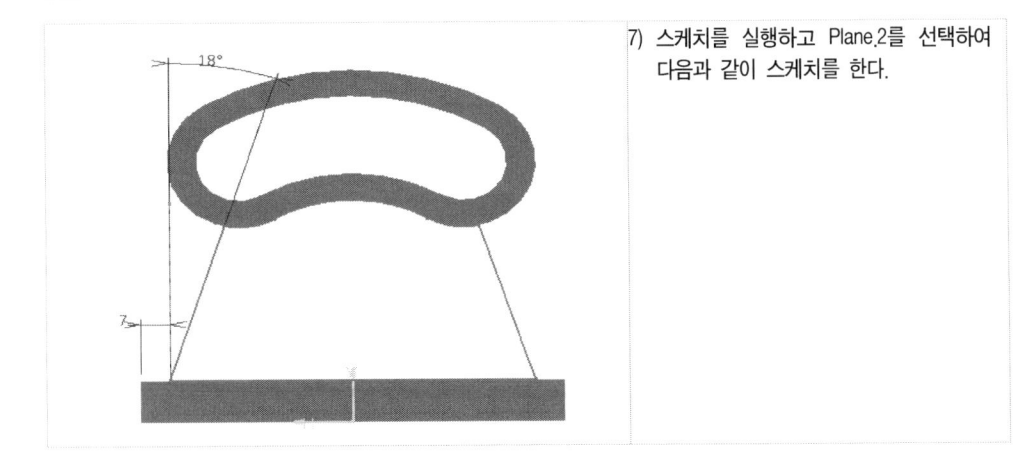

7) 스케치를 실행하고 Plane.2를 선택하여 다음과 같이 스케치를 한다.

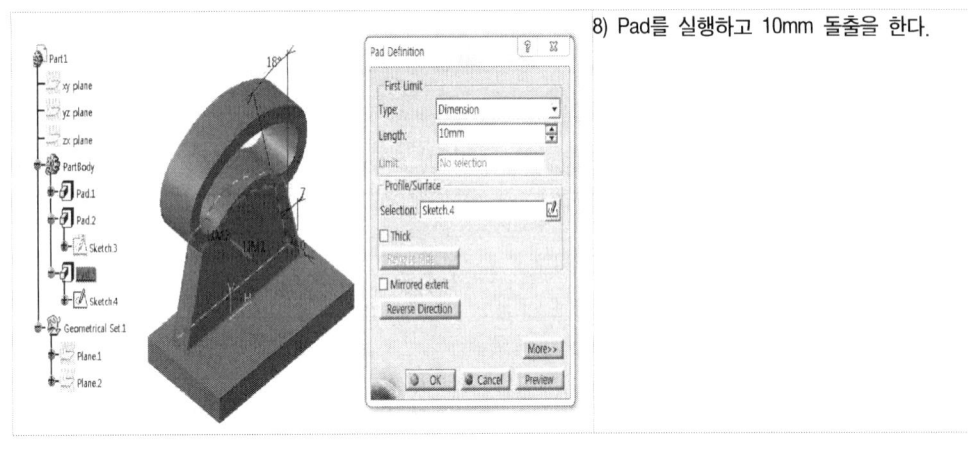

8) Pad를 실행하고 10mm 돌출을 한다.

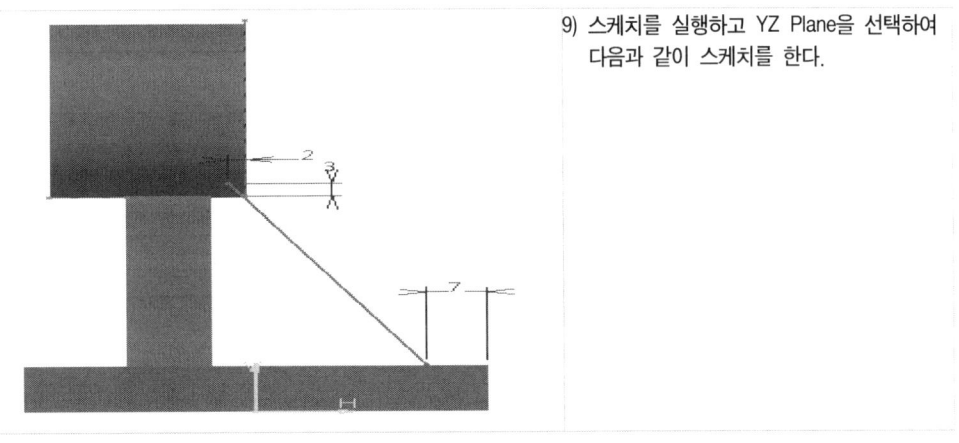

9) 스케치를 실행하고 YZ Plane을 선택하여 다음과 같이 스케치를 한다.

10) Stiffener를 실행하고 두께 : 10mm로 보강대를 생성한다.

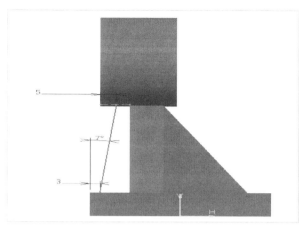

11) 스케치를 실행하고 YZ Plane을 선택하여 다음과 같이 스케치를 한다.

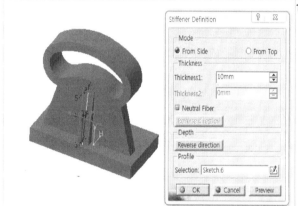

12) Stiffener를 실행하고 두께 : 10mm로 보강대를 생성한다.

13) Edge Fillet을 실행하고 반경 : 12mm로 필렛을 한다.

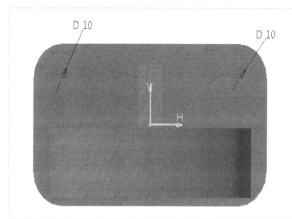

14) 스케치를 실행하고 Pad.1 객체의 윗면을 선택하여 다음과 같이 스케치를 한다.

15) 돌출 컷을 실행하고 Up to Next를 지정하여 돌출 컷을 한다.

16) Edge Fillet을 실행하고 반경 : 2mm로 필렛을 한다.

17) Edge Fillet을 실행하고 반경 : 2mm로
   필렛을 한다.

● 완성 결과

[종합실습 11]

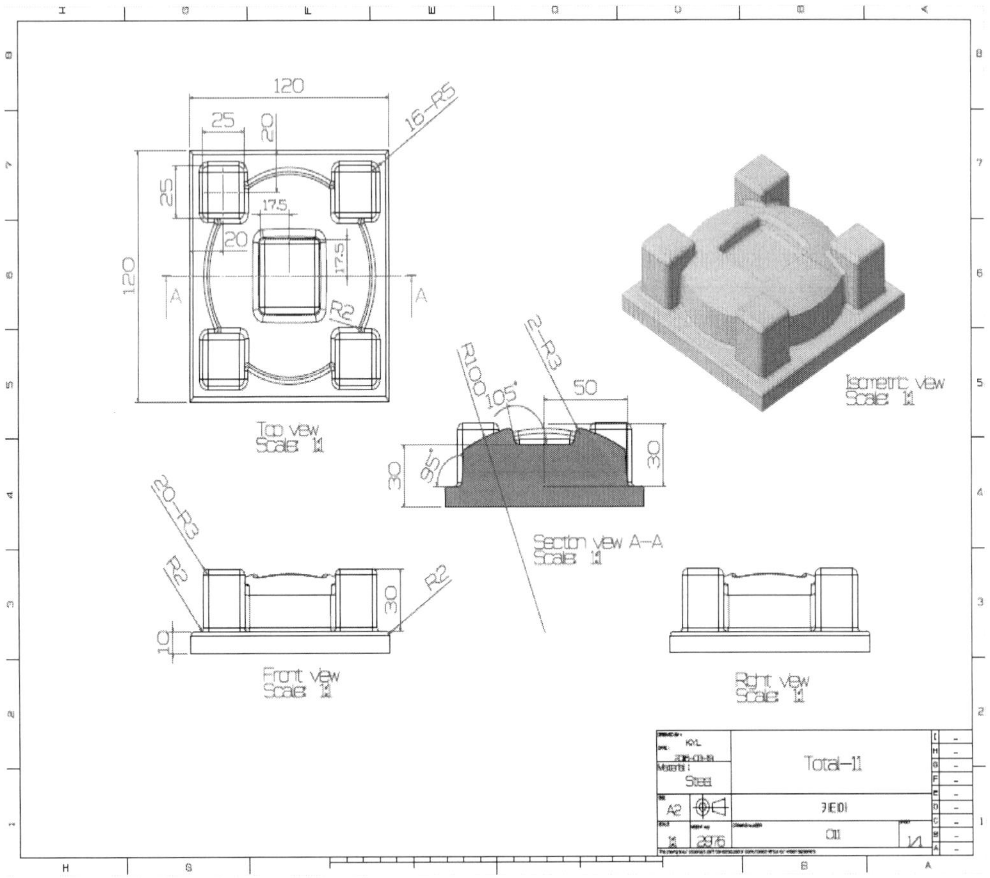

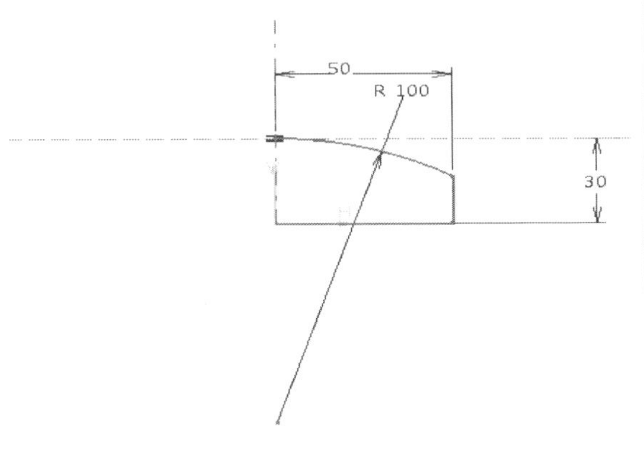

Top view
Scale 1:1

Isometric view
Scale 1:1

Section view A-A
Scale 1:1

Front view
Scale 1:1

Right view
Scale 1:1

	Total-11	
KYL		
Material : Steel		기계DI
A2		011

1) 스케치를 실행하고 YZ Plane을 선택하여
   다음과 같이 스케치를 한다.

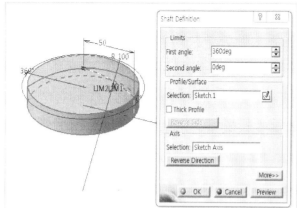

2) Shaft를 실행하고 360deg 회전을 한다.

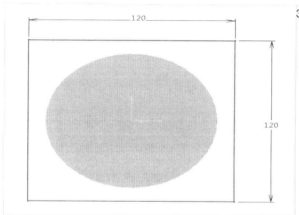

3) 스케치를 실행하고 Shaft.1 객체의 밑면을 선택하여 다음과 같이 스케치를 한다.

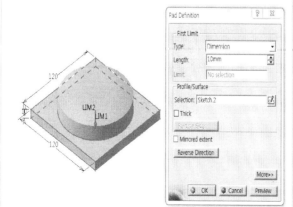

4) Pad를 실행하고 10mm 돌출을 한다.

5) Draft를 실행하고 구배각도 : 5deg, 구배줄 면 : Shaft.1 객체의 측면, 구배 기준면 : Pad.1 객체의 윗면을 지정하여 구배를 준다.

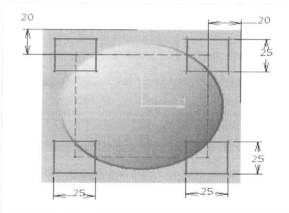

6) 스케치를 실행하고 Pad.1 객체의 윗면을 선택하여 다음과 같이 스케치를 한다.

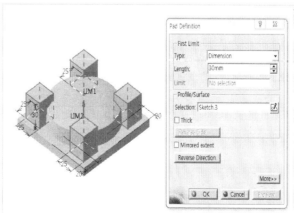

7) Pad를 실행하고 30mm 돌출을 한다.

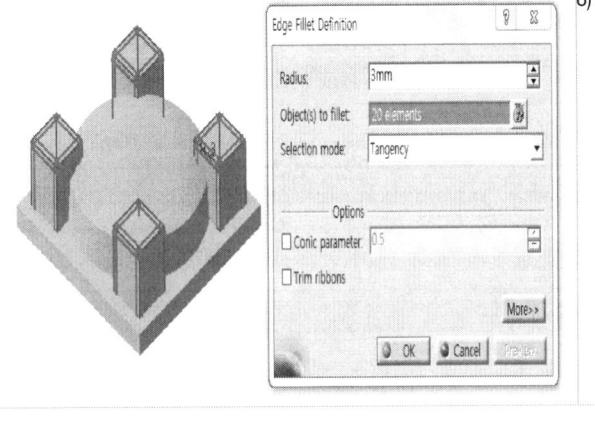

8) Edge Fillet을 실행하고 반경 : 3mm로 필렛을 한다.

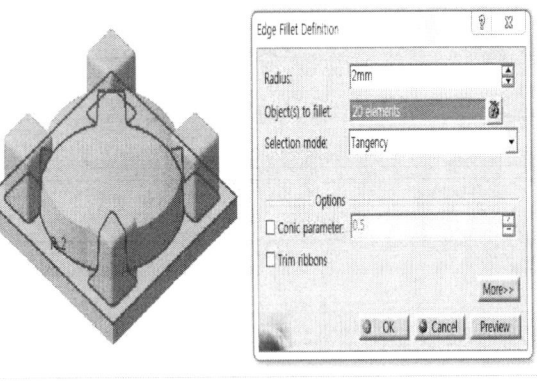

9) Edge Fillet을 실행하고 반경 : 2mm로 필렛을 한다.

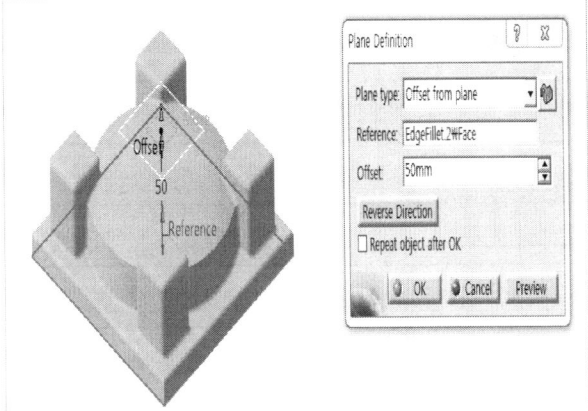

10) Plane을 실행하고 Pad.1 객체의 밑바닥으로부터 50mm 위쪽에 Plane을 생성한다.

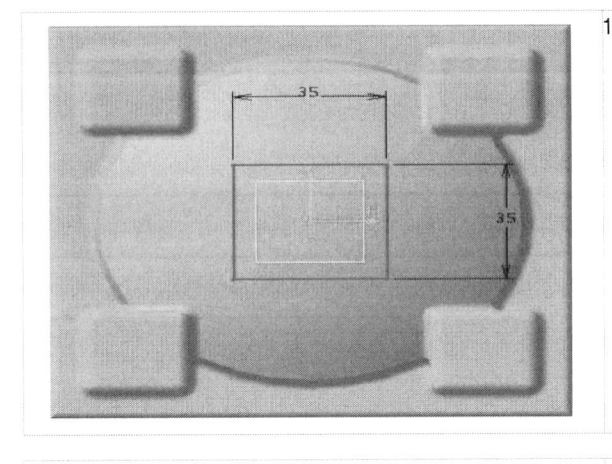

11) 스케치를 실행하고 Plane.1을 선택하여 다음과 같이 스케치를 한다.

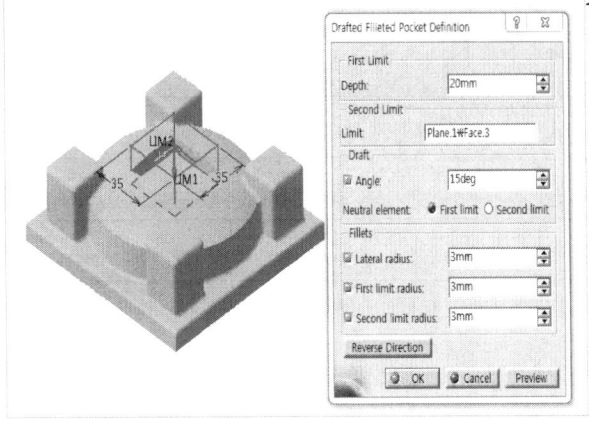

12) Drafted Filleted Pocket을 실행하고 Depth : 20mm, Second Limit : Plane.1을 선택, 구배각도 : 15deg, Fillet : 3mm를 지정하여 객체를 생성한다.

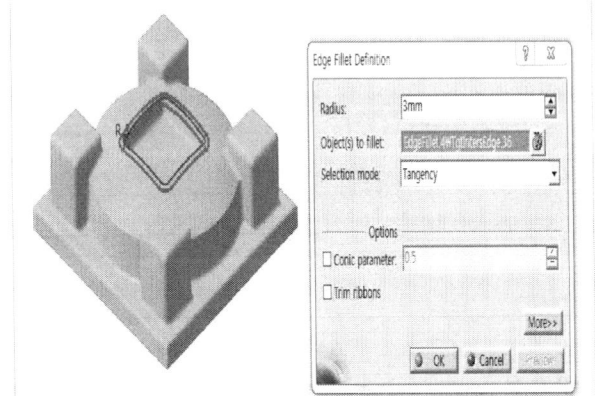

13) Edge Fillet을 실행하고 반경 : 3mm로 필렛을 한다.

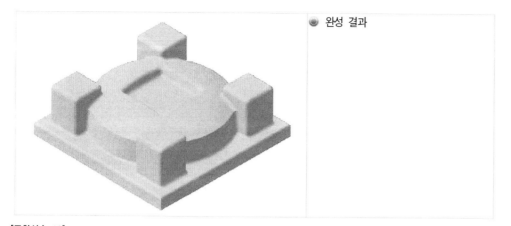

● 완성 결과

[종합실습 12]

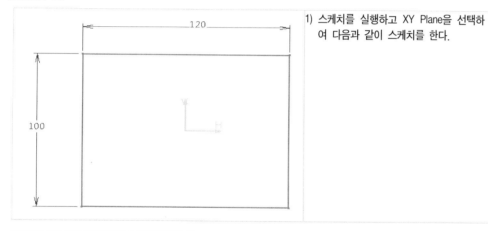

1) 스케치를 실행하고 XY Plane을 선택하여 다음과 같이 스케치를 한다.

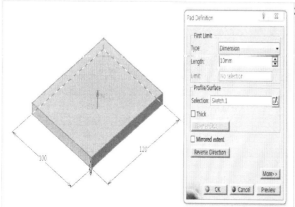

2) Pad를 실행하고 10mm 돌출을 한다.

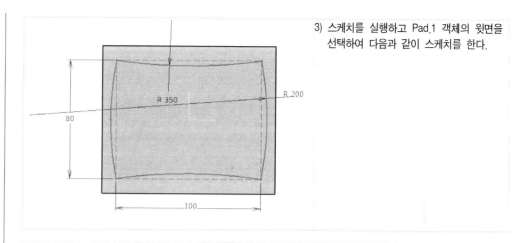

3) 스케치를 실행하고 Pad.1 객체의 윗면을 선택하여 다음과 같이 스케치를 한다.

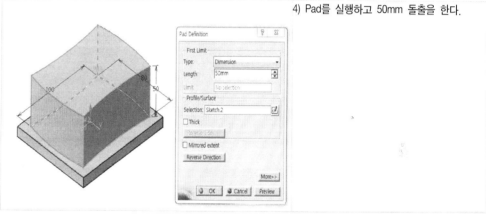

4) Pad를 실행하고 50mm 돌출을 한다.

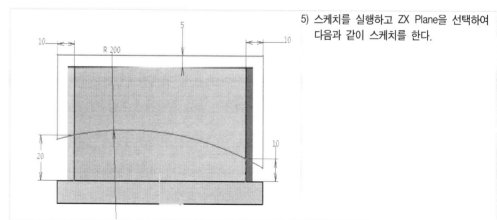

5) 스케치를 실행하고 ZX Plane을 선택하여 다음과 같이 스케치를 한다.

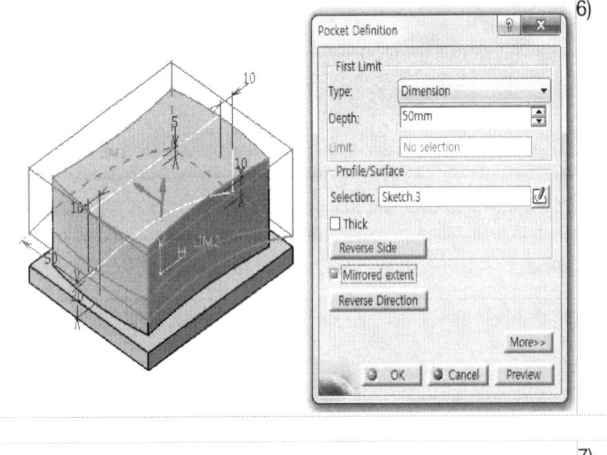

6) Pocket을 실행하고 50mm, Mirrored Extent를 지정하여 돌출 컷을 한다.

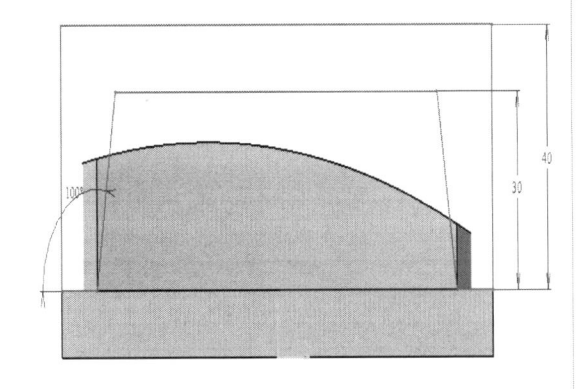

7) 스케치를 실행하고 ZX Plane을 선택하여 다음과 같이 스케치를 한다.

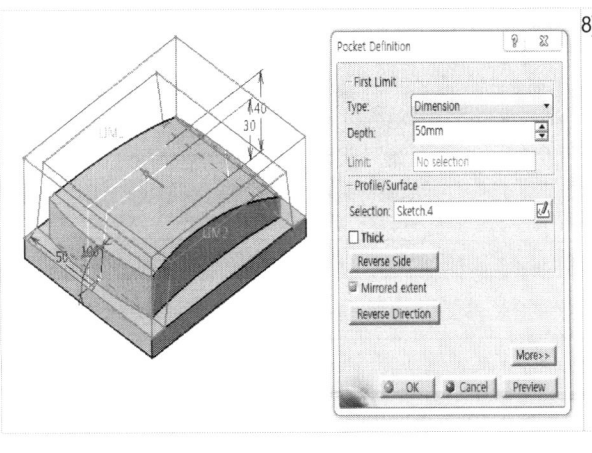

8) Pocket을 실행하고 50mm, Mirrored Extent를 지정하여 돌출 컷을 한다.

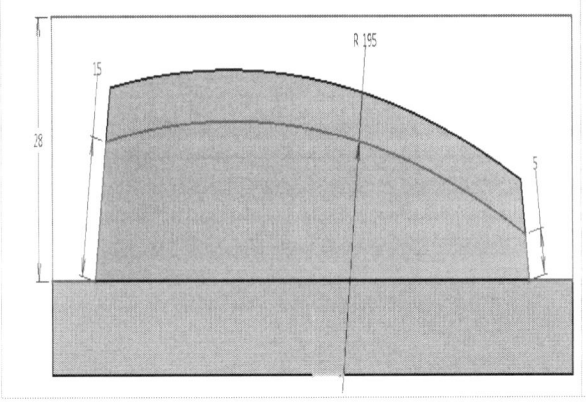

9) 스케치를 실행하고 ZX Plane을 선택하여 다음과 같이 스케치를 한다.

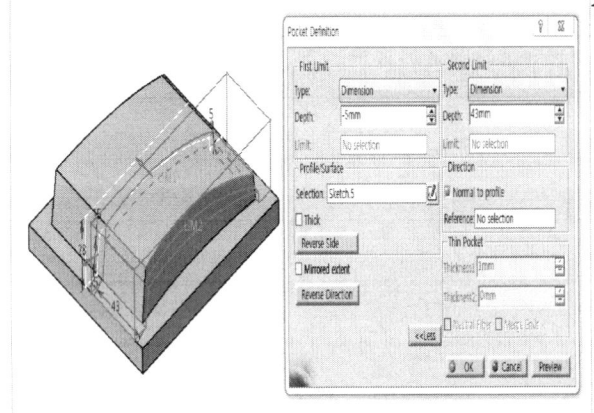

10) Pocket을 실행하고 방향1 : -5mm, 방향 2 : 43mm를 지정하여 돌출 컷을 한다.

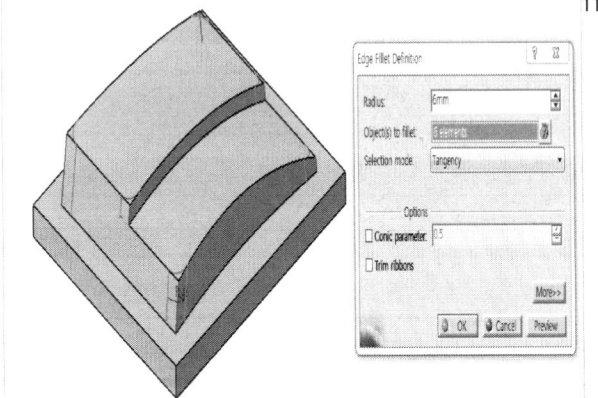

11) Edge Fillet을 실행하고 반경 : 5mm로 필렛을 한다.

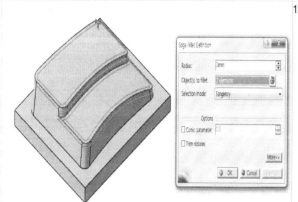

12) Edge Fillet을 실행하고 반경 : 3mm로 필렛을 한다.

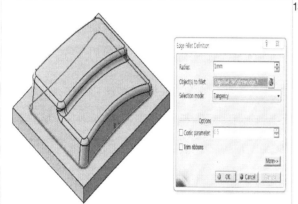

13) Edge Fillet을 실행하고 반경 : 1mm로 필렛을 한다.

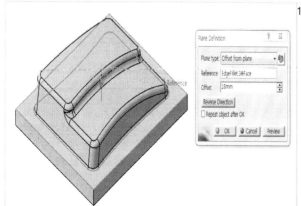

14) Plane을 실행하고 Pad.1 객체의 윗면을 지정하여 18mm 위치에 생성한다.

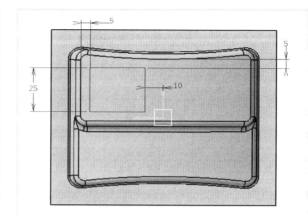

15) 스케치를 실행하고 Plane.1을 선택하여 다음과 같이 스케치를 한다.

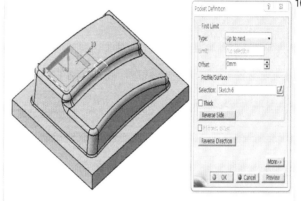

16) Pocket을 실행하고 Up to Next를 지정하여 돌출 컷을 한다.

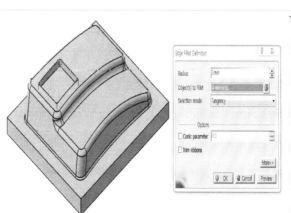

17) Edge Fillet을 실행하고 반경 : 3mm로 필렛을 한다.

18) Edge Fillet을 실행하고 반경 : 3mm로
    필렛을 한다.

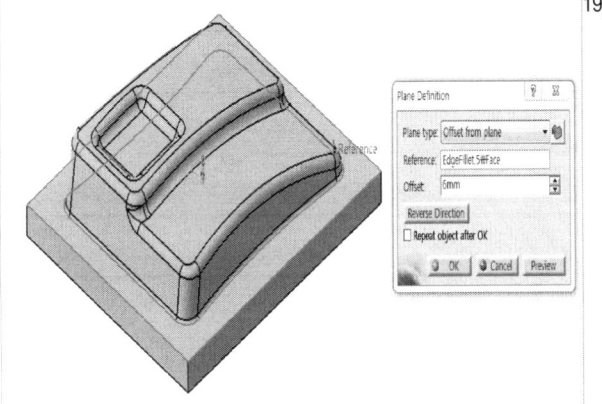

19) Plane을 실행하고 Pad.1 객체의 윗면
    을 선택하여 6mm 위쪽에 Plane을 생
    성한다.

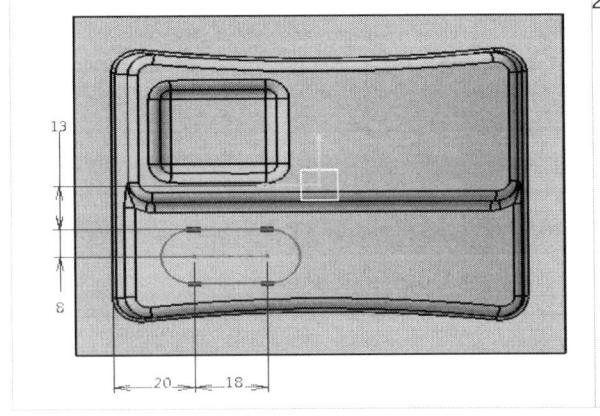

20) 스케치를 실행하고 Plane.2를 선택하
    여 다음과 같이 스케치를 한다.

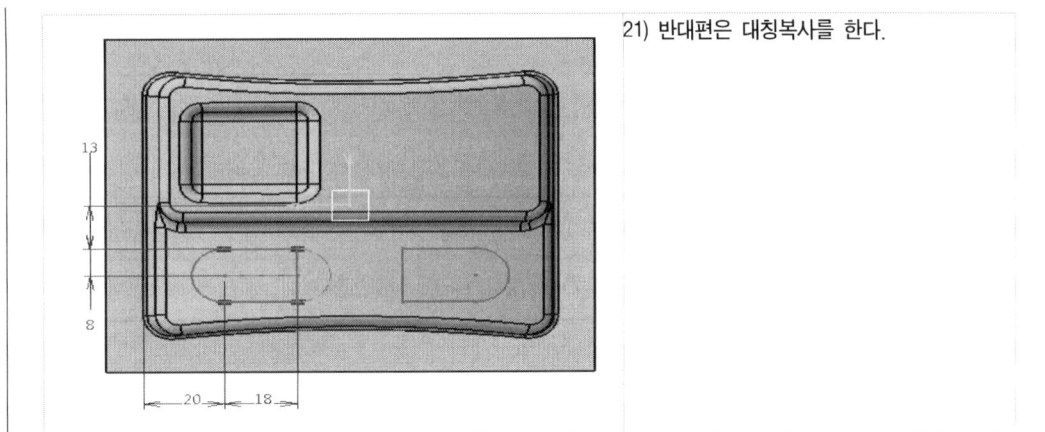

21) 반대편은 대칭복사를 한다.

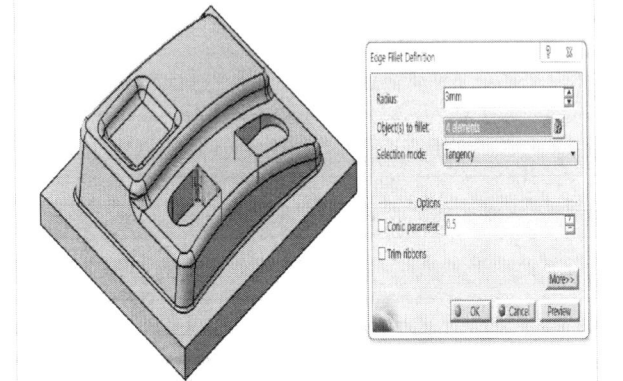

22) Pocket을 실행하고 Up to Next를 지정
    하여 돌출 컷을 한다.

23) Edge Fillet을 실행하고 반경 : 3mm로
    필렛을 한다.

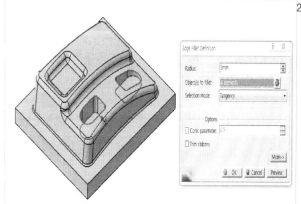

24) Edge Fillet을 실행하고 반경 : 3mm로 필렛을 한다.

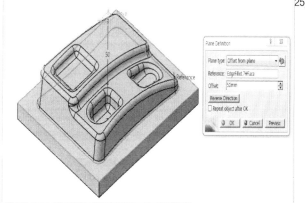

25) Plane을 실행하고 Pad.1 객체의 윗면을 지정하여 50mm 위쪽에 생성한다.

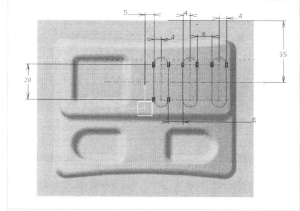

26) 스케치를 실행하고 Plane.3을 선택하여 다음과 같이 스케치를 한다.

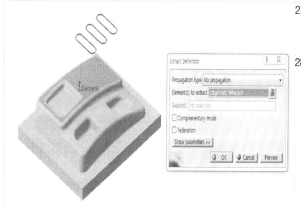

27) [Start]-[Shape]-[Generative Shape Design]을 선택한다.

28) Extract(🗔)를 실행하고 Solid 면을 선택하여 Surface를 추출한다.

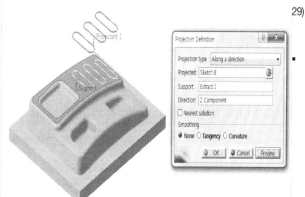

29) Project(🖾)를 실행하고 Sketch.8 파일을 Extract.1을 지정하여 투영한다.

- Nearest Solution을 체크하면 가장 가까운 곳인 하나의 객체만 투영된다.

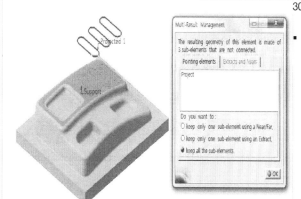

30) 마지막 항목을 선택하고 확인을 한다.

- Keep all the Sub-Elements : 스케치에 있는 모든 항목을 투영한다.

31) Disassemble을 실행하고 Project 객체를 지정하여 분해한다.
타원을 도메인 단위로 분해한다.

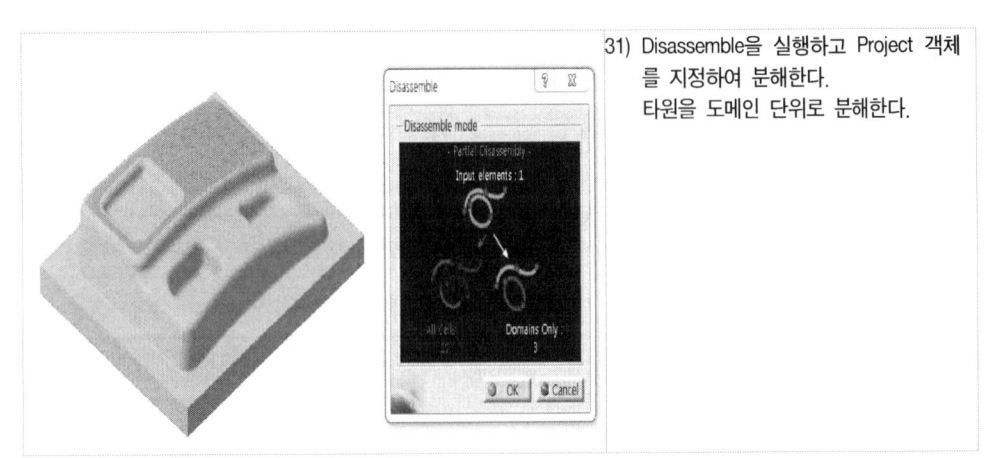

34) Extrude를 실행하고 3mm 돌출을 한다.

32) Fill을 실행하고 Curve.1을 선택하여 Surface로 채운다.

35) 나머지도 각각 다음과 같이 돌출을 한다.

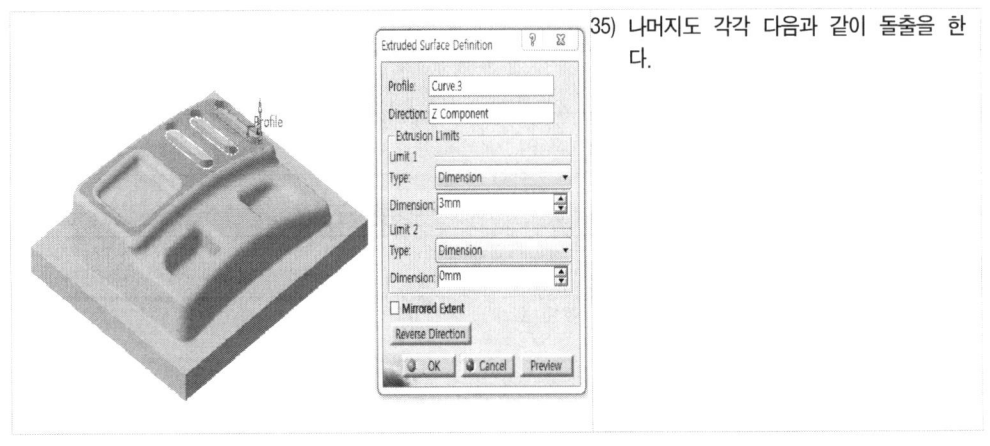

33) 나머지 두 개의 Curve를 Fill로 채운다.

36) Boundary를 실행하고 Extrude.1 Surface의 위쪽 모서리를 선택하여 추출한다.

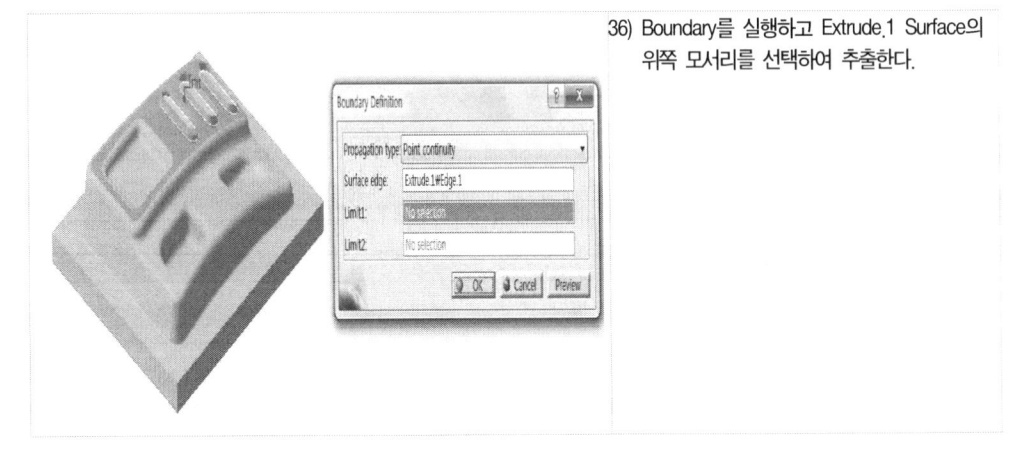

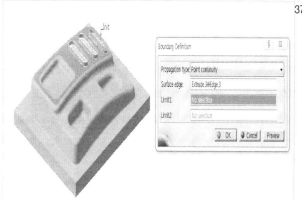

37) 나머지 두 개도 Boundary로 모서리를 추출한다.

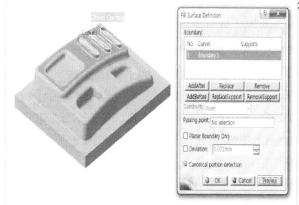

38) Fill을 실행하고 Boundary.1을 선택하여 Surface로 채운다.

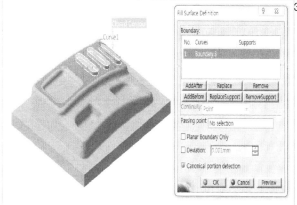

39) 나머지 두 개의 항목도 Fill로 채운다.

40) Join을 실행하고 다음 3개의 항목을 결합한다.

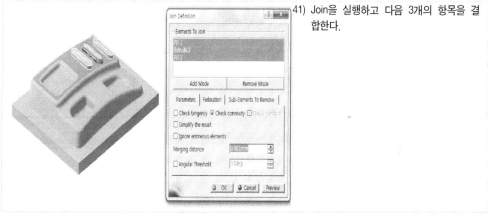

41) Join을 실행하고 다음 3개의 항목을 결합한다.

42) Join을 실행하고 다음 3개의 항목을 결합한다.

43) [Start]-[Mechanical Design]-[Part Design]
를 선택한다.

44) CloseSurface를 실행하고 다음 객체를
지정하여 Solid로 채운다.

45) 나머지 2개의 항목도 CloseSurface로
채운다.

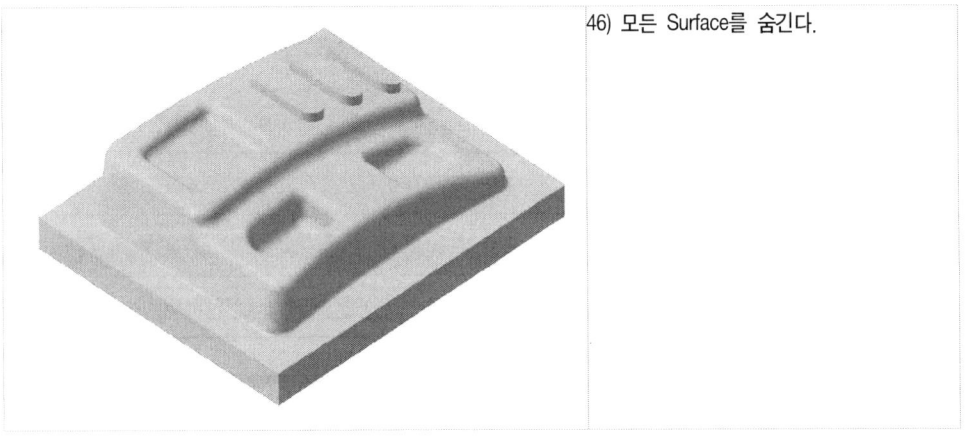

46) 모든 Surface를 숨긴다.

47) Edge Fillet을 실행하고 반경 : 1mm로
필렛을 한다.

48) Edge Fillet을 실행하고 반경 : 1mm로
필렛을 한다.

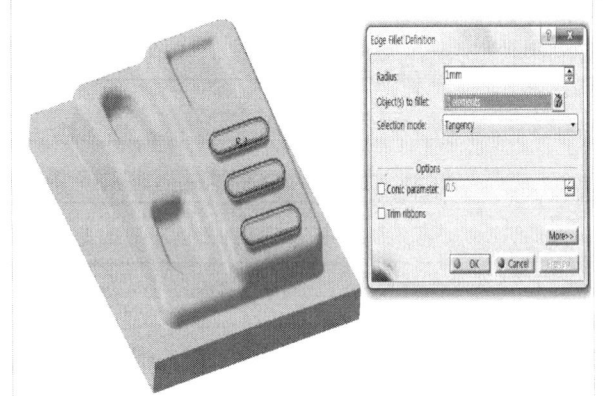

● 완성 결과

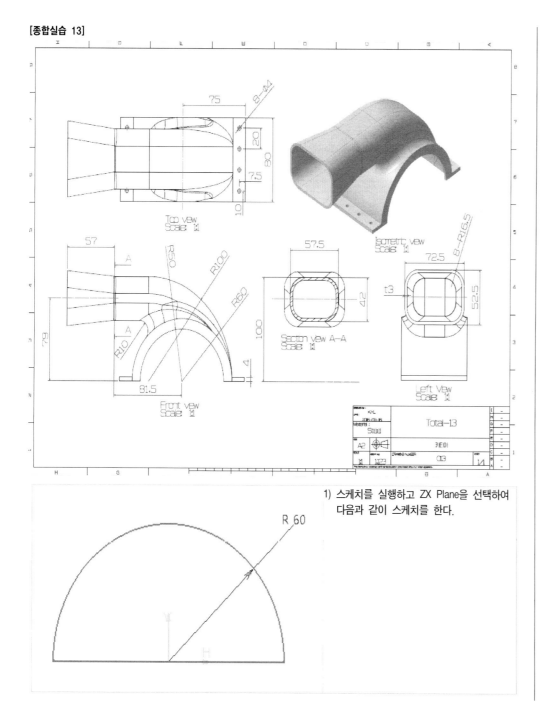

1) 스케치를 실행하고 ZX Plane을 선택하여
   다음과 같이 스케치를 한다.

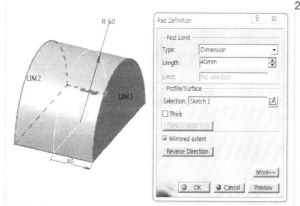

2) Pad를 실행하고 40mm, Mirrored extent
   를 지정하여 돌출을 한다.

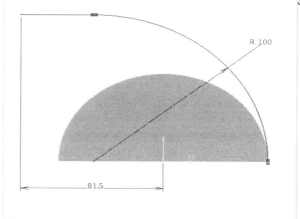

3) 스케치를 실행하고 ZX Plane을 선택하
   여 다음과 같이 스케치를 한다.
   원호의 모서리를 Project 3D Elements로
   투영을 한다. 투영한 모서리를 보조선으로
   전환하고 R100 원호의 끝과 Tangency를
   한다.

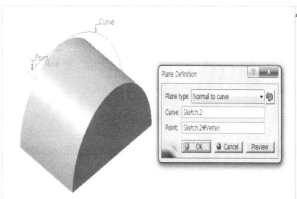

4) Plane을 실행하고 선분과 선분의 끝점을
   이용하여 Plane을 생성한다.

5) 스케치를 실행하고 Plane.1을 선택하여 다음과 같이 스케치를 한다.

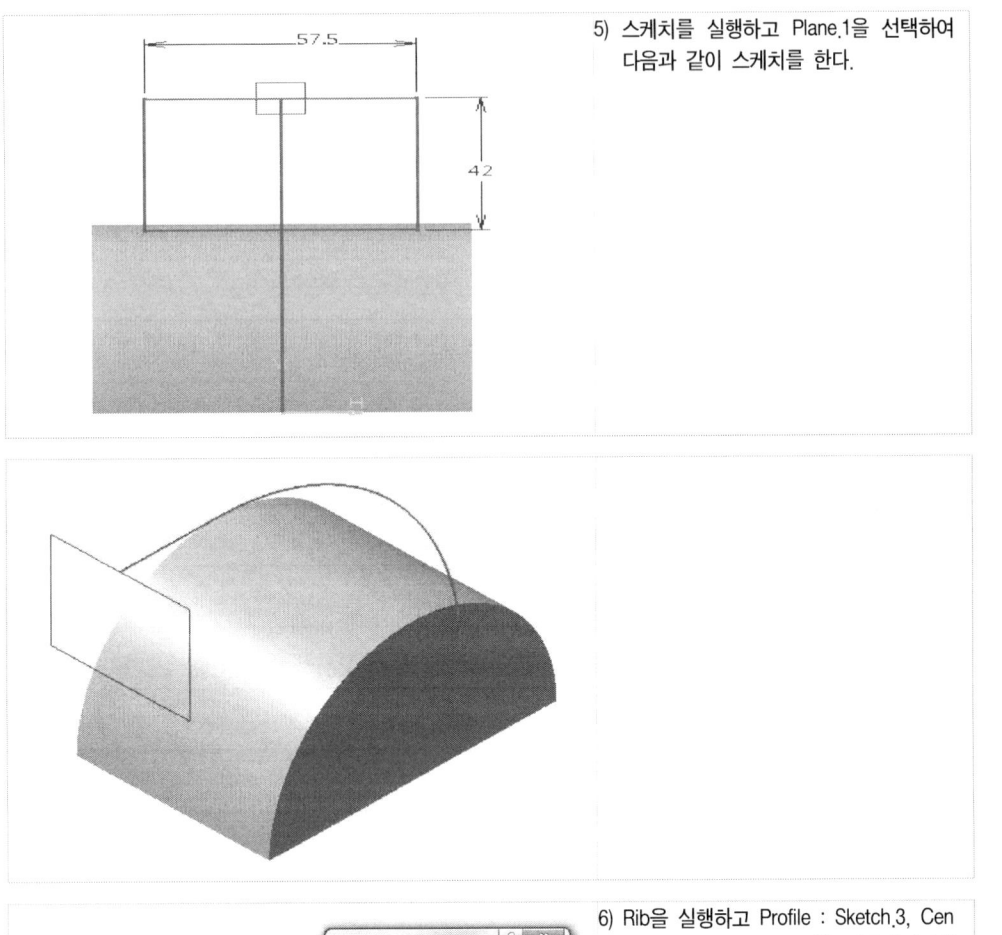

6) Rib을 실행하고 Profile : Sketch.3, Center Curve : Sketch.2를 지정하여 Rib를 생성한다.

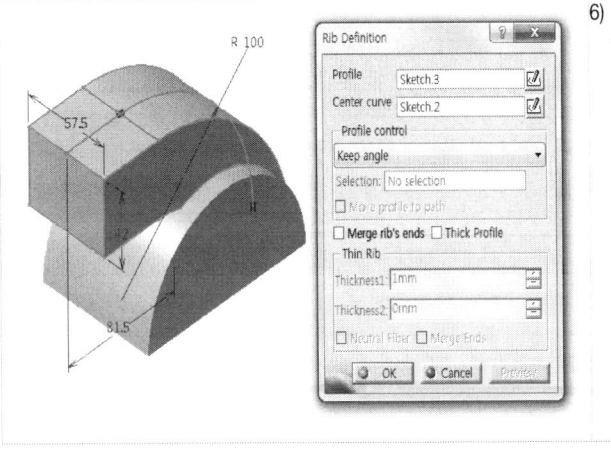

7) 스케치를 실행하고 Rib 끝 사각형을 Project 3D Elements로 투영을 한다.

Project 3D Elements로 Solid의 모서리를 투영

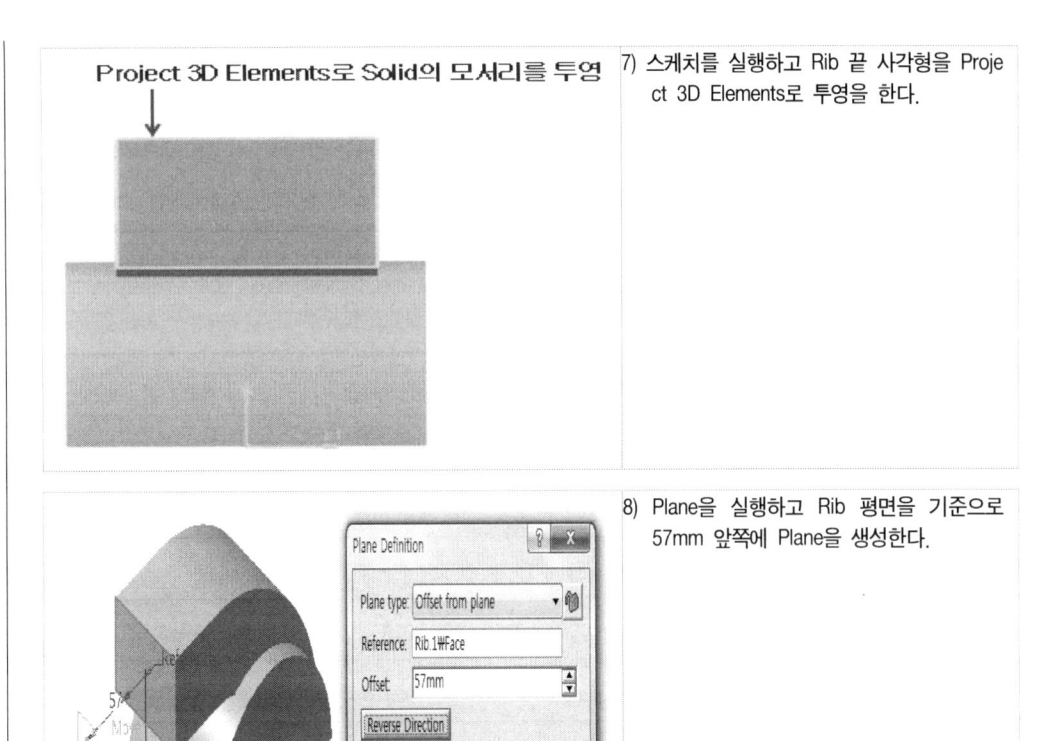

8) Plane을 실행하고 Rib 평면을 기준으로 57mm 앞쪽에 Plane을 생성한다.

Plane Definition

Plane type: Offset from plane
Reference: Rib.1₩Face
Offset: 57mm
Reverse Direction
☐ Repeat object after OK
OK　Cancel　Preview

9) 스케치를 실행하고 Plane.2를 선택하여 다음과 같이 스케치를 한다.

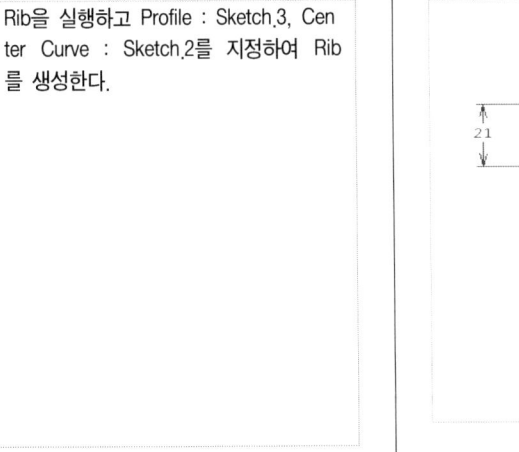

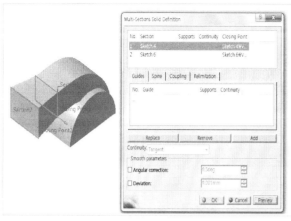

10) Multi-Section Solid를 실행하고 다음 두 개의 스케치를 지정하여 로프트를 생성한다.
Closing Point 위치를 같게 하고 화살표 방향을 다음과 같이 한다.

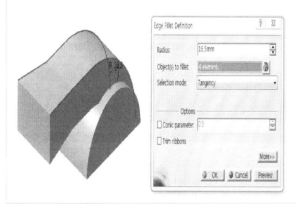

11) Edge Fillet을 실행하고 반경 : 16.5mm로 필렛을 한다.

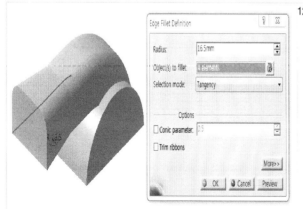

12) Edge Fillet을 실행하고 반경 : 16.5mm로 필렛을 한다.

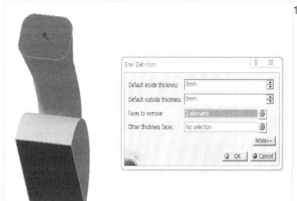

13) Shell을 실행하고 두께 : 3mm로 쉘을 생성한다.

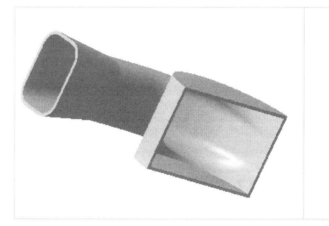

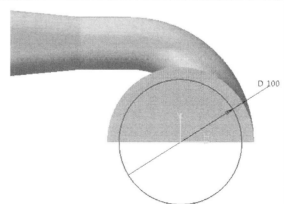

14) 스케치를 실행하고 Pad.1 객체의 우측면을 선택하여 다음과 같이 스케치를 한다.

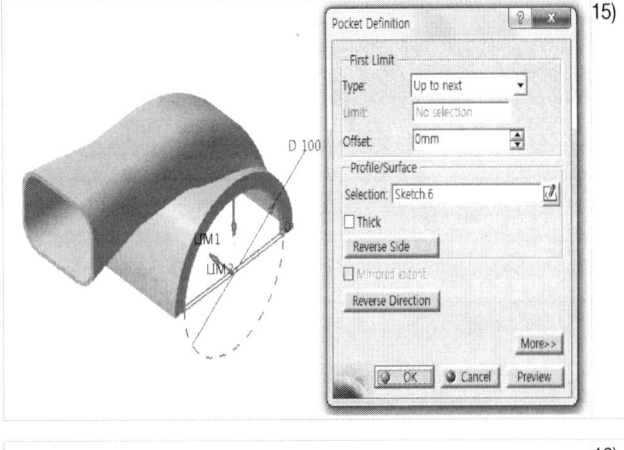

15) Pocket을 실행하고 Up to Next를 지정하여 돌출 컷을 한다.

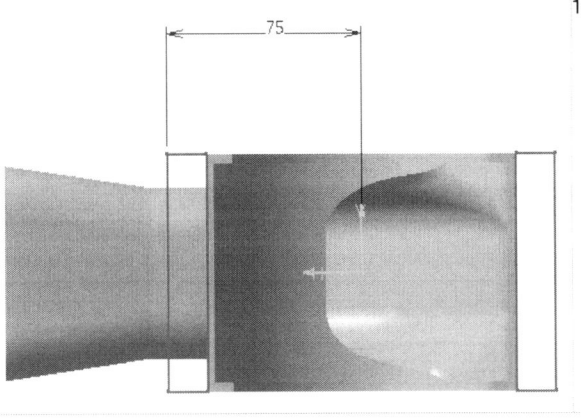

16) 스케치를 실행하고 XY Plane을 선택하여 다음과 같이 스케치를 한다.

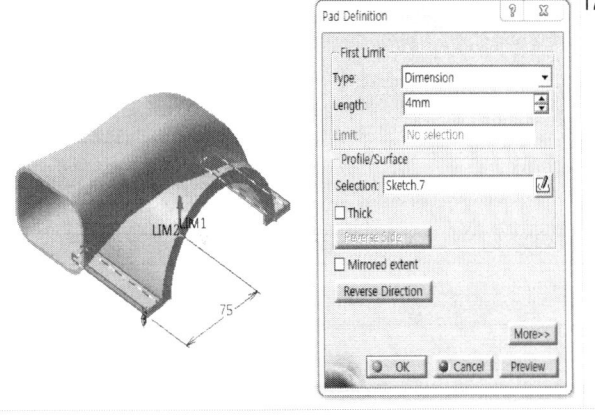

17) Pad를 실행하고 4mm 위쪽으로 돌출을 한다.

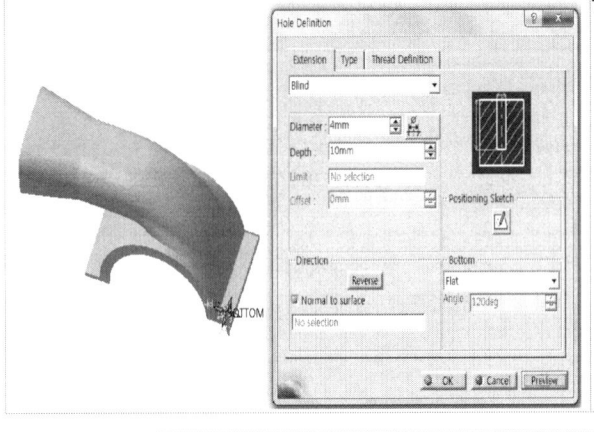

18) Hole을 실행하고 Diameter : 4mm Hole을 생성한다.

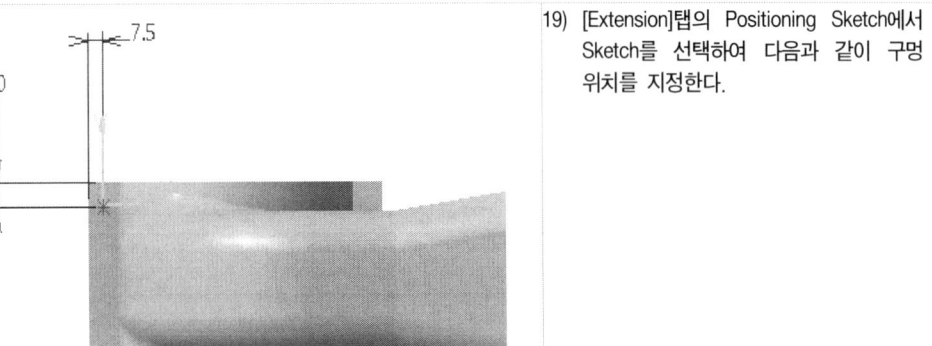

19) [Extension]탭의 Positioning Sketch에서 Sketch를 선택하여 다음과 같이 구멍 위치를 지정한다.

20) Rectangular Pattern을 실행하고 Instance : 4, Spacing : 20mm, Reference element : Pad.2 객체의 모서리 선택, Hole.1을 객체를 패턴복사 한다.

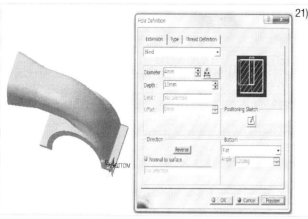

21) Hole을 실행하고 Diameter : 4mm, Depth : 10mm를 지정한다.

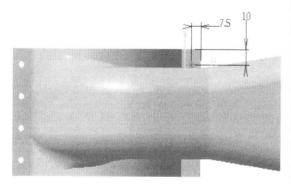

22) [Extension]탭의 Positioning Sketch에서 Sketch를 선택하여 다음과 같이 구멍 위치를 지정한다.

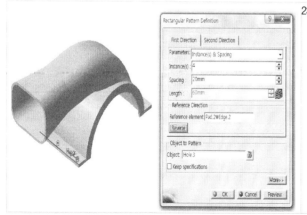

23) Rectangular Pattern을 실행하고 Instance : 4, Spacing : 20mm, Reference element : Pad.2 객체의 모서리 선택, Hole.1 객체를 패턴복사 한다.

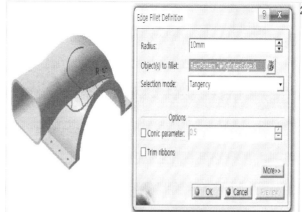

24) Edge Fillet을 실행하고 반경 : 10mm로 필렛을 한다.

● 완성 결과

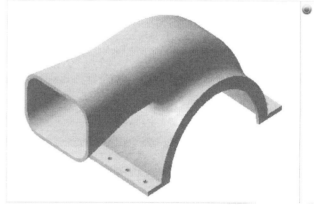

[종합실습 14]

155
* 도시되지 않은 곳 필렛 : R3
2-R30
R7
52.5
Φ6
10
84
37.5
60
A
A
R15
21
2-R15
Φ12
P.C.D Φ92
Top view
Scale 1:1
Isometric view
Scale 1:1
Φ105
Φ75
8-Φ6
3-Φ17.5
90.5
7
R3
24
19
2
43
30
17
17
3-Φ11
30
3
Front view
Scale 1:1
Section view A-A
Scale 1:1
Steel
Total-14
A2
3E01
C14

1) 스케치를 실행하고 XY Plane을 선택하여 다음과 같이 스케치를 한다.

D 105

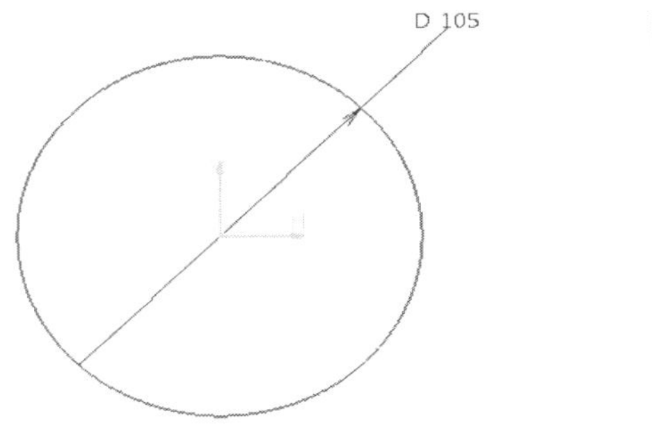

2) Pad를 실행하고 43mm 돌출을 한다.

D 105
43
Pad Definition
First Limit
Type:
Dimension
Length:
43mm
Limit:
No selection
Profile/Surface
Selection:
Sketch.1
Thick
Reverse Side
Mirrored extent
Reverse Direction
More>>
OK
Cancel
Preview

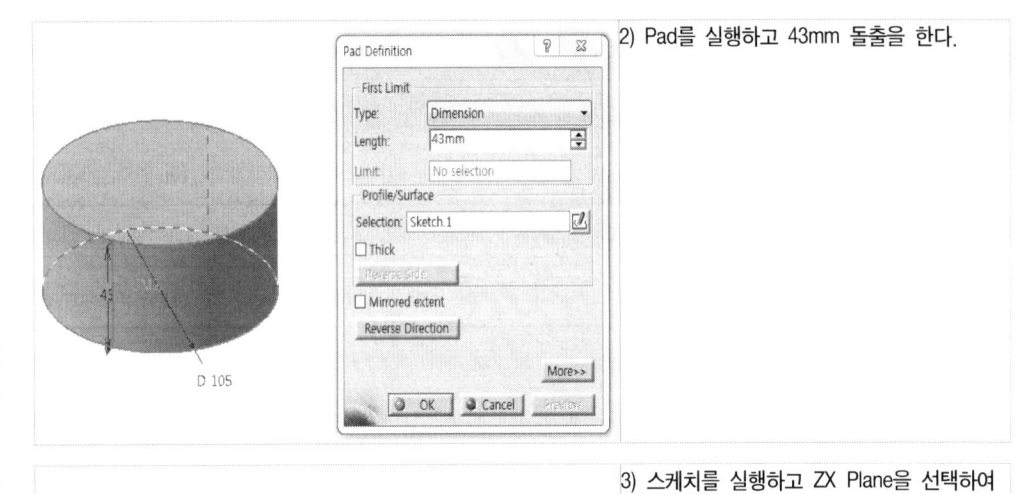

3) 스케치를 실행하고 ZX Plane을 선택하여 다음과 같이 스케치를 한다.

90.5
17

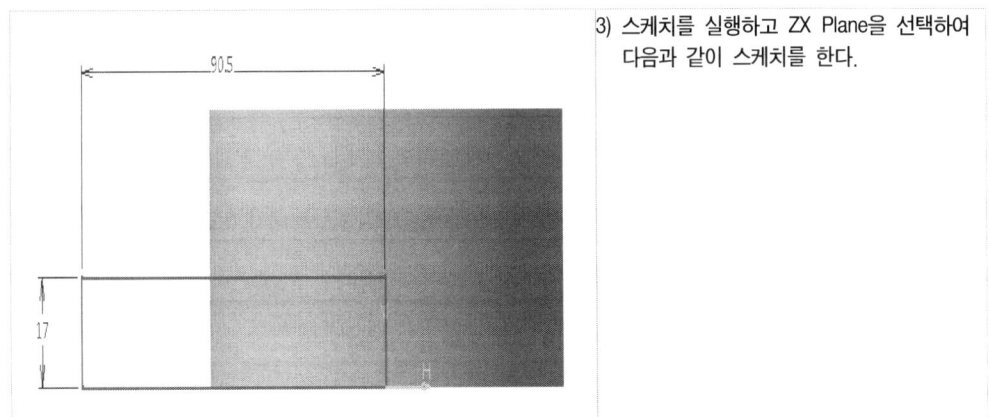

4) Pad를 실행하고 42mm, Mirrored extent 를 지정하여 돌출을 한다.

90.5
Pad Definition
First Limit
Type:
Dimension
Length:
42mm
Limit:
No selection
Profile/Surface
Selection:
Sketch.2
Thick
Reverse Side
Mirrored extent
Reverse Direction
More>>
OK
Cancel
Preview

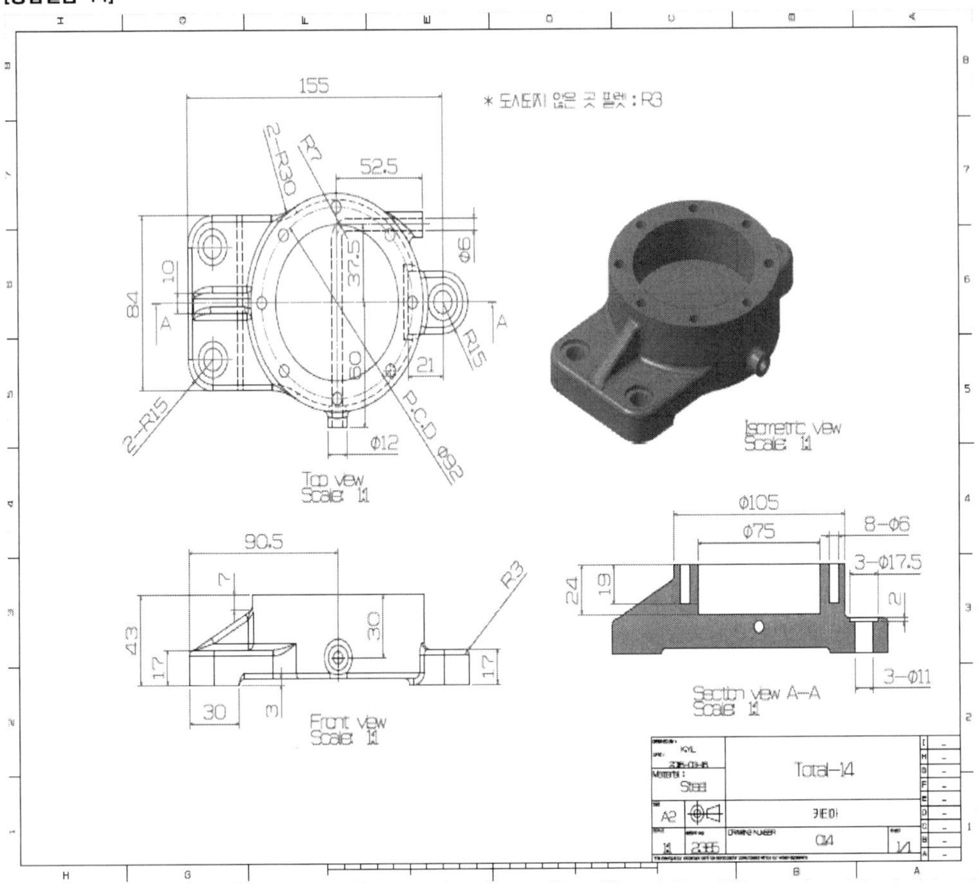

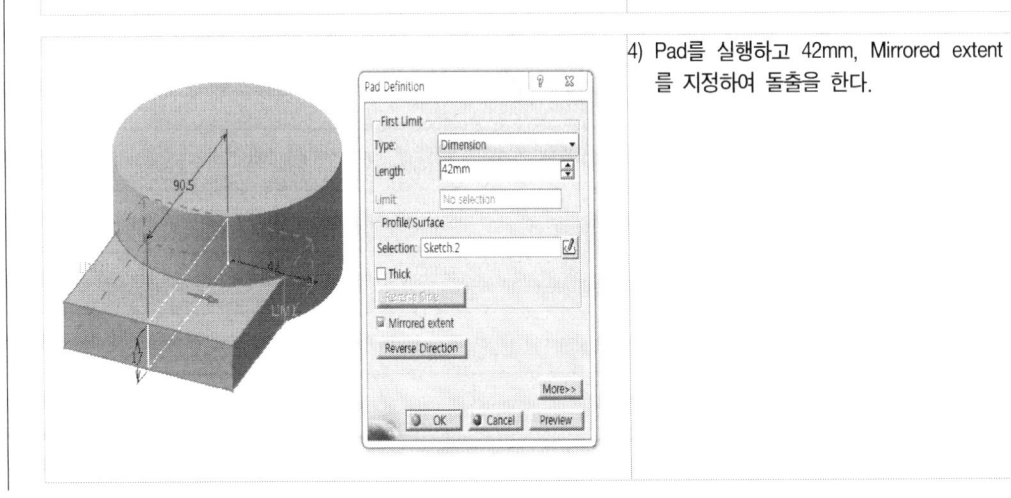

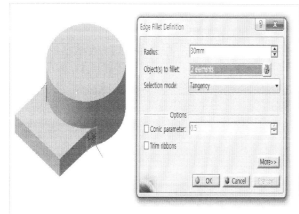

5) Edge Fillet을 실행하고 반경 : 30mm로 필렛을 한다.

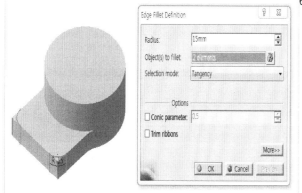

6) Edge Fillet을 실행하고 반경 : 15mm로 필렛을 한다.

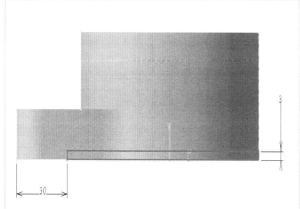

7) 스케치를 실행하고 ZX Plane을 선택하여 다음과 같이 스케치를 한다.

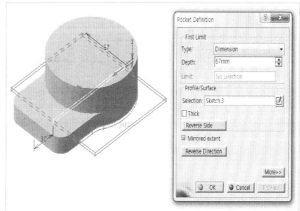

8) Pocket을 실행하고 67mm, Mirrored extent를 지정하여 돌출 컷을 한다.

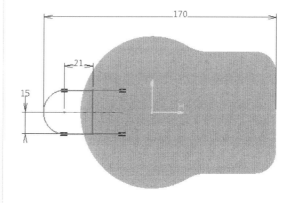

9) 스케치를 실행하고 XY Plane을 선택하여 다음과 같이 스케치를 한다.

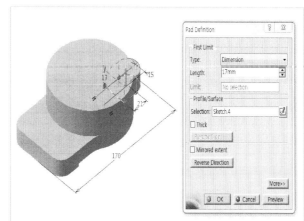

10) Pad를 실행하고 17mm 돌출을 한다.

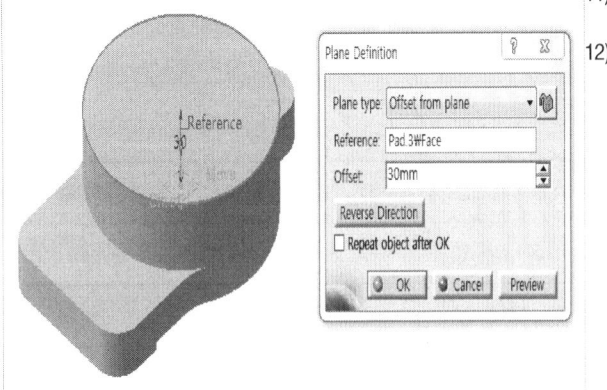

11) [Insert]-[Body]를 실행한다.

12) Plane을 실행하고 Pad.1 객체의 윗면을 기준으로 30mm 아래쪽에 Plane을 생성한다.

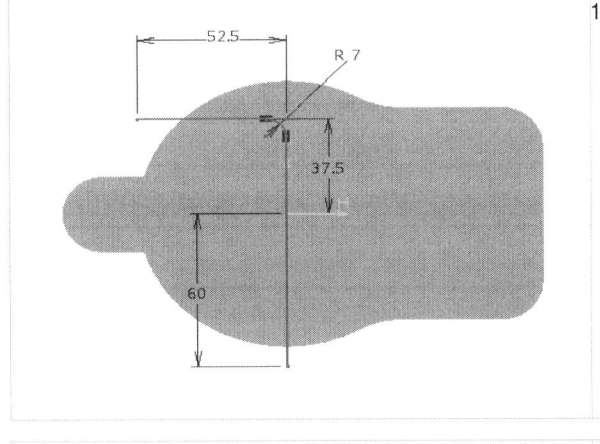

13) 스케치를 실행하고 Plane.1 선택하여 다음과 같이 스케치를 한다.

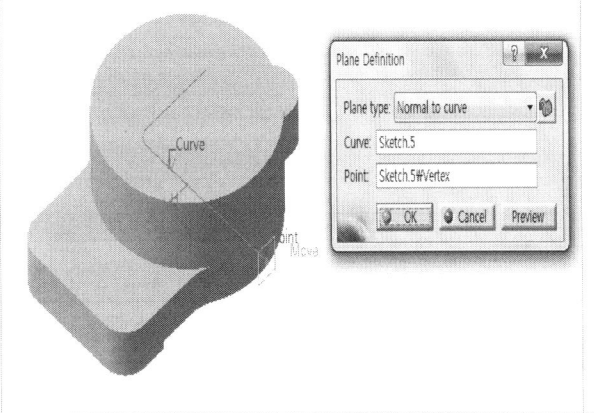

14) Plane을 실행하고 Sketch.5의 Curve로 지정, Curve의 끝점을 이용하여 Plane를 생성한다.

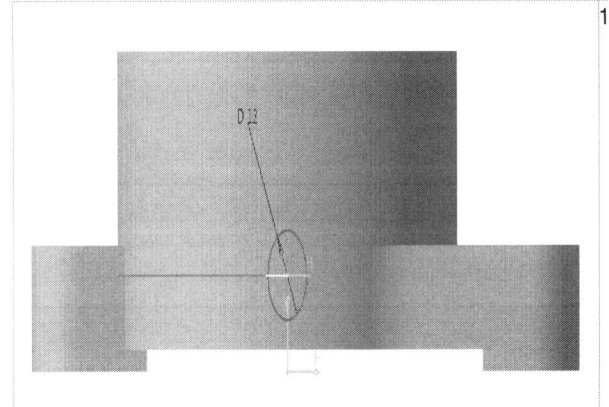

15) 스케치를 실행하고 Plane.2를 선택하여 다음과 같이 스케치를 한다.
Sketch.5의 끝점과 원의 중심점을 일치시킨다.

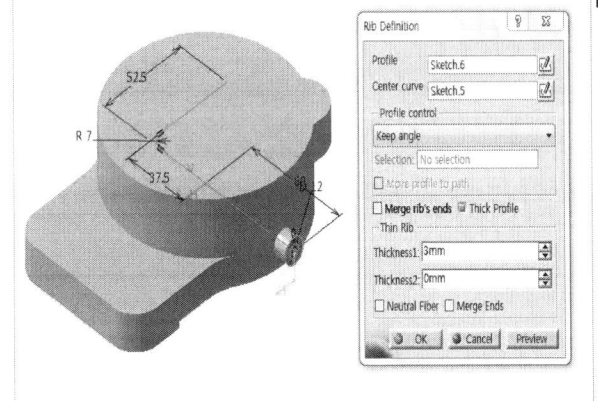

16) Rib을 실행하고 Profile : Sketch.6을 선택, Center Curve : Sketch.5를 선택, Thick Profile을 선택, Thickness 1 : 3mm로 지정하여 스윕 객체를 생성한다.

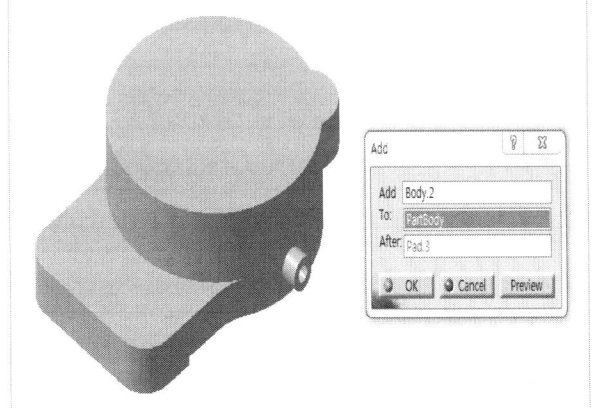

17) Add를 실행하고 PartBody와 Body.2를 합친다.

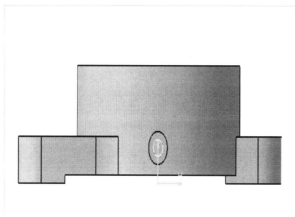

18) 스케치를 실행하고 Rib.1 객체의 우측 면을 선택하여 다음과 같이 스케치를 한다.
안쪽 원의 모서리를 선택하여 Project 3D Elements를 이용하여 투영한다.

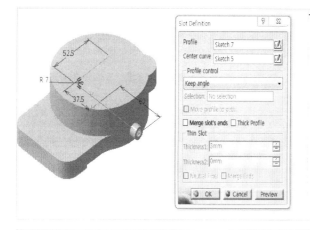

19) Slot을 실행하고 Profile : Sketch.7을 선택, Center Curve : Sketch.5를 지정하여 Slot 객체를 생성한다.

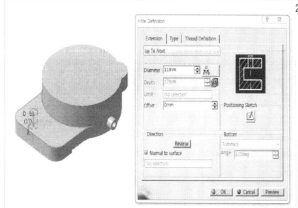

20) Hole을 실행하고 Diameter : 11mm, Up to Next를 지정한다.

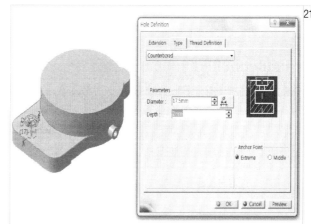

21) Hole Type : Counterbored를 선택, Diameter : 17.5mm, Depth : 2mm를 지정한다.

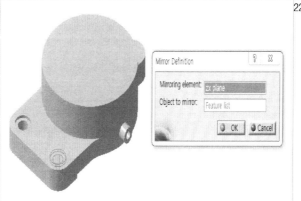

22) Mirror를 실행하고 ZX Plane을 기준으로 대칭복사를 한다.

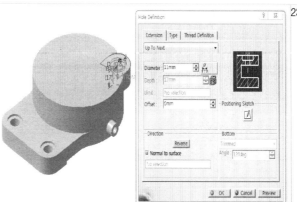

23) Hole을 실행하고 Diameter : 11mm, Up to Next를 지정한다.

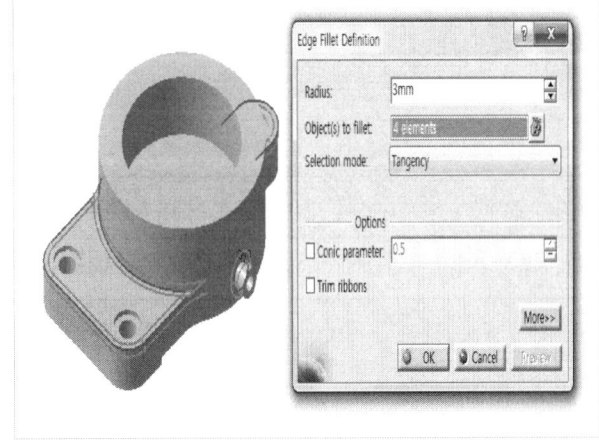

24) Hole Type : Counterbored를 선택,
Diameter : 17.5mm, Depth : 2mm
를 지정하여 Hole을 생성한다.

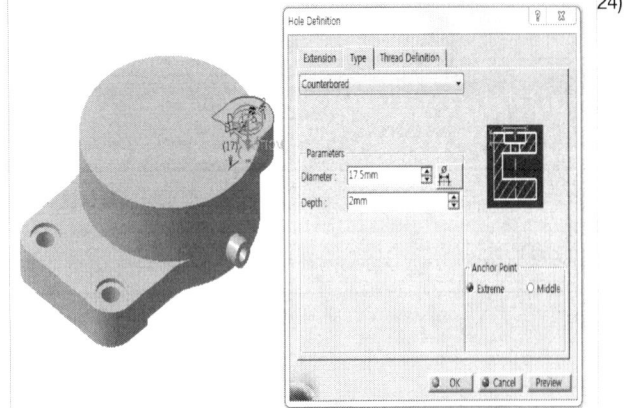

25) 스케치를 실행하고 Pad.1 객체의 윗
면을 선택하여 다음과 같이 스케치를
한다.

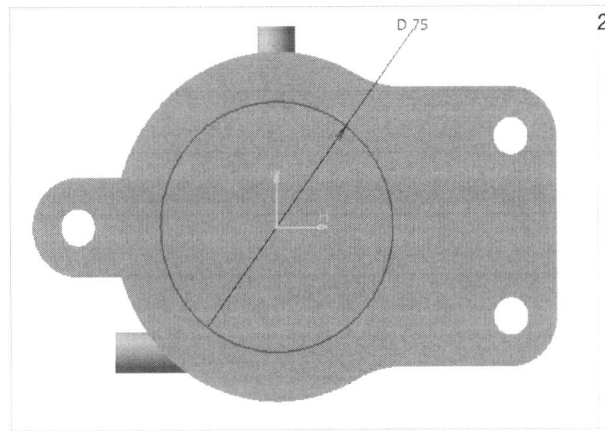

26) Pocket를 실행하고 24mm 돌출 컷을
한다.

27) Edge Fillet을 실행하고 반경 : 3mm
로 필렛을 한다.

28) 스케치를 실행하고 ZX Plane을 선택
하여 다음과 같이 스케치를 한다.

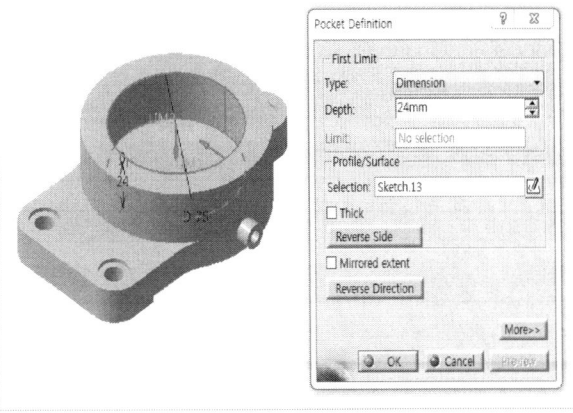

29) Stiffener를 실행하고 두께 : 10mm
보강대를 생성한다.

30) Edge Fillet을 실행하고 반경 : 3mm 로 필렛을 한다. (아랫부분)
31) Edge Fillet을 실행하고 보강대도 반 경 : 3mm로 필렛을 한다.

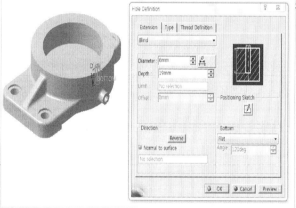

32) Hole을 실행하고 Diameter : 6mm, Depth : 19mm를 지정하여 Hole을 생성한다,

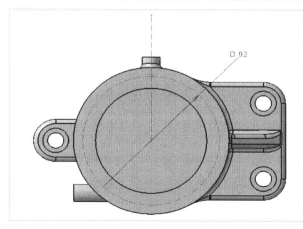

33) [Extension]탭의 Positioning Sketch에 서 Sketch를 선택하여 다음과 같이 구멍 위치를 지정한다.

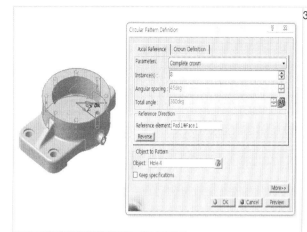

34) Circular Pattern을 실행하고, Instance : 8, 회전축 : Pad.1 객체의 원기둥면 을 선택, Hole.1 객체를 패턴복사 한 다.

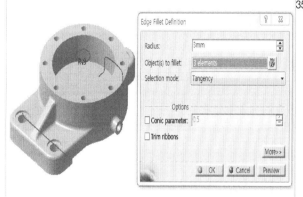

35) Edge Fillet을 실행하고 반경 : 3mm로 필렛을 한다.

● 완성 결과

1) 스케치를 실행하고 ZX Plane을 선택하여 다음과 같이 스케치를 한다.

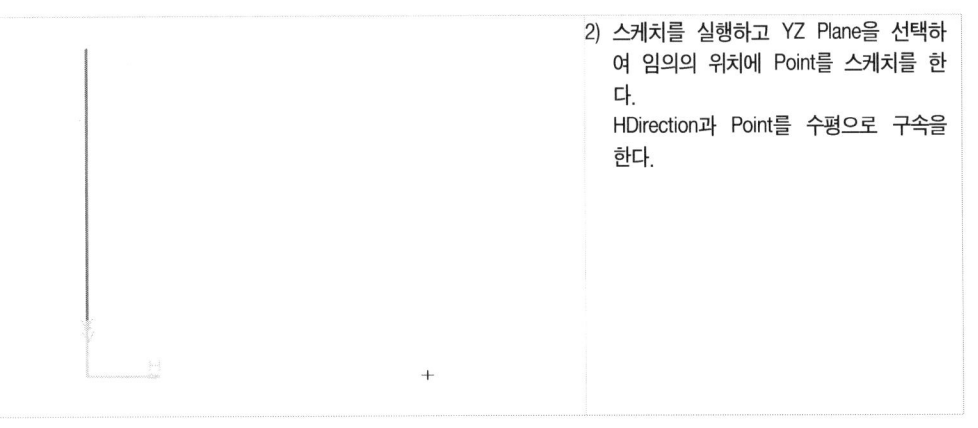

2) 스케치를 실행하고 YZ Plane을 선택하여 임의의 위치에 Point를 스케치를 한다.
HDirection과 Point를 수평으로 구속을 한다.

3) Plane을 실행하고 3개의 Point를 지정하여 다음과 같이 Plane을 생성한다.

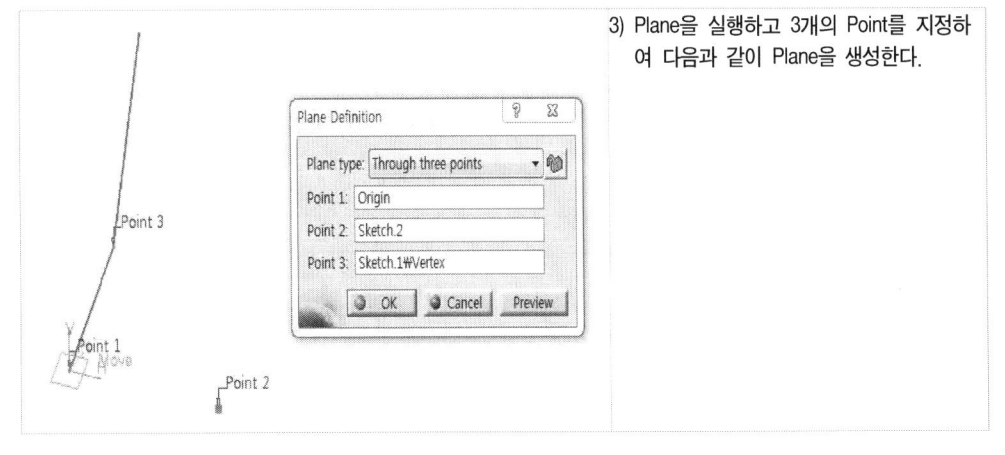

4) 스케치를 실행하고 Plane.1을 선택하여 다음과 같이 스케치를 한다.

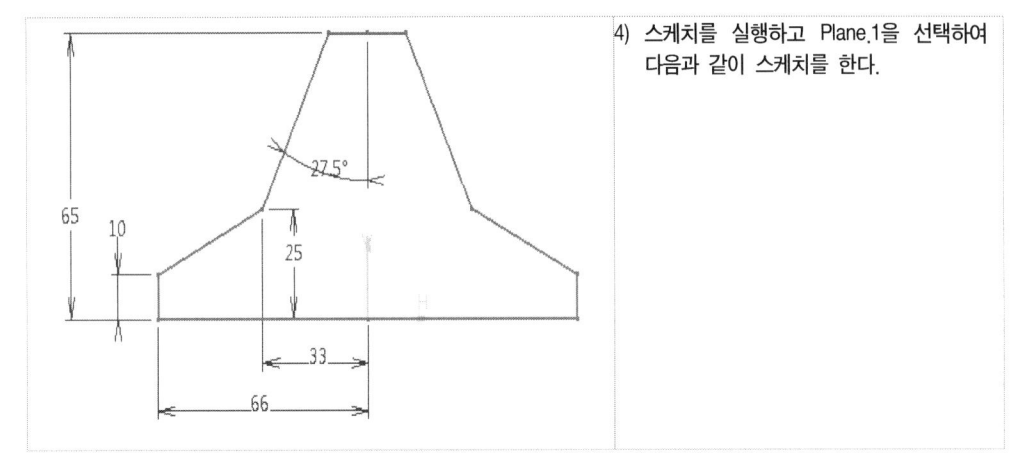

5) Pad를 실행하고 28mm, Normal to Profile을 체크 해제, Reference : XY Plane을 선택하여 돌출을 한다.

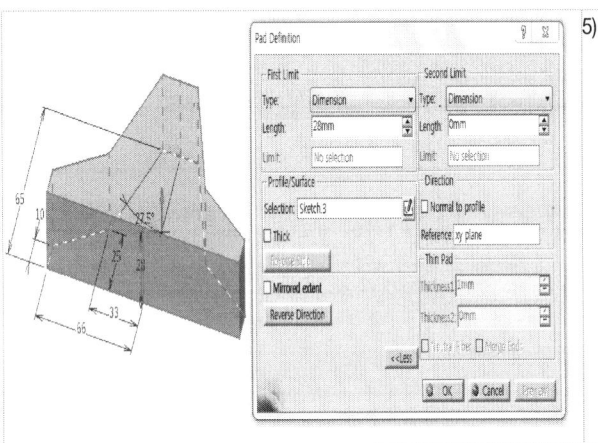

6) Plane을 실행하고 다음 선분과 선분 끝점을 지정하여 Plane을 생성한다.

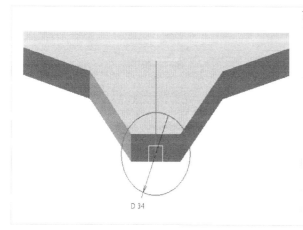

7) 스케치를 실행하고 Plane.2를 선택하여 다음과 같이 스케치를 한다.

D 34

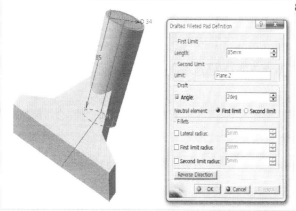

8) Drafted Filleted Pad를 실행하고 돌출길이 : 85mm, Second Limit : Plane.2, 구배각 도 : 2deg, Fillet을 모두 해제한다.

9) 스케치를 실행하고 ZX Plane을 선택하여 다음과 같이 스케치를 한다.

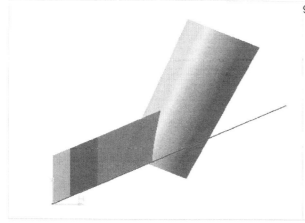

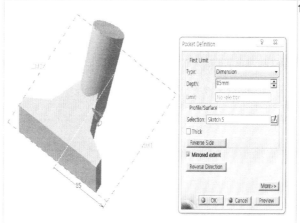

10) Pocket을 실행하고 85mm, Mirrored extent를 지정하여 돌출 컷을 한다.

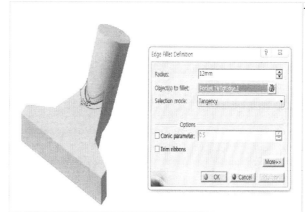

11) Edge Fillet을 실행하고 반경 : 12mm로 필렛을 한다.

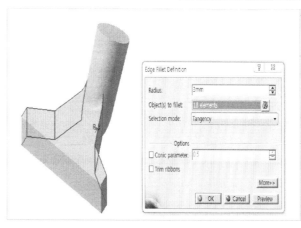

12) Edge Fillet을 실행하고 반경 : 3mm로 필렛을 한다.

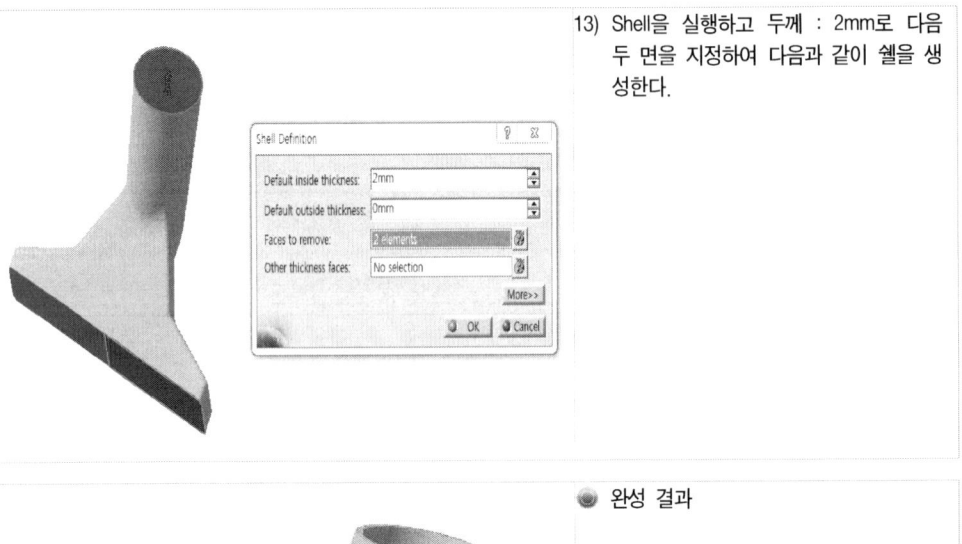

13) Shell을 실행하고 두께 : 2mm로 다음 두 면을 지정하여 다음과 같이 쉘을 생성한다.

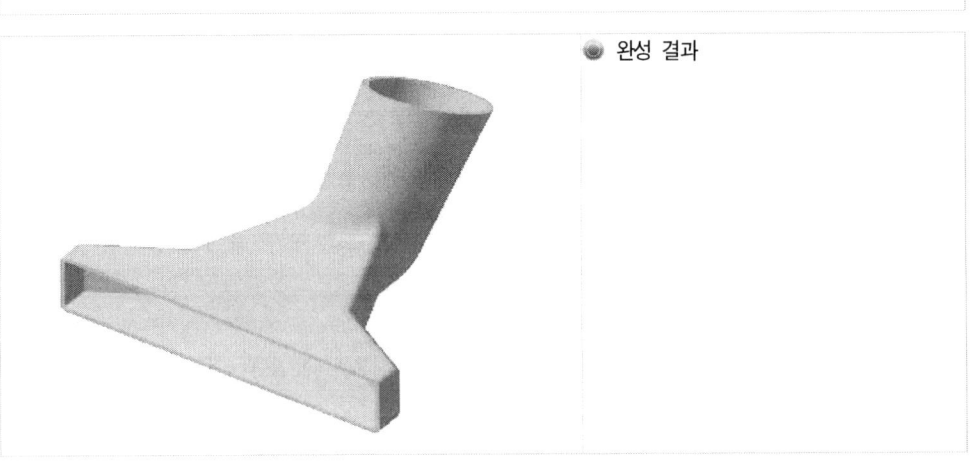

● 완성 결과

Top view
Scale: 1:1

Isometric view
Scale: 1:1

Front view
Scale: 1:1

Section view A-A
Scale: 1:1

	Total-16	
Material : Plastic		
A2		커버01
	DRAWING NUMBER 016	

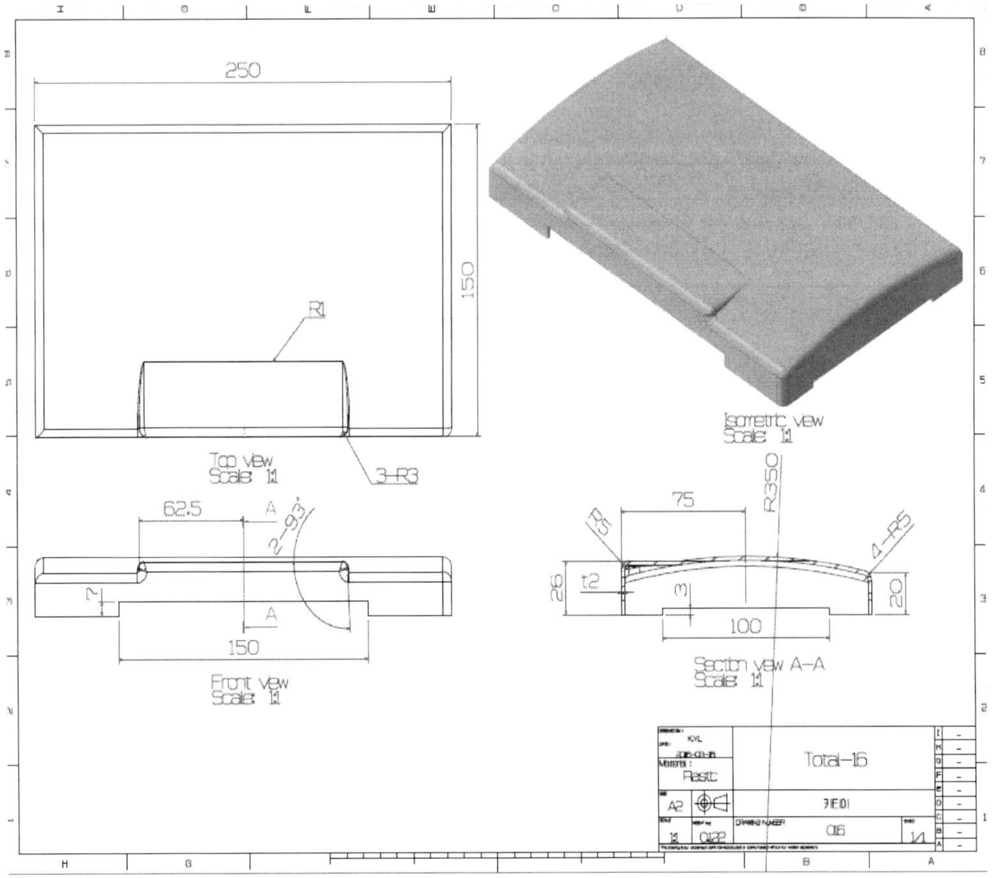

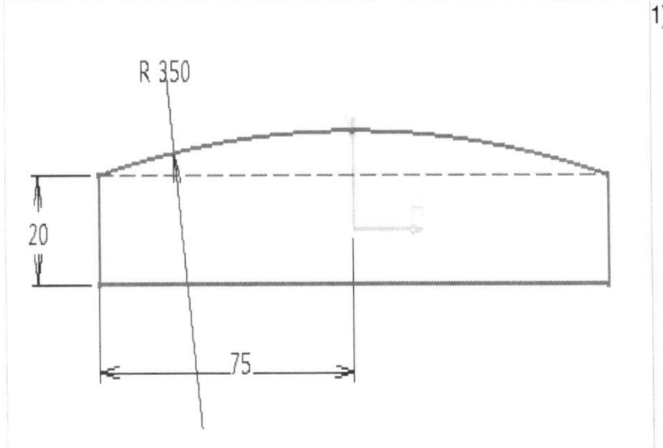

1) 스케치를 실행하고 ZX Plane을 선택하여 다음과 같이 스케치를 한다.

R 350

20

75

310

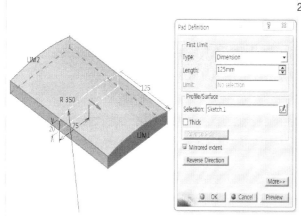

2) Pad를 실행하고 125mm, Mirrored extent
를 지정하여 돌출을 한다.

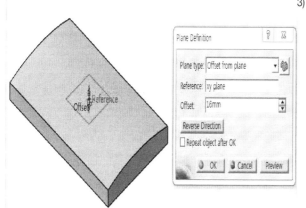

3) Plane을 실행하고 XY Plane을 기준으로
16mm를 지정하여 Plane을 생성한다.

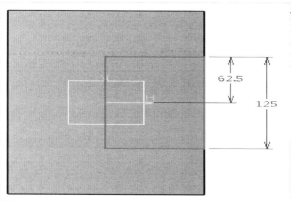

4) 스케치를 실행하고 Plane.1을 선택하여
다음과 같이 스케치를 한다.

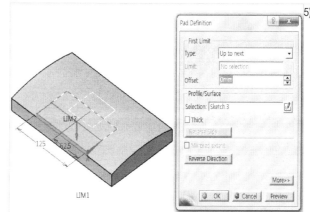

5) Pad를 실행하고 Up to Next를 지정하여
돌출을 한다.

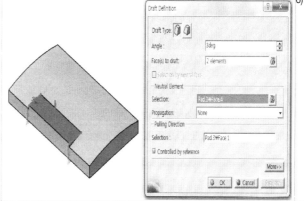

6) Draft를 실행하고 구배 각도 : 3deg, 구배
줄 면 : Pad.3 객체의 측면 두면 선택, 기
준면 : Pad.3 객체의 윗면을 선택한다.

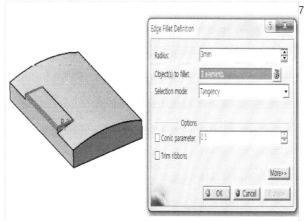

7) Edge Fillet을 실행하고 반경 : 3mm로
필렛을 한다.

8) Edge Fillet을 실행하고 반경 : 1mm로 필렛을 한다.

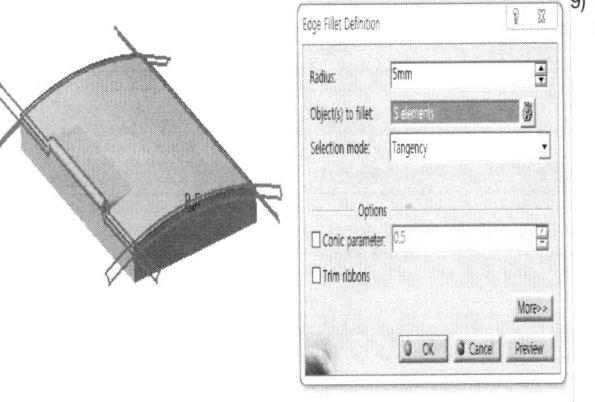

9) Edge Fillet을 실행하고 반경 : 5mm로 필렛을 한다.

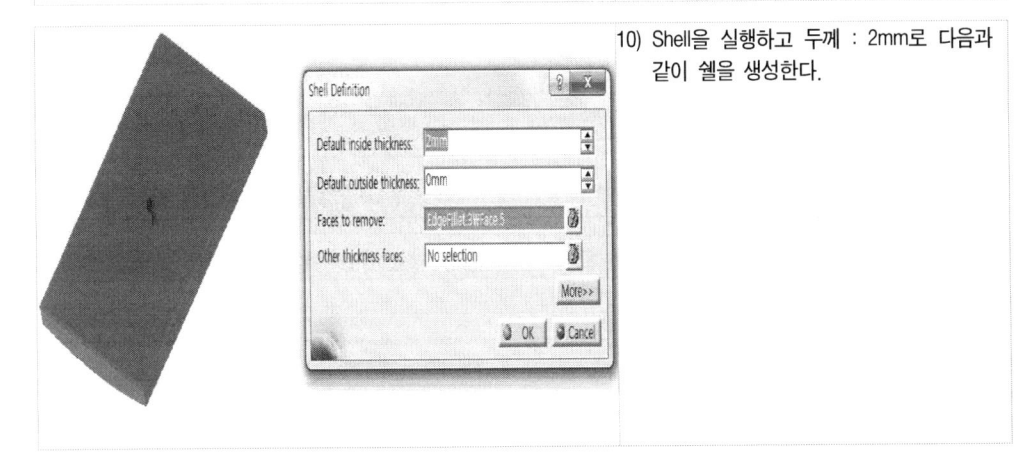

10) Shell을 실행하고 두께 : 2mm로 다음과 같이 쉘을 생성한다.

11) 스케치를 실행하고 YZ Plane을 선택하여 다음과 같이 스케치를 한다.

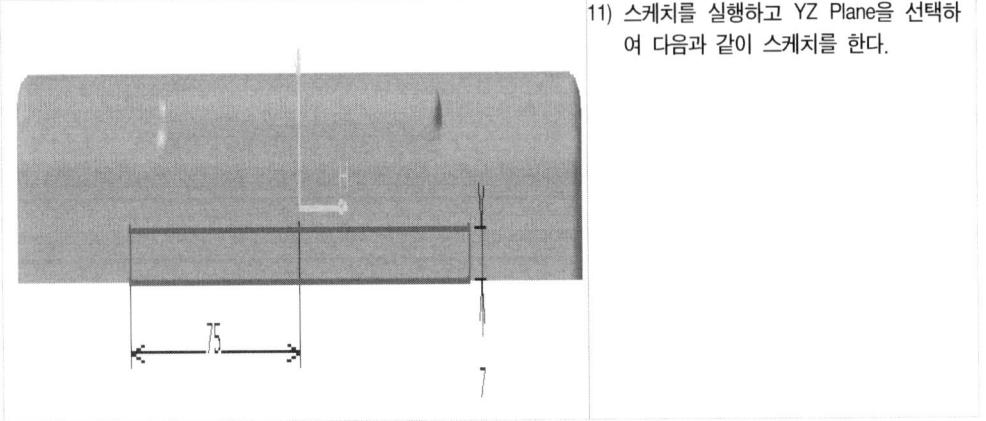

75

7

12) Pocket을 실행하고 100mm, Mirrored extent를 지정하여 돌출 컷을 한다.

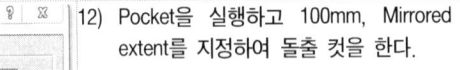
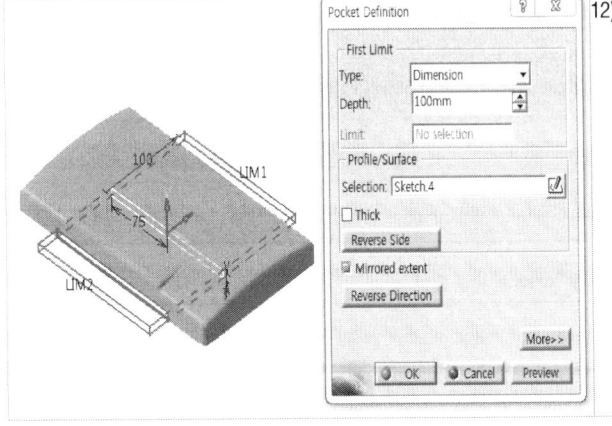

13) 스케치를 실행하고 ZX Plane을 선택하여 다음과 같이 스케치를 한다.

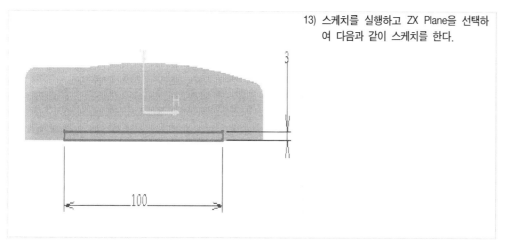

14) Pocket을 실행하고 130mm, Mirrored extent를 지정하여 돌출 컷을 한다.

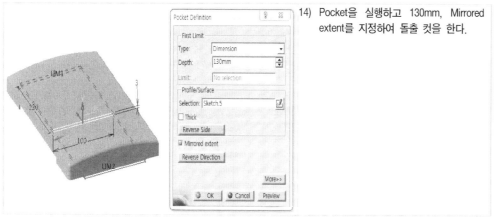

● 완성 결과

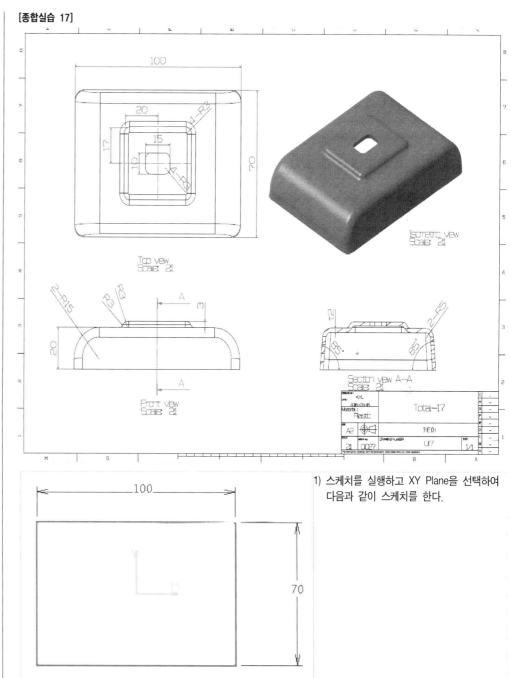

1) 스케치를 실행하고 XY Plane을 선택하여 다음과 같이 스케치를 한다.

2) Pad를 실행하고 20mm로 돌출을 한다.

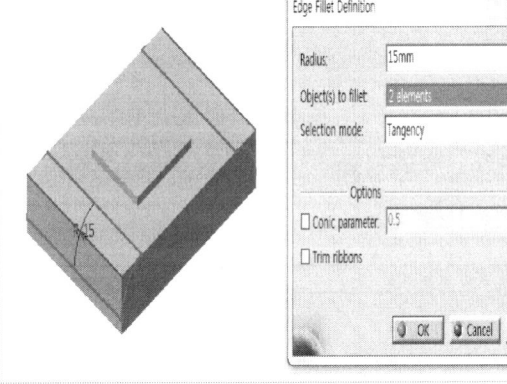

3) 스케치를 실행하고 Pad.1 객체의 윗면을 선택하여 다음과 같이 스케치를 한다.

4) Pad를 실행하고 3mm로 돌출을 한다.

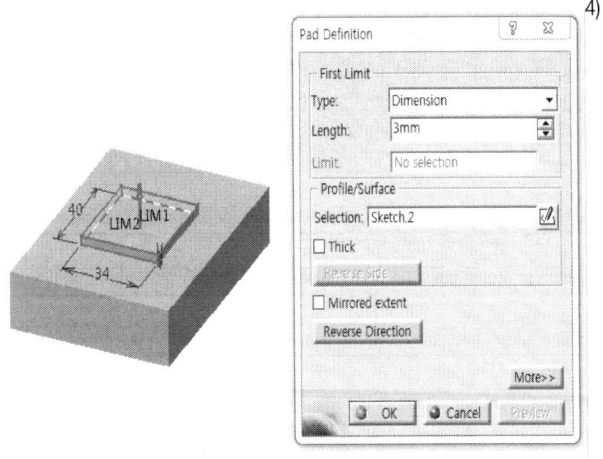

5) Edge Fillet을 실행하고 반경 : 15mm로 필렛을 한다.

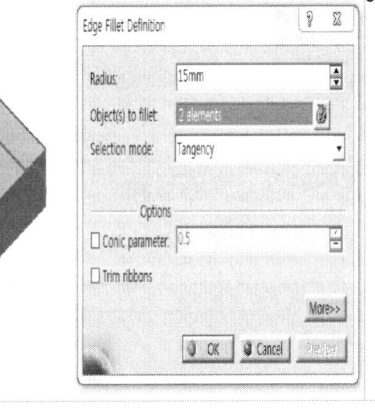

6) Draft를 실행하고 구배각도 : 5deg, 구배 줄 면 : Pad.1 객체의 좌측면과 우측면을 선택구배 기준면 : XY Plane을 지정하여 구배를 한다.

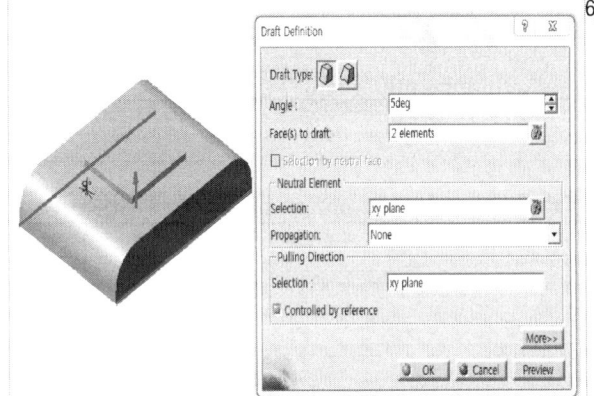

7) Edge Fillet을 실행하고 반경 : 5mm로 필렛을 한다.

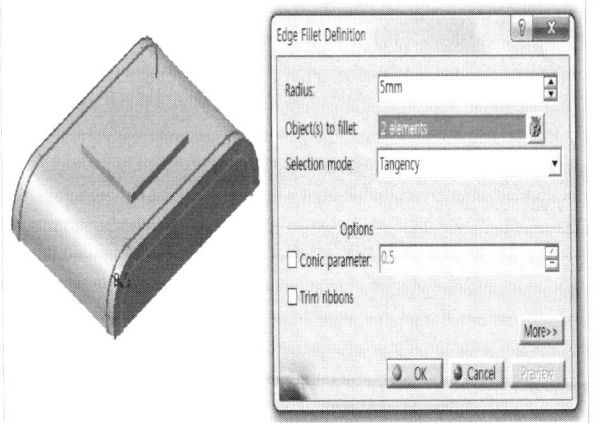

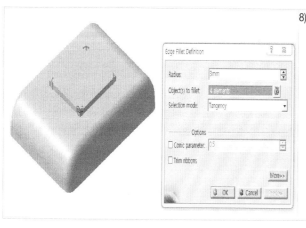

8) Edge Fillet을 실행하고 반경 : 3mm로 필렛을 한다.

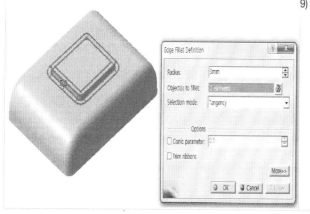

9) Edge Fillet을 실행하고 반경 : 3mm로 필렛을 한다.

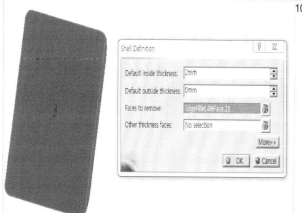

10) Shell을 실행하고 두께 : 2mm로 쉘을 생성한다.

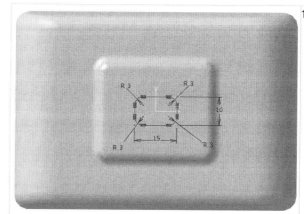

11) 스케치를 실행하고 Pad.2 객체의 윗면을 선택하여 다음과 같이 스케치를 한다.

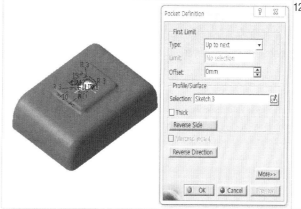

12) Pocket을 실행하고 Up to Next를 지정하여 돌출 컷을 한다.

● 완성 결과

Top view
Scale 2:1

t2

4-R8

Isometric view
Scale 2:1

Front view
Scale 2:1

Right view
Scale 2:1

Total-18

키보이

Steel

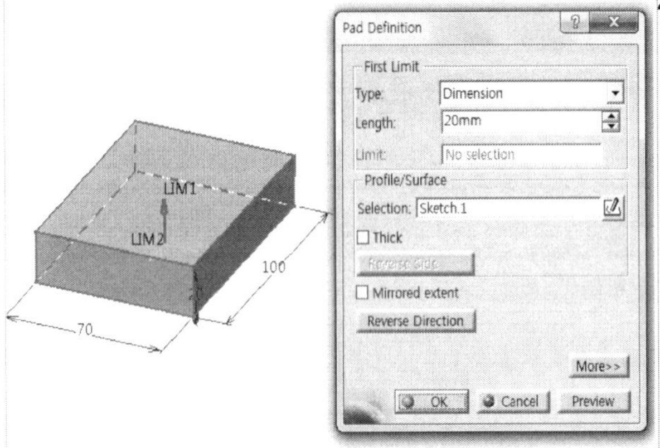

2) Pad를 실행하고 20mm로 돌출을 한다.

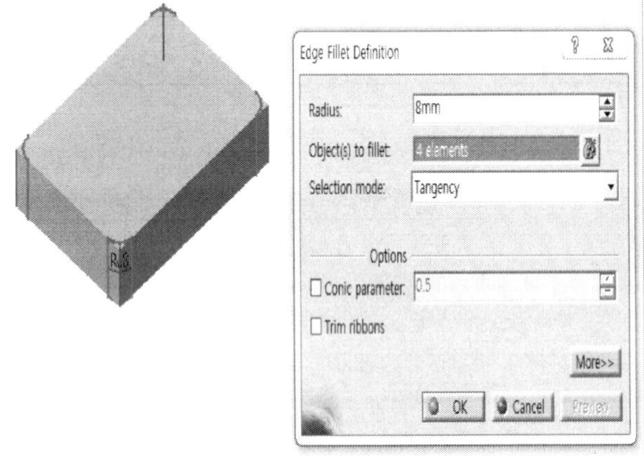

3) Edge Fillet을 실행하고 반경 : 8mm로 필렛을 한다.

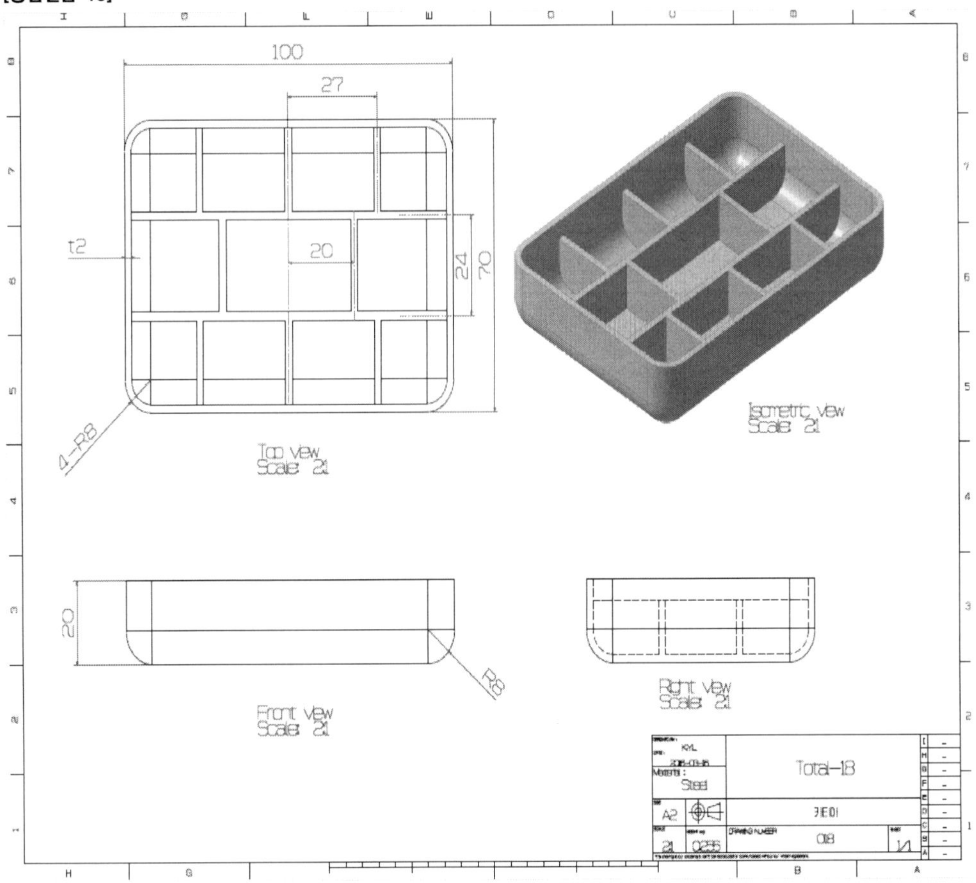

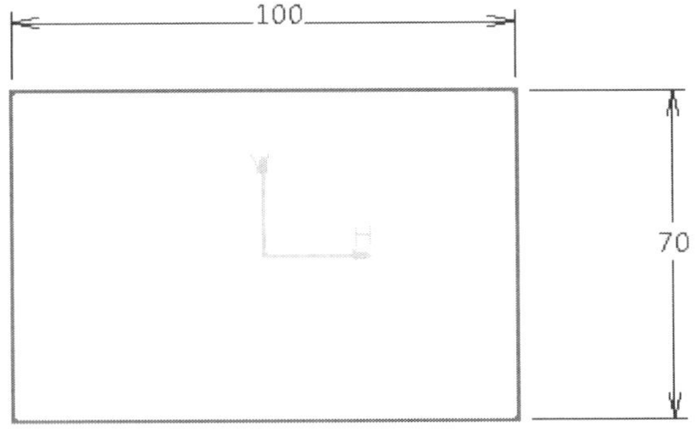

1) 스케치를 실행하고 XY Plane을 선택하여 다음과 같이 스케치를 한다.

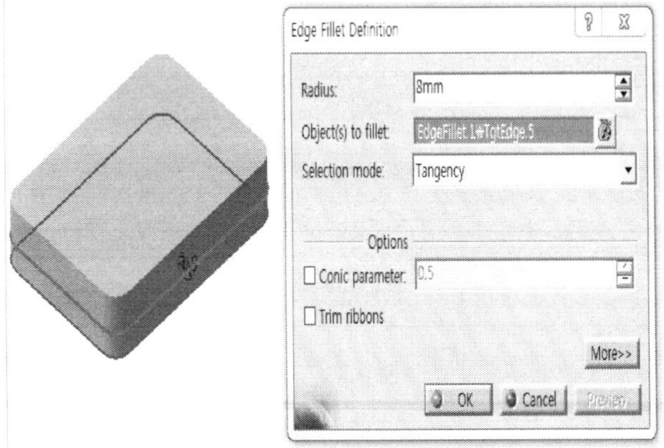

4) Edge Fillet을 실행하고 반경 : 8mm로 필렛을 한다.

316

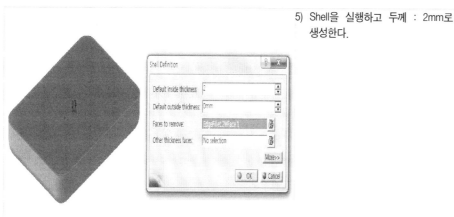

5) Shell을 실행하고 두께 : 2mm로 쉘을 생성한다.

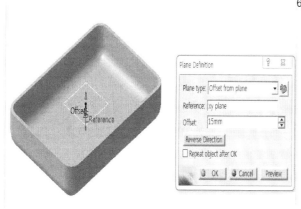

6) Plane을 실행하고 XY Plane을 기준으로 15mm 위쪽에 Plane을 생성한다.

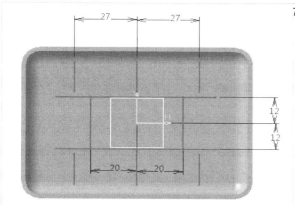

7) 스케치를 실행하고 Plane.1을 선택하여 다음과 같이 스케치를 한다.

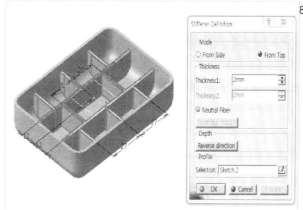

8) Stiffener를 실행하고 두께 : 2mm로 보강대를 생성한다.

● 완성 결과

[종합실습 19]

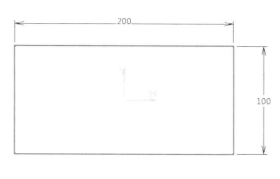

1) 스케치를 실행하고 YZ Plane을 선택하여 다음과 같이 스케치를 한다.

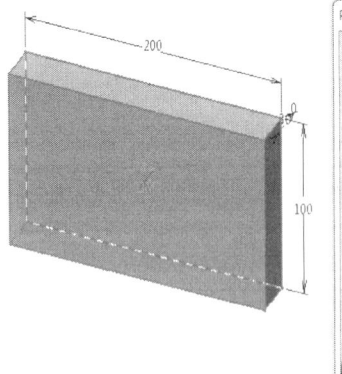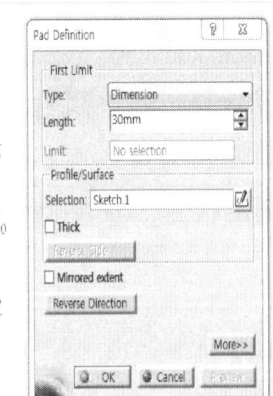

2) Pad를 실행하고 30mm 돌출을 한다.

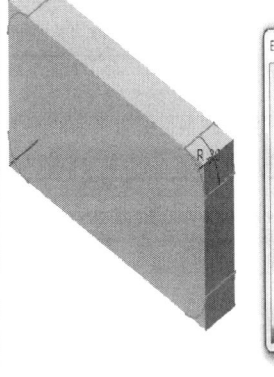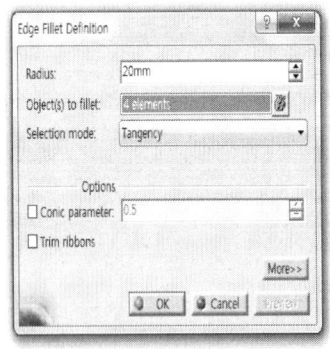

3) Edge Fillet을 실행하고 반경 : 20mm 로 필렛을 한다.

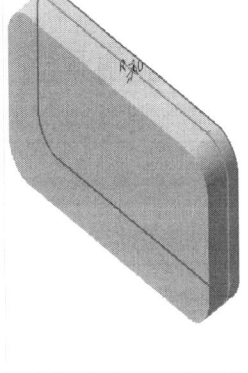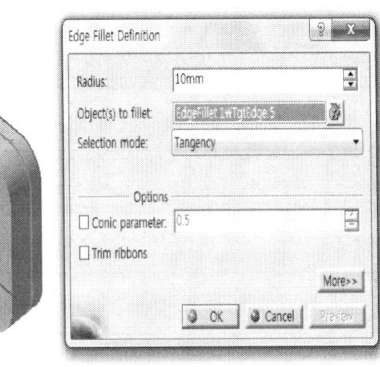

4) Edge Fillet을 실행하고 반경 : 10mm로 필렛을 한다.

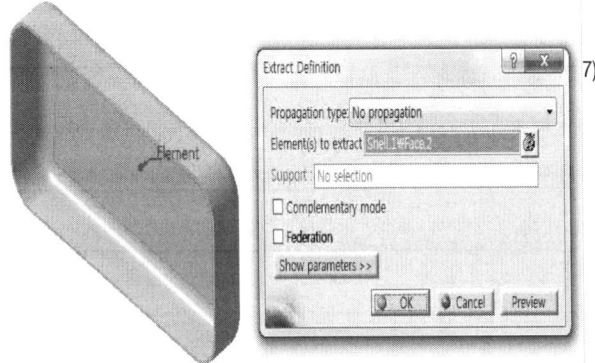

5) Shell을 실행하고 두께 : 2mm로 쉘을 생성한다.

6) [Start]-[Shape]-[Generative Shape Design] 을 선택한다.

7) Extract를 실행하여 면을 지정하여 Surface를 추출한다.

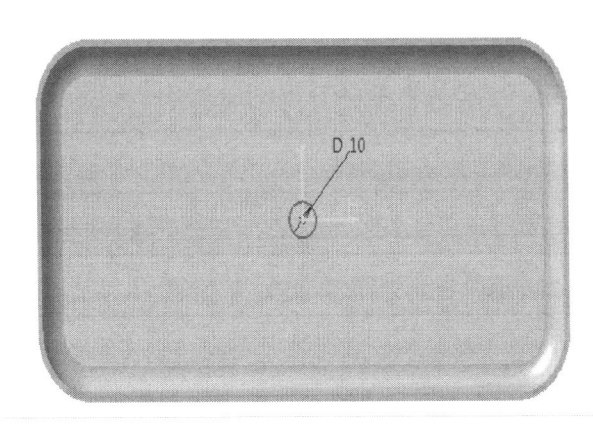

8) [Insert]-[Body]를 선택한다.

9) [Start]-[Mechanical Design]-[Part Design] 을 선택한다.

10) 스케치를 실행하고 Pad.1 객체의 앞면 을 선택하여 다음과 같이 스케치를 한 다.

11) Pad를 실행하고 Up to Surface를 지정, Limit : Extract.1의 Surface를 지정하여 돌출을 한다.

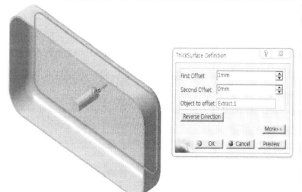

12) Thick Surface를 실행하고 두께 : 1mm을 지정하여 Solid로 전환한다.

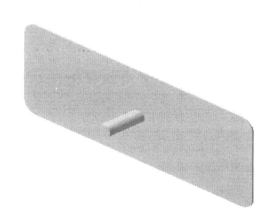

13) Only Current Body(♬)를 지정하여 현재 선택된 Body만 표시한다.

- Only Current Body(♬)는 현재 선택된 Body만 표시한다. 다시 한번 누르면 모든 Body의 객체가 표시된다.

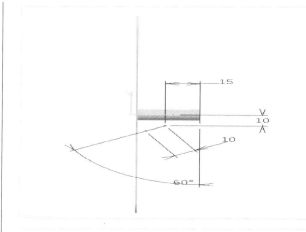

14) 스케치를 실행하고 XY Plane을 선택하여 다음과 같이 스케치를 한다.

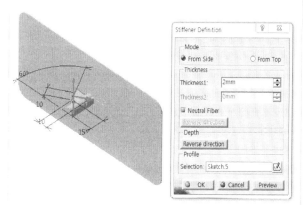

15) Stiffener를 실행하고 두께 : 2mm로 보강대를 생성한다.

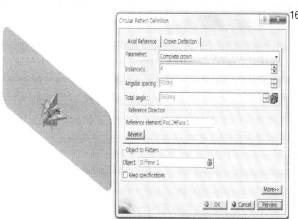

16) Circular Pattern을 실행하고 Instance : 4, 회전축 : Pad.2 객체의 원기둥면을 선택, Stiffener.1 객체를 패턴복사 한다.

17) Split을 실행하고 Extract.1 Surface 를 이용하여 Thick Surface.1 객체 를 잘라낸다.

Split Definition

Splitting Element: Extract.1

OK   Cancel

18) 다음 객체만 남는다.

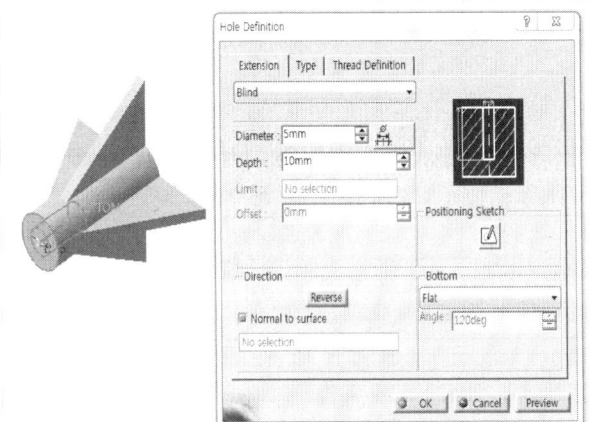

19) Hole을 실행하고 Diameter : 5mm, Depth : 10mm를 지정하여 Hole을 생성한다.

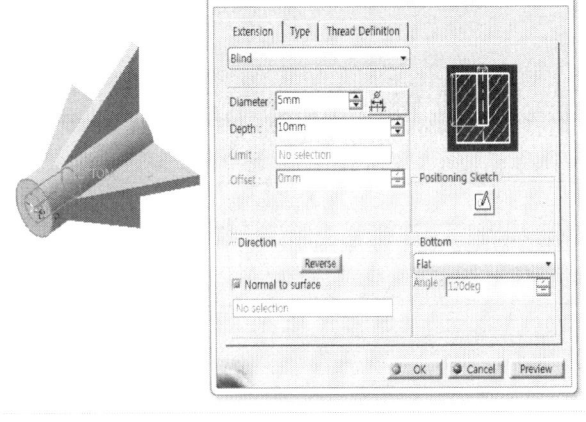

Hole Definition

Extension | Type | Thread Definition

Blind

Diameter: 5mm
Depth: 10mm
Limit: No selection
Offset: 0mm

Positioning Sketch

Direction
Reverse

Bottom
Flat
Angle: 120deg

☑ Normal to surface
No selection

OK   Cancel   Preview

20) Only Current Body(   )를 지정하여 다시 다른 Body도 표시한다.

21) Rectangular Pattern을 실행하고 Instance : 3, Spacing : 80mm, Reference Element : Shell.1 객체의 장축 모서리 를 선택한다.

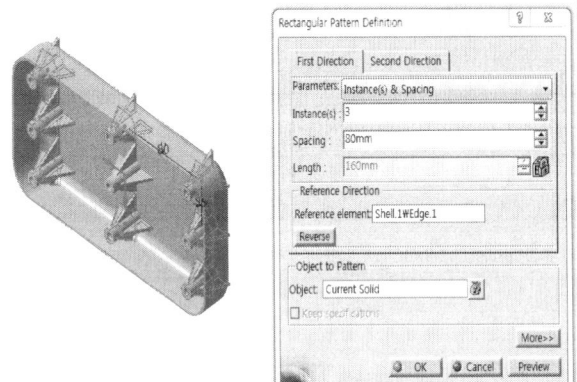

Rectangular Pattern Definition

First Direction | Second Direction

Parameters: Instance(s) & Spacing
Instance(s): 3
Spacing: 80mm
Length: 160mm

Reference Direction
Reference element: Shell.1\Edge.1
Reverse

Object to Pattern
Object: Current Solid

☐ Keep specifications

More>>

OK   Cancel   Preview

22) [Second Direction]을 선택하여 Instance : 3, Spacing : 35mm, Reference Eleme nt : Shell.1 객체의 단축 모서리를 선택 한다.

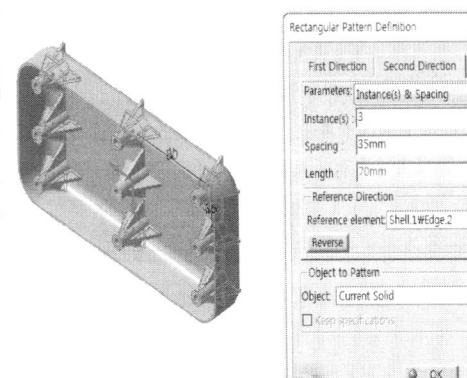

Rectangular Pattern Definition

First Direction | Second Direction

Parameters: Instance(s) & Spacing
Instance(s): 3
Spacing: 35mm
Length: 70mm

Reference Direction
Reference element: Shell.1\Edge.2
Reverse

Object to Pattern
Object: Current Solid

☐ Keep specifications

More>>

OK   Cancel   Preview

23) [More] 버튼을 누르고 Row In directi on 1 : 2, Row In direction 2 : 2를 지정한다.

- Position of Object in Pattern : 원본 객체를 2행 2열에 배치한다.

24) 다음 부분의 Point를 지정하여 건너 뛰기를 한다.

25) Rectangular Pattern을 더블클릭하여 Spacing : 80mm에서 82mm로 수정 한다.

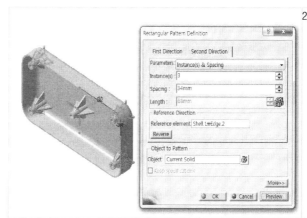

26) [Second Direction]을 선택하여 Spaci ng : 35mm에서 34mm로 수정한다.

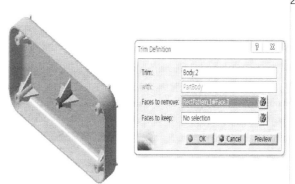

27) Union Trim을 실행하고 Face to remove : 가운데 객체의 원기둥을 선택한다.

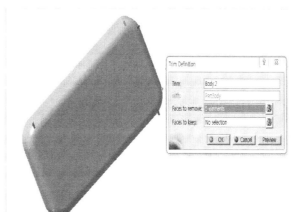

28) 계속해서 Pad.1 객체 밖으로 나온 면 을 선택한다.

29) Pad,1 객체 밖으로 나온 부분들이
다음과 같이 깔끔하게 잘려진다.

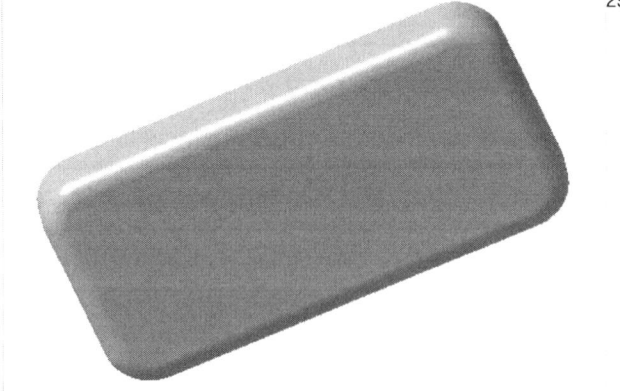

Project 3D Elements로 Solid의 모서리를 투영

30) 스케치를 실행하고 Pad,1 객체의 앞
면을 선택하여 다음과 같이 스케치를
한다.
Project 3D Elements로 바깥쪽 선분
을 투영한다.

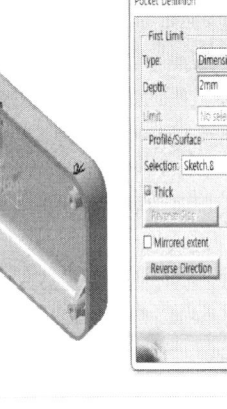
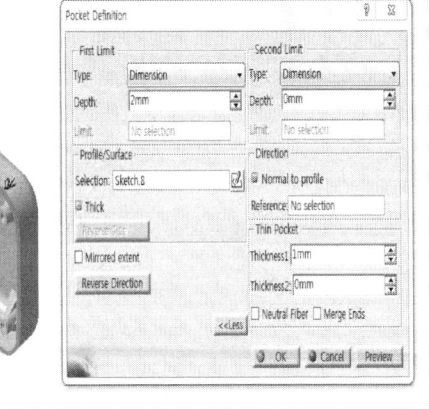

31) Pocket을 실행하고 2mm, Thick을 선
택, 두께 : 1mm로 돌출 컷을 한다.

32) 스케치를 실행하고 Pad,1 객체의 윗
면을 선택하여 다음과 같이 스케치를
한다.

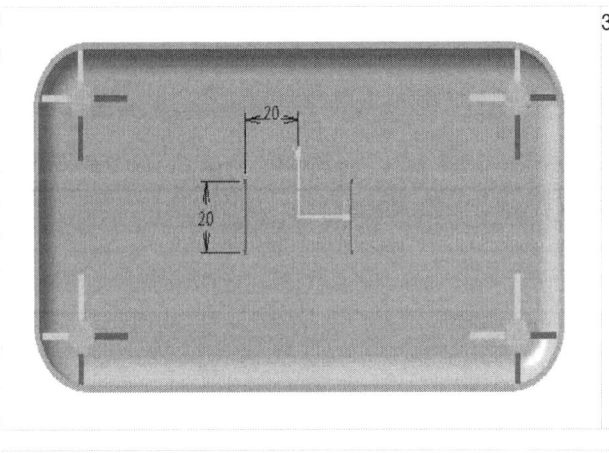

33) Stiffener를 실행하고 두께 : 2mm로
보강대를 생성한다.

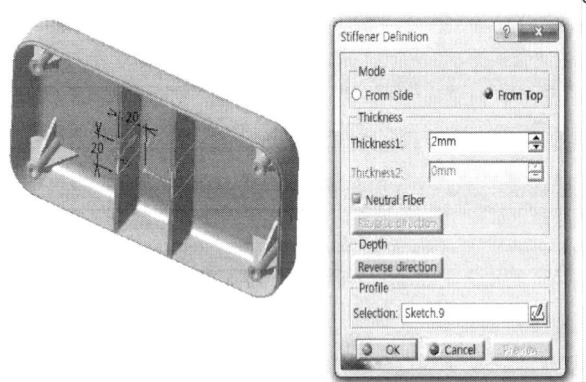

● 완성 결과

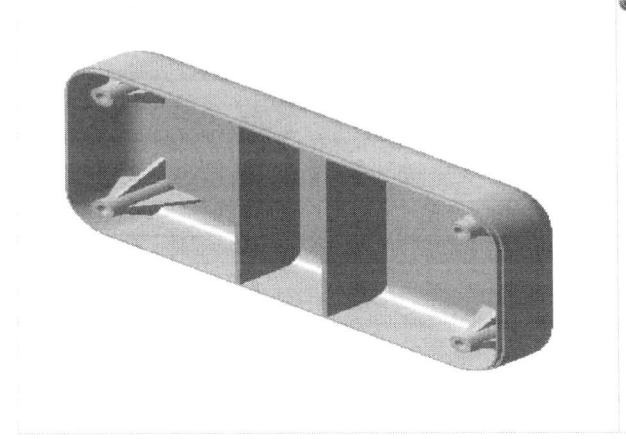

322

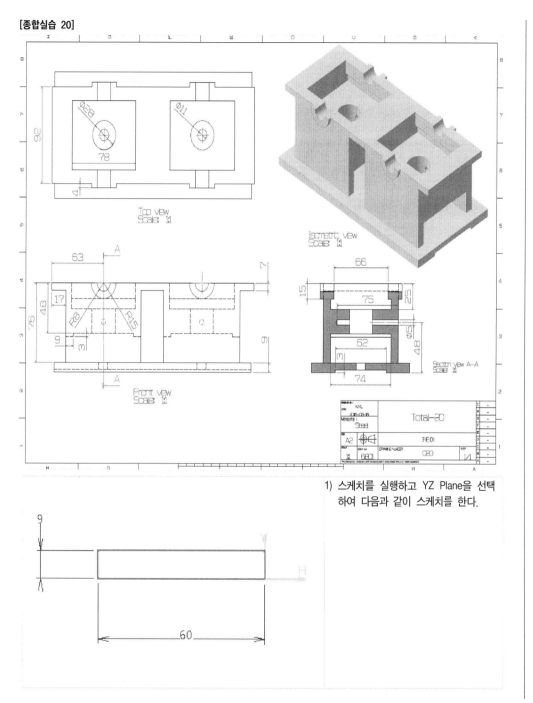

1) 스케치를 실행하고 YZ Plane을 선택
   하여 다음과 같이 스케치를 한다.

2) Pad를 실행하고 60mm, Mirrored extent
   를 지정하여 돌출을 한다.

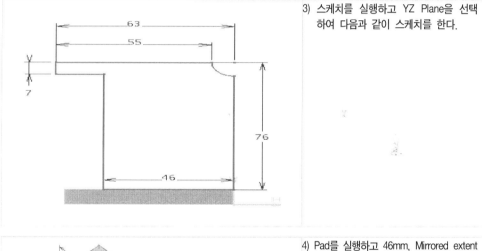

3) 스케치를 실행하고 YZ Plane을 선택
   하여 다음과 같이 스케치를 한다.

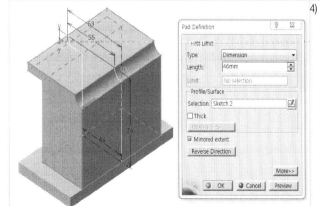

4) Pad를 실행하고 46mm, Mirrored extent
   를 지정하여 돌출을 한다.

323

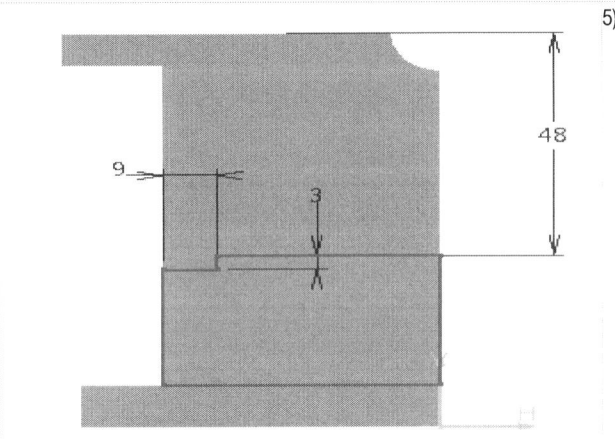

5) 스케치를 실행하고 YZ Plane을 선택
하여 다음과 같이 스케치를 한다.

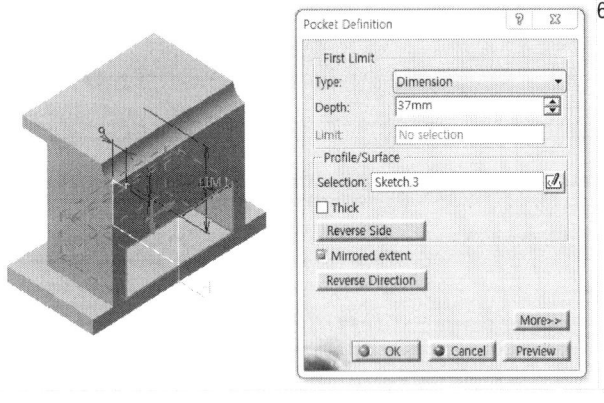

6) Pocket을 실행하고 37mm, Mirrored
extent를 지정하여 돌출 컷을 한다.

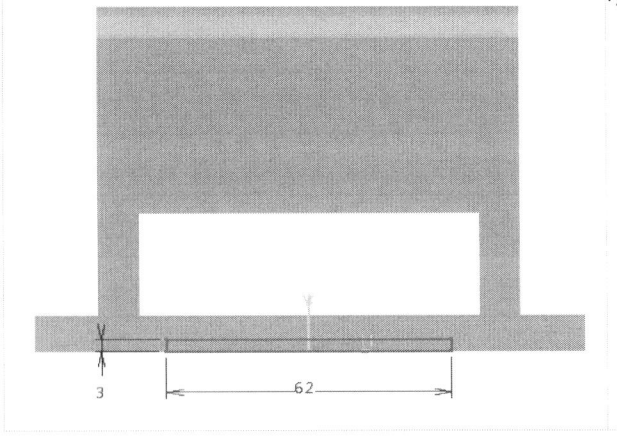

7) 스케치를 실행하고 ZX Plane을 선택하
여 다음과 같이 스케치를 한다.

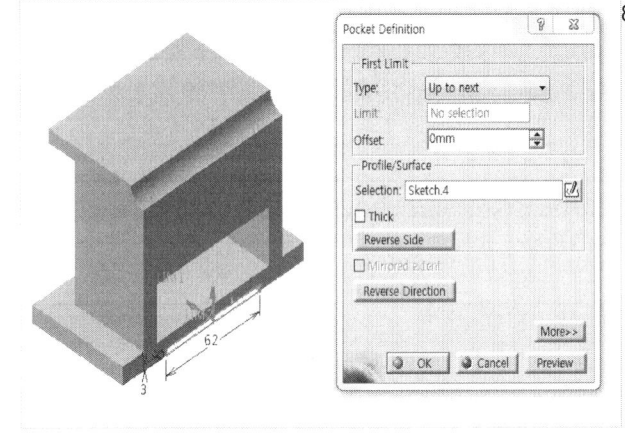

8) Pocket을 실행하고 Up to Next를 지
정하여 돌출 컷을 한다.

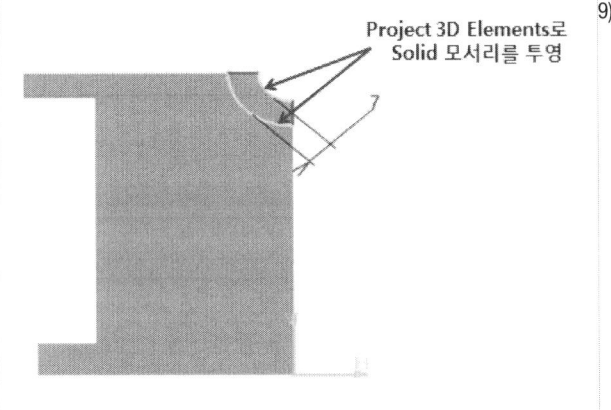

Project 3D Elements로
Solid 모서리를 투영

9) 스케치를 실행하고 YZ Plane을 선택
하여 다음과 같이 스케치를 한다.

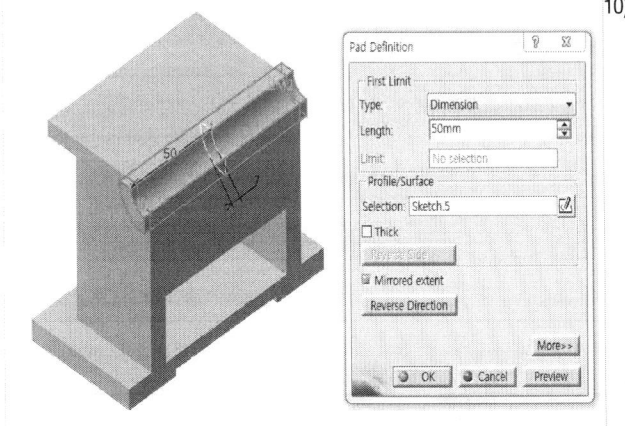

10) Pad를 실행하고 50mm, Mirrored
extent를 지정하여 돌출을 한다.

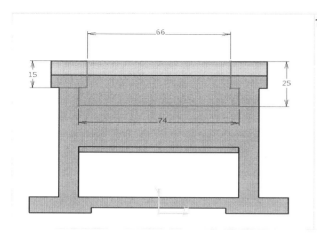

11) 스케치를 실행하고 ZX Plane을 선택
하여 다음과 같이 스케치를 한다.

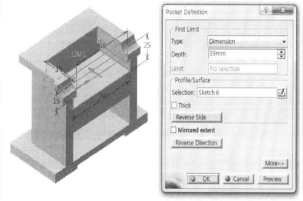

12) Pocket을 실행하고 39mm 돌출 컷을
한다.

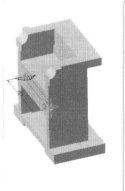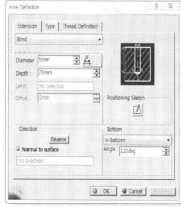

13) Hole을 실행하고 Pad.2 객체의 뒷면
을 선택, Hole을 실행하고 Diameter
: 5mm, Depth : 75mm, V-Bottom를
지정한다.

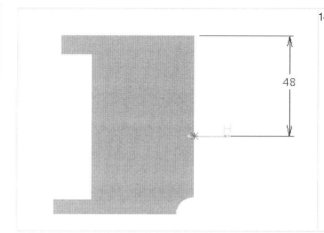

14) [Extension]탭의 Positioning Sketch에
서 Sketch를 선택하여 다음과 같이
구멍 위치를 지정한다.

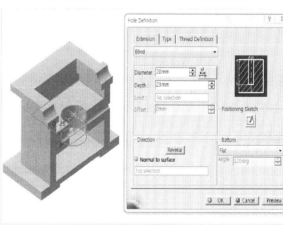

15) Pocket.3 객체의 윗면을 선택, Hole을
실행하고 Diameter : 28mm, Depth :
23mm를 지정한다.

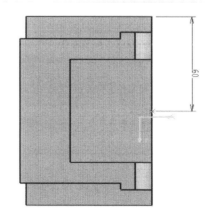

16) [Extension]탭의 Positioning Sketch에
서 Sketch를 선택하여 다음과 같이
구멍 위치를 지정한다.

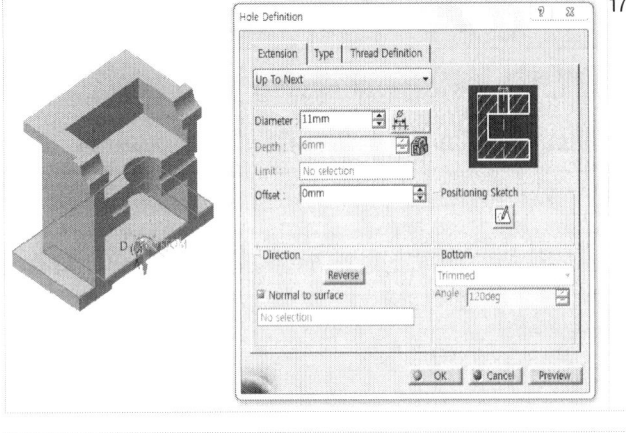

17) Pocket.1 객체의 아랫면을 선택, Hole을 실행하고 Diameter : 11mm, Up To Next를 지정한다.

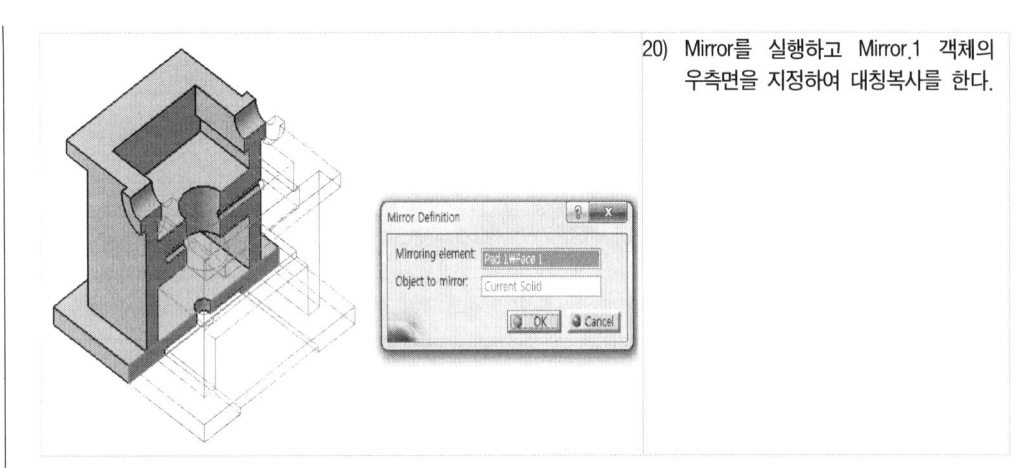

20) Mirror를 실행하고 Mirror.1 객체의 우측면을 지정하여 대칭복사를 한다.

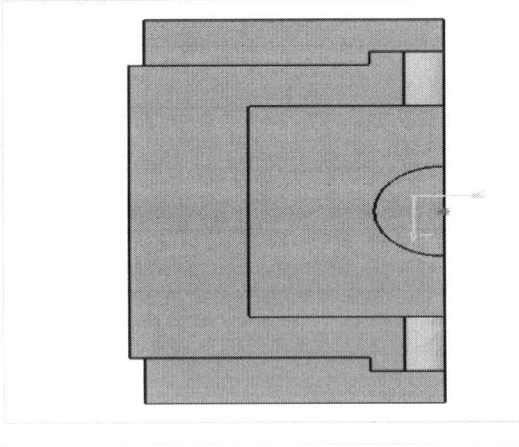

18) [Extension]탭의 Positioning Sketch에서 Sketch를 선택하여 다음과 같이 구멍 위치를 지정한다.

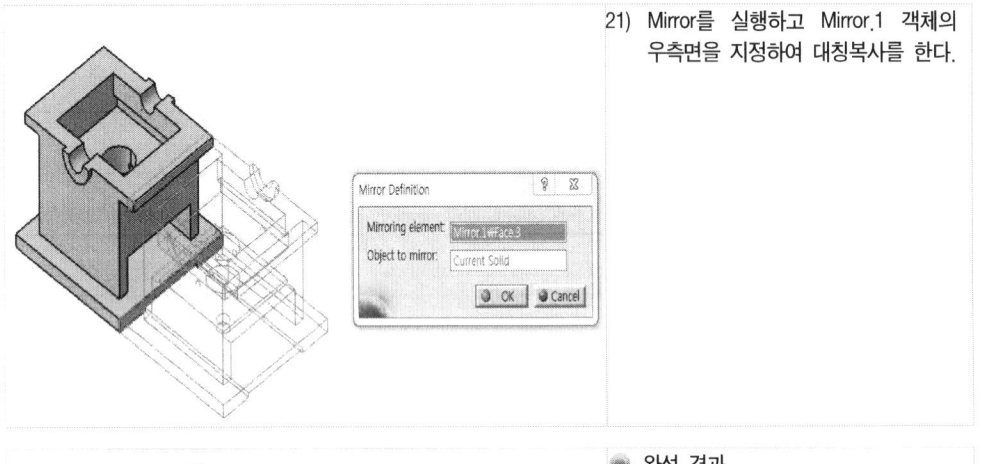

21) Mirror를 실행하고 Mirror.1 객체의 우측면을 지정하여 대칭복사를 한다.

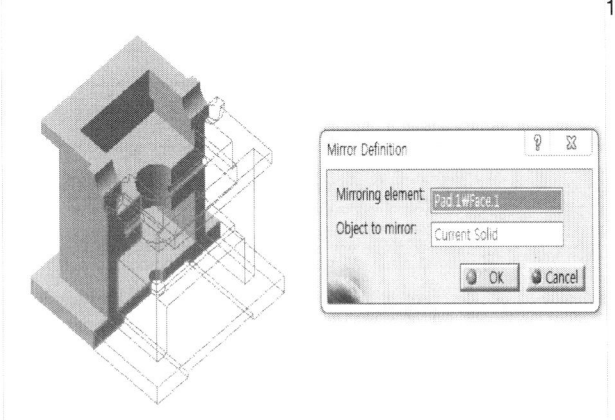

19) Mirror를 실행하고 Pad.1 객체의 우측면을 기준으로 대칭복사를 한다.

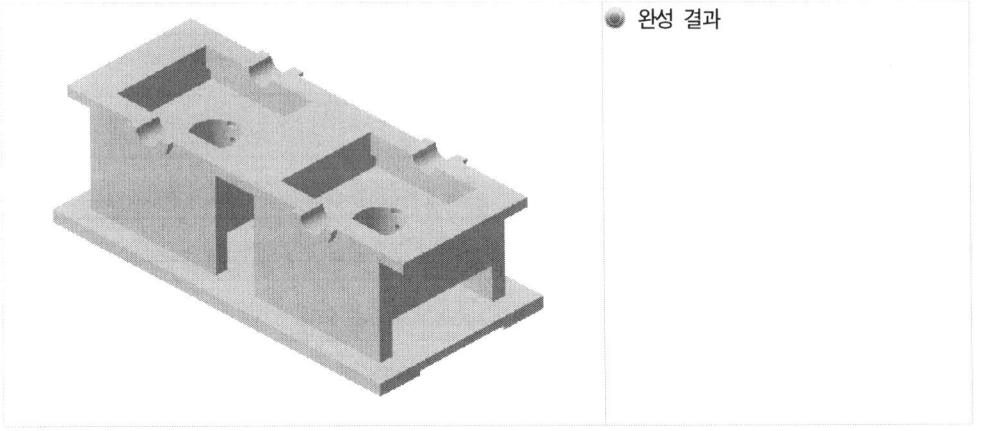

● 완성 결과

326

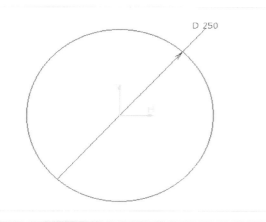

1) 스케치를 실행하고 XY Plane을 선택
   하여 다음과 같이 스케치를 한다.

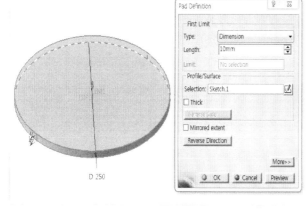

2) Pad를 실행하고 10mm 돌출을 한다.

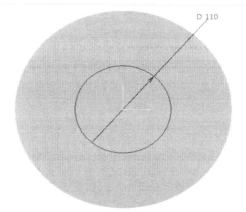

3) 스케치를 실행하고 Pad.1 객체의 밑
   면을 선택하여 다음과 같이 스케치를
   한다.

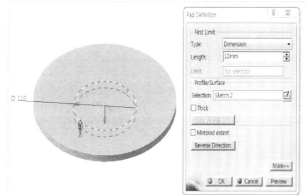

4) Pad를 실행하고 10mm 돌출을 한다.

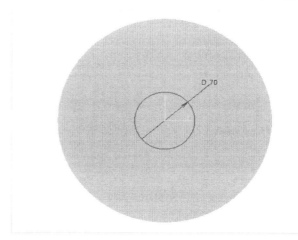

5) 스케치를 실행하고 Pad.1 객체의 윗면
   을 선택하여 다음과 같이 스케치를 한
   다.

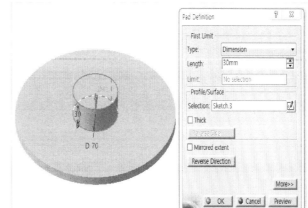

6) Pad를 실행하고 30mm 돌출을 한다.

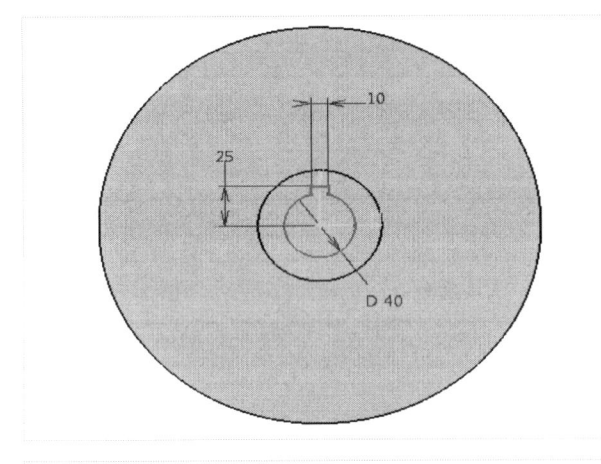

7) 스케치를 실행하고 Pad.3 객체의 윗면을 선택하여 다음과 같이 스케치를 한다.

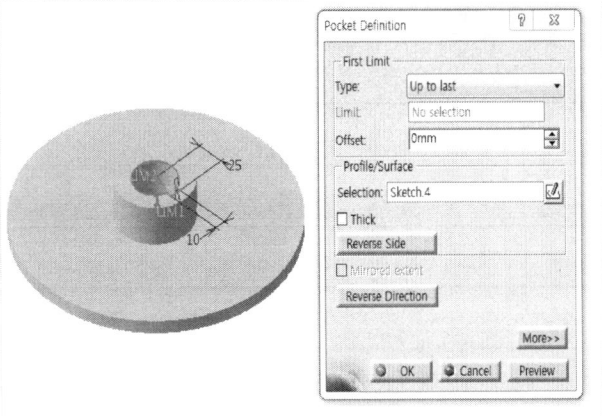

8) Pocket을 실행하고 Up to Last를 지정하여 돌출 컷을 한다.

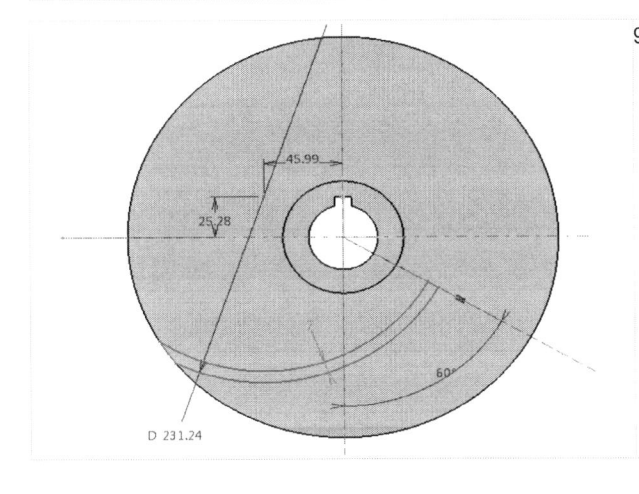

9) 스케치를 실행하고 Pad.1 객체의 윗면을 선택하여 다음과 같이 스케치를 한다.

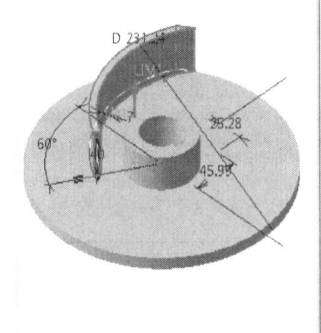
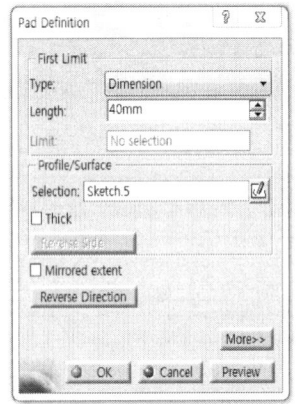

10) Pad를 실행하고 40mm 돌출을 한다.

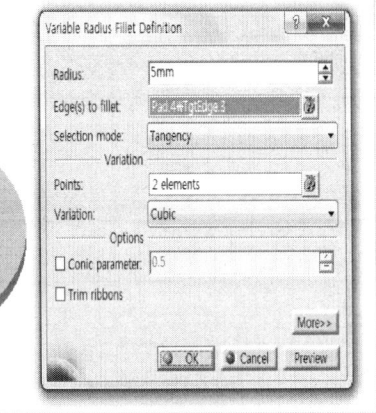

11) Variable Radius Fillet을 실행하고 반경 : 15mm, 5mm로 다음과 같이 필렛을 한다.

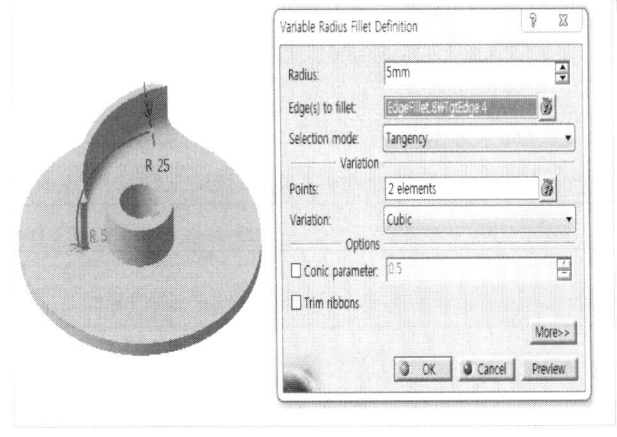

12) Variable Radius Fillet을 실행하고 반경 : 25mm, 5mm로 다음과 같이 필렛을 한다.

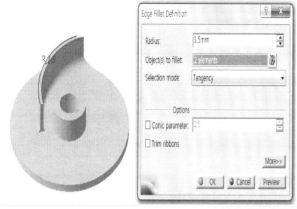

13) Edge Fillet을 실행하고 반경 : 3.5mm
로 필렛을 한다.

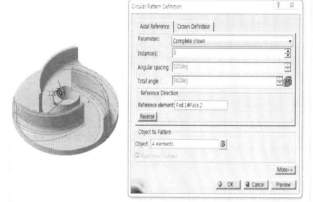

14) Circular Pattern을 실행하고 4개의
객체를 패턴복사 한다.

● 완성 결과

[종합실습 22]

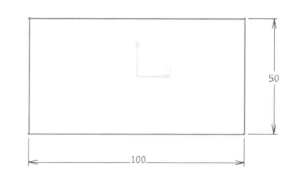

1) 스케치를 실행하고 XY Plane을 선택
하여 다음과 같이 스케치를 한다.

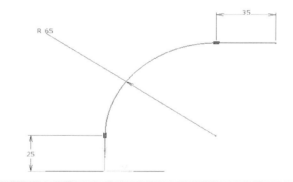

2) 스케치를 실행하고 YZ Plane을 선택
하여 다음과 같이 스케치를 한다.

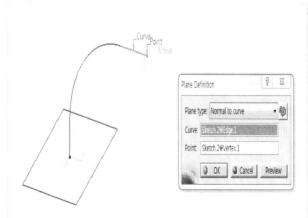

3) Plane을 실행하고 Curve와 Curve의
끝점을 이용하여 Plane을 생성한다.

4) 스케치를 실행하고 Plane.1을 선택하여 다음과 같이 스케치를 한다.

5) Multi-Section Solid를 실행하고 다음과 같이 지정하여 Solid를 생성한다.

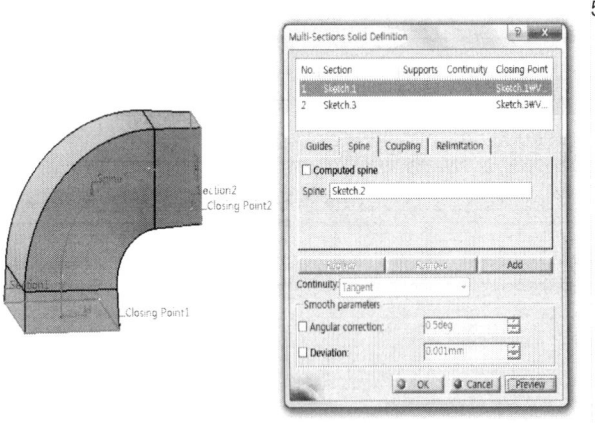

6) 스케치를 실행하고 XY Plane을 선택하여 다음과 같이 스케치를 한다.

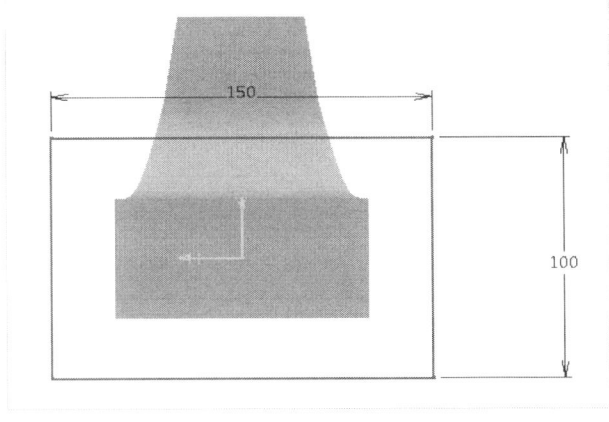

7) Pad를 실행하고 25mm 돌출을 한다. 위쪽으로 돌출을 한다.

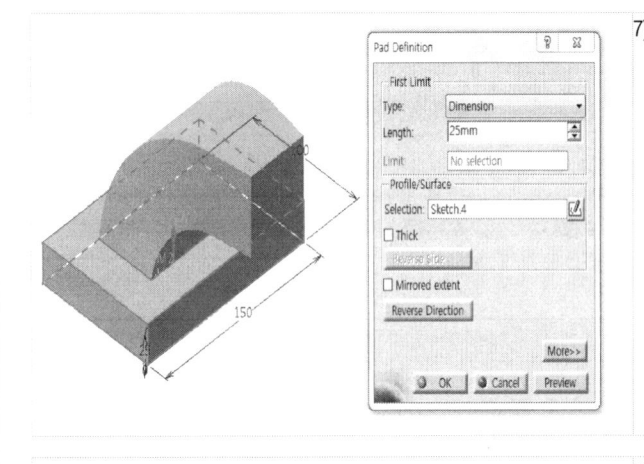

8) 스케치를 실행하고 Multi-Section Solid.1 객체의 위쪽 우측면을 선택하여 다음과 같이 스케치를 한다.

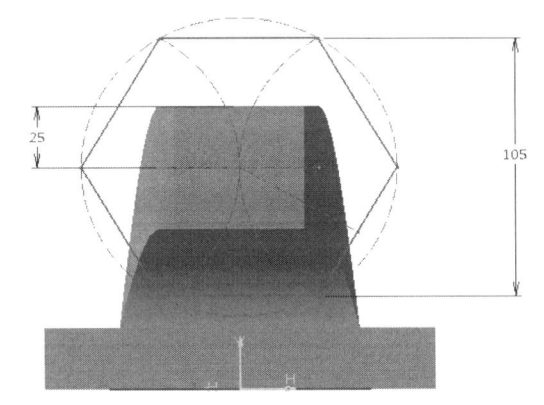

9) Pad를 실행하고 15mm 돌출을 한다.

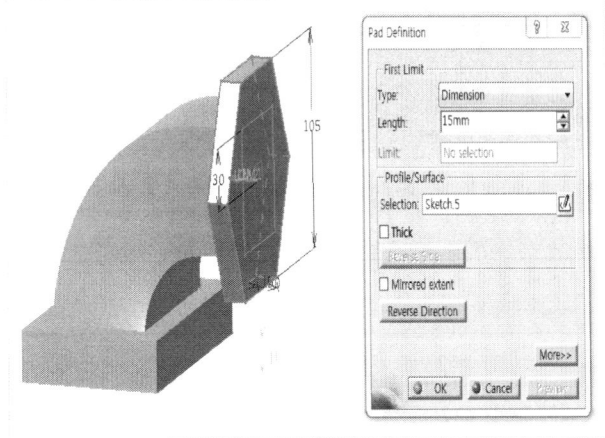

330

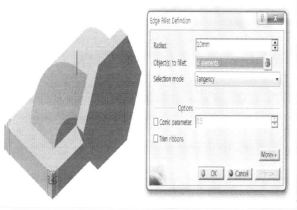

10) Edge Fillet을 실행하고 반경 : 10mm
로 필렛을 한다.

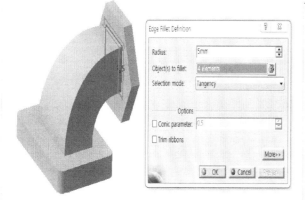

11) Edge Fillet을 실행하고 반경 : 5mm
로 필렛을 한다.

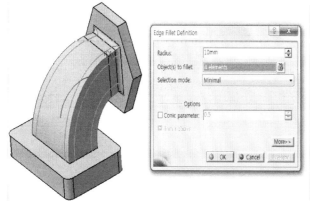

12) Edge Fillet을 실행하고 반경 : 10mm
로 필렛을 한다.

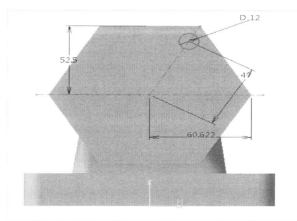

13) 스케치를 실행하고 Pad.2 객체의 우
측면을 선택하여 다음과 같이 스케치
를 한다.

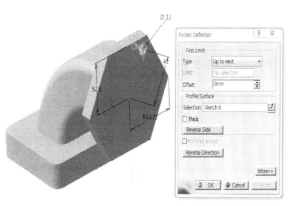

14) Pocket를 실행하고 Up to Next를 지
정하여 돌출 컷을 한다.

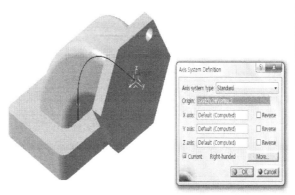

15) [Insert]-[Axis System]을 실행하고 다
음과 같이 Axis System을 생성한다.
다각형에는 회전축으로 선택할 수 있
는 것이 없기 때문에 다음과 같이
Axis System을 만들어 회전축으로
사용한다.

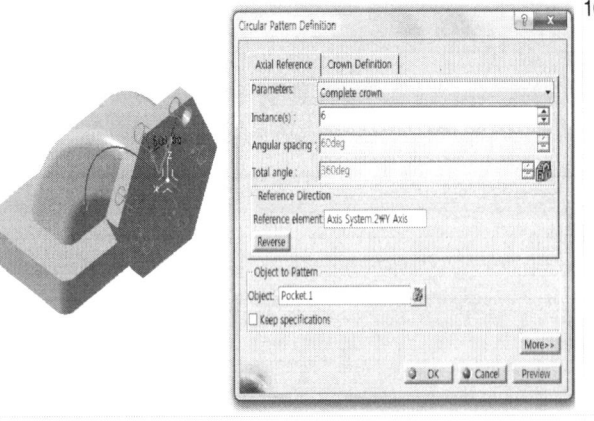

16) Circular Pattern을 실행하고 6개의 객체를 패턴복사 한다.

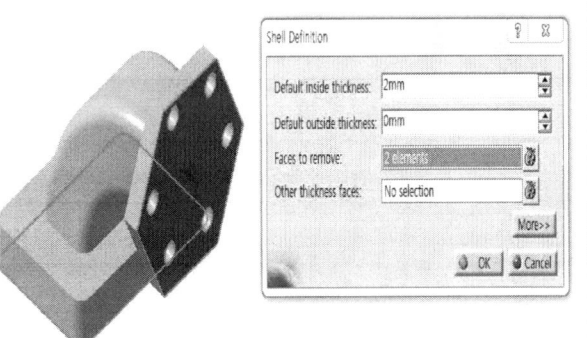

17) Shell을 실행하고 두께 : 2mm로 쉘을 생성한다.

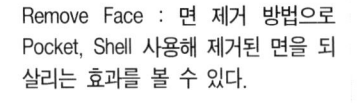

18) Remove Face를 실행하고 다음 면을 지정하여 제거한다.

- Remove Face : 면 제거 방법으로 Pocket, Shell 사용해 제거된 면을 되살리는 효과를 볼 수 있다.

19) 다음과 같이 만들어진다.

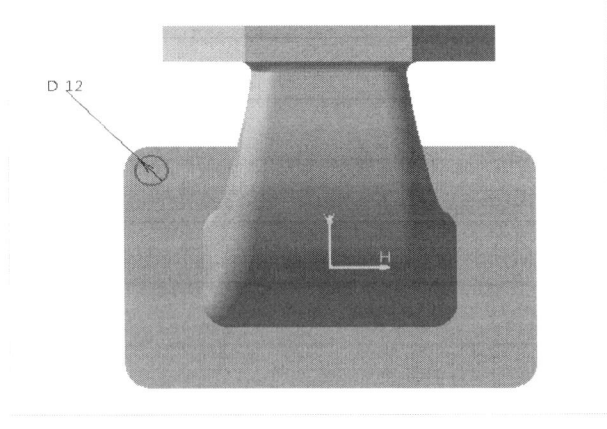

20) 스케치를 실행하고 Pad.1 객체의 윗면을 선택하여 다음과 같이 스케치를 한다.

21) Pocket를 실행하고 Up to Next를 지정하여 돌출 컷을 한다.

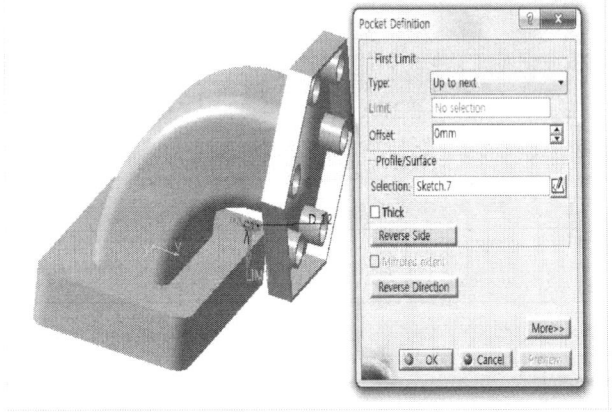

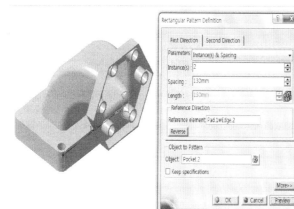

22) Rectangular Pattern을 실행하고 Instance : 2, 방향1 : Pad.1 객체의 장축 모서리를 선택, Spacing : 130mm를 지정한다.

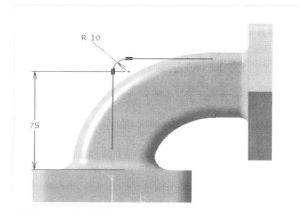

25) 스케치를 실행하고 YZ Plane을 선택하여 다음과 같이 스케치를 한다.

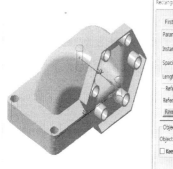

23) 방향2 : Pad.1 객체의 단축 모서리를 선택, Spacing : 80mm를 지정하여 Pocket.2 객체를 패턴복사 한다.

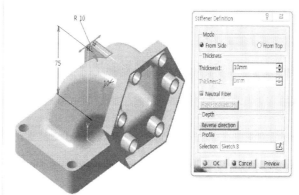

26) Stiffener를 실행하고 두께 : 10mm로 보강대를 생성한다.

24) Edge Fillet을 실행하고 반경 : 10mm로 필렛을 한다.

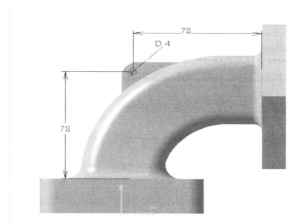

27) 스케치를 실행하고 Stiffener.1 객체의 앞면을 선택하여 다음과 같이 스케치를 한다.

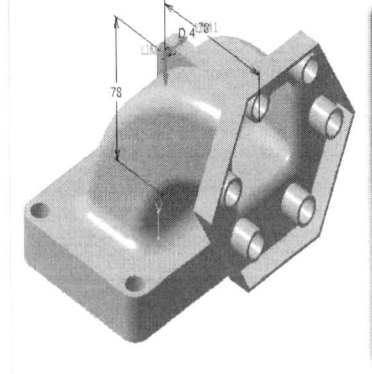
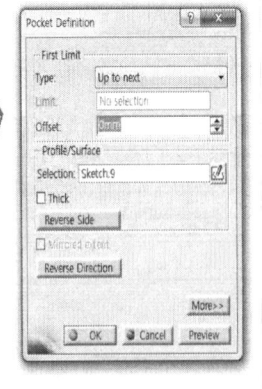

28) Pocket를 실행하고 Up to Next를 지정하여 돌출 컷을 한다.

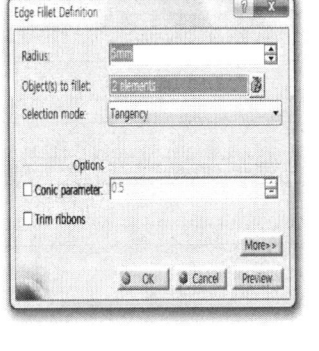

29) Edge Fillet을 실행하고 반경 : 5mm로 필렛을 한다.

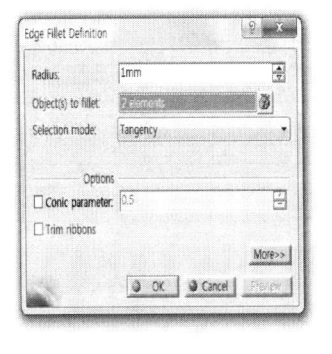

30) Edge Fillet을 실행하고 반경 : 1mm로 필렛을 한다.

● 완성 결과

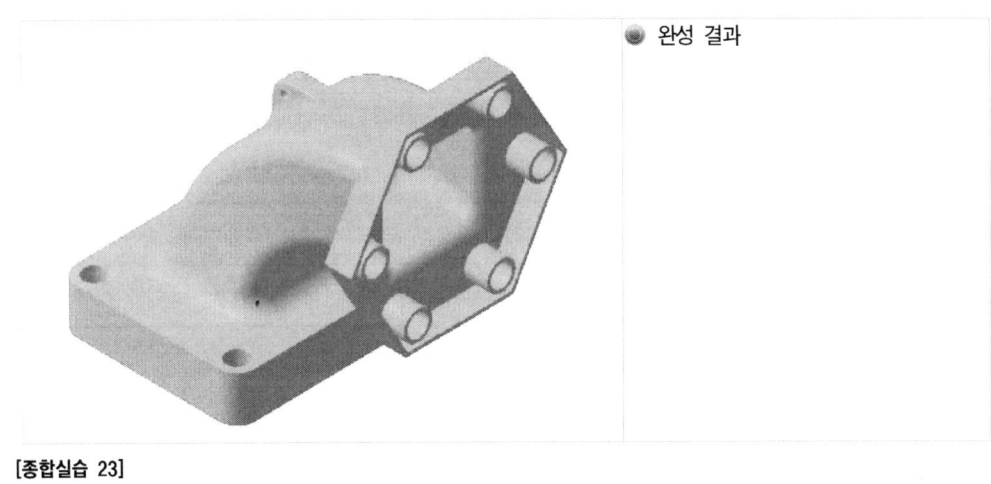

[종합실습 23]

1) 스케치를 실행하고 XY Plane을 선택하여 다음과 같이 스케치를 한다.

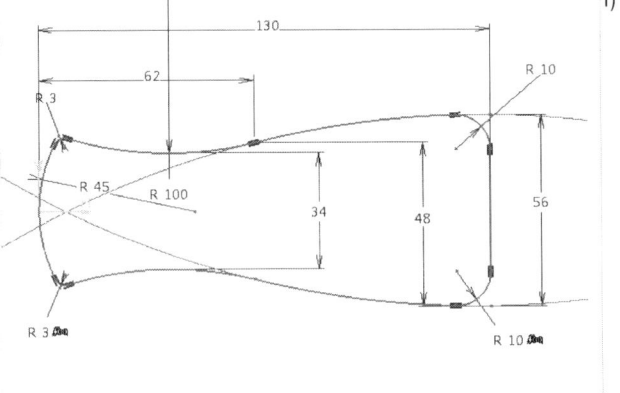

2) Pad를 실행하고 50mm 돌출을 한다.

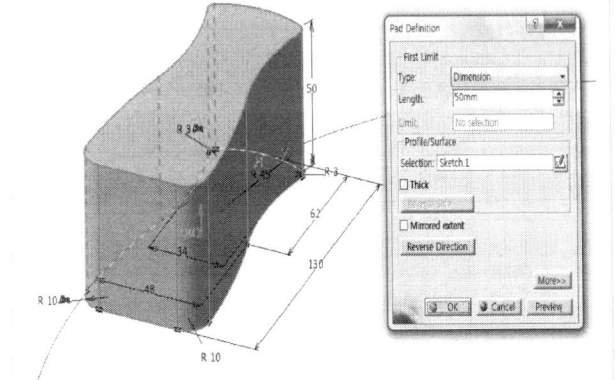

334

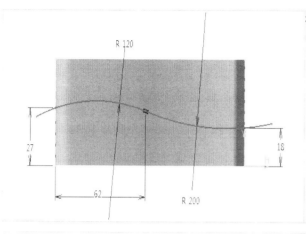

3) 스케치를 실행하고 ZX Plane을 선택하여 다음과 같이 스케치를 한다.

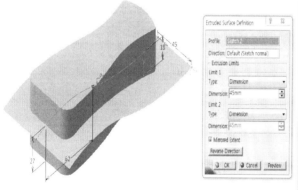

4) [Start]-[Shape]-[Generative Shape Design]을 선택한다.

5) Extrude를 실행하고 45mm, Mirrored Extent를 지정하여 돌출을 한다.

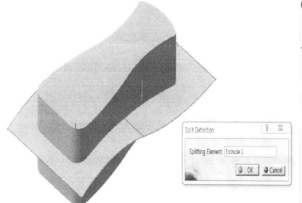

6) [Start]-[Mechanical Design]-[Part Design]을 선택한다.

7) Split를 실행하고 다음과 같이 지성하여 Solid의 윗부분을 잘라낸다.

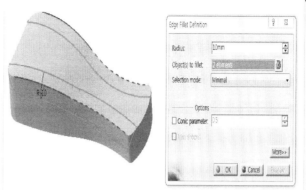

8) Edge Fillet을 실행하고 반경 : 10mm로 필렛을 한다.

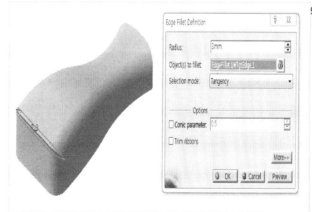

9) Edge Fillet을 실행하고 반경 : 3mm로 필렛을 한다.

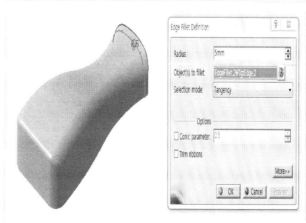

10) Edge Fillet을 실행하고 반경 : 5mm로 필렛을 한다.

11) 스케치를 실행하고 XY Plane을 선택
하여 다음과 같이 스케치를 한다.

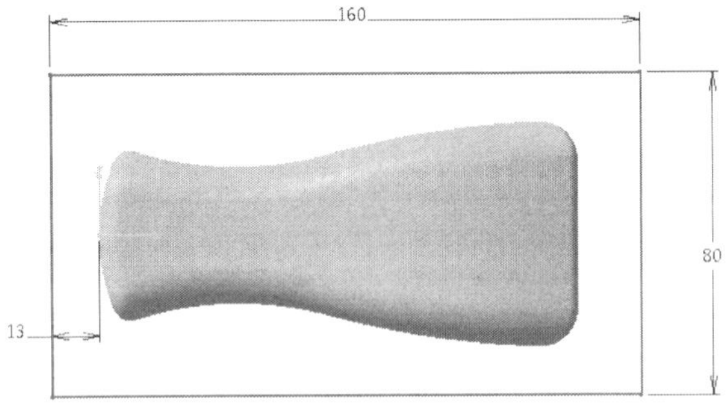

12) Pad를 실행하고 10mm 돌출을 한다.

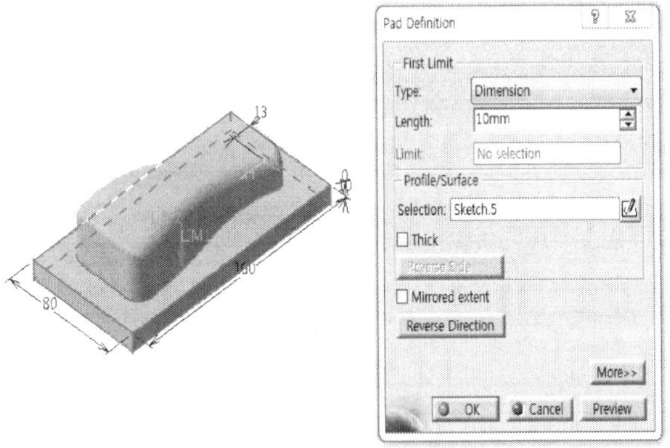

● 완성 결과

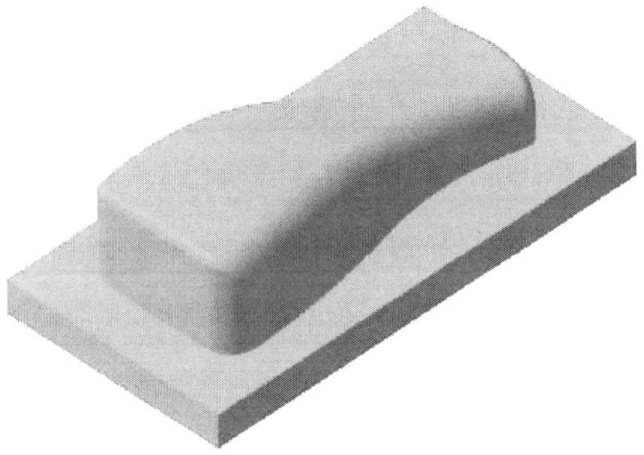

[종합실습 24] Bearing Supporter

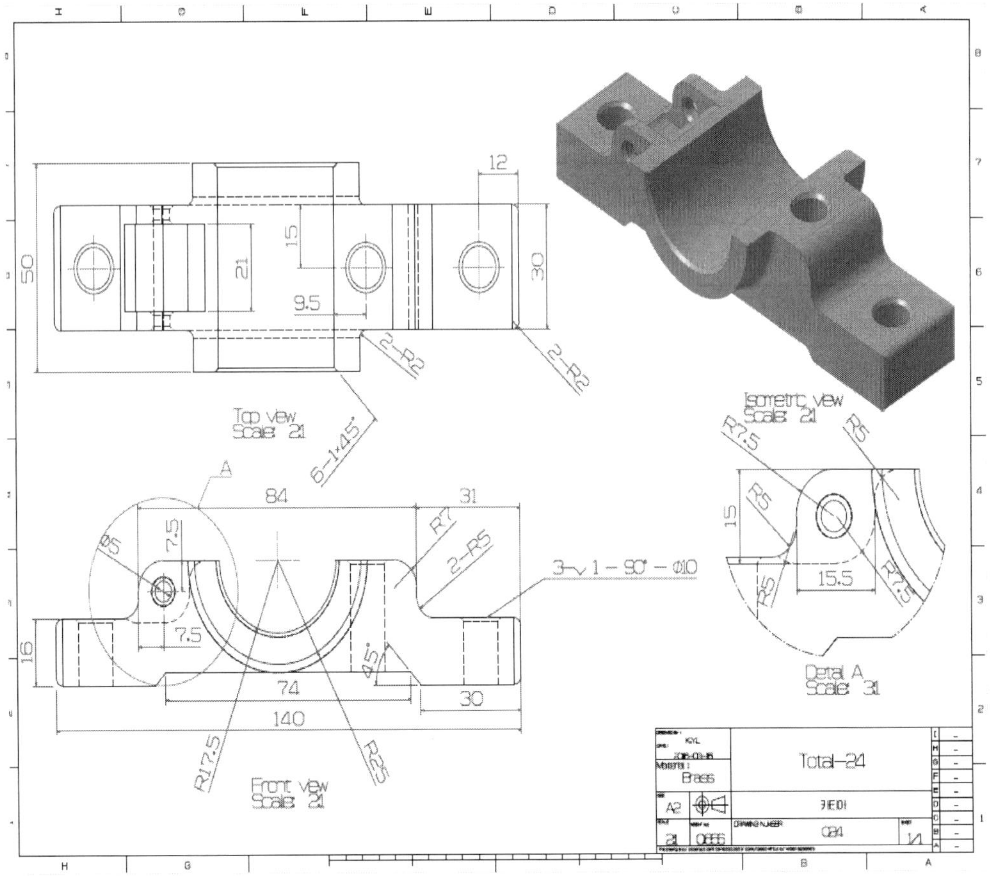

Top view
Scale 2:1

Isometric view
Scale 2:1

Front view
Scale 2:1

Detail A
Scale 3:1

Total-24
Brass
A2
키메이
Q24

1) 스케치를 실행하고 YZ Plane을 선택하
여 다음과 같이 스케치를 한다.

336

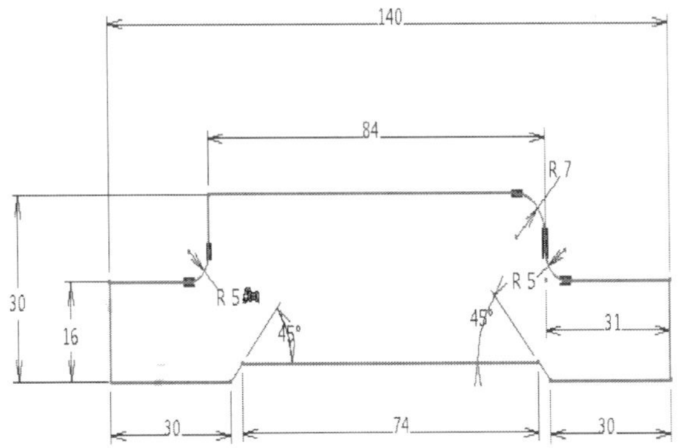

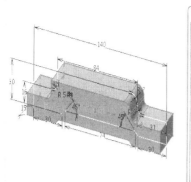

2) Pad를 실행하고 15mm, Mirrored Extent 를 지정하여 돌출을 한다.

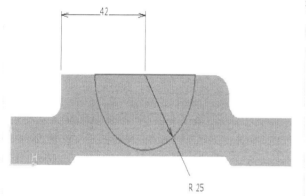

3) 스케치를 실행하고 YZ Plane을 선택 하여 다음과 같이 스케치를 한다.

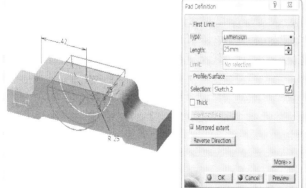

4) Pad를 실행하고 25mm, Mirrored Extent 를 지정하여 돌출을 한다.

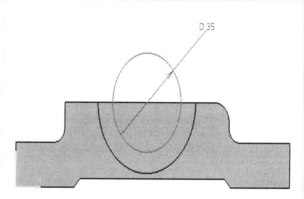

5) 스케치를 실행하고 Pad.2의 앞면을 선 택하여 다음과 같이 스케치를 한다.

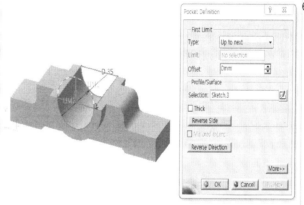

6) Pocket을 실행하고 Up to Next를 지 정하여 돌출 컷을 한다.

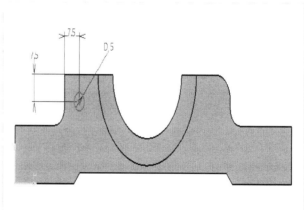

7) 스케치를 실행하고 Pad.1의 앞면을 선 택하여 다음과 같이 스케치를 한다.

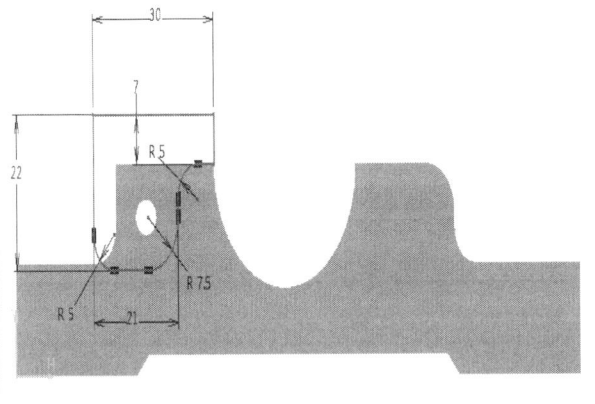

8) Pocket을 실행하고 Up to Next를 지
정하여 돌출 컷을 한다.

9) 스케치를 실행하고 YZ Plane을 선택
하여 다음과 같이 스케치를 한다.

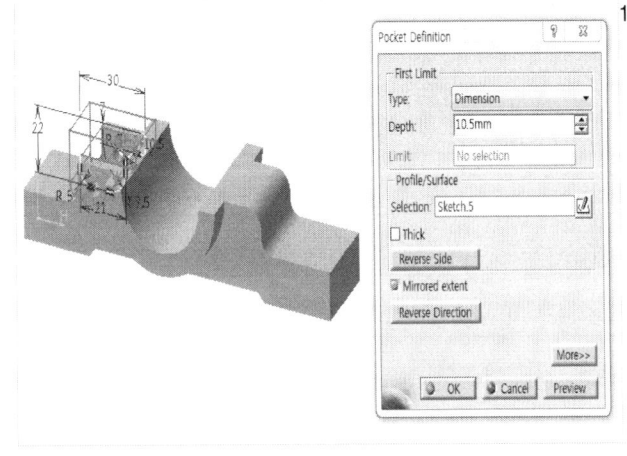

10) Pocket를 실행하고 10.5mm, Mirrored
Extent를 지정하여 돌출을 한다.

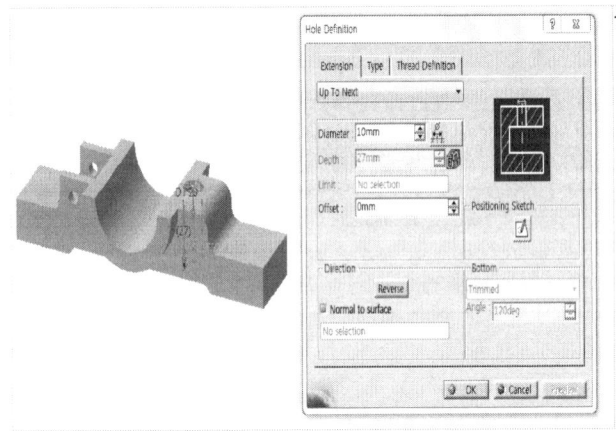

11) Hole을 실행하고 Up to Next를 지정
한다.

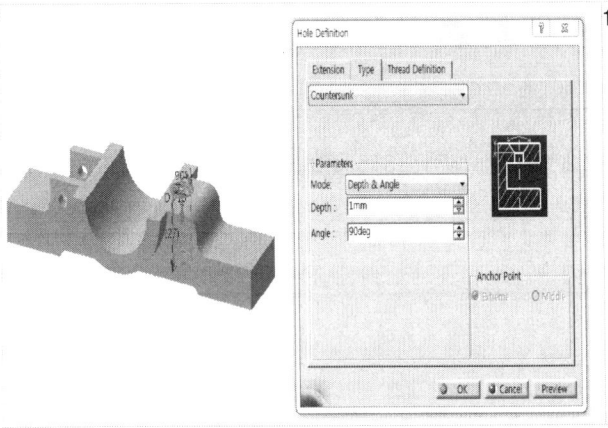

12) Hole Type : Countersunk, Depth :
1mm, Angle : 90deg를 지정한다.

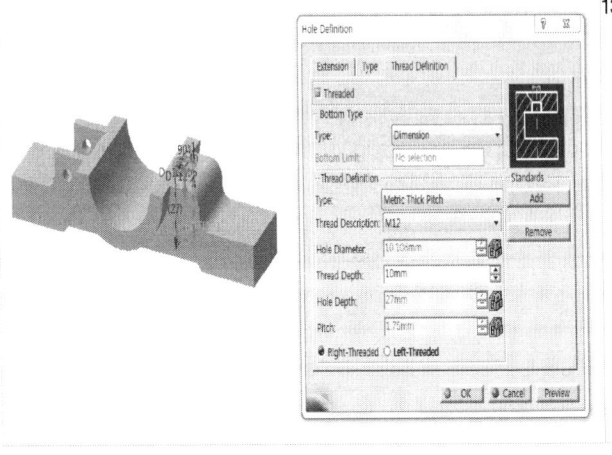

13) Threaded를 선택하여 다음과 같이 지
정한다.

338

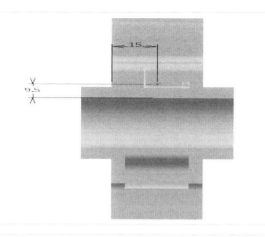

14) [Extension]탭의 Positioning Sketch에서 Sketch를 선택하여 다음과 같이 구멍 위치를 지정한다.

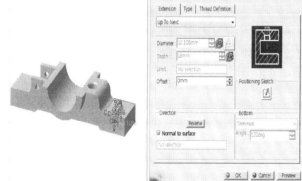

15) Hole을 실행하고 Up to Next를 지정한다.

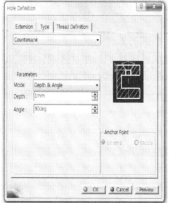

16) Hole Type : Countersunk를 선택, Depth : 1mm, Angle : 90deg를 지정한다.

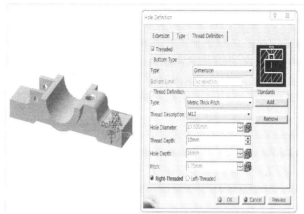

17) Threaded를 선택하여 다음과 같이 지정한다.

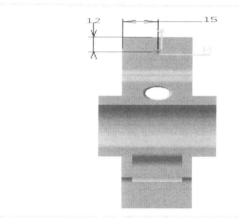

18) [Extension]탭의 Positioning Sketch에서 Sketch를 선택하여 다음과 같이 구멍 위치를 지정한다.

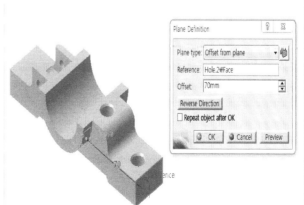

19) Plane을 실행하고 Pad.1의 우측면을 기준으로 70mm 위치에 Plane을 생성한다.

20) Mirror를 실행하고 Plane.1을 기준으로 Hole.2 객체를 대칭복사 한다.

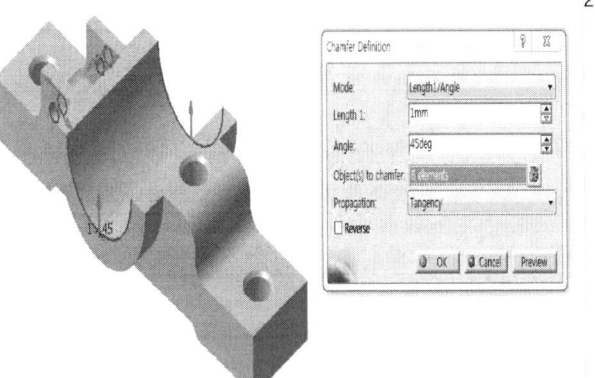

21) Chamfer를 실행하고 Length : 1mm, Angle : 45deg로 모따기를 생성한다.

22) Edge Fillet을 실행하고 반경 : 7.5mm로 필렛을 한다.

23) Edge Fillet을 실행하고 반경 : 2mm로 필렛을 한다.

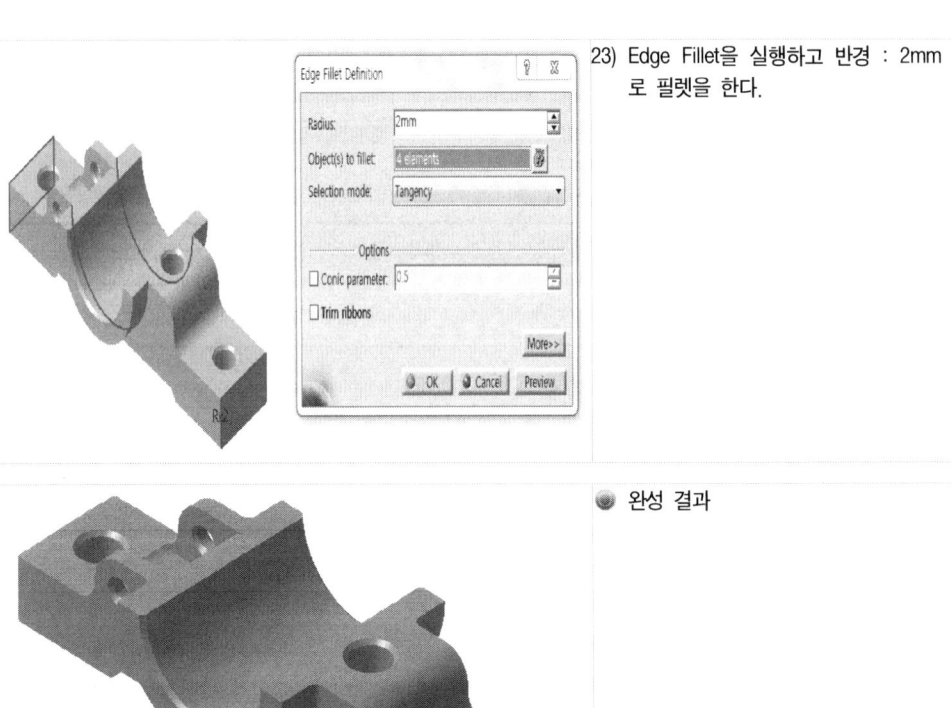

● 완성 결과

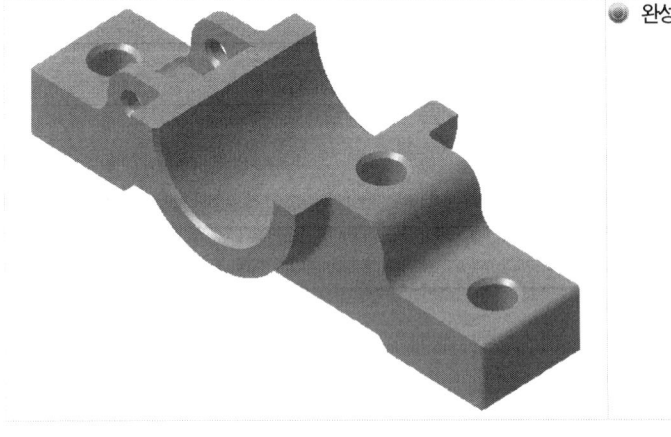

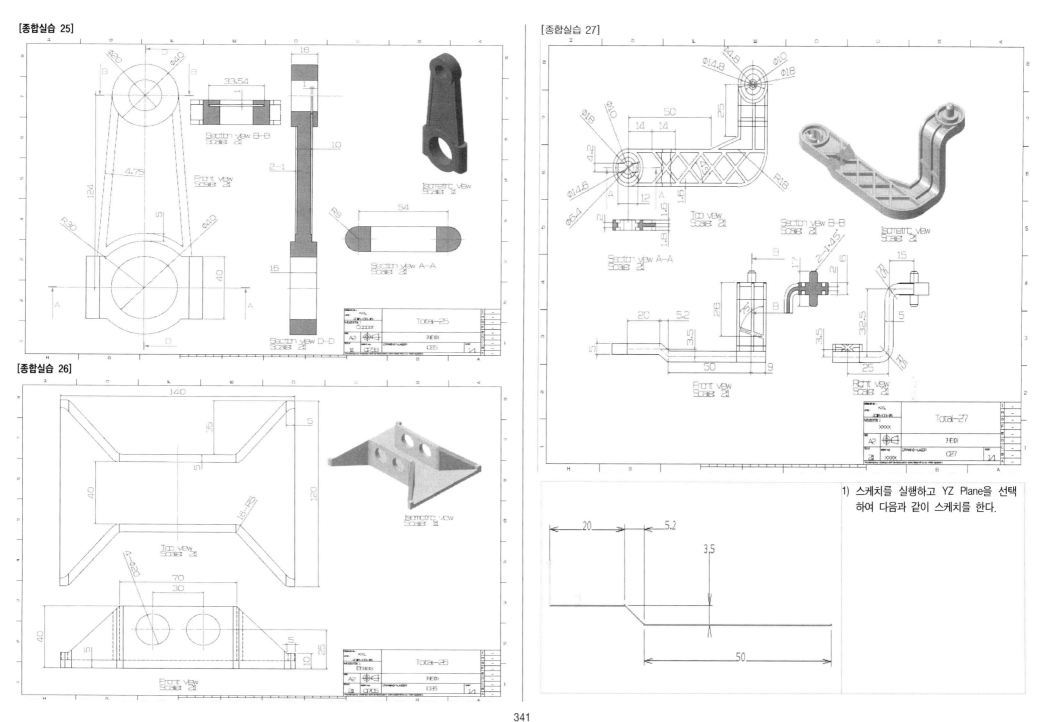

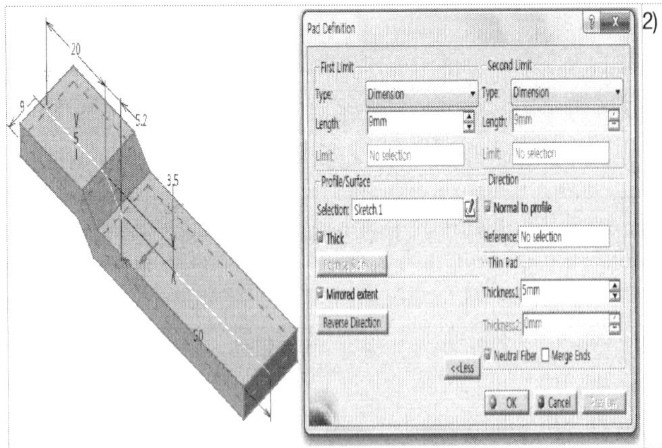

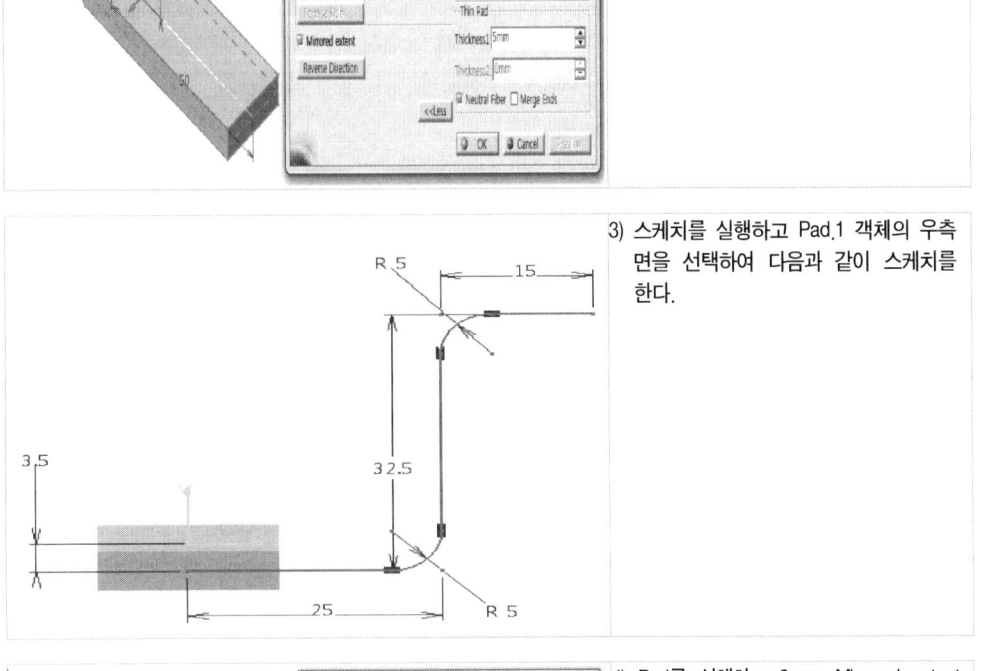

2) Pad를 실행하고 9mm, Mirrored extent 를 지정, Thick을 체크, Thickness1 : 5mm를 지정하여 돌출을 한다.

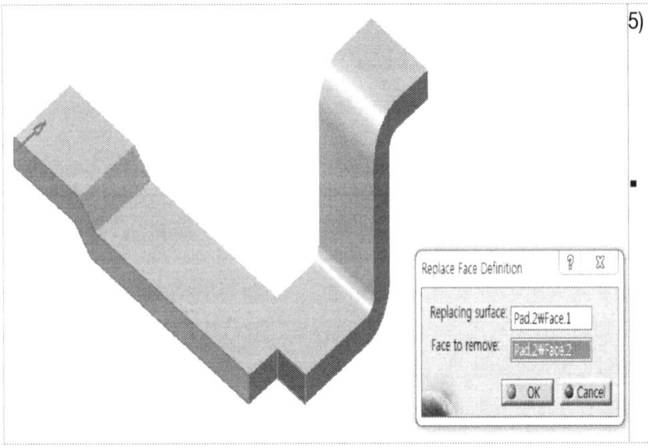

5) Replace Surface를 실행하고 두면을 선 택하여 다음과 같이 Solid로 대치를 한 다.

- Replace Surface의 의미 ?

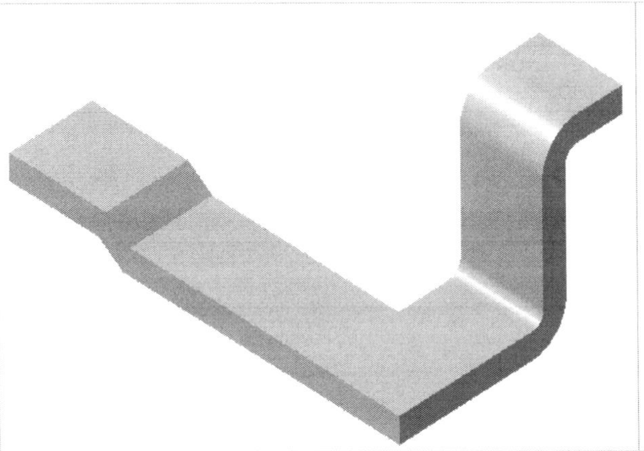

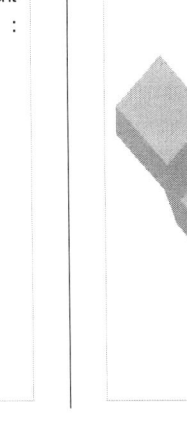

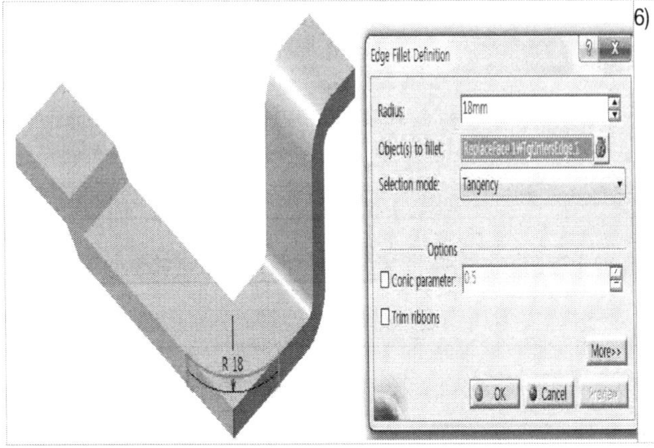

3) 스케치를 실행하고 Pad.1 객체의 우측 면을 선택하여 다음과 같이 스케치를 한다.

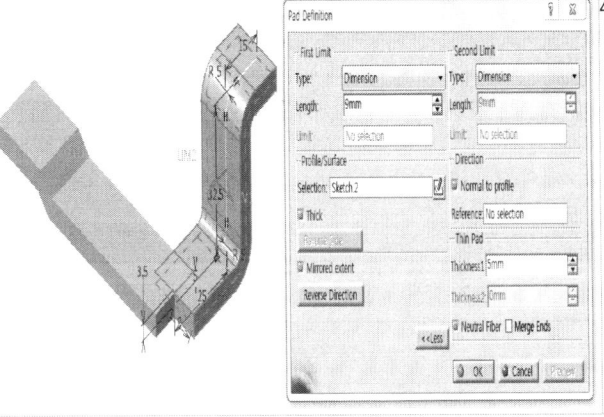

4) Pad를 실행하고 9mm, Mirrored extent 를 지정, Thick을 체크, Thickness1 : 5mm를 지정하여 돌출을 한다.

6) Edge Fillet을 실행하고 반경 : 18mm로 필렛을 한다.

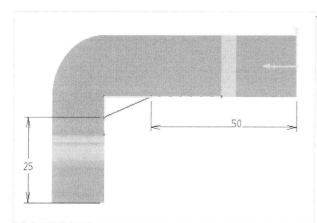

7) 스케치를 실행하고 Pad.1 객체의 윗면을 선택하여 다음과 같이 스케치를 한다.

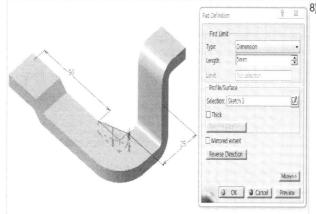

8) Pad를 실행하고 5mm 돌출을 한다.

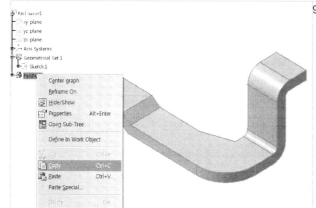

9) PartBody 위에서 마우스 우측버튼을 눌러 [Copy]를 선택한다.

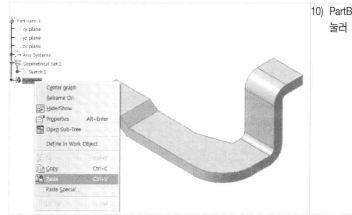

10) PartBody 위에서 마우스 우측버튼을 눌러 [Paste]를 선택한다.

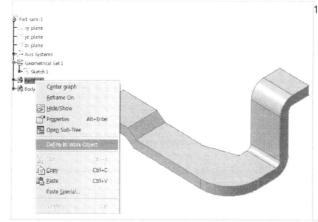

11) PartBody 위에서 마우스 우측 버튼을 눌러 [Define In Work Object]를 선택한다.

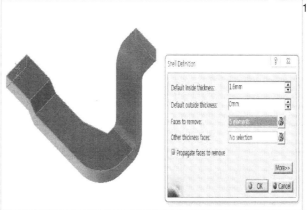

12) Shell을 실행하고 두께 : 1.6mm를 지정, Face to remove : 5부분을 선택한다. Body.2를 [Hide]를 한다.

13) 두께 : 3.4mm, Other Thickness face
   : Pad.1 객체의 밑면을 선택한다.

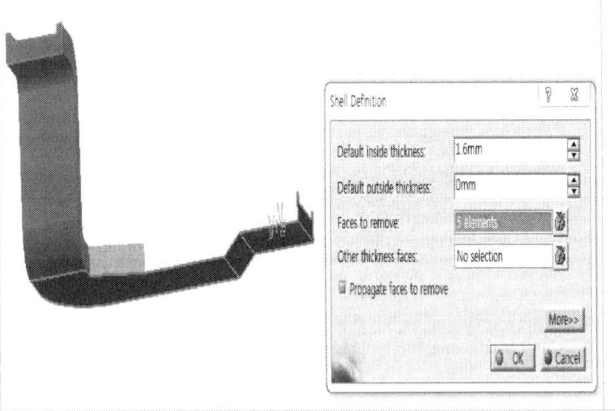

14) Shell을 실행하고 두께 : 1.6mm를 지
   정, Face to remove : 5부분을 선택
   한다.

15) 스케치를 실행하고 YZ Plane을 선택
   하여 다음과 같이 스케치를 한다.

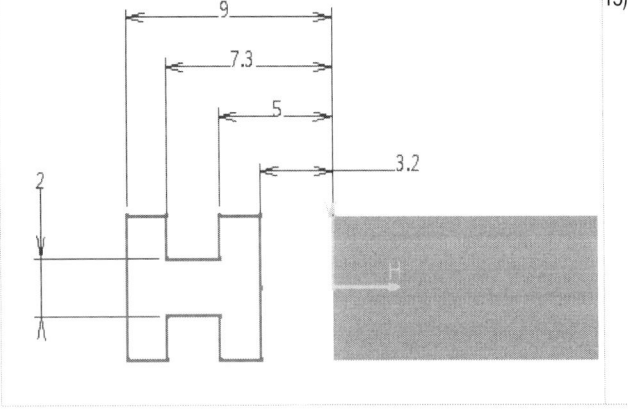

16) Shaft를 실행하고 360deg 회전을 한다.

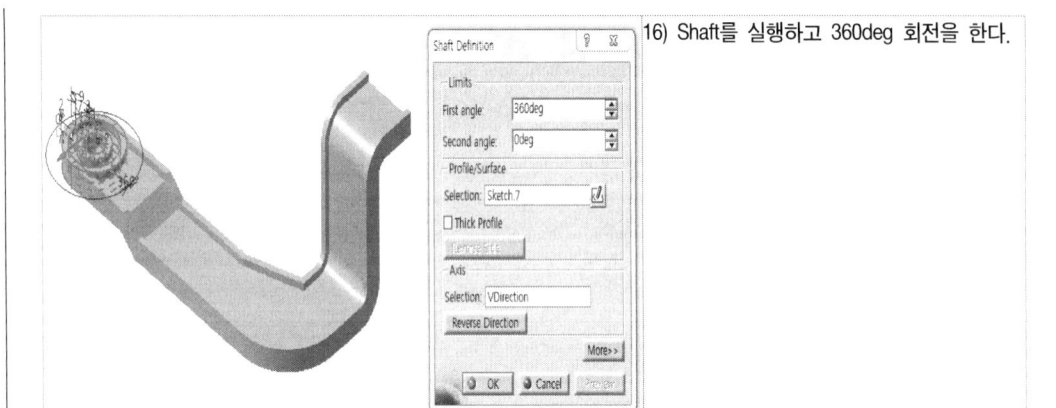

17) Hole을 실행하고 Diameter : 6.4mm, Up
   to Next를 지정, Positioning Sketch 아
   이콘을 누른다.

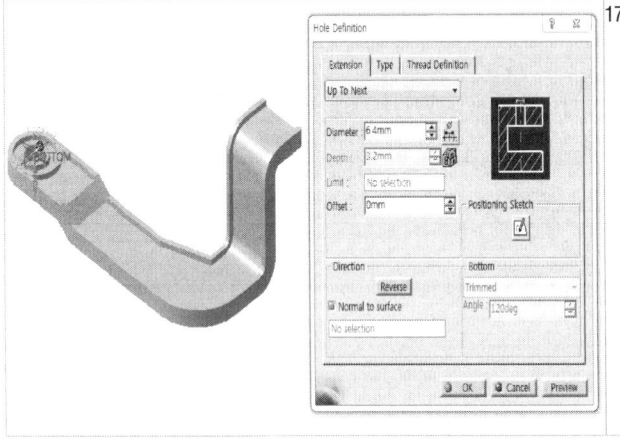

18) 구멍의 위치를 동심으로 구속한다.

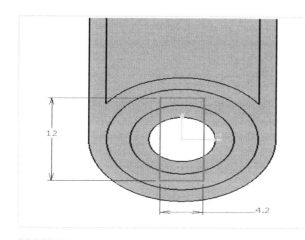

19) 스케치를 실행하고 Shaft.1 객체의 윗면을 선택하여 다음과 같이 스케치를 한다.

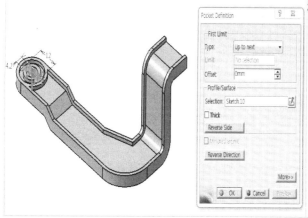

20) Pocket을 실행하고 Up to Next를 지정하여 돌출 컷을 한다.

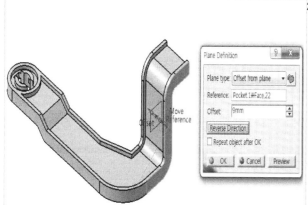

21) Plane을 실행하고 Pad.2 객체의 우측면으로부터 9mm 좌측에 Plane을 생성한다.

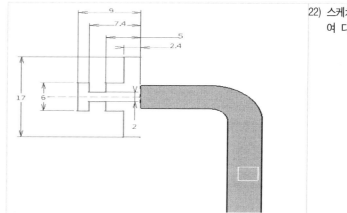

22) 스케치를 실행하고 Plane.1을 선택하여 다음과 같이 스케치를 한다.

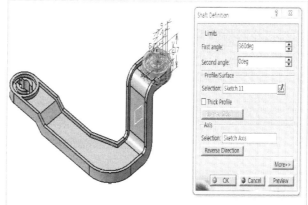

23) Shaft를 실행하고 360deg 회전을 한다.

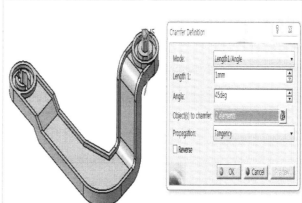

24) Chamfer를 실행하고 Length 1 : 1mm, Angle : 45deg로 모따기를 한다.

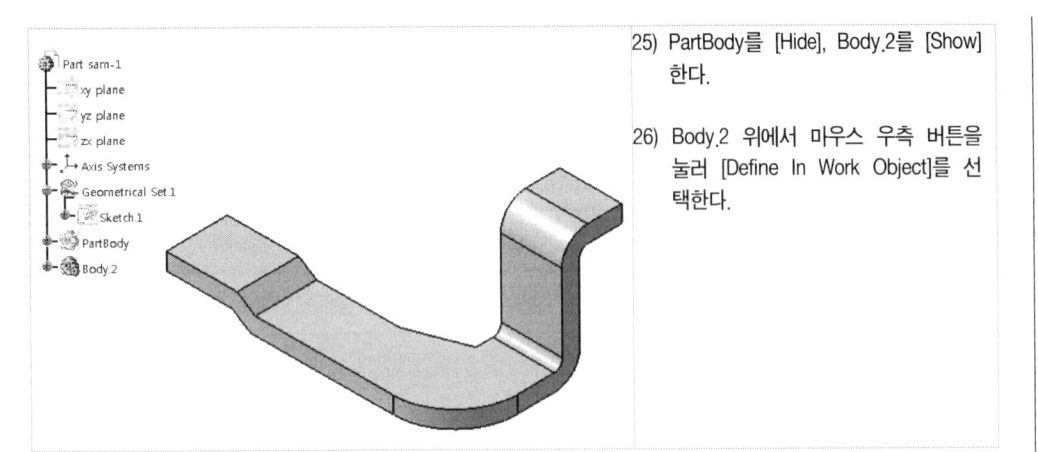

25) PartBody를 [Hide], Body.2를 [Show]
한다.

26) Body.2 위에서 마우스 우측 버튼을
눌러 [Define In Work Object]를 선
택한다.

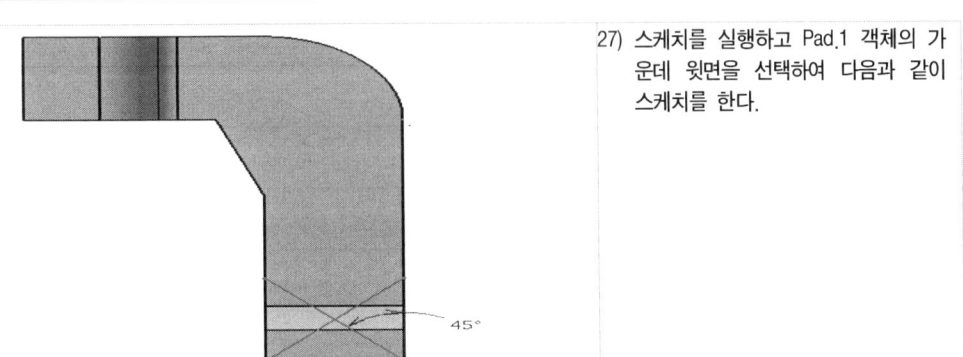

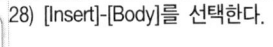

27) 스케치를 실행하고 Pad.1 객체의 가
운데 윗면을 선택하여 다음과 같이
스케치를 한다.

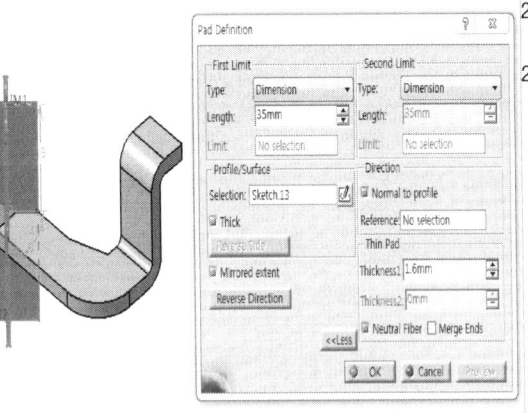
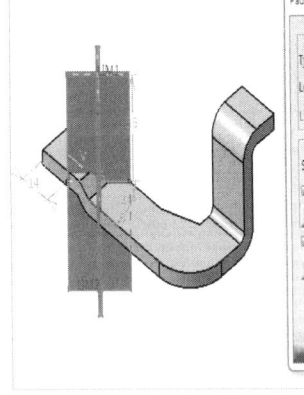

28) [Insert]-[Body]를 선택한다.

29) Pad를 실행하고 35mm, Mirrored ext
ent를 지정, Thick을 체크, Thickness
1 : 1.6 mm로 돌출을 한다.

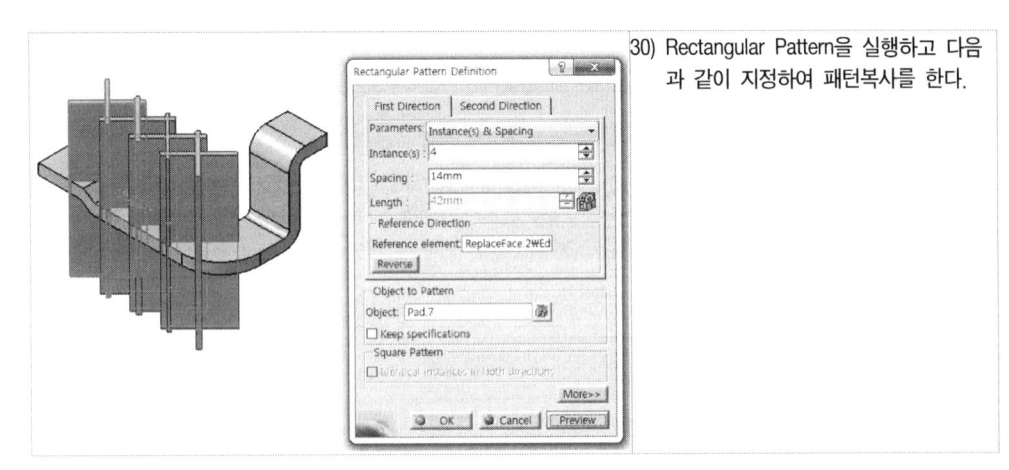

30) Rectangular Pattern을 실행하고 다음
과 같이 지정하여 패턴복사를 한다.

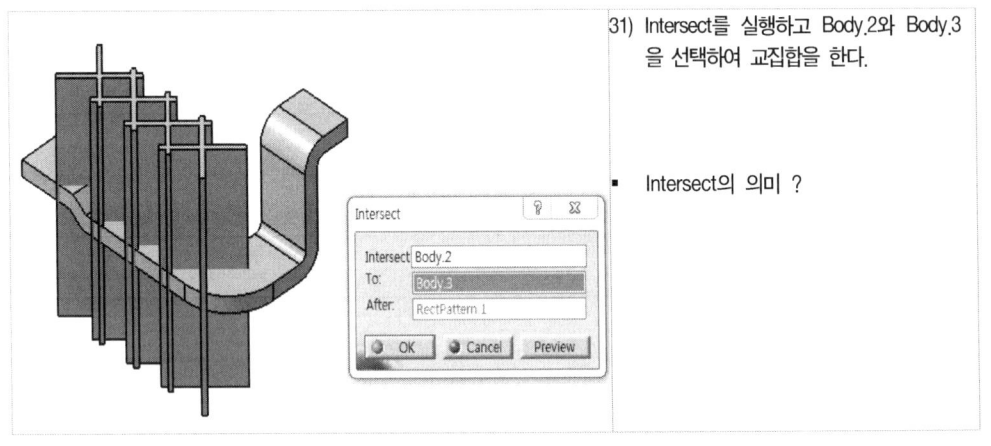

31) Intersect를 실행하고 Body.2와 Body.3
을 선택하여 교집합을 한다.

- Intersect의 의미 ?

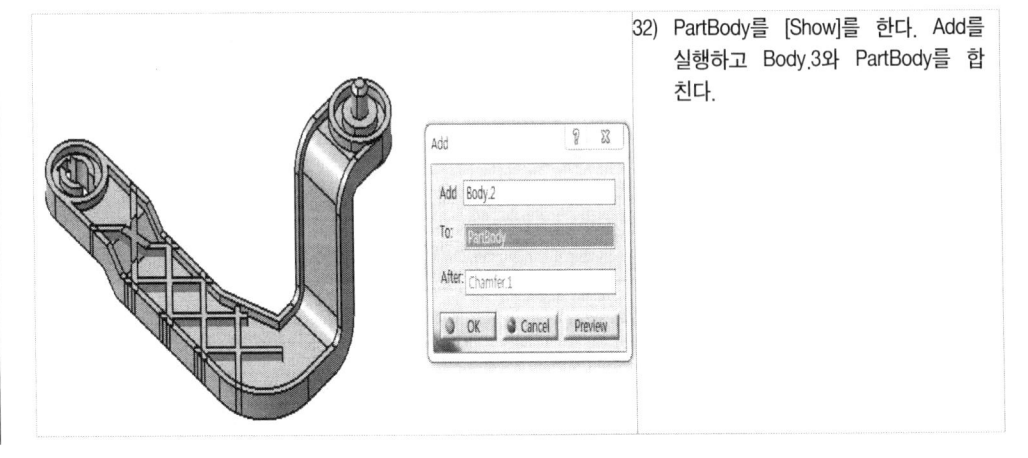

32) PartBody를 [Show]를 한다. Add를
실행하고 Body.3와 PartBody를 합
친다.

346

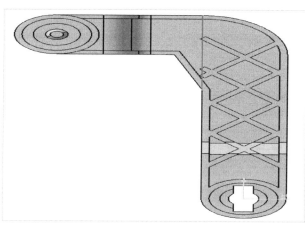

33) 스케치를 실행하고 Shell.1 객체의 옆
   객체의 윗면을 선택하여 다음과 같이
   스케치를 한다.

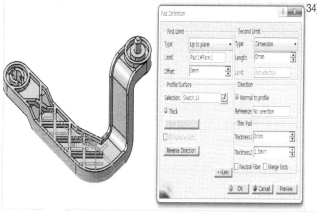

34) Pad를 실행하고 Up to Plane을 지
   정, 아랫면 옆 테두리 윗면을 선택,
   다음과 같이 두께를 지정하여 돌출
   을 한다.

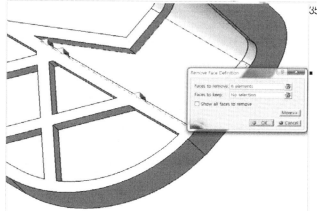

35) Remove Face를 실행하고 다음 면을
   선택하여 제거한다.

   ■ Remove Face의 의미 ?

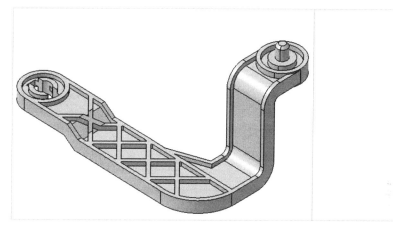

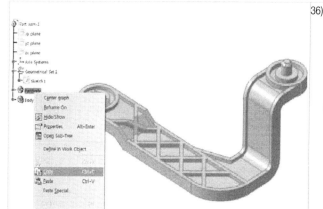

36) PartBody 위에서 마우스 우측버튼을
   눌러 [Copy]를 선택한다.

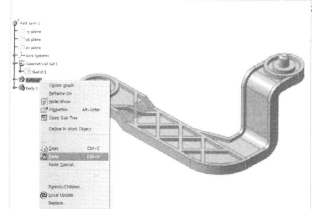

37) PartBody 위에서 마우스 우측버튼을
   눌러 [Paste]를 선택한다.
   Body.4를 [Hide]를 한다.

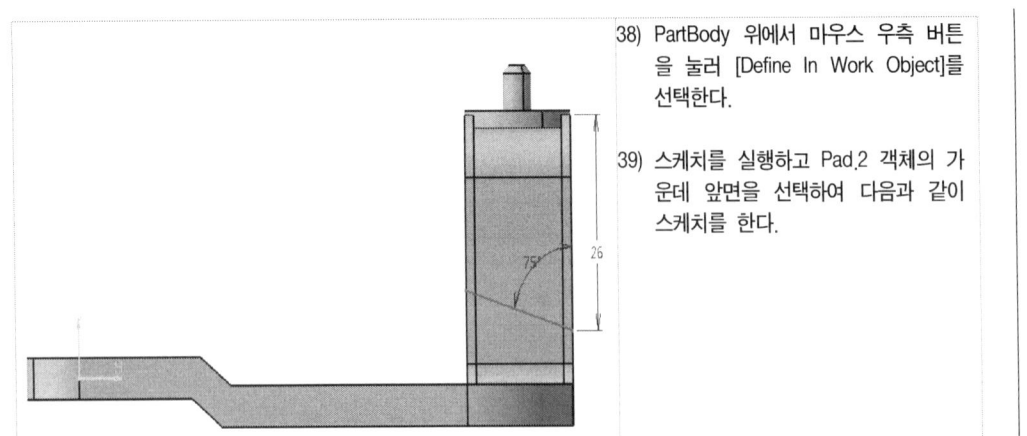

38) PartBody 위에서 마우스 우측 버튼을 눌러 [Define In Work Object]를 선택한다.

39) 스케치를 실행하고 Pad.2 객체의 가운데 앞면을 선택하여 다음과 같이 스케치를 한다.

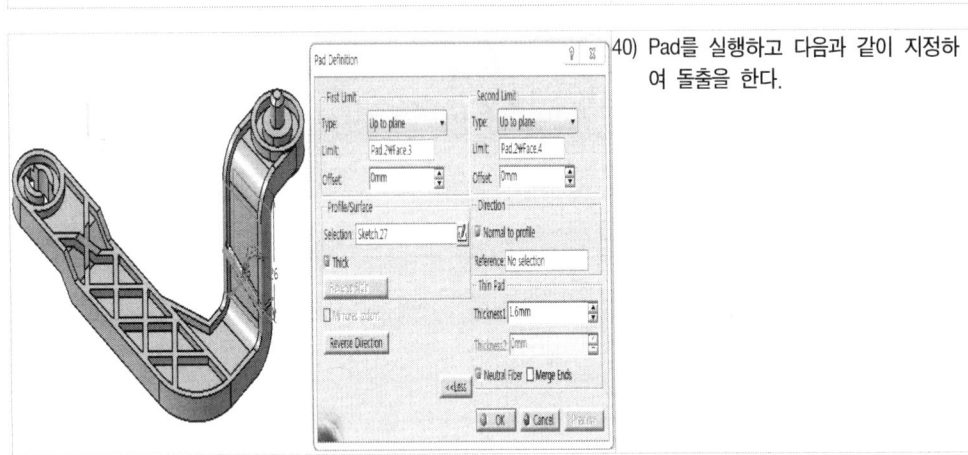

40) Pad를 실행하고 다음과 같이 지정하여 돌출을 한다.

41) Remove face를 실행하고 다음 4개의 면을 선택하여 제거한다.

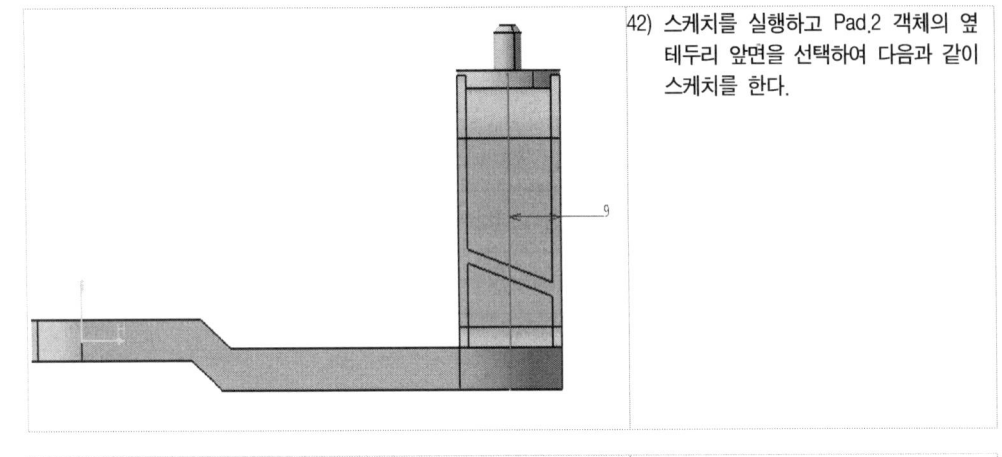

42) 스케치를 실행하고 Pad.2 객체의 옆 테두리 앞면을 선택하여 다음과 같이 스케치를 한다.

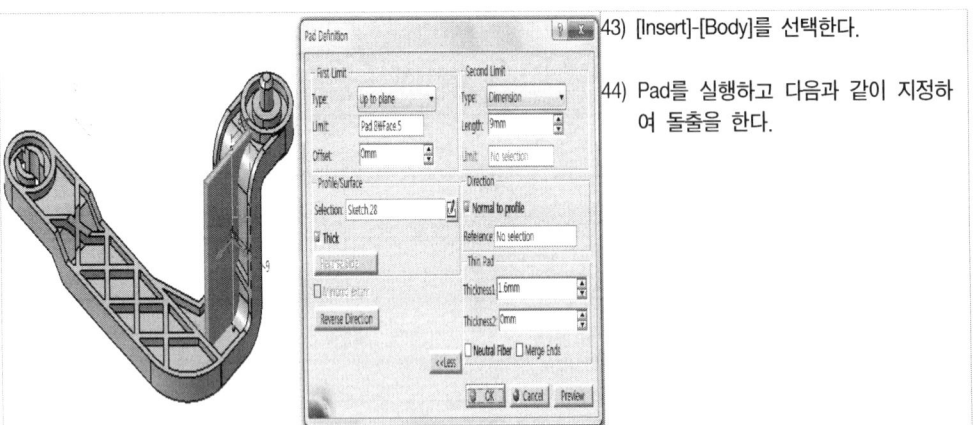

43) [Insert]-[Body]를 선택한다.

44) Pad를 실행하고 다음과 같이 지정하여 돌출을 한다.

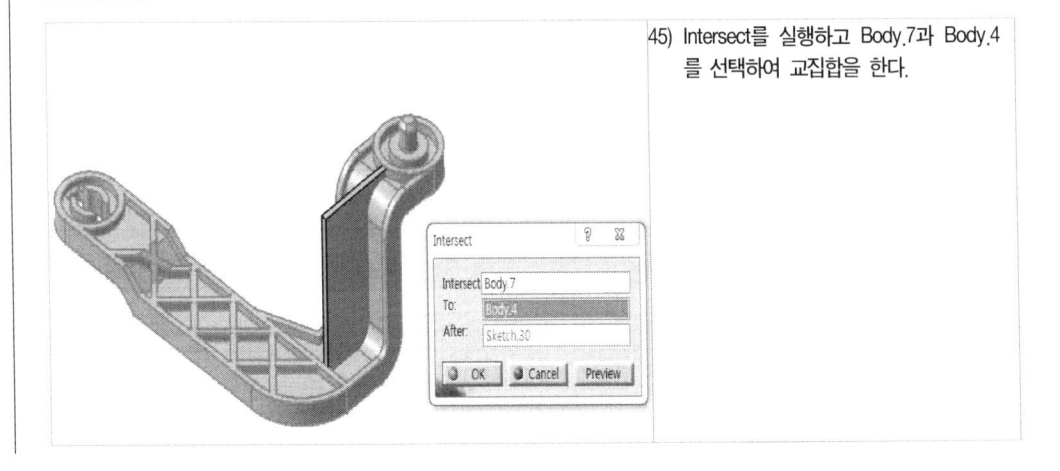

45) Intersect를 실행하고 Body.7과 Body.4를 선택하여 교집합을 한다.

46) Thickness를 실행하고 두께 : 1.6mm
를 생성한다.

- Thickness의 의미 ?

47) Thickness를 실행하고 두께 : 1.6mm
를 생성한다.

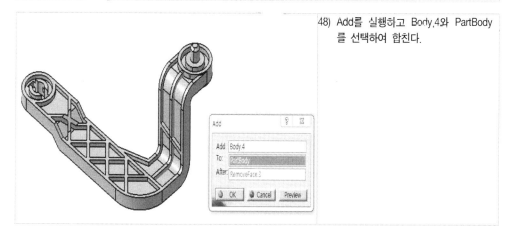

48) Add를 실행하고 Body.4와 PartBody
를 선택하여 합친다.

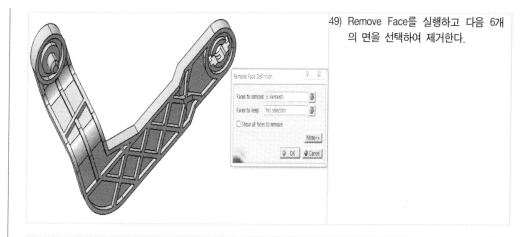

49) Remove Face를 실행하고 다음 6개
의 면을 선택하여 제거한다.

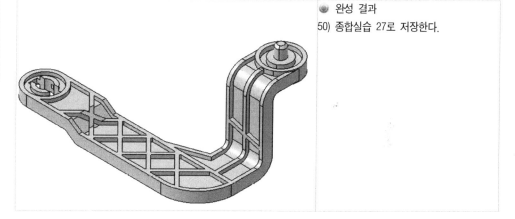

◉ 완성 결과

50) 종합실습 27로 저장한다.

Isometric view
Scale 1:2

Top view
Scale 1:2

* 도시하지 않은 필렛 : R10

Front view
Scale 1:2

Right view
Scale 1:2

R42

핀의 두께 : 8, R50

Bottom View
Scale 1:3

12-R7.5

		1	-
DESIGNED BY	KYL	H	-
DATE :	2005-05-30	G	-
CHECKED BY		F	-
DATE :	2005-05-30	E	-
	Total-28	D	-
A3	카타야	C	-
SCALE	DRAWING NUMBER	B	-
1:2	015	028	1:1	A	-

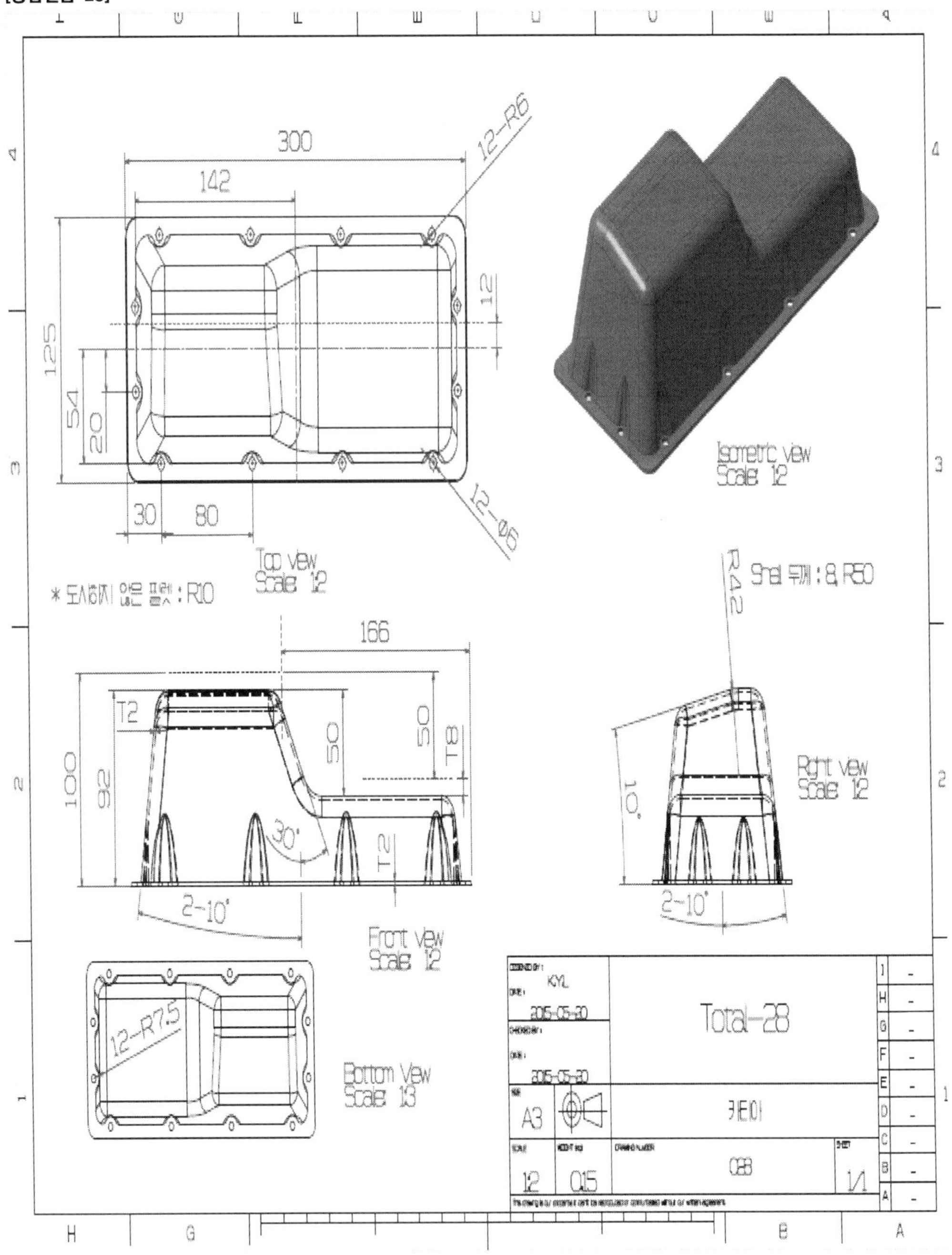

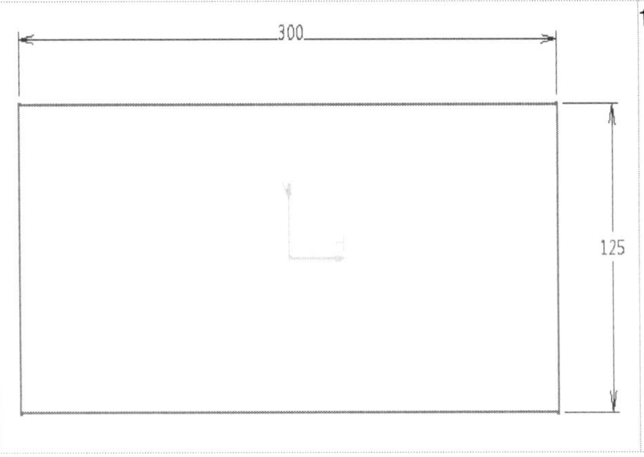

1) 스케치를 실행하고 XY Plane을 선택
하여 다음과 같이 스케치를 한다.

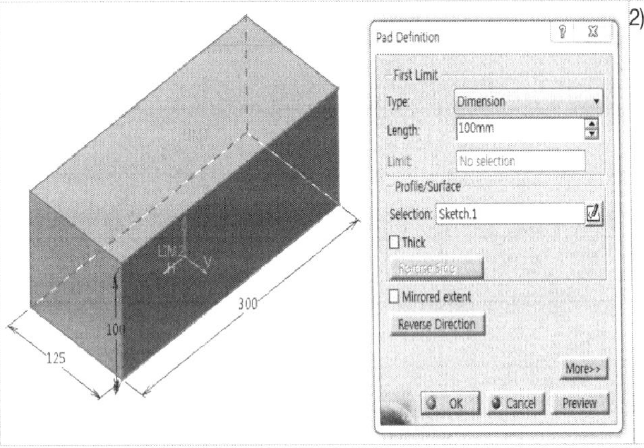

2) Pad를 실행하고 100mm 돌출을 한다.

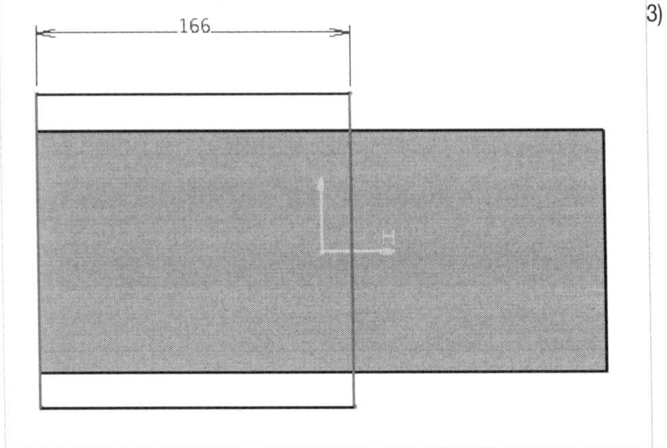

3) 스케치를 실행하고 Pad.1 객체의 윗
면을 선택하여 다음과 같이 스케치를
한다.

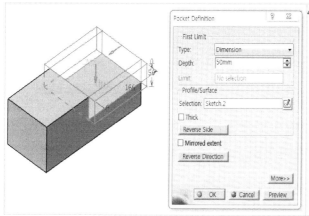

4) Pocket을 실행하고 50mm 돌출 컷을 한다.

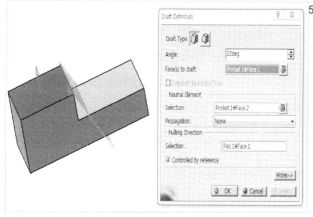

5) Draft를 실행하고 Angle : 30deg, 구배면 : 측면 선택, 기준면 : Pad.1 객체의 윗면을 선택하여 구배를 준다.

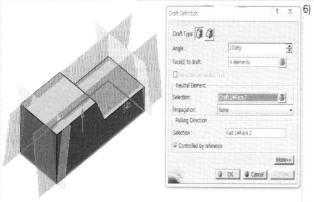

6) Draft를 실행하고 Angle : 10deg, 구배면 : 측면 선택, 기준면 : Pad.1 객체의 윗면을 선택하여 구배를 준다.

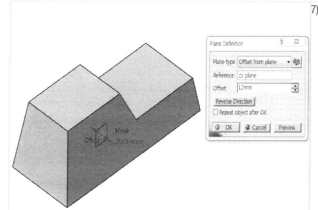

7) Plane을 실행하고 ZX Plane을 기준으로 12mm 좌측에 Plane을 생성한다.

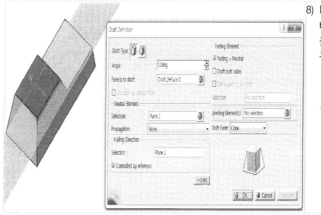

8) Draft를 실행하고 Angle : 10deg, 구배면 : 윗면 선택, 기준면 : Plane.1을 선택, Parting Element를 선택하여 구배를 준다.

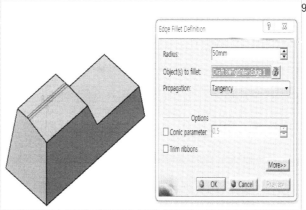

9) Edge Fillet을 실행하고 반경 : 50mm로 필렛을 한다.

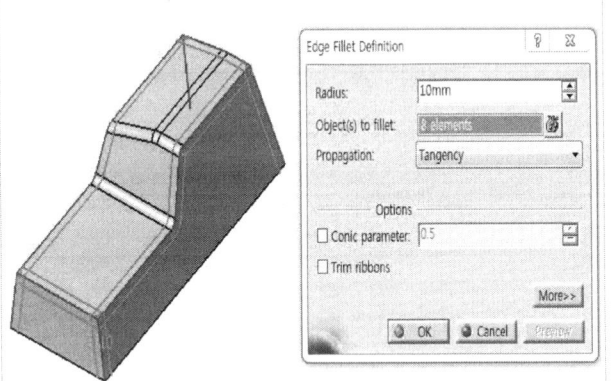

10) Edge Fillet을 실행하고 반경 : 10mm 로 필렛을 한다.

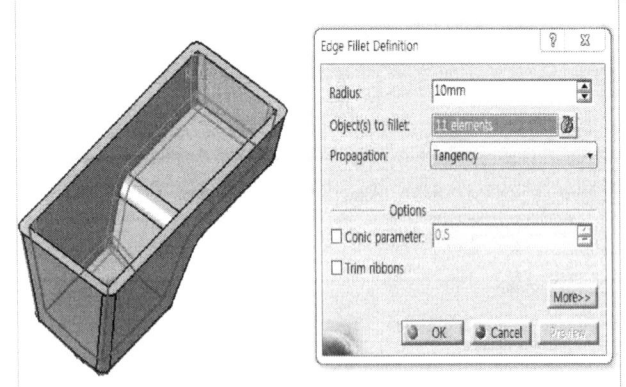

11) Edge Fillet을 실행하고 반경 : 10mm 로 필렛을 한다.

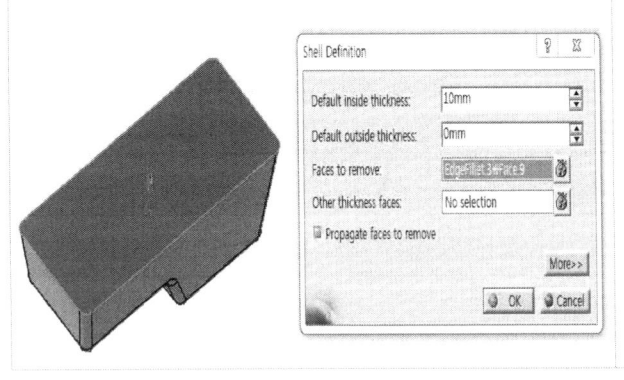

12) Shell을 실행하고 두께 : 10mm로 쉘을 생성한다.

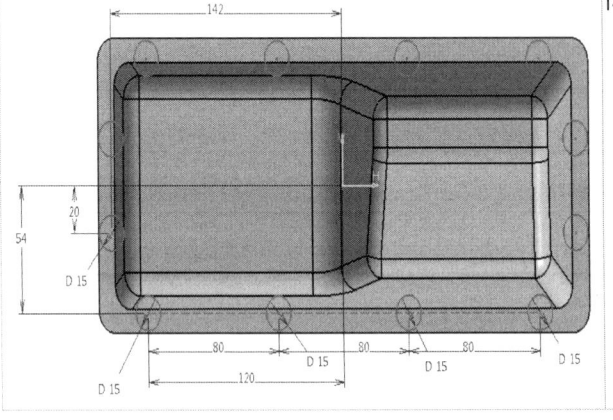

13) Edge Fillet을 실행하고 반경 : 10mm 로 필렛을 한다.

14) 스케치를 실행하고 XY Plane을 선택하여 다음과 같이 스케치를 한다.

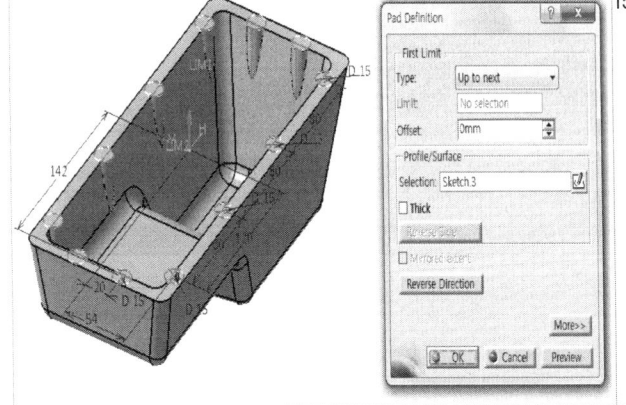

15) Pad를 실행하고 Up to Next를 지정하여 돌출을 한다.

352

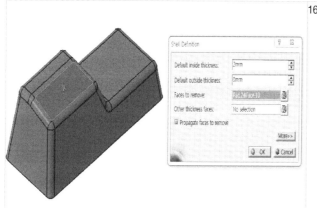

16) Shell을 실행하고 두께 : 2mm를 지정, 다음 면을 선택하여 쉘을 생성한다.

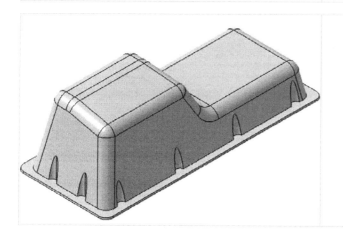

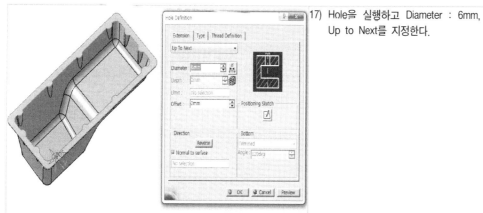

17) Hole을 실행하고 Diameter : 6mm, Up to Next를 지정한다.

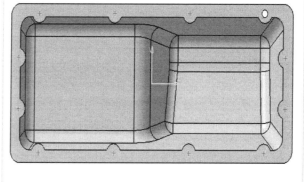

18) 스케치를 실행하고 Pad.1의 밑면을 선택하여 다음과 같이 Point를 찍는다.

- 반드시 + Point를 찍어야 한다.

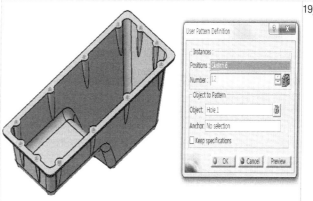

19) User Pattern을 실행하고 Positions : Sketch.6을 선택, Object : Hole.1 객체를 패턴복사 한다.

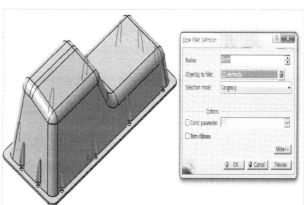

20) Edge Fillet을 실행하고 반경 : 6mm로 필렛을 한다.

1) 스케치를 사용하고 XY Plane을 사용하여에 다음과 같이 스케치를 한다.

500

350

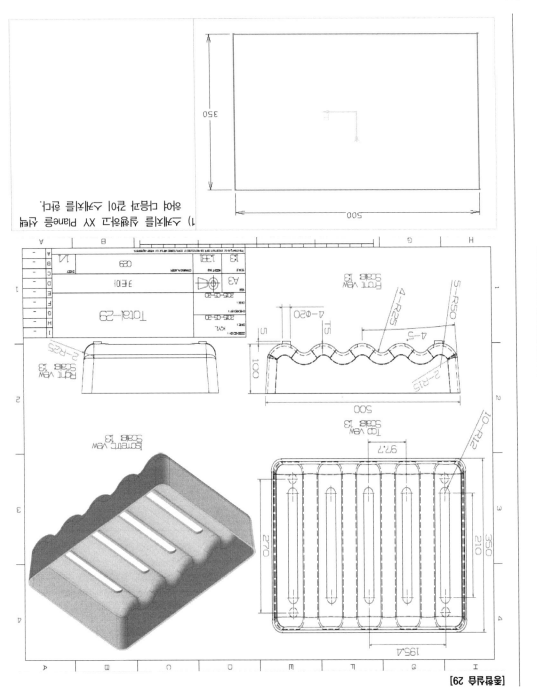

[종합과제 29]

Total-29

Isometric View
S3B□ T3

2-R25
Right View
S3B□ T3

Front View
S3B□ T3

4-Φ20
4-5
5-R50
2-R15

10-R12

97.7

270

350

210

195.4

21) 안쪽도 다음과 같이 사각형인다.

Edge Fillet Definition

22) Total-28로 저장한다.

● 완성 참고

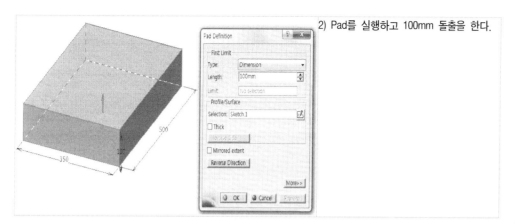

2) Pad를 실행하고 100mm 돌출을 한다.

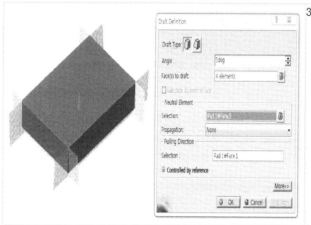

3) Draft를 실행하고 구배 각도 : 5deg, 구배면 : 측면 4개, 기준면 : Pad.1 객체의 윗면을 선택하여 다음과 같이 구배를 준다.

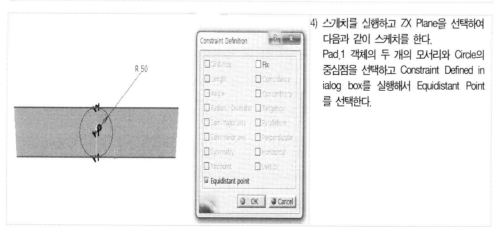

4) 스케치를 실행하고 ZX Plane을 선택하여 다음과 같이 스케치를 한다.
Pad.1 객체의 두 개의 모서리와 Circle의 중심점을 선택하고 Constraint Defined in ialog box를 실행해서 Equidistant Point 를 선택한다.

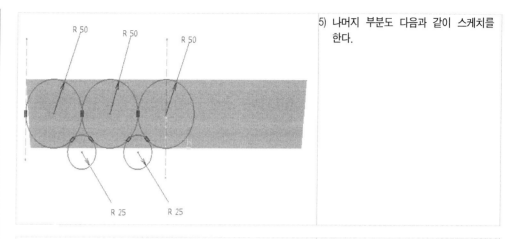

5) 나머지 부분도 다음과 같이 스케치를 한다.

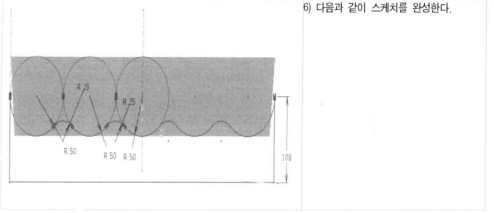

6) 다음과 같이 스케치를 완성한다.

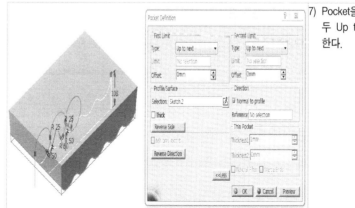

7) Pocket을 실행하고 방향1과 방향2 모두 Up to Next를 지정하여 돌출 컷을 한다.

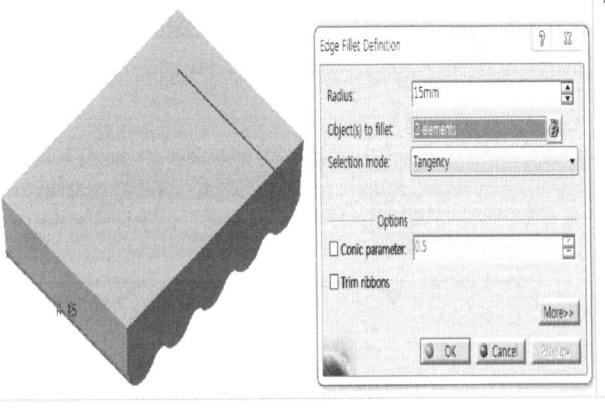

8) Edge Fillet을 실행하고 반경 : 15mm로 필렛을 한다.

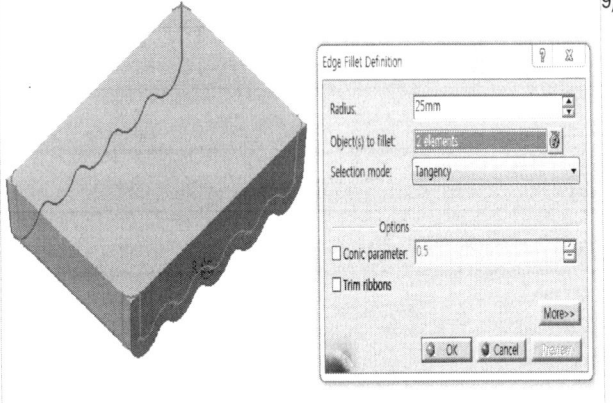

9) Edge Fillet을 실행하고 반경 : 25mm로 필렛을 한다.

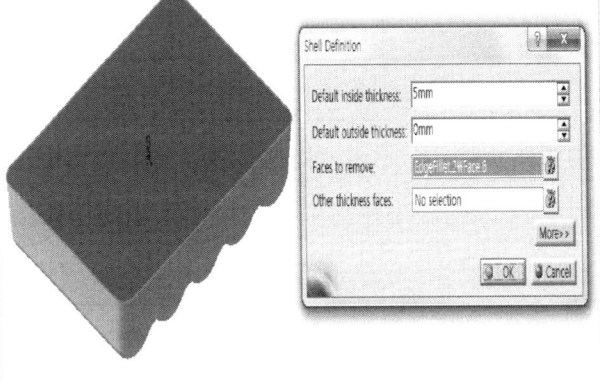

10) Shell을 실행하고 두께 : 5mm를 지정하여 쉘을 한다.

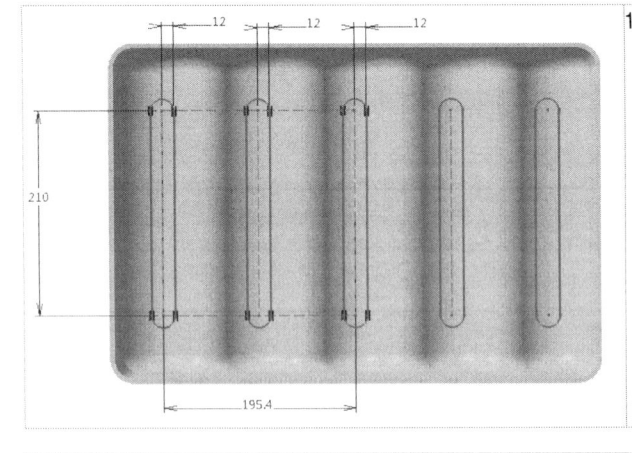

11) 스케치를 실행하고 XY Plane을 선택하여 다음과 같이 스케치를 한다.

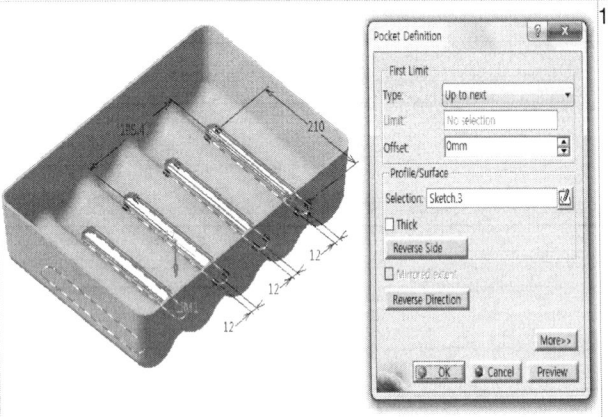

12) Pocket을 실행하고 Up to Next를 지정하여 돌출 컷을 한다.

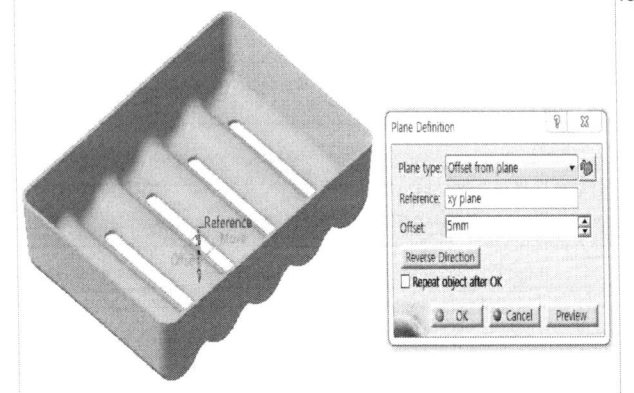

13) Plane을 실행하고 XY Plane을 기준으로 5mm 아래쪽에 Plane을 생성한다.

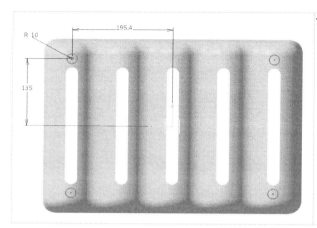

14) 스케치를 실행하고 Plane.1을 선택하여 다음과 같이 스케치를 한다.

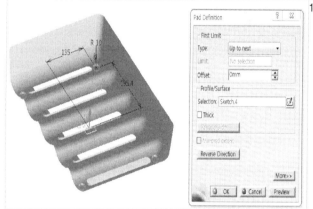

15) Pad를 실행하고 Up to Next를 지정하여 돌출을 한다.

● 완성 결과

16) Total-29로 저장한다.

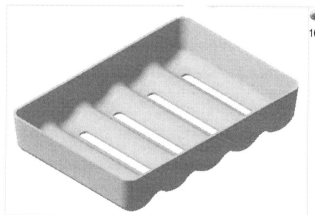

[종합실습 30]

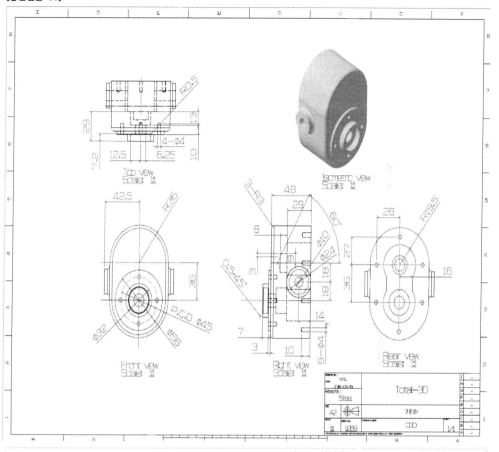

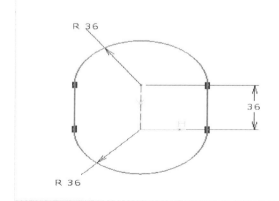

1) 스케치를 실행하고 ZX Plane을 선택하여 다음과 같이 스케치를 한다.

357

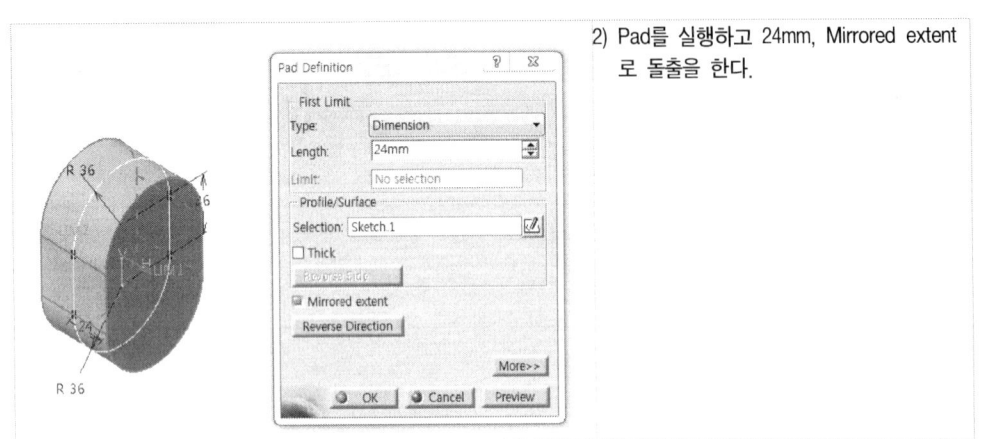

2) Pad를 실행하고 24mm, Mirrored extent
로 돌출을 한다.

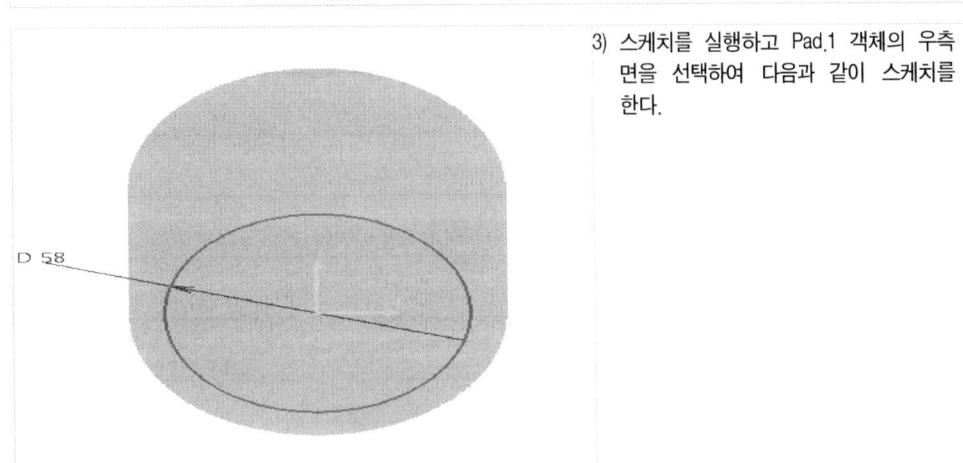

3) 스케치를 실행하고 Pad.1 객체의 우측
면을 선택하여 다음과 같이 스케치를
한다.

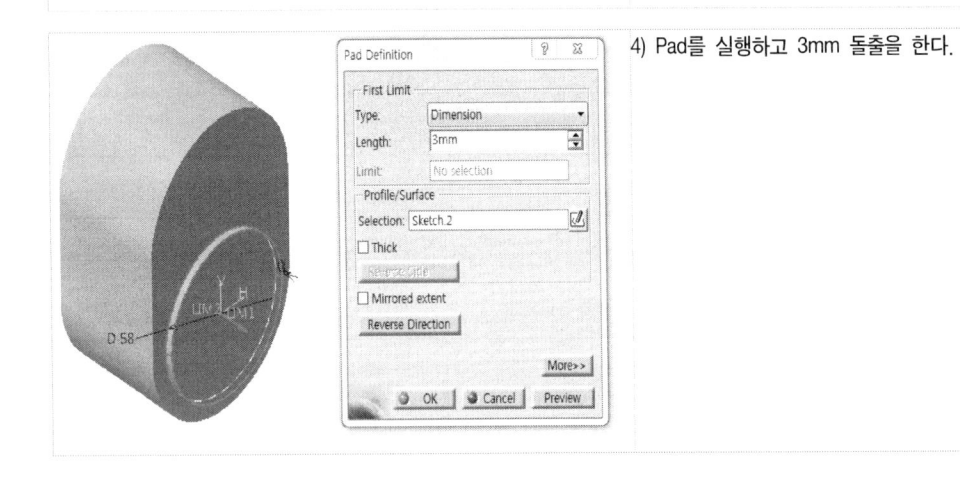

4) Pad를 실행하고 3mm 돌출을 한다.

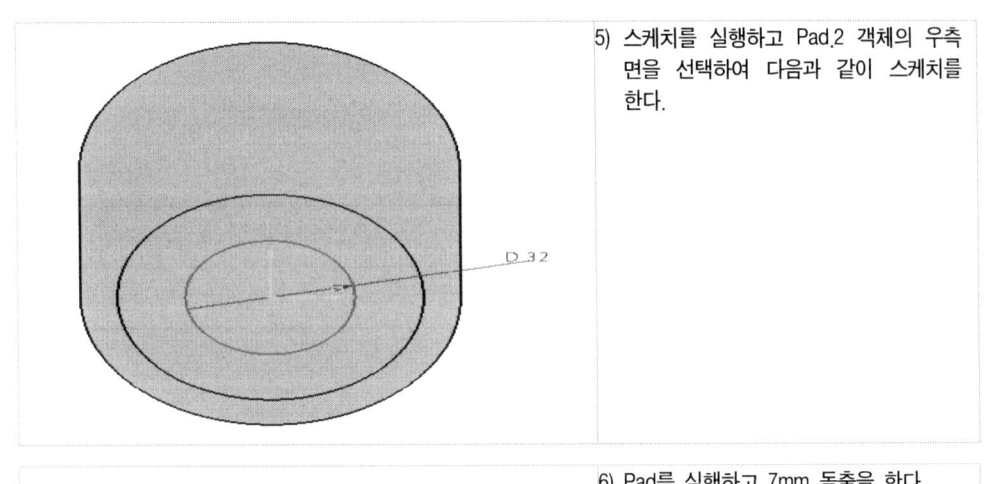

5) 스케치를 실행하고 Pad.2 객체의 우측
면을 선택하여 다음과 같이 스케치를
한다.

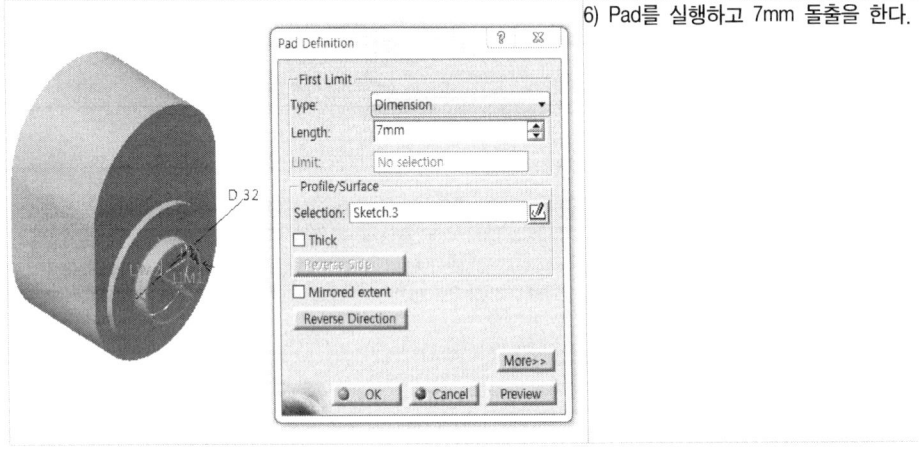

6) Pad를 실행하고 7mm 돌출을 한다.

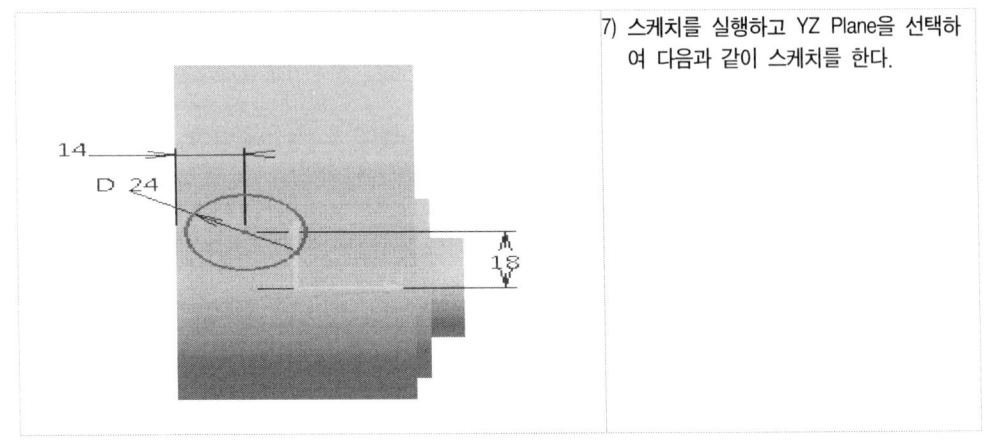

7) 스케치를 실행하고 YZ Plane을 선택하
여 다음과 같이 스케치를 한다.

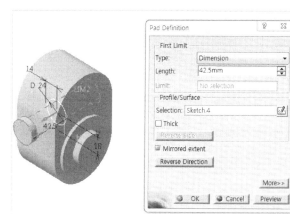

8) Pad를 실행하고 85/2mm로 Mirrored extent를 지정하여 돌출을 한다. Length에 85/2를 입력하면 계산이 된다.

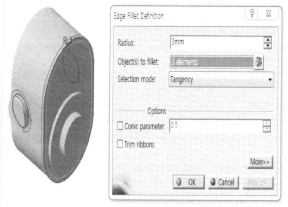

9) Edge Fillet을 실행하고 반경 : 3mm로 필렛을 한다.

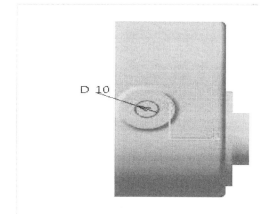

10) 스케치를 실행하고 「Pad.4 객체의 앞면을 선택하여 다음과 같이 스케치를 한다.

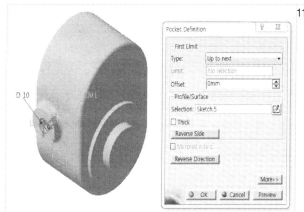

11) Pocket을 실행하고 Up to Next로 돌출 컷을 한다.

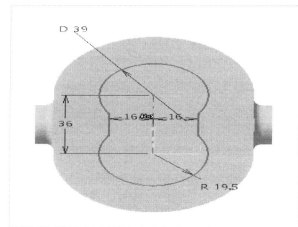

12) 스케치를 실행하고 Pad.1 객체의 좌측면을 선택하여 다음과 같이 스케치를 한다.

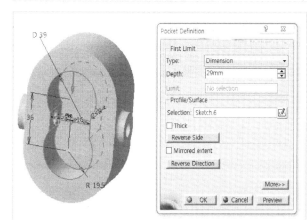

13) Pocket을 실행하고 29mm로 돌출 컷을 한다.

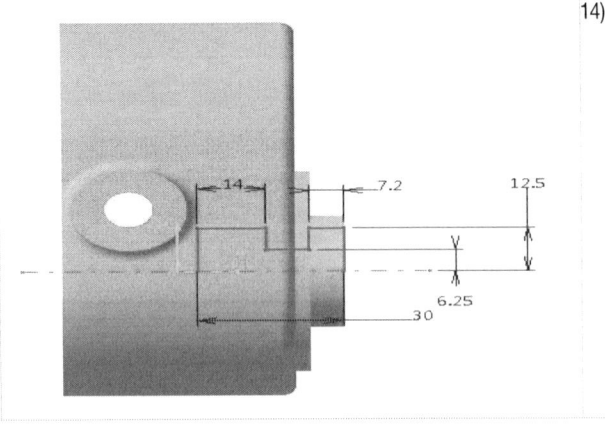

14) 스케치를 실행하고 YZ Plane을 선택하여 다음과 같이 스케치를 한다.

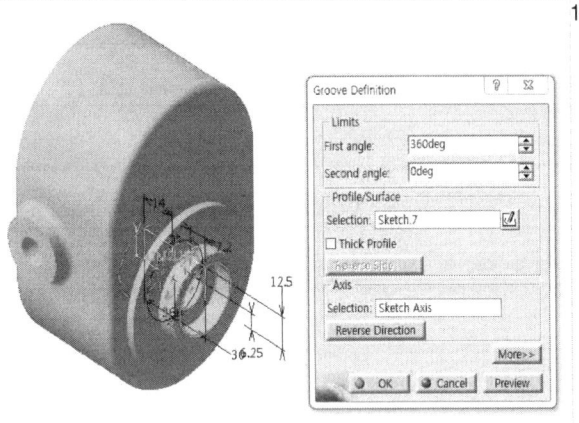

15) Groove를 실행하고 360deg 회전 컷을한다.

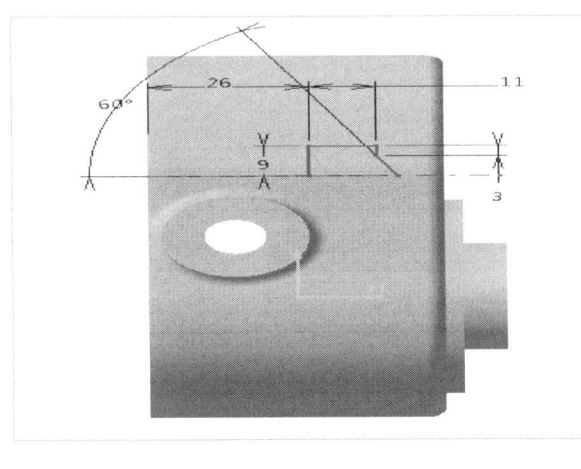

16) 스케치를 실행하고 YZ Plane을 선택하여 다음과 같이 스케치를 한다.

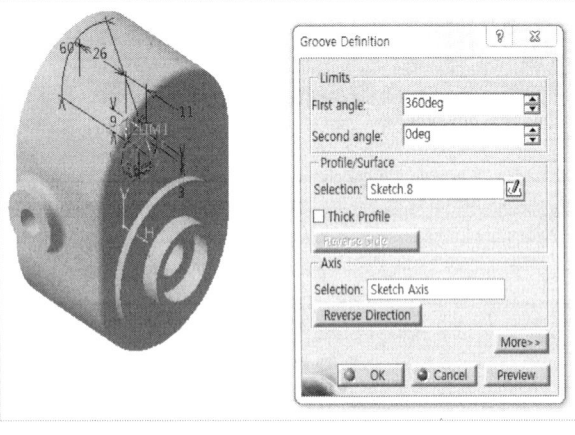

17) Groove를 실행하고 360deg 회전 컷을한다.

18) Edge Fillet을 실행하고 반경 : 0.5mm로 필렛을 한다.

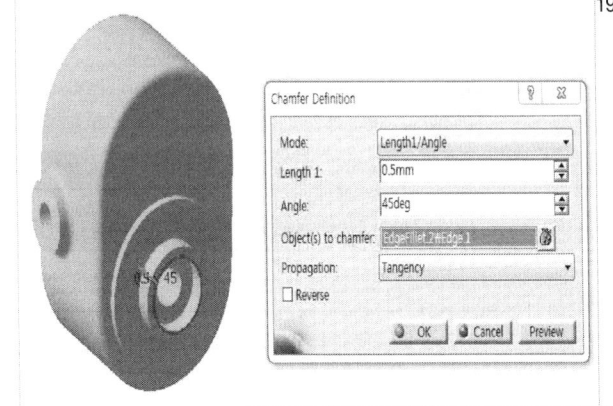

19) Chamfer를 실행하고 Length : 0.5mm, Angle : 45deg로 모따기를 생성한다.

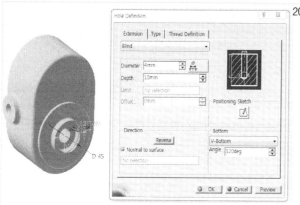

20) Hole을 실행하고 Diameter : 4mm,
Depth : 10mm, V-Bottom으로 지정한
다.

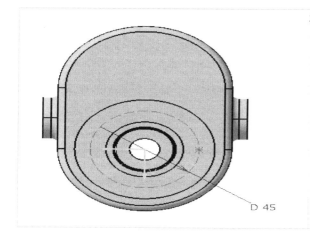

21) [Extension]탭의 Sketch Positioning에서
Sketch를 선택하여 다음과 같이 구멍
의 위치를 구속한다.

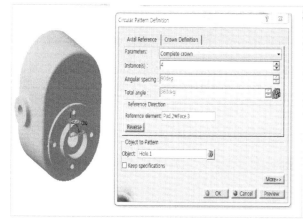

22) Circular Pattern을 실행하고 Instance :
4, Reference element : 원기둥면을 선
택, 패턴 객체 : Hole.1을 패턴복사 한
다.

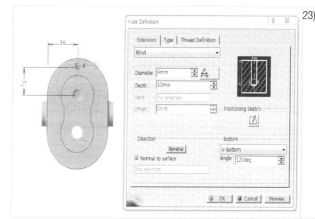

23) Hole을 실행하고 Diameter : 4mm,
Depth : 10mm, V-Bottom으로 지정한
다.

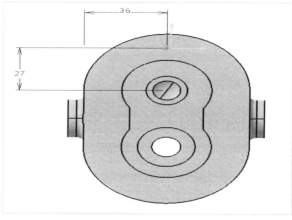

24) [Extension]탭의 Sketch Positioning에서
Sketch를 선택하여 다음과 같이 구멍
의 위치를 구속한다.

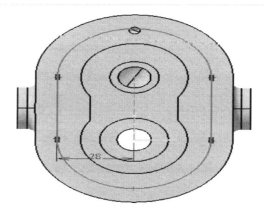

25) 스케치를 실행하고 돌출 객체1의 좌측
면을 선택하여 임의의 위치에 5개의
Point를 먼저 찍는다.
이때 주의 할 점은 일치 구속을 주변
안 된다.

361

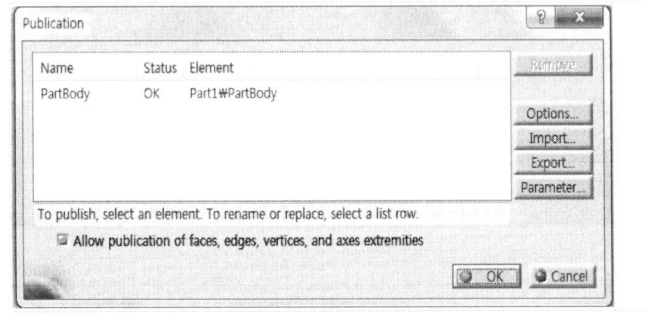

26) User Pattern을 실행하고 Point를 찍은
   스케치를 선택하고 Object : Hole.2를
   선택한다.

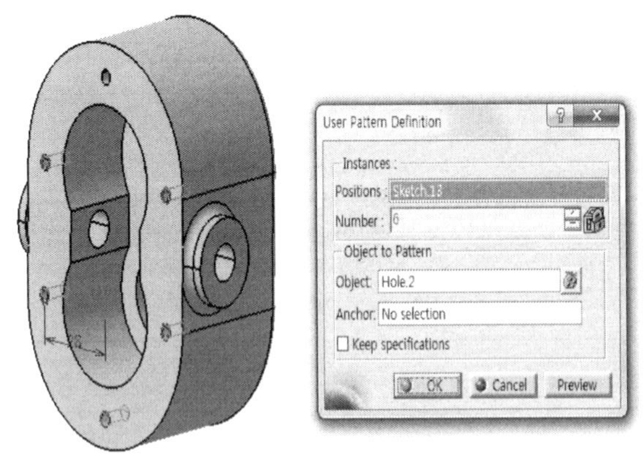

● 좌측면 완성 결과

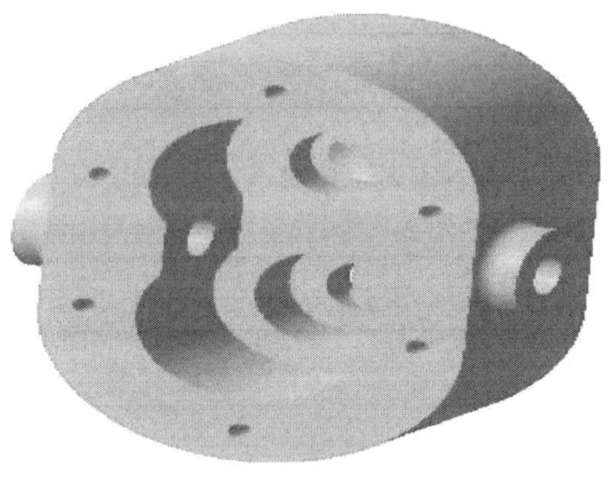

● 완성 결과

8. Publication

객체 A를 복사하여 만든 객체 B의 중간에서 Link 역할을 한다. Copy와 Link 기능을 가진 것이 Publication이다.
Publication은 원본과 Copy 결과물 사이에 존재하여 Link를 해주는 다리 역할을 한다.
Assembly 상에서 Publication을 설정해 놓으면 서로 다른 파트에서 Publication 객체를 공유할 수 있다.

◪ Publication Definition

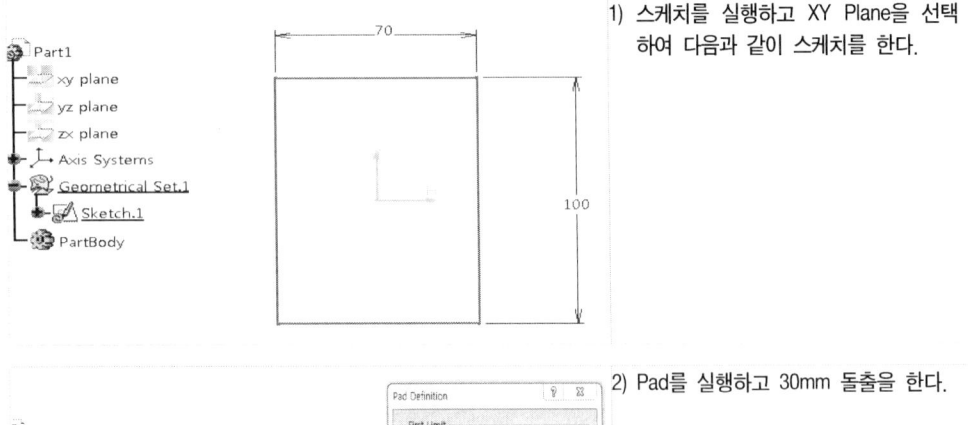

[Publication 기능 실습]

1) 스케치를 실행하고 XY Plane을 선택
   하여 다음과 같이 스케치를 한다.

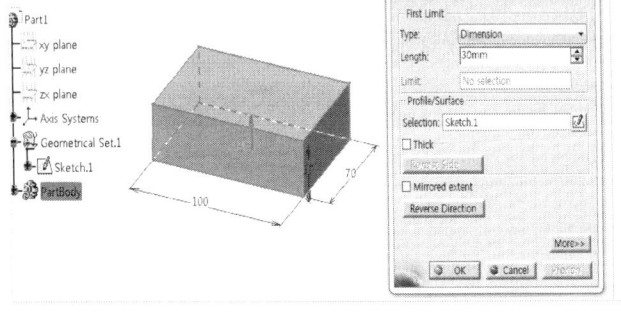

2) Pad를 실행하고 30mm 돌출을 한다.

3) [Tools]-[Publication]을 실행하고 Spec Tree에서 PartBody를 선택한다.

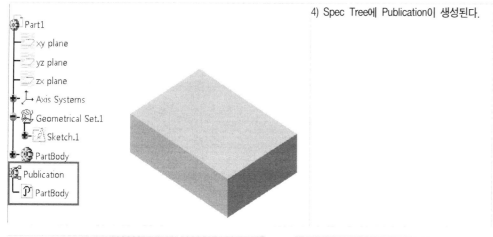

4) Spec Tree에 Publication이 생성된다.

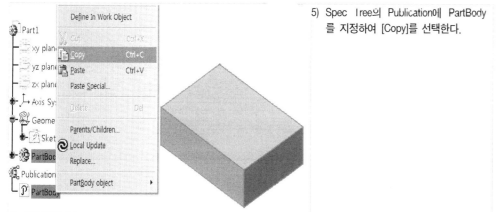

5) Spec Tree의 Publication에 PartBody를 지정하여 [Copy]를 선택한다.

6) Publication 위에서 마우스 우측버튼을 눌러 [Paste Special]을 선택한다.

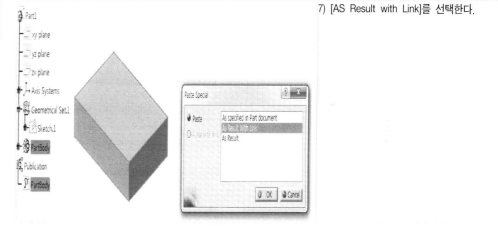

7) [AS Result with Link]를 선택한다.

8) Spec Tree에 원본 PartBody와 Link가 연결된 Solid.1이 만들어졌다.
두 개의 Body가 겹쳐져 있다. 색깔을 지정하여 구별해 본다.

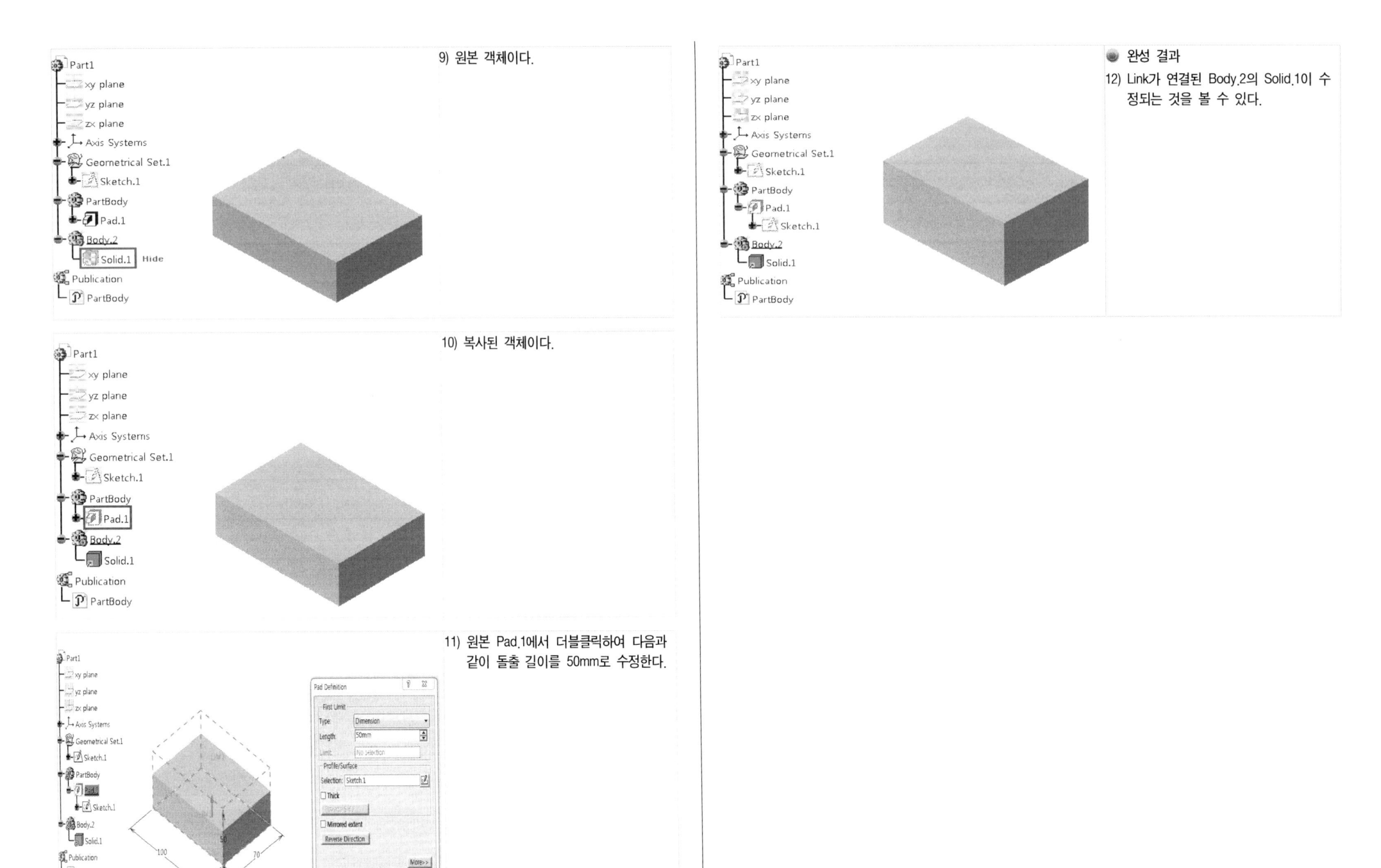

9) 원본 객체이다.

10) 복사된 객체이다.

11) 원본 Pad.1에서 더블클릭하여 다음과
   같이 돌출 길이를 50mm로 수정한다.

● 완성 결과

12) Link가 연결된 Body.2의 Solid.1이 수
   정되는 것을 볼 수 있다.

364

9. Knowledgeware Workbench

Catia Knowledgeware는 공학적 결정을 도와주는 기능들로 구성되어 있다. 이러한 기능들을 이용하여 자동적으로 설계 변경할 수 있으며, 내재되어 있는 설계 결함들을 찾아냄으로써 생산성을 극대화시킨다.
Catia의 Knowledgeware 관련 Workbench는 제품설계의 전 과정에 유형, 무형의 설계 경험과 설계원칙을 적용하여, 재사용에 초점을 맞춰 제품설계의 표준화, 최적화시키는 여러 가지 기능을 제공하고 있다.
즉, 초기 제품설계 및 시장이 수요에 맞춰 설계변경을 할 경우에도, 재설계가 아닌, 기존 설계를 재활용할 수 있는 지식기반설계기능을 제공하고 있다. 이를 통해 제품생산의 효율성 재고 및 설계 전체 과정을 자동화, 프로세서화 시킴으로써 응용제품 개발시간을 단축할 수 있다.

■ Knowledgeware가 제공하는 기능
- 생산성 향상을 위해 자동으로 모델을 정의하고 유기적인 모델을 만들 수 있다.
- 공동의 공학적 지식을 획득할 수 있고 모든 사용자들이 쉽게 기술정보를 공유할 수 있다.
- 회사의 설계규격과 요구사항을 지킬 수 있도록 해준다.
- 설계의 처음부터 끝까지 사용자에게 가이드해주고 도와준다.
- 재설계 비용을 줄일 수 있도록 최종 모델의 세부사항들을 미리 알려준다.

■ Knowledgeware Workbench에 접근하는 방법
1) [Start]-[Knowledgeware]-[Knowledgeware Advisor]를 선택한다.
2) Specification Tree-Relation을 더블클릭한다.

■ Knowledgeware Advisor 설정 방법

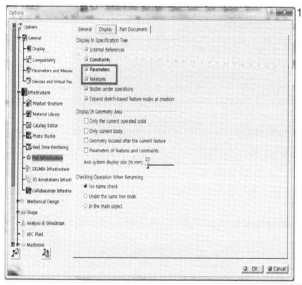

1) [Tools]-[Options]-[Infrastructure]-[Part] Infrastructure]-[Display]에서Parameter와 Relation을 선택한다.

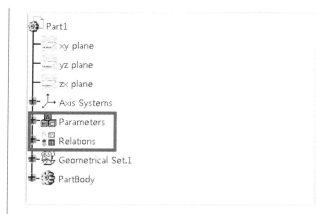

2) Specification Tree에 다음과 같이 Parameter와 Relation이 표시된다.
Part Document를 이용할 수 있게 해준다.

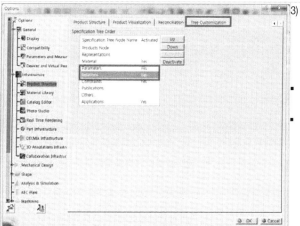

3) [Tools]-[Option]-[Infrastructure]-[Product Structure]-[Tree Customization]에서 Parameter와 Relation을 [Yes]로 Activated 한다.

- Product에서 Knowledgeware를 사용하는 경우 다음 항목을 선택한다.
- Spec Tree에 다음 두 가지 항목이 표시해주며 Product Document를 이용할 수 있게 해준다.

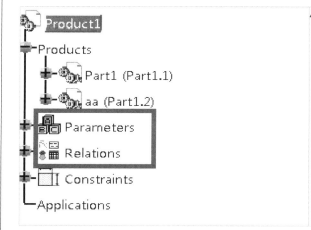

4) Product에 Parameters와 Relations를 표시한다.

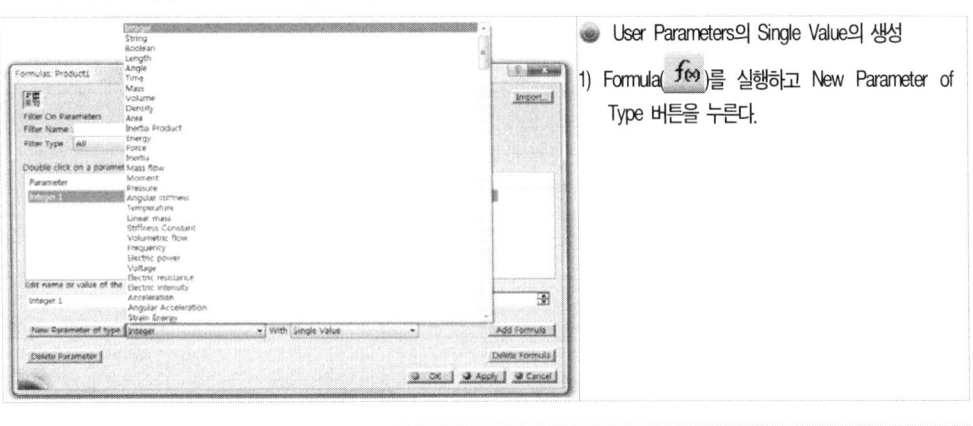

4) [Tools]-[Option]-[Parameters and Measure]-[Knowledge]-With value와 With formula를 선택한다.

5) Spec Tree에 Value 값과 formula 값을 표시한다.

■ Formula($f(x)$)

Parameter 또는 Formula를 생성할 때 사용한다. 일반적으로 회사표준 제품의 형상을 수식의 형태로 저장하여 설계 변경이 있을 경우 이를 수정하여 모델링을 자동으로 변환시켜주는 기능이다.

1) Parameter

- 두 가지 종류의 Parameter
  · Intrinsic Parameter : 사용자가 geometry 또는 Feature를 만들 때 CATIA 프로그램 자체적으로 생성해주는 Parameter(Offset, activity, depth 등)로 작업자가 인위적으로 조작이 불가능하다.
  · User Parameters : 사용자에 의해 생성되고 정보를 정의 내릴 수 있고 Document에 추가할 수 있다. User Parameters는 Single Value와 Multiple Value가 있다. Single Value의 경우에는 사용자가 원하는 값을 선택 가능하고 Multiple Value의 경우에는 사용자가 미리 정해놓은 값만을 선택할 수 있다.

Tip. Parameters의 Level
  ① Part level의 Parameters
  ② Feature level의 Parameters
  ③ Intrinsic Parameters(Constraint에 위치)
  ④ Assembly Level의 Parameters

- Parameters를 사용하는 이유
  · 변수에 빠르게 접근하여 Value 값을 조절할 수 있다.
  · 새로운 사용자가 모델을 수정할 경우 주요 정보를 집약해 놓았기 때문에 쉽고 빠르게 사용할 수 있다.
  · 관계식을 수정, 생성할 때 쉽게 참고할 수 있다.
  · Parameters는 모델의 주요 정보를 담고 있다. 형상의 정보를 찾을 필요 없이 Spec Tree에서 수정이 가능하다.

- Parameters의 종류

  Real, Integer, String, Boolean, Length, Time, Mass, Volume, Density 등 다양한 종류의 변수가 있다. 설계 목적에 따라서 Parameters를 선택할 수 있다.

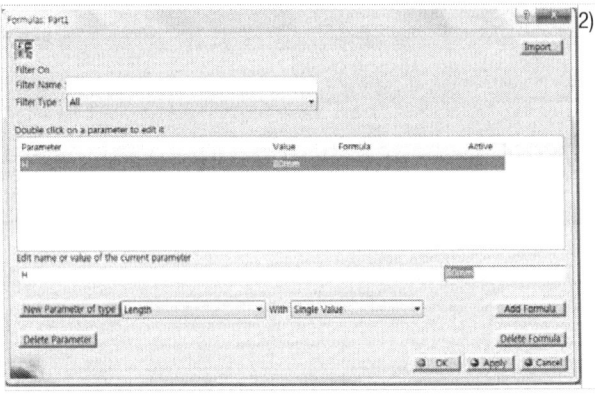

◉ User Parameters의 Single Value의 생성

1) Formula($f(x)$)를 실행하고 New Parameter of Type 버튼을 누른다.

2) New Parameter of Type : Length를 선택, With : Single Value를 선택한 후 변수명 : H로 입력, 값 : 80을 입력한다.

3) New Parameter of Type 버튼을 누른다.

4) New Parameter of Type : Length를 선택, With : Single Value를 선택한 후 변수명 : W로 입력, 값 : 60을 입력한다.

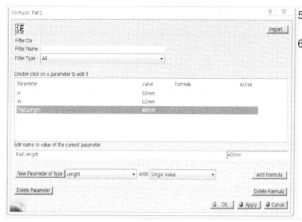

5) New Parameter of Type 버튼을 누른다.

6) New Parameter of Type : Length를 선택, With : Single Value를 선택, 변수명 : Pad.Length로 입력, 값 : 40을 입력한다.

10) Members of All에서 H 변수에서 더블클릭한다.

11) 윗부분에 변수가 표시되고 [OK]를 하면 변수가 연결된다.

7) Spec Tree에 다음과 같이 Parameters 항목에 변수들이 생성되었다.

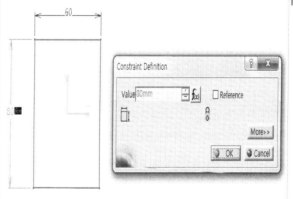

12) 다음과 같이 변수가 연결된 것을 확인할 수 있다.

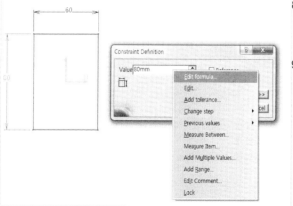

8) 스케치를 실행히고 XY Plane을 선택하여 다음과 같이 스케치를 하고 치수를 기입한다.

9) 80 치수에서 더블클릭 Constraint Definition 창이 뜬다. Value 값 위에서 마우스 우측 버튼을 눌러 [Edit formula]를 선택한다.

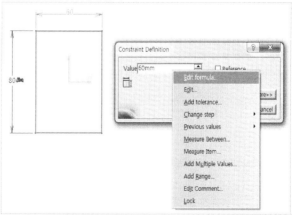

13) 60 치수에서 더블클릭 Constraint Definition 창이 뜬다. Value 값 위에서 마우스 우측 버튼을 눌러 [Edit formula]를 선택한다.

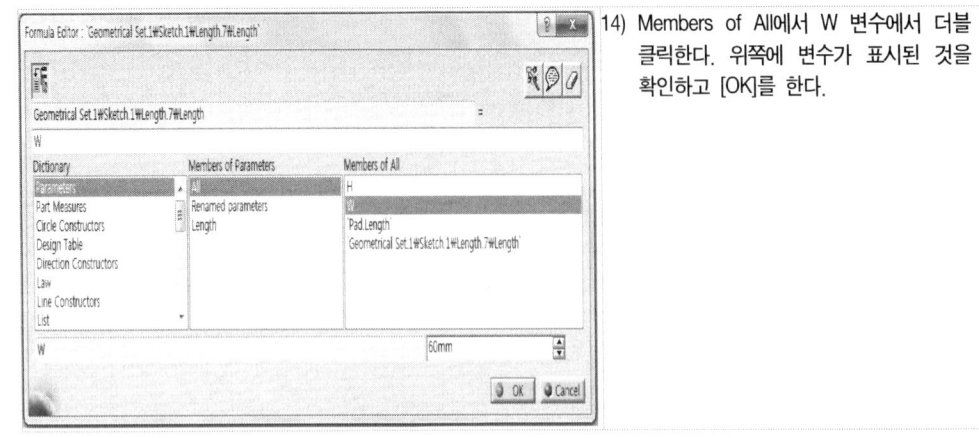

14) Members of All에서 W 변수에서 더블
    클릭한다. 위쪽에 변수가 표시된 것을
    확인하고 [OK]를 한다.

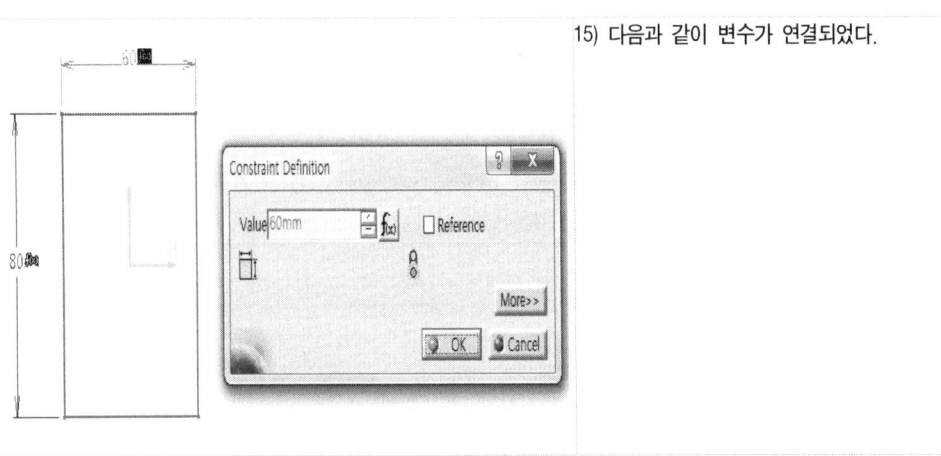

15) 다음과 같이 변수가 연결되었다.

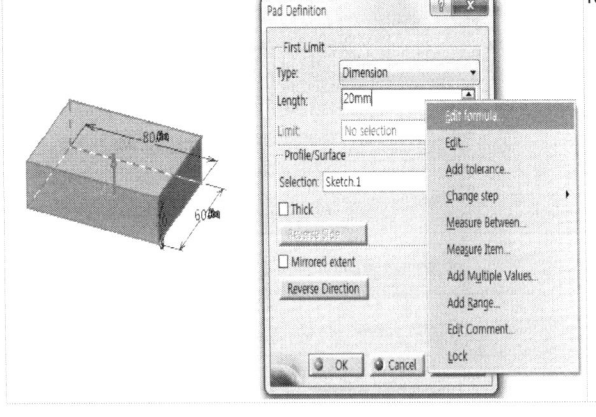

16) Pad를 실행하고 Length 값 위에서 마우
    스 우측 버튼을 눌러 [Edit formula]를 선
    택한다.

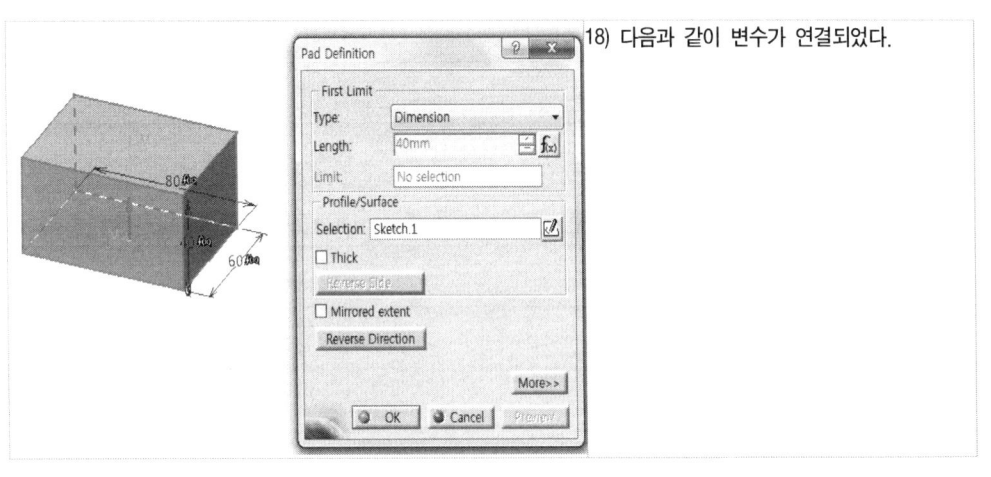

17) Members of All에서 Pad.Length 변수에
    서 더블클릭한다. 위쪽에 변수가 표시된
    것을 확인하고 [OK]를 한다.

18) 다음과 같이 변수가 연결되었다.

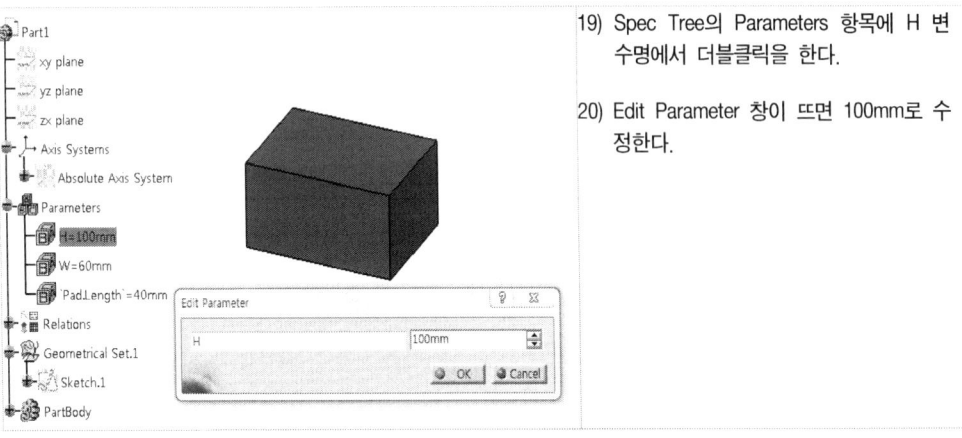

19) Spec Tree의 Parameters 항목에 H 변
    수명에서 더블클릭을 한다.

20) Edit Parameter 창이 뜨면 100mm로 수
    정한다.

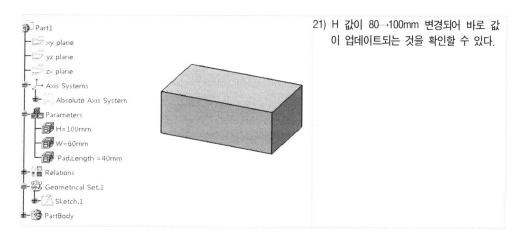

21) H 값이 80→100mm 변경되어 바로 값이 업데이트되는 것을 확인할 수 있다.

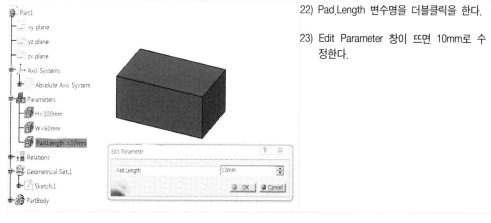

22) Pad.Length 변수명을 더블클릭을 한다.

23) Edit Parameter 창이 뜨면 10mm로 수정한다.

● 완성 결과

24) Pad의 Length가 10mm로 변경된 것을 확인할 수 있다.

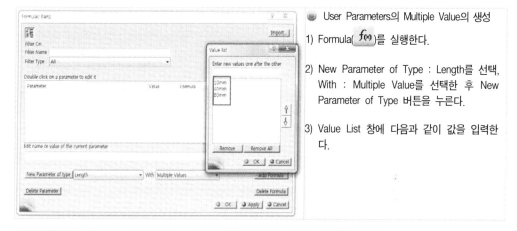

● User Parameters의 Multiple Value의 생성

1) Formula($f(x)$)를 실행한다.

2) New Parameter of Type : Length를 선택, With : Multiple Value를 선택한 후 New Parameter of Type 버튼을 누른다.

3) Value List 창에 다음과 같이 값을 입력한다.

4) 변수명을 Pad.Length로 입력하고 [OK]를 한다.

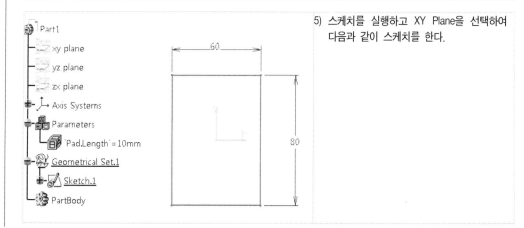

5) 스케치를 실행하고 XY Plane을 선택하여 다음과 같이 스케치를 한다.

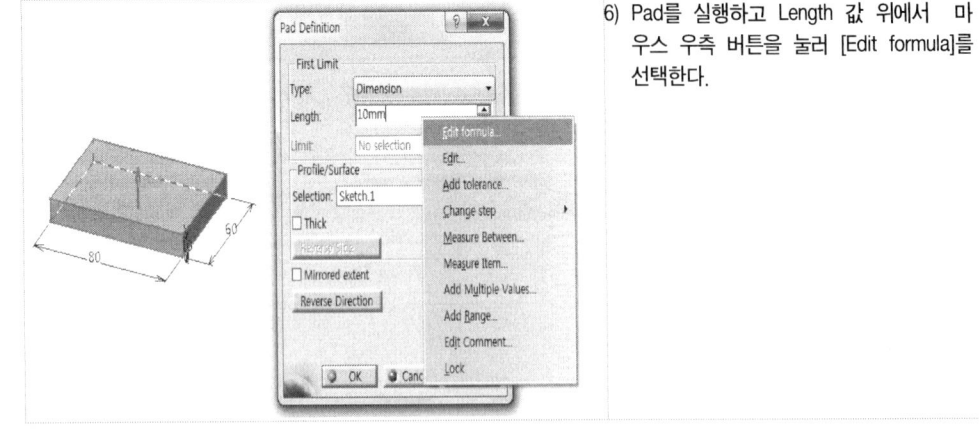

6) Pad를 실행하고 Length 값 위에서 마우스 우측 버튼을 눌러 [Edit formula]를 선택한다.

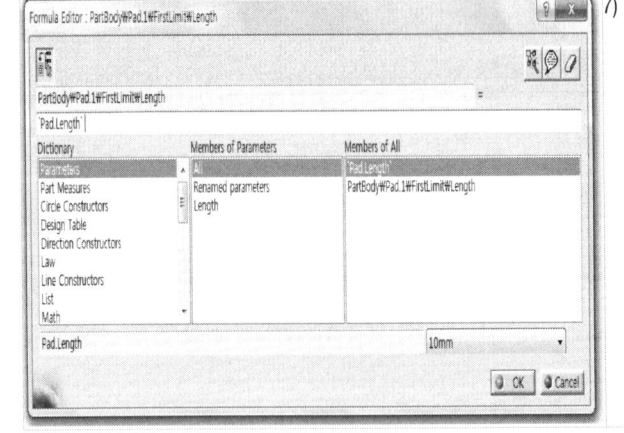

7) Members of All에서 Pad.Length 변수에서 더블클릭한다. 위쪽에 변수가 표시된 것을 확인하고 [OK]를 한다.

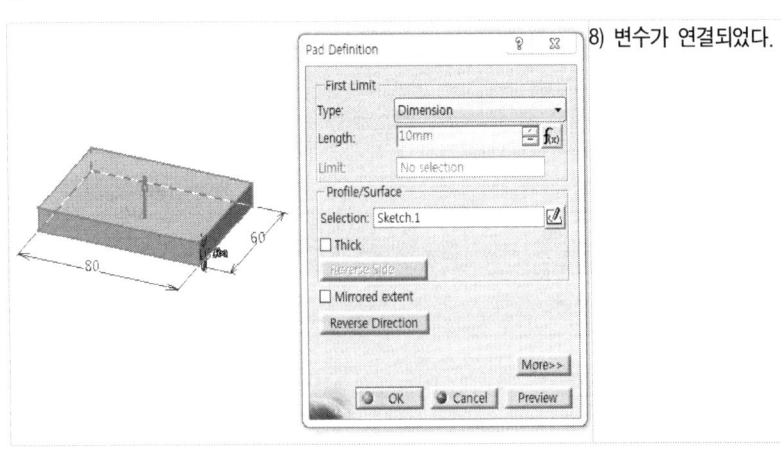

8) 변수가 연결되었다.

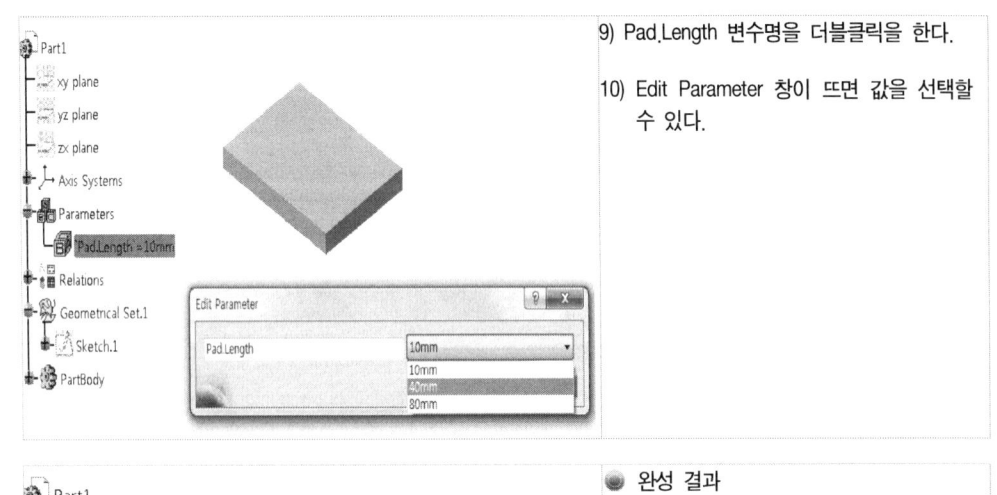

9) Pad.Length 변수명을 더블클릭을 한다.

10) Edit Parameter 창이 뜨면 값을 선택할 수 있다.

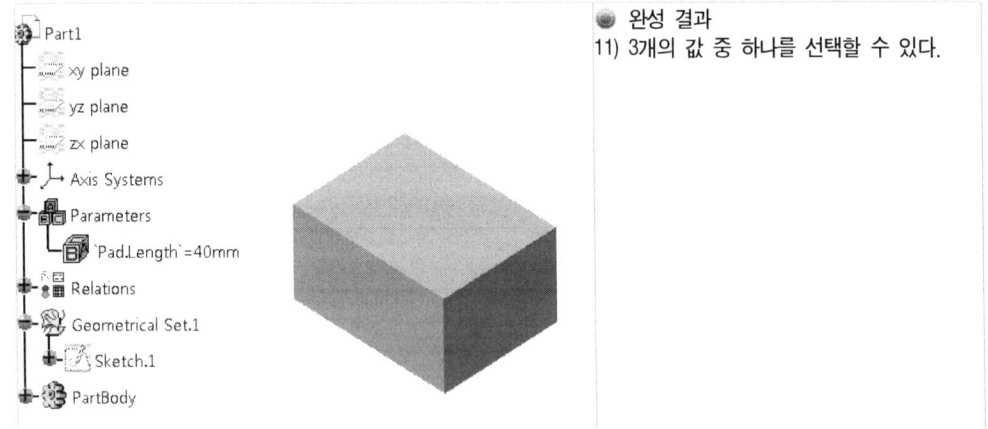

● 완성 결과

11) 3개의 값 중 하나를 선택할 수 있다.

Formulas

Formulas는 관계식으로서 Parameter를 정의하고 구속한다.
Formulas는 Parameters, 기능들과 함께 정의된다.

- Formulas를 사용하는 이유
  · Formulas는 Parameters와 성분들 사이에 관계식을 정의해준다.
  · Formulas를 생성함으로써 쉽게 형상 변경이 가능한 제품을 만들 수 있다.

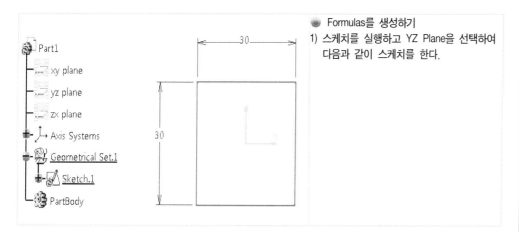

● Formulas를 생성하기
1) 스케치를 실행하고 YZ Plane을 선택하여
   다음과 같이 스케치를 한다.

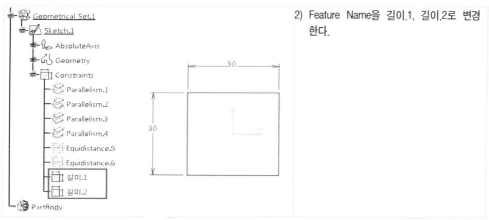

2) Feature Name을 길이.1, 길이.2로 변경
   한다.

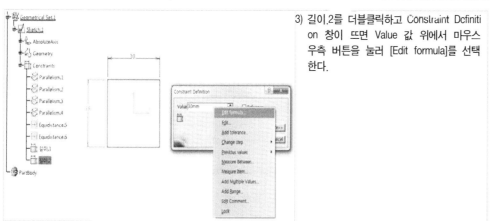

3) 길이.2를 더블클릭하고 Constraint Definiti
   on 창이 뜨면 Value 값 위에서 마우스
   우측 버튼을 눌러 [Edit formula]를 선택
   한다.

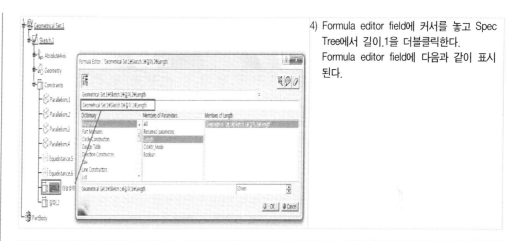

4) Formula editor field에 커서를 놓고 Spec
   Tree에서 길이.1을 더블클릭한다.
   Formula editor field에 다음과 같이 표시
   된다.

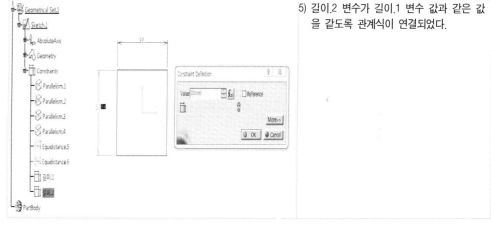

5) 길이.2 변수가 길이.1 변수 값과 같은 값
   을 같도록 관계식이 연결되었다.

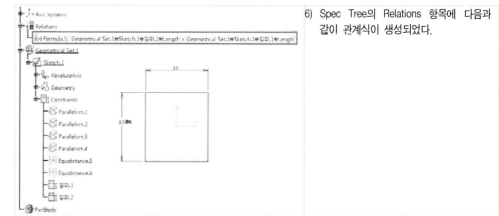

6) Spec Tree의 Relations 항목에 다음과
   같이 관계식이 생성되었다.

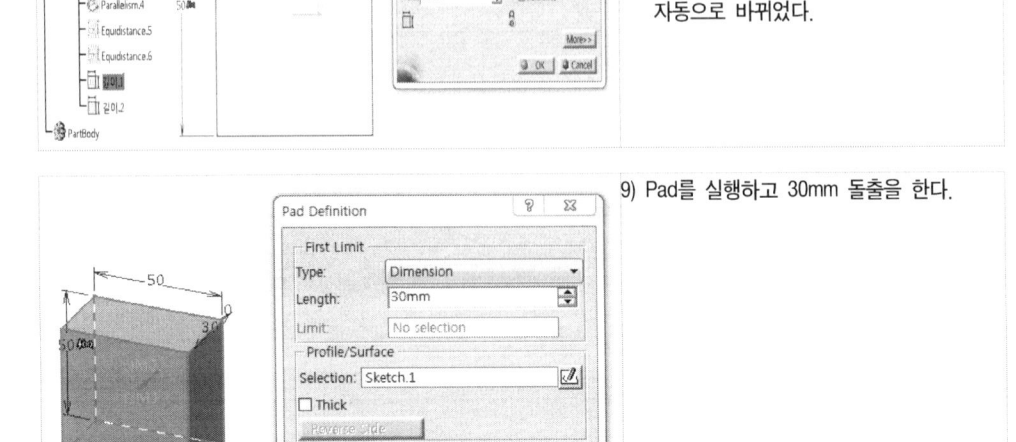

7) 길이.1을 더블클릭하여 Constraint Definiti
   on 창이 뜨면 Value : 50으로 변경한다.

8) 길이.1과 연결된 길이.2도 같은 값으로
   변경된 것을 확인할 수 있다.

- Formula.1(길이.1=길이.2)라는 관계식을
  만들어줌으로써 가로 치수인 길이.1의
  값 변경만으로도 세로치수도 동일하게
  자동으로 바뀌었다.

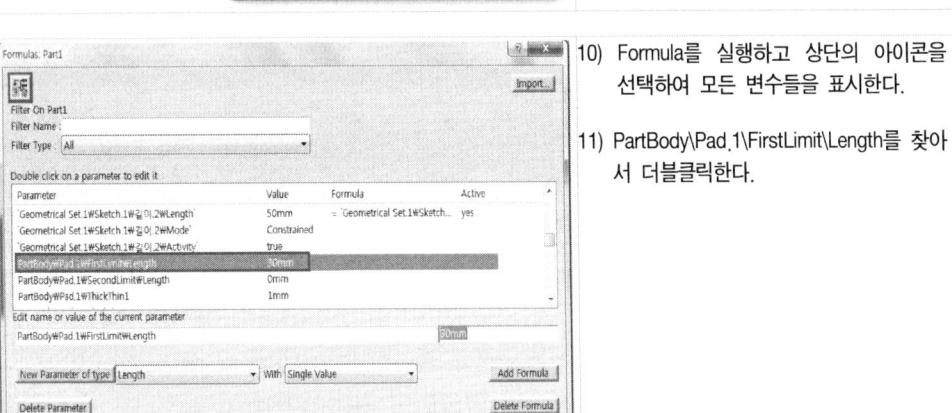

9) Pad를 실행하고 30mm 돌출을 한다.

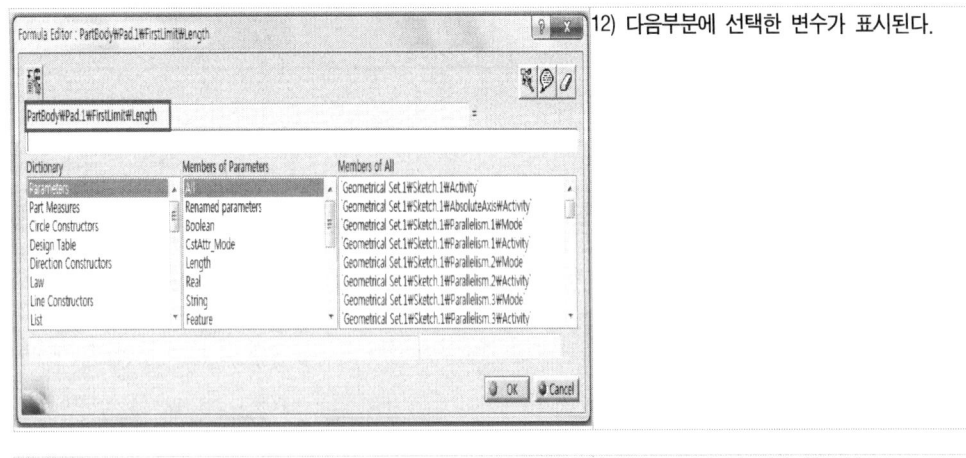

10) Formula를 실행하고 상단의 아이콘을
    선택하여 모든 변수들을 표시한다.

11) PartBody\Pad.1\FirstLimit\Length를 찾아
    서 더블클릭한다.

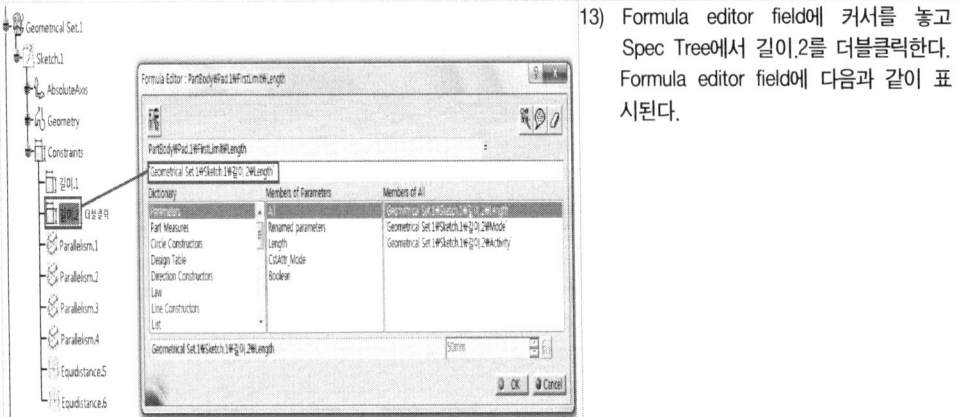

12) 다음부분에 선택한 변수가 표시된다.

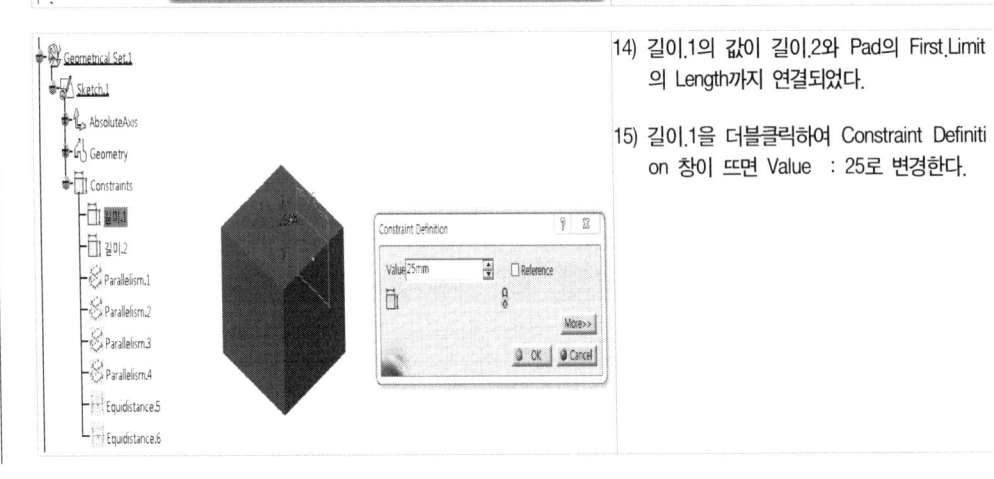

13) Formula editor field에 커서를 놓고
    Spec Tree에서 길이.2를 더블클릭한다.
    Formula editor field에 다음과 같이 표
    시된다.

14) 길이.1의 값이 길이.2와 Pad의 First.Limit
    의 Length까지 연결되었다.

15) 길이.1을 더블클릭하여 Constraint Definiti
    on 창이 뜨면 Value : 25로 변경한다.

16) 다음과 같이 변경되었다.

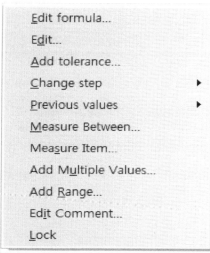

- Edit formula : formula를 수정할 수 있다.
- Add tolerance : 공차를 명기할 수 있다.
- Change Step : Parameters Value 수정할 경우 Step 단위로 변경된다.
- Previous Value : 이전 Value의 정보를 이용할 수 있다.
- Measure Between : Interactive Measure를 이용할 수 있다.
- Add Multiple Values : Single Value에서 Multiple Value로 이동하여 Value를 수정할 수 있다. 또한 기존의 Multiple Value도 수정 가능하다.
- Add Range : Parameters Value의 최대값과 최소값을 전할 수 있다.
- Edit Comment : Parameters와 관한 주석을 달 수 있다.
- Lock : Parameters의 Value를 수정이 되지 않게 Lock을 걸수 있다. (Lock을 걸면 Edit Parameter 박스의 오른쪽 부분에 회색의 자물쇠 모양이 생긴다.)
- Hide : Spec Tree에서 Parameters를 숨길 수 있다.

Design Table

- 외부의 데이터(Excel, txt)를 이용하여 Parameters를 변경할 수 있다. 여러 개의 변수를 각각 수정할 필요 없이 동시에 할 수 있는 장점을 지니고 있다.
- 표준 부품들 같은 경우 Gear, Nut 등 시리즈 제품들을 설계할 때 편리한 기능이다.
- Parameters를 이용한 경우 외부의 데이터 파일(Excel, txt), 카탈로그 파일과 연결하여 자동으로 묶음 형태의 값들을 변경할 수 있다.
- 경로를 인식하기 때문에 Part, 외부 파일이 같은 폴더에 있어야 한다.
- Design Table에 같은 변수명을 가지지 않도록 생성한다.
- Part, Product, Drawing 등 Design Table 연동이 가능하다.
- 모든 Type(Integer, Length, Real 등)이 Design Table이 가능하다.
- Parameters로 만들어진 변수들은 Design Table과 연동이 가능하다.

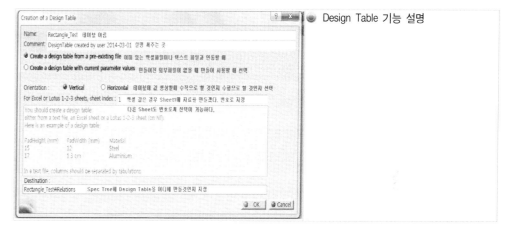

- Design Table 기능 설명

- Orientation
  - Vertical : 엑셀에서 데이터를 수직으로 입력하고 할 때 지정
  - Horizontal : 엑셀에서 데이터를 수평으로 입력하고 할 때 지정

[Formula 실습 1]

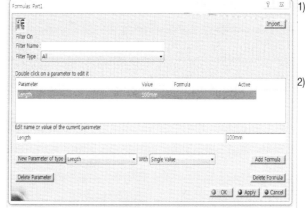

1) Formula를 실행하고 New Parameter of type : Length, With : Single Value를 선택, [New Parameter of type] 버튼을 누른다.

2) 변수명 : Length를 입력, 값 : 100mm를 입력한다.

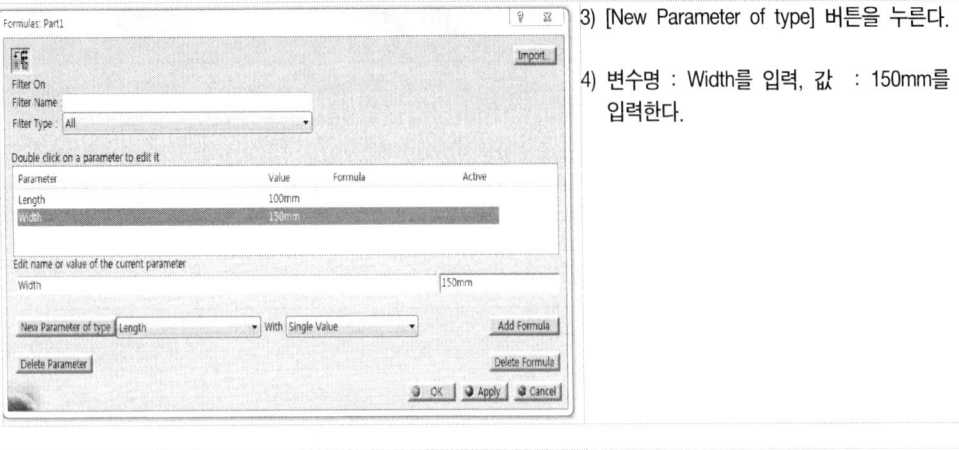

3) [New Parameter of type] 버튼을 누른다.

4) 변수명 : Width를 입력, 값 : 150mm를 입력한다.

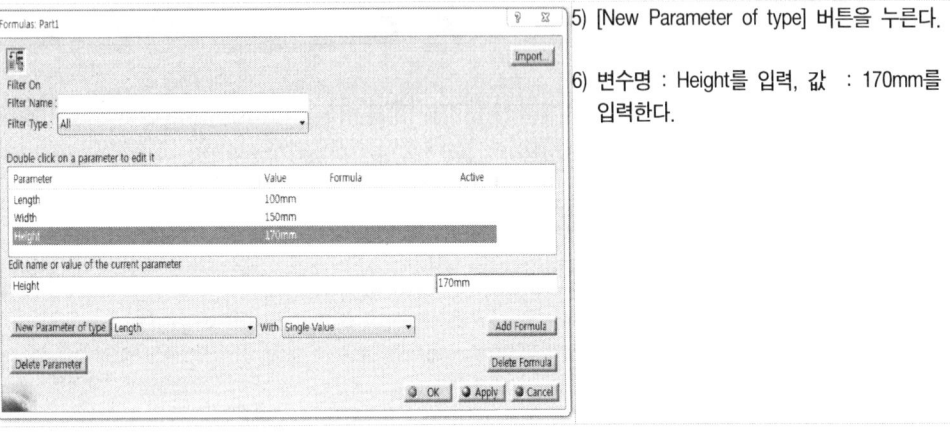

5) [New Parameter of type] 버튼을 누른다.

6) 변수명 : Height를 입력, 값 : 170mm를 입력한다.

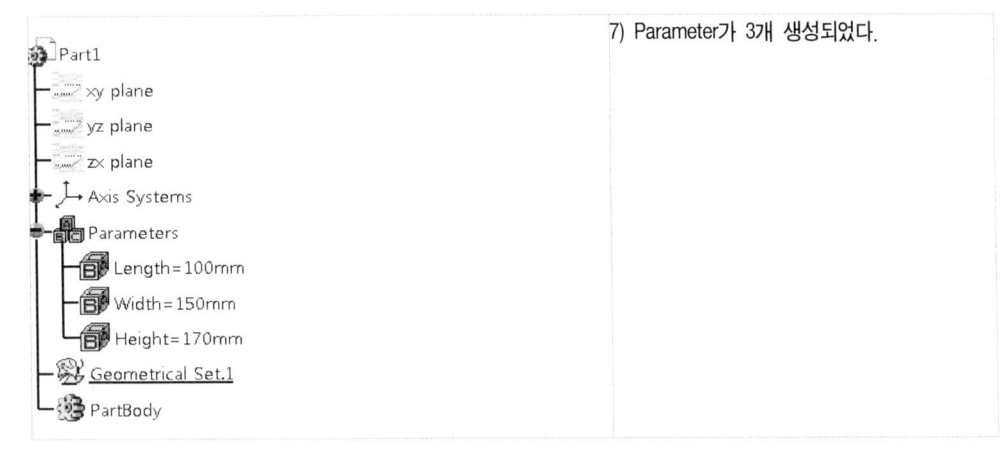

7) Parameter가 3개 생성되었다.

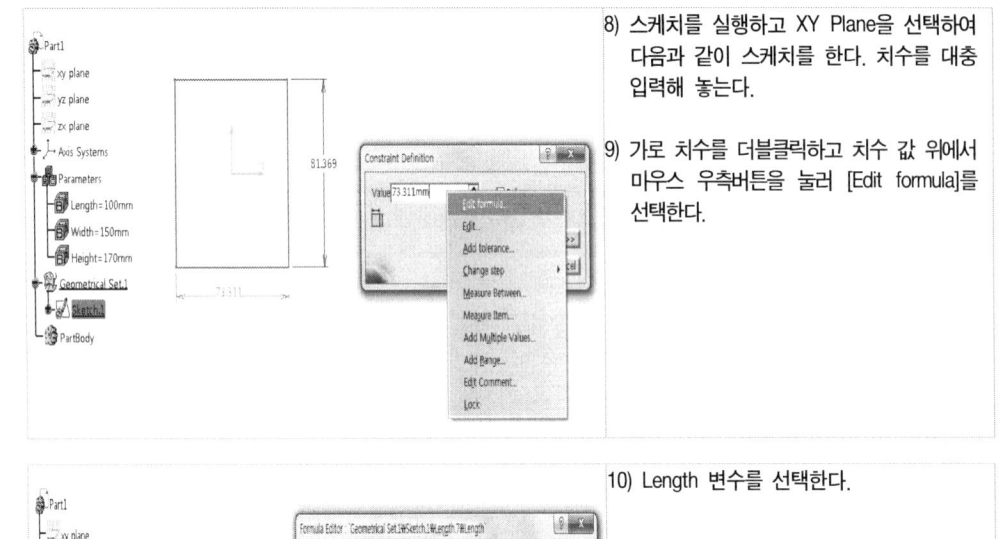

8) 스케치를 실행하고 XY Plane을 선택하여 다음과 같이 스케치를 한다. 치수를 대충 입력해 놓는다.

9) 가로 치수를 더블클릭하고 치수 값 위에서 마우스 우측버튼을 눌러 [Edit formula]를 선택한다.

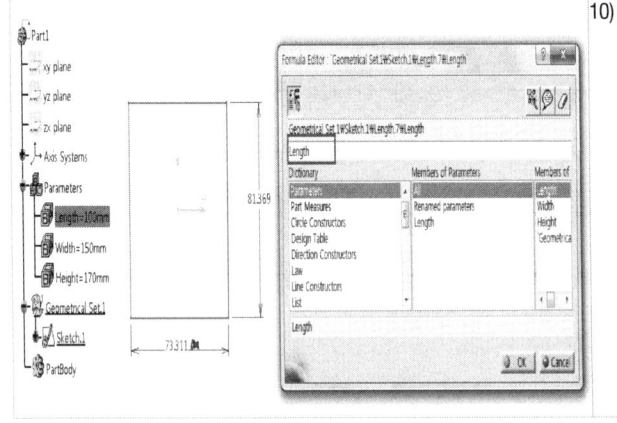

10) Length 변수를 선택한다.

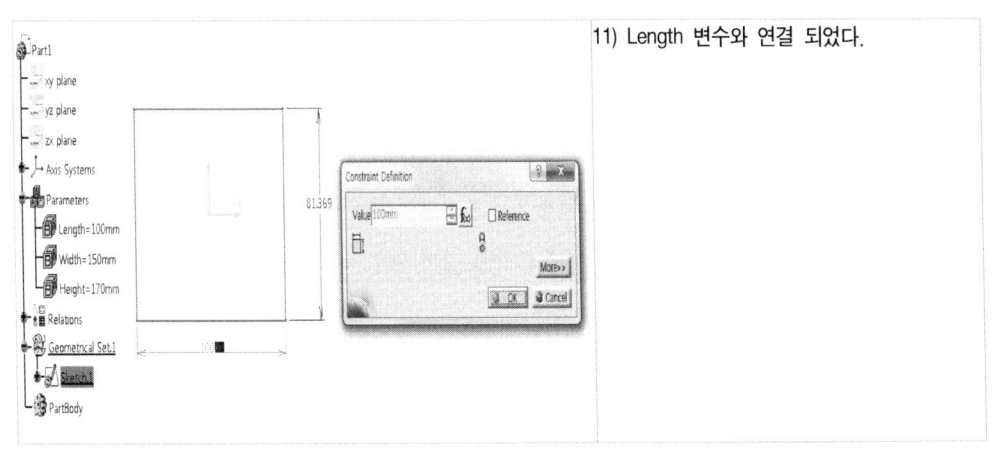

11) Length 변수와 연결 되었다.

374

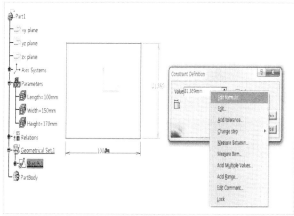

12) 세로 치수를 더블클릭하고 치수 값 위에서 마우스 우측버튼을 눌러 [Edit formula]를 선택한다.

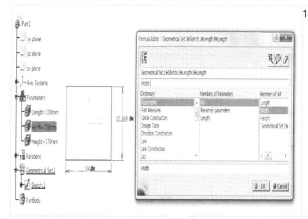

13) Width 변수를 선택한다.

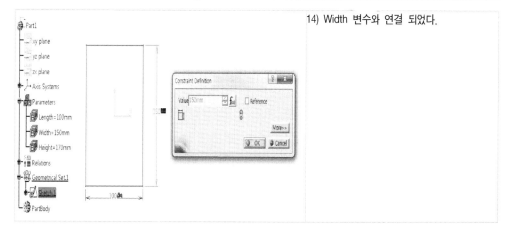

14) Width 변수와 연결 되었다.

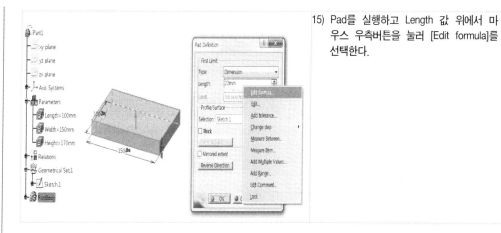

15) Pad를 실행하고 Length 값 위에서 마우스 우측버튼을 눌러 [Edit formula]를 선택한다.

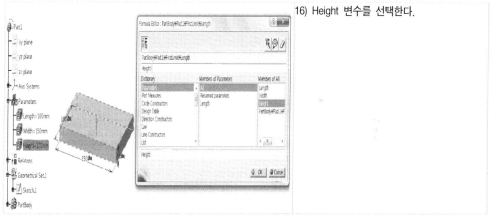

16) Height 변수를 선택한다.

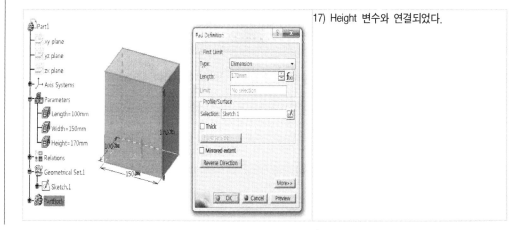

17) Height 변수와 연결되었다.

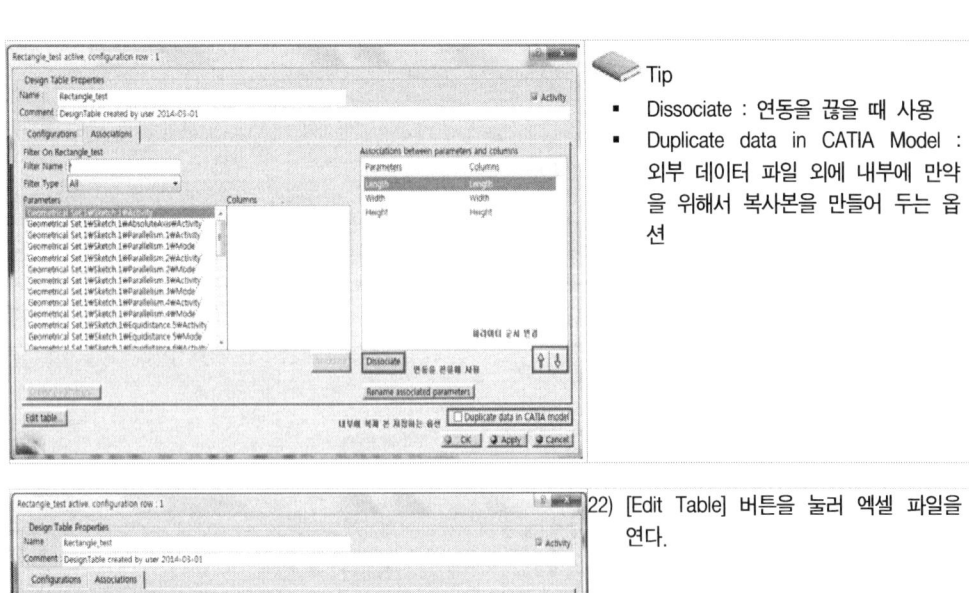

18) Design Table(▦)을 선택하고 [OK]를 한다.

19) 외부 파일을 새롭게 만들어서 작업을 하기 위해서 두 번째 항목을 선택한다.

📖 Tip
- Dissociate : 연동을 끊을 때 사용
- Duplicate data in CATIA Model : 외부 데이터 파일 외에 내부에 만약을 위해서 복사본을 만들어 두는 옵션

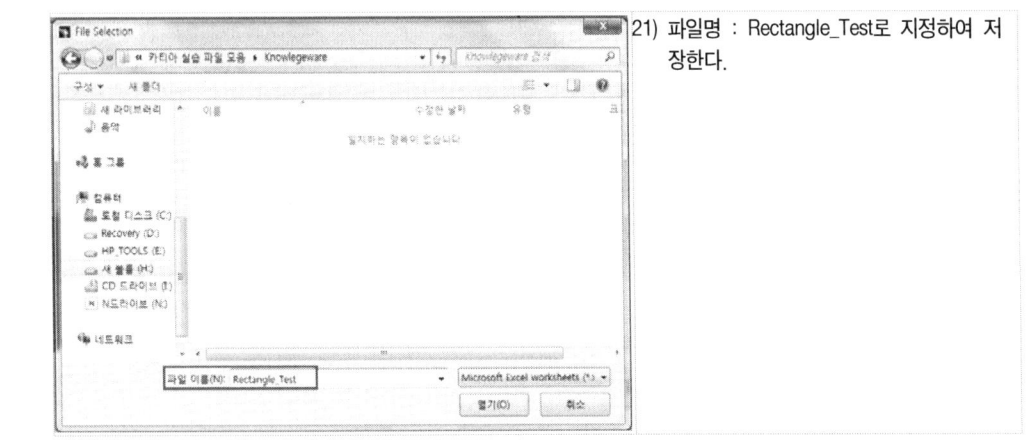

20) 테이블을 만들 3개의 항목을 다음과 같이 우측 창에 놓는다.

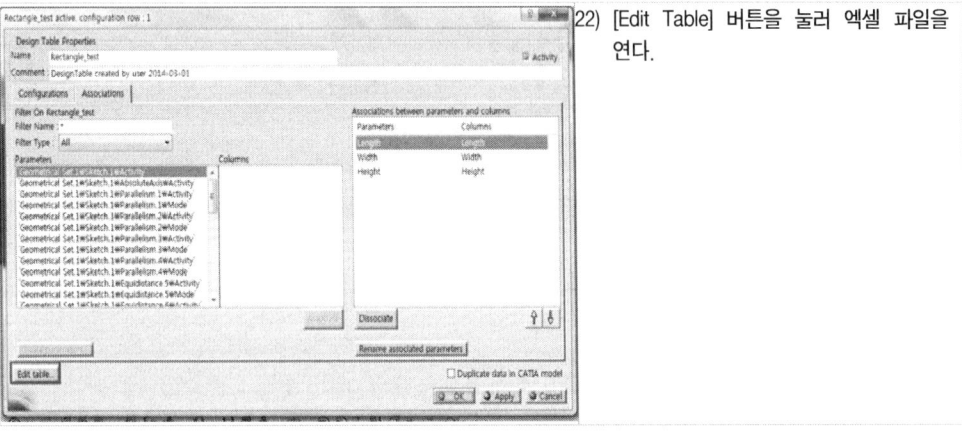

22) [Edit Table] 버튼을 눌러 엑셀 파일을 연다.

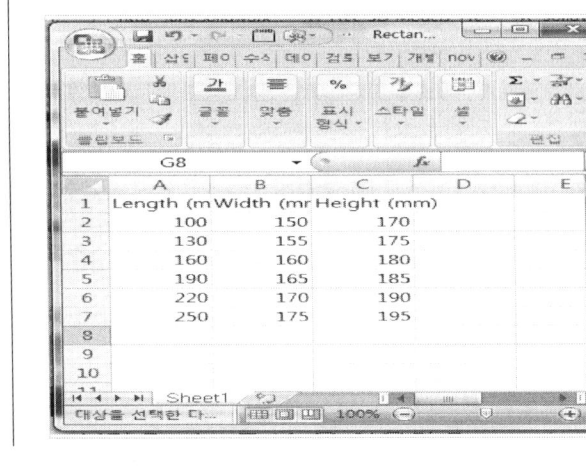

21) 파일명 : Rectangle_Test로 지정하여 저장한다.

23) 다음과 같이 엑셀 파일을 작성한다. 저장하고 엑셀 파일을 닫는다.

	A	B	C	D	E
1	Length (m	Width (mr	Height (mm)		
2	100	150	170		
3	130	155	175		
4	160	160	180		
5	190	165	185		
6	220	170	190		
7	250	175	195		
8					
9					
10					

24) 다음과 같이 Catia와 연동되어 들어온다. [OK]를 눌러 Design Table을 닫는다.

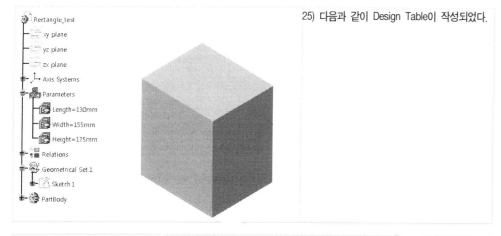

25) 다음과 같이 Design Table이 작성되었다.

26) Spec Tree의 Parameters안에 하나의 변수를 더블클릭한다.

27) 다음 창에서 테이블 아이콘을 선택한다.

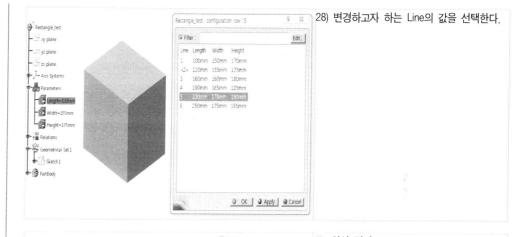

28) 변경하고자 하는 Line의 값을 선택한다.

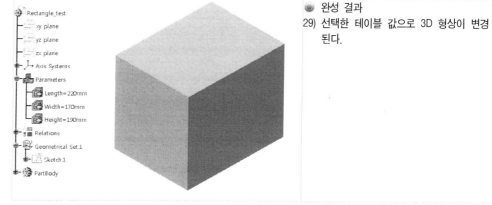

● 완성 결과

29) 선택한 테이블 값으로 3D 형상이 변경된다.

[Knowledgeware를 이용한 Angular Contact Ball Bearing Modeling 실습 2]

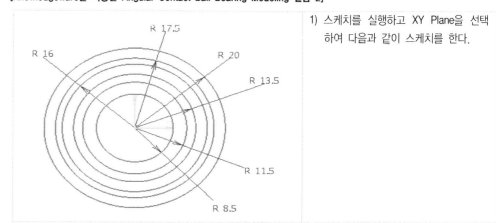

1) 스케치를 실행하고 XY Plane을 선택하여 다음과 같이 스케치를 한다.

2) 반경 : 11.5mm 치수에서 더블클릭을 하고 다음 창에서 11.5mm 위에서 마우스 우측 버튼을 눌러 [Edit Formula]를 선택한다.

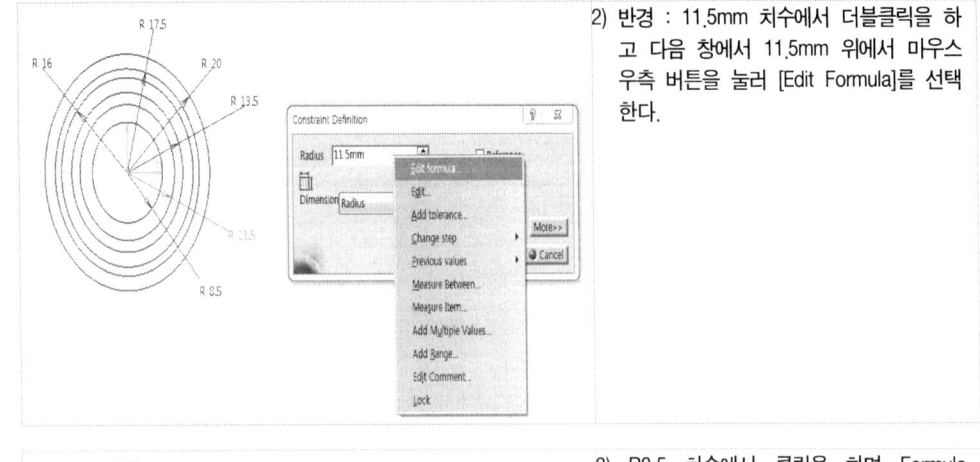

3) R8.5 치수에서 클릭을 하면 Formula editor field로 변수명이 표시된다.

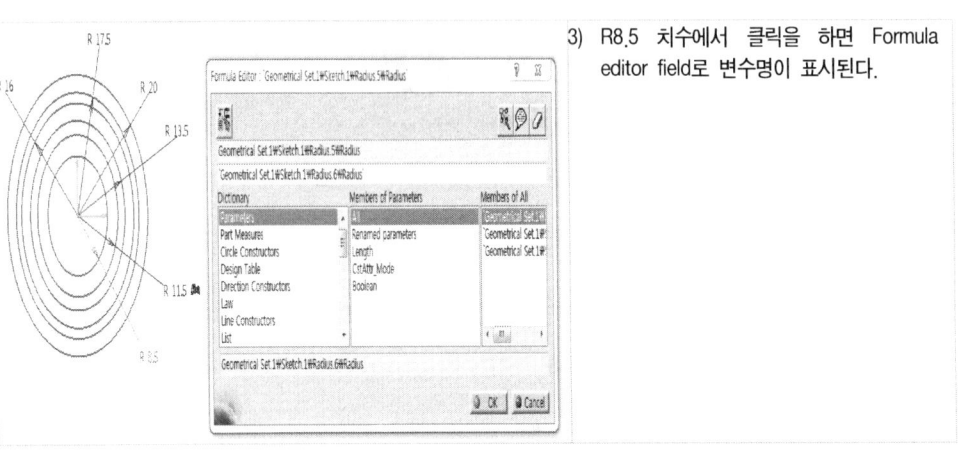

4) + (를 뒤에 입력하고 R20 치수를 클릭하면 Formula editor field의 + 뒤에 추가된다.

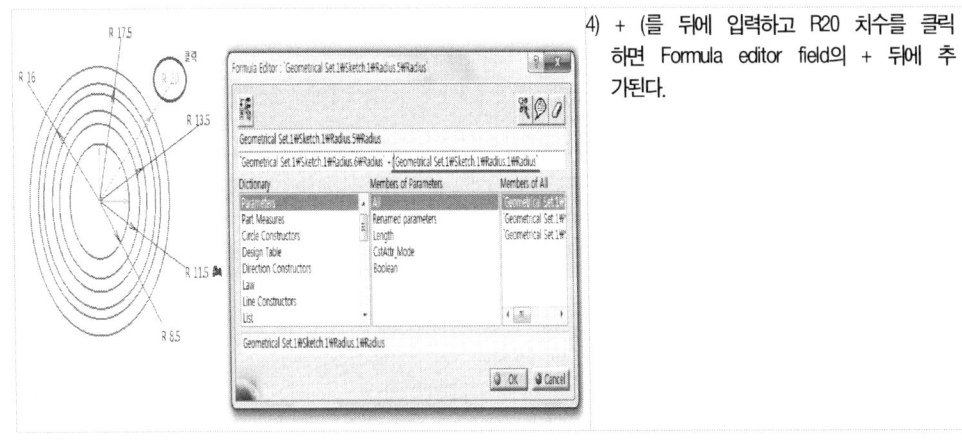

5) -를 입력하고 R8.5 치수를 클릭하면 Formula editor field의 - 뒤에 추가된다.

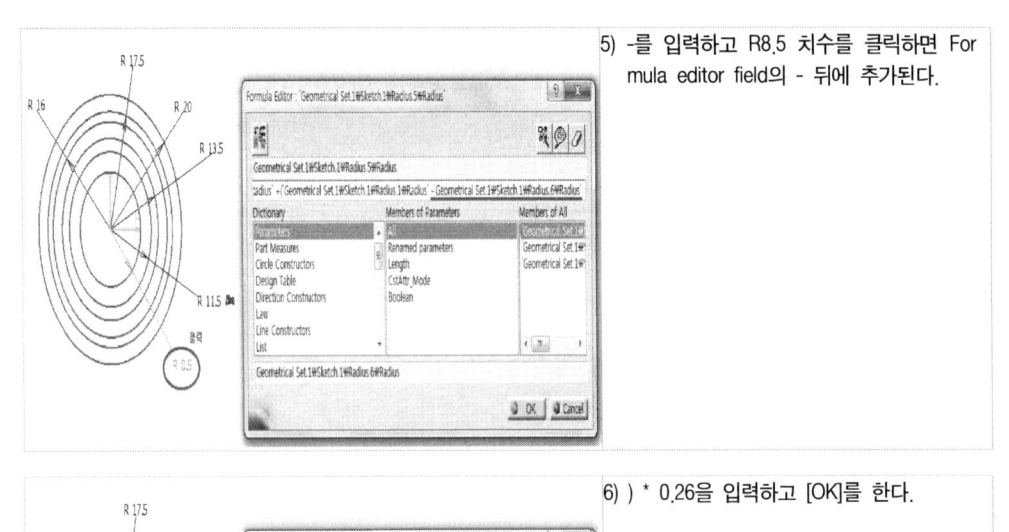

6)) * 0.26을 입력하고 [OK]를 한다.

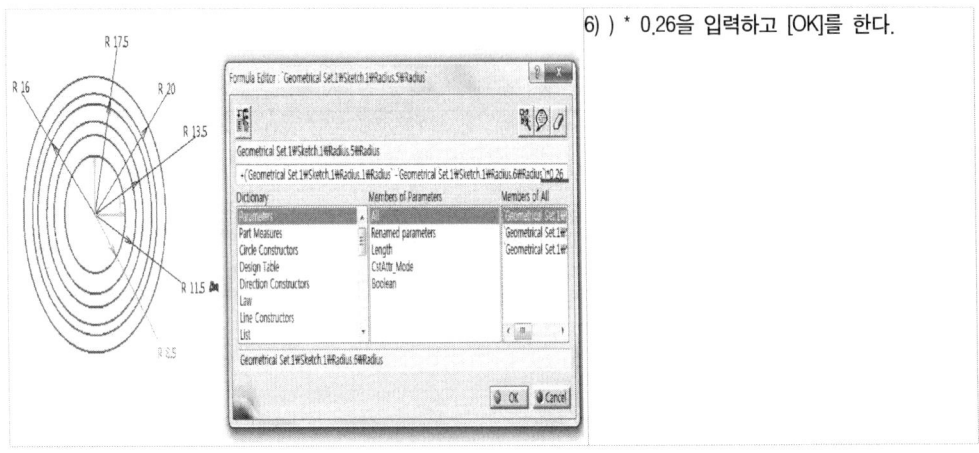

7) 위 수식에 의해 계산된 값이 표시된다.

8) Spec Tree의 Relation 항목에 다음과 같이 관계식이 생성되었다.

9) R13.5 치수를 더블클릭하고 다음 창에서 13.5mm 위에서 마우스 우측 버튼을 눌러 [Edit Formula]를 선택한다.

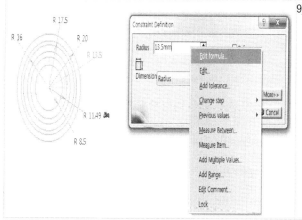

10) R8.5 치수에서 클릭을 하면 Formula editor field로 변수명이 표시된다.

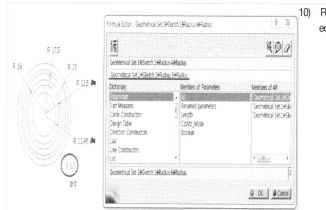

11) + (를 뒤에 입력하고 R20 치수를 클릭하면 Formula editor field의 + 뒤에 추가된다.

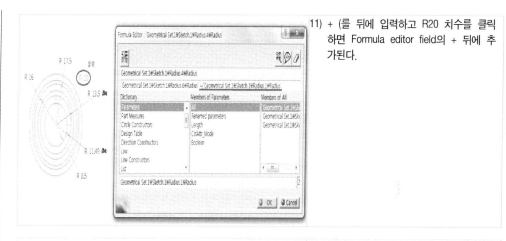

12) -를 입력하고 R8.5를 클릭하면 Formula editor field의 - 뒤에 추가된다.

13)) * 0.43을 입력하고 [OK]를 한다.

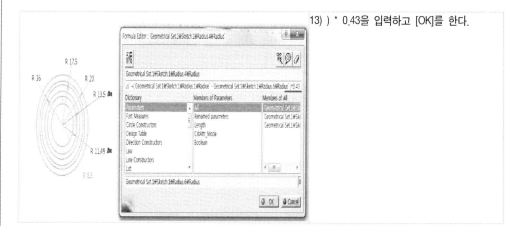

14) 위 수식에 의해 계산된 값이 표시된다.

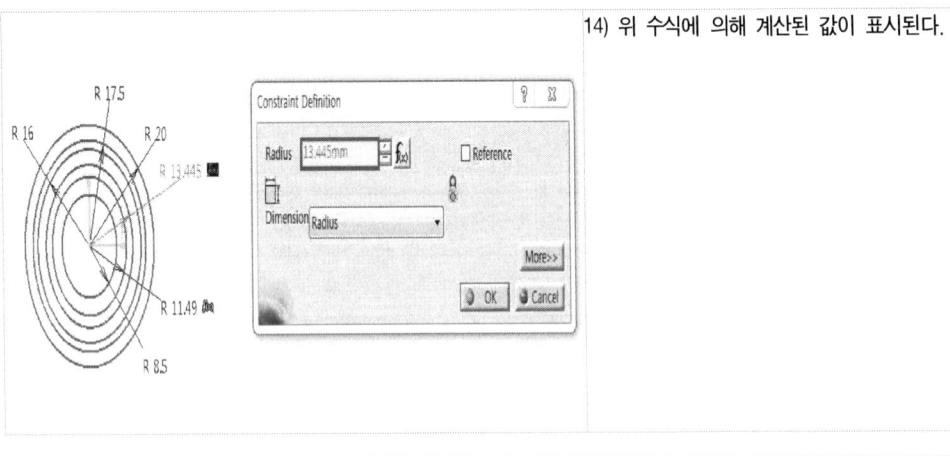

17) + (를 뒤에 입력하고 R20 치수를 클릭하면 Formula editor field의 + 뒤에 추가된다.

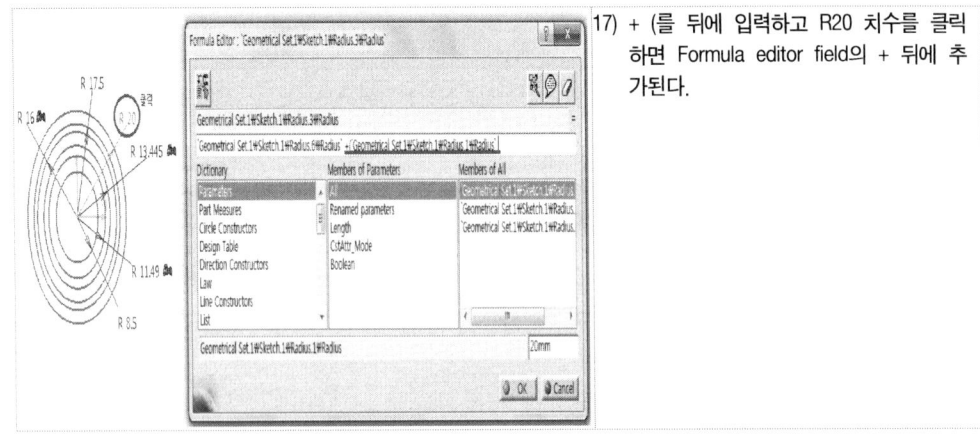

15) R16 치수를 더블클릭하고 다음 창에서 16mm 위에서 마우스 우측 버튼을 눌러 [Edit Formula]를 선택한다.

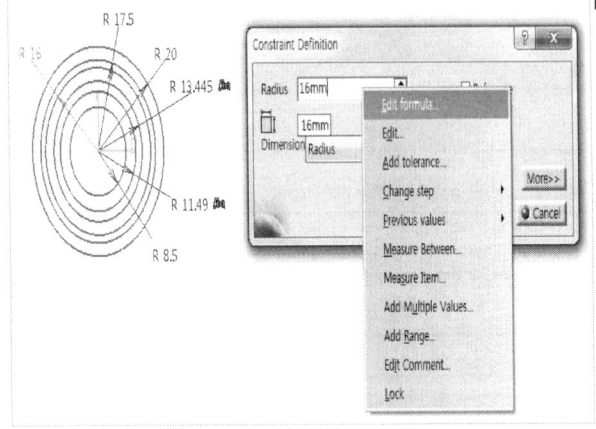

18) -를 입력하고 R8.5를 클릭하면 Formula editor field의 - 뒤에 추가된다.

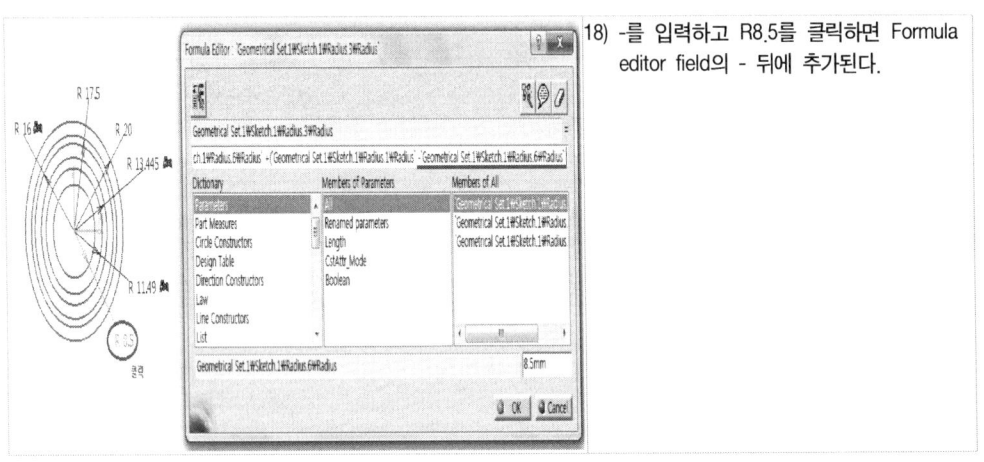

16) R8.5 치수에서 클릭을 하면 Formula editor field로 변수명이 표시된다.

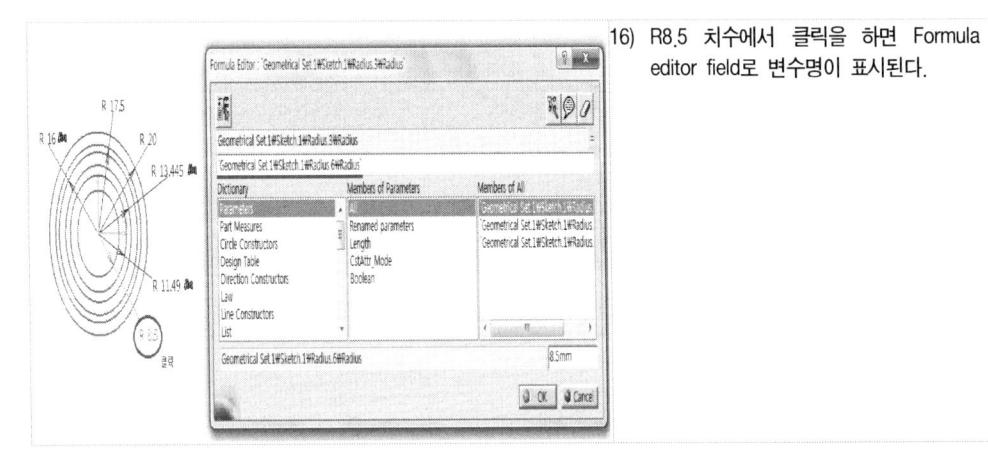

19)) * 0.65를 입력하고 [OK]를 한다.

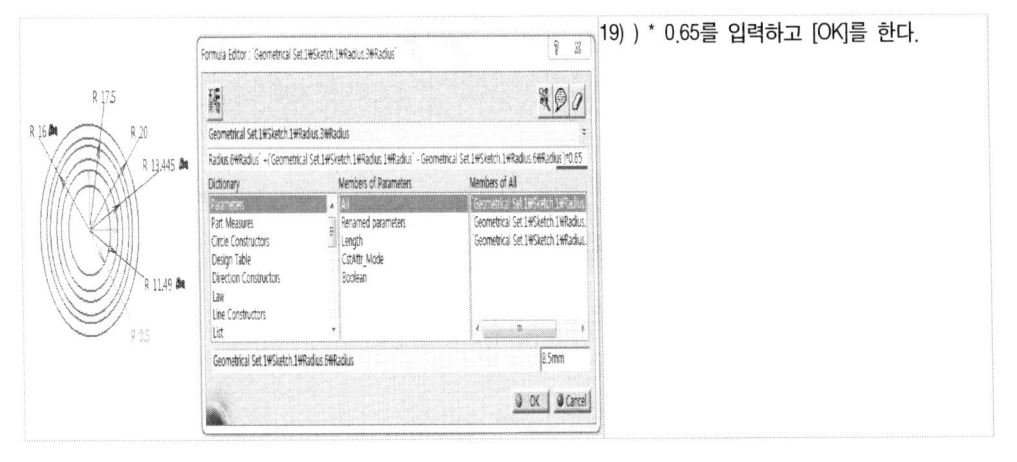

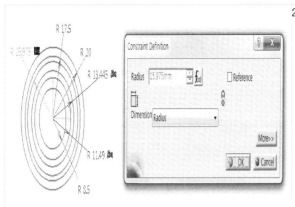

20) 위 수식에 의해 계산된 값이 표시된다.

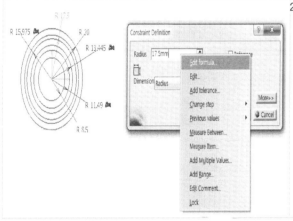

21) R17.5 치수를 더블클릭하고 다음 창에서 17.5mm 위에서 마우스 우측 버튼을 눌러 [Edit Formula]를 선택한다.

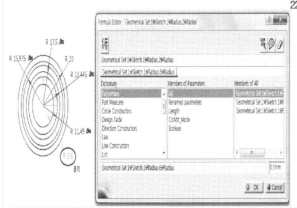

22) R8.5 치수에서 클릭을 하면 Formula editor field로 변수명이 표시된다.

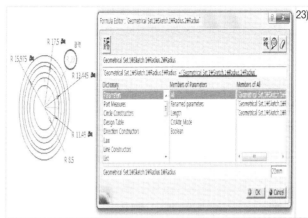

23) + (를 뒤에 입력하고 R20 치수를 클릭하면 Formula editor field의 + 뒤에 추가된다.

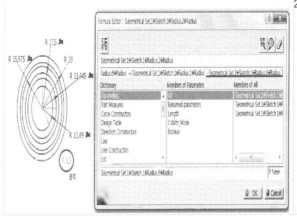

24) -를 입력하고 R8.5를 클릭하면 Formula editor field의 - 뒤에 추가된다.

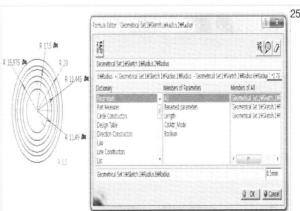

25)) * 0.78을 입력하고 [OK]를 한다.

26) 위 수식에 의해 계산된 값이 표시된다.

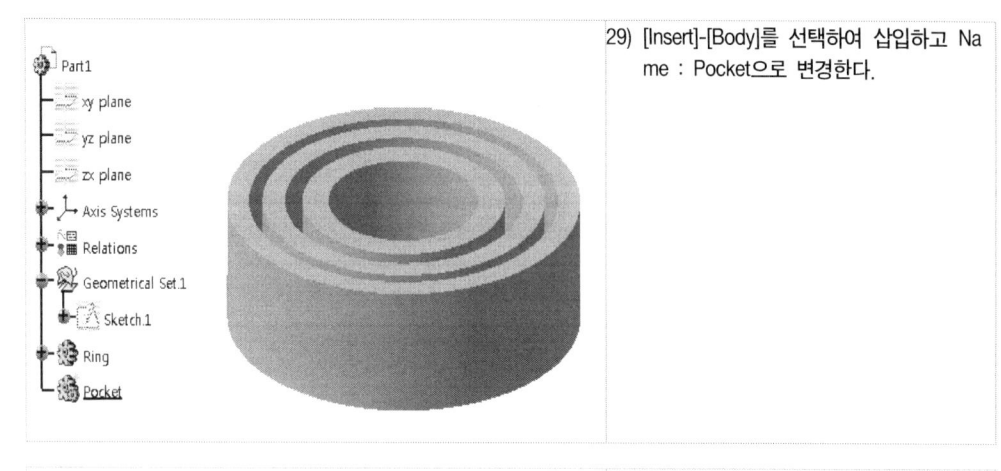

29) [Insert]-[Body]를 선택하여 삽입하고 Name : Pocket으로 변경한다.

27) Pad를 실행하고 6mm. Mirrored Extent 를 지정하여 돌출을 한다.

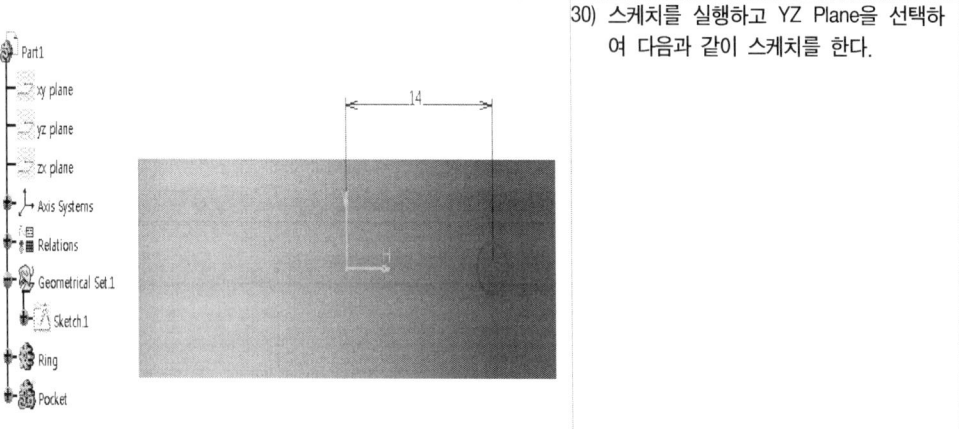

30) 스케치를 실행하고 YZ Plane을 선택하 여 다음과 같이 스케치를 한다.

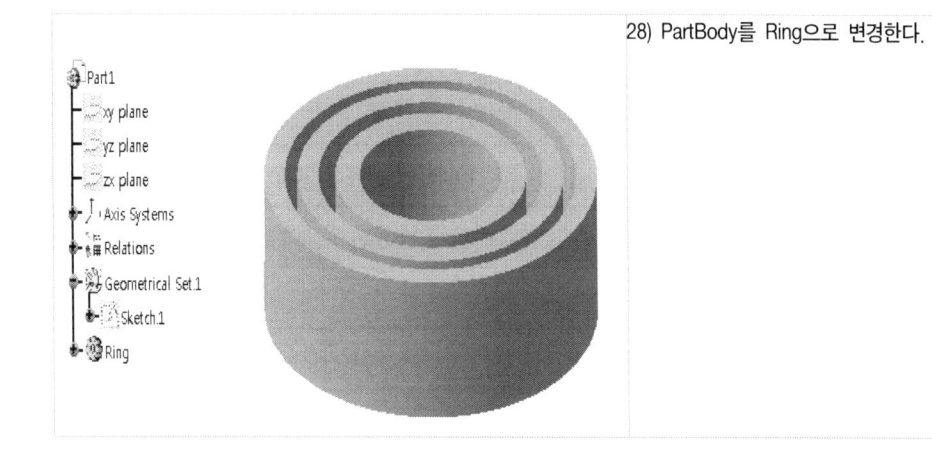

28) PartBody를 Ring으로 변경한다.

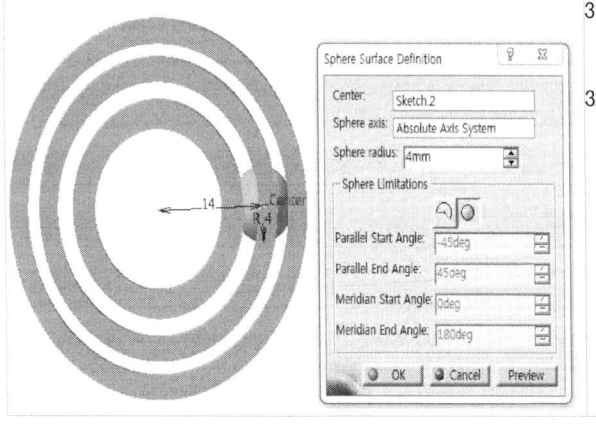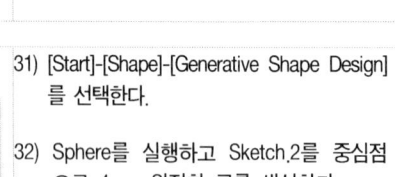

31) [Start]-[Shape]-[Generative Shape Design] 를 선택한다.

32) Sphere를 실행하고 Sketch.2를 중심점 으로 4mm 완전한 구를 생성한다.

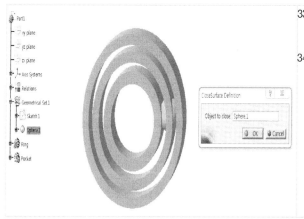

33) [Start]-[Mechanical Design]-[Part Design]를 선택한다.

34) CloseSurface를 실행하고 Sphere.1을 선택하여 Solid로 전환한다.

35) Circular Pattern을 실행하고 Instance : 8, CloseSurface.1을 패턴 복사 한다.

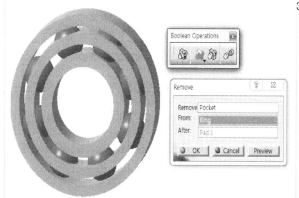

36) Remove를 실행하고 Ring으로부터 Pocket을 제거한다.

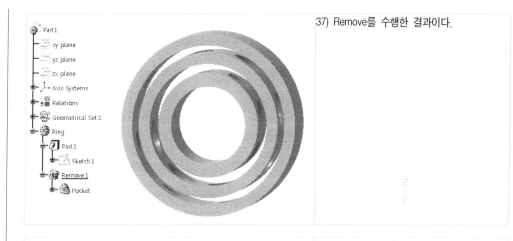

37) Remove를 수행한 결과이다.

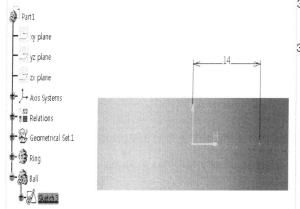

38) [Insert]-[Body]를 선택하여 삽입하고 Name : Ball로 변경한다.

39) 스케치를 실행하고 YZ Plane을 선택하여 다음과 같이 스케치를 한다.

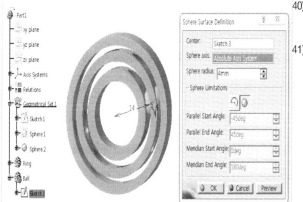

40) [Start]-[Shape]-[Generative Shape Design]를 선택한다.

41) Sphere를 실행하고 Sketch.2를 중심점으로 4mm 완전한 구를 생성한다.

42) [Start]-[Mechanical Design]-[Part Design]
를 선택한다.

43) CloseSurface를 실행하고 Sphere.2를
선택하여 Solid로 전환한다.

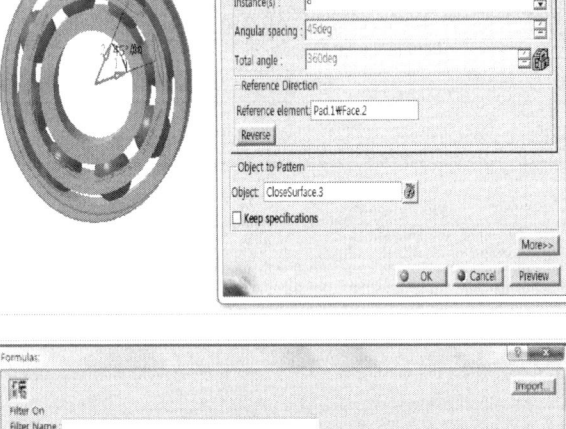

44) Circular Pattern을 실행하고 Instance :
8, CloseSurface.2를 지정한다.

45) Formula를 실행하고 [New Parameter
of type] 버튼을 누른다.

46) 변수명 : 볼의 개수로 지정, 값 : 8을
입력한 후 [OK]를 한다.

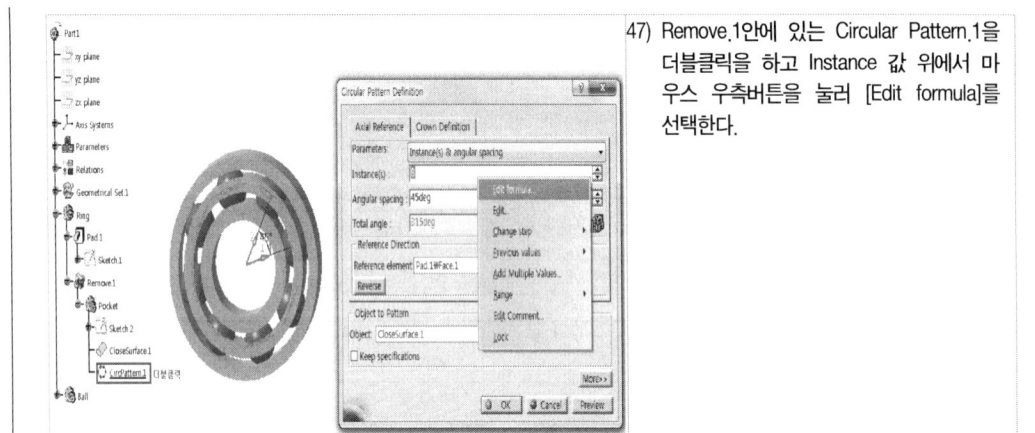

47) Remove.1안에 있는 Circular Pattern.1을
더블클릭을 하고 Instance 값 위에서 마
우스 우측버튼을 눌러 [Edit formula]를
선택한다.

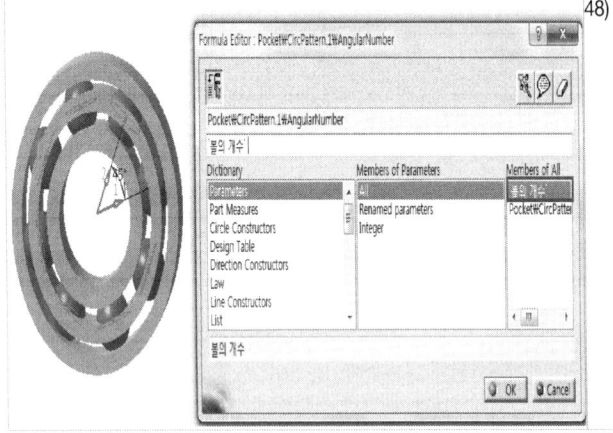

48) Members of All에서 볼의 개수에서 더
블클릭하고 Formula editor field에 변수
명이 표시되는 것을 확인하고 [OK]를
한다.

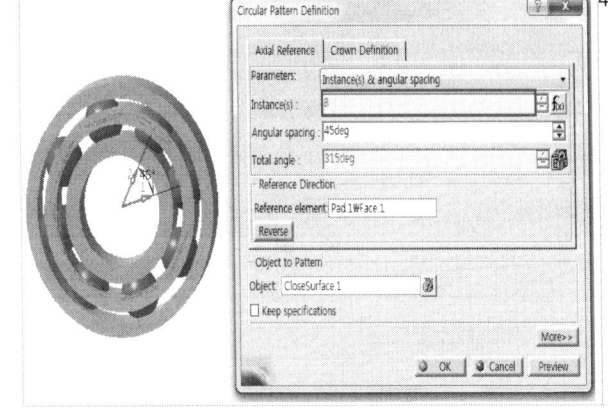

49) 변수가 연결되었다.

50) Circular Pattern.2를 더블클릭을 하고 Instance 값 위에서 마우스 우측버튼을 눌러 [Edit formula]를 선택한다.

51) Members of All에서 볼의 개수에서 더블클릭하고 Formula editor field에 변수명이 표시되는 것을 확인하고 [OK]를 한다.

52) 변수가 연결되었다.

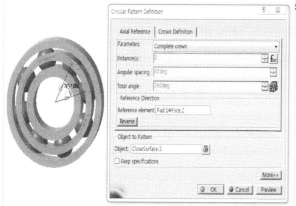

53) Ball안에 있는 Sketch.3을 더블클릭을 하고 창이 뜨면 치수 값 위에서 마우스 우측버튼을 눌러 [Edit formula]를 선택한다.

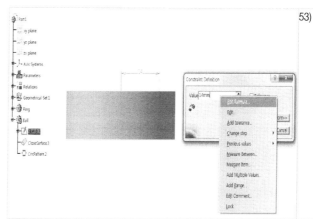

54) 11.47mm가 정의된 변수를 선택하고 +를 입력한다.

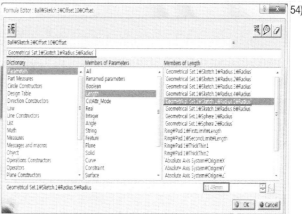

55) 15.975mm가 등록된 변수를 더블클릭하고 -를 입력한다.

385

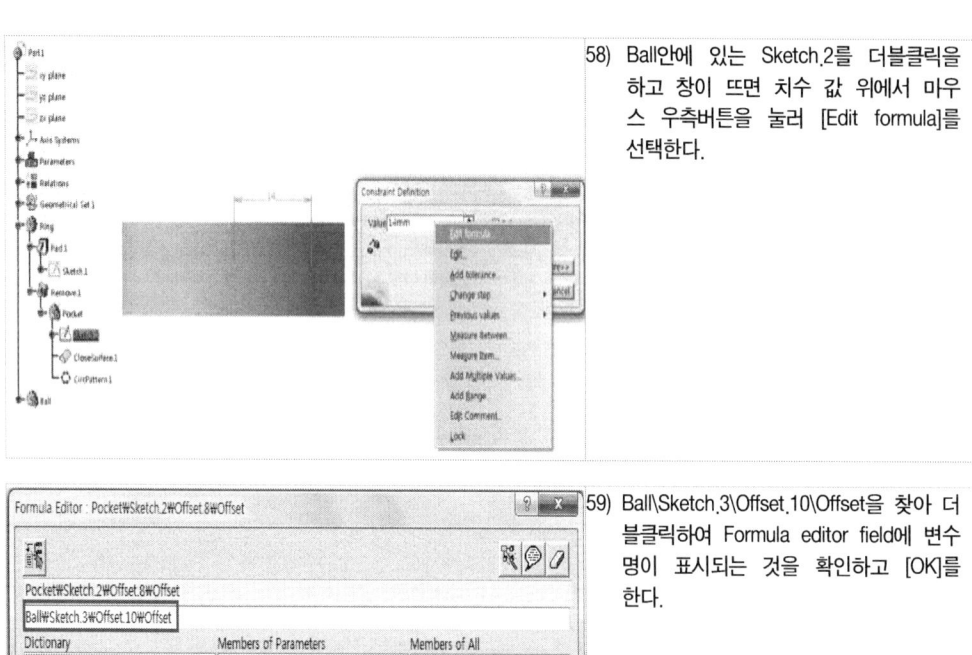

56) 11.47mm가 정의된 변수를 선택하고)*0.55를 입력한 후 [OK]를 한다.

58) Ball안에 있는 Sketch.2를 더블클릭을 하고 창이 뜨면 치수 값 위에서 마우스 우측버튼을 눌러 [Edit formula]를 선택한다.

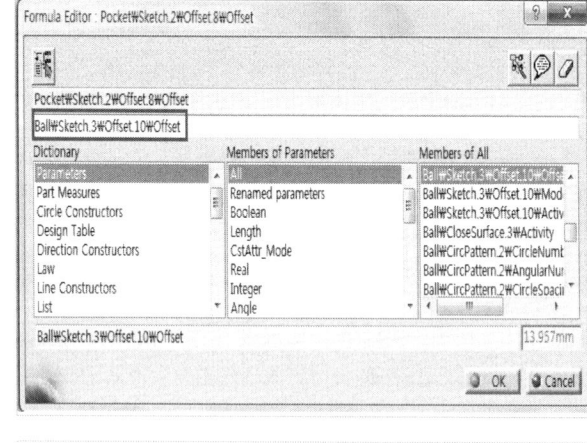

57) 다음과 같이 관계식이 연결되었다.

59) Ball\Sketch.3\Offset.10\Offset을 찾아 더블클릭하여 Formula editor field에 변수명이 표시되는 것을 확인하고 [OK]를 한다.

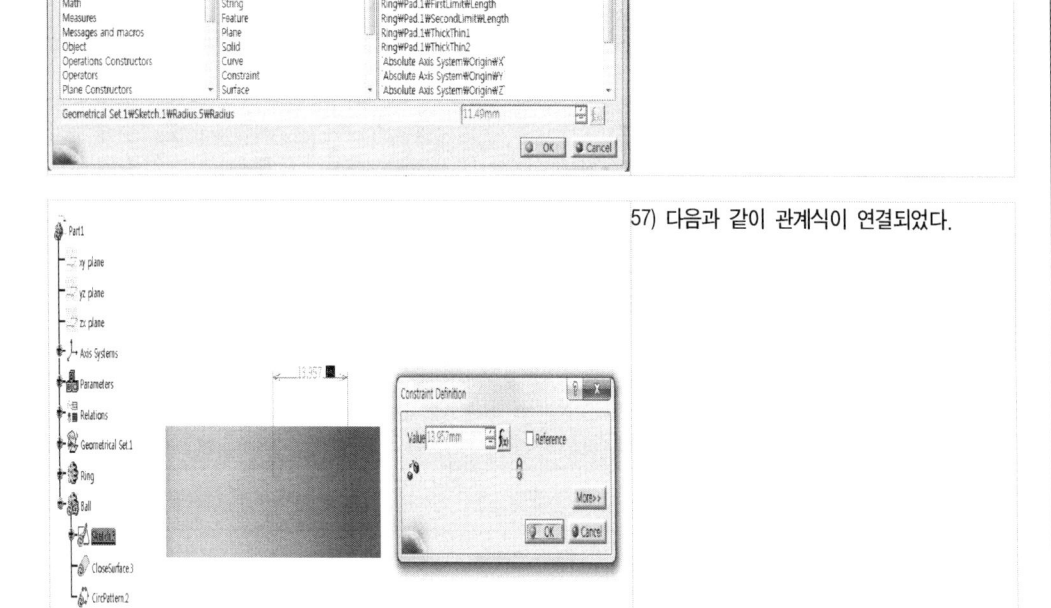

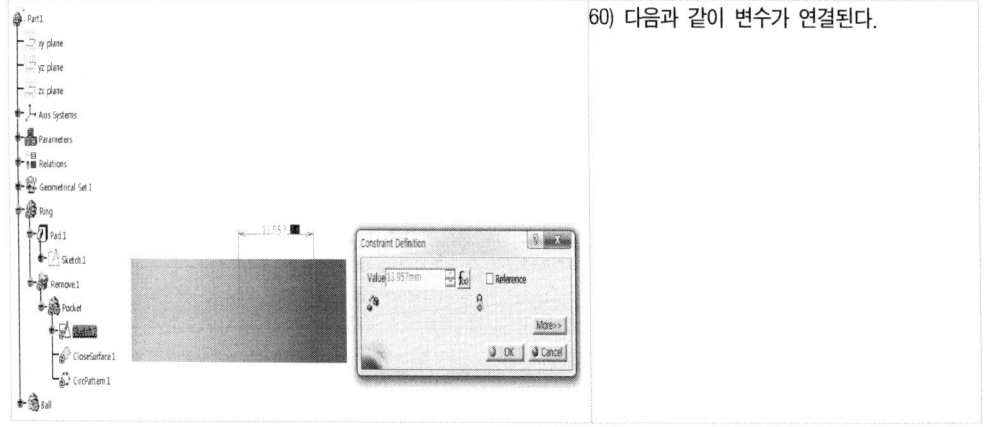

60) 다음과 같이 변수가 연결된다.

386

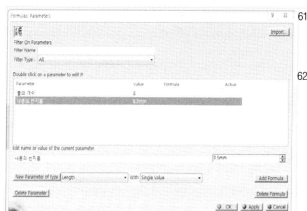

61) Formula를 실행하고 New Parameter of type : Length 선택, [New Parameter of type] 버튼을 누른다.

62) 변수명 : 내륜의 반지름을 입력, 값 : 8.5 mm를 입력한다.

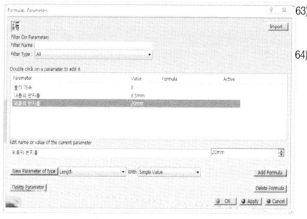

63) [New Parameter of type] 버튼을 누른다.

64) 변수명 : 외륜의 반지름을 입력, 값 : 20mm를 입력한다.

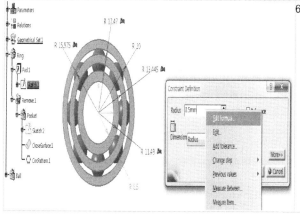

65) Sketch.1을 더블클릭하고 R8.5 치수에서 더블클릭하여 뜬 창에서 치수 값 위에서 마우스 우측버튼을 눌러 [Edit formula]를 선택한다.

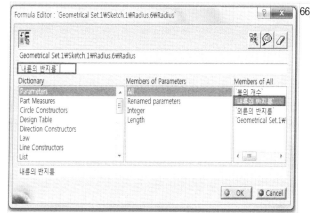

66) 내륜의 반지름을 더블클릭하여 Formula editor field에 변수명이 표시되는 것을 확인하고 [OK]를 한다.

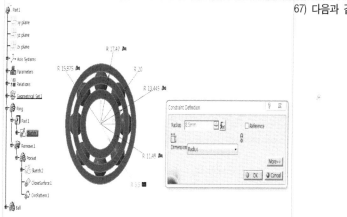

67) 다음과 같이 변수가 연결되었다.

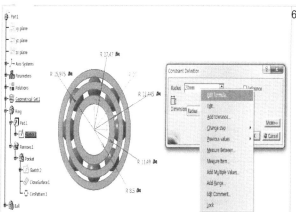

68) Sketch.1을 더블클릭하고 R20 치수에서 더블클릭하여 뜬 창에서 치수 값 위에서 마우스 우측버튼을 눌러 [Edit formula]를 선택한다.

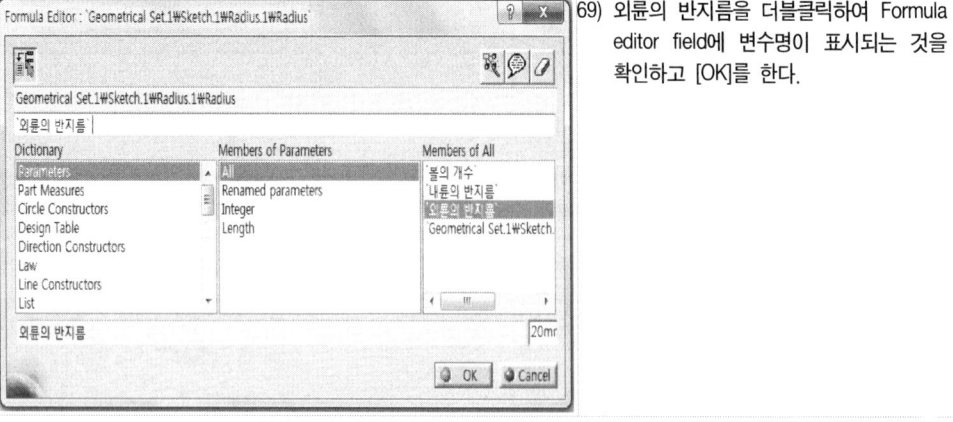

69) 외륜의 반지름을 더블클릭하여 Formula editor field에 변수명이 표시되는 것을 확인하고 [OK]를 한다.

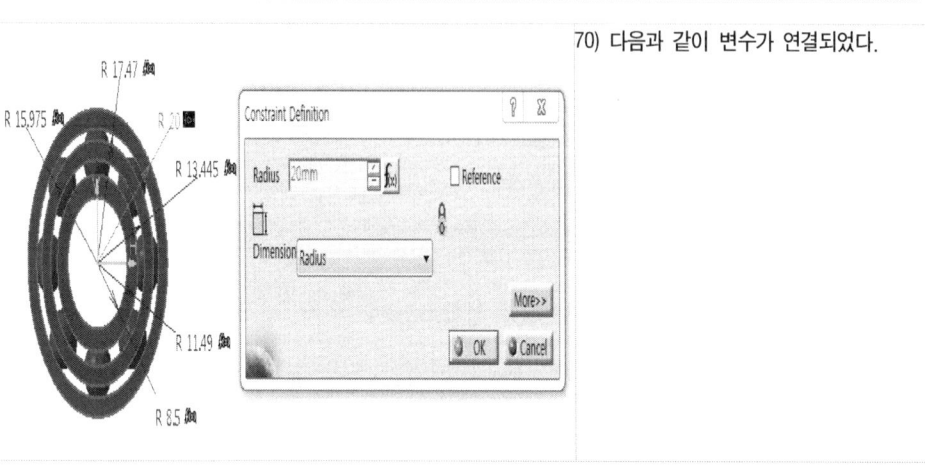

70) 다음과 같이 변수가 연결되었다.

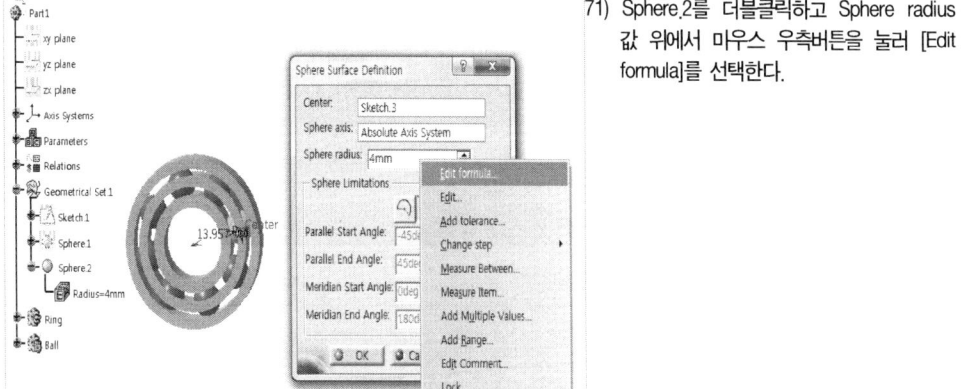

71) Sphere.2를 더블클릭하고 Sphere radius 값 위에서 마우스 우측버튼을 눌러 [Edit formula]를 선택한다.

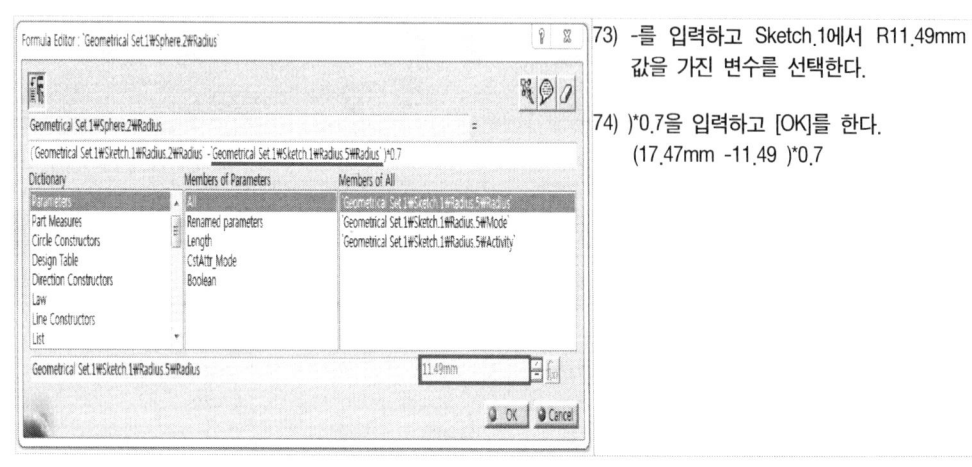

72) (를 입력하고 Sketch.1에서 R17.47mm 값을 가진 변수를 선택한다.

73) -를 입력하고 Sketch.1에서 R11.49mm 값을 가진 변수를 선택한다.

74))*0.7을 입력하고 [OK]를 한다.
   (17.47mm -11.49)*0.7

75) 다음과 같이 관계식이 연결되었다.

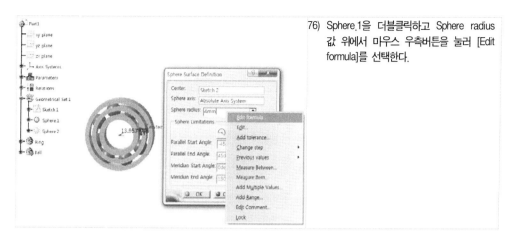

76) Sphere.1을 더블클릭하고 Sphere radius 값 위에서 마우스 우측버튼을 눌러 [Edit formula]를 선택한다.

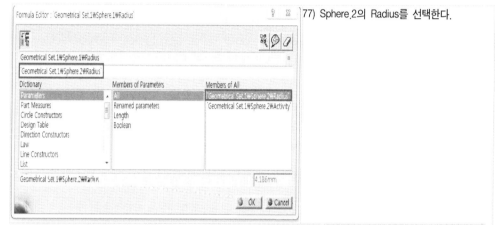

77) Sphere.2의 Radius를 선택한다.

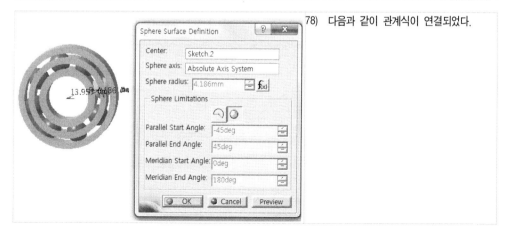

78) 다음과 같이 관계식이 연결되었다.

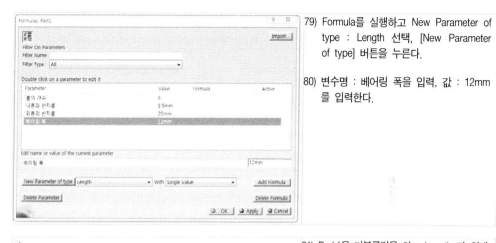

79) Formula를 실행하고 New Parameter of type : Length 선택, [New Parameter of type] 버튼을 누른다.

80) 변수명 : 베어링 폭을 입력, 값 : 12mm 를 입력한다.

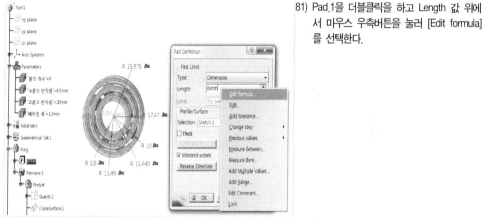

81) Pad.1을 더블클릭을 하고 Length 값 위에서 마우스 우측버튼을 눌러 [Edit formula]를 선택한다.

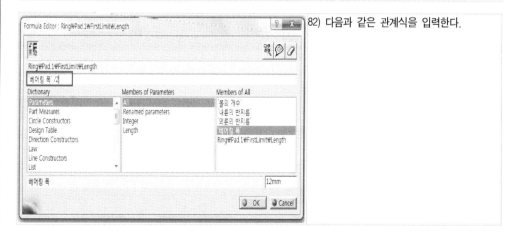

82) 다음과 같은 관계식을 입력한다.

83) 관계식이 연결되었다.

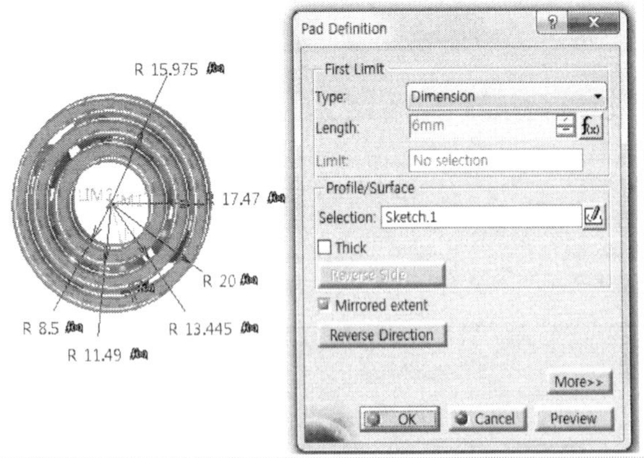

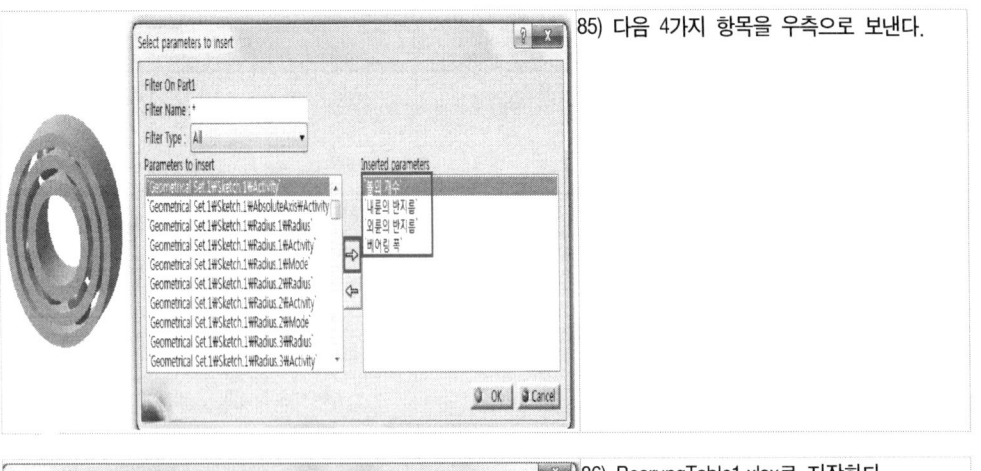

완성 결과

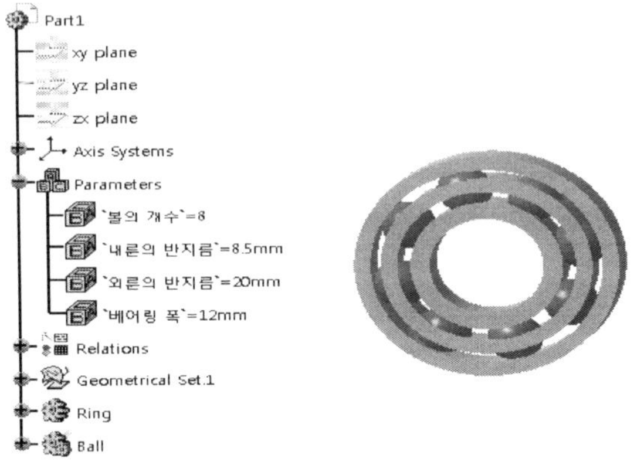

Part1
├ xy plane
├ yz plane
├ zx plane
├ Axis Systems
├ Parameters
│ ├ `볼의 개수`=8
│ ├ `내른의 반지름`=8.5mm
│ ├ `외른의 반지름`=20mm
│ └ `베어링 폭`=12mm
├ Relations
├ Geometrical Set.1
├ Ring
└ Ball

Design Table 연결

84) Design Table을 실행하고 테이블을 만들어서 연결하기 위해서 두 번째 항목을 선택한다.

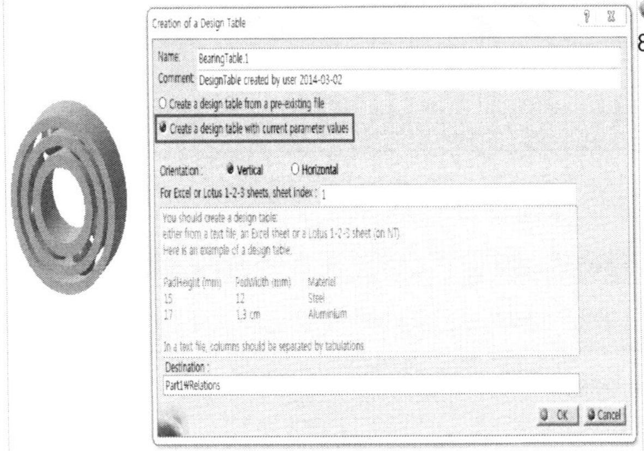

85) 다음 4가지 항목을 우측으로 보낸다.

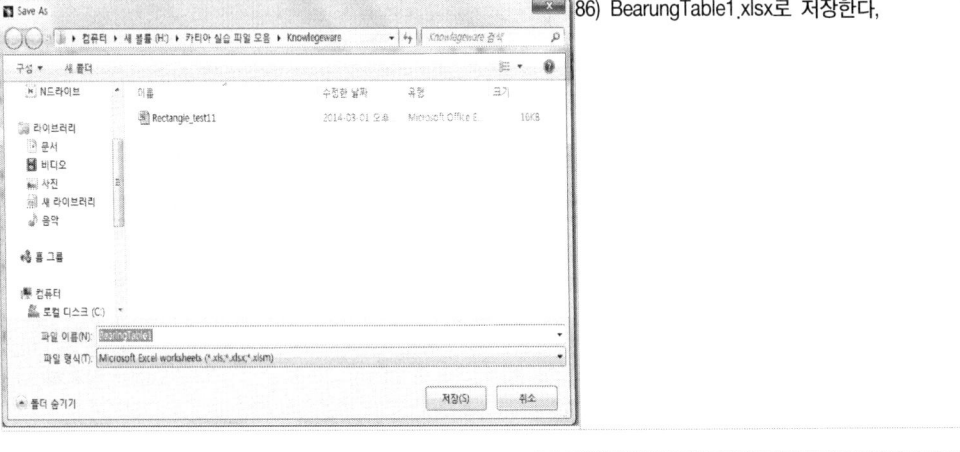

86) BearungTable1.xlsx로 저장한다,

87) [Edit Table] 버튼을 누른다.

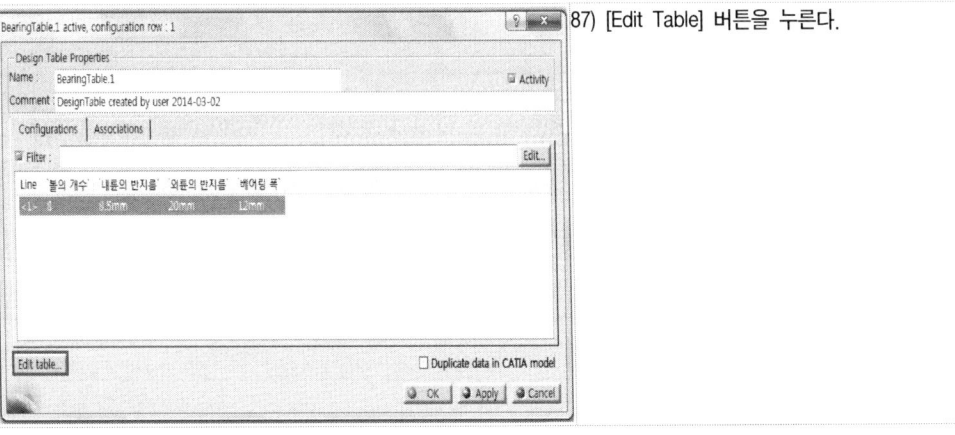

390

88) 다음과 같이 엑셀 테이블을 작성하고 저장한다. 엑셀 창을 닫아야 CATIA Design Table에 동기화되어 들어온다.

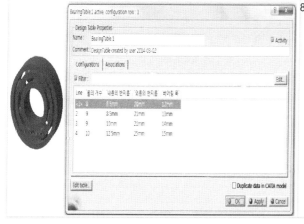

89) CATIA Design Table에 동기화 되어 들어왔다. [OK]를 한다.

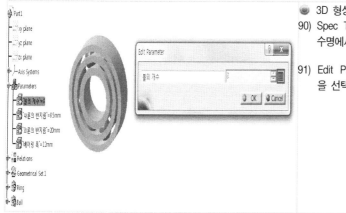

● 3D 형상 변경

90) Spec Tree의 Parameter에서 임의의 변수명에서 더블클릭을 한다.

91) Edit Parameter 창에서 테이블 아이콘을 선택한다.

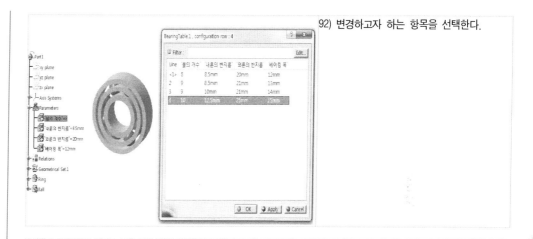

92) 변경하고자 하는 항목을 선택한다.

93) 다음과 같이 3D 형상이 변경되었다.

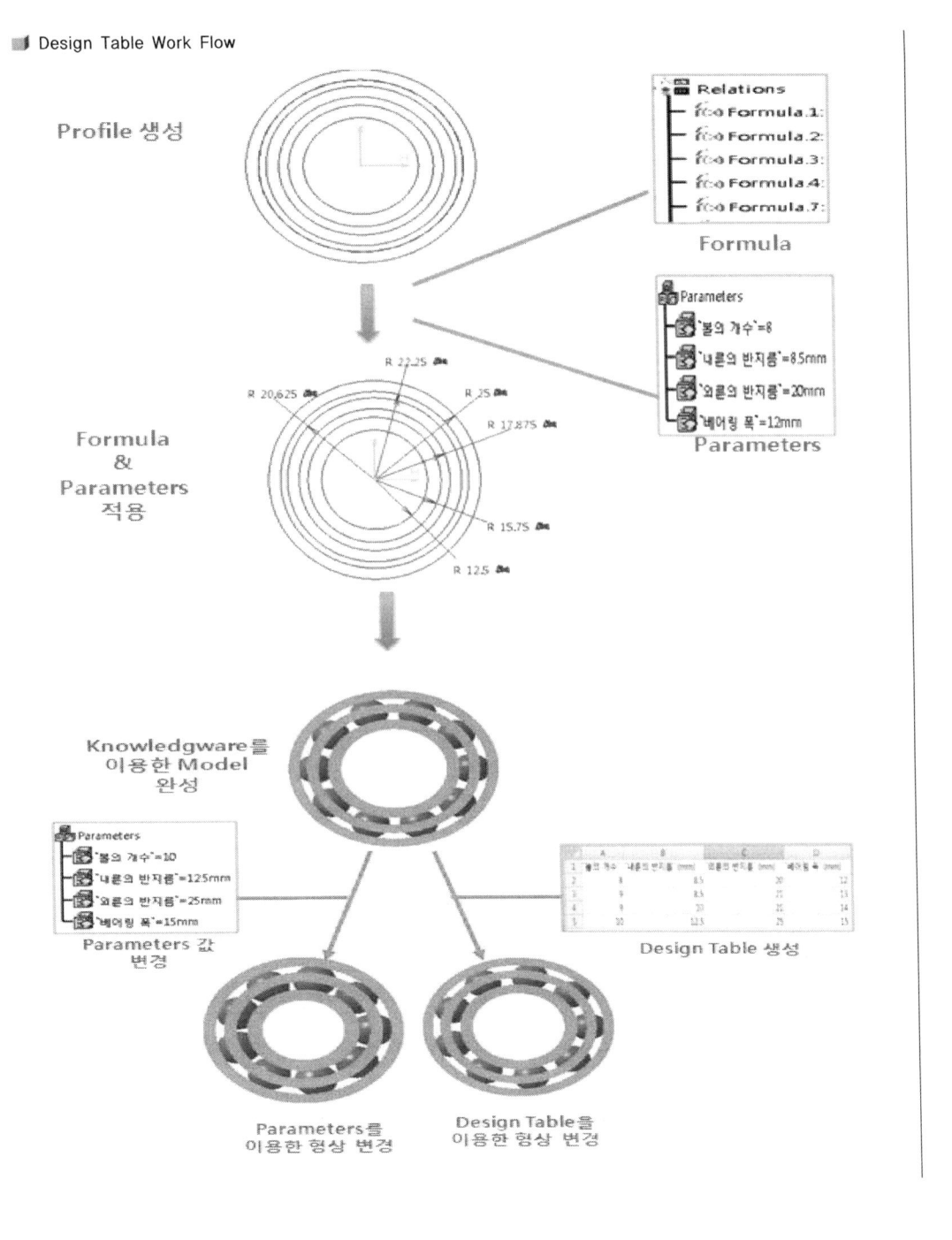

Profile 생성

Formula

Formula
&
Parameters
적용

Parameters

Knowledgware를
이용한 Model
완성

Parameters 값
변경

Design Table 생성

Parameters를
이용한 형상 변경

Design Table를
이용한 형상 변경

실습으로 따라하는 CATIA V5 입문

1판 1쇄 발헹 2016년 08월 20일
1판 3쇄 발행 2021년 03월 15일
저   자 강연이
발 행 인 이범만
발 행 처 **21세기사** (제406-00015호)
　　　　　경기도 파주시 산남로 72-16 (10882)
　　　　　Tel. 031-942-7861　　　Fax. 031-942-7864
　　　　　E-mail : 21cbook@naver.com
　　　　　Home-page : www.21cbook.co.kr
　　　　　ISBN 978-89-8468-687-8

정가 30,000원